사서

이치를 담은 네 권의 책

대학 | 논어 | 맹자 | 중용

한글 사서 완결판

● 일러두기

1. 이 책의 원문 및 표점은 北京大學出版社(2000)에서 출간한 十三經注疏 整理本 가운데 『論語注疏』
   와 『孟子注疏』, 그리고 『禮記正義』의 「大學」 「中庸」을 대본으로 하였다.

2. 한글 원문은 한자 원문에 맞추어 직역하는 것을 원칙으로 하고, 한글세대가 읽기 쉽도록 현대 국어
   문법을 고려하여 의역하였다. 특히, 사서가 왕정 사회의 산물이라는 점을 고려하여 현대 민주사회에
   서 거의 사용하지 않는 용어나 개념은 현대적 용어로 풀어쓰기도 하였다.

3. 한자 원문에는 한글 독음을 붙여, 한글세대의 시민들이 보편적으로 사서에 접근하여 고전의 사유를
   이해할 수 있도록 하였다.

4. 독자들이 현대적 지성인으로서 사유를 확장할 수 있도록, 사서의 장절마다 핵심 내용을 요약 정돈하
   여 사자성어 형식의 문구를 새로 만들어 각 장절의 바로 아래에 제시하였다.

 5. 이 책은 두음법칙을 따랐으나, '려왕', '리'와 같은 고유명사나 개념어는 그대로 두었다.

6. 독자들의 가독성을 높이기 위해, 원전의 용어나 개념을 현대적 용어로 풀어썼다. 예를 들면, 천자나
   성인은 최고지도자로, 군자는 지성인, 인격자, 지도자, 사람다운 사람 등으로 바꾸었다. 이외에 '인'
   이나 '의'와 같은 용어도 '사람을 사랑하는 열린 마음'이나 '올바른 사람의 도리' 등으로 풀어썼다.

7. 책명은 겹꺾쇠(『 』), 편명 및 장, 논문은 홑꺾쇠(「 」)로 표기하였다. 필요에 따라 인용문은 큰따옴표
   (" "), 강조 표시는 작은따옴표(' ')로 표기하였다.

사서

이치를 담은 네 권의 책

대학 | 논어 | 맹자 | 중용

한글 사서 완결판

신창호

이 책의 특징 및 활용법

동양의 생명력을 일깨우는 고전 『대학』, 『논어』, 『맹자』, 『중용』을 현대인의 눈높이에 맞게 편찬하였다. 동아시아를 살다 간 지식인들은 사서삼경을 등불 삼아 배우고 깨치는 사이에 사물의 이치와 세상의 원리를 이해했고, 이를 기반으로 세상을 다스렸다. 우리의 소중한 문화유산인 사서를 대중적으로 향유하는 데 가장 큰 걸림돌은 '한문'이라는 장벽일 것이다. 이 책은 한글세대들이 한문이라는 장벽에 좌절하지 않도록 구성했다.

해당하는 단락 표기이다

한글 원문
한문 고전은 한글 현실로 전환되어야 한다. 그것은 문자의 단순한 옮김이 아니라, 시대정신과 사회 정황을 고려한 삶의 전이여야 한다. 한글로 구가되는 고전 읽기에 초점을 맞추었다.

원문과 독음
원문에 사용된 한자와 독음을 실었다. 한자를 그림처럼 보고 음악처럼 맛본다. 우선 한글 원문 위주로 익히고 여력이 된다면 한자 원문에 도전해본다.

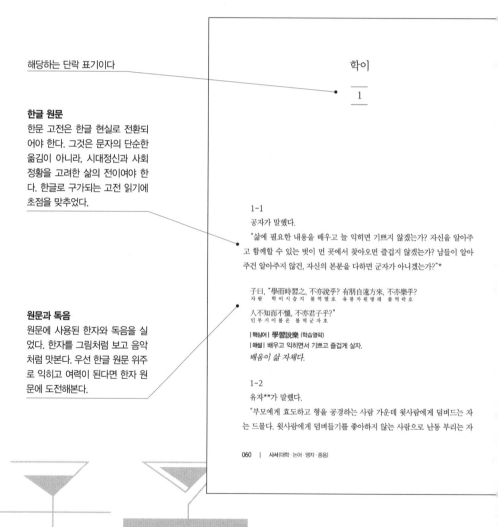

학이

1

1-1
공자가 말했다.

"삶에 필요한 내용을 배우고 늘 익히면 기쁘지 않겠는가? 자신을 알아주고 함께할 수 있는 벗이 먼 곳에서 찾아오면 즐겁지 않겠는가? 남들이 알아주건 알아주지 않건, 자신의 본분을 다하면 군자가 아니겠는가?"*

子曰, "學而時習之, 不亦說乎? 有朋自遠方來, 不亦樂乎?
자왈 학 이 시 습 지 불 역 열 호 유 붕 자 원 방 래 불 역 락 호

人不知而不慍, 不亦君子乎?"
인 부 지 이 불 온 불 역 군 자 호

| 핵심어 | 學習說樂 (학습열락)
| 해설 | 배우고 익히면서 기쁘고 즐겁게 살자.
배움이 삶 자체다.

1-2
유자**가 말했다.

"부모에게 효도하고 형을 공경하는 사람 가운데 윗사람에게 덤벼드는 자는 드물다. 윗사람에게 덤벼들기를 좋아하지 않는 사람으로 난동 부리는 자

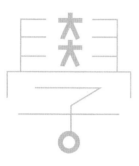
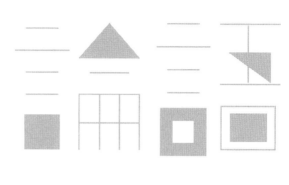

도 아직까지는 없었다. 군자는 삶의 근본에 힘쓴다. 삶의 근본 문제가 제대로 파악될 때 인간의 길이 정확하게 보인다. 효도와 공경이야말로 사람을 실제로 사랑하는 근본이다."

有子曰, "其爲人也孝弟, 而好犯上者, 鮮矣. 不好犯上, 而好作亂者, 未之有
유 자 왈   기 위 인 야 효 제   이 호 범 상 자   선 의   불 호 범 상   이 호 작 란 자   미 지 유

也. 君子務本, 本立而道生. 孝弟也者, 其爲仁之本與!"
야   군 자 무 본   본 립 이 도 생   효 제 야 자   기 위 인 지 본 여

| 핵심어 | **本立道生** (본립도생)
| 해설 | 근본이 서야 길이 생겨난다. ●
사람을 섬기라.

핵심어와 해설
각 구절의 주제를 핵심어로 표기하여 독자들이 짧은 시간에 내용을 파악할 수 있도록 했다.

1-3
공자가 말했다.
"말을 남들이 듣기 좋게 하고, 낯빛을 남들이 보기 좋게 하는 사람 가운데, 사람을 사랑하는 자는 드물다!"

子曰, "巧言令色, 鮮矣仁!"
자 왈   교 언 영 색   선 의 인

| 핵심어 | 巧言令色 (교언영색)
| 해설 | 말 잘하고 낯빛을 좋게 꾸미는 자
번지르르한 녀석을 경계하라! ●

한 줄 명언
짧은 해석을 달았다. 현대적 관점에서 어떻게 이해하고 삶에 적용하는지 알 수 있다.

1-4
증자가 말했다.
"나는 매일 세 가지 일을 통해 나를 살핀다. 남을 위하는 일에 충실했는가? 벗들과 사귀면서 신뢰를 주었는가? 누군가로부터 전해 받은 것을 제대

* 유학에서는 인생에 필요한 기술과 도덕을 '육예'로 설명한다. 육예는 자기 최선, 벗과의 만남과 교류, 소통, 내면화, 이런 삶의 의지와 희망, 열정의 텍스트를 각자의 위치에서 충실히 수행해야 한다.
** 유자는 공자의 제자인 유약을 이른다. 자는 자유(子有).

각주 해설
본문 이해를 돕기 위해 주요 인물이나 당시 정황을 간략하게 설명했다.

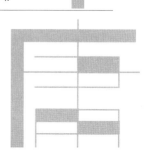

현재에 존재하는 과거이자 새 발명품, 한글 사서

삶이 간절할수록 그 흔적과 자취는 강렬합니다. 인생이 치열할수록 그것을 견디는 폭은 넓고 깊습니다. 간절하고 치열한 가운데 구현되는 사람 사이의 소통! 그 가운데 빚어지는 삶은 작품으로 남습니다. 그것을 이른바 고전古典이라 합니다. 때문에 고전에는 삶의 간절함과 치열함과 소통이 절실하게 아로새겨져 있습니다. 이런 고전은 인류의 자산으로, 나를 일깨우는 힘이 되고 우리를 움직이게 하는 에너지를 내뿜습니다. 그 끈질기고 강렬한 힘의 세기만큼 고전은 위대합니다. 그래서 고전을 위대한 책, 그레이트 북Great Book이라고 합니다.

동아시아 사회를 동아시아답게 만드는, 동양적 생명력을 일깨우는 고전이 있습니다. 다름 아닌 유교의 사서四書입니다. 사서는 『대학大學』, 『논어論語』, 『맹자孟子』, 『중용中庸』의 네 경전을 합한 명칭입니다. 이 가운데 『논어』와 『맹자』는 단행본으로 전해 내려왔지만, 『대학』과 『중용』은 오경五經(『시경』, 『서경』, 『역경』, 『예기』, 『춘추』)의 하나인 『예기』에 들어 있던 한 편의 글이었습니다. 후세에 이를 단행본으로 펴낸 것입니다. 특히, 『대학』·『중용』 두 경전은 송나라 때 정자程子에 의해 『논어』·『맹자』와 함께 육경六經(앞의 오경에 『악기』 포함)에 앞서 읽어야 할 유교의 기본 경전이 되었다고 합니다. 그러나 정자는 『대학』·『중용』에 특별히 주석註釋하지는 않았습니다.

 『대학』·『논어』·『맹자』·『중용』를 합하여 사서로 이름 붙인 이는 주희 朱熹(주자, 1130~1200)입니다. 나아가 주자는 이에 해석을 가하여 『대학장구』, 『논어집주』, 『맹자집주』, 『중용장구』를 만들었습니다.

 사서는 이때부터 세상에 크게 알려졌습니다. 무엇보다도 과거 시험에서 사서를 중심으로 하는 주자의 주석이 최고로 인정받은 이후, 학자들이 이를 크게 존숭하기에 이르렀습니다. 심지어 주자 자신도 "내가 저술한 『논어』나 『맹자』에 대한 집주集註는 거기에 한 자도 보탤 수 없고 한 자도 덜어낼 수 없다."라고 하였습니다. 사서는 주자의 수많은 저작 가운데 역작 중의 역작입니다. 사서의 편집과 명명은 바로 이 주자로부터 시작된다고 할 수 있습니다. 그만큼 주자의 사서는 동아시아 전통 사상의 중심으로 자리합니다.

 여기에서 우리가 사서를 읽어야 하는 이유를 찾아야 합니다. 바로 주자의 사유가 우리의 뼈 속 깊이 스며들어 전통傳統으로 굳었기 때문입니다. 특히 조선시대를 풍미했던 성리학이 다름 아닌 주자가 완성한 사서 중심의 유학입니다. 그렇다면 조선의 선비들은 왜 사서를 학문의 중심에 두고 삶을 고민했을까요?

 모든 시대는 그 시대를 표상하는 시대정신時代精神, Zeitgeist이 존재합니다. 헤겔은 이 시대정신을 '개인으로서 인간 정신을 넘어선 보편적 정신세계가 역사 속에서 스스로 전개해 나가는 과정의 양태'로 풀어냈습니다. 유학적 사유를 무의식으로 품은, 이른바 전통이라는 이름으로, 혹은 문화적 디엔에이 DNA로 아로새긴 우리에게, 우리의 선조인 조선사회의 지성인들은 어떤 시대

정신으로 그들의 시대를 견뎌냈을까요? 사서에서 그 해답을 탐구할 수 있습니다.

그렇다고 사서에 온축蘊蓄된 삶의 모습이 무조건 진리인 것은 결코 아닙니다. 이 지점에서 우리는 심각하게 고민해야 합니다. 우리의 선조들이 자신의 시대를, 사서를 통해 가슴 쓰라리게 끌어안았다는 차원에서 전통적 사유를 심사숙고해야 합니다. 그 숙고의 과정에서 문제는 주자학적 사유에 고착되거나 그것을 교조로 하는 사상적 편견에 빠져서는 안 됩니다. 전통으로 살아 있는 사서의 생명력과 인습因襲으로 죽어 있는 사서의 박제된 흔적 사이에서 현명하게 대처해야 합니다.

적지 않은 사람이 전통과 인습을 혼동할 때가 있습니다. 무엇보다도 현대 사회처럼 급변하는 시대에 과거의 가치관만을 고집하는 일은 현재의 삶을 생명력 넘치게 하는 전통이 될 수 없습니다. 그런 사고와 행위는 현재의 삶을 거역하는 고질병 같은 인습이 될 수 있습니다. 인간 사회는 소중한 전통을, 개인은 물론 그 사회의 삶으로 내면화할 때, 현실에 충만하고 미래를 창출하는 삶으로 전이할 수 있습니다. 그것이 과거와 현재, 미래라는 시공간을 진정으로 소통하는 전통입니다.

에드워드 쉴즈E. Shils는 "전통이 받아들여질 때 그것은 너무나 자명한 그 사회의 문화이고, 그 어떤 행동이나 신념처럼 중요한 것"이라고 했습니다. 이때 전통은 현재에 존재하는 과거이자 어떤 새 발명품과 마찬가지로 현재의 큰 부분이 됩니다. 때문에 전통은 우리 삶의 본보기나 청지기로 작용합니다. 사서에서 캐묻고 재생해 내야 하는 에너지가 그런 역할에 단초를 줄 수 있는 전통의 하나라고 판단합니다.

공자가 『논어』에서 설파한 것처럼, '온고이지신溫故而知新'의 자세에서 볼 때, 사서는 현재 우리 시대의 정신적 교차 지점을 마련하는 데 도움을 줄 수 있습니다. '온고溫故'는 배우고 물으며 탐구하는 연구 작업으로, 문화적 전통을 학습하고 습득하는 일이지요. '여기-이때-이 상황'에서 과거의 사유를 다양한 측면으로 탐색하는 학문 행위입니다. '지신知新'은 '온고'를 통한 새로운 문명의 발견이자 창조입니다. 창조는 전통에 대한 반성과 의심, 성찰이 없다면 불가능합니다. 인간의 삶은 늘 과거와 현재, 미래가 중첩되며 흘러갑니다. 그것은 인간이 과거로부터 벗어날 수 없는 동시에 현재의 순간을 거쳐 미래로 나아가고 있다는 의미입니다. 때문에 인간은 과거 문명에 대한 이해를 통해 현재에 충실하며 미래를 개척해 나갈 힘을 얻습니다. 과거와 미래는 현재 속에서 연속적이고 지속적입니다. 그것이 동아시아 사상의 중심 역할을 했던 사서가 지닌 전통적 사유의 힘입니다.

사서를 한 권으로 편찬한 의도가 이런 이유 때문입니다. 아주 오래되었지만, 사서는 현재로 이어지고 미래를 열어가는 한 계기로 작용할 수 있습니다. 오래된 미래로서 현실을 견디는 버팀목처럼, 사서는 우리를 일으켜 세워 줄 수 있는 사상의 보물입니다. 그것은 남녀노소를 불문하고, 한 사람의 민주 시민부터 지도자에게 이르기까지 자신의 삶을 성찰하게 만드는 가장 숙성된 리더십Leadership의 바이블Bible입니다. 그런 만큼 현대 민주사회를 살아가는 시대정신에 부응하여, 대한민국 사람이 우리의 언어인 한글로 사유할 수 있도록 풀어썼습니다. 사서를 통해 인생철학을 깨우치는 계기가 되기를 소망합니다.

이 책의 편제는 주자가 사서의 독서법에서 제시한 것처럼, 『대학』→『논어』→『맹자』→『중용』 순으로 배열했습니다. 그것은 현대적 의미에서, 다음과 같은 사유를 염두에 두고 고민하면 좋겠습니다. '맨 처음 읽는 『대학』은 민주사회의 훌륭한 시민으로서, 사회 지도층 인사로서, 우리 사회의 어른으로 성장하려는 다짐과 공부의 모습을 담고 있다! 그다음으로 읽는 『논어』

에는 사람을 사랑하는 인간의 열정이 녹아 있다! 세 번째로 읽는 『맹자』에는 인간의 삶에서 올바름이 무엇인지 정의로운 행위의 기준이 제시되어 있다! 마지막으로 『중용』에는 우주자연의 질서를 본받아 사람이 어떻게 마음 씀씀이를 발현해야 삶의 균형과 조화를 이룰 수 있는지 대안을 제시한다!' 이런 과정을 간략하게 단언하면, 입지立志-사랑[仁愛]-정의正義-화해和諧의 네 차원으로 정리할 수 있습니다.

이런 내용에 보다 쉽게 접근할 수 있도록 구절마다 한 줄 요약을 만들어 붙였습니다. 사자성어처럼 만들어 탐구력을 높일 수 있도록 하면서, 깨달음과 성찰의 자기반성적 장치도 마련했습니다. 참고삼아 공부해나간다면 아름다운 인생을 발견할 수 있을 것입니다.

현대 민주사회가 사서를 풍미했던 시대와 다양한 차원에서 엄청난 거리가 있습니다. 하지만 전통이 지닌 힘을 고려한다면, 사서는 역설적으로 민주 시민 사회를 살아가는 광명정대光明正大한 거울이 될 수 있습니다. 사서를 거울삼아, '지금-이곳'에서 살아가는 모든 분이 자신의 삶을 '예술적 경지로 끌어올려 즐길 수 있기를!' 소망합니다.

사상의 역사는 반추反芻를 거치며 새로움을 더하고, 인간 삶의 진보를 가속화할 것이라는 믿음을 가져봅니다.

2018년 7월 소서(小暑) 절에
남양주 청옹정사에서 신창호 삼가 씁니다.

차 례

제1권　대학(大學)

제2권　논어(論語)

제3권 **맹자(孟子)**

제4권   **중용(中庸)**

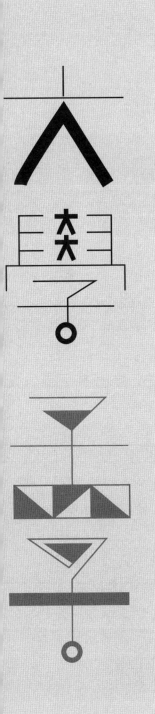

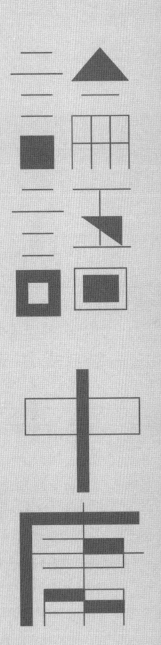

대학

학

大學

제 1 권

공부의 이치, 대학

『대학』은 사서四書 가운데 무엇보다도 먼저 읽어야 할 책이다. 이유는 간단하다. 인간이 살아가는 이유들, 방법들을 가장 짧으면서도 치밀하게 정리하고 있기 때문이다. 누구보다도 『대학』의 가치를 중요하게 인식했던 주자朱子는 아예 사서를 공부하는 순서를 『대학』→『논어』→『맹자』→『중용』으로 정해 버렸다. 그만큼 『대학』은 인생을 전개해 가야 할 인간의 막중한 책무가 담보되어 있다. 오늘 우리도 그런 인식에서 『대학』을 접근한다.

『대학』은 정말 '위대한' 저술이다. '큰' 대大, '배울' 학學이라는 한자어가 지칭하듯, 『대학』은 큰 배움에 관한 책이다. 그래서 '대학'은 영어로 '그레이트 러닝Great Learning'으로 번역된다. 배움은 배움일 뿐이지, 큰 배움은 또 무엇인가? 말장난인가? 아니면 특별한 배움이 존재하는가?

먼저 생각할 수 있는 것이 언어의 상대성이다. '큰 것'은 '작은 것'에 비견된다. 그렇다면 '큰 배움'인 '대학'은 '작은 배움'인 '소학小學'과 대비된다. 소학은 말 그대로 작은 배움이지만, 다르게 표현하면 자질구레한 배움이다. 자질구레하다는 것은 몸통이 아니라 주변에 있는 사소한 것들과 관계된다. 그것은 근본적이고 원천적이며 본질적인 측면보다는 지엽적이고 얕은 수준의 어떤 것과 연관된다. 물론 전통적인 소학의 내용이 반드시 그런 것은 아니다. 어떤 사람은 소학이 오히려 근본을 배양하는 데 필요한 학문이라고 강조하기도 한다.

큰 배움으로의 '대학'을 보다 쉽게 이해하기 위해서는 '소학'이 무엇인지 파악할 필요가 있다. 우리의 전통 유학은 '소학-대학'이라는 학문 단계를 상정하기 때문에 소학을 전제하면 대학의 의미는 자연스럽게 풀린다.

소학에는 여러 가지 뜻이 있다. 옛날에는 한자의 문자나 음운을 다루는 학문을 소학이라고 했다. 어린아이들이 다니는 학교를 의미하기도 했다. 그러나 『대학』이라는 텍스트와 비교해서 언급할 때는 '어린아이, 혹은 어리석은 사람이 배워야 하는 삶의 내용'을 담고 있는 텍스트를 말한다. 현대적 의미에서 유치원에서 초·중등학교에서 다루는 수준의 내용을 담고 있다고 보면 된다.

소학의 내용이 이러하다면, 『대학』의 수준은 분명해진다. 어린아이가 아니라 어른을 대상으로 한다. 어리석은 사람이 아니라 똑똑한 사람이 배우는 인생철학이다. 이때 어른과 똑똑한 사람이 다름 아닌 '큰' 존재다. 우리는 그 큰 존재를 지도급 인사로 일컬어왔다.

그렇다고 작은 존재인 어린이나 어리석은 사람이 배워야 할 『소학』의 내용이 결코 자질구레하거나 사소한 것만도 아니고 쉬운 것만도 아니다. 생각하기에 따라서는 『대학』의 내용보다 훨씬 어려울 수도 있다. 어른이나 똑똑한 사람이지만, 상황에 따라서는 어린아이나 어리석은 사람이 하는 일에 대해 상당 부분 어려움을 느끼는 경우가 있듯이 말이다.

『소학』의 전편에는 주로 효도와 경건함에 대해 언급되어 있다. 간략하게 설명하면 효도는 가정의 차원에서는 부모-자식 사이, 사회에서는 어른-어린이 사이의 윤리질서 체계이고, 경건함은 내면적으로 깨닫고 모든 존재에 대한 존중을 핵심으로 하는 삶의 실천행위이다. 여섯 살이 되면 숫자와 동서 남북의 방위를 가르치고, 일곱 살이 되면 남자와 여자가 같은 자리를 아니하며 같은 그릇에 먹지 않는다. 이른바 '남녀칠세부동석男女七世不同席'이다. 여덟 살이 되면 문을 드나드는 방법, 자리에 나아가는 예절, 마시고 먹을 때에 반드시 어른보다 나중에 하는 양보하는 법을 가르친다. 아홉 살이 되면 날짜 헤아리기를 가르치고, 열 살이 되면 스승을 찾아가서 밖에 거처하고 자면서 글과 헤아리는 법을 배운다. 이때 옷은 명주로 지은 좋은 적삼과 바지를 입지 않으며, 어린이의 수준에 맞는 예절을 가르친다. 아침저녁으로 어른을 섬기는 예의를 배우되, 자주 익혀서 몸에 배게 한다. 이것이 어린아이들, 인간의 기본예절을 제대로 익히지 못한 어리석은 사람이 배워야 하는 『소학』의 전모다.

다시 말하면, 『소학』은 아이들이 일상적으로 실천해야 할 덕목들, 구체적인 일을 우선적으로 제시하고 있다. 이런 점에서 소학은 '일[事]에 관한 규범'이다. 물론 아이들은 이 규범들을 배우고 익혀 인간의 삶에서 무엇이 근본인지를 알고 그것을 배양하는 데 몰입해야 한다. 이때 근본의 배양은 규범 자체에 관한 지식의 습득보다는 규범의 실천이요 몸에 배게 하는 습관화이다. 몸에 배게 하는 작업이 다름 아닌 유교의 '배움'이다.

어린이들의 좋은 습관! 바로 삶의 슬기가 몸에 '뱀', 그 '배움'에 심혈을 기울인 것이 우리 전통인 '소학'이었다.

『대학』은 『소학』을 딛고 어른으로 거듭나기 위한 공부다. 거듭난다는 것은 단순하게 바뀌는 것이 아니라, 의식과 행위의 수준이 탈바꿈하는 것을 의미한다. 곤충이 애벌레 단계를 거쳐 나방으로 완전히 바뀌듯이 질적 승화를 거쳐야 한다.

어른으로 진입하기 전에 반드시 기억할 사항이 있다. 『소학』은 어린아이인 아동兒童, 혹은 어리석은 사람인 우인愚人의 배움이라고 했다. 이에 비해

『대학』은 어른인 성인成人, 혹은 똑똑한 사람인 현인賢人의 배움이다. 때문에 『대학』에 입문하려는 사람은 반드시 『소학』을 바탕으로 어른이자 현인으로 거듭나는 동시에 진보해 가려는 의지와 열망을 지니고 있어야 한다. 이 과정은 결코 쉽지 않다. 조선 오백 년 동안 유교에 심취했던 지성인들의 삶이 그것을 증명한다.

　우리가 구체적으로 읽어야 할 『대학』 공부가 어떤 것인지 간략하게 보자. 『소학』이 5~6세에서 10세 전후의 어린이를 대상으로 한다면, 『대학』은 15세 이상의 성인들이 배우는 공부의 내용이다. 『논어』를 읽을 때 확인할 수 있겠지만, 유교의 집대성자인 공자는 '15세에 학문에 뜻을 두었다'고 했다. 이런 점에서 미루어 보면, 15세 전후는 인간으로서 자율적 판단과 자기 생애에 대해 독립적이고 책임을 느끼는 시기로 판단된다. 그것은 성인이 될 무렵의 인생 특징이다.

　15세 때 학문에 뜻을 둔 이후, 진지한 고민이 시작된다. 어른이 된다는 것은 무엇일까? 어른이 되어갈수록 어떻게 살아야 하는가? 15세 이후 30세 이립而立에 이르기까지 약 15년 동안, 어른이 될 준비를 해야 한다. 그것이 바로 『대학』 공부의 핵심이다. 유학자들이 제시하는 어른이 되기 위한 공부는 다방면에 걸쳐 있다. 15세부터 30세 어른으로서 자립할 때까지, 똑똑한 어른, 현명한 사람, 큰 사람으로 진일보하기 위한 공부는 결코 만만하지 않다. 『시경』, 『서경』, 『역경』, 『예기』, 『춘추』 이른바 오경五經을 익힌다. 3년 동안 하나의 경전을 통달한다 해도 15년이나 걸린다.

　한번 비교해 보자. 오늘날 대학의 학부과정에서 박사과정까지의 이수 기간이 학사 4년, 석사 2년, 박사 2년이다. 모두 합쳐도 8년에 불과하다. 유학에서 『대학』 공부는 그 두 배다. 15년 동안 경전을 익히며 어른 되기를 향한 진지한 단련을 해야 한다. 쉽게 볼 일이 아니다. 그만큼 어른 되기가 지난한 과제다. 나이만 들었다고 해서 어른이 아니다. 어리석은 우인愚人의 상태라면 어린아이나 다름없다.

　이제부터 우리가 읽을 『대학』은 세 가지 강령과 여덟 가지 조목, 이른바 삼강령三綱領과 팔조목八條目으로 구성되어 있다. 삼강령은 명명덕明明德-친민親民-지어지선止於至善이고, 팔조목은 격물格物-치지致知-성의誠意-정심正心-수신修身-제가齊家-치국治國-평천하平天下다. 이것은 어른이 취해야 할 배움의 원리 원칙과 단계, 방법을 일목요연하게 보여준다. 세부 항목들은 다시 경전 속에 녹아 있다. 그러면 이때 어른으로서 공부의 핵심은 무엇인가? 한마디로 말하면 수신修身이다. 그것은 끊임없이 인간의 길을 긍정적인 방향으로 승화해 나가는 일이다. 수신은 달리 표현하면 '몸 공부'다. 가만히 생각해 보면, 우리 인간의 모든 행위는 몸으로부터 시작한다. 출발은 개인의 몸으로부터다. 이후 그 몸은 타인을 향해 확충된다. 그것이 공부의 이치다.

　그런데 어른의 공부는 일상의 단순한 반복이 아니다. 아동이나 어리석은 사람은 일상을 순환적으로 반복하며 소시민적인 삶의 쳇바퀴를 돌린다. 그러면서 존재 자체로 만족한다. 반면, 성인이나 똑똑한 사람은 존재 자체에 만족하기보다 무언가 생산적이고 창조적이며 존재를 만들어가려는 열정으로 몸부림친다. 쉽게 말하면 가만히 있지를 못하고 나대려고 한다.
　『대학』은 다름 아닌, 성인의 올바른 '나댐질'을 고려하려는 전통적 삶의 양식이다. 그래서 유교의 기본이 되었다. 무엇보다도 『대학』은 한국유학의 전통을 형성한 조선시대를 풍미했다. 조선의 왕들은 『대학』이 제시하는 지도자 철학을 기초로 통치 방법을 고려했다. 사대부들도 『대학』을 리더십 함양의 이론적 기반으로 원용했다. 가히, 『대학』은 유교를 신봉하던 우리 전통사회에서 지도자 철학으로서 공부의 알파요 오메가 역할을 자부했던 것이다.
　역사를 탐색하여 찾을 것이 있다면, 왜 『대학』이 공부의 알파와 오메가였는지에 관한 고민이다. 그것이 오늘 우리가 『대학』을 다시 들추어보는 주요한 이유 중의 하나다. 4차 산업시대, 산업혁명이 거듭되고 있는 이 시점에서 『대학』은 테크놀로지의 속살을 결코 들여다볼 수 없다. 왜? 결이 다르기 때문이다. 『대학』은 인문의 결을 담고 있다. 산업혁명의 기저에는 기술이 자리한다. 물론 인문과 기술이 다른 것은 아니다. 기술도 인문의 결에 내재한다. 문제는 인문의 결을 쌓아나가는 파장이 너무나 원대하다는 데 있다. 기술의 결은 그런 인문의 결을 흘러넘치며 새로운 인문의 결을 다듬는다. 때문에 우리는 과거 우리의 선조 어른들이 목숨처럼 귀하게 여겼던 인문의 결을, 기술로 무장한 현대의 시선으로 다시 흘러넘치게 해야 한다. 그것이 우리 시대에 새롭게 쌓아야 할 인문의 결이다. 『대학』은 그것의 밑그림이며 재고해야 하는 텍스트다.

이제 고전으로서 『대학』 공부는, 글을 읽고 뜻을 아는 지식 공부의 차원에 머물러서는 안 된다. 『대학』은 삼강령 팔조목을 근간으로 그 내용이 체계적이고 논리적으로 구성되어 있다. 하지만 이제 그런 『대학』을 해체적으로 독해해야 한다. 총체적인 기본 원리와 체제를 숙지하여, 마음을 함양하고 몸으로 배어나 행실로 드러나게 하는 작업을 넘어, 기술 사회의 삶의 원리로 재생시켜야 한다. 우리 시대에 맞게 『대학』 자체를 삶의 원리로 승화할 필요가 있는 것이다.

경문[*]

1

1-1

어떤 사회에서든 어른이 되려는 사람이 배워야 하는 지도자의 길은 다음과 같다.

첫째, 자신의 착한 마음을 인식하고 그것을 밝혀라.

둘째, 자기 수양을 바탕으로 타인을 이해하고 배려하라.

셋째, 자신의 착한 마음의 수양을 바탕으로 타인과 어울리며, 조화로운 사회관계를 일상에서 지속하라.

大學之道, 在明明德, 在親民, 在止於至善.
대 학 지 도   재 명 명 덕   재 친 민   재 지 어 지 선

| 핵심어 | 明親止善 (명친지선)

| 해설 | 착한 마음, 이웃 배려, 나와 너 그리고 우리의 건전한 일상
삶의 기본은 어울려 살아가는 활력 속에 녹아 있다.

---

* 한 사회의 어른이 될 지도자에게 필요한 배움의 체계인 『대학』의 삼강령 '명명덕', '친민', '지어지선'을 밝힌 내용. '개인 수양 → 타자 배려 → 조화로운 사회'로 나아가는 유교사회의 기본 원리를 펼치는 장.

1-2

지도자가 '자신의 착한 마음의 수양을 바탕으로 타인과 어울리며, 조화로운 사회관계를 일상에서 지속하는 일이 건강한 사회를 만들어가는 바탕'임을 알아야 사람이 삶의 방향을 정할 수 있다. 삶의 방향을 정해야 마음을 차분하게 할 수 있다. 마음을 차분하게 해야 몸가짐을 편안하게 할 수 있다. 몸가짐을 편안하게 할 수 있어야 깊이 생각하여 일을 제대로 처리할 수 있다. 깊이 생각하여 일을 제대로 처리해야 '사람 사이의 조화로운 사회관계를 일상에서 지속하는 삶'의 양식을 온전하게 터득할 수 있다.

知止而后有定, 定而后能靜, 靜而后能安, 安而后能慮, 慮而后能得.
지 지 이 후 유 정 정 이 후 능 정 정 이 후 능 안 안 이 후 능 려 여 이 후 능 득

| 핵심어 | **靜安慮得** (정안려득)
| 해설 | 차분한 마음, 편안한 몸가짐, 깊은 생각, 삶의 양식 터득
삶의 목적을 향해 차분하게 마음먹고 깊이 생각하라.

1-3

모든 사물에는 기본적인 것과 보조적인 것이 있다. 모든 일에는 완료되는 영역과 시작되는 영역이 있다. 그러므로 기본적인 핵심부와 보조적인 주변부에 해당하는 것이 무엇이고, 완료와 시작의 영역이 언제인지 깨닫고, 먼저 실천하고 나중에 실천할 일이 무엇인지 파악하라. 그러면 비로소 사람이 가야 할 올바른 길이 보이기 시작한다.**

物有本末, 事有終始, 知所先後, 則近道矣.
물 유 본 말 사 유 종 시 지 소 선 후 즉 근 도 의

| 핵심어 | **本末終始** (본말종시)
| 해설 | 근본적인 것과 지엽적인 것을 먼저 파악한다.

** 유교사회의 기본 운영체계인 '수양 - 배려 - 조화'에서 구체적인 삶의 전개 과정으로 먼저 실천할 대목을 밝힌 장. '인간이 어떤 삶을 살아야 하는지를 아는 일'과 '그 앎을 바탕으로 한 삶의 실천 방향'을 제시한다.

어떤 일을 하든 근원을 탐색하고, 우선순위를 정하라.

1-4

자신의 착한 마음을 세상에 밝혀, 사람이 저마다의 착한 마음을 밝히는 데 이바지하려는 지도자는 삶의 원리를 정확하게 터득해야 한다. 먼저, 자신이 속한 큰 공동체에 어떤 기여를 할 수 있을지 심사숙고해야 한다. 큰 공동체에 기여하려면, 그에 앞서 자기가 속한 보다 작은 공동체에 어떤 기여를 할지 고려해야 한다. 작은 공동체에 기여하려면, 그에 앞서 자기 수양을 철저히 해야 한다. 자기 수양을 철저히 하려면, 그에 앞서 마음을 바르게 해야 한다. 마음을 바르게 하려면, 그에 앞서 자신의 의지를 참되게 해야 한다. 자신의 의지를 참되게 하려면, 그에 앞서 지혜를 동원하여 최선을 다해야 한다. 지혜를 동원하는 작업은 사물의 이치를 하나하나 따지고 캐묻는 데서 시작된다.*

古之欲明明德於天下者, 先治其國. 欲治其國者, 先齊其家. 欲齊其家者,
고 지 욕 명 명 덕 어 천 하 자 선 치 기 국 욕 치 기 국 자 선 제 기 가 욕 제 기 가 자

先修其身. 欲修其身者, 先正其心. 欲正其心者, 先誠其意. 欲誠其意者,
선 수 기 신 욕 수 기 신 자 선 정 기 심 욕 정 기 심 자 선 성 기 의 욕 성 기 의 자

先致其知. 致知在格物.
선 치 기 지 치 지 재 격 물

| **핵심어** | **身心意物** (신심의물)
| **해설** | 자신의 의지와 몸과 마음으로 녹여내는 것이 중요하다.
공부의 단계를 차근차근 파악하라.

1-5

올바른 삶을 위한 공부는 순서에 따라 체계적으로 진행하라. 먼저, 사물의 이치를 하나하나 따지고 캐물어 터득해야 지혜를 갖추게 된다. 지혜를 갖추어야 자신의 의지가 참되게 된다. 자신의 의지를 참되게 해야 마음이 바르게

---

* '순수하고 착한 심성'을 어떤 사람이 밝혀야 하는지의 조건을 다룬 장. 자신의 착한 심성을 밝히는 공부의 핵심
은 '내면의 깨달음'이다.

된다. 마음을 바르게 해야 자기 수양이 철저하게 된다. 자기 수양을 철저하게 해야 작은 공동체에 기여할 수 있다. 작은 공동체에 기여해야 큰 공동체에 기여할 수 있다. 큰 공동체에 기여해야 온 세상과 인류의 삶을 편안하게 하는 데 기여할 수 있다.**

物格而后知至, 知至而后意誠, 意誠而后心正, 心正而后身修, 身修而后家齊,
물 격 이 후 지 지   지 지 이 후 의 성   의 성 이 후 심 정   심 정 이 후 신 수   신 수 이 후 가 제

家齊而后國治, 國治而后天下平.
가 제 이 후 국 치   국 치 이 후 천 하 평

| 핵심어 | **格至誠正** (격지성정)

| 해설 | 이치를 파악하여 지혜를 갖추고 의지를 참되게 하여 마음을 바루어라.

직접 부딪치는 조그마한 일에서 점점 큰 것으로 점진적으로 공부해 가라.

1-6

천자부터 서민에 이르기까지 사람에게 가장 중요한 것은 '자기 수양'을 공부의 바탕으로 해야 한다는 점이다.

自天子以至於庶人, 壹是皆以修身爲本.
자 천 하 이 지 어 서 인   일 시 개 이 수 신 위 본

| 핵심어 | **修身爲本** (수신위본)

| 해설 | 자신의 몸을 닦는 일이 공부의 근본이다.

끊임없이 자신의 몸을 성숙시켜 나가라.

1-7

'자기 수양'이라는 근본 공부에 충실하지 않고 지엽적인 일을 제대로 처리하는 사람은 없다. 풍족하게 만들어야 할 것을 형편없이 부족하게 만드는 사

** 올바른 공부는 격물, 치지, 성의, 정심, 수신, 제가, 치국, 평천하다. 격물, 치지, 성의, 수신은 '명명덕'의 과정이고, 제가, 치국, 평천하는 '친민'의 과정이다.

람이, 부족한 것에 대해 풍족하게 만들려고 노력하는 것을 아직까지는 보지 못했다.*

其本亂而末治者否矣. 其所厚者薄, 而其所薄者厚, 未之有也.
기 본 란 이 말 치 자 부 의   기 소 후 자 박   이 기 소 박 자 후   미 지 유 야

| 핵심어 | 亂治厚薄 (난치후박)

| 해설 | 혼란과 안정, 복지와 착취는 핵심 가치를 제대로 실천하는 데 달려 있다.
혼란을 안정으로, 빈곤을 부유하게 만드는 일이 삶의 기본이다.

---

* 유학자들에게 '풍족한 삶'이란 자신이 속한 '작은 공동체'를 풍족하게 만들려고 노력하는 삶을 의미한다. '작은
  공동체'는 과거 전통사회를 기준으로 보면 친인척을 중심으로 하는 집안 단위다.

전문

2

2-1

『서경』*・『주서』**〈강고〉 편에 무왕이 동생 강숙에게 "착한 마음을 진정으로 밝혀라."고 당부했다.

『서경』「상서」*** 「태갑」 편에 이윤이 태갑에게 "타고난 착한 마음을 주시하라."고 충고했다.

『서경』「우서」, 〈요전〉에 "착하디착한 마음을 밝혔다."라고 요임금을 찬양했다. 이는 모두 '사람이 스스로 착한 마음을 밝히는 일'에 대해 말했다.

康誥曰 "克明德", 太甲曰 "顧諟天之明命", 帝典曰, "克明峻德", 皆自明也.
강고왈　극명덕　태갑왈　고시천지명명　제전왈　극명준덕　개자명야

| 핵심어 | 克明峻德 (극명준덕)

| 해설 | 너무나도 착한 자신의 마음을 인식하라.
착한 품성을 지니고 태어났다는 자부심을 가져라.

---

* 『서경』은 중국 고대의 우·하·상·주 4대에 걸쳐 임금의 훈계나 역사적 기록을 간추려놓은 경서.
** 『주서』는 주나라의 기록으로, 그 가운데 「강고」 편은 상왕이 무왕의 동생인 강숙을 은나라의 유민이 살고 있던 위나라에 봉하면서 훌륭한 정치의 길을 일러준 글.
*** 『상서』는 은나라의 기록으로, 그 가운데 「태갑」 편은 탕임금의 손자인 태갑에 관한 기록.

2-2

은나라 탕임금은 청동으로 만든 세숫대야 바닥에 다음과 같은 글귀를 새겨놓았다.

"진정으로 지난날의 잘못을 뉘우치고 어느 날 새로워졌거든, 나날이 새롭게 하고 또 나날이 계속하여 새롭게 하라!"

『서경』「주서」〈강고〉에 무왕이 동생 강숙에게 이렇게 당부했다.

"스스로 새롭게 혁신하려고 노력하는 백성을 떨쳐 일어나게 하라."

『시경』「대아」〈문왕〉 시에 주공이 문왕을 찬양하며 다음과 같이 읊었다.

"주나라가 오래된 나라지만 그 이름은 새롭기만 하네."

그러므로 건전한 인성을 지닌 사람은, 스스로 착한 마음을 밝히고, 타인을 이해하고 배려하며, 조화로운 사회관계를 이룬다.

湯之盤銘曰, "苟日新, 日日新, 又日新." 康誥曰, "作新民." 詩曰, "周雖舊邦,
탕 지 반 명 왈   구 일 신   일 일 신   우 일 신   강 고 왈   작 신 민   시 왈   주 수 구 방

其命維新." 是故君子無所不用其極.
기 명 유 신   시 고 군 자 무 소 불 용 기 극

|핵심어| 日新又日新 (일신우일신)
|해설| 날마다 새롭게 하고 또 날마다 새롭게 만들어 가라.
깨어 있는 사람은 매일 새로움을 마주하려는 열정에 사로잡힌다.

2-3

『시경』「상송」〈현조〉 시에 은나라의 고종 무정 임금에게 제사를 지내며 다음과 같이 읊었다.

"도성 주변의 사방 천리 사람이 머물러 살고 있네."

『시경』「소아」〈면만〉* 시에 별 볼일 없는 보통 사람이 군대 생활의 어려움을 풍자하며 이렇게 노래했다.

* 『시경』「소아」〈면만〉은 민중의 삶이나 국가의 공무를 맡은 한 인간의 괴로움을 처절하게 보여주는 시.

"꾀꼴꾀꼴 우는 저 꾀꼬리

언덕 골짜기 울창한 숲에 앉았네."

이에 대해 공자는 다음과 같이 평가했다.

"저 꾀꼬리도 앉을 만한 곳에 앉을 줄 아는데, 하물며 사람이 새만 같지 못한가!"

『시경』「대아」〈문왕〉 시에 주공이 문왕을 칭송하며 다음과 같이 읊조렸다.

"깊고 원대한 덕을 지니신 문왕이시여

아아, 항상 착한 마음을 밝히시고 경건한 자세로 머무시네."

이는 어떤 자리에 있든 그 자리에 합당하게 머물렀다는 말이다. 임금은 좋은 정치를 하고, 신하는 경건하게 직책을 수행하며, 자식은 효도를 다하고, 부모는 자식을 사랑하며, 사람과 사귈 때는 믿음을 갖게끔 했다.

『시경』「위풍」〈기욱〉** 시에 위나라 무공의 인품을 칭송하며 이렇게 읊었다.

"저 기수의 물가를 보라

대나무들이 우거져 있네

우아한 자태를 뿜어내는 훌륭한 사람

끊어놓은 듯하고 다듬어놓은 듯하며

쪼아놓은 듯하고 갈아놓은 듯하다

묵직하고 꿋꿋하며 환하고 의젓하네

우아한 자태를 뿜어내는 훌륭한 사람

끝내 잊지 못하리라."

끊어놓은 듯하고 다듬어놓은 듯하다는 표현은 무공이 학문에 힘썼음을 말한 것이다. 쪼아놓은 듯하고 갈아놓은 듯하다는 표현은 무공이 수양에 충실했음을 말한 것이다. 묵직하고 꿋꿋하다는 표현은 인품이 고결하고 위엄이 있다는 말이고, 환하고 의젓하다는 표현은 모습이나 자태가 고귀하고 품

** 『시경』「위풍」〈기욱〉 시는 위나라 무공의 인품을 칭송한 시.

위 있다는 말이다. 우아한 자태를 뿜어내는 훌륭한 사람, 끝내 잊지 못하리라는 것은 최고의 인품을 갖추고 자기 수양과 타자 배려를 일상에서 실천하고 있는 사람인 무공에 대해 사람이 잊지 못함을 말한다.

『시경』「주송」〈열문〉* 시에 주나라의 이전 임금들을 제사 지내며 다음과 같이 읊었다.

"아아, 이전의 임금을 잊지 못하네."

훌륭한 임금들은 이전의 임금들이 행했던 훌륭한 정치를 슬기롭게 받아들이고 그들이 베풀었던 것을 본받아 실천했다. 동시에 사람도 이전의 임금들이 편안하게 해준 것을 바탕으로 편안하게 잘살았고, 이전의 임금들이 이로움을 준 것을 바탕으로 여유롭게 살았다. 때문에 이전의 임금이 세상을 떠나고 없는 지금에도 그 은덕이나 공적을 잊지 않고 그들을 추앙한다.

詩云, "邦畿千里, 惟民所止." 詩云, "緡蠻黃鳥, 止于丘隅." 子曰, "於止, 知
시운 방기천리 유민소지 시운 면만황조 지우구우 자왈 어지 지

其所止, 可以人而不如鳥乎." 詩云, "穆穆文王, 於緝熙敬止." 爲人君止於仁,
기소지 가이인이불여조호 시운 목목문왕 오즙희경지 위인군지어인

爲人臣止於敬, 爲人子止於孝, 爲人父止於慈, 與國人交止於信. 詩云, "瞻彼
위인신지어경 위인자지어효 위인부지어자 여국인교지어신 시운 첨피

淇澳, 菉竹猗猗. 有斐君子, 如切如磋, 如琢如磨. 瑟兮僩兮, 赫兮喧兮. 有斐
기욱 녹죽의의 유비군자 여절여차 여탁여마 슬혜한혜 혁혜훤혜 유비

君子, 終不可諠兮." "如切如磋"者, 道學也. "如琢如磨"者, 自修也. "瑟兮
군자 종불가훤혜 여절여차 자 도학야 여탁여마 자 자수야 슬혜

僩兮"者, 恂慄也. "赫兮喧兮"者, 威儀也. "有斐君子. 終不可諠兮"者, 道
한혜 자 순율야 혁혜훤혜 자 위의야 유비군자 종불가훤혜 자 도

盛德至善, 民之不能忘也. 詩云, "於戲前王不忘." 君子賢其賢而親其親, 小人
성덕지선 민지불능망야 시운 오호전왕불망 군자현기현이친기친 소인

樂其樂而利其利, 此以沒世不忘也.
락기락이리기리 차이몰세불망야

* 『시경』「주송」〈열문〉은 문왕과 무왕을 핵심으로 하는 주나라의 여러 임금들에게 제사 지내면서 읊은 시.

| 핵심어 | 切磋琢磨 (절차탁마)
| 해설 | 끊고 다듬고 쪼고 갈 듯이 열심히 수양하자.

수양은 자신이 처해 있는 상황에 맞게 최선을 다하는 작업이다.

2-4

공자가 말했다.

"사람의 송사를 듣고 처리하는 일은 나도 다른 사람과 같다. 하지만 나는 반드시 사람에게 송사가 일어나지 않도록 하리라."

공자의 이 말에 대해 제자인 증자는 다음과 같이 부연 설명을 했다.

"진실하지 않은 사람은 자신의 거짓된 주장을 끝까지 펼치지 못한다. 왜냐하면 철저히 자기 수양을 한 사람은 일반인의 마음을 두렵게 하기 때문이다. 이런 상황에 대해 '근본을 안다.'고 하는 것이다."

子曰, "聽訟, 吾猶人也. 必也使無訟乎?" 無情者不得盡其辭, 大畏民志. 此謂
자 왈 청 송 오 유 인 야 필 야 사 무 송 호   무 정 자 부 득 진 기 사 대 외 민 지 차 위

知本.
지 본

| 핵심어 | 情得盡辭 (정득진사)
| 해설 | 진실한 사람은 자신의 주장을 제대로 펼칠 수 있다.

자신에게 철저한 사람이 되어라.

2-5

「경문」에서 "지혜를 동원하는 작업은 사물의 이치를 하나하나 따지고 캐묻는 데서 시작된다."라고 했다. 이는 지혜를 갖추려면, 사물의 이치를 따지고 캐물어야 한다는 말이다.

사람의 마음은 아주 영특하다. 때문에 세상 사물을 모두 알 수 있는 능력이 있다. 또 세상의 모든 사물은 나름대로의 결이 있다. 문제는 인간이다. 인간이 사물의 이치를 모두 캐물어 들어가지 않기 때문에 지혜를 제대로 갖추

지 못한다. 그러므로 『대학』을 처음 가르칠 때, 반드시 배우는 사람에게, 세상 사물에 나아가 이미 알고 있는 사물의 이치를 바탕으로, 더욱 따지고 캐물어 완전한 데 도달하기를 갈망해야 한다고 강조한다.

이렇게 오래도록 노력하여 공부하면, 어느 날 갑자기 환하게 꿰뚫게 되고, 사물의 외면과 내면, 세밀한 것과 엉성한 것을 모두 알 수 있다. 그러면 내 마음이 철저하게 수양이 되어 훤하게 드러난다. 이것이 따지고 캐물어 사물의 이치가 구명되는 일이고, 온전한 지혜를 갖춘 상태가 된다.*

所謂致知在格物者, 言欲致吾之知, 在卽物而窮其理也. 蓋人心之靈, 莫不有
소 위 치 지 재 격 물 자 언 욕 치 오 지 지 재 즉 물 이 궁 기 리 야 개 인 심 지 령 막 불 유

知, 而天下之物, 莫不有理. 惟於理有未窮, 故其知有不盡也. 是以大學始敎,
지 이 천 하 지 물 막 불 유 리 유 어 리 유 미 궁 고 기 지 유 부 진 야 시 이 대 학 시 교

必使學者, 卽凡天下之物, 莫不因其已知之理, 而益窮之, 以求至乎其極. 至
필 사 학 자 즉 범 천 하 지 물 막 불 인 기 이 지 지 리 이 익 궁 지 이 구 지 호 기 극 지

於用力之久, 而一旦豁然貫通焉, 則衆物之表裏精粗無不到, 而吾心之全體大
어 용 력 지 구 이 일 단 활 연 관 통 언 즉 중 물 지 표 리 정 조 무 부 도 이 오 심 지 전 체 대

用, 無不明矣. 此謂物格, 此謂知之至也.
용 무 불 명 의 차 위 물 격 차 위 지 지 지 야

| 핵심어 | 格窮豁貫 (격궁활관)
| 해설 | 사물을 탐구하며 이치를 캐물으면 자기도 모르게 이치를 꿰뚫게 된다.
하나씩 진지하게 탐색하면 시간의 축적만큼 꿰뚫리는 수준이 달라진다.

2-6

"자신의 의지를 참되게 갖추어야 한다."라는 것은 스스로를 속이는 일이 없어야 한다는 말이다. 나쁜 냄새를 싫어하듯이 하고 좋은 색을 좋아하듯이 하는 것을 스스로 만족한다고 한다. 그러므로 군자는 반드시 혼자 있을 때 마음을 다잡고 몸가짐을 신중하게 한다.

---

* 전문 5장은 옛날의 『대학』에는 없는 부분을 주자가 직접 보충하였다. 사물의 이치를 따지고 캐묻는 일인 '격물'에 대해, 주자가 『대학』 팔조목의 논리와 자신의 주장을 곁들여 쓴 글로, 흔히 『격물보전(格物補傳)』이라고 한다.

소인들은 할 일 없이 혼자 있을 때, 다른 사람이 보지 않는 틈을 이용하여 못된 짓을 저지른다. 그러다가 군자를 보면, 굽실굽실거리며 못된 짓을 감추고 착한 행동을 하는 것처럼 보이려고 한다. 하지만 세상 사람은 폐와 간을 보듯이, 그 속을 훤하게 들여다보고 있다. 착한 체한들 무슨 소용이 있겠는가? 이런 상황을 내면에서 진실하게 하면 외면으로 드러난다고 하는 것이다. 그러므로 건전한 인격을 지닌 훌륭한 사람은 반드시 혼자 있을 때 마음을 다잡고 몸가짐을 신중하게 한다.

증자가 말했다.

"열 사람의 눈이 당신을 보고 있다. 열 사람이 손가락으로 당신을 가리키고 있다. 모든 사람에게 개방된 삶 속에서, 우리는 정말 세상을 두려워해야 한다."

집안에 재물이 많으면 집을 꾸밀 수 있고 생활도 넉넉하고 화려해진다. 인품이 훌륭하면 몸가짐이나 행실도 빛나고 숭고하다. 마음이 열리고 넓어지면 몸도 편안하고 느긋하다. 그러므로 군자는 반드시 자신의 의지를 참되게 갖춘다.

所謂誠其意者, 毋自欺也, 如惡惡臭, 如好好色, 此之謂自謙. 故君子必愼其
소 위 성 기 의 자 무 자 기 야 여 오 악 취 여 호 호 색 차 지 위 자 겸 고 군 자 필 신 기

獨也. 小人閒居爲不善, 無所不至, 見君子而后厭然, 揜其不善, 而著其善.
독 야 소 인 한 거 위 불 선 무 소 부 지 견 군 자 이 후 안 연 엄 기 불 선 이 저 기 선

人之視己, 如見其肺肝, 然則何益矣? 此謂誠於中形於外, 故君子必愼其獨也.
인 지 시 기 여 견 기 폐 간 연 즉 하 익 의 차 위 성 어 중 형 어 외 고 군 자 필 신 기 독 야

曾子曰, "十目所視, 十手所指, 其嚴乎?" 富潤屋, 德潤身, 心廣體胖, 故君子
증 자 왈 십 목 소 시 십 수 소 지 기 엄 호   부 윤 옥 덕 윤 신 심 광 체 반 고 군 자

必誠其意.
필 성 기 의

|핵심어| 毋自欺愼獨 (무자기신독)
|해설| 자기를 속이지 말고 혼자 있을 때도 몸과 마음을 신중하게 한다.
자신을 속이지 말고 자신에게 주어진 일을 충실히 이행하라.

2-7

"자기 수양은 마음을 바르게 하는 데 있다."라는 것은 노여움을 마음에 묻어두면 마음을 바르게 지닐 수 없다. 두려움을 마음에 묻어두면 마음을 바르게 지닐 수 없다. 기쁨을 마음에 묻어두면 마음을 바르게 지닐 수 없다. 근심 걱정을 마음에 묻어두면 마음을 바르게 지닐 수 없다.

마음에 묻어두고 있지 않으면, 보아도 보이지 않고 들어도 들리지 않으며 먹어도 그 맛을 알지 못한다. 이것을 두고 "자기 수양은 마음을 바르게 하는 데 있다."고 말하는 것이다.*

所謂修身在正其心者, 身有所忿懥, 則不得其正. 有所恐懼, 則不得其正.
소 위 수 신 재 정 기 심 자 신 유 소 분 치 즉 부 득 기 정 유 소 공 구 즉 부 득 기 정

有所好樂, 則不得其正. 有所憂患, 則不得其正. 心不在焉, 視而不見, 聽而不
유 소 호 요 즉 부 득 기 정 유 소 우 환 즉 부 득 기 정 심 부 재 언 시 이 불 견 청 이 불

聞, 食而不知其味. 此謂修身在正其心.
문 식 이 부 지 기 미 차 위 수 신 재 정 기 심

| 핵심어 | 身有心在 (신유심재)
| 해설 | 몸과 마음의 올바름을 간직한다.
모든 것은 마음의 문제요 마음은 몸가짐에서 시작된다.

2-8

"작은 공동체에 기여하는 것은 자기 수양을 철저히 하는 데 있다."라는 것은 일반 사람은 가까이 하고 사랑하는 사람을 다른 사람보다 좋아한다. 천시하고 미워하는 사람을 다른 사람보다 싫어한다. 두려워하고 존경하는 사람을 다른 사람보다 공경한다. 가엾고 불쌍한 사람을 다른 사람보다 배려한다. 거만을 떨고 무시하는 사람을 다른 사람보다 경계한다. 그러므로 한쪽으로

---

* 『대학혹문』에서는 마음의 주체 문제를 다음과 같이 풀었다. "사람의 마음은 거울처럼 맑고 저울처럼 평평하다. 그러므로 내 몸의 주인은 맑고 평평한 것처럼 본래부터 진정 그러할 뿐이다.(중략) 요컨대 마음은 아직 움직이기 전에는 텅 비고 고요하여, 거울이 맑고 저울이 평평한 것과 같다. 이러한 마음의 주체가 다름 아닌 '순수하고 착한 심성'이다."

치우치기 쉬운 정서나 감정을 조절하는 일이 매우 중요하다. 좋아하면서도 그 사람의 단점을 알고 있고, 싫어하면서도 그 사람의 장점을 알아주는 사람은 세상에 많지 않다.

속담에 이런 말이 있다.

"일반 사람은 자기 자식의 단점을 정확하게 모르고, 자기 밭의 곡식이 남의 것보다 크게 자란 것을 제대로 파악하지 못한다."

이것을 두고, "작은 공동체에 기여하는 것은 자기 수양을 하는 데 있다."고 말하는 것이다.**

所謂齊其家在修其身者, 人之其所親愛而辟焉, 之其所賤惡而辟焉, 之其所
소 위 제 기 가 재 수 기 신 자 인 지 기 소 친 애 이 벽 언 지 기 소 천 오 이 벽 언 지 기 소

畏敬而辟焉, 之其所哀矜而辟焉, 之其所敖惰而辟焉. 故好而知其惡, 惡而知
외 경 이 벽 언 지 기 소 애 긍 이 벽 언 지 기 소 오 타 이 벽 언 고 호 이 지 기 악 오 이 지

其美者, 天下鮮矣. 故諺有之曰, "人莫知其子之惡, 莫知其苗之碩."
기 미 자 천 하 선 의 고 언 유 지 왈 인 막 지 기 자 지 악 막 지 기 묘 지 석

此謂身不修, 不可以齊其家.
차 위 신 불 수 불 가 이 제 기 가

| 핵심어 | 知惡知美 (지악지미)
| 해설 | 사람의 단점도 알고 장점도 알아야 한다.
더불어 살아가는 다양한 양태의 사람을 정확히 파악하며 생활하라.

2-9-1

"큰 공동체***에 기여하려면 먼저 작은 공동체에 기여해야 한다."라는 것은 작은 공동체의 질서도 제대로 잡지 못하면서 다른 공동체의 질서를 잡는 사례는 없다. 군자는 작은 공동체를 벗어나지 않고도 그보다 큰 공동체의 질

** 『대학』에서 말하는 작은 공동체는 '가(家)'다. 이때 '가'는 핵가족을 의미하는 아주 작은 단위, 사회의 세포로서 '가정'의 개념을 넘어서 있다. '가'는 좁은 의미에서는 '한집안 식구이고' 넓은 의미에서는 '일가친척을 포함하는 대가족', 이른바 씨족의 문중(門中)이나 집안, 가문(家門)을 말한다.
*** 중국 고대사회에서 비교적 큰 공동체에 해당하는 '나라'인 '국(國)'은 보통 세 가문이 합쳐진 정도의 규모였다.

서를 어떻게 잡는지 그 방법을 알고 있다. 집안에서 부모에 대한 효도는 나라에서 임금을 섬기는 바탕이 된다. 형제 사이의 우애는 연장자나 선배를 섬기는 바탕이 된다. 자녀나 아랫사람에게 베푸는 내리사랑은 사람에게 베푸는 사랑의 바탕이 된다.

『서경』「주서」〈강고〉* 편에 무왕이 동생 강숙에게 "갓난아이를 돌보듯이 하라."고 당부했다. 임금은 마음으로부터 진실하게 백성을 사랑하는 방법을 찾아야 한다. 그러면 백성의 마음에 꼭 맞지는 않더라도 그리 멀거나 틀리지는 않는다. 자식을 낳지도 않았는데, 자식 기르는 법을 모두 배운 다음에 결혼하는 사람이 어디에 있겠는가?

한 집안에서 사람을 사랑하는 기풍이 있으면 나라 전체가 사랑의 기풍이 일어난다. 한 집안에 예의 있는 기풍이 있으면, 나라 전체가 예의의 기풍이 일어난다. 임금 하나가 탐욕스럽게 이권을 챙기면, 나라 안의 모든 사람이 탐욕스럽게 이익을 탐하여 나라가 혼란에 빠질 수 있다. 안정시킬 수 있느냐 혼란에 빠지느냐, 그 차이가 이런 데 있다. 임금 한 사람의 잘못된 말 한마디가 나라를 혼란에 빠트리기도 하고, 훌륭한 임금 한 사람이 나라를 안정시키기도 한다.

所謂治國必先齊其家者, 其家不可教, 而能教人者無之, 故君子不出家而成教
소 위 치 국 필 선 제 기 가 자   기 가 불 가 교   이 능 교 인 자 무 지   고 군 자 불 출 가 이 성 교

於國. 孝者, 所以事君也. 弟者, 所以事長也. 慈者, 所以使衆也.
어 국   효 자   소 이 사 군 야   제 자   소 이 사 장 야   자 자   소 이 사 중 야

康誥曰, "如保赤子." 心誠求之, 雖不中不遠矣. 未有學養子而後嫁者也.
강 고 왈   여 보 적 자   심 성 구 지   수 부 중 불 원 의   미 유 학 양 자 이 후 가 자 야

一家仁, 一國興仁. 一家讓, 一國興讓. 一人貪戾, 一國作亂. 其機如此.
일 가 인   일 국 흥 인   일 가 양   일 국 흥 양   일 인 탐 려   일 국 작 란   기 기 여 차

此謂一言僨事, 一人定國.
차 위 일 언 분 사   일 인 정 국

* 『서경』「주서」〈강고〉 편에서 무왕이 강숙에게 주는 이야기는, 정치 지도자로서 사람을 '내리사랑'하는 따스한 마음으로 가득하다.

|**핵심어**| 心誠求之 (심성구지)

|**해설**| 마음을 다해 참되게 사랑하는 방법을 찾는다.

자신으로부터 보다 먼 사람에게로 향하면 마음이 성숙해지는 만큼 주변은 아름답게 펼쳐진다.

2-9-2

요임금과 순임금이 세상 사람을 사랑하는 마음으로 정치를 하자 사람이 똑같이 사랑을 따라 했다. 하나라의 걸과 은나라의 주가 세상을 포악하고 잔혹하게 정치를 하자 사람이 똑같이 잔혹을 따라 했다. 임금이 포학무도한 짓을 좋아하고 행하면서 사람에게 착하게 살라고 하면 누가 그를 따르겠는가? 그러므로 군자는 자기의 착한 마음을 충실히 밝히는 자기 수양을 철저히 한 다음, 다른 사람에게 착한 마음을 요구한다. 자기가 잘못을 저지르지 않아야 다른 사람이 잘못하면 그것을 꼬집는다. 자기의 잘못을 용서하지도 못하면서, 다른 사람을 이해하고 깨우치는 자는 없다. 그러므로 "큰 공동체에 기여하려면 먼저 작은 공동체에 기여해야 한다."고 하는 것이다.

『시경』「주남」〈도요〉** 시에 다음과 같이 읊었다.

"싱싱한 복숭아 나무

푸른 잎새 무성하도다

결혼하는 아가씨

온 집안 식구 화목하게 하리라."

이는 그 집안 사람에게 잘해야 나라 사람을 가르칠 수 있음을 노래한 것이다.

『시경』「소아」〈육소〉 시에는 이렇게 읊었다.

"형에게 잘하고 아우에게 잘한다."

이는 형에게 잘하고 아우에게 잘해야 나라 사람을 가르칠 수 있음을 노래

** 『시경』「주남」〈도요〉는 결혼을 축하하는 시다.

한 것이다.

『시경』「조풍」〈시구〉* 시에 다음과 같이 읊었다.

"언행이 도에 어긋나지 않으니

세상의 온 나라가 바르게 되네."

이는 집안에서 부모자식과 형제자매들이 그의 행실을 본받아 집안이 반듯하게 되고, 나아가 나라 사람이 이를 본받아 나라의 질서가 잡혔음을 노래한 것이다. 이런 점에서 "큰 공동체에 기여하려면 먼저 작은 공동체에 기여해야 한다."

堯·舜率天下以仁, 而民從之. 桀·紂率天下以暴, 而民從之. 其所令反其所好,
요 순솔천하이인 이민종지 걸 주솔천하이폭 이민종지 기소령반기소호

而民不從. 是故君子有諸己而后求諸人, 無諸己而后非諸人. 所藏乎身不恕而
이민부종 시고군자유저기이후구저인 무저기이후비저인 소장호신불서이

能喩諸人者, 未之有也. 故治國在齊其家. 詩云, "桃之夭夭, 其葉蓁蓁. 之子
능유저인자 미지유야 고치국재제기가 시운 도지요요 기엽진진 지자

于歸, 宜其家人." "宜其家人", 而后可以教國人. 詩云, "宜兄宜弟." "宜兄宜
우귀 의기가인 의기가인 이후가이교국인 시운 의형의제 의형의

弟", 而后可以教國人. 詩云, "其儀不忒, 正是四國." 其爲父子·兄弟足法, 而
제 이후가이교국인 시운 기의불특 정시사국 기위부자 형제족법 이

后民法之也. 此謂治國在齊其家.
후민법지야 차위치국재제기가

| 핵심어 | **有諸己 求諸人** (유저기 구저인)

| 해설 | 자기 수양을 철저히 한 다음에 타인에게 착한 마음을 요구한다.

자신에게 충실하고 공동체에 충실하라. 그것이 세상을 구제하는 힘이다.

2-10-1

"온 세상과 인류의 삶을 편안히 하는 일은 큰 공동체에 기여하는 데 있다."라는 것은 임금이 어른을 어른으로 잘 모시면, 사람이 그것에 감화되어

---

*『시경』「조풍」〈시구〉는 조나라 사람이 지도자 중의 어떤 사람을 찬미한 시다. 『모시』는 나라의 지도자 중에 인격을 제대로 갖춘 훌륭한 사람이 없고 마음 씀씀이가 한결같지 않음을 풍자한 시다.

효도하는 기풍을 일으킨다. 연장자를 연장자로 대접하면, 사람이 그것에 감화되어 공경하는 기풍을 일으킨다. 고아나 홀아비, 과부 등 사회적 약자를 배려하면, 사람이 그것에 감화되어 임금을 배신하지 않는다. 그러므로 군자는 자로 사물을 재듯이, 사람이 어떻게 살아가는지, 그 상황을 헤아려 반듯하게 만드는 '혈구絜矩'**의 양식을 지니고 있어야 한다.

내가 아랫사람으로 있을 때, 윗사람의 권위적이고 폭압적인 태도가 정말 싫었다. 입장이 바뀌어 내가 윗사람이 됐다. 그런 무례한 태도로 아랫사람을 지도해서야 되겠는가? 내가 윗사람으로 있을 때, 아랫사람이 충실하지 않은 태도로 근무했다. 이제 내가 아랫사람이 됐다. 그런 게으른 태도로 윗사람을 대해서 되겠는가? 내가 뒤에서 따라갈 때, 앞사람을 툭툭 치며 나갔다. 앞사람은 그것을 매우 싫어했다. 그런데 내가 앞에서 갈 때, 뒷사람이 똑같이 그렇게 툭툭 치면 좋겠는가? 내가 앞에서 갈 때 뒷사람을 무시하며 홀대했다. 내가 뒤에서 따라갈 때 앞사람이 그렇게 하면 좋겠는가? 내가 왼쪽에 있을 때 오른쪽 사람을 쓸데없이 건드리며 나쁜 짓을 일삼았다. 내가 오른쪽에 있을 때 왼쪽 사람이 그렇게 하면 좋겠는가?

그런 태도로 사람을 사귀면 곤란하다. 상하전후좌우를 두루 살펴 공평하고 방정하게 틀을 잡는 일. 이것을 '혈구'의 양식이다.

所謂平天下在治其國者, 上老老而民興孝, 上長長而民興弟, 上恤孤而民不
소 위 평 천 하 재 치 기 국 자 상 노 노 이 민 흥 효 상 장 장 이 민 흥 제 상 휼 고 이 민 불

倍, 是以君子有絜矩之道也. 所惡於上, 毋以使下. 所惡於下, 毋以事上. 所惡
배 시 이 군 자 유 혈 구 지 도 야 소 오 어 상 무 이 사 하 소 오 어 하 무 이 사 상 소 오

於前, 毋以先後. 所惡於後, 毋以從前. 所惡於右, 毋以交於左. 所惡於左, 毋
어 전 무 이 선 후 소 오 어 후 무 이 종 전 소 오 어 우 무 이 교 어 좌 소 오 어 좌 무

以交於右. 此之謂 "絜矩之道."
이 교 어 우 차 지 위 혈 구 지 도

** 최고지도자가 갖추어야 할 학문과 정치의 대원칙은 한마디로 '혈구(絜矩)'의 길이다. '혈구'는 사물을 자로 재어 측량하듯이, 사람이 처한 상황을 헤아려 합당하게 처리하려는 삶의 방식이다. 그 길은 나를 중심으로 상하·전후·좌우를 돌아보는 길이다.

| 핵심어 | 絜矩之道 (혈구지도)
| 해설 | 상하전후좌우의 여러 상황을 헤아려 살핀다.
역지사지의 마음으로 판단하여 올바르게 행동하라.

2-10-2

『시경』「소아」〈남산유대〉*에 다음과 같이 읊었다.

"즐거울세 우리 님

백성의 부모일세."

백성이 좋아하는 것을 임금도 좋아하고, 백성이 싫어하는 것을 임금도 같이 싫어해야 진정한 백성의 부모로서 임금이라고 할 수 있다.

『시경』「소아」〈절피남산〉**에 이렇게 읊었다.

"깎아지른 저 남산

바위가 우뚝우뚝 하네

혁혁한 태사 윤씨여

백성이 모두 그대를 바라보네."

임금은 삼가고 또 조심해야 한다. 한쪽으로 치우치면, 나라가 혼란스럽게 될 뿐만 아니라, 사람 또한 그를 가만두지 않고 죽일 수도 있다.

『시경』「대아」〈문왕〉***시에 또 이렇게 읊었다.

"은나라가 민심을 잃지 않았을 적엔

상제와 짝이 될 수 있었다네.

마땅히 은나라를 거울삼아

하늘의 명 보존하기 쉽지 않음을 명심하세."

이처럼 백성의 마음을 얻으면 나라가 번성하고, 백성의 마음을 잃으면 나라가 혼란스러워 망할 수 있다.

* 『시경』「소아」〈남산유대〉는 열린 마음을 지닌 훌륭한 지도자를 얻고, 그 즐거움을 노래한 시다.
** 『시경』「소아」〈절피남산〉은 지도자를 향한 간절한 마음이 나타나 있다.
*** 『시경』「대아」〈문왕〉은 지도자가 무엇을 명심하고 따라야 하는지를 엄중하게 경고하고 있다.

詩云, "樂只君子, 民之父母." 民之所好好之, 民之所惡惡之, 此之謂 "民之父
시 운 　 악지군자 　 민지부모 　 　 민지소호호지 　 민지소오오지 　 차지위 　 민지부

母." 詩云, "節彼南山, 維石巖巖. 赫赫師尹, 民具爾瞻." 有國者不可以不愼,
모 　 시 운 　 절피남산 유석암암 혁혁사윤 민구이첨 　 유국자불가이불신

辟則爲天下僇矣. 詩云, "殷之未喪師, 克配上帝. 儀監于殷, 峻命不易." 道得
벽 즉 위 천 하 륙 의 시 운 　 은지미상사 극배상제 의감우은 준명불이 　 도득

衆則得國, 失衆則失國.
중 즉 득 국 실 중 즉 실 국

|핵심어| **得衆得國** (득중득국)
|해설| 백성의 마음을 얻으면 나라가 번성한다.
사람의 마음을 얻어라. 그것만이 지도자가 내세울 수 있는 생명력이다.

2-10-3

군자는 먼저 착한 자신의 마음을 밝혀 수양을 철저히 하고 덕을 쌓아야
한다. 그래야 사람이 모여든다. 사람이 모여야 그들이 살 터전인 땅(국토)을
얻게 된다. 그리하여 보금자리를 찾은 사람은 국토를 가꾸면서 부지런히 일
하고, 거기에서 사람이 함께 먹고살 수 있는 재물을 생산한다. 사람이 생산
한 재물을 바탕으로 임금은 국가를 경영한다.

때문에 임금에게는 자기 수양을 철저히 하여 쌓은 인품인 '덕德'이 가장 중
요하다. 그래서 덕을 근본이라고 한다. 백성이 생산한 재물은 임금의 덕과
조화를 이룰 때 빛난다. 그래서 재물을 말단이라고 한다. 임금이 근본인 덕
성을 중요하게 여기지 않고, 말단인 재물을 중요하게 여기면, 백성과 다투게
된다. 그 결과 백성도 서로 갈등과 반목으로 싸우며 빼앗는 행동을 한다. 그
러므로 임금이 재물을 독점적으로 긁어모아 자기를 위해 쓰게 되면, 백성은
임금을 믿지 못하고 흩어져 도망간다. 반대로 임금이 백성을 위해 재물을 공
평하게 나누어 쓰면, 다른 나라 사람까지 그 소문을 듣고 여기저기서 모여든
다. 그러기에 도리에 어긋난 말이 입에서 나가면, 도리에 어긋난 말이 귀에
들어온다. 도리에 어긋나게 재물을 거두어들이면, 도리에 어긋나게 재물이

나간다.

『서경』「주서」〈강고〉 편에 무왕이 동생 강숙에게 이렇게 당부했다.

"오직 천명은 일정하지 않다."

이는 착하게 하면 천명을 얻어 훌륭한 임금이 될 수 있지만, 착하지 않으면 임금으로서의 삶도 비참해지고 나라도 잃게 됨을 말한 것이다.

是故君子先愼乎德. 有德此有人, 有人此有土, 有土此有財, 有財此有用.
시 고 군 자 선 신 호 덕　유 덕 차 유 인　유 인 차 유 토　유 토 차 유 재　유 재 차 유 용

德者本也, 財者末也. 外本內末, 爭民施奪. 是故財聚則民散, 財散則民聚,
덕 자 본 야　재 자 말 야　외 본 내 말　쟁 민 시 탈　시 고 재 취 즉 민 산　재 산 즉 민 취

是故言悖而出者, 亦悖而入, 貨悖而入者, 亦悖而出. 康誥曰, "惟命不于常."
시 고 언 패 이 출 자　역 패 이 입　화 패 이 입 자　역 패 이 출　강 고 왈　유 명 불 우 상

道善則得之, 不善則失之矣.
도 선 즉 득 지　불 선 즉 실 지 의

|핵심어| 德本財末 (덕본재말)
|해설| 덕성은 근본이고 재물은 말단이다.
소유에 집착하지 말고 복지 혜택을 끊임없이 베풀어라.

2-10-4
춘추시대 초나라의 역사 기록인 『초서』*에 다음과 같은 기록이 있다.

"초나라는 특별히 보배로 삼을 만한 물건이 없고, 오직 착한 사람을 보배로 삼는다."

중이(나중에 진나라 문공이 됨)에게 그의 외삼촌인 구범이 이렇게 말했다.

"지위를 잃고 망명하여 도망간 사람은 특별히 볼 것이 없고, 부모를 사랑하는 사람을 보배로 삼아야 한다."

『서경』「주서」〈진서〉**에는, 진나라의 목공이 전쟁에서 패한 후, 여러 관리들에게 말한 다음과 같은 기록이 있다.

"여기에 어떤 신하가 있다. 그는 성실하고 열심히 일하기는 하지만 특별

한 재주는 없다. 그 마음이 너그럽고 솔직하여 사람을 잘 포용한다. 다른 사람이 가진 재주를 자기가 가진 것처럼 생각하고, 다른 사람이 가진 아름다운 인품과 선비다운 풍모를 자신이 진심으로 좋아하고 칭찬한다. 이런 사람을 등용해야 그 따스한 포용력으로 나라의 모든 사람을 배려할 수 있고, 나라에 이로움이 있다.

반대로, 다른 사람이 재주가 있으면, 이를 시기하고 미워하며, 다른 사람이 가진 아름다운 인품과 선비다운 풍모를 고의로 깎아내리거나 빈정거리는 사람도 있다. 그런 사람은 다른 사람을 포용하지도 배려하지도 못한다. 그런 사람을 등용한다면, 나라의 사람을 이해하거나 배려하지도 못할 뿐만 아니라, 오히려 나라를 혼란스럽게 만들고 위태롭게 할 수 있다."

열린 마음을 지닌 사람만이 이렇게 다른 사람을 시기 질투하고 깎아내리며 빈정대는 사람을 나라에서 추방하고 유배지로 보내는 등 이 나라에서 더불어 살지 못하게 할 수 있다. 때문에『논어』에서 공자가 이렇게 말했다.

"열린 마음을 지닌 사람만이 사람을 사랑할 수 있고 미워할 수 있다."

현명한 사람을 보고도 등용하지 못하거나, 등용하더라도 우선적으로 등용하지 않는 것은 '태만'이다. 착하지 않은 사람을 보고도 물리치지 못하거나, 물리치더라도 멀리까지 추방하거나 유배하여 단절하지 못하는 것은 '잘못'이다. 사람 대부분이 싫어하는 것을 임금은 좋아하고, 사람 대부분이 좋아하는 것을 임금이 싫어하는 것은, 사람이 지닌 착한 품성에 어긋나는 일이다. 이런 사람이 임금이 되면, 반드시 재앙이 자신의 몸에 미친다.

楚書曰, "楚國無以爲寶, 惟善以爲寶." 舅犯曰, "亡人無以爲寶, 仁親以爲
초 서 왈   초 국 무 이 위 보   유 선 이 위 보   구 범 왈   망 인 무 이 위 보   인 친 이 위

* 『초서』는 초나라의 역사 기록으로 『초어』라고도 한다. 『초어』는 『국어』의 한 편인데, 『국어』는 주나라 때 좌구명이 『좌씨전』을 쓰기 위해 춘추시대 여러 나라의 역사 기록을 모은 책이다. 『국어』는 「주어」, 「노어」, 「제어」, 「진어」, 「정어」, 「초어」, 「오어」, 「월어」 등으로 구성돼 있다.
** 『서경』「주서」〈진서〉의 기록은 『서경』「주서」의 마지막 부분이다. 어찌 보면 『서경』의 총결이다.

寶." 秦誓曰, 若有一个臣, 斷斷兮, 無他技. 其心休休焉, 其如有容焉. 人之有
보   진서왈 약유일개신 단단혜 무타기 기심휴휴언 기여유용언 인지유

技, 若己有之. 人之彦聖, 其心好之, 不啻若自其口出, 寔能容之, 以能保我子
기   약기유지 인지언성 기심호지 불시약자기구출 식능용지 이능보아자

孫黎民, 尙亦有利哉! 人之有技, 媚疾以惡之. 人之彦聖, 而違之, 俾不通.
손려민 상역유리재 인지유기 모질이오지 인지언성   이위지 비불통

寔不能容, 以不能保我子孫黎民, 亦曰殆哉! 唯仁人放流之, 迸諸四夷,
식불능용 이불능보아자손려민 역왈태재 유인인방류지 병저사이

不與同中國. 此謂唯仁人, 爲能愛人, 能惡人. 見賢而不能擧, 擧而不能先,
불여동중국 차위유인인 위능애인 능오인 견현이불능거 거이불능선

命也. 見不善而不能退, 退而不能遠, 過也. 好人之所惡, 惡人之所好,
명야 견불선이불능퇴 퇴이불능원 과야 호인지소오 오인지소호

是謂拂人之性, 菑必逮夫身.
시위불인지성 재필체부신

|핵심어| **善寶賢擧** (선보현거)

|해설| 착한 사람을 소중하게 여기고 현명한 사람을 채용한다.

사람이 최고의 보배다. 착하고 현명한 사람을 존경하라.

2-10-5

군자는 임금으로서 해야 할 큰 도리가 있다. 반드시 자기 수양을 통해 쌓은 '충실'과 타인을 이해하고 배려하는 사람에 대한 '신뢰'를 지켜야 한다. 자기 충실과 타자 신뢰를 지킨다면, 백성과 나라를 얻을 수 있다. 그러나 자신의 지위가 높다는 것만을 자랑하고 사치스럽고 방자하게 행동하면, 백성도 잃고 나라도 망한다.

是故君子有大道, 必忠信以得之, 驕泰以失之.
시고군자유대도 필충신이득지 교태이실지

|핵심어| **忠信得 驕泰失** (충신득 교태실)

|해설| 충실 신뢰로 얻고 교만 방자로 잃는다.

충실과 신뢰, 이것이 개인과 공동체에 활력을 불어넣는 우직한 덕목이다.

2-10-6

재물을 생산하는 기본 원칙이 있다. 생산하는 사람이 많고 소비하는 사람이 적어야 하며, 생산하는 사람은 빨리 만들고 소비하는 사람은 천천히 써야 한다. 그래야만 재물이 항상 풍족하다.

마음이 탁 트인 임금은 백성과 재물을 공평하게 나누어 쓰면서, 자신의 존재를 드러내며 명성을 얻는다. 마음이 꽉 막힌 임금은 자기 육신의 쾌락을 위해, 백성이 열심히 일해 생산한 재물을 노골적으로 거두어들여 사치하며 낭비한다.

임금이 마음을 열고 백성을 배려하며 포용하는 것을 좋아하면, 사람은 그에 합당한 바른 행동을 하게 마련이다. 사람이 합당하게 바른 행동을 하면 임금이 일처리를 제대로 하지 못하는 경우는 없다. 그러므로 나라의 재물을 임금에게 맡겨도 바르게 쓰지 않는 것이 없다.

(노나라 대부) 맹헌자가 말했다.

"수레를 모는 말을 기르는 귀족인 대부 신분의 집안에서는 닭이나 돼지와 같이 서민이 먹고살기 위해 사육하는 짐승을 길러 돈벌이로 삼아서는 안 된다. 겨울에 얼음을 잘라 저장해두었다가 상례나 제례 때 쓰는 정도의 귀족인 경이나 대부 신분 이상의 집안에서는 소나 양과 같이 서민이 돈벌이로 사육하는 가축을 길러 그들과 이권을 다투어서는 안 된다. 전차 100대를 차출할 수 있는 경제 규모를 지닌 귀족인 경이나 영주처럼 채지*를 가지고 있는 집안에서는 사람으로부터 재물을 가혹하게 거두어들이는 가신家臣을 두어서는 안 된다. 재물을 가혹하게 거두어들이는 가신을 둘 바에야, 차라리 도둑질하는 가신을 두는 것이 낫다."

이 말은 나라를 다스리는 임금은 개인적 육신의 쾌락을 위해 재물을 가혹하게 거두어들여 이익으로 삼는 것을 나라에 이롭다 생각하지 않고, 합당하

---

* 채지(采地)는 경이나 영주가 다스리는 땅이다.

고 바르게 행동하는 것을 이로움으로 삼는다는 뜻이다.

나라의 임금이 되어, 백성의 재물을 혹독하게 거두어서 사치하고 낭비하는 데 힘쓰는 이유는 임금이 욕망에 찌든 소인들을 자기의 신하로 등용하기 때문이다. 임금이 소인배들을 착한 사람으로 오인하고 그들에게 나라를 다스리게 하면, 여러 가지 재앙과 폐해가 동시에 나타난다. 소인배들이 전횡을 저질러 여러 가지 재앙과 폐해가 나타난 다음에는, 아무리 유능하고 훌륭한 사람을 등용하고 그것을 고치려 해도 어찌할 도리가 없다.

이를 가리켜 나라를 다스리는 임금은 개인적 육신의 쾌락을 위해 재물을 가혹하게 거둬들여 이익으로 삼는 것을 나라에 이롭다 생각하지 않고, 합당하게 바르게 행동하는 것을 이로움으로 삼는다고 한다.

生財有大道, 生之者衆, 食之者寡, 爲之者疾, 用之者舒, 則財恒足矣. 仁者以
생재유대도 생지자중 식지자과 위지자질 용지자서 즉재항족의 인자이

財發身, 不仁者以身發財. 未有上好仁而下不好義者也, 未有好義其事不終者
재발신 불인자이신발재 미유상호인이하불호의자야 미유호의기사부종자

也, 未有府庫財非其財者也. 孟獻子曰, "畜馬乘, 不察於雞豚. 伐冰之家, 不畜
야 미유부고재비기재자야 맹헌자왈 휵마승 불찰어계돈 벌빙지가 불휵

牛羊. 百乘之家, 不畜聚斂之臣. 與其有聚斂之臣, 寧有盜臣." 此謂國不以利
우양 백승지가 불휵취렴지신 여기유취렴지신 영유도신 차위국불이리

爲利, 以義爲利也. 長國家而務財用者, 必自小人矣. 彼爲善之, 小人之使爲
위리 이의위리야 장국가이무재용자 필자소인의 피위선지 소인지사위

國家, 菑害並至, 雖有善者, 亦無如之何矣? 此謂國不以利爲利, 以義爲利也.
국가 재해병지 수유선자 역무여지하의 차위국불이리위리 이의위리야

|핵심어| **財身義利** (재신의리)

|해설| 재물을 공평하게, 의(義)를 이로움[利]으로

의리(義理)는 삶의 최고 이익이자 인간의 사회적 생명이다.

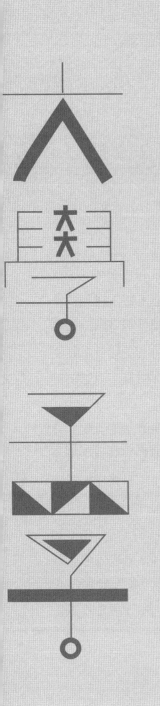

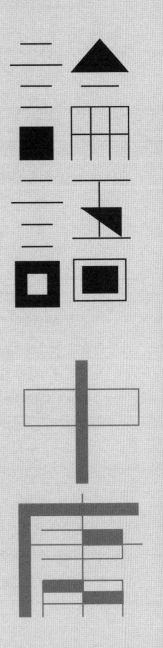

논어

論語

제 2 권

동양의 영원한 스승 공자와 『논어』

『논어論語』는 유교의 최고 경전이다. 기독교에 바이블Bible이 있듯이 유교에는 『논어』가 있다. 그만큼 『논어』는 동양의 사상 문화를 대변한다. 기독교 바이블이 예수의 저작이 아니듯, 『논어』도 공자가 저술한 것이 아니다. 공자가 죽은 후 약 70여 년이 지난 뒤, 유교를 신봉하는 후예들이 편찬한 것으로 추측된다. 때문에 『논어』의 내용은 기본적으로 공자와 그 제자들의 언행을 기록한 집단지성의 산물이다.

그렇다 하더라도 『논어』 20편의 글은 공자의 기본 사유를 포괄적으로 담고 있다. 주요 내용은 공자와 제자 사이의 일상생활에 관한 문답이나 당시 정치인이나 정치에 대한 공자의 비평, 공자 자신의 일상생활, 역사적 인물에 대한 숭앙이나 찬미 등 다양한 사안이 파노라마처럼 펼쳐져 있다. 무엇보다도 일상의 삶을 구가한 것이 대부분이라 『논어』를 삶의 철학이라고도 한다. 삶의 문제를 다룬 방식만큼이나 추상적인 이론을 앞세운 언표가 적고 현실의 구체적인 문제를 표출했다. 그것이 『논어』의 생명력이자 힘이다. 후세들은 그런 『논어』를 일상으로 끌어들였다. 그것이 『논어』를 고전으로 만든 근거다.

『논어』를 이해하기 위해서는 공자의 일생을 조명할 필요가 있다. 사실, 공자의 삶은 미스터리하다. 중국 고대 사상가들의 일생이 대부분 그러하지만, 공자의 어릴 적 삶이 기록으로 정리되어 전해오지는 않는다. 여기저기서 편린片鱗들이 전해올 뿐이다. 『논어』에는 15세 이전의 공자의 삶은 거의 엿보이지 않는다. 15세 이후 성인으로서의 학문과 윤리도덕, 정치활동 등의 중요한 대목이 전해올 뿐이다.

공자는 노나라 평창향 추읍에서 태어났다. 아버지는 숙양흘이고 어머니는 안징재이다. 사마천의 『사기』에 따르면, 이 둘 사이에 야합野合의 형태로 태어난 존재가 공자다. 공자는 태어날 때부터 머리 위가 언덕배기처럼 오목하게 들어가 있었다. 때문에 '언덕 구됴' 자를 따서 '구'라는 이름을 붙여주었다. 그래서 공자는 공구孔됴라는 성명으로 불렸다.

공자는 흔히 말하는 조실부모早失父母의 상징이다. 태어난 지 얼마 안 되어 아버지 숙양흘이 세상을 떠났고, 10대 후반에 어머니 안징재도 세상을 떠났다. 어릴 때는 제기를 차려놓고 예의를 갖추어 제사 지내는 장난을 하며 놀았다고만 전한다. 더 이상 아무런 기록이 없다. 그만큼 삶이 팍팍했다. 생존 자체가 그의 삶 전체를 덮었으리라.

조실부모하고, 별 볼일 없는 공자의 인생은 먹고살기 바쁜 생활로 점철되었다. 그러다 당시 노나라의 실권자 가운데 하나였던 계씨 가문의 말단 공무원인 위리委吏를 맡았다. 위리는 일종의 창고지기로, 사람에게 필요한 물품을 나누어 주는 자리였다. 이 첫 직장에서 공자는 물품을 공평하게 나누어 주며 일처리를 깔끔하게 했다. 그 후, 가축을 기르는 일종의 목장지기인 사직리司職吏로 자리를 옮겨, 가축을 보살피고 기르고 번식시키는 일에 몰두했다. 가축의 수가 늘어나 목장이 번성하자, 주변에서 서서히 공자의 능력과 인품을 신뢰하기 시작했다.

그러나 무슨 이유 때문인지 공자는 고국故國인 노나라를 떠나 천하주유天下

周遊를 하면서 풍찬노숙風餐露宿, 산전수전山戰水戰하는 인생 역정을 걷는다. 그런 사실이 『논어』 전편에 담겨 있다. 이 점이 우리가 『논어』를 읽는 이유 중 하나이다. 공자의 드라마틱한 삶의 전모를 통해 우리 삶을 반추하려는 욕망의 분출, 위로와 격려를 한꺼번에 보상받으려는 심리가 『논어』의 세계로 우리를 이끄는 것이다.

공자는 가는 곳마다 그의 사유와 행동으로 인해 '안티anti' 세력에게 미움을 샀다. 그의 존재 자체가 걸림돌이었다. 제나라에서 배척당하고 송나라와 위나라에서는 쫓겨나기도 했다. 진나라와 채나라 사이에서는 견디기 힘든 곤란을 당하기도 했다. 그러다가 결국 모국母國인 노나라로 돌아왔다. 그 파란만장한 일생의 사건들은 『논어』를 읽으면서 직접 파악하시라.

『논어』에는 등장하지 않지만, 사마천의 『사기』에 재미있는 일화가 기록되어 있다. 다름 아닌 노자와의 만남이다. 주지하다시피 노자는 도가道家의 시조다. 도가는 공자의 유가儒家와 더불어 중국 사상의 양대 산맥을 이루는 사상이다. 어찌 보면 공자의 인생은, 라이벌 노자를 만나면서 전환기를 맞는다. 그 시기가 언제인지는 정확하지 않으나, 대략 공자의 나이 30세 전후로 추측된다. 어쨌건, 공자는 주나라에 갔을 때 노자를 만났다. 그리고 노자에게 예에 대해 물었다. 노자와 긴 대화를 끝내고 작별할 때, 노자는 공자를 전송하며 진지하게 말했다.

"사람을 전송할 때 부귀한 사람은 재물을 주고, 사람을 사랑하는 사람은 말을 해준다고 하지요. 나는 부귀하지 못합니다. 그래서 사람을 사랑하는 사람이라고 생각하고, 몇 마디 말로 당신을 보내드리겠습니다. 총명하여 깊게 살피는 사람에게는 늘 죽음의 위험이 따릅니다. 왜냐하면 남을 잘 비판하기 때문입니다. 많은 지식을 가지고 재능이 뛰어난 사람은 몸이 위태롭습니다. 왜냐하면 남의 결점을 잘 지적하기 때문입니다. 자식으로 살아가는 사람은 부모의 나이쯤 되는 사람 앞에서 자신을 낮추고, 신하가 된 사람은 군주 앞에서 자신을 치켜세우지 않아야 합니다. 명심하세요."

노자와 헤어진 후, 공자는 노나라로 돌아왔다. 그런데 무슨 이유에서인지 공자의 문하에는 제자들이 점점 많이 모여들었다. 세상 사람도 노자와 공자의 만남에서 번뜩이는 예지를 본 것일까!

수많은 정치적 사건들을 겪으면서, 공자는 자신의 인생에서 최고 전성기를 맞이한다. 노나라 정공 14년, 공자의 나이 56세 되던 해에 대사구大司寇에 발탁되었다. 대사구는 사법과 형벌을 관장하는 최고 직책으로 오늘날 검찰총장이나 법무부장관에 해당하는 막중한 자리다. 물론, 그 이전에 공자는 중도中都를 담당하는 관리가 되어 명성을 날렸고, 육경六卿의 하나인 사공司空이 되어 능력을 발휘하며 지도력을 인정받았다. 모르긴 해도, 공자의 얼굴에는 희색이 만연했으리라. 그토록 바라던 정치가로서의 포부를 마음껏 펼칠 수 있는 절호의 기회가 온 것이다. 공자는 바로 행동을 개시했다.

노나라의 정치를 어지럽힌 죄를 물어, 상당한 권력을 휘두르고 있던 대부 소정묘少正卯를 죽여버렸다. 당시로서는 상상하기도 힘든 사형을 집행한 것이다. 공자는 엄격했다. 칼 같았다. 우리는 공자를 매우 점잖고 인자하며 그 어떤 것도 용서해 주는, 윤리도덕으로 무장한 성인으로 알고 있다. 그런데 사형이라니! 그것도 당대 최고의 실력자를 하루아침에 날려버리다니.

이런 방식으로 공자가 국정에 참여한 지 3개월 만에 노나라의 정치가 안정되었다. 장사꾼들은 장사를 잘하게 되었고, 남녀노소를 불문하고 사람은 각자의 길을 가며, 자기 것이 아니면 길에 떨어진 물건이라도 가져가지 않고, 사방의 여러 나라에서 오는 손님들이 특별히 길을 안내받지 않고도 노나라를 찾아올 수 있게 제도가 정비되었다. 이런 노나라의 소식을 듣자, 제나라를 비롯한 주변의 여러 나라들이 노나라의 부강을 두려워했다.

또 재미있는 일화가 있다. 공자가 여자 문제로 오해를 받은 일이다. 공자가 위나라에 갔을 때다. 당시 위나라 군주이던 영공에게는 남자南子라는 부인

이 있었다. 그녀는 공자에게 상당히 관심이 많았다. 그래서 공자에게 사람을 보내 공자의 마음을 떠보았다.

"세상에 이름 있는 훌륭한 사람이 위나라로 와서 우리 군주와 친하게 사귀고 싶은 생각이 있으면 반드시 남자 부인을 만납니다. 남자 부인께서 선생님의 명성을 익히 들었던 터라 만나뵙고 싶어 하십니다."

공자는 영 마음에 내키지 않았다. 남자 부인에 대해 좋지 않은 소문들을 들었기 때문이다. 하지만 남의 나라에 와 있는 처지에 부인의 초청을 무조건 거절할 일만은 아니었다. 할 수 없이 남자의 처소에 가서 부인을 만났다. 부인은 안이 훤하게 보이는 아주 얇은 휘장 안에 있었다. 위나라 군주의 부인인지라 공자는 예를 갖추었다. 방 안에 들어가 북쪽을 향해 절을 하자 부인도 휘장 안에서 답례를 했다. 이때 공자의 허리에 찬 구슬 장식이 짤랑거리며 맑고 아름다운 소리를 냈다. 공자와 남자 부인, 둘의 단독 회동에서 어떤 대화가 오갔을까? 만남이 끝난 후 공자는 숙소로 돌아왔다. 그리고 만남의 느낌을 이렇게 대변했다.

"나는 애당초 남자 부인을 만나고 싶지 않았다. 하지만 부득이하게 이렇게 만났으니 앞으로는 예를 갖추어 대접해야겠다."

둘 사이에 무슨 일이 있었을까? 공자는 원래 부인을 만날 마음이 없었다. 그런데 만나고 난 후에 마음이 움직였다. 심지어 앞으로도 계속 예를 갖추어 만나겠다고 한다. 그런 공자의 해명을 듣고 있던 제자 자로는 선생의 행동을 아주 못마땅해했다. 그 뒷얘기는 『논어』에서 독해하시라. 그러면 공자의 정신이 다시 보이리라.

'상가의 개와 같다!'라는 유명한 고사가 있다. 그것도 공자에게서 비롯된다. 앞에서 만났던 남자 부인과의 스캔들 이후, 공자는 정나라로 갔다. 가던 도중에 제자들과 길이 어긋나 일행이 흩어지게 되었다. 공자는 혼자서 멍하게 성의 외곽인 동문에 서 있었다. 정나라의 어떤 사람이 제자 자공에게 말했다.

"동문에 사람이 있는데 그의 이마는 요임금과 비슷하고 목은 고요와 닮았으며 어깨는 자산과 유사하더군요. 하지만 허리 아래는 우임금보다 세 치가 짧고 풀 죽어 삐쩍 마른 모양이 '상가의 개'와 같더군요."

이 말을 들은 자공이, 정나라 사람이 설명한 사람의 모습이 스승 공자와 비슷하다고 생각하여 황급히 동문으로 달려갔다. 정말 공자가 초라한 모습으로 그곳에 서 있었다. 자공이 공자에게 정나라 사람이 해준 말을 그대로 들려주었다.

공자는 껄껄 웃으면서 이렇게 말했다.

"사람의 생김새가 뭐 그리 중요하냐! 그 사람이 나를 보고 상가의 개와 같다고 했다는데 내 몰골이 정말 그런 것 같구나. 그럴듯해!" 이것이 그 유명한 '상가지구喪家之狗'의 출전이다.

온갖 경험을 하며 공자의 천하주유는 계속되었다. 그 가운데 자신의 지혜를 감추고 숨어 사는 은자隱者와의 마주침은 또 다른 감동을 전한다.

걸익이라는 사람은 이렇게 꼬집는다.

"당신들 참 한심하오. 지금 세상이 아주 어지러운데 누가 이를 바로잡을 수 있겠소? 나쁜 제후들을 정면으로 상대하지 않고 저 공자처럼 쓸데없이 피해 다니며 왔다 갔다 하는 사람이 많은데, 그래서야 세상을 바꿀 수 있겠소? 차라리 세상을 피하는 사람을 따라다니는 것보다 세상을 피하는 사람을 따르는 것이 더 낫지 않겠소?"

또한 망태기를 메고 있던 노인은 공자를 보았느냐는 물음에 이렇게 대꾸한다.

"아니, 무슨 소리여. 팔다리를 부지런히 움직여 일도 하지 않고, 먹는 곡식의 종류도 구별하지 못하는 사람! 당신 선생이 공자인지 뭔지 내가 어찌 알겠소?" 그리고 노인은 지팡이를 세워두고 계속해서 약초를 캤다.

공자는 노나라를 떠난 지 14년 만에 고국으로 돌아왔다. 그러나 노나라는 끝내 그렇게도 경험이 많은 공자를 등용하지 않았다. 공자 또한 관직을 구걸하지 않았다. 이때쯤 공자는 결심을 한 것 같다. 내 일생의 정점은 교육과 학문이다! 정치가로서의 나는 아니다!

공자는 그 유명한 육경六經을 편찬했다. 육경은 『시경』, 『서경』, 『역경』, 『예기』, 『악경』, 『춘추』를 말한다. 『논어』는 육경에 속하지 않는다. 공자가 육경을 편찬한 이유는 간단하다. 공자시대에는 주나라 왕실이 쇠퇴하여 예악禮樂이 없어지고 시서詩書도 흩어졌다. 예악은 일종의 문화다. 당시까지 문화의 종합이라고 할 수 있는 화려했던 주나라의 제도와 문물이 사라지자, 공자는 이를 안타까이 여겼다. 그리하여 예악과 시서를 정리한 것이 육경이다. 이런 점에서 공자는 문화를 집대성한 문화의 제왕이다. 그래서 공자를 '대성지성문선왕大成至聖文宣王'이라고 부른다. 중국과 한국, 베트남 등 공자가 집대성한 유교를 신봉하는 국가에서는 전통적으로 최고 학교인 국학國學에 공자 사당인 대성전大成殿을 만들었다. 우리나라의 경우, 성균관이나 향교의 건축물에는 반드시 공자 사당인 대성전이 있다. 대성전은 다름 아닌 공자의 문화 집대성에 감사하는 공식적인 공간이다.

육경 가운데 오경은 공자 이전부터 전해오던 문화를 공자가 총정리한 것이고, 『춘추』만은 공자가 직접 지은 저술이다. 공자의 직접 저술, 이 사실이 중요하다. 공자는 왜 『춘추』를 직접 저술했는가?

『춘추』는 노나라의 역사 문헌에 의거하여 기원전 722년에서 기원전 481년까지 모두 242년간의 역사를 기록한 책이다. 이는 편년체 형식으로 쓴 최초의 기록이다. 위로는 노나라 은공으로부터 아래로는 애공 14년에 이르기까지 열두 공의 시대를 다룬다. 주나라를 가깝게 하고 은나라의 제도를 참고하여 하·은·주 3대의 문화와 제도를 다루었다. 기록한 내용은 간략하지만 제시하려는 뜻은 넓다. 『춘추』를 기록한 공자의 의도는 간단하다. 혼탁한 세상의 일그러진 기준을 명분과 법통에 의거하여 바로잡는 일이다. 당시 제후들은 너무나 강력한 권력을 휘두르며 포악하기까지 했다. 공자가 이들의 지위를 낮추거나 줄여서 서술한 이유는 나중에 군주가 될 사람이 『춘추』를 참고하여 올바른 제후의 길을 실천할 수 있도록, 일종의 지침을 주기 위한 것이다. 『춘추』가 의도하는 큰 뜻을 실천하면 세상을 어지럽히는 존재들은 자연스럽게 두려움에 떨게 되리라! 한마디로 말하면, 난신적자亂臣賊子에 대한 경고였다.

사실, 공자는 공적인 일을 처리할 때 매우 합리적이었다. 예전에 소송과 관련한 안건을 조사하고 심리할 때, 조직 구조상 다른 사람과 협조하고 의논해야 하는 경우에는 결코 혼자서 판단을 내리지 않았다. 그러나 『춘추』를 지을 때는 결연한 자세로 임했다. 그 중요성에 비추어 보아 기록할 것이 있으면 더 보태서 기록하고, 기록할 가치조차 없는 것은 분명하게 삭제했다. 그것이 유명한 춘추필법春秋筆法이다. 너무나 결연한 자세로 역사를 기록하는 스승의 모습을 보고, 곁에 있던 자하와 같은 제자들은 공자에 대해 한마디도 거들 수 없었다.

공자는 자신이 지은 『춘추』가 어떤 의미를 지니는지 제자들에게 그 대강을 전수해 주었고, 그 가치를 다음과 같이 평가했다.

"후세에 나를 알아주는 사람이 있다면 그것은 다름 아닌 『춘추』 때문이리라. 동시에 나를 비난하거나 죄를 주는 사람이 있다면 그 또한 『춘추』 때문이리라."

『춘추』를 지은 후, 노쇠한 공자는 병이 들었다. 제자 자공이 병문안 겸 스승을 방문했다. 공자는 지팡이를 짚고 문 앞을 거닐고 있었다. 자공을 본 공자는 눈물어린 미소를 머금으며 말했다.

"아, 내 사랑하는 제자야, 오랜만이구나!"

그러고는 나지막이 숨을 고르며 읊조렸다.

"태산이 무너지려는가! 대들보가 부러지려는가! 현인이 죽으려는가!"

공자의 눈에는 눈물이 가득 고였다. 인생의 희로애락이 교차하는 긴 회한의 끝자락인가? 눈물은 뺨을 타고 흘러내렸다.

한참 후에, 공자는 사랑하는 제자 자공에게 이 세상에서의 마지막 말을 남긴다.

"세상에 사람이 살아가야 할 삶의 기준이 없어진 지 오래되었구나! 내가 그것을 세상에 전하려 했건만 아무도 나의 말을 들어주지 않는구나! 나를 높이는 이도 없고⋯⋯. 하나라 사람은 장례를 치를 때 유해를 동쪽 계단에 모셨고, 주나라 사람은 서쪽 계단에 모셨으며, 은나라 사람은 두 기둥 사이에 모셨다. 어젯밤에 나는 두 기둥 사이에 놓여 사람에게 제사를 받는 꿈을 꾸었다. 그런 걸 보니 나의 조상은 은나라 사람이 분명한 것 같다!"

그리고 7일 후, 공자는 조용히 눈을 감았다.

공자의 나이 73세. 노나라 애공 16년 4월, 기원전 472년, 지금부터 2,500년쯤 전의 일이었다.

공자는 아들 리를 낳았다. 리의 자는 백어이다. 백어는 50세 되던 해 공자보다 먼저 죽었다. 백어는 급을 낳았는데, 그의 자는 자사이고 62세까지 살았다. 자사는 일찍이 송나라에서 고생을 했고 『중용』을 지었다. 이후 공자의 후손은 면면히 이어져 현재에도 세계 각지에서 다양한 활동을 하고 있다.

한편 중국 역사의 아버지로 평가받는 사마천이 공자를 평가한 것도 우리가 『논어』를 읽는 이유에 한몫한다. 매우 정제된 문체로 정돈된 그의 글은 다음과 같다.

"『시경』에 '높은 산은 우러러보며 큰길은 따라가네.'라는 노래가 있다. 내비록 그 경지에 이르지는 못했으나 마음은 늘 그를 향해 있다. 나는 공자의 글을 읽고 그가 얼마나 위대한 사람인지 가늠할 수 있었다.

노나라에 가서 공자의 사당에 참배하고 수레, 의복, 예기 등을 보았으며 여러 유학자들이 수시로 그 사당에서 예를 익히고 있는 장면을 목격했다. 그러고는 공경하고 사모하는 마음이 우러나 쉽게 그곳을 떠날 수 없었다. 역사적으로 세상에는 군왕에서부터 현인에 이르기까지 많은 사람이 있었다. 그들은 생존 당시에는 영화스러웠지만 죽으면 모든 것이 끝났다.

그러나 공자는 번듯한 벼슬자리를 누리며 영화롭게 지내지 못하고 포의布衣로서 일생을 보냈다. 하지만 세월이 흘러도 여전히 많은 학자들이 그를 높이 받들고 있다. 천자 왕후부터 나라 안에서 문화 제도와 삶의 길을 논하는 모든 사람에 이르기까지, 모두 공자의 말을 기준으로 삼고 있다. 이런 점에서 공자는 진정으로 최고의 성인이다!"

학이

1

1-1

공자가 말했다.

"삶에 필요한 내용을 배우고 늘 익히면 기쁘지 않겠는가? 자신을 알아주고 함께할 수 있는 벗이 먼 곳에서 찾아오면 즐겁지 않겠는가? 남들이 알아주건 알아주지 않건, 자신의 본분을 다하면 군자가 아니겠는가?"*

子曰, "學而時習之, 不亦說乎? 有朋自遠方來, 不亦樂乎?
자 왈　　학 이 시 습 지　불 역 열 호　유 붕 자 원 방 래　불 역 락 호

人不知而不慍, 不亦君子乎?"
인 부 지 이 불 온　불 역 군 자 호

| 핵심어 | **學習說樂** (학습열락)
| 해설 | 배우고 익히면서 기쁘고 즐겁게 살자.
배움이 삶 자체다.

1-2

유자**가 말했다.

"부모에게 효도하고 형을 공경하는 사람 가운데 윗사람에게 덤벼드는 자는 드물다. 윗사람에게 덤벼들기를 좋아하지 않는 사람으로 난동 부리는 자

도 아직까지는 없었다. 군자는 삶의 근본에 힘쓴다. 삶의 근본 문제가 제대로 파악될 때 인간의 길이 정확하게 보인다. 효도와 공경이야말로 사람을 실제로 사랑하는 근본이다."

有子曰, "其爲人也孝弟, 而好犯上者, 鮮矣. 不好犯上, 而好作亂者, 未之有
유자왈　기위인야효제　이호범상자　선의　불호범상　이호작란자　미지유

也. 君子務本, 本立而道生. 孝弟也者, 其爲仁之本與!"
야　군자무본　본립이도생　효제야자　기위인지본여

|핵심어| **本立道生** (본립도생)
|해설| 근본이 서야 길이 생겨난다.
사람을 섬기라.

1-3

공자가 말했다.

"말을 남들이 듣기 좋게 하고, 낯빛을 남들이 보기 좋게 하는 사람 가운데, 사람을 사랑하는 자는 드물다!"

子曰, "巧言令色, 鮮矣仁!"
자왈　교언영색　선의인

|핵심어| **巧言令色** (교언영색)
|해설| 말 잘하고 낯빛을 좋게 꾸미는 자
번지르르한 녀석을 경계하라!

1-4

증자가 말했다.

"나는 매일 세 가지 일을 통해 나를 살핀다. 남을 위하는 일에 충실했는가? 벗들과 사귀면서 신뢰를 주었는가? 누군가로부터 전해 받은 것을 제대

---

* 유학에서는 인생에 필요한 기술과 도덕을 '육예'로 설명한다. 육예는 자기 최선, 벗과의 만남과 교류, 소통, 내면화, 이런 삶의 의지와 희망, 열정의 텍스트를 각자의 위치에서 충실히 수행해야 한다.
** 유자는 공자의 제자인 유약을 이른다. 자는 자유(子有).

로 익혔는가?(혹은 제대로 익히지도 않고 전하지 않았는가?)"

曾子曰, "吾日三省吾身. 爲人謀而不忠乎? 與朋友交而不信乎? 傳不習乎?"
증자왈　오일삼성오신　위인모이불충호　여붕우교이불신호　전불습호

|핵심어| 吾日三省 (오일삼성)
|해설| 하루에 세 가지 일을 통해 반성한다.
충실하고 신뢰하며 제대로 익혀라.

1-5

공자가 말했다.

"1,000대 정도의 전차를 소유한 큰 나라를 다스리려면, 일에 몰두하여 신
뢰를 쌓고, 예산 낭비를 막으며 사람을 아끼고, 백성에게 때에 맞게 일을 시
킨다."

子曰, "道千乘之國, 敬事而信, 節用而愛人, 使民以時."
자왈　도천승지국　경사이신　절용이애인　사민이시

|핵심어| 使民以時 (사민이시)
|해설| 사람에게 때에 맞게 일을 시켜라.
열심히 적절하게 때에 맞게 일하라.

1-6

공자가 말했다.

"아동·청소년들은 집에서는 부모에게 효도하고, 밖에서는 친구 사이에
우정을 나누며, 어떤 상황에서도 신중하고 신의를 지키고, 어떤 사람을 만나
도 사랑으로 대하며, 사람다운 사람을 만났을 경우 그를 더욱 가까이해야 한
다. 평소에 이런 생활을 제대로 실천하고 여유가 생길 때, 글공부를 해야 한
다."

子曰, "弟子入則孝, 出則悌, 謹而信, 汎愛衆而親仁, 行有餘力, 則以學文."
자왈   제자입즉효 출즉제 근이신 범애중이친인 행유여력 즉이학문

| 핵심어 | 行有餘力 則以學文 (행유여력 즉이학문)
| 해설 | 평소에 올바른 행동을 하고 여유 있을 때 글공부를 하라.

효도와 우정, 신중과 신의, 그리고 사랑

1-7

자하*가 말했다.

"지혜롭고 현명한 사람을 대우하고 존경하며, 부모를 잘 모시며, 군주를
헌신적으로 잘 섬기며, 벗과 사귈 때 헛소리를 하지 않는 사람. 이런 사람은
글을 배우지 못했을지라도 나는 그를 배운 사람이라고 하겠다."

子夏曰, "賢賢易色, 事父母, 能竭其力. 事君, 能致其身. 與朋友交, 言而有信.
자하왈   현현역색 사부모 능갈기력 사군 능치기신 여붕우교 언이유신

雖曰未學, 吾必謂之學矣."
수왈미학 오필위지학 의

| 핵심어 | 未學謂學 (미학위학)
| 해설 | 글을 배우지 않았지만 진정으로 배운 사람
사람다운 행동을 하는 사람이 진짜 배운 사람이다.

1-8

공자가 말했다.

"군자는 무겁지 않으면 위엄이 없어 보이고, 배워야 고집스럽지 않게 된
다. 어떤 경우에도 충실과 신의를 중심으로 삼고, 학문과 덕성이 나보다 못
한 사람을 벗으로 사귀지 말라. 잘못이 있으면 주저하지 말고 바로 고쳐야
한다."

子曰, "君子不重則不威, 學則不固. 主忠信, 無友不如己者, 過, 則勿憚改."
자왈   군자부중즉불위 학즉불고 주충신 무우불여기자 과 즉물탄개

* 공자의 제자, 이름은 복상(卜商). 공자가 죽은 뒤 위나라 문후(文候)에게 초빙되어 스승이 되었다.

|핵심어| 主忠信 (주충신)
|해설| 충실과 신의를 중심으로 살자.
자기를 존중하고 믿어라.

1-9

증자*가 말했다.

"군주가 솔선수범하여 돌아가신 분의 장례를 정성껏 치르고, 선조의 제사를 잘 모셔 영혼이 평안하기를 기원해야 한다. 그래야 백성도 그것을 본받아 효도하게 된다."

曾子曰, "愼終, 追遠, 民德歸厚矣."
증 자 왈   신 종   추 원   민 덕 귀 후 의

|핵심어| 民德歸厚 (민덕귀후)
|해설| 사람의 덕이 두텁게 돌아간다.
선조를 존중하라.

1-10

자금이 자공**에게 물었다.

"공자는 어떤 나라에 도착하면 반드시 그 나라의 정치 상황에 대해 물어봅니다. 공자가 먼저 요청한 것입니까? 아니면 그 나라의 군주가 공자에게 제공한 것입니까?"

자공이 말했다.

"공자는 온화하고 선량하고 공손하고 검소하고 겸양하는 인격을 갖춘 분이다. 그렇기에 각 나라에서는 자신들의 정치 상황에 대해 다양한 자문을 요청한다. 공자가 구한 것은 다른 사람이 그것을 구하는 태도와 다르다."

子禽問於子貢曰, "夫子至於是邦也, 必問其政. 求之與? 抑與之與?"
자 금 문 어 자 공 왈   부 자 지 어 시 방 야   필 문 기 정   구 지 여   억 여 지 여

子貢曰, "夫子溫·良·恭·儉·讓以得之. 夫子之求之也, 其諸異乎人之求之
자공왈   부자온 량 공 검 양이득지 부자지구지야   기저이호인지구지

與!"
여

|핵심어| **求之與之** (구지여지)
|해설| 요청하기도 하고 제공하기도 한다.
요청하게 만들어라.

1-11

공자가 말했다.

"부모가 살아 계실 때는 그 뜻을 살피고, 돌아가신 뒤에는 그 행적을 살핀
다. 3년 동안 부모가 실천했던 삶의 길을 바꾸지 않아야 효도했다고 할 수
있다."

子曰, "父在觀其志, 父沒觀其行, 三年無改於父之道, 可謂孝矣."
자 왈   부재관기지 부몰관기행 삼년무개어부지도 가위효의

|핵심어| **觀志觀行** (관지관행)
|해설| 뜻을 살피고 행적을 살펴라.
부모의 마음을 헤아려라.

1-12

제자인 유자가 말했다.

"예의 쓰임은 조화를 중시한다. 과거 왕들은 그것을 아름답게 여겼다. 크
고 작은 일을 모두 이에 따라 처리했으나 조화가 지나치면 잘 안 될 때도 있
다. 조화의 중요함을 알고 조화롭게 하되, 예로 조절하지 않으면 또한 행해
지지 않을 수 있다."

---

* 이름은 증삼(曾參). 공자의 도를 계승했으며, 그의 가르침은 공자의 손자 자사를 거쳐 맹자에게 전해졌다.
** 자공은 성이 단목(端木)이고 이름은 사(賜)다. 공자가 아끼는 제자로 언변이 뛰어났다.

有子曰, "禮之用, 和爲貴. 先王之道, 斯爲美. 小大由之, 有所不行. 知和而
유 자 왈　예 지 용　화 위 귀　선 왕 지 도　사 위 미　소 대 유 지　유 소 불 행　지 화 이

和, 不以禮節之, 亦不可行也."
화　불 이 예 절 지　역 불 가 행 야

|핵심어| 禮用和貴 (예용화귀)
|해설| 예의 쓰임은 조화를 귀중하게 여긴다.
예로 조절하라.

1-13

(제자) 유자가 말했다.

"믿음을 갖고 인간의 도리에 가까울 때 그 말을 실천할 수 있다. 공손함이
예의에 가까울 때 치욕을 당하지 않는다. 인연을 맺으면서 친근감을 잃지 않
을 때 주체로 존중할 수 있다."

有子曰, 信近於義, "言可復也. 恭近於禮, 遠恥辱也. 因不失其親, 亦可宗也."
유 자 왈　신 근 어 의　　언 가 복 야　공 근 어 례　원 치 욕 야　인 불 실 기 친　　역 가 종 야

|핵심어| 信義禮恭 (신의예공)
|해설| 올바름에 대한 믿음, 공손한 예의
사람 사이의 존중함이 중요하다.

1-14

공자가 말했다.

"군자는 음식을 먹을 때 배만을 채우려 하지 않는다. 거주할 때 편안하게
만 살려고 하지 않는다. 맡은 일은 재빠르게 처리하고 일과 관련해서는 말을
조심한다. 올바르게 일을 처리하는 사람을 찾아가 자신의 잘못을 고치려고
한다. 이런 사람은 배우기를 좋아한다고 할 만하다."

子曰, "君子食無求飽, 居無求安, 敏於事而愼於言, 就有道而正焉, 可謂好學
자 왈　　군 자 식 무 구 포　거 무 구 안　민 어 사 이 신 어 언　취 유 도 이 정 언　가 위 호 학

也已."
야 이 .

|핵심어| **好學君子** (호학군자)
|해설| 배우기를 좋아하는 훌륭한 사람
배우기를 좋아하라.

1-15
자공이 말했다.

"가난하게 살면서도 아첨하지 않는 사람이 있습니다. 또한 부유하게 살면서도 교만하지 않은 사람도 있습니다. 어떻게 생각하시는지요?"

공자가 말했다.

"둘 다 괜찮게 사는 것으로 생각한다. 그러나 가난하면서도 즐겁게 살고 부유하면서도 예의를 지키며 사는 사람보다는 못한 것 같다."

자공이 말했다.

"『시경』「위풍」〈기오〉에 '칼로 자르고 줄로 쓸고 끌로 다듬고 숫돌로 가는 듯이'라고 한 것처럼, 이른바 '절차탁마切磋琢磨'라고 한 것이 이것을 가리키는 말입니까?"

공자가 말했다.

"그렇지. 이제 자네와 함께 시를 이야기할 수 있겠네. 지나간 일을 알려주었더니 다가올 일도 아는구나."

子貢曰, "貧而無諂, 富而無驕, 何如?" 子曰, "可也. 未若貧而樂, 富而好禮
자 공 왈   빈 이 무 첨 부 이 무 교 하 여   자 왈   가 야 미 약 빈 이 락 부 이 호 례

者也." 子貢曰, "詩 '云如切如磋, 如琢如磨' 其斯之謂與?" 子曰, "賜也, 始
자 야   자 공 왈   시 운 여 절 여 차 여 탁 여 마 기 사 지 위 여   자 왈   사 야 시

可與言詩已矣, 告諸往而知來者."
가 여 언 시 이 의 고 저 왕 이 지 래 자

|핵심어| **貧樂富禮** (빈락부례)
|핵심어| 가난하면서도 삶을 즐기고 부유하면서도 예의를 지킨다.

빈부를 초월하여 삶을 즐기라.

1-16

공자가 말했다.

"남들이 나를 알아주지 않는다고 걱정하지 말고, 내가 남들을 알아보지
못함을 걱정해야 한다."

子曰, "不患人之不己知, 患不知人也."
자 왈   불 환 인 지 불 기 지 환 부 지 인 야

|핵심어| 知人 (지인)
|해설| 사람을 알아봐야 한다.
저 사람은 어떤 존재인가? 잘 보라.

위정*

2

2-1

공자가 말했다.

"정치는 덕을 가지고 해야 한다. 그것은 북극성과 그 주변의 별자리에 비유할 수 있다. 북극성은 늘 그 자리를 지키고 있고 여러 별들은 손을 맞잡고 절을 하듯이 북극성을 따른다."

子曰, "爲政以德, 譬如北辰, 居其所而衆星共之."
자 왈   위 정 이 덕 비 여 북 신 거 기 소 이 중 성 공 지

|핵심어| 爲政以德 (위정이덕)
|해설| 덕을 가지고 정치를 실천한다.
덕을 확보하라.

2-2

공자가 말했다.

"『시경』에 수록되어 있는 시 300여 편은 한마디로 '사악함이 없다!'로 대변할 수 있다."

* 정치를 의미하는 '정(政)'은 모든 일에서 비뚤어진 것을 바르게 하는 작업으로 부정을 바로잡는 근간이다.

子曰, "詩三百, 一言以蔽之, 曰, '思無邪.'"
자 왈　시 삼 백　일 언 이 폐 지 왈　사 무 사

|핵심어| 思無邪 (사무사)

|해설| (생각에) 사악함이 없다.

사악한 행동을 금하라.

2-3

공자가 말했다.

"백성을 정치적 명령으로 인도하고 형벌로 강압적으로 따르게 하면, 법망을 뚫고 죄를 모면하려고만 하고 부끄러움을 느끼지 않는다. 백성을 덕성으로 인도하고 예의로 따르게 하면, 부끄러워할 줄도 알고 비뚤어진 마음도 바로잡는다."

子曰, "道之以政, 齊之以刑, 民免而無恥. 道之以德, 齊之以禮, 有恥且格."
자 왈　도 지 이 정 제 지 이 형 민 면 이 무 치 도 지 이 덕　제 지 이 례 유 치 차 격

|핵심어| 以德以禮 (이덕이례)

|해설| 덕성과 예의로 백성을 다스린다.

사람을 사람으로 대접하라.

2-4

공자가 말했다.

"나는 15세 무렵, 성인에 들어서면서 삶에 필요한 철학을 배우는 데 뜻을 두었다. 30세 즈음에 삶의 목표가 섰고, 40세 무렵에는 세상의 이치를 깨달아 어떤 유혹이나 난관에도 쉽게 마음이 흔들리지 않았다. 50세 무렵에는 나에게 부여된 인생의 사명감을 깨달았고, 60세 무렵에는 듣는 것이 무엇이건 훤하게 알아차리게 되었다. 70세 무렵에는 하고 싶은 대로 행동해도 법도에 어긋나는 일이 없었다."

子曰, "吾十有五而志于學, 三十而立, 四十而不惑, 五十而知天命,
자 왈 오 십 유 오 이 지 우 학 삼 십 이 립 사 십 이 불 혹 오 십 이 지 천 명

六十而耳順, 七十而從心所欲不踰矩."
육 심 이 이 순 칠 십 이 종 심 소 욕 불 유 구

| 핵심어 | 志于學 (지우학)

| 해설 | 배움에 뜻을 둔다.

인생의 단계를 고려하라.

2-5

맹의자가 효도에 대해 물었다.

공자가 말했다.

"부모의 뜻에 어긋남이 없어야 합니다."

그때 번지가 수레로 공자를 모시고 있었는데, 공자는 그 사실을 번지에게 알려주면서 말했다.

"맹손이 나에게 효도에 대해 묻기에 내가 '부모의 뜻에 어긋남이 없어야 한다.'고 대답했다."

번지가 말했다.

"무슨 말씀입니까?"

공자가 말했다.

"부모가 살아 계실 때도 예로 모시고, 돌아가셨을 때도 예로 장례를 치르며, 제사도 예로 치러야 한다."

孟懿子問孝. 子曰, "無違." 樊遲御, 子告之曰, "孟孫問孝於我, 我對曰, 無
맹 의 자 문 효 자 왈 무 위   번 지 어 자 고 지 왈   맹 손 문 효 어 아 아 대 왈 무

違." 樊遲曰, "何謂也?" 子曰, "生, 事之以禮. 死, 葬之以禮, 祭之以禮."
위   번 지 왈 하 위 야   자 왈   생 사 지 이 례 사 장 지 이 례 제 지 이 례

| 핵심어 | 孝道無違 (효도무위)

| 해설 | 효도는 부모의 뜻을 어기지 않는 일이다.

부모의 마음을 헤아리려.

2-6

맹무백(맹의자의 아들)이 효도에 대해 물었다.

공자가 말했다.

"부모는 오직 자식이 질병에 걸릴까 근심한다."

孟武伯問孝. 子曰, "父母唯其疾之憂."
맹 무 백 문 효 자 왈   부 모 유 기 질 지 우

|핵심어| 父母疾憂 (부모질우)

|해설| 부모는 자식의 질병을 걱정한다.

질병을 조심하라.

2-7

제자인 자유가 효도에 대해 물었다.

공자가 말했다.

"오늘날의 효도는 부모를 물질적으로 봉양하는 일을 말한다. 개나 말을 기를 때도 먹이는 준다. 효도를 할 때 공경하는 마음이 없다면 짐승을 기르는 것과 무엇이 다른가?"

子游問孝. 子曰, "今之孝者, 是謂能養. 至於犬馬, 皆能有養. 不敬, 何以別
자 유 문 효 자 왈   금 지 효 자 시 위 능 양 지 어 견 마 개 능 유 양 불 경 하 이 별

乎."
호

|핵심어| 能養能敬 (능양능경)

|해설| 물질적 봉양도 하고 공경하는 마음도 가져야 한다.

돈보다는 마음!

2-8

자하가 효도에 대해 물었다.

공자가 말했다.

"평소에 온화한 낯빛으로 어른을 모시기가 정말 어렵다. 해야 할 일이 있으면 젊은이들이 먼저 나서서 한다. 술과 먹을거리가 있으면 어른에게 먼저 올린다. 그렇게 한다고 어찌 효도를 다했다고 할 수 있겠는가?"

子夏問孝. 子曰, "色難. 有事, 弟子服其勞. 有酒食, 先生饌, 曾是以爲孝乎?"
자 하 문 효 자 왈   색 난   유 사   제 자 복 기 로   유 주 사   선 생 찬   증 시 이 위 효 호

|핵심어| **色難** (색난)
|해설| 온화한 낯빛으로 생활하기가 어렵다.
얼굴 찡그리지 마라.

2-9
공자가 말했다.

"내가 안회와 온종일 이야기를 나누었다. 안회는 내 말에 고분고분하며 어기지 않았고, 좀 어리석은 사람처럼 느껴졌다. 물러나 그의 사생활을 살펴보니 내가 해준 말을 잘 실천하고 있었다. 안회는 절대 어리석은 사람이 아니다."

子曰, "吾與回言終日, 不違, 如愚. 退而省其私, 亦足以發, 回也不愚."
자 왈   오 여 회 언 종 일   불 위   여 우   퇴 이 성 기 사   역 족 이 발   회 야 불 우

|핵심어| **不違足發** (불위족발)
|해설| 말을 어기지 않고 잘 실천한다.
올바른 말은 실행하라.

2-10
공자가 말했다.

"어떤 사람이 무언가를 하고 있을 때, 일하는 근거를 보고, 이유를 살펴보며, 무엇에 마음이 빠지는지 세밀하게 들여다보라. 사람이 어찌 자신을 숨길 수 있겠는가?"

子曰, "視其所以, 觀其所由, 察其所安, 人焉廋哉? 人焉廋哉?"
자 왈 　시 기 소 이 　관 기 소 유 　찰 기 소 안 　인 언 수 재 　인 언 수 재

| 핵심어 | 所以由安 (소이유안)

| 해설 | 근거와 이유와 미음이 빠지는 곳을 확인한다.

사람을 파악할 때 보고 살피고 또 세밀하게 관찰하라.

2-11

공자가 말했다.

"지나간 것을 살펴보는 동시에 다가오는 것을 알아야 스승 노릇을 할 수 있다."

子曰, "溫故而知新, 可以爲師矣."
자 왈 　온 고 이 지 신 　가 이 위 사 의

| 핵심어 | 溫故知新 (온고지신)

| 해설 | 옛 것을 살피고 새 것을 안다.

전통은 과거에서 미래로 이어주는 다리다.

2-12

공자가 말했다.

"군자는 그릇처럼 국한된 사람이 아니다."

子曰, "君子不器."
자 왈 　군 자 불 기

| 핵심어 | 不器 (불기)

| 해설 | 그릇처럼 제한되지 않는다.

한계 짓지 말고 가능성을 열어라.

2-13

자공이 군자에 대해 물었다.

공자가 말했다.

"말한 것을 먼저 실천하고, 나중에 그것을 뒷받침하는 사람이다."

子貢問君子. 子曰, "先行其言而後從之."
자 공 문 군 자   자 왈   선 행 기 언 이 후 종 지

|핵심어| 先行後從 (선행후종)

|해설| 먼저 실천하고 나중에 보장하라.

말한 것은 실천하라.

2-14

공자가 말했다.

"군자는 사람과 소통하며 패거리를 만들지 않고, 소인은 패거리를 만들고 사람과 소통하지 않는다."

子曰, "君子周而不比, 小人比而不周."
자 왈   군 자 주 이 불 비   소 인 비 이 부 주

|핵심어| 周而不比 (주이불비)

|해설| 사람과 소통하며 패거리를 만들지 않는다.

두루 어울리며 소통하자.

2-15

공자가 말했다.

"배우기만 하고 생각하지 않으면 제대로 얻는 것이 없고, 생각하기만 하고 배우지 않으면 갈팡질팡하며 위태롭게 된다."

子曰, "學而不思則罔, 思而不學則殆."
자 왈   학 이 불 사 즉 망   사 이 불 학 즉 태

|핵심어| 學思不二 (학사불이)

|해설| 배움과 생각은 두 가지가 아니다.

배우면서 생각하고 생각하면서 배워라.

2-16

공자가 말했다.

"이단*을 공격하라. 우리 학문에 손해를 끼칠 뿐이다."

子曰, "攻乎異端, 斯害也已矣."
자 왈　공 호 이 단　사 해 야 이 의

|핵심어| 異端斯害 (이단사해)
|해설| 이단은 우리에게 손해를 입힌다.
근본이 다른 생각을 경계하라.

2-17

공자가 말했다.

"자로**야! 너에게 안다는 것이 무엇인지 가르쳐 주겠다. 아는 것은 안다고 하고, 모르는 것은 모른다고 하는 것이 진정으로 아는 것이다."

子曰, "由, 誨女知之乎! 知之爲知之, 不知爲不知, 是知也."
자 왈　유　회 여 지 지 호　지 지 위 지 지　부 지 위 부 지　시 지 야

|핵심어| 知之爲知之 (지지위지지)
|해설| 아는 것은 안다고 하라.
분명하게 판단하라.

2-18

(제자) 자장이 봉급을 받으며 사는 방법에 대해 배우려 했다.

공자가 말했다.

"많이 듣고 의심나는 것이 있으면 빼놓아라. 그리고 나머지 크게 의심하지 않아도 될 말 가운데 신중하면, 잘못하는 일이 적다. 많이 보고 확실하지

---

* 이 장에서 이단은 지나치게 자신의 이익만을 추구하는 학설을 주장한 양주나 모든 사람에게 사랑을 베풀어야 한다고 주장한 묵자의 학문을 말한다.
** 자로는 공자보다 9살 어린 제자로 공자의 훈계로 입문하여 헌신적으로 공자를 섬겼다. 이름은 중유(仲由).

않은 것이 있으면 빼놓아라. 그리고 나머지 확실하다고 생각되는 것 가운데 신중하면, 후회가 적다. 말을 하여 잘못하는 일이 적고 행동하여 후회하는 일이 적으면, 충분히 봉급을 받으며 살 수 있다."

子張學干祿. 子曰, "多聞闕疑, 愼言其餘, 則寡尤. 多見闕殆, 愼行其餘, 則寡
자 장 학 간 록 자 왈   다 문 궐 의 신 언 기 여 즉 과 우 다 견 궐 태 신 행 기 여 즉 과

悔. 言寡尤, 行寡悔, 祿在其中矣."
회   언 과 우 행 과 회 녹 재 기 중 의

| 핵심어 | 言尤行悔 (언우행회)
| 해설 | 말에 실수가 적고 행동에 후회가 적어야 한다.
말과 행동에 주의하라.

2-19

(노나라 임금) 애공이 물었다.

"어떻게 하면 백성이 잘 따르게 할 수 있습니까?"

공자가 대답했다.

"정직하고 깨끗한 사람을 등용하여 부정부패한 사람의 윗자리에 배치하면 백성이 따르고, 부정부패한 사람을 정직하고 깨끗한 사람보다 윗자리에 배치하면 백성이 따르지 않습니다."

哀公問曰, "何爲則民服?" 孔子對曰, "擧直錯諸枉, 則民服. 擧枉錯諸直,
애 공 문 왈   하 위 즉 민 복   공 자 대 왈 거 직 조 저 왕 즉 민 복 거 왕 조 저 직

則民不服."
즉 민 불 복

| 핵심어 | 直錯諸枉 (직조저왕)
| 해설 | 정직한 사람을 부정부패한 사람의 윗자리에 배치한다.
사람이 뭘 보고 따르는가!

2-20

(노나라의 대부) 계강자가 물었다.

"백성에게 공경하고 충성을 다하게 하고 일을 잘할 수 있도록 권장하려면 어떻게 해야 합니까?"

공자가 대답했다.

"군주가 굳센 기상을 보여주면 백성은 군주를 공경하고, 효도하고 자애를 베풀면 백성이 충성하며, 백성 가운데 착한 사람을 등용하고 능력이 부족한 사람을 가르쳐 주면, 그것이 일을 잘하도록 권장하는 것입니다."

季康子問, "使民敬·忠以勸, 如之何?" 子曰, "臨之以莊, 則敬, 孝慈, 則忠,
계 강 자 문　　사 민 경　충 이 근　여 지 하　　자 왈　　임 지 이 장　즉 경　효 자　즉 충

擧善而敎不能則勸."
거 선 이 교 불 능 즉 권

| 핵심어 | **善敎則勸** (선교즉권)

| 해설 | 착한 사람을 등용하고 부족한 사람을 가르쳐 주면 일을 잘하게 된다.

솔선수범하며 격려하라.

2-21

어떤 사람이 공자에게 말했다.

"당신은 어찌하여 정치에 참여하지 않습니까?"

공자가 말했다.

"『서경』에 이런 말이 있습니다. '부모에게 효도를 다하고 형제자매 사이에 우애롭게 하라. 이 효도와 우애가 정치에 반영된다.' 이렇게 보면 효도하고 우애하는 일이 바로 정치입니다. 어찌 정치가 따로 있겠습니까?"

或謂孔子曰, "子奚不爲政?" 子曰, "書云, 孝乎, 惟孝, 友于兄弟, 施於有政."
혹 위 공 자 왈　　자 해 불 위 정　　자 왈　　서 운　효 호　유 효　우 우 형 제　시 어 유 정

是亦爲政, 奚其爲爲政.
시 역 위 정　해 기 위 위 정

| 핵심어 | **孝友爲政** (효우위정)

| 해설 | 효도하고 우애하는 일이 정치다.

일상의 모든 것이 정치다.

2-22

공자가 말했다.

"사람이 신뢰가 없으면 그 쓸모를 알 수 없다. 소가 끄는 큰 수레에 멍에 걸이가 없고 말이 끄는 작은 수레에 멍에 걸이가 없다면 어떻게 수레를 끌고 갈 수 있겠는가?"

子曰, "人而無信, 不知其可也. 大車無輗, 小車無軏, 其何以行之哉!"
자 왈   인 이 무 신 부 지 기 가 야 대 거 무 예 소 거 무 월 기 하 이 행 지 재

|핵심어| 人信知可 (인신지가)
|해설| 사람이 신뢰가 있어야 그 쓸모를 안다.
오직 신뢰!

2-23

자장이 물었다.

"왕조가 열 번 정도 바뀐 다음에 세상*이 어떨지 알 수 있겠습니까?"

공자가 말했다.

"은나라는 하나라 제도를 바탕으로 나라를 건국했으므로 두 나라를 비교해 보면 은나라가 무엇을 빼고 더했는지 알 수 있다. 주나라는 은나라의 제도를 바탕으로 건국했으므로 두 나라를 비교해 보면 주나라가 무엇을 빼고 더했는지 알 수 있다. 이런 방식으로 나중에 세워지는 왕조가 주나라의 제도를 계승한다면 앞으로 백 번 정도 왕조가 바뀌어도 세상 일을 예측할 수 있다."

子張問, "十世可知也?" 子曰, "殷因於夏禮, 所損益, 可知也.
자 장 문   십 세 가 지 야   자 왈   은 인 어 하 례 소 손 익   가 지 야

周因於殷禮, 所損益, 可知也. 其或繼周者, 雖百世, 可知也."
주 인 어 은 례 소 손 익   가 지 야 기 혹 계 주 자 수 백 세   가 지 야

* 옛날에 왕조를 새로 세울 때는 성을 바꾸고 천명을 받았다. 이를 역성혁명(易姓革命)이라 하고 새 왕조를 세운 사람은 1세(世)가 된다. 또한 부자간의 세대 교체는 30년 정도 걸리며 이를 대(代)라고 한다.

전통 계승의 의미를 되새기자.

2-24

공자가 말했다.

"자기가 모셔야 할 조상이 아닌데 제사*를 지낸다면 이는 특정한 사람에게 아첨하고 복을 바라는 짓이다. 마땅히 해야 할 바른 일을 보고도 주뼛거리며 실천하지 않는 것은 용기가 없는 것이다."

子曰, "非其鬼而祭之, 諂也. 見義不爲, 無勇也."
자 왈   비 기 귀 이 제 지   첨 야   견 의 불 위   무 용 야

아첨하며 복을 빌지 마라.

---

* 제후(諸侯)는 종묘에서 8대까지 제사 지낼 수 있고, 경(卿)과 대부(大夫)는 5대, 사(士)와 서민은 3대를 제사 지낼 수 있었다.

팔일

3

3-1

공자가 계씨에게 말했다.

"당신은 천자의 무악인 팔일*을 집안의 뜰에서 추게 했습니다. 이는 군주가 아닌 사람이 차마 할 수 없는 짓인데, 그렇다면 어떤 할 수 없는 짓인들 못 하겠습니까?"

孔子謂季氏, "八佾舞於庭, 是可忍也, 孰不可忍也?"
공 자 위 계 씨   팔 일 무 어 정   시 가 인 야   숙 불 가 인 야

|핵심어| 八佾舞庭 (팔일무정)
|해설| 팔일의 춤을 뜰에서 추다.
지위에 맞지 않은 짓은 하지 마라.

3-2

세 집안[맹손씨, 숙손씨, 계손씨]에서 군주의 노래인 옹시를 읊으며 제사를 마쳤다.

* 팔일무는 천자를 위해 64명이 8명씩 8열로 추는 춤으로, 음악을 연주하고 춤추는 인원 수는 관직에 따라 차이를 둔다. 천자는 8열, 제후는 6열, 대부는 4열, 사는 2열이다. 대부인 계손씨가 천자와 같이 8열로 했으니, 이는 극도로 횡포한 짓을 저지른 것이다.

공자가 말했다.

"『시경』「옹」에서 '천자를 돕기 위해 늘어선 제후들, 묵묵하고 엄숙한 천자의 자태'라고 노래했는데, 어찌 이를 세 집안의 사당에서 제사 지낼 때 쓰는가?"

三家者以雍徹. 子曰, 相維辟公, "'天子穆穆', 奚取於三家之堂?"
삼 가 자 이 옹 철　자 왈　상 유 벽 공　　천 자 목 목　해 취 어 삼 가 지 당

|핵심어| 三家雍徹 (삼가옹철)
|해설| 세 집안에서 멋대로 옹시를 읊다.
격에 맞지 않는 짓은 그만두라.

3-3

공자가 말했다.

"사람이 사람을 사랑하지 않으면 예의가 무슨 소용이 있겠는가? 사람이 사람을 사랑하지 않으면 음악이 무슨 소용이 있겠는가?"

子曰, "人而不仁, 如禮何? 人而不仁, 如樂何?"
자 왈　인 이 불 인　여 례 하　인 이 불 인　여 악 하

|핵심어| 仁人禮樂 (인인예악)
|해설| 사람을 사랑하는 사람에게 예악이 어울린다.
사랑만이 최선이다.

3-4

(노나라 사람인) 임방이 예의의 근본에 대해 물었다.

공자가 말했다.

"중요한 질문이다. 예식은 사치스럽게 꾸미는 것보다 검소하게 차리는 것이 좋다. 장례식은 번거로운 절차를 갖추기보다 진심으로 슬퍼하는 것이 좋다."

林放問禮之本. 子曰, "大哉問! 禮, 與其奢也, 寧儉. 喪, 與其易也, 寧戚."
임 방 문 예 지 본 자 왈 대 재 문 예 여 기 사 야 영 검 상 여 기 이 야 영 척

|핵심어| **禮儉喪戚** (예검상척)

|해설| 예식은 검소하게, 장례식은 슬프게 치른다.

본질에 충실하라.

3-5

공자가 말했다.

"오랑캐의 나라에도 군주가 있지만 중앙의 나라에 군주가 없는 것만 같지는 않다."

子曰, "夷狄之有君, 不如諸夏之亡也."
자 왈 이 적 지 유 군 불 여 제 하 지 무 야

|핵심어| **夷狄諸夏** (이적제하)

|해설| 오랑캐와 문화 민족은 차이가 있다.

문명이 중요하다.

3-6

(노나라의 대부) 계씨가 태산에서 천자가 지내는 제사를 지내려고 했다.

공자가 염유에게 말했다.

"자네는 계씨 밑에 있으면서 그 일을 막을 수 없는가?"

염유가 대답했다.

"예, 어쩔 수 없습니다."

공자가 말했다.

"아! 태산의 신이 임방보다도 못 하단 말인가?"

季氏旅於泰山. 子謂冉有曰, "女不能救與?" 對曰, "不能." 子曰, "嗚呼! 曾
계 씨 려 어 태 산 자 위 염 유 왈 여 불 능 구 여 대 왈 불 능 자 왈 오 호 증

謂泰山不如林放乎?"
위 태 산 불 여 임 방 호

|해설| 계손씨가 태산에서 천자의 제사를 지냈다.
예의 없는 것들이 세상을 어지럽힌다.

3-7

공자가 말했다.

"군자는 다투지 않는다. 반드시 다퉈야 한다면 활쏘기* 놀이를 할 때다. 그때도 공경하게 예의를 갖추고 활 쏘는 자리에 오르고, 활쏘기에서 지면 그 자리에서 내려와 벌주로 술을 마신다. 그런 다툼이 군자의 모습이다."

子曰, "君子無所爭. 必也射乎! 揖讓而升, 下而飮. 其爭也君子."
자 왈   군자무소쟁   필야사호   읍양이승   하이음   기쟁야군자

|핵심어| 君子無爭 (군자무쟁)
|해설| 군자는 다투지 않는다.
왜 다투나!

3-8

(제자) 자하가 물었다.

"『시경』에 '방긋 웃는 입매, 아리따운 검은 눈동자, 흰 분으로 더욱 빛나네!'라는 노래가 있는데, 무슨 뜻입니까?"

공자가 말했다.

"그림을 그릴 때 먼저 흰 바탕을 마련하여 밑그림을 그리고 그 위에 색칠한다."

자하가 말했다.

"예의로 마무리한다는 뜻이군요!"

공자는 말했다.

"내 말 뜻을 알아차리는 사람이 자네였군. 이제야 비로소 자네와 함께 시를 말할 수 있겠네."

子夏問曰,“‘巧笑倩兮, 美目盼兮, 素以爲絢兮’. 何謂也?”子曰,“繪事後素.”
자 하 문 왈　　교 소 천 혜　미 목 반 혜　소 이 위 현 혜　하 위 야　　자 왈　　회 사 후 소

曰,“禮後乎!”子曰,“起予者, 商也! 始可與言詩已矣.”
왈　　예 후 호　자 왈　　기 여 자　상 야 　시 가 여 언 시 이 의

|핵심어| **繪事後素** (회사후소)★★

|해설| 흰 바탕을 마련하여 밑그림을 그리고 색칠한다.

순서대로 해라.

3-9

공자가 말했다.

“하나라의 제도에 대해 나는 말할 수 있다. 하나라를 이은 기나라에서 그
것을 증명할 수는 없다. 은나라의 제도에 대해 나는 말할 수 있다. 은나라를
이은 송나라에서 그것을 증명할 수는 없다. 남아 있는 문헌이 부족하기 때문
이다. 문헌이 충분하다면 나는 그것을 증명할 수 있다.”

子曰,“夏禮, 吾能言之, 杞不足徵也. 殷禮, 吾能言之, 宋不足徵也. 文獻不足
자 왈　　하 례　오 능 언 지　기 부 족 징 야　은 례　오 능 언 지　송 부 족 징 야　문 헌 부 족

故也. 足則吾能徵之矣.”
고 야 　족 즉 오 능 징 지 의

|핵심어| **文獻足徵** (문헌족징)

|해설| 문헌이 충분하면 증명할 수 있다.

증거로 증명하라.

3-10

공자가 말했다.

“시조를 모시는 ‘체 제사’★★★는 제사를 시작할 때 술을 뿌린 다음에 신이

　★ 동양 고대 사회에서 활쏘기는 연회나 특별모임에서 예의 바른 사람이 즐긴 일종의 예의 시험장이었다.
　★★ ‘회사후소’가 등장하는 구절. 충실하고 신의 있는 사람을 만나면 예의를 배울 수 있다는 것을 ‘회사후소’ 구
　　절로 해석한 장
★★★ 체 제사는 선(先)왕에게 지내는 제사와 자기 조상에게 보답하고 먼 조상을 추모하는 제사를 가리킨다. 의미
　　는 효도하고 경건한 사람만이 제사에 참여할 수 있다는 것이다.

내려오기를 빈다. 나는 그 이상을 보고 싶지 않다."

子曰, "禘自旣灌而往者, 吾不欲觀之矣."
자 왈　체 자 기 관 이 왕 자　오 불 욕 관 지 의

|핵심어| **禘自旣灌** (체자기관)

|해설| 체 제사는 시작할 때 술을 뿌린다.

신성하게 하라.

3-11

어떤 사람이 체 제사에 대해 물었다.

공자가 말했다.

"잘 모르겠습니다. 그 뜻을 잘 아는 사람은 세상 다스리기를 이것을 들여다보듯이 할 것입니다." 그리고 자기 손바닥을 가리켰다.

或問禘之說. 子曰, "不知也. 知其說者之於天下也, 其如示諸斯乎!" 指其掌.
혹 문 체 지 설　자 왈　부 지 야　지 기 설 자 지 어 천 하 야　기 여 시 저 사 호　　지 기 장

|핵심어| **禘知示掌** (체지시장)

|해설| 체 제사를 아는 사람은 쉽게 정치를 할 수 있다.

근원을 생각하라.

3-12

선조의 제사를 지낼 때는 그 선조가 살아 계신 듯이 정중하게 모시고, 산천의 신령을 모실 때는 그 신이 앞에 있는 듯이 경건하게 모신다.

공자가 말했다.

"제사에 참석하지 않으면 제사를 지내지 않은 것과 같다."

祭如在, 祭神如神在. 子曰, "吾不與祭, 如不祭."
제 여 재　제 신 여 신 재　자 왈　오 불 여 제　여 부 제

|핵심어| **不與不祭** (불여부제)

|해설| 참석하지 않으면 제사 지내지 않은 것이다.

실제로 해라.

3-13

(위나라 대부) 왕손가가 물었다.

"'안방의 신에게 아첨하기보다 부엌*의 신을 섬기고 아첨하라.'는 말이 무슨 뜻입니까?"

공자가 말했다.

"그렇지 않습니다. 하늘에 죄를 지으면 빌 곳조차 없습니다."

王孫賈問曰, "與其媚於奧, 寧媚於竈, 何謂也?" 子曰, "不然. 獲罪於天, 無所
왕 손 가 문 왈   여 기 미 어 오 영 미 어 조 하 위 야   자 왈   불 연   획 죄 어 천 무 소

禱也."
도 야

| 핵심어 | 獲罪無禱 (획죄무도)

| 해설 | 죄를 지으면 빌 곳이 없다.

죄 짓지 마라.

3-14

공자가 말했다.

"주나라는 하나라와 은나라, 두 나라의 문화를 이어받아 찬란한 문화를 이룩했다. 그래서 나는 주나라의 문화를 따르려고 한다."

子曰, "周監於二代, 郁郁乎文哉! 吾從周."
자 왈   주 감 어 이 대 욱 욱 호 문 재 오 종 주

| 핵심어 | 吾從周文 (오종주문)

| 해설 | 나는 주나라의 문화를 따르겠다.

복합문화는 찬란하다.

---

* 안방을 임금에, 부엌을 권신에 비유하는 말이다.

3-15

공자가 주공의 사당인 태묘에 들어가 제사를 지낼 때 모든 일에 대해 물었다.

어떤 사람이 말했다.

"누가 추나라 사람이 예법을 안다고 한 거야! 태묘에 들어가서 모든 일에 대해 묻지 않는가!"

공자가 이 말을 듣고 말했다.

"이것이 예의다."

子入太廟, 每事問. 或曰, "孰謂鄹人之子知禮乎? 入太廟, 每事問."
자 입 태 묘 매 사 문 혹 왈   숙 위 추 인 지 자 지 례 호   입 태 묘 매 사 문

子聞之, 曰, "是禮也."
자 문 지 왈   시 예 야

|핵심어| 每事問禮 (매사문례)
|해설| 모든 일을 묻는 것이 예의다.
모르는 것은 물어라.

3-16

공자가 말했다.

"활쏘기는 과녁의 가죽을 뚫는 것이 목적이 아니다. 쏘는 사람의 힘이 같지 않기 때문인데, 옛날부터 전해오는 활쏘기의 도리다."

子曰, "射不主皮, 爲力不同科, 古之道也."
자 왈   사 부 주 피 위 력 부 동 과 고 지 도 야

|핵심어| 射不主皮 (사부주피)
|해설| 활쏘기는 과녁 가죽 뚫는 것이 목적이 아니다.
내용을 분명하게 살펴라.

3-17

자공이 매달 초하루 사당 제사에 바치는 희생양을 더 이상 쓰지 않으려고 하자, 공자가 말했다.

"자공아! 너는 희생양을 아까워하느냐, 나는 그 예의를 아낀다."

子貢欲去告朔之餼羊, 子曰, "賜也! 爾愛其羊, 我愛其禮."
자공욕거고삭지희양 자왈   사야 이애기양   아애기례

| 핵심어 | 愛羊愛禮 (애양애례)
| 해설 | 양을 아껴야 하는가, 예의를 아껴야 하는가?
전통 예의를 생각하라.

3-18

공자가 말했다.

"군주를 섬길 때 예의를 다하면, 사람은 아첨한다고 생각한다."

子曰, "事君盡禮, 人以爲諂也."
자왈   사군진례 인이위첨야

| 핵심어 | 事君盡禮 (사군진례)
| 해설 | 군주를 섬길 때 예의를 다하라.
사람에게 맞게 예의를 다하라.

3-19

정공*이 물었다.

"군주가 신하를 부리고 신하가 군주를 섬기려면 어떻게 해야 합니까?"

공자가 대답했다.

"군주는 예의를 갖추어 신하를 부리고, 신하는 충실하게 군주를 모셔야 합니다."

* 공자는 정공을 모시고 노나라 삼환세력(맹손씨, 숙손씨, 계손씨)를 치려고 했으나 실패했다.

定公問, "君使臣, 臣事君, 如之何?" 孔子對曰, "君使臣以禮, 臣事君以忠."
정공문   군사신   신사군   여지하   공자대왈   군사신이례   신사군이충

|핵심어| 臣禮君忠 (신례군충)

|해설| 군주는 예의로 신하를 부리고, 신하는 충실히 군주를 모셔라.

사람을 자리에 맞게 대접하라.

3-20

공자가 말했다.

"『시경』「관저」*는 그 노래가 즐겁지만 음란하지 않고, 슬프지만 마음을 상하게 하지 않는다."

子曰, "關雎, 樂而不淫, 哀而不傷."
자왈   관저   락이불음   애이불상

|핵심어| 樂不淫哀不傷 (낙불음애불상)

|해설| 즐겁지만 음란하지 않고 슬프지만 마음 상하지 않는다.

상황에 맞게 조절한다.

3-21

(노나라 임금) 애공이 재아**에게 사당에 대해 물었다.

재아가 대답했다.

"하나라 군주는 소나무를 심었고 은나라 사람은 잣나무를 심었으며 주나라 사람은 밤나무를 심었습니다. 주나라가 밤나무를 심은 것은 백성에게 밤송이를 보듯이 두려워하도록 한 것입니다."

공자가 이를 듣고 말했다.

"이미 저지른 일이므로 해명하라고 하지 않겠다. 그렇게 할 수밖에 없는 일이므로 따지지도 않겠다. 한참 지난 일이므로 책망하지도 않겠다."

* 시의 내용은 "꾸우꾹 우는 징경새/모래톱에 있네/고상하고 정숙한 숙녀/군자의 좋은 짝이로다."이다.
** 재아는 언어와 웅변에 뛰어난 사람이었다. 그러므로 자의적 판단에 의해 말을 잘 갖다 붙였다.

哀公問社於宰我. 宰我對曰, "夏后氏以松, 殷人以栢, 周人以栗,
애 공 문 사 어 재 아   재 아 대 왈   하 후 씨 이 송   은 인 이 백   주 인 이 율

曰使民戰栗." 子聞之, 曰, "成事不說, 逐事不諫, 旣往不咎."
왈 사 민 전 율   자 문 지 왈   성 사 불 설   수 사 불 간   기 왕 불 구

| 핵심어 | **成事逐事** (성사수사)
| 해설 | 이미 저지른 일과 그렇게 할 수밖에 없는 일은 돌이키지 말라.
과거의 미련보다 현실을 직시하라.

3-22

공자는 다음과 같이 평가했다.

"관중***은 그릇이 작습니다."

어떤 사람이 물었다.

"관중은 검소했습니까?"

공자가 말했다.

"관씨는 부인을 셋이나 두었고, 호화로운 관청에 있었으며, 사안마다 부하를 한 사람씩 두었으니, 어찌 검소하다 하겠습니까!"

그렇다면 "관중은 예의는 알았던 사람인가요?"

공자가 말했다.

"군주의 대문에만 안팎을 가르는 칸막이 울타리를 칠 수 있었는데, 관씨 또한 울타리를 쳤습니다. 군주라야 외교 관계를 위해 술잔 대****를 갖추는 법인데, 관씨 또한 술잔 대를 갖췄습니다. 관씨가 예의를 안다면 누가 예의를 모르겠소!"

子曰, 管仲之器小哉. 或曰, 管仲儉乎. 曰管氏有三歸, 官事不攝, 焉得儉.
자 왈   관 중 지 기 소 재   혹 왈   관 중 검 호   왈 관 씨 유 삼 귀   관 사 불 섭   언 득 검

然則管仲知禮乎. 曰, 邦君樹塞門, 管氏亦樹塞門. 邦君爲兩君之好, 有反坫,
연 즉 관 중 지 례 호   왈   방 군 수 색 문   관 씨 역 수 색 문   방 군 위 양 군 지 호   유 반 점

*** 관중은 춘추시대에 강력한 춘추오패 중에서도 으뜸이었던 제나라를 만든 장본인이다. 『관자』라는 책에 그
    의 사상이 풍부하게 담겨 있다.
**** 술잔 대는 흙을 돋우어 만든 작은 대(臺)로 두 임금이 우호로 만날 때 사용한다.

管氏亦有反坫, 管氏而知禮, 孰不知禮.
관 씨 역 유 반 점　관 씨 이 지 례　숙 부 지 례

|핵심어| **管仲器小** (관중기소)
|해설| 관중의 사람됨이 작다.
분수에 맞게 살아라.

3-23

공자가 노나라의 음악을 담당하던 관리에게 말해 주었다.

"음악은 이렇게 구성되어야 한다. 시작할 때는 종이 크게 울리고, 그다음
에는 합주가 은은하게 리듬을 타고 흐르며 관악기와 현악기가 제각기 연주
되면서 여운이 이어지는 듯이 마무리되어야 한다."

子語魯太師樂曰, 樂其可知也. 始作, 翕如也. 從之, 純如也, 皦如也, 繹如也,
자 어 노 태 사 악 왈　악 기 가 지 야　시 작　흡 여 야　종 지　순 여 야　교 여 야　역 여 야

以成.
이 성

|핵심어| **翕純皦繹** (흡순교역)
|해설| 종이 울리고 합주가 흐르고 악기가 연주되며 여운을 남긴다.
음악의 맛을 느껴라.

3-24

지역 관리인 의가 공자를 만나 뵙기를 청하며 말했다.

"군자가 이곳에 오면 제가 만나 뵙지 않은 사람이 없습니다."

제자들이 그를 데려와서 공자를 뵙게 했다. 공자를 만난 후, 나오면서 그
가 말했다.

"여러분들은 어찌하여 공자께서 관직을 잃은 것에 대해 걱정하고 있습니
까? 세상에 인간의 도리가 무너진 지 오래되었습니다만, 하늘은 공자를 세상
을 구제하는 목탁으로 삼을 것입니다."

儀封人請見, 曰, "君子之至於斯也, 吾未嘗不得見也." 從者見之. 出曰, "二
의 봉 인 청 현   왈   군 자 지 지 어 사 야   오 미 상 부 득 현 야   종 자 견 지   출 왈   이

三子何患於喪乎? 天下之無道也久矣, 天將以夫子爲木鐸."
삼 자 하 환 어 상 호   천 하 지 무 도 야 구 의   천 장 이 부 자 위 목 탁

| 핵심어 | **無道木鐸** (무도목탁)

| 해설 | 세상이 혼란스러우면 세상을 구제하는 목탁이 나온다.

목탁을 찾아라.

3-25

공자는 순임금의 음악인 소에 대해 "정말 아름답고 또 참으로 착한 내용
이다."라고 했다. 또한 주나라 무왕의 음악인 무에 대해 "정말 아름답다. 하
지만 참으로 착한 내용이라고 할 수는 없다."* 라고 했다.

子謂韶, "盡美矣, 又盡善也." 謂武, "盡美矣, 未盡善也."
자 위 소   진 미 의   우 진 선 야   위 무   진 미 의   미 진 선 야

| 핵심어 | **盡美盡善** (진미진선)

| 해설 | 정말 아름답고 참으로 착하다

아름답고도 착한 음악을 연주하자.

3-26

공자가 말했다.

"윗자리에 있으면서 너그럽지 않고, 예를 행하면서 경건하지 않으며, 상례
를 치르면서 슬퍼하지 않는다면, 내가 무엇으로 그 사람을 보겠는가?"

子曰, "居上不寬, 爲禮不敬, 臨喪不哀, 吾何以觀之哉?"
자 왈   거 상 불 관   위 례 불 경   임 상 불 애   오 하 이 관 지 재

| 핵심어 | **寬敬哀觀** (관경애관)

| 해설 | 너그럽고 경건하며 슬퍼하는 데서 그 사람의 모습을 본다.

상황에 맞는 행동이 사람의 참모습이다.

---

* 순임금의 덕은 자연스럽게 이어진 것이고 무왕의 덕은 은나라 주왕의 폭정으로 잃어버렸던 것을 되찾은 것으로 그 실상이 다르다.

이인

4

4-1

공자가 말했다.

"마을의 분위기가 사랑이 넘쳐야 아름답다. 이런 곳을 골라 사랑하며 살지 않는다면 어찌 지혜롭다고 할 수 있겠는가!"

子曰, "里仁爲美. 擇不處仁, 焉得知!"
자 왈   리 인 위 미   택 불 처 인   언 득 지

|핵심어| 里仁爲美 (이인위미)

|해설| 마을의 분위기가 사랑이 넘쳐야 아름답다.

분위기가 열린 곳에 삶을 투자하라.

4-2

공자가 말했다.

"사람을 사랑하지 않는 사람은 가난을 견디지 못하고 즐거운 삶을 지속하지도 못한다. 사람을 사랑하는 사람은 사람이 어울리는 분위기에 젖어들고, 지혜로운 사람은 사람이 어울리는 분위기를 이용한다."

子曰, "不仁者不可以久處約, 不可以長處樂. 仁者安仁, 知者利仁."
자 왈   불 인 자 불 가 이 구 처 약 불 가 이 장 처 락   인 자 안 인   지 자 이 인

|핵심어| 仁者安仁 (인자안인)
|해설| 사람을 사랑하는 사람은 사람이 어울리는 분위기에 젖어든다.
분위기를 만끽하라.

4-3
공자가 말했다.
"사람을 사랑하는 사람만이 사람을 좋아할 수 있고 사람을 싫어할 수 있
다."

子曰, "惟仁者, 能好人, 能惡人."
자 왈   유 인 자 능 호 인   능 오 인

|핵심어| 仁者好惡 (인자호오)
|해설| 사랑하는 사람만이 사람을 좋아하고 싫어할 수 있다.
사랑해 보면 안다.

4-4
공자가 말했다.
"진정으로 사람을 사랑하며 사는 데 뜻을 두어야 나쁜 짓을 하지 않는다."

子曰, "苟志於仁矣, 無惡也."
자 왈   구 지 어 인 의   무 악 야

|핵심어| 志仁無惡 (지인무악)
|해설| 사랑하며 살아야 나쁜 짓을 하지 않는다.
사랑에 관심을!

4-5
공자가 말했다.
"부와 귀는 사람이 욕심내는 것이다. 그러나 정당한 방법으로 얻은 것이

아니라면 누려서는 안 된다. 빈과 천은 사람이 싫어하는 것이다. 하지만 그것이 정당하게 주어진 것이 아니라면 피해서도 안 된다. 군자가 사람을 사랑하는 마음을 버리면 사람다움을 어디에서 찾겠는가? 군자는 밥 먹을 때와 같은 평상시에도 사람답고 다급한 일을 닥쳐도 그러하며 가난에 넘어지고 좌절하며 뒤집히는 순간에도 그렇게 해야 한다."

子曰, "富與貴, 是人之所欲也, 不以其道得之, 不處也. 貧與賤, 是人之所惡
자왈 부여귀 시인지소욕야 불이기도득지 불처야 빈여천 시인지소오

也, 不以其道得之, 不去也. 君子去仁, 惡乎成名. 君子無終食之間違仁, 造次
야 불이기도득지 불거야 군자거인 오호성명 군자무종식지간위인 조차

必於是, 顚沛必於是."
필어시 전패필어시

| 핵심어 | **君子成名** (군자성명)
| 해설 | 군자는 사람답게 제 이름을 간직한다.
자기의 이름을 찾아라.

4-6

공자가 말했다.

"나는 사랑하기를 좋아하는 마음을 지닌 사람을 보지 못했다. 사랑하지 않는 마음을 지닌 자를 미워하는 사람도 보지 못했다. 사랑하기를 좋아하는 사람보다 착한 사람은 없다. 사랑하지 않는 마음을 지닌 자를 미워하는 사람도 사랑하는 마음으로 세상을 마주할 수 있다. 이때 사랑하지 않는 마음을 지닌 자가 가까이 다가와 영향력을 미치지 않게 하는 것이 중요하다. 하루라도 사랑하는 마음으로 세상을 마주하기 위해 온 힘을 쏟는 사람이 있는가? 나는 힘이 모자라 사랑하는 마음을 지니지 못했다는 사람을 아직까지는 보지 못했다. 세상에 그런 사람이 있겠지만, 나는 아직 보지 못했다."

子曰, "我未見好仁者, 惡不仁者. 好仁者, 無以尙之. 惡不仁者, 其爲仁矣.
자왈 아미견호인자 오불인자 호인자 무이상지 오불인자 기위인의

不使不仁者加乎其身. 有能一日用其力於仁矣乎? 我未見力不足者. 蓋有之
불 사 불 인 자 가 호 기 신   유 능 일 일 용 기 력 어 인 의 호   아 미 견 역 부 족 자   개 유 지

矣, 我未之見也."
의   아 미 지 견 야

|핵심어| 日用力仁 (일용력인)

|해설| 평소 생활에서 사랑하는 마음에 온 힘을 쏟아라.

사랑하는 마음을 길러라.

4-7

공자가 말했다.

"사람이 잘못을 저지를 때는 그 유형이 있다. 잘못의 유형을 살펴보면 그가 사람을 사랑하는 정도를 안다."

子曰, "人之過也, 各於其黨. 觀過, 斯知仁矣."
자 왈   인 지 과 야   각 어 기 당   관 과   사 지 인 의

|핵심어| 觀過知仁 (관과지인)

|해설| 사람의 잘못을 살펴보면 그 사람이 사랑하는 정도를 알 수 있다.

잘못을 관찰하라.

4-8

공자가 말했다.

"아침에 세상의 이치를 듣고 깨닫는다면, 저녁에 죽어도 괜찮다."

子曰, "朝聞道, 夕死可矣."
자 왈   조 문 도 석 사 가 의

|핵심어| 朝聞道夕死可 (조문도석사가)

|해설| 아침에 세상 이치를 깨달으면 저녁에 죽어도 괜찮다.

인간의 길을 깨닫자.

4-9

공자가 말했다.

"관리가 백성을 위해 봉사하는 데 뜻을 두면서도 허름한 옷 입기를 부끄러워하고 거친 음식 먹기를 창피하게 여긴다면, 그와 백성의 삶에 대해 논의할 가치가 없다."

子曰, "士志於道, 而恥惡衣惡食者, 未足與議也."
자 왈   사 지 어 도   이 치 악 의 악 식 자   미 족 여 의 야

| 핵심어 | 士志於道 (사지어도)
| 해설 | 관리는 백성을 위해 봉사하는 데 뜻을 두어야 한다.
공직자가 바라볼 것은 국민이다.

4-10

공자가 말했다.

"군자는 세상일을 처리할 때, 고집하지도 않고 거부하지도 않는다. 옳은 일이면 그에 따라 처리할 뿐이다."

子曰, "君子之於天下也, 無適也, 無莫也, 義之與比."
자 왈   군 자 지 어 천 하 야   무 적 야   무 막 야   의 지 여 비

| 핵심어 | 義之與比 (의지여비)
| 해설 | 올바른 기준에 따라 처리한다.
정의의 기준을 확인하라.

4-11

공자가 말했다.

"군자는 백성에게 베풀 덕을 마음에 품고 소인은 자신이 먹고살 땅을 마음에 품는다. 군자는 법도로 잘 다스릴 일을 마음에 품고 소인은 은혜 받을 것을 마음에 품는다."

子曰, "君子懷德, 小人懷土, 君子懷刑, 小人懷惠."
자 왈   군 자 회 덕 소 인 회 토 군 자 회 형 소 인 회 혜

|핵심어| 德刑土惠 (덕형토혜)

|해설| 덕과 법도, 땅과 은혜를 마음에 품는다.

자신의 입장에서 생각한다.

4-12

공자가 말했다.

"이익을 지나치게 챙기면 원망이 많아진다."

子曰, "放於利而行, 多怨."
자 왈   방 어 리 이 행 다 원

|핵심어| 利行多怨 (이행다원)

|해설| 이익을 챙기면 원망이 많다.

이익이 생기면 고민하라.

4-13

공자가 말했다.

"예의를 지키고 양보하는 마음을 갖추어 나라를 다스린다면, 무슨 문제가 있겠는가? 예의를 지키고 양보하는 마음을 갖추지 못하여 나라를 다스릴 수 없다면, 예의가 어디에 필요하겠는가?"

子曰, "能以禮讓爲國乎? 何有? 不能以禮讓爲國, 如禮何?"
자 왈   능 이 예 양 위 국 호 하 유 불 능 이 예 양 위 국 여 예 하

|핵심어| 禮讓爲國 (예양위국)

|해설| 예의를 지키고 양보하는 마음을 갖추어 나라를 다스린다.

예의를 갖추어 나라를 다스려라.

4-14

공자가 말했다.

"지위가 없음을 걱정하지 말고, 그런 지위에 나설 수 있는 능력을 어떻게 갖출지를 걱정하라. 자기를 알아주는 사람이 없음을 걱정하지 말고, 사람이 알아보도록 자신의 능력을 갖추어라."

子曰, "不患無位, 患所以立. 不患莫己知, 求爲可知也."
자 왈   불 환 무 위   환 소 이 립   불 환 막 기 지   구 위 가 지 야

| 핵심어 | 求爲可知 (구위가지)
| 해설 | 다른 사람이 자신을 알아보도록 실력을 갖추다.
능력을 길러라.

4-15

공자가 말했다.

"증삼아! 나의 길은 한결같다!"

증자가 대답했다.

"네, 알았습니다."

공자는 밖으로 나가자, 문하생들이 증자에게 물었다.

"무엇을 말씀하신 것입니까?"

증자가 말했다.

"선생님의 길은 충과 서일 뿐이다."*

子曰, "參乎! 吾道一以貫之." 曾子曰, "唯." 子出, 門人問曰, "何謂也."
자 왈   삼 호   오 도 일 이 관 지   증 자 왈   유   자 출   문 인 문 왈   하 위 야

曾子曰, "夫子之道, 忠恕而已矣."
증 자 왈   부 자 지 도   충 서 이 이 의

| 핵심어 | 충서일관 (忠恕一貫)
| 해설 | 공자는 충실과 배려라는 하나의 길을 추구했다.
일관된 길을 추구하라.

---

* 공자는 자신의 삶을 '충서(忠恕)'로 언명했다. '충'은 자신에게 최선을 다한다는 것이며, '서'는 다른 사람에게도 최선을 다한다는 의미이다.

4-16

공자가 말했다.

"군자는 올바름을 밝히고 좋아하며, 소인은 이익을 밝히고 좋아한다."

子曰, "君子喩於義, 小人喩於利."
자 왈   군 자 유 어 의   소 인 유 어 리

|핵심어| 喩義喩利 (유의유리)

|해설| 군자는 의리를 밝히고 소인은 이익을 밝힌다.

의리와 이익을 분별하라.

4-17

공자가 말했다.

"똑똑한 사람을 보면 똑똑하게 되기를 생각하고, 똑똑하지 않은 사람을 보면 내면 깊이 반성해야 한다."

子曰, "見賢思齊焉, 見不賢而內自省也."
자 왈   견 현 사 제 언   견 불 현 이 내 자 성 야

|핵심어| 思齊自省 (사제자성)

|해설| 똑똑하게 되기를 생각하며 스스로를 성찰한다.

나는 똑똑한가?

4-18

공자가 말했다.

"부모를 모실 때, 간절하게 드릴 말씀이 있으면 신중하게 올려야 한다. 뜻이 받아들여지지 않더라도 공경하게 부모를 모시며 거슬리지 않게 해야 한다. 힘든 상황이 벌어지더라도 부모를 원망해서는 안 된다."**

** 『예기』「내칙」에는 본 내용이 조금 다르게 기록돼 있다. "자식이 간절하게 말씀드리지도 않고 부모가 계속 잘못을 범할 때는 어떻게 할 것인가? 부모가 잘못해서 그 지역 사회나 이웃에게 죄를 짓는 것보다는 자식이 간절하게 말하여 그런 상황을 막는 것이 낫다."

子曰, "事父母幾諫, 見志不從, 又敬不違, 勞而不怨."
자 왈　사 부 모 기 간　견 지 부 종　우 경 불 위　노 이 불 원

|핵심어| 勞而不怨 (노이불원)

|해설| 부모를 모시면서 힘들어도 부모를 원망해서는 안 된다.

온 힘을 쏟아 부모를 모셔라.

4-19

공자가 말했다.

"부모가 살아 계실 때 자식은 멀리 여행하지 않아야 한다. 여행을 가는 경우, 반드시 그 행선지를 알려 안심시켜야 한다."

子曰, "父母在, 不遠遊, 遊必有方."
자 왈　부 모 재　불 원 유　유 필 유 방

|핵심어| 遊必有方 (유필유방)

|해설| 여행을 가는 경우에는 반드시 행선지를 알려야 한다.

자신의 위치를 확인하라.

4-20

공자가 말했다.

"돌아가신 후 3년 동안 부모가 추구했던 길을 바꾸지 않아야 효도라고 할 수 있다."

子曰, "三年無改於父之道, 可謂孝矣."
자 왈　삼 년 무 개 어 부 지 도　가 위 효 의

|핵심어| 三年無改 (삼년무개)

|해설| 3년 정도는 그 사람이 추구했던 길을 바꾸지 않아야 한다.

은혜 입은 사람의 뜻을 이어가라.

4-21

공자가 말했다.

"부모의 연세는 반드시 알고 있어야 한다. 한편으로는 장수하는 것을 기뻐하고, 한편으로는 쇠약해지는 것을 두렵게 여겨야 하기 때문이다."

子曰, "父母之年, 不可不知也, 一則以喜, 一則以懼."
자 왈   부 모 지 년   불 가 부 지 야   일 즉 이 회   일 즉 이 구

| 핵심어 | 父年喜懼 (부년희구)

| 해설 | 부모의 연세는 기쁨과 두려움을 동시에 안겨준다.

효도를 다시 생각하라.

4-22

공자가 말했다.

"옛날 사람이 말을 함부로 하지 않은 것은, 실천하지 못할까 부끄러워했기 때문이다."

子曰, "古者言之不出, 恥躬之不逮也."
자 왈   고 자 언 지 불 출   치 궁 지 불 체 야

| 핵심어 | 言出躬逮 (언출궁체)

| 해설 | 말을 했으면 실천해야 한다.

함부로 말하지 마라.

4-23

공자가 말했다.

"자신을 단속하면서 실수하는 사람은 드물다."

子曰, "以約失之者, 鮮矣."
자 왈   이 약 실 지 자   선 의

| 핵심어 | 約失之鮮 (약실지선)

| 해설 | 단속하면서 실수하는 사람은 드물다.

자신을 단속하라!

4-24

공자가 말했다.

"군자는 말을 어눌하게 하면서도 행동을 재빠르게 한다."

子曰, "君子欲訥於言而敏於行."
자 왈 군 자 욕 눌 어 언 이 민 어 행

| 핵심어 | 訥言敏行 (눌언민행)

| 해설 | 말을 어눌하게 하고 행동은 재빠르게 한다.

말은 천천히, 행동은 재빠르게.

4-25

공자가 말했다.

"착한 성품을 지닌 사람은 외롭지 않다. 반드시 함께할 이웃이 있다."

子曰, "德不孤, 必有隣."
자 왈 덕 불 고 필 유 린

| 핵심어 | 不孤有隣 (불고유린)

| 해설 | 이웃이 있기에 외롭지 않다.

덕을 지녀라.

4-26

(제자) 자유가 말했다.

"군주를 섬길 때 자주 간언을 하여 귀찮게 만들면 치욕을 당하게 된다. 친구 사이에도 자주 충고를 하여 귀찮게 만들면 사이가 멀어진다."

子游曰, "事君數, 斯辱矣. 朋友數, 斯疏矣."
자 유 왈   사 군 삭 사 욕 의 사 우 삭 사 소 의

| 핵심어 | 朋友數疏 (붕우삭소)

| 해설 | 친구 사이에 자주 충고하여 귀찮게 만들면 사이가 멀어진다.

친구에게 잦은 충고를 하지 마라.

공야장

5

5-1

공자가 공야장에 대해 말했다.

"공야장*은 사위로 삼을 만하다. 포승줄에 묶여 감옥에 갇힌 적이 있었지만, 그의 죄가 아니었다." 그러고는 자기의 딸을 그에게 시집보냈다.

공자가 남용*에 대해 말했다.

"나라가 안정되었을 때는 버림받지 않고 등용되고, 나라가 혼란스럽더라도 형벌이나 사형을 받지 않고 모면할 사람이다." 그러고는 형의 딸을 그에게 시집보냈다.

子謂公冶長, "可妻也, 雖在縲絏之中, 非其罪也." 以其子妻之.
자 위 공 야 장　가 처 야　수 재 류 설 지 중　비 기 죄 야　　이 기 자 처 지

子謂南容, "邦有道, 不廢. 邦無道, 免於刑戮." 以其兄之子妻之.
자 위 남 용　방 유 도　불 폐　방 무 도　면 어 형 륙　　이 기 형 지 자 처 지

| 핵심어 | 有道不廢 (유도불폐)

| 해설 | 정당한 경우에는 버려지지 않는다.

참모습을 보고 판단하라.

---

* 공야장과 남용은 공자가 자신의 딸과 형의 딸을 시집보낼 수 있을 정도로 떳떳하고 현명한 인물임에 틀림없다.

5-2

공자가 자천*에 대해 말했다.

"군자다운 사람이다! 노나라에 군자가 없었다면, 이 사람이 어찌 그렇게 훌륭한 덕행을 성취했겠는가?"

子謂子賤, "君子哉若人! 魯無君子者, 斯焉取斯?"
자 위 자 천   군 자 재 약 인   노 무 군 자 자   사 인 취 사

|핵심어| 君子若人 (군자약인)
|해설| 이처럼 훌륭한 사람이 나오다.
훌륭한 사람에게서 인재가 나온다.

5-3

자공**이 물었다.

"저는 어떻습니까?"

공자가 대답했다.

"너는 그릇에 비유할 수 있다."

자공이 말했다.

"어떤 그릇에 해당합니까?"

공자가 대답했다.

"제사 때 쓰이는 귀중한 호련 같은 그릇이다."

子貢問曰, 賜也何如. 子曰, 女, 器也. 曰, 何器也. 曰, 瑚璉也.
자 공 문 왈   사 야 하 여   자 왈   여   기 야   왈   하 기 야   왈   호 련 야

|핵심어| 器也瑚璉 (기야호련)
|해설| 예식에 쓰이는 귀중한 그릇인 호련이다.
긴요하게 쓰이는 귀중한 그릇이 되라.

5-4

어떤 사람이 말했다.

"(제자) 염옹은 사람을 사랑하긴 하지만 말을 잘 못 해요."

공자가 말했다.

"말만 잘하는 것을 어디다 쓰겠는가? 사람이 말 잘하는 것으로만 사람을 대하면 미움을 사게 된다. 염옹이 사람을 사랑하는지는 모르겠다. 말만 잘하는 것을 어디다 쓰겠는가?"

或曰, "雍也仁而不佞." 子曰, "焉用佞? 禦人以口給, 屢憎於人. 不知其仁, 焉
혹왈   옹야인이불녕   자왈   언용녕   어인이구급 누증어인 부지기인 언

用佞?"
용녕

| 핵심어 | 口給憎人 (구급증인)

| 해설 | 말주변만 좋으면 미움을 사게 된다.

말로만 상대하지는 말라.

5-5

공자가 칠조개***에게 관리가 될 것을 권했다.

칠조개가 말했다.

"저는 아직 관리가 될 자질을 갖추지 못했습니다."

공자가 기뻐했다.

子使漆雕開仕. 對曰, "吾斯之未能信." 子說.
자사 칠조개사 대왈   오사지미능신   자열

| 핵심어 | 吾未能信 (오미능신)

| 해설 | 나는 아직 나의 능력을 확신하지 못한다.

너 자신을 깨달아라.

---

* 자천은 공자보다 나이가 49세가량 적은 막내 문하생이다. 비록 어린 문하생이지만 자천은 작은 읍의 수장으로 있으면서 사람다운 모습을 많이 보여줬다.
** 자공은 공자의 수제자이다. 따라서 공자가 가장 아끼기도 했지만 가장 엄하게 다그치기도 했다.
*** 칠조개는 공자보다 일곱 살 어린 공자의 초기 제자이다.

5-6

공자가 말했다.

"세상이 안정되게 다스려지지 않으니 뗏목이나 타고 바다로 떠다니려 한다. 이때 나를 따라올 제자는 자로가 아닐까 생각한다."

자로가 이 말을 듣고 기뻐했다.

공자가 말했다.

"자로는 용맹스러움이 나를 능가한다. 하지만 일을 바르게 헤아리지 못한다."

子曰, "道不行, 乘桴浮于海. 從我者, 其由與?" 子路聞之喜.
자왈　도불행　승부부우해　종아자　기유여　　자로문지희

子曰, "由也好勇過我, 無所取材."
자왈　유야호용과아　무소취재

| 핵심어 | 好勇取材 (호용취재)

| 해설 | 용맹을 갖추고 모든 일을 잘 헤아린다.

바르게 헤아릴 줄 아는 용기.

5-7

맹무백*이 물었다.

"자로는 사람을 사랑하는 사람입니까?"

공자가 말했다.

"잘 모르겠습니다."

맹무백이 다시 물었다.

공자가 말했다.

"자로는 1,000대 정도의 전차를 보유할 수 있는 나라의 높은 관직을 맡아 다스릴 수 있습니다. 하지만 사람을 사랑하는지는 모르겠습니다."

"염구는 어떻습니까?"

공자가 말했다.

"염구는 1,000가구 정도의 큰 읍이나 100대 정도의 전차를 보유할 수 있는 나라의 관리가 되어 다스릴 수 있습니다. 하지만 사람을 사랑하는지는 모르겠습니다."

"공서적은 어떻습니까?"

공자가 말했다.

"공서적은 조정에서 관리가 되어 사신들을 접대할 수 있을 정도로 능숙합니다. 하지만 사람을 사랑하는지는 모르겠습니다."

孟無伯問, "子路仁乎?" 子曰, "不知也." 又問. 子曰, "由也, 千乘之國, 可使
맹 무 백 문   자 로 인 호   자 왈   부 지 야   우 문 자 왈 유 야 천 승 지 국 가 사

治其賦也, 不知其仁也." "求也何如?" 子曰, "求也, 千室之邑, 百乘之家, 可
치 기 부 야 부 지 기 인 야   구 야 하 여   자 왈 구 야 천 실 지 읍 백 승 지 가 가

使爲之宰也, 不知其仁也. 赤也何如?" 子曰, "赤也, 束帶立於朝, 可使與賓客
사 위 지 재 야 부 지 기 인 야 적 야 하 여   자 왈   적 야 속 대 립 어 조 가 사 여 빈 객

言也, 不知其仁也."
언 야 부 지 기 인 야

|핵심어| 不知其仁 (부지기인)
|해설| 그 사람이 사람을 사랑하는지는 모르겠다.
사람을 사랑해야 기용된다.

5-8

공자가 자공에게 말했다.

"너와 안회** 중에 누가 더 뛰어난가?"

자공이 대답했다.

"제가 어찌 감히 안회를 따라갈 수 있겠습니까? 안회는 한 가지를 들으면 열 가지를 압니다. 저는 한 가지를 들으면 두 가지를 압니다."

* 맹무백은 노나라 맹손씨 집안의 정치 실세로, 공자의 제자들이 어떠하고, 그 인물됨이 어떤지를 공자에게 자문을 구하고자 했다. 맹무백은 맹희자의 손자인데, 맹희자는 공자를 매우 존경했다.
** 안회와 자공은 서로가 분명히 다른 공자의 수제자들이었다. 안회는 명확하고 명증하게 자기 확신에 찬 주체적 차원의 장점을 지녔다면, 자공은 조심스럽고 다른 사안으로부터 유추하는 객관적 차원의 장점을 지녔다.

공자가 말했다.

"안회만 못 하지. 나나 너나 그만 못 하지."

子謂子貢曰, "女與回也孰愈?" 對曰, "賜也何敢望回. 回也聞一以知十, 賜也
자 위 자 공 왈   여 여 회 야 숙 유   대 왈   사 야 하 감 망 회 회 야 문 일 이 지 십 사 야

聞一以知二." 子曰, "弗如也, 吾與女弗如也."
문 일 이 지 이   자 왈   불 여 야   오 여 여 불 여 야

| 핵심어 | 聞一知十 (문일지십)

| 해설 | 한 가지를 들으면 열 가지를 안다.

잘 듣고 깨쳐라.

5-9

(제자) 재여가 낮잠을 자고 있었다.

공자가 말했다.

"썩은 나무에는 조각할 수 없고, 썩힌 흙으로 쌓은 담장에는 흙손질을 할
수 없다. 재여 같은 인간을 꾸짖어서 무엇하겠는가?"

공자가 말했다.

"나는 처음 사람을 만났을 때, 그의 말을 듣고 그의 행실을 믿는다. 이제는
사람을 만나면 그의 말을 듣고 그의 행실을 살피게 되었다. 재여가 나를 이
렇게 바꾸었다!"

宰予晝寢. 子曰, "朽木不可雕也, 糞土之墙不可杇也. 於予與何誅?" 子曰,
재 여 주 침 자 왈   후 목 불 가 조 야 분 토 지 장 불 가 오 야 어 여 여 하 주   자 왈

"始吾於人也, 聽其言而信其行. 今吾於人也, 聽其言而觀其行. 於予與改是."
시 오 어 인 야 청 기 언 이 신 기 행 금 오 어 인 야 청 기 언 이 관 기 행 어 여 여 개 시

| 핵심어 | 聽言信行 (청언신행)

| 해설 | 사람의 말을 듣고 그 사람의 행실을 믿는다.

말을 듣고 믿을 만한 사람이 되어라.

5-10

공자가 말했다.

"나는 아직 욕망을 초월하는 꿋꿋한 사람을 만나지 못했다."

어떤 사람이 대답했다.

"신정이란 사람이 있습니다."

공자가 말했다.

"신정은 욕심쟁이다. 어찌 꿋꿋한 사람이라고 할 수 있겠는가?"

子曰, "吾未見剛者." 或對曰, "申棖." 子曰, "棖也慾, 焉得剛?"
자 왈   오 미 견 강 자   혹 대 왈   신 정   자 왈   정 야 욕   언 득 강

|핵심어| 見剛無慾 (견강무욕)
|해설| 꿋꿋한 사람은 욕망이 없다.
욕심을 버리고 꿋꿋하게 나아가라.

5-11

자공이 말했다.

"저는 다른 사람이 제가 싫어하는 일을 억지로 시키는 것을 원하지 않습니다. 저 또한 다른 사람에게 그가 싫어하는 일을 억지로 시키고 싶지 않습니다."

공자가 말했다.

"자공아, 네가 쉽게 할 수 있는 것은 아니다."

子貢曰, "我不欲人之加諸我也, 吾亦欲無加諸人." 子曰, "賜也, 非爾所及
자 공 왈   아 불 욕 인 지 가 저 아 야   오 역 욕 무 가 저 인   자 왈   사 야   비 이 소 급

也."
야

|핵심어| 無加諸人 (무가저인)
|해설| 사람에게 그가 싫어하는 일을 억지로 시키지 않는다.
사람을 함부로 부리지 마라.

5-12

자공이 말했다.

"선생님의 문장은 들을 수 있었다. 선생님이 본성이나 자연의 질서에 대해 말씀하신 것은 들을 수 없었다."

子貢曰, "夫子之文章, 可得而聞也. 夫子之言性與天道, 不可得而聞也已矣."
자공왈 부자지문장 가득이문야 부자지언성여천도 불가득이문야이의

|핵심어| **文章可聞** (문장가문)

|해설| 학문이나 예악 제도와 같은 문장은 들을 수 있다.
본성이나 자연의 법칙처럼 말하기 어려운 것은 말하지 마라.

5-13

자로*는 이전에 들었던 것을 아직까지 실행하지 못하고 있을 경우, 새로운 것을 듣게 될까 두려워했다.

子路有聞, 未之能行, 唯恐有聞.
자로유문 미지능행 유공유문

|핵심어| **有聞能行** (유문능행)

|해설| 들은 것은 실행한다.
들었으면 실천하라.

5-14

자공이 물었다.

"(위나라 대부) 공문자를 어찌하여 '문文'이라는 시호로 부릅니까?"

공자가 말했다.

"행동이 재빠르면서도 배우기를 좋아하고, 아래 사람에게 묻기를 부끄러워하지 않았기 때문에 '문文'이라는 시호를 주었다."

---

* 자로는 공자의 제자 중에서도 용맹스러움이 남달랐던 열혈청년이었다. 실천을 모든 덕목의 최고 가치로 두고 실행했다.

子貢問曰, "孔文子何以謂之文也?" 子曰, "敏而好學, 不恥下問, 是以謂之文
자공문왈   공문자하이위지문야   자왈   민이호학 불치하문 시이위지문

也."
야

|핵심어| 不恥下問 (불치하문)
|해설| 아래 사람에게 묻기를 부끄러워하지 않는다.
배우기를 좋아하고 많이 물어라.

5-15

공자가 말했다.

"자산**은 군자가 갖춰야 할 네 가지 덕목을 지니고 있었다. 자신의 행실
이 공손했고, 윗사람을 모실 때 존경했으며, 백성을 기를 때 은혜를 베풀었
고, 백성을 부릴 때 바르게 했다."

子謂, "子産有君子之道四焉. 其行己也恭, 其事上也敬, 其養民也惠,
자위   자산유군자지도사언 기행기야공 기사상야경 기양민야혜

其使民也義."
기사민야의

|핵심어| 恭敬惠義 (공경혜의)
|해설| 공손하고 존경하며 베풀고 바르게 지도한다.
지도자다움에 대해 고민하라.

5-16

공자가 말했다.

"(제나라 대부) 안평중은 사람과 잘 사귀면서, 오래될수록 사람을 존경했다."

子曰, "晏平仲善與人交, 久而敬之."
자왈   안평중선여인교 구이경지

** 자산은 정나라 대부 공손교를 말한다. 그는 겸손하고 자애로우며 사람을 사랑하고 이롭게 하여 높은 지도력
을 발휘했다고 전해지는 인물이다.

|핵심어| 久而敬之 (구이경지)
|해설| 오래된 사이일수록 존경한다.
오래 묵을수록 진국이다.

5-17

공자가 말했다.

"장문중*은 자기 집에 임금이 점을 칠 때 사용하던 큰 거북을 두고, 그 거북을 보관하는 방을 만들었다. 방의 기둥과 대들보에는 산과 풀 모양의 무늬를 새겼다. 어찌 지혜로운 사람이겠는가?"

子曰, "臧文仲居蔡, 山節藻梲, 何如其知也?"
자왈 장문중거채 산절조절 하여기지야

|핵심어| 居蔡節梲 (거채절절)
|해설| 점치는 방의 기둥과 대들보에 무늬를 새기다.
자기 분수에 맞게 행동하라.

5-18

(제자) 자장이 물었다.

"영윤을 지낸 자문**이 세 차례나 영윤 벼슬에 나아갔는데, 기뻐하는 낯빛이 없었습니다. 세 차례 그만둘 때도 노여워하는 낯빛을 하지 않았습니다. 자리에서 물러날 때는 반드시 전임자로서 신임 영윤에게 영윤의 업무를 인계했습니다. 어떻습니까?"

공자가 말했다.

"충실하다."

자장이 물었다.

---

* 장문중은 노나라 대부 장신이라는 사람으로, 공자가 보기에 한심한 인간의 전형이었다.
** 자문은 초나라 대부로 성은 투이고 이름은 구이며 자가 자문이다. 여러 번 벼슬에 나아가 재상 자리에 세 번이나 오른 인물로 나라 걱정에 온 힘을 쏟은 충성스런 사람이라는 평가를 받았다.

"사람을 사랑한다고 할 수 있습니까?"

공자가 말했다.

"모르겠다. 어찌 사람을 사랑한다고 할 수 있겠는가?"

"(제나라 대부) 최자가 제나라 군주를 시해했습니다. 진문자는 말 마흔 마리를 버리고 그곳을 떠났습니다. 다른 나라에 가서 '우리나라 대부 최자와 같구먼!' 하고 떠났고, 또 다른 나라로 가서 '우리나라 대부 최자 같구먼!' 하고 떠났다고 합니다. 어떻습니까?"

공자가 말했다.

"맑다."

자장이 물었다.

"사람을 사랑한다고 할 수 있습니까?"

공자가 말했다.

"모르겠다. 어찌 사람을 사랑한다고 할 수 있겠는가?"

子張問曰, "令尹子文, 三仕爲令尹, 無喜色. 三已之, 無慍色. 舊令尹之政, 必
자장문왈   영윤자문 삼사위영윤 무희색 삼이지 무온색 구영윤지정 필

以告新令尹. 何如?" 子曰, "忠矣." 曰, "仁矣乎?" 曰, "未知. 焉得仁?" 崔子
이고신영윤 하여   자왈 충의 왈 인의호   왈 미지. 언득인   최자

弑齊君, 陳文子有馬十乘, 棄而違之. 至於他邦, 則曰, "猶吾大夫崔子也." 違
시제군 진문자유마십승 기이위지 지어타방 즉왈   유오대부최자야   위

之. 之一邦, 則又曰, "猶吾大夫崔子也." 違之. 何如?" 子曰, "淸矣." 曰, "仁
지. 지일방 즉우왈   유오대부최자야   위지. 하여   자왈 청의 왈 인

矣乎?" 曰, "未知. 焉得仁?"
의호   왈 미지. 언득인

|핵심어| 忠淸不仁 (충청불인)

|해설| 충실하고 맑은 사람이지만 사람을 사랑하지는 않는다.

사랑하기가 정말 어렵다.

5-19

(노나라 대부) 계문자는 세 번 생각한 다음에 행동으로 옮겼다.

공자가 그것을 듣고 말했다.

"두 번이면 괜찮다."

季文子三思而後行. 子聞之, 曰, "再, 斯可矣."
계 문 자 삼 사 이 후 행 자 문 지 왈   재 사 가 의

|핵심어| 再思後行 (재사후행)

|해설| 두 번 생각한 다음에 행동한다.

생각을 거듭하라.

5-20

공자가 말했다.

"(위나라 대부) 영무자는 나라가 잘 다스려질 때는 지혜를 발휘하고, 나라가 어지러울 때는 어리석은 척하며 정치에서 물러났다. 잘 다스려질 때 지혜를 발휘하는 것은 따라할 수 있으나 어지러울 때 어리석은 척하는 것은 따라할 수 없다."

子曰, "甯武子, 邦有道則知, 邦無道則愚. 其知可及也, 其愚不可及也."
자 왈   영 무 자 방 유 도 즉 지 방 무 도 즉 우 기 지 가 급 야 기 우 불 가 급 야

|핵심어| 有知無愚 (유지무우)

|해설| 다스려질 때는 지혜를 발휘하고, 어지러울 때는 어리석은 척한다.

어려울 때 더욱 지혜를 발휘하라.

5-21

공자가 진나라*에 있을 때 말했다.

"돌아가야겠다. 돌아가야겠다. 내 제자들이 젊고 혈기왕성하여 날뛰며 나름대로 고집도 있어, 겉으로는 그럴 듯하게 보이지만, 바르게 분별할 줄 모른다."

子在陳, 曰, "歸與! 歸與! 吾黨之小子狂簡, 斐然成章, 不知所以裁之."
자 재 진 왈 귀 여 귀 여 오 당 지 소 자 광 간 비 연 성 장 부 지 소 이 재 지

|핵심어| 成章裁之 (성장재지)

|해설| 화려하게 보이지만 분별할 줄 모른다.

정확하게 재단하라.

5-22

공자가 말했다.

"백이와 숙제는 지난 일에 대해 원한을 품지 않았으므로, 다른 사람을 원망하는 일도 드물었다."

子曰, "伯夷 · 叔齊不念舊惡, 怨是用希."
자 왈 백 이 숙 제 불 념 구 악 원 시 용 희

|핵심어| 不念舊惡 (불념구악)

|해설| 지난 일에 대해 원한을 품지 않는다.

원한이 없으면 원망도 드물다.

5-23

공자가 말했다.

"누가 미생고**를 강직하다고 했는가? 어떤 사람이 식초를 얻으러 갔더니, 이웃집에서 빌려다가 주었다."

子曰, "孰謂微生高直? 或乞醯焉, 乞諸其隣而與之."
자 왈 숙 위 미 생 고 직 혹 걸 혜 언 걸 저 기 린 이 여 지

|핵심어| 微生高乞隣 (미생고걸린)

|해설| 미생고가 이웃에서 식초를 빌려주다.

없으면 없다고 해라. 구걸해서 베푸는 체하지 마라.

* 공자의 나이 56세 때, 그는 노나라를 뒤로 하고 여러 나라를 두루 돌아다녔다. 진나라는 두 번 들렀다.
** 미생고는 노나라 사람으로 평소에 정직하기로 소문난 인물이다.

5-24

공자가 말했다.

"듣기 좋게 말을 꾸며대고 낯빛을 부드럽게 하며 굽실거리며 공손한 체하는 짓을 좌구명*은 부끄럽게 여겼고, 나도 부끄럽게 여긴다. 원한을 숨기고 친구인 체하는 짓을 좌구명은 부끄럽게 여겼고, 나도 부끄럽게 여긴다."

子曰, "巧言 · 令色 · 足恭, 左丘明恥之, 丘亦恥之. 匿怨而友其人, 左丘明恥
자왈   교언   영색   주공 좌구명치지 구역치지 닉원이우기인 좌구명치

之, 丘亦恥之."
지   구역치지

| 핵심어 | 匿怨友人 (익원우인)
| 해설 | 원한을 숨기고 친구인 체하다.
숨기지 말고 솔직하라.

5-25

안연과 자로가 공자를 모시고 앉아 있었다.

공자가 말했다.**

"너희들이 뜻하는 것을 제각기 말해보라."

자로가 말했다.

"수레와 말, 옷과 가벼운 가죽옷을 얻어, 벗들과 함께 나눠 쓰다가, 헐어 못 쓰게 되더라도 서운하게 여기지 않았으면 합니다."

안연이 말했다.

"제가 잘한 것을 내세우고 싶지도 않고, 남에게 힘든 일을 시키고 싶지도 않습니다."

자로가 말했다.

"선생님의 뜻을 듣고 싶습니다."

---

* 좌구명은 노나라의 대부라고 하나 누구인지 정확하지는 않다.
** 자로와 안연과 공자의 언표는 모두 열린 마음으로 나아가는 인간과 세계에 대한 경지를 보여준다.

공자가 말했다.

"늙은이는 편하게 해주고, 벗에게는 믿음을 주며, 젊은이는 품어주려고 한다."

顔淵 · 季路侍. 子曰, "盍各言爾志?" 子路曰, "願車馬衣輕裘, 與朋友共, 敝
안 연   계 로 시 자 왈   합 각 언 이 지   자 로 왈   원 거 마 의 경 구   여 붕 우 공   폐

之而無憾." 顔淵曰, "願無伐善, 無施勞." 子路曰, "願聞子之志." 子曰, "老
지 이 무 감 안 연 왈   원 무 벌 선   무 시 로   자 로 왈   원 문 자 지 지   자 왈   노

者安之, 朋友信之, 少者懷之."
자 안 지 붕 우 신 지   소 자 회 지

| 핵심어 | 安之信之懷之 (안지신지회지)
| 해설 | 편하게 해주고, 믿음을 주며, 품어준다.
사람에 따라 알맞게 베풀어라.

5-26

공자가 말했다.

"끝내 어쩔 수 없는가! 나는 아직까지 자기의 잘못을 보고 마음으로 스스로 꾸짖는 사람을 보지 못했다."

子曰, "已矣乎! 吾未見能見其過而內自訟者也."
자 왈   이 의 호   오 미 견 능 견 기 과 이 내 자 송 자 야

| 핵심어 | 過內自訟 (과내자송)
| 해설 | 잘못이 있으면 마음으로 스스로 꾸짖는다.
자책하라!

5-27

공자가 말했다.

"열 채 정도의 집이 있는 조그마한 마을에도 충실하고 믿음직스러운 나 같은 사람이 있겠지만, 나만큼 배우기를 좋아하는 사람은 없다."

子曰, "十室之邑, 必有忠信如丘者焉, 不如丘之好學也."
자왈 십실지읍 필유충신여구자언 불여구지호학야

|핵심어| 忠信好學 (충신호학)

|해설| 충실하고 믿음직스럽고 배우기를 좋아한다.

배우기를 좋아하라. 그것만이 최고의 덕목이다.

옹야

6

6-1

공자가 말했다.

"염옹[중궁]은 고위직에 올라 사람을 다스릴 만하다."

중궁이 자상백자에 대해 물었다.

공자가 말했다.

"괜찮기는 하나 소탈하고 대범하다."

중궁이 말했다.

"몸가짐을 경건하게 하고 행동을 소탈하고 대범하게 하여 백성을 대한다면 괜찮지 않겠습니까? 몸가짐을 소탈하고 대범하게 하고 행동도 소탈하고 대범하게 한다면, 지나치게 소탈하고 대범한 것이 아니겠습니까?"

공자가 말했다.

"염옹의 말이 옳다."

子曰, "雍也, 可使南面." 仲弓問子桑伯子. 子曰, "可也簡." 仲弓曰, "居敬而
자 왈 옹 야 가 사 남 면 중 궁 문 자 상 백 자 자 왈 가 야 간 중 궁 왈 거 경 이

行簡, 以臨其民, 不亦可乎? 居簡而行簡, 無乃大簡乎?" 子曰, "雍之言然."
행 간 이 림 기 민 불 역 가 호 거 간 이 행 간 무 내 태 간 호 자 왈 옹 지 언 연

|핵심어| 居敬行簡 (거경행간)
|해설| 몸가짐을 경건하게 하고 행동을 소탈하고 대범하게 한다.
소탈하되 대범하라.

6-2

(노나라 임금) 애공이 물었다.

"제자 가운데 누가 배우기를 좋아합니까?"

공자가 대답했다.

"안회*가 있었는데 배우기를 좋아했고, 가난했지만 투덜대지 않았으며, 같은 잘못을 두 번 저지르지 않았습니다. 그러나 불행히도 일찍 죽었습니다. 지금은 없는데, 그 후로 배우기를 좋아하는 제자는 알지 못하고 있습니다."

哀公問, "弟子孰爲好學?" 孔子對曰, "有顔回者好學, 不遷怒, 不貳過. 不幸
애공문   제자숙위호학   공자대왈   유안회자호학 불천노 불이과 불행

短命死矣. 今也則亡, 未聞好學者也."
단명사의 금야즉무 미문호학자야

|핵심어| 好學不過 (호학불과)
|해설| 배우기를 좋아하며 잘못을 저지르지 않는다.
배우기를 좋아하면 사람답게 사는 데 가까워지리라.

6-3

자화**가 제나라의 사신으로 가게 되자, 염구가 자화의 어머니에게 곡식을 보내줄 것을 요청했다.

공자가 말했다.

"여섯 말 네 되를 보내면 어떻겠는가."

염구가 더 보내기를 요청했다.

---

* 안회는 41세에 죽었다. 혹자는 32세에 죽었다고도 전한다. 공자의 제자 중에 배우기를 좋아하여 학문이 뛰어난 사람으로, 공자는 안회가 일찍 죽은 것을 매우 안타까워했다.
** 자화는 공자의 제자 공서적을 말한다.

공자가 말했다.

"열여섯 말을 보내라."

염구는 여든 섬의 곡식을 보냈다.

공자가 말했다.

"자화가 제나라로 갈 때, 살찐 말을 타고 가벼운 가죽옷을 입었다. 내가 들은 바로는, '군자는 궁핍한 사람에게는 보태주되 풍족한 사람에게 보태주지 않는다.'고 했다."

원사***가 영읍의 책임자로 있을 때 공자가 곡식 구백 섬을 주자 사양했다.

공자가 말했다.

"사양하지 말라. 이웃과 마을 사람에게 나누어 주면 되지 않는가."

子華使於齊, 冉子爲其母請粟. 子曰, "與之釜." 請益. 曰, "與之庾." 冉子與
자화사어제 염자위기모청속 자왈   여지부   청익 왈   여지유   염자여

之粟五秉. 子曰, "赤之適齊也, 乘肥馬, 衣輕裘. 吾聞之也. 君子周急, 不繼
지속오병 자왈   적지적제야 승비마 의경구 오문지야 군자주급 불계

富." 原思爲之宰, 與之粟九百, 辭. 子曰, "毋! 以與爾隣理鄕黨乎!"
부 원사위지재 여지속구백 사 자왈 무 이여이린리향당호

| 핵심어 | 周急與隣 (주급여린)
| 해설 | 궁핍한 사람에게 보태주고 이웃에게 나누어 준다.
가난한 자에게 나눔을!

6-4

공자가 중궁에 대해 말했다.

"얼룩소 새끼****일지라도 털빛이 붉고 뿔이 바르면, 제물로 쓰지 않으려 해도 산천의 신이 그 소를 버리겠는가?"

*** 공자의 제자로 성은 원, 이름은 헌(憲)이고 사는 자다.
**** 당시 얼룩소는 제사에는 못 쓰고 농사일에나 쓰였다. 중궁은 출신이 미천함에도 인품이 훌륭했던 제자다.

子謂仲弓, 曰, "犁牛之子騂且角, 雖欲勿用, 山川其舍諸?"
자 위 중 궁   왈   리 우 지 자 성 차 각   수 욕 물 용   산 천 기 사 저

|핵심어| 犁牛騂角 (리우성각)
|해설| 얼룩소 새끼임에도 불구하고 털빛이 붉고 뿔이 바르다.
아무리 어려운 상황일지라도 방정하게 자라라.

6-5

공자가 말했다.

"안회는 마음이 한결같아 3개월 동안 사람을 사랑하는 마음씨를 어기지 않고 지속했다. 다른 사람은 기껏해야 하루, 길어야 1개월 정도 사람을 사랑하는 마음을 지닐 뿐이다."

子曰, "回也, 其心三月不違仁, 其餘則日月至焉而已矣."
자 왈   회 야   기 심 삼 월 불 위 인   기 여 즉 일 월 지 언 이 이 의

|핵심어| 三月不違仁 (삼월불위인)
|해설| 한결같이 착하다.
한결같은 마음은 누구에게나 어렵다.

6-6

계강자*가 물었다.
"중유[자로]에게 정사를 맡겨도 괜찮겠습니까?"
공자가 대답했다.
"자로는 결단력이 있습니다. 정사를 맡겨도 큰 문제는 없을 것입니다."
계강자가 또 물었다.
"사[자공]에게 정사를 맡겨도 괜찮겠습니까?"
공자가 대답했다.
"자공은 사리에 통달합니다. 정사를 맡겨도 큰 문제는 없을 것입니다.
계강자가 또 물었다.

"구[염유]에게 정사를 맡겨도 괜찮겠습니까?"

공자가 대답했다.

"염유는 재주가 많습니다. 정사를 맡겨도 큰 문제는 없을 것입니다."

季康子問, "仲由可使從政也與?" 子曰, "由也果, 於從政乎何有?" 曰, "賜也
계강자문　중유가사종정야여　자왈　유야과　어종정호하유　왈　사야

可使從政也與?" 曰, "賜也達, 於從政乎何有?" 曰, "求也可使從政也與?"
가사종정야여　왈　사야달　어종정호하유　왈　구야가사종정야여

曰, "求也藝, 於從政乎何有?"
왈　구야예　어종정호하유

| 핵심어 | **政果達藝** (정과달예)

| 해설 | 정치를 하려면 결단력 있고 사리에 통달하며 재주가 있어야 한다.

결단, 통달, 기예.

6-7

계씨**가 (제자인) 민자건을 비읍의 읍장으로 삼으려고 했다.

민자건이 말했다.

"나는 사양하겠으니 잘 말해주십시오. 다시 나를 읍장으로 삼으려 한다면,
나는 노나라와 제나라의 국경 지역인 문수 강가로 가버릴 것입니다."

季氏使閔子騫爲費宰. 閔子騫曰, "善爲我辭焉. 如有復我者, 則吾必在汶上
계씨사민자건위비재 민자건왈　선위아사언 여유부아자 즉오필재문상

矣."
의

| 핵심어 | **善爲我辭** (선위아사)

| 해설 | 나를 위해 사양하는 마음을 잘 말하다.

내키지 않는 일은 사양하라.

* 계강자는 당시 노나라 임금인 소공을 몰아낸 사람이다. 이 장에서 그는 공자에게 접근하여 제자들의 정치 참여의 가능성을 타진하고 있다.
** 이 장에서 계씨가 누구인지는 정확하지 않다. 당시 실력자인 계환자나 계강자일 가능성이 높다.

6-8

(제자) 염백우*가 병에 걸려 앓아눕자 공자가 문병을 가서 창문을 통해 그의 손을 잡고 말했다.

"이럴 리가 없는데, 운명인가 보다. 이 사람이 이런 병에 걸리다니. 이 사람이 이런 병에 걸리다니."

伯牛有疾, 子問之, 自牖執其手, 曰, "亡之, 命矣夫! 斯人也而有斯疾也! 斯
백우유질 자문지 자유집기수 왈 무지 명의부 사인야이유사질야 사

人也而有斯疾也!"
인야이유사질야

| 핵심어 | 亡之命矣 (무지명의)
| 해설 | 이럴 리가 없을 텐데 운명이다.
운명은 부지불식간에 갑자기 찾아온다.

6-9

공자가 말했다.

"현명하구나, 안회여! 대나무 그릇에 담은 한 그릇의 밥을 먹고, 표주박에 담은 한 종지 물을 마시며, 누추한 골목에 살고 있다. 보통 사람은 이런 삶을 견디기 힘들어하건만, 안회는 그런 즐거움을 고치지 않는다. 현명하구나, 안회여!"

子曰, "賢哉, 回也! 一簞食, 一瓢飮, 在陋巷, 人不堪其憂, 回也不改其樂.
자왈 현재 회야 일단사 일표음 재루항 인불감기우 회야불개기락

賢哉, 回也!"
현재 회야

| 핵심어 | 陋巷不改 (누항불개)
| 해설 | 누추한 골목에 사는 처지를 함부로 고치지 않는다.
현실을 직시하고 만족하라.

* 염백우는 공자보다 나이가 일곱 살 어렸다. 공자가 문병을 가서 애석해할 정도로 그는 덕행의 차원에서 안연, 민자건 다음으로 유명했다.

6-10

(제자) 염구가 말했다.

"선생님의 길을 안 좋아하는 것이 아닙니다. 힘이 부족하여 못 하는 것입니다."

공자가 말했다.

"힘이 부족하여 못 하는 사람은 중도에 그만둔다. 지금 자네는 미리 선을 긋고 안 하는 것이다."

冉求曰, "非不說子之道, 力不足也." 子曰, "力不足者, 中道而廢. 今女畫."
염구왈　비불열자지도　역부족야　자왈　역부족자　중도이폐　금여획

|핵심어| 中道而廢 (중도이폐)

|해설| 중도에 그만두다.

자신의 한계를 미리 긋지 말고 열심히 하는 것이 중요하다.

6-11

공자가 (제자) 자하에게 말했다.

"자네는 군자 같은 유학자가 되어라. 소인 같은 유학자가 되지 마라."

子謂子夏曰, "女爲君子儒, 無爲小人儒."
자위자하왈　여위군자유　무위소인유

|핵심어| 君子儒 小人儒 (군자유 소인유)

|해설| 군자 같은 유학자와 소인 같은 유학자

참된 학자가 되느냐 조무래기 같은 소인배 학자로 전락하느냐 그것이 문제로다.

6-12

(제자) 자유가 무성의 읍장이 되었다.

공자가 말했다.

"자네, 쓸 만한 사람을 구했는가?"

자유가 말했다.

"담대멸명이라는 사람이 있습니다. 그는 좁은 지름길로 다니지 않고, 공무가 아니면 제 방에 찾아오는 일이 없습니다."

子游爲武城宰. 子曰, "女得人焉爾乎?" 曰, "有澹臺滅明者, 行不由徑, 非公
자유위무성재 자왈   여득인언이호   왈   유담대멸명자 행불유경 비공

事, 未嘗至於偃之室也."
사   미상지어언지실야

|핵심어| 公事未至 (공사미지)
|해설| 공무가 아니면 찾아오지 않는다.
떳떳하게 객관적으로 행동하라.

6-13

공자가 말했다.

"맹지반*은 자기 공을 자랑하지 않는다. 전투에서 후퇴할 때는 맨 뒤에서 묵묵히 적을 막고, 성문으로 들어올 때는 말을 채찍질하면서 이렇게 말했다. '일부러 뒤처지려고 한 게 아니라, 말이 제대로 달리지 않아 처진 것이다.'"

子曰, "孟之反不伐, 奔而殿, 將入門, 策其馬, 曰, '非敢後也, 馬不進也.'"
자왈   맹지반불벌 분이전 장입문 책기마 왈   비감후야 마부진야

|핵심어| 奔殿策馬 (분전책마)
|해설| 전투에서는 맨 뒤에서 적을 막고 말을 채찍질한다.
공을 자랑하지 않고 묵묵히 자기 일에 최선을 다한다.

6-14

공자가 말했다.

"축타**와 같은 말재주가 없거나 송나라의 조**와 같은 미모를 갖추지 못했다면, 지금 세상에서 살기 어렵다."

子曰, "不有祝鮀之佞, 而有宋朝之美, 難乎免於今之世矣."
자왈　불유축타지녕　이유송조지미　난호면어금지세의

|핵심어| **佞美免世** (영미면세)
|해설| 말재주가 있거나 미모를 갖추어야 어려운 세상을 살 수 있다.

난세에는 아첨하며 자신을 감추고 꾸미는 자가 살아남는다.

6-15

공자가 말했다.

"누가 문을 통하지 않고 나갈 수 있는가? 어찌하여 이 길로 가려 하지 않는가?"

子曰, "誰能出不由戶? 何莫由斯道也?"
자왈　수능출불유호　하막유사도야

|핵심어| **由戶斯道** (유호사도)
|해설| 문을 통해 이 길을 간다.

이미 있는 좋은 길을 따라 제대로 가라.

6-16

공자가 말했다.

"본바탕이 꾸민 것보다 강조되면 촌스럽다. 꾸민 것이 본바탕보다 강조되면 수다스럽게 된다. 본바탕과 꾸민 것이 어울려야 군자라고 할 수 있다."

子曰, "質勝文則野, 文勝質則史. 文質彬彬, 然後君子."
자왈　질승문즉야　문승질즉사　문질빈빈　연후군자

|핵심어| **文質彬彬** (문질빈빈)
|해설| 본바탕과 꾸민 것이 어울려야 한다.

선천적인 것과 후천적인 것이 함께 조화를 이루어야 한다.

---

  * 맹지반은 자신을 내세우지 않는 사람의 모범이다.
 ** 축타는 제사를 관장하는 제관으로서 말재주가 좋았고, 송조는 위나라 영공의 부인인 남자의 옛 애인으로 외모가 뛰어났다. 둘 다 언변과 외모 하나로 급변하는 세상에 잘 대처한 인물들이다.

6-17

공자가 말했다.

"사람이 살아갈 수 있는 것은 정직함 때문이다. 정직하지 않고 속이면서 살아간다면 요행으로 면하고 있을 뿐이다."

子曰, "人之生也直, 罔之生也幸而免."
자 왈   인 지 생 야 직   망 지 생 야 행 이 면

| 핵심어 | **生直幸免** (생직행면)
| 해설 | 정직하게 살아야 떳떳하다.
정직이 생명이다.

6-18

공자가 말했다.

"아는 사람은 좋아하는 사람만 못 하고, 좋아하는 사람은 즐기는 사람만 못 하다.

子曰, "知之者不如好之者, 好之者不如樂之者."
자 왈   지 지 자 불 여 호 지 자 호 지 자 불 여 락 지 자

| 핵심어 | **知好樂** (지호락)
| 해설 | 사람의 도리를 알고 좋아하고 즐긴다.
즐기는 삶이 최고의 인생이다.

6-19

공자가 말했다.

"중간쯤 되는 사람에게는 조금 높은 수준의 내용을 말해줄 수 있다. 중간 이하의 사람에게는 수준 있는 이야기를 하기 어렵다."

子曰, "中人以上可以語上也, 中人以下不可以語上也."
자 왈   중 인 이 상 가 이 어 상 야   중 인 이 하 불 가 이 어 상 야

사람을 가려서 대화하라.

6-20

(제자) 번지가 지혜에 대해 물었다.

공자가 말했다.

"백성이 잘살게 하는 데 힘을 쏟아야 한다. 신령을 공경하게 모시되 적절한 거리를 둬야 지혜롭다고 할 수 있다."

번지가 사람을 사랑하는 일에 대해 물었다.

공자가 말했다.

"사람을 사랑하는 사람은 어려운 사안을 먼저 처리해 주고 거둬들이는 것은 나중에 하는 자세다. 그러면 사람을 사랑한다고 할 수 있다."

樊遲問知. 子曰, "務民之義, 敬鬼神而遠之, 可謂知矣." 問仁. 曰, "仁者先難
번지문지 자왈 무민지의 경귀신이원지 가위지의 문인 왈 인자선난

而後獲, 可謂仁矣."
이후획 가위인의

|핵심어| 先難後獲 (선난후획)

|해설| 어려운 사안을 먼저 처리해 주고 거둬들이는 것은 나중에 한다.
먼저 남보다 앞서서 어려운 일을 처리하라. 대가는 나중에.

6-21

공자가 말했다.

"지혜로운 사람은 물을 좋아하고 사람을 사랑하는 사람은 산을 좋아한다. 지혜로운 사람은 상황에 따라 움직이며, 사람을 사랑하는 사람은 세상을 고요하게 품는다. 지혜로운 사람은 경쾌한 삶을 즐기고, 사람을 사랑하는 사람은 묵묵하게 수명을 누린다."

子曰, "知者樂水, 仁者樂山. 知者動, 仁者靜. 知者樂, 仁者壽."
자 왈　지 자 요 수 　인 자 요 산 　지 자 동 　인 자 정 　지 자 락 　인 자 수

| 핵심어 | 樂山樂水 (요산요수)
| 해설 | 물을 좋아하고 산을 좋아한다.
사람은 성품에 따라 취향이 다르다.

6-22

공자가 말했다.

"제나라가 한 번 바뀌면 노나라처럼 되고, 노나라가 한 번 바뀌면 훌륭한 정치를 하는 나라가 된다."

子曰, "齊一變至於魯, 魯一變至於道."
자 왈　제 일 변 지 어 노 　노 일 변 지 어 도

| 핵심어 | 齊變魯道 (제변노도)
| 해설 | 제나라가 변하고 노나라가 훌륭한 정치를 한다.
서로 영향을 미쳐야 바뀐다.

6-23

공자가 말했다.

"술잔[고]이 술잔처럼 생기지 않았다면, 어찌 술잔이라고 할 수 있으랴! 어찌 술잔이라고 할 수 있으랴!"

子曰, "觚不觚, 觚哉! 觚哉!"
자 왈　고 불 고 　고 재 　고 재

| 핵심어 | 觚哉觚哉 (고재고재)
| 해설 | 진정 술잔이라고 할 수 있어야 한다.
제 역할을 다하라. 제 생김대로.

6-24

재아가 물었다.

"사람을 사랑하는 사람은, '사람이 우물에 빠졌다.'라고 하면, 우물에 들어갑니까?"

공자가 말했다.

"어찌 그렇게야 하겠는가? 군자는 우물에 가겠지만, 빠져서 허우적대지는 않을 것이다. 잠깐 속일 수는 있겠지만 끝까지 속일 수는 없다."

宰我問曰, "仁者, 雖告之曰, '井有仁焉'. 其從之也?" 子曰, "何爲其然也?
재 아 문 왈　　인 자 수 고 지 왈　　정 유 인 언　　기 종 지 야　　자 왈　　하 위 기 연 야

君子可逝也, 不可陷也. 可欺也, 不可罔也."
군 자 가 서 야　불 가 함 야　가 기 야　불 가 망 야

|핵심어| 可欺不罔 (가기불망)
|해설| 잠깐 속일 수는 있지만 끝까지 속일 수는 없다.
속임수를 쓰지 마라.

6-25

공자가 말했다.

"군자는 널리 글을 배우되 예법으로 몸단속을 하니, 도리에 어긋나는 일이 좀처럼 없다."

子曰, "君子博學於文, 約之以禮, 亦可以弗畔矣夫!"
자 왈　　군 자 박 학 어 문　약 지 이 례　역 가 이 불 반 의 부

|핵심어| 博文約禮 (박문약례)
|해설| 널리 글을 배우되 예법으로 몸단속을 한다.
두루두루 배우되 예절을 지켜라.

6-26

공자가 남자 부인을 만나자, 자로가 좋아하지 않았다.

공자는 굳은 표정으로 말했다.

"내가 예의에 어긋나는 짓을 했다면, 하늘이 용서하지 않으리라. 하늘이

용서하지 않으리라."

子見南子, 子路不說. 夫子矢之曰, "予所否者, 天厭之! 天厭之!"
자 견 남 자 자 로 불 열 부 자 시 지 왈   여 소 부 자 천 염 지 천 염 지

|핵심어| 予否天厭 (여부천염)
|해설| 내가 예의에 어긋나면 하늘이 용서하지 않는다.
남녀관계, 명확히 하라.

6-27

공자가 말했다.

"중용*의 덕을 실천하는 것이 최고다! 사람이 이를 소홀히 한 지가 오래되었구나!"

子曰, "中庸之爲德也, 其至矣乎! 民鮮久矣."
자 왈   중 용 지 위 덕 야 기 지 의 호   민 선 구 의

|핵심어| 中庸民鮮 (중용민선)
|해설| 중용은 사람이 소홀히 하기 쉽다.
중용을 실천하라.

6-28

자공이 말했다.

"백성에게 널리 베풀어 그들을 구제할 수 있다면 어떻습니까? 사람을 사랑한다고 할 수 있습니까?"

공자가 말했다.

"어찌 사람을 사랑한다고만 하겠는가! 반드시 성인의 경지에 이르렀으리라! 요순임금도 그렇게 하지 못함을 고민했다. 사람을 사랑하는 사람은 자기가 서고 싶으면 다른 사람도 세워주고, 자기가 도달하고 싶으면 다른 사람

---

* 중용에서 중(中)은 지나침도 미치지 못함도 없다는 뜻이고, 용(庸)은 언제나 따르고 행한다는 뜻이다.

도 도달하게 한다. 가까이 있는 자기 처지를 바탕으로 다른 사람을 알아차릴 때, 그것이 사람을 사랑하는 방법이다."

子貢曰, "如有博施於民而能濟衆, 何如? 可謂仁乎?" 子曰, "何事於仁! 必也
자 공 왈   여 유 박 시 어 민 이 능 제 중 하 여   가 위 인 호   자 왈   하 사 어 인 필 야

聖乎! 堯·舜其猶病諸! 夫仁者, 己欲立而立人, 己欲達而達人. 能近取譬, 可
성 호   요   순 기 유 병 저   부 인 자   기 욕 립 이 립 인   기 욕 달 이 달 인   능 근 취 비   가

謂仁之方也已."
위 인 지 방 야 이

| 핵심어 | **博施濟衆** (박시제중)

| 해설 | 널리 베풀어 사람을 구제한다.

은혜를 베풀고 구제하라. 그것이 정치의 기본이다.

술이

7

7-1

공자가 말했다.

"나는 전통 문화를 해석하지만 창작하지는 않았다. 옛것을 믿고 좋아하기를 은나라의 현명한 대부인 노팽*에게 견주어본다."

子曰, "述而不作, 信而好古, 竊比於我老彭."
자 왈　술 이 부 작　신 이 호 고　절 비 어 아 노 팽

|핵심어| 述而不作 (술이부작)
|해설| 전통 문화를 해석하지만 창작하지는 않는다.
제 멋대로 함부로 글 쓰지 마라. 위험하다.

7-2

공자가 말했다.

"묵묵히 마음에 새기고, 배우면서 싫증 내지 않으며, 사람 가르치기를 게을리하지 않는 일, 다른 무엇이 나에게 있는가!"

子曰, "默而識之, 學而不厭, 誨人不倦, 何有於我哉."
자 왈　묵 이 지 지　학 이 불 염　민 인 불 권　하 유 어 아 재

|해설| 배우고 가르치기를 싫증 내지 않고 게을리하지 않는다.

침묵으로 새겨라.

7-3

공자가 말했다.

"덕을 닦지 못하고 학문을 익히지 못하며 옳은 일을 듣고도 행동으로 옮기지 못하고 착하지 않은 일을 고치지 못하는 것, 이런 점을 나는 걱정한다."

子曰, "德之不修, 學之不講, 聞義不能徙, 不善不能改, 是吾憂也."
자 왈   덕 지 불 수   학 지 불 강   문 의 불 능 사   불 선 불 능 개   시 오 우 야

|핵심어| 聞義能徙 (문의능사)
|해설| 옳은 일을 들으면 행동으로 옮겨야 한다.

실천하라!

7-4

공자가 집에 한가로이 있을 때는 그 모습이 느긋하고 온화했다.

子之燕居, 申申如也, 夭夭如也.
자 지 연 거   신 신 여 야   요 요 여 야

|핵심어| 燕居申夭 (연거신요)
|해설| 한가로이 있을 때는 느긋하고 온화한 모습을 지녀라.

삶을 느긋하고 온화하게!

7-5

공자가 말했다.

"내가 아주 쇠약해졌나 보다! 오래도록 주공**을 꿈에서도 보지 못했구나!"

* 노팽은 은나라 대부로, 전통을 열심히 공부하고 전하는 데 능숙했던 사람이라고 한다.
** 공자는 주공을 자신의 삶의 이상적 모델로 삼았다.

子曰, "甚矣, 吾衰也! 久矣, 吾不復夢見周公."
자 왈   심 의   오 쇠 야   구 의   오 불 부 몽 견 주 공

| 핵심어 | **甚矣吾衰** (심의오쇠)

| 해설 | 나도 아주 쇠약해졌다.

쇠약해지면 꿈도 희미해진다.

7-6

공자가 말했다.

"사람의 길에 뜻을 두고, 바른 생활을 하는 곧은 마음에 근거하여, 사람을 사랑하는 마음에 의지하며, 자신의 재주에 따라 즐겨야 한다."

子曰, "志於道, 據於德, 依於仁, 游於藝."
자 왈   지 어 도   거 어 덕   의 어 인   유 어 예

| 핵심어 | **道德仁藝** (도덕인예)

| 해설 | 사람의 길, 곧은 마음, 사랑, 재주에 따라 즐겨야 한다.

인간의 보편적인 길 위에 자신을 세워보라.

7-7

공자가 말했다.

"한 묶음의 육포* 정도를 예물로 가져온 사람에게 나는 가르쳐주지 않은 적이 없다."

子曰, "自行束脩以上, 吾未嘗無誨焉."
자 왈   자 행 속 수 이 상   오 미 상 무 회 언

| 핵심어 | **束脩嘗誨** (속수상회)

| 해설 | 기본 예물을 가져온 사람은 누구나 가르쳐준다.

기본 예의를 지켜라.

---

*그 시대 최소한의 수강료로 볼 수 있으며, 교육적 만남에서 이루어지는 인간적 신뢰와 기본 예의에 해당하는 말이다.

7-8

공자가 말했다.

"배워서 알려고 달려들지 않으면 계발해 주지 않고, 표현하려고 애쓰지 않으면 일러주지 않으며, 한 귀퉁이를 들어 가르쳐주었는데 세 귀퉁이를 들어낼 만큼 반응하지 않으면 더 이상 가르치지 않는다."

子曰, "不憤不啓, 不悱不發, 擧一隅不以三隅反, 則不復也."
자 왈   불 분 불 계   불 비 불 발   거 일 우 불 이 삼 우 반   즉 불 부 야

| 핵심어 | 一隅三反 (일우삼반)
| 해설 | 한 귀퉁이를 가르쳐주었는데 세 귀퉁이를 들어낼 만큼 반응한다.
하나를 일러주더라도 제대로 응용하라.

7-9

공자는 상을 당한 사람의 곁에서 식사할 때는 배부르게 먹지 않았다. 조문을 가서 곡을 한 날에는 노래를 하지 않았다.

子食於有喪者之側, 未嘗飽也. 子於是日, 哭則不歌.
자 식 어 유 상 자 지 측   미 상 포 야   자 어 시 일   곡 즉 불 가

| 핵심어 | 有喪不歌 (유상불가)
| 해설 | 상을 당한 사람에게 가서는 슬픔을 나누고 노래를 하지 않는다.
상가에서는 엄숙하고, 슬픔을 함께한다.

7-10

공자가 안연에게 말했다.

"군주가 등용해 주면 나가서 정치를 행하고, 등용되지 않으면 물러나 은거한다. 오직 나와 네가 그렇게 할 수 있다."

자로가 말했다.

"선생님께서 큰 나라의 군대를 지휘한다면 누구와 함께하시겠습니까?"

공자가 말했다.

"맨주먹으로 호랑이를 잡으려 하거나 맨발로 강물을 건너려다가 죽어도 뉘우치지 않는 무모한 자와는 함께하지 않겠다. 반드시 일처리에 앞서 두려워할 줄 알고 잘 도모해서 일을 이루는 사람과 함께하겠다."

子謂顏淵曰, "用之則行, 舍之則藏, 唯我與爾有是夫!" 子路曰, "子行三軍
자 위 안 연 왈   용 지 즉 행   사 지 즉 장   유 아 여 이 유 시 부   자 로 왈   자 행 삼 군

則誰與?" 子曰, "暴虎馮河, 死而無悔者, 吾不與也. 必也臨事而懼, 好謀而
즉 수 여   자 왈   포 호 빙 하   사 이 무 회 자   오 불 여 야   필 야 임 사 이 구   호 모 이

成者也."
성 자 야

| 핵심어 | 好謀而成 (호모이성)

| 해설 | 일은 잘 도모해서 이루어야 한다.

일에 대해 만만히 보지 말고 겁낼 줄 알고, 반드시 진지하게 도모하라.

7-11

공자가 말했다.

"부유함을 얻을 수 있다면, 채찍을 잡는 천한 일이라도 나는 하겠다. 그러나 얻을 수 있는 것이 아니라면, 나는 내가 좋아하는 일을 하겠다."

子曰, "富而可求也, 雖執鞭之士, 吾亦爲之. 如不可求, 從吾所好."
자 왈   부 이 가 구 야   수 집 편 지 사   오 역 위 지   여 불 가 구   종 오 소 호

| 핵심어 | 不求從好 (불구종호)

| 해설 | 구해도 얻어지지 않는다면 내가 좋아하는 일을 한다.

자신이 좋아하는 일에 심취하라.

7-12

공자가 신중하게 여긴 것은 몸가짐, 전쟁, 질병이었다.

子之所愼, 齋, 戰, 疾.
자 지 소 신   재   전   질

|해설| 몸가짐, 전쟁, 질병을 신중하게 여긴다.
일상에서 무엇이 중요한지 고려하라.

7-13

공자가 제나라에 있을 때, '소'* 음악을 듣고 석 달 동안 고기 맛을 잊었다고 한다. 그때, 이렇게 말했다. "음악이 이렇게 즐거운 경지에 이르리라고는 생각하지 못했다."

子在齊聞韶, 三月不知肉味, 曰, "不圖爲樂之至於斯也."
자 재 제 문 소   삼 월 부 지 육 미   왈   부 도 위 락 지 지 어 사 야

|핵심어| 爲樂之至 (위락지지)
|해설| 즐거운 경지에 이르다.
아름다운 음악, 즐거운 정치, 행복한 삶.

7-14

(제자) 염유가 말했다.

"선생님은 위나라 임금을 도와 벼슬을 할까요?"

(제자) 자공이 말했다.

"글쎄, 내가 선생님께 물어보겠소."

그리고는 들어가 말했다.

"백이와 숙제는 어떤 사람입니까?"

이에 공자가 말했다.

"옛날의 현인이다."

자공이 다시 물었다.

"그들은 사회나 사람을 원망했습니까?"

---

* '소'는 순임금의 덕을 높인 음악. 공자가 제나라에 갔던 35세 때 3개월 동안 소 음악을 배웠다.

공자가 말했다.

"사람을 사랑하며 살려고 그렇게 살았는데, 무슨 원망이 있었겠는가?"

자공이 나와 염유에게 말했다.

"선생님은 임금을 돕지 않을 것 같소."

冉有曰, "夫子爲衛君乎?" 子貢曰, "諾, 吾將問之." 入曰, "伯夷·叔齊, 何人
염유왈   부자위위군호   자공왈 낙 오장문지 입왈 백이 숙제 하인

也?" 曰, "古之賢人也." 曰, "怨乎?" 曰, "求仁而得仁, 又何怨?" 出, 曰, "夫
야   왈 고지현인야 왈 원호 왈 구인이득인 우하원 출 왈 부

子不爲也."
자 불 위 야

|핵심어| 求仁得仁 (구인득인)

|해설| 사람을 사랑하며 살려고 그렇게 살았다.

깨끗하게 살자.

7-15

공자가 말했다.

"거친 잡곡밥을 먹고 냉수를 마시며 팔을 굽혀 베개로 삼으며 가난하게 살아도, 즐거움이 그 가운데 있다. 정의롭지 않은 방법으로 부를 누리고 귀한 자리를 차지하는 것은 나에게 뜬구름과 같다."

子曰, "飯疏食飮水, 曲肱而枕之, 樂亦在其中矣. 不義而富且貴, 於我如浮
자왈   반소사음수 곡굉이침지 락역재기중의 불의이부차귀 어아여부

雲."
운

|핵심어| 不義浮雲 (불의부운)

|해설| 정의롭지 않은 방법으로 사는 것은 뜬구름과 같다.

양심에 따라 정의롭게 살자.

7-16

공자가 말했다.

"내가 몇 년만 더 살다가 50세에 『역』*을 배운다면 큰 잘못은 생기지 않을
것이다."

子曰, "加我數年, 五十以學易, 可以無大過矣."
자 왈   가 아 수 년 오 십 이 학 역   가 이 무 대 과 의

|핵심어| **學易無過** (학역무과)
|해설| 『역』을 배우면 잘못이 생기지 않을 것이다.
주역은 지혜의 책!

7-17

공자는 항상 "시와 서**를 배우고 예를 잘 지키고 행하라."고 말했다. 이
모두 평소에 얘기한 것이다.

子所雅言, 詩, 書, 執禮, 皆雅言也.
자 소 아 언 시 서 집 례 개 아 언 야

|핵심어| **詩書執禮** (시서집례)
|해설| 『시경』과 『서경』을 배우고 『예기』를 잘 지키고 행한다.
문학과 역사, 문화에 익숙하라.

7-18

섭공***이 자로에게 공자가 어떤 사람인지 물었으나 자로가 대답하지 않았
다.

공자가 말했다.

"자네, 어째서 말하지 않았는가. '분발하면 먹는 것도 잊고, 일상의 삶을

---

* 『역』에는 자연과 인간의 이치인 길하고 흉하며, 사그라지고 자라나며, 나아가고 물러나며, 보존되고 멸망하
는 원리가 담겨 있다.
** 시는 인간의 정서를 조화롭게 하고, 서는 정치의 도리를 깨닫게 하며, 예는 자신의 몸가짐을 바르게 하고 윤
리도덕을 지키게 한다.
*** 섭공은 초나라 대부로 섭현의 장을 맡은 사람이었지만 스스로 공이라 칭하며 오만하게 처신했다.

즐기면서 근심을 잊으며, 늙는 것조차 알지 못한다.'라고 말하지 그랬는가."

葉公問孔子於子路, 子路不對. 子曰, "女奚不曰, 其爲人也, 發憤忘食, 樂以
섭 공 문 공 자 어 자 로   자 로 부 대   자 왈   여 해 불 왈   기 위 인 야   발 분 망 식   락 이

忘憂, 不知老之將至云爾.
망 우   부 지 노 지 장 지 운 이

| 핵심어 | 樂以忘憂 (락이망우)

| 해설 | 일상의 삶을 즐기면서 근심을 잊는다.

노력하며 일상을 즐겨라.

7-19

공자가 말했다.

"나는 태어나면서 안 것이 아니다. 옛것을 좋아하고 부지런히 탐구하는
사람이다."

子曰, "我非生而知之者, 好古, 敏以求之者也."
자 왈   아 비 생 이 지 지 자   호 고   민 이 구 지 자 야

| 핵심어 | 好古敏求 (호고민구)

| 해설 | 옛것을 좋아하고 부지런히 탐구한다.

전통을 진지하게 살펴라.

7-20

공자는 괴이한 일, 폭력, 난동, 귀신에 관해서는 말하지 않았다.*

子不語怪 · 力 · 亂 · 神.
자 불 어 괴   력   란   신

| 핵심어 | 怪力亂神 (괴력란신)

| 해설 | 괴이한 일, 폭력, 난동, 귀신 등과 같은 통상적이지 않은 일도 있다.

비상식적인 일에 대해 경계하라.

7-21

공자가 말했다.

"세 사람이 길을 가면 반드시 나의 스승이 있다. 좋은 점은 가려서 따르고, 좋지 않은 점은 성찰하고 고친다."

子曰, "三人行, 必有我師焉, 擇其善者而從之, 其不善者而改之."
자 왈 삼 인 행 필 유 아 사 언 택 기 선 자 이 종 지 기 불 선 자 이 개 지

|핵심어| 三人行 必有我師 (삼인행 필유아사)
|해설| 세 사람이 길을 가면 반드시 나의 스승이 있다.
사람을 통해 배워라.

7-22

공자가 말했다.

"하늘이 나에게 세상을 구할 덕을 주었는데, 환퇴**가 나를 어찌하겠는가!"

子曰, "天生德於予, 桓魋其如予何!"
자 왈 천 생 덕 어 여 환 퇴 기 여 여 하

|핵심어| 天生德予 (천생덕여)
|해설| 하늘이 사람에게 세상을 구할 덕을 주었다.
인간의 재능을 믿자.

7-23

공자가 말했다.

"너희들은 내가 무엇을 숨기고 있다고 생각하는가? 나는 숨기는 것이 없다. 내가 하는 일은 너희들과 같이하지 않는 것이 없다. 이것이 나 공구다."

---

* 유학은 일상의 철학! 따라서 공자는 헤아릴 수 없는 귀신의 일보다는 이치가 명확한 사람의 일을 말한다.
** 송나라에서 사마(司馬)라는 벼슬을 지낸 사람으로, 『사기』「공자세가」에 따르면 공자를 죽이려고 나무를 뽑아 쓰러뜨렸다고 한다.

子曰, "二三者以我爲隱乎? 吾無隱乎爾. 吾無行而不與二三子者, 是丘也."
자 왈　이 삼 자 이 아 위 은 호　오 무 은 호 이　오 무 행 이 불 여 이 삼 자 자　시 구 야

| 핵심어 | 無隱是丘 (무은시구)

| 해설 | 숨기는 것이 없는 사람이 바로 공자다.

격의 없이 살자.

7-24

공자는 네 가지를 가르쳤다. 학문, 덕행, 충실, 신뢰이다.

子以四敎, 文, 行, 忠, 信.
자 이 사 교　문　행　충　신

| 핵심어 | 文行忠信 (문행충신)

| 해설 | 학문, 덕행, 충실, 신뢰 네 가지를 가르쳤다.

배운 만큼 충실하고 신뢰를 주자.

7-25

공자가 말했다.

"성인을 볼 수 없다면, 군자라도 보았으면 좋겠다."

공자가 말했다.

"착한 사람을 볼 수 없다면, 한결같은 사람이라도 보았으면 괜찮겠다. 사람이 없으면서도 있는 체하고, 텅 비었는데도 가득 찬 체하며, 조이면서 태연한 체한다. 한결같은 사람을 보기가 정말 어렵다."

子曰, "聖人, 吾不得而見之矣. 得見君子者, 斯可矣." 子曰, "善人, 吾不得而
자 왈　성 인　오 부 득 이 견 지 의　득 견 군 자 자　사 가 의　　자 왈　선 인　오 부 득 이

見之矣. 得見有恒者, 斯可矣. 亡而爲有, 虛而爲盈, 約而爲泰, 難乎有恒矣."
견 지 의　득 견 유 항 자　사 가 의　무 이 위 유　허 이 위 영　약 이 위 태　난 호 유 항 의

| 핵심어 | 難乎有恒 (난호유항)

| 해설 | 세상에 한결같은 사람을 보기가 어렵다.

한결같은 마음!

7-26

공자는 낚시질은 해도 그물질은 하지 않았다. 주살질은 해도 잠자고 있는
새를 쏘지는 않았다.

子釣而不網, 弋不射宿.
자 조 이 불 망   익 불 사 숙

|핵심어| 不網射宿 (불망사숙)
|해설| 그물질을 하지 않고, 잠자는 새를 쏘지 않는다.
부당하게 반칙하지 마라.

7-27

공자가 말했다.

"잘 알지도 못하면서 함부로 말하고 행동하는 사람이 있다. 하지만 나는
그렇게 하지 않는다. 많이 듣고 좋은 것을 선택하여 따른다. 많이 보고 마음
에 새겨두는 것이 아는 것에 가깝다."

子曰, "蓋有不知而作之者, 我無是也. 多聞, 擇其善者而從之. 多見而識之,
자 왈   개 유 부 지 이 작 지 자 아 무 시 야 다 문 택 기 선 자 이 종 지 다 견 이 지 지

知之次也."
지 지 차 야

|핵심어| 多聞多見 (다문다견)
|해설| 많이 듣고 많이 본다.
부지런히 배우고 익혀라.

7-28

호향*의 사람은 더불어 말하기 어려웠다. 그런데 공자가 그곳의 아이들을
만나자 제자들이 당황해했다.

공자가 말했다.

* 호향은 조그만 마을 이름인데, 당시 그 동네 사람의 품성이 좋지 않았던 모양이다.

"그곳 아이가 만나려고 한 것을 이해해 준 것이지, 물러나려는 것을 허락한 것은 아닌데, 어찌 이렇게 심하게 대하는가? 사람이 자신을 깨끗이 하고 나오면 그 깨끗함을 알아주어야지, 지난 일에 매여서는 안 된다."

互鄉難與言, 童子見, 門人惑. 子曰, 與其進也, 不與其退也, 唯何甚. 人潔己
호 향 난 여 언 동 자 견 문 인 혹 자 왈 여 기 진 야 불 여 기 퇴 야 수 하 심 인 결 기

以進, 與其潔也, 不保其往也.
이 진 여 기 결 야 불 보 기 왕 야

|핵심어| 不保其往 (불보기왕)
|해설| 지난 일에 얽매여서는 안 된다.
현재에 충실하라.

7-29

공자가 말했다.

"사람을 사랑하는 일이 멀리 있는가? 아니다. 내가 사랑한다면 그 사랑이 바로 나타난다."

子曰, "仁遠乎哉? 我欲仁, 斯仁至矣."
자 왈   인 원 호 재   아 욕 인 사 인 지 의

|핵심어| 欲仁斯仁 (욕인사인)
|해설| 내가 사람을 사랑한다면 사랑은 바로 나타난다.
사랑하려는 의지가 중요하다.

7-30

진나라의 사패*가 물었다.

"소공은 예법을 아는 사람입니까?"

공자가 말했다.

"예법을 알았습니다."

공자가 물러간 후, 사패가 (제자) 무마기에게 앞으로 나오기를 요청하면서

말했다.

"내가 듣기로 군자는 편당偏黨하지 않는다고 들었습니다. 군자도 편당을 하는지요? 소공은 오나라에 장가를 가서 부인을 얻었고 성이 같으므로 부인을 오맹자라 불렀습니다.** 그런 소공이 예법을 안다면 누가 예법을 모르겠습니까?"

무마기가 이를 공자에게 전했다.

공자가 말했다.

"나는 행복하다. 조금이라도 잘못이 있으면 사람이 반드시 나에게 알려준다."

陳司敗問, "昭公知禮乎?" 孔子曰, "知禮." 孔子退, 揖巫馬期而進之, 曰, "吾
진 사 패 문   소 공 지 례 호   공 자 왈   지 례   공 자 퇴   읍 무 마 기 이 진 지   왈   오

聞君子不黨, 君子亦黨乎? 君取於吳, 爲同姓, 謂之吳孟子. 君而知禮, 孰不知
문 군 자 부 당   군 자 역 당 호   군 취 어 오   위 동 성   위 지 오 맹 자   군 이 지 례   숙 부 지

禮?" 巫馬期以告. 子曰, "丘也幸, 苟有過, 人必知之."
례   무 마 기 이 고   자 왈   구 야 행   구 유 과   인 필 지 지

|핵심어| **君子不黨** (군자부당)
|해설| 군자는 편당하지 않는다.
공정하게 예의를 지켜라.

7-31

공자가 다른 사람과 함께 노래를 부를 때, 그가 노래를 잘하면 반드시 그에게 다시 부르게 한 다음에 함께 불렀다.

子與人歌而善, 必使反之, 而後和之.
자 여 인 가 이 선   필 사 반 지   이 후 화 지

---

* 사패는 오늘날의 법무부장관에 해당된다.
** 공자시대의 예법은 동일 성(姓)의 배우자에게는 장가들지 않는 것이었다. 노나라와 오나라는 같은 희성(稀
姓)이었다. 그런데 노나라 소공은 부인을 오맹자라고 하며 그런 사실을 숨겼다.

|해설| 노래를 함께 부르며 화합한다.

음악은 화합의 원천이다.

7-32

공자가 말했다.

"학문에서는 나도 다른 사람만 못 하지 않다. 군자답게 몸소 실천하는 데
는 내 아직 이르지 못했다."

子曰, "文莫, 吾猶人也. 躬行君子, 則吾未之有得."
자 왈   문 막 오 유 인 야 궁 행 군 자   즉 오 미 지 유 득

|핵심어| 躬行君子 (궁행군자)
|해설| 군자답게 몸소 실천한다.

이론보다는 실천을 중시하라.

7-33

공자가 말했다.

"성스럽거나 사람을 사랑하는 경지라면 내 어찌 감히 바라겠는가? 기껏해
야 그것을 추구하는 데 싫증 내지 않고 사람을 가르치는 데 게으르지 않다고
말할 뿐이다."

공서화가 말했다.

"바로 그것을 제자들이 본받고 따르지 못하는 것입니다."

子曰, "若聖與仁, 則吾豈敢? 抑爲之不厭, 誨人不倦, 則可謂云爾已矣." 公西
자 왈   약 성 여 인 즉 오 기 감 억 위 지 불 염 회 인 불 권 즉 가 위 운 이 이 의   공 서

華曰, "正唯弟子不能學也."
화 왈   정 유 제 자 불 능 학 야

|핵심어| 聖仁不能 (성인불능)
|해설| 성스럽고 사랑하는 마음을 펼치기가 쉽지 않다.

추구하라!

7-34

공자가 심하게 병을 앓자 자로가 병을 낫게 해달라고 기도해 보자고 했다.

공자가 말했다.

"그렇게 한 사례가 있는가?"

자로가 대답했다.

"있습니다. 어떤 비문에 '위로는 하늘 신에게 아래로는 땅 신에게 빈다.'라고 적혀 있습니다."

공자가 말했다.

"나도 그렇게 기도한 지 오래되었다."

子疾病, 子路請禱. 子曰, "有諸?" 子路對曰, "有之. 誄曰, '禱爾于上下神祇.'"
자 질 병 자 로 청 도 자 왈   유 저   자 로 대 왈   유 지   뇌 왈   도 이 우 상 하 신 기

子曰, "丘之禱久矣."
자 왈   구 지 도 구 의

| 핵심어 | 丘之禱久 (구지도구)
| 해설 | 공자는 오랫동안 병을 낫게 해달라고 기도해 왔다.

간절하고 절박하게 빌어라.

7-35

공자가 말했다.

"사치스러우면 공손하지 못하게 되고, 검약하면 고리타분해진다. 공손하지 못한 것보다는 차라리 고리타분한 것이 낫다."

子曰, "奢則不孫, 儉則固. 與其不孫也, 寧固."
자 왈   사 즉 불 손   검 즉 고   여 기 불 손 야   영 고

| 핵심어 | 奢則不孫 (사즉불손)
| 해설 | 사치스러우면 공손하지 못하게 되기 쉽다.

검약하라.

7-36

공자가 말했다.

"군자는 마음이 차분하고 너그러우며, 소인은 늘 초조하고 불안해한다."

子曰, "君子坦蕩蕩, 小人長戚戚."
자 왈   군 자 탄 탕 탕   소 인 장 척 척

|핵심어| 蕩蕩戚戚 (탕탕척척)

|해설| 군자는 차분하고 너그럽고, 소인은 초조하고 불안해한다.

마음을 정돈하라.

7-37

공자는 온화하면서도 엄숙하고, 위엄스러우면서도 사납지 않고, 공손하면서도 편안하게 한다.

子溫而厲, 威而不猛, 恭而安.
자 온 이 려   위 이 불 맹   공 이 안

|핵심어| 溫厲恭安 (온려공안)

|해설| 온화하면서 엄숙하고 공손하면서 편안한 느낌을 준다.

절도 있는 언행!

태백

8

8-1

공자가 말했다.

"(주나라 문왕의 큰아버지) 태백은 숭고한 마음씨를 지닌 분이었다. 세 번이나 임금 자리를 은밀하게 사양했다. 백성이 그 덕을 칭송할 자취조차 남기지 않았다."

子曰, "泰伯, 其可謂至德也已矣. 三以天下讓, 民無得而稱焉."
자 왈   태 백   기 가 위 지 덕 야 이 의   삼 이 천 하 양   민 무 득 이 칭 언

|핵심어| 三讓無稱 (삼양무칭)
|해설| 세 번이나 임금 자리를 사양했으나 칭송할 자취조차 남기지 않았다.
겸손에 겸손을 더하라.

8-2

공자가 말했다.

"공손하되 예절을 모르면 헛수고만 하게 되고, 신중하되 예절을 모르면 두려워하게 되며, 용감하되 예절을 모르면 난폭해지고, 강직하되 예절을 모르면 각박해진다. 군자가 친인척을 잘 대접하면 다른 사람도 이를 본받아 사

람 구실을 하게 되고, 옛 친구들을 버리지 않으면 사람도 이를 본받아 야박
하게 굴지 않는다."

子曰, "恭而無禮則勞, 愼而無禮則葸, 勇而無禮則亂, 直而無禮則絞.
자 왈 공 이 무 례 즉 로 신 이 무 례 즉 사 용 이 무 례 즉 란 직 이 무 례 즉 교

君子篤於親則民興於仁, 故舊不遺則民不偸."
군 자 독 어 친 즉 민 흥 어 인 고 구 불 유 즉 민 불 투

|핵심어| 勞葸亂絞 (노사란교)
|해설| 헛수고, 두려움, 난폭함, 각박함을 경계하라.
무례함에 주의하라.

8-3

증자*가 병에 걸리자 제자들을 불러 말했다.

"이불을 걷고 나의 발을 보라. 나의 손을 보라. 『시경』에서는 '조심조심하
며 깊은 연못가에 서 있는 듯, 얇은 얼음을 밟고 걷는 듯이 하라.'고 노래했
다. 너희들이 본 것처럼 부모가 물려준 몸을 잘 보전했으니, 내가 이제부터
걱정에서 벗어났음을 알겠다. 제자들아!"

曾子有疾, 召門弟子曰, "啓予足, 啓予手. 詩云, "戰戰兢兢, 如臨深淵,
증 자 유 질 소 문 제 자 왈 계 여 족 계 여 수 시 운 전 전 긍 긍 여 림 심 연

如履薄氷."而今而後, 吾知免夫. 小子!"
여 리 박 빙 이 금 이 후 오 지 면 부 소 자

|핵심어| 吾知免夫 (오지면부)
|해설| 내가 걱정에서 벗어났음을 안다.
자신의 의무를 이행하라.

8-4

증자가 병에 걸리자 (노나라 대부) 맹경자가 문병을 왔다.

증자가 말했다.

---

* 평소 증자는 제자들에게 신체는 부모에게서 받은 것이므로 상처를 내거나 훼손해서는 안 된다고 강조했다.

"새가 죽으려 할 때는 그 울음소리가 애처롭고, 사람이 죽으려 할 때는 그 말이 착합니다. 군자가 귀중하게 여겨야 할 일에 세 가지가 있습니다. 몸짓을 할 때는 사납고 거만하지 말아야 하고, 낯빛은 바르고 믿음직해야 하며, 말솜씨는 억지를 부리지 않고 깔끔해야 합니다. 제사 때 제기 다루는 일은 전담하는 관리에게 맡기십시오."

曾子有疾, 孟敬子問之. 曾子言曰, "鳥之將死, 其鳴也哀. 人之將死, 其言也
증자유질 맹경자문지 증자언왈 조지장사 기명야애 인지장사 기언야

善. 君子所貴乎道者三, 動容貌, 斯遠暴慢矣. 正顏色, 斯近信矣. 出辭氣, 斯
선 군자소귀호도자삼 동용모 사원포만의 정안색 사근신의 출사기 사

遠鄙倍矣. 籩豆之事, 則有司存."
원비배의 변두지사 즉유사존

|핵심어| 人死言善 (인사언선)
|해설| 사람이 죽기 직전에는 그 말이 착하다.
평소 때 열심히 살자!

8-5

증자가 말했다.

"유능하면서도 유능하지 않은 사람에게 묻고, 높은 학식을 지니고 있으면서도 학식이 낮은 사람에게 물으며, 있으면서도 없는 것처럼 하고, 꽉 차 있으면서도 텅 빈 듯이 하며, 사람이 덤벼들어도 그와 맞서지 않는다. 옛날에 나의 벗 가운데 이런 태도로 살았던 사람이 있었다."

曾子曰, "以能問於不能, 以多問於寡, 有若無, 實若虛, 犯而不校. 昔者吾友
증자왈 이능문어불능 이다문어과 유약무 실약허 범이불교 석자오우

嘗從事於斯矣."
상종사어사의

|핵심어| 能問不能 (능문불능)
|해설| 유능하면서도 유능하지 않은 사람에게 묻는다.
과시하지 마라.

8-6

증자가 말했다.

"어린 임금을 보필하여 국정을 수행할 수 있고, 사방 백 리쯤 되는 나라를 맡아 다스릴 수 있으며, 나라의 운명이 위급한 데도 절개를 굽히지 않는다. 그런 사람이라야 군자다운 사람이다. 그런 사람이라야 군자다."

曾子曰, "可以託六尺之孤, 可以寄百里之命, 臨大節而不可奪也.
증 자 왈   가 이 탁 육 척 지 고   가 이 기 백 리 지 명   임 대 절 이 불 가 탈 야

君子人與? 君子人也."
군 자 인 여   군 자 인 야

| 핵심어 | 可以託寄 (가이탁기)
| 해설 | 부탁할 수 있고 맡길 수 있어야 한다.
믿을 수 있는 사람을 곁에 두어라.

8-7

증자가 말했다.

"실무 관리자인 사는 반드시 뜻이 넓고 굳세야 한다. 그 임무가 무겁고 갈 길이 멀기 때문이다. 사람을 사랑하는 일을 임무로 하니 또한 무겁지 않겠는가? 죽은 후에야 멈출 것이니 또한 멀지 않겠는가?"

曾子曰, "士不可以不弘毅, 任重而道遠, 仁以爲己任, 不亦重乎? 死而後已,
증 자 왈   사 불 가 이 불 홍 의   임 중 이 도 원   인 이 위 기 임   불 역 중 호   사 이 후 이

不亦遠乎?"
불 역 원 호

| 핵심어 | 任重道遠 (임중도원)
| 해설 | 맡은 일은 무겁고 갈 길은 멀다.
책임감을 가져라.

8-8

공자가 말했다.

"시를 읽으며 감흥을 돋우고, 예의를 익혀 행동을 바르게 세우며, 음악으로 사람과 더불어 즐기며 삶을 성숙하게 한다."

子曰, "興於詩, 立於禮, 成於樂."
자 왈   흥 어 시 립 어 례 성 어 악

|핵심어| 詩禮樂 (시예악)

|해설| 시와 예와 악으로 인생을 체계화한다.

삶에 절실한 내용을 장악하라.

8-9

공자가 말했다.

"백성은 올바른 도리를 따라 잘살게 하면 된다. 깊은 도리까지 알지 못해도 괜찮다."

子曰, "民可使由之, 不可使知之."
자 왈   민 가 사 유 지 불 가 사 지 지

|핵심어| 民使由之 (민사유지)

|해설| 백성은 도리를 따라 잘살게 하면 된다.

먼저 민생을 살펴라.

8-10

공자가 말했다.

"용맹스러운데 가난을 싫어하면 난을 일으킬 수 있다. 사람을 사랑하지 않는데 지나치게 미워해도 난을 일으킬 수 있다."

子曰, "好勇疾貧, 亂也. 人而不仁, 疾之已甚, 亂也."
자 왈   호 용 질 빈 란 야 인 이 불 인 질 지 이 심 란 야

|핵심어| 疾貧甚亂 (질빈심란)

|해설| 가난을 싫어하거나 사람을 지나치게 미워하면 난을 일으킬 수 있다.

가난을 해소하고 사람을 미워하지 마라.

8-11

공자가 말했다.

"주공과 같이 솜씨가 뛰어난데도 사람이 교만하고 인색하다면, 다른 것은
더 볼 것이 없다."

子曰, "如有周公之才之美, 使驕且吝, 其餘不足觀也已矣."
자 왈   여유주공지재지미 사 교 차 린   기 여 부 족 관 야 이 의

|핵심어| 驕吝不觀 (교린불관)
|해설| 교만하고 인색하면 볼 것이 없다.
자신의 재주만큼 겸손해야 한다.

8-12

공자가 말했다.

"3년을 배우고, 녹봉에 뜻을 두지 않는 사람은 쉽게 볼 수 없다."

子曰, "三年學, 不至於穀, 不易得也."
자 왈   삼 년 학 부 지 어 곡   불 이 득 야

|핵심어| 三年學穀 (삼년학곡)
|해설| 사람은 3년을 배우면 녹봉에 뜻을 두게 마련이다.
너무 급하게 성취를 추구하지 마라.

8-13

공자가 말했다.

"독실하게 믿고 배우기를 좋아하고, 죽음을 각오하고 삶의 길에 나아간다.
위태로운 나라에는 들어가지 않고 어지러운 나라에서 살지 않는다. 세상이
잘 다스려지면 나타나고, 어지러우면 조용히 숨어 지낸다. 나라가 다스려지
고 있는데 가난하고 미천한 자리에 있다면 부끄러운 노릇이다. 나라가 혼란
스러운데 부유하고 높은 자리에서 권력을 휘두르고 있다면 이 또한 부끄러

운 짓이다."

子曰, "篤信好學, 守死善道. 危邦不入, 亂邦不居. 天下有道則見, 無道則隱.
자왈   독신호학 수사선도 위방불입 란방불거 천하유도즉현 무도즉은

邦有道, 貧且賤焉, 恥也. 邦無道, 富且貴焉, 恥也."
방유도 빈차천언 치야 방무도 부차귀언 치야

|핵심어| 篤信好學 (독신호학)
|해설| 독실하게 믿고 배우기를 좋아한다.
평소에 무엇이 부끄러운 일인지 확인하라.

8-14
공자가 말했다.
"그 자리에 있지 않으면 그 정사에 대해 논의하지 않는다."

子曰, "不在其位, 不謀其政."
자왈   부재기위 불모기정

|핵심어| 不位不謀 (불위불모)
|해설| 그 자리에 있지 않으면 도모하지 마라.
자신의 본분을 성찰하라.

8-15
공자가 말했다.
"노나라 악사인 지가 처음 관직에 나아갔을 때, 『시경』의 「관저」를 연주했
는데, 「관저」의 마지막 장이 아주 감미롭게 귓가를 맴돈다."

子曰, "師摯之始, 關雎之亂, 洋洋乎盈耳哉!"
자왈   사지지시 관저지란 양양호영이재

|핵심어| 洋洋盈耳 (양양영이)
|해설| 아름다운 소리가 귀에 가득 차다.
멋있는 음악은 정치를 흥겹게 만든다.

8-16

공자가 말했다.

"함부로 날뛰면서 강직하지 않고, 무식하면서 착실하지 않으며, 무능하면서 신의조차 없는 사람을 내가 어찌해야 할지 모르겠다."

子曰, "狂而不直, 侗而不愿, 悾悾而不信, 吾不知之矣."
자왈   광이부직 동이불원 공공이불신 오부지지의

|핵심어| 吾不知之 (오부지지)
|해설| 내가 어떻게 해줄 방법이 없다.
대책 없는 사람에 대한 대책을 강구하라.

8-17

공자가 말했다.

"배울 때는 그것을 따라잡지 못할까 부지런히 배워야 하고, 배운 것은 잃을 걸 두려워해야 한다."

子曰, "學如不及, 猶恐失之."
자왈   학여불급 유공실지

|핵심어| 學如不及 (학여불급)
|해설| 배울 때는 그것을 따라잡지 못할까 부지런히 배워야 한다
마음을 풀지 말고, 오늘 할 일을 내일로 미루지 마라.

8-18

공자가 말했다.

"참으로 높고 위대하도다! 순임금과 우임금은 세상을 소유하여 다스리면서도 관여하지 않았다."

子曰, "巍巍乎, 舜·禹之有天下也, 而不與焉."
자왈   외외호 순   우지유천하야 이불여언

|핵심어| 舜禹不與 (순우불여)

|해설| 순임금과 우임금은 세상을 다스리면서도 관여하지 않았다.
신뢰하며 자율적으로 하도록 내버려두라.

8-19

공자가 말했다.

"위대하도다! 요임금*이여! 참으로 높고 위대하도다! 자연의 섭리만이 그토록 크거늘, 요임금만이 자연을 본받았구나! 그 덕이 넓고 넓어 백성이 이루 말로 다 칭송할 수 없다. 높고 위대하도다! 그분의 공적이여. 찬란하도다! 그분이 만든 문화 제도여!"

子曰, "大哉, 堯之爲君也! 巍巍乎, 唯天爲大, 唯堯則之. 蕩蕩乎, 民無能名焉.
자왈   대재 요지위군야   외외호 유천위대 유요칙지   탕탕호 민무능명언

巍巍乎, 其有成功也. 煥乎, 其有文章."
외외호   기유성공야   환호   기유문장

|핵심어| 成功文章 (성공문장)
|해설| 찬란한 공적과 문화 제도를 본받다.
훌륭한 사람은 무엇이 다른가.

8-20

순임금은 신하 다섯 명을 거느리고 세상을 잘 다스렸다.

무왕이 말했다.

"나에게는 잘 다스리는 신하 열 명이 있다."

공자가 말했다.

"인재를 얻기가 어렵다. 그렇지 않은가? 요임금이나 순임금 시대 이후로 주나라 때에 훌륭한 인재가 가장 많았다. 무왕의 신하 열 명 중 부인이 끼어 있었으니 아홉 명뿐이었다.

---

* 요임금은 중국에서 최고의 태평성대를 일군 임금이자 성인으로 추앙받는, 인간이 닿을 수 있는 최고 경지를 이룬 인물로 추존되고 있다.

문왕은 세상의 2/3를 차지했지만 여전히 은나라에 복종하고 섬겼다. 그러므로 주나라의 덕이 참으로 지극하다고 할 수 있다."

舜有臣五人而天下治. 武王曰, "予有亂臣十人." 孔子曰, "才難, 不其然乎?
순유신오인이천하치 무왕왈 여유난신십인 공자왈   재난 불기연호

唐·虞之際, 於斯爲盛. 有婦人焉, 九人而已. 三分天下有其二, 以服事殷,
당 우지제 어사위성 유부인언 구인이이 삼분천하유기이 이복사은

周之德, 可謂至德也已矣."
주지덕 가위지덕야이의

| 핵심어 | 才難服事 (재난복사)
| 해설 | 인재 얻기가 어려운 만큼 복종하고 섬겨라.
인재를 잘 살펴라.

8-21

공자가 말했다.

"우임금*에 대해 나는 흠잡을 수 없다. 자신이 먹는 음식은 소박했지만 선조들 제사는 정성껏 모셨다. 자신이 입는 옷은 검소했지만 제사 때 입는 예복은 아름답게 꾸몄다. 자기가 거처하는 궁전은 조촐했지만 전답의 수리시설 만드는 데는 힘을 다했다. 우임금에 대해 나는 흠잡을 수 없다."

子曰, "禹, 吾無間然矣. 菲飮食而致孝乎鬼神, 惡衣服而致美乎黻冕, 卑宮室
자왈 우 오무간연의 비음식이치효호귀신 악의복이치미호불면 비궁실

而盡力乎溝洫. 禹, 吾無間然矣."
이진력호구혁 우 오무간연의

| 핵심어 | 禹無間然 (우무간연)
| 해설 | 우임금에 대해 흠잡을 수 없다.
정치에 충실하라.

---

* 중국에서 우임금은 개인의 부귀영달보다는 백성을 섬기는 데 진력했던 성인으로 추앙받고 있다.

자한

9

9-1

공자는 '이익'을 '목숨'이나 '사람을 사랑하는 일'과 함께 말한 적이 드물
었다.

子罕言利與命與仁.
자 한 언 이 여 명 여 인

|핵심어| 利與命仁 (이여명인)
|해설| '이익'을 '목숨'과 '사람을 사랑하는 일'과 연관시켜 말다.
사람의 생명과 사랑을 돈과 관련짓지 마라.

9-2

달항 마을에 사는 사람이 말했다.

"공자는 참으로 위대한 분이다. 그렇게 박학다식하면서도 명성을 날리지
못하고 있으니 참으로 안타깝다."**

공자가 그것을 듣고 제자들에게 말했다.

** 공자가 추구하는 공부의 목적은 덕을 골고루 갖추되 한쪽으로 치우치지 않는 사람으로 성장하는 것이다.

"내가 무엇을 잡고 이름을 내볼까? 수레 모는 일을 할까? 활 쏘는 일을 할까? 수레 모는 일로 명성을 날려볼까?"

達巷黨人曰, "大哉孔子! 博學而無所成名." 子聞之, 謂門弟子曰, "吾何執?
달 항 당 인 왈　　대 재 공 자　　박 학 이 무 소 성 명　　자 문 지　　위 문 제 자 왈　　오 하 집

執御乎? 執射乎? 吾執御矣."
집 어 호　　집 사 호　　오 집 어 의

|핵심어| 博學成名 (박학성명)
|해설| 박학다식하면서 명성을 날리다.
사람을 제대로 파악하라.

9-3

공자가 말했다.

"삼으로 짠 면류관을 쓰는 것이 예법이다. 하지만 요즘 사람이 명주실로 만든 면류관을 쓰는 것은 간편하기 때문이다. 나도 여러 사람이 하는 대로 따르겠다.

신하가 임금을 뵐 때는 당 아래에서 절하는 것이 예법이다. 요즘은 당 위에서 절을 하는데 교만한 태도다. 여러 사람이 하는 것과 어긋나더라도 나는 당 아래에서 절을 하겠다."

子曰, "麻冕, 禮也. 今也純, 儉, 吾從衆. 拜下, 禮也. 今拜乎上, 泰也. 雖違衆,
자 왈　　마 면　　예 야　　금 야 순　　검　　오 종 중　　배 하　　예 야　　금 배 호 상　　태 야　　수 위 중

吾從下."
오 종 하

|핵심어| 今吾從衆 (금오종중)
|해설| 요즘 여러 사람이 하는 예법에 따른다.
올바른 일은 많은 사람이 하는 대로 따르라.

9-4

공자는 네 가지 행동을 하지 않았다. 자기 뜻만을 세우지 않았고, 꼭 그렇

다고 함부로 단정하지 않았으며, 완강하게 고집을 부리지 않았고, 자기만이
옳다고 여기지 않았다.

子絶四, 毋意, 毋必, 毋固, 毋我.
자 절 사   무 의   무 필   무 고   무 아

|핵심어| 毋意必固我 (무의필고아)
|해설| 자기 뜻만을 세우거나 함부로 단정하거나 완강하게 고집을 부리거나 자기만이 옳
다고 행동하지 않았다.
주관을 뚜렷하게 지녀라.

9-5
공자가 광 땅에서 위협을 당하자 다음과 같이 말했다.
"주나라 문왕은 이미 돌아가셨지만 그 문화는 여기에 남아 있지 않은가?
하늘이 이 문화를 없애려고 했다면 우리 같은 후세 사람이 이 문화를 누리고
계승할 필요를 느끼지 못했으리라. 하늘이 이 찬란한 문화를 없애려 하지 않
는 한, 광 땅 사람이 나를 어찌 해코지할 수 있겠는가?"

子畏於匡, 曰, "文王旣沒, 文不在玆乎? 天之將喪斯文也, 後死者不得與於斯
자 외 어 광   왈   문 왕 기 몰   문 부 재 자 호   천 지 장 상 사 문 야   후 사 자 부 득 여 어 사

文也. 天之未喪斯文也, 匡人其如予何?"
문 야   천 지 미 상 사 문 야   광 인 기 여 여 하

|핵심어| 得與斯文 (득여사문)
|해설| 이 문화를 누리고 계승한다.
문화의 후예라는 자부심을 느낀다.

9-6
오나라의 (재상) 태재가 자공에게 물었다.
"공자는 성인이신가? 어찌 그렇게 여러 일에 능숙하신가?"
자공이 말했다.

"하늘이 낸 성인이십니다. 또 여러 일에 능숙하십니다."

이를 듣고 공자가 말했다.

"태재가 나를 아는 것 같구나! 나는 어렸을 때 미천한 존재였다. 그래서 자질구레하고 천박한 일들을 많이 했다. 군자가 여러 가지 일에 능숙하겠는가? 그렇지 않다."

자장이 말했다.

"선생님께서 이렇게 말씀하신 적이 있다. '내가 관직에 등용되지 못해 생활을 하다 보니 여러 가지 일에 능숙하게 되었다.'"

大宰問於子貢曰, "夫子聖者與? 何其多能也?" 子貢曰, "固天縱之將聖,
태 재 문 어 자 공 왈   부 자 성 자 여   하 기 다 능 야   자 공 왈   고 천 종 지 장 성

又多能也." 子聞之曰, "大宰知我乎! 吾少也賤, 故多能鄙事. 君子多乎哉?
우 다 능 야   자 문 지 왈   태 재 지 아 호   오 소 야 천   고 다 능 비 사   군 자 다 호 재

不多也." 牢曰, "子云, '吾不試, 故藝.'"
부 다 야   뢰 왈   자 운   오 불 시   고 예

| 핵심어 | 多能鄙事 (다능비사)
| 해설 | 여러 일에 능숙하고 천박한 일을 하다.

산전수전을 경험하라.

9-7

공자가 말했다.

"내가 아는 것이 있는가? 아는 것이 별로 없다. 천박하고 무식한 사람이라도 나에게 성실하게 물으면, 나는 내가 아는 것을 모두 털어서 알려줄 것이다."

子曰, "吾有知乎哉? 無知也. 有鄙夫問於我, 空空如也. 我叩其兩端而竭焉."
자 왈   오 유 지 호 재   무 지 야   유 비 부 문 어 아   공 공 여 야   아 고 기 양 단 이 갈 언

| 핵심어 | 鄙夫問竭 (비부문갈)
| 해설 | 천박하고 무식한 사람이 물으면 다 가르칠 것이다.

성실하게 물으면 진지하게 가르친다.

9-8

공자가 말했다.

"봉황도 이르지 않고 황하에서 용마 그림도 나오지 않는구나! 나의 꿈도 여기서 끝나는가!"

子曰, "鳳鳥不至, 河不出圖, 吾已矣夫!"
자 왈　봉 조 부 지　하 불 출 도　오 이 의 부

|핵심어| **鳳鳥河圖** (봉조하도)
|해설| 봉황과 하도로 아름다운 세상을 꿈꾸다.
시대를 개탄하다.

9-9

공자는 상복을 입은 사람이나 관복을 입은 사람, 시각장애인을 만나면, 상대가 나이가 어릴지라도 반드시 일어나 예를 갖추었다. 그 앞을 지나갈 때는 경의를 표하고 재빠르게 걸어갔다.

子見齊衰者, 冕衣裳者與瞽者, 見之, 雖少, 必作. 過之, 必趨.
자 견 제 최 자　면 의 상 자 여 고 자　현 지　수 소　필 작　과 지　필 추

|핵심어| **必作必趨** (필작필추)
|해설| 반드시 일어나 예를 갖추고 경의를 표하고 재빠르게 걸어가다.
상황에 따라 예의를 갖추어라.

9-10

(제자) 안연이 숨을 길게 내쉬고 감탄하며 말했다.

"우리 선생님은 우러러볼수록 더욱 높으시고, 속으로 깊이 들어갈수록 더욱 굳으시다. 바라볼 때는 앞에 계시더니 어느덧 뒤에 계신 듯하다. 선생님은 차근차근 사람을 깨우쳐주신다. 학문으로 나의 식견을 넓혀주고 예의로

나의 언행을 단속해 주신다. 그만두려고 해도 그만둘 수가 없다. 나의 재능을 다하여 공부하려 해도 선생님은 더욱 우뚝 서 계신다. 아무리 선생님을 좇아가려 해도 그 경지에 이를 수가 없다."

顔淵喟然歎曰, "仰之彌高, 鑽之彌堅. 瞻之在前, 忽焉在後. 夫子循循然善誘
안 연 위 연 탄 왈   앙 지 미 고   찬 지 미 견   첨 지 재 전   홀 언 재 후   부 자 순 순 연 선 유

人, 博我以文, 約我以禮, 欲罷不能. 旣竭吾才, 如有所立卓爾, 雖欲從之, 末
인   박 아 이 문   약 아 이 례   욕 파 불 능   기 갈 오 재   여 유 소 립 탁 이   수 욕 종 지   말

由也已."
유 야 이

|핵심어| 仰之鑽之 (앙지찬지)

|해설| 높이 우러러보고 깊이 들어간다.
사람을 가르칠 때는 순서대로 하라.

9-11

공자의 병환이 위중하자 자로가 문인들을 공자의 가신인 것처럼 꾸몄다. 병이 어느 정도 회복되자 공자가 말했다.

"오래도록 자로가 사람을 속여 왔구나! 나에게 가신이 없는데 가신이 있는 것처럼 꾸몄으니. 누구를 속이려는가? 하늘을 속이려는가? 나는 가짜로 꾸민 가신들 앞에서 죽기보다는 차라리 자네들 앞에서 죽는 것이 좋다. 또 내가 죽어 성대하게 장례를 치르지 못할지라도 자네들이 있는데 내가 길바닥에서 죽도록 버려지기야 하겠는가?"

子疾病, 子路使門人爲臣. 病間, 曰, "久矣哉, 由之行詐也! 無臣而爲有臣.
자 질 병   자 로 사 문 인 위 신   병 간   왈   구 의 재   유 지 행 사 야   무 신 이 위 유 신

吾誰欺? 欺天乎? 且予與其死於臣之手也, 無寧死於二三子之手乎!
오 수 기   기 천 호   차 여 여 기 사 어 신 지 수 야   무 녕 사 어 이 삼 자 지 수 호

且予縱不得大葬, 予死於道路乎?"
차 여 종 부 득 대 장   여 사 어 도 로 호

|핵심어| 死於子手 (사어자수)

| 해설 | 죽어서 그대들 손에 거두어지고 싶다.

속이지 마라. 있는 그대로가 좋다.

9-12

자공이 말했다.

"아름다운 옥이 있다면 함 속에 넣어 보물처럼 보관하시겠습니까? 좋은 값을 쳐주는 사람을 찾아 파시겠습니까?"

공자가 말했다.

"팔아야지, 팔고말고! 나는 좋은 값으로 그것을 사 갈 사람을 기다린다."

子貢曰, "有美玉於斯, 韞匵而藏諸? 求善賈而沽諸?" 子曰, "沽之哉! 沽之哉!
자 공 왈   유 미 옥 어 사   온 독 이 장 저   구 선 가 이 고 저   자 왈   고 지 재   고 지 재

我待賈者也."
아 대 가 자 야

| 핵심어 | **我待賈者** (아대가자)

| 해설 | 나는 값을 쳐주는 사람을 기다린다.

좋은 옥처럼 먼저 자신을 가꾸어라.

9-13

공자는 구이*의 땅에 가서 살려고 했다.

어떤 사람이 말했다.

"누추한 곳인데 어떻게 사시겠습니까?"

공자가 말했다.

"군자가 함께 살 텐데 어찌 누추함이 있겠는가?"

子欲居九夷. 或曰, "陋, 如之何?" 子曰, "君子居之, 何陋之有?"
자 욕 거 구 이   혹 왈   루   여 지 하   자 왈   군 자 거 지   하 루 지 유

* 황간(皇侃,448~545)의 『논어소』에는 동방의 구이를 '현토, 낙랑, 고려, 만식, 부갱, 삭가, 동도, 왜인, 천비'라고 적고 있다.

|핵심어| 君子居之 (군자거지)

|해설| 군자가 사는 곳은 교화에 의해 살기 좋은 곳이 된다.

사람의 영향력에 민감하라.

9-14

공자가 말했다.

"내가 위나라에서 노나라로 돌아온 후에 음악을 즉시 바로잡았고, 아와 송도 저마다 제자리를 갖게 되었다."*

子曰, "吾自衛反魯, 然後樂正, 雅·頌各得其所."
자 왈   오 자 위 반 로   연 후 악 정   아   송 각 득 기 소

|핵심어| 樂正得所 (악정득소)

|해설| 음악을 즉시 바로잡아 각각의 음악이 제자리를 찾게 했다.

혼란을 바로잡다.

9-15

공자가 말했다.

"관직에 나가면 공·경을 섬기고, 집안에서는 부모와 형을 섬기며, 상을 당했을 때는 정성껏 장례를 치르고, 술로 인해 고생하지 않는 것, 이런 일 이외에 나에게 무엇이 있겠는가?"

子曰, "出則事公卿, 入則事父兄, 喪事不敢不勉, 不爲酒困, 何有於我哉?"
자 왈   출 즉 사 공 경   입 즉 사 부 형   상 사 불 감 불 면   불 위 주 곤   하 유 어 아 재

|핵심어| 出事入事 (출사입사)

|해설| 밖에 나왔을 때와 집안에 있을 때 할 일이 따로 있다.

일할 때의 상황을 정확하게 파악하라.

* 기원전 484년 노나라 애공 11년, 공자는 나이 68세 때 위나라에서 노나라로 돌아왔다. 공자는 노나라의 문란한 사회질서가 시와 음악이 제대로 자리 잡지 못했기 때문이라고 판단하고, 음악을 바로잡는 데 심혈을 기울였다.

9-16

공자가 냇가에 서서 말했다.

"가는 것이 이 물과 같구나! 밤낮으로 쉬지 않고 흘러가는구나!"

子在川上曰, "逝者如斯夫! 不舍晝夜."
자 재 천 상 왈   서 자 여 사 부   불 사 주 야

| 핵심어 | **不舍晝夜** (불사주야)

| 해설 | 밤낮을 쉬지 않고 흘러간다.

도도한 물결처럼 흐르는 것이 세상 이치

9-17

공자가 말했다.

"덕망이 높은 것을 좋아하기를 이성 친구를 좋아하는 것같이 하는 사람을
못 보았다."

子曰, "吾未見好德如好色者也."
자 왈   오 미 견 호 덕 여 호 색 자 야

| 핵심어 | **好德好色** (호덕호색)

| 해설 | 덕망이 높은 것을 이성 친구 좋아하는 것 이상으로 좋아한다.

사람의 인품을 높이 보라.

9-18

공자가 말했다.

"산을 만들 때를 비유하면, 흙을 쌓고 쌓아 한 삼태기의 흙만 갖다 부으면
완성되는데, 여기에서 산 만들기를 그만두는 것도 내가 그만두는 것이다. 땅
을 평평하게 만들 때를 비유하면, 한 삼태기의 흙만 덮고 고르면 되는데, 그
것도 내가 나서서 하는 것이다."

子曰, "譬如爲山, 未成一簣, 止, 吾止也. 譬如平地, 雖覆一簣, 進, 吾往也."
자 왈   비 여 위 산 미 성 일 궤 지 오 지 야   비 여 평 지 수 복 일 궤 진 오 왕 야

| 핵심어 | 止吾止 進吾往 (지오지 진오왕)
| 해설 | 그만두는 것도 내가 그만두는 것이고 나아가는 것도 내가 나서는 것이다.
내가 주체가 되라.

9-19

공자가 말했다.

"말한 것에 대해 게으르지 않고 실행한 사람은 안회일 것이다."

子曰, "語之而不惰者, 其回也與!"
자 왈　어 지 이 불 타 자　기 회 야 여

| 핵심어 | 語之不惰 (어지불타)
| 해설 | 자기의 말에 대해 게으르지 않고 실천한다.
자신이 한 말을 두려워하라.

9-20

공자가 안연을 회상하며 말했다.

"아깝도다! 나는 안연이 나아가는 것만 보았지 머물러 있는 것을 보지 못했다."

子謂顏淵, 曰, "惜乎! 吾見其進也, 未見其止也."
자 위 안 연　왈　석 호　오 견 기 진 야　미 견 기 지 야

| 핵심어 | 見進未止 (견진미지)
| 해설 | 나아가는 것만 보았지 머물러 있는 것은 보지 못했다.
꾸준히 노력하라.

9-21

공자가 말했다.

"싹은 돋아났지만 꽃을 피우지 못하는 것도 있고, 꽃은 피었지만 열매를 맺지 못하는 것도 있다."

子曰, "苗而不秀者有矣夫! 秀而不實者有矣夫!"
자 왈　묘 이 불 수 자 유 의 부　수 이 불 실 자 유 의 부

| 핵심어 | 苗不秀不實 (묘불수불실)
| 해설 | 싹은 돋았으나 꽃을 피우거나 열매를 맺지 못하는 것도 있다.
스스로 노력하여 열매를 맺어라.

9-22

공자가 말했다.

"나중에 태어난 사람을 두려워해야 한다. 내일을 살아갈 그들이 오늘의 우리보다 못 할 것이라고 어찌 함부로 말할 수 있겠는가? 그러나 이들이 40, 50세가 되어서도 학문과 덕행으로 세상에 알려지지 않으면, 두려워할 존재가 되지 못한다."

子曰, "後生可畏, 焉知來者之不如今也? 四十 · 五十而無聞焉, 斯亦不足畏
자 왈　후 생 가 외　언 지 래 자 지 불 여 금 야　사 십　오 십 이 무 문 언　사 역 부 족 외

也已矣."
야 이 의

| 핵심어 | 四十五十聞 (사십오십문)
| 해설 | 40, 50세가 되면 학문과 덕행으로 세상에 알려져야 한다.
중년이 되면 자신의 역할을 해야 한다.

9-23

공자가 말했다.

"바르게 깨우쳐주는 말을 따르지 않을 수 있겠는가? 그 말에 따라 잘못을 고치는 일이 더욱 중요하다. 부드럽게 타이르는 말을 기꺼이 듣지 않을 수 있겠는가? 그 말의 참뜻을 살펴보는 일이 더욱 중요하다. 기꺼이 듣기만 하고 참뜻을 알지 못하거나 따르기만 하고 고치지 않는다면, 그런 사람에 대해 내가 어찌할 도리가 없다."

子曰, "法語之言, 能無從乎? 改之爲貴. 巽與之言, 能無說乎? 繹之爲貴. 說
자왈   법어지언   능무종호   개지위귀   손여지언   능무열호   역지위귀   열

而不繹, 從而不改, 吾末如之何也已矣."
이불역   종이불개   오말여지하야이의

|핵심어| **改之繹之** (개지역지)

|해설| 잘못된 행동을 고치고 말의 참뜻을 살펴야 한다.

말을 보고 깨우쳐라.

9-24

공자가 말했다.

"충실과 신의를 중심으로 잡고, 나보다 못한 사람을 벗으로 사귀지 말며,
잘못이 있으면 고치기를 꺼리지 마라."*

子曰, "主忠信, 毋友不如己者, 過則勿憚改."
자왈   주충신   무우불여기자   과즉물탄개

|핵심어| **過勿憚改** (과물탄개)

|해설| 잘못이 있으면 고치기를 꺼리지 말아야 한다.

잘못을 고쳐라.

9-25

공자가 말했다.

"삼군의 총사령관도 무력으로 뺏어올 수 있다. 그러나 보통 사람일지라도
그 사람의 뜻은 뺏을 수 없다."

子曰, "三軍可奪帥也, 匹夫不可奪志也."
자왈   삼군가탈수야   필부불가탈지야

|핵심어| **不可奪志** (불가탈지)

|해설| 사람의 의지를 함부로 뺏을 수는 없다.

지조를 지켜라.

9-26

공자가 말했다.

"다 떨어진 옷을 걸치고 있으면서 여우나 담비의 털옷을 입은 자와 함께 서 있어도 부끄러워하지 않을 사람은 자로일 것이다.『시경』에서 노래한 '해치지도 않고 탐내지도 않으니, 어찌 착하지 않으리오!'라는 구절을 자로가 늘 외우고 다녔다."

공자가 말했다.

"이러한 도리만으로 어찌 착하게 될 수 있겠는가?"

子曰, "衣敝縕袍, 與衣狐貉者立而不恥者, 其由也與? '不忮不求, 何用不臧?'"
자 왈   의 폐 온 포 여 의 호 학 자 립 이 불 치 자 기 유 야 여   불 기 불 구   하 용 부 장

子路終身誦之. 子曰, "是道也, 何足以臧?"
자 로 종 신 송 지 자 왈   시 도 야   하 족 이 장

|핵심어| 終身誦之 (종신송지)
|해설| 평생토록 외우고 다닐 만한 좋은 말이 있다.
말만으로 착한 일을 다할 수는 없다.

9-27

공자가 말했다.

"날씨가 추워진 뒤에야 소나무와 잣나무가 늦게 시드는 것을 알게 된다."**

子曰, "歲寒然後知松栢之後彫也."
자 왈   세 한 연 후 지 송 백 지 후 조 야

|핵심어| 歲寒松栢 (세한송백)
|해설| 날씨가 추워도 소나무와 잣나무는 푸르다
아무리 추워도 의리와 절개를 지켜라.

* 『논어』「학이」8장에 나온 말로, 이 장에서는 내용의 절반이 생략돼 있다.
** 중국에서 소나무와 잣나무는 선비의 지조와 굳은 절개를 상징한다.

9-28

공자가 말했다.

"지혜로운 사람은 미혹되지 않고, 사랑하는 사람은 근심하지 않으며, 용기 있는 사람은 두려워하지 않는다."*

子曰, "知者不惑, 仁者不憂, 勇者不懼."
자 왈   지 자 불 혹   인 자 불 우   용 자 불 구

|핵심어| 智仁勇 (지인용)

|해설| 지혜롭고 사랑하고 용기 있는 사람이 필요하다.

골고루 덕을 갖춰라.

9-29

공자가 말했다.

"함께 배울 수는 있어도 똑같이 길을 갈 수는 없다. 함께 길을 갈 수는 있어도 똑같이 설 수는 없다. 함께 설 수는 있을지라도 똑같이 법도에 맞게 할 수는 없다."

子曰, "可與共學, 未可與適道. 可與適道, 未可與立. 可與立, 未可與權."
자 왈   가 여 공 학   미 가 여 적 도   가 여 적 도   미 가 여 립   가 여 립   미 가 여 권

|핵심어| 學道立權 (학도립권)

|해설| 배워서 길을 가고 제대로 서며 법도에 맞게 실천한다.

배워서 실천할 때까지 신중하라.

9-30

"자두 꽃이 나부껴 펄럭이는데 어찌 그대를 생각하지 않으리오! 그대 계신 곳 멀기도 하여라!"**

이 시를 보고 공자가 말했다.

"진정으로 생각한 게 아니다. 그랬다면 어찌 멀다고 하겠는가?"

"唐棣之華, 偏其反而. 豈不爾思? 室是遠而" 子曰, "未之思也, 夫何遠之有?"
당 체 지 화 편 기 반 이 기 불 이 사 실 시 원 이 자 왈 미 지 사 야 부 하 원 지 유

|핵심어| 未之思也 (미지사야)

|해설| 진정으로 생각한 것이 아니다.

거짓 없이 신뢰하고 사랑하라.

---

* 지→인→용 순으로 인격의 성숙을 고민하는 과정은 배움의 과정과 일맥상통한다.
** 현재 전하는 『시경』에는 이 장의 시가 보이지 않는다.

향당

—
10
—

10-1

공자는 마을에 있을 때는 누구에게나 공손하고 성실하며 말도 잘 못 하는
듯했다. 종묘*나 조정에 있을 때는 말이 명백하고 신중했다.

孔子於鄕黨, 恂恂如也, 似不能言者. 其在宗廟朝廷, 便便言, 唯謹爾.
공 자 어 향 당   순 순 여 야   사 불 능 언 자   기 재 종 묘 조 정   편 편 언   유 근 이

| 핵심어 | **恂恂便便** (순순편편)
| 해설 | 공손할 때 공손하고 명백할 때 명백하게 행동한다.
처한 상황에 맞게 행동하라.

10-2

조정에서 하대부와 이야기할 때는 강직하게 하고 상대부와 이야기할 때
는 온화하면서도 시비를 분명하게 따졌다. 군주 앞에서는 매우 공경하면서
함부로 결단하지 못하는 태도로 어려워했다.

朝, 與下大夫言, 侃侃如也. 與上大夫言, 誾誾如也. 君在, 踧踖如也,
조   여 하 대 부 언   간 간 여 야   여 상 대 부 언   은 은 여 야   군 재   축 적 여 야

* 향당은 사적인 공간이고, 종묘나 조정은 공적인 공간이다.

與與如也.
여 여 여 야

| 핵심어 | **侃侃誾誾** (간간은은)
| 해설 | 강직할 때는 강직하게. 온화하면서도 시비는 분명하게 따진다.
처한 상황에 맞게 행동하라.

10-3

군주가 불러 내빈을 접대하라고 하면 엄숙한 자세로 재빠르게 발걸음을 옮겼다. 함께 서 있던 내빈들과 인사할 때는 왼쪽과 오른쪽에 있는 사람 모두에게 예의를 갖추어 번갈아 인사했다.

빠른 걸음으로 그들에게 나아갈 때도 자세가 단정했다. 내빈들이 물러가면 반드시 군주에게 "외국에서 온 손님들이 뒤돌아보지 않고 잘 갔습니다." 라고 보고했다.

君召使擯, 色勃如也, 足躩如也. 揖所與立, 左右手, 衣前後, 襜如也. 趨進,
군 소 사 빈   색 발 여 야   족 곽 여 야   읍 소 여 립   좌 우 수   의 전 후   첨 여 야   추 진

翼如也. 賓退, 必復命曰, "賓不顧矣."
익 여 야   빈 퇴   필 복 명 왈   빈 불 고 의

| 핵심어 | **賓不顧矣** (빈불고의)
| 해설 | 손님들이 뒤돌아보지 않고 잘 갔다.
손님 접대를 잘하라.

10-4

대궐 문에 들어갈 때는 몸을 굽히고 절을 하는 듯 문이 좁아 들어가지 못하는 듯했다. 설 때는 문 가운데 서지 않고 들어갈 때는 문지방을 밟지 않았다. 군주의 자리를 지날 때는 표정과 안색을 엄숙하게 하고 총총걸음으로 지나갔으며 말을 잘 못 하는 듯이 과묵했다.

옷자락을 잡고 층계를 오르고 당에 오를 때도 절하듯이 몸을 굽히며 기운을 낮추어 숨을 쉬지 않는 듯했다. 당에서 나와 층계에 내려서는 안색을 펴

고 온화한 얼굴로 낯빛을 폈고, 층계를 다 내려와서는 총총걸음으로 걷되 단정하게 하며, 제자리로 돌아와서는 신중하고 경건했다.

入公門, 鞠躬如也, 如不容. 立不中門, 行不履閾. 過位, 色勃如也, 足躩如也,
입 공 문 국 궁 여 야 여 불 용 립 부 중 문 행 불 리 역 과 위 색 발 여 야 족 곽 여 야

其言似不足者. 攝齊升堂, 鞠躬如也, 屛氣似不息者. 出, 降一等, 逞顔色,
기 언 사 부 족 자 섭 자 승 당 국 궁 여 야 병 기 사 불 식 자 출 강 일 등 영 안 색

怡怡如也. 沒階, 趨進, 翼如也. 復其位, 踧踖如也.
이 이 여 야 몰 계 추 진 익 여 야 복 기 위 축 적 여 야

| 핵심어 | 其位踧踖 (기위축적)
| 해설 | 자신의 자리에서 신중하고 경건해야 한다.
자신의 신분에 따라 예의를 준수하라.

10-5

공자가 사신으로 다른 나라에 가서, 규*를 손에 들고 다른 나라 군주에게 바칠 때는 그 무게를 감당하기 어려운 듯 몸을 굽혔다. 규를 위로 들어 올릴 때는 가슴보다 약간 높게 읍하듯이 했고 아래로 내릴 때는 물건을 넘겨주는 것처럼 행동했다. 신중하고 두려워하는 듯한 낯빛을 지었으며, 걸음은 땅에 대고 뒤꿈치를 끄는 듯이 총총히 옮겼다. 예물을 드릴 때는 부드럽고 온화한 낯빛을 지었다. 개인적으로 회견할 때는 더욱 화기애애한 표정을 지었다.

執圭, 鞠躬如也, 如不勝. 上如揖, 下如授. 勃如戰色, 足蹜蹜如有循. 享禮,
집 규 국 궁 여 야 여 불 승 상 여 읍 하 여 수 발 여 전 색 족 축 축 여 유 순 항 례

有容色. 私覿, 愉愉如也.
유 용 색 사 적 유 유 여 야

| 핵심어 | 私覿愉愉 (사적유유)
| 해설 | 개인적으로 회견할 때는 화기애애한 표정을 지어야 한다.
외교관으로서 예의를 갖춰라.

* 규는 옥으로 만든 징표이다. 고대 중국에서 임금이 이웃나라를 방문하는 사신에게 주어 상대국 지도자에게 신임을 받는 상징적인 물건이었다.

10-6

군자는 보라색과 붉은색으로 옷깃을 장식하지 않고, 다홍색과 자주색으로 속옷을 만들어 입지 않으며, 여름에 더울 때는 고운 베나 거친 베옷을 반드시 겉에 입고 외출한다.

검정 옷을 입을 때는 검은 양가죽 옷을 받쳐 입는다. 흰옷을 입을 때는 어린 사슴의 가죽 옷을 받쳐 입는다. 누런 옷을 입을 때는 여우 가죽 옷을 받쳐 입는다. 평상시에 입는 가죽 옷은 길게 하되 오른쪽 소매를 짧게 한다.

반드시 잠옷을 마련하되 그 길이가 키의 한 배 반 정도 되게 한다. 집안에 편히 있을 때는 여우나 담비의 두꺼운 털을 바닥에 깔고 앉는다. 탈상을 한 다음에는 다시 패옥을 찬다. 예복인 유상이 아니면 천을 좁게 대어 입는다. 염소 가죽으로 만든 옷과 검은 관을 쓰고 조문하지 않는다. 매월 초하루에는 관복 차림으로 조정에 간다.

君子不以紺緅飾, 紅紫不以爲褻服, 當署, 袗絺綌, 必表而出之. 緇衣, 羔裘.
군 자 불 이 감 추 식   홍 자 불 이 위 설 복   당 서   진 치 격   필 표 이 출 지   치 의   고 구

素衣, 麑裘. 黃衣, 狐裘. 褻裘長, 短右袂. 必有寢衣, 長一身有半. 狐貉之厚
소 의   예 구   황 의   호 구   설 구 장   단 우 몌   필 유 침 의   장 일 신 유 반   호 학 지 후

以居. 去喪, 無所不佩. 非帷裳, 必殺之. 羔裘玄冠不以吊. 吉月, 必朝服而朝.
이 거   거 상   무 소 불 패   비 유 상   필 쇄 지   고 구 현 관 불 이 조   길 월   필 조 복 이 조

| 핵심어 | 君子冠服 (군자관복)

| 해설 | 군자는 모자와 의복을 예의에 맞게 입는다.

생활 복장도 예의를 갖춰라.

10-7

목욕재계할 때는 반드시 삼베로 만든 명의를 입었다. 재계할 때는 반드시 음식도 평소와 다르게 했고, 거처하던 자리도 평소와 다르게 했다.

齊, 必有明衣, 布. 齊必變食, 居必遷坐.
재   필 유 명 의   포   재 필 변 식   거 필 천 좌

|해설| 재계할 때는 반드시 그에 맞는 의복과 음식을 준비해야 한다.

재계는 신성하게 하라.

10-8

밥은 곱게 찧은 쌀로 지은 것을 싫어하지 않았고, 회는 가늘게 썬 것을 싫어하지 않았다. 밥이 쉬어서 맛이 변한 것과 상한 생선이나 썩은 고기로 요리한 것은 먹지 않았다. 음식의 빛깔이 나쁜 것은 먹지 않았다. 냄새가 나쁜 것은 먹지 않았다. 익히지 않은 음식은 먹지 않았다. 제철이 아닌 음식도 먹지 않았다. 바르게 썰지 않은 고기는 먹지 않았다. 간을 제대로 맞추지 않은 음식도 먹지 않았다. 고기반찬이 많이 있어도 밥보다 많이 먹지 않았다. 술을 마실 때는 정한 양은 없으나 몸가짐을 흐트러뜨리는 일 없이 알맞게 마셨다.

시장에서 아무렇게나 파는 술과 육포는 사 먹지 않았다. 악취를 제거하고 비타민과 같은 역할을 하는 생강은 물리지 않고 먹었으나 많이 먹지는 않았다. 나라에서 제사를 지내고 나누어준 고기를 얻어 왔을 때는 그날 밤을 넘기지 않았다. 집에서 제사 지내고 남은 고기는 사흘을 넘기지 않고 나누어 주었다. 사흘이 지나면 먹지 못할 수 있기 때문이다. 음식을 먹을 때는 말하지 않고, 잠자리에 들어서도 말하지 않았다. 잡곡밥이나 나물국을 먹더라도 제사를 지내듯이 공경하는 마음으로 했다.*

食不厭精, 膾不厭細. 食饐而餲, 魚餒而肉敗, 不食. 色惡, 不食. 臭惡, 不食.
사 불염정 회불염세 사 의 이 애 어 뇌 이 육 패 불식 색 악 불식 취 악 불식

失飪, 不食. 不時, 不食. 割不正, 不食. 不得其醬, 不食. 肉雖多, 不使勝食氣.
실 임 불식 불시 불식 할부정 불식 부득 기장 불식 육 수 다 불 사 승 식 기

唯酒無量, 不及亂. 沽酒市脯, 不食. 不撤薑食, 不多食. 祭於公, 不宿肉. 祭肉
유 주 무량 불급 란 고주 시 포 불식 불철 강식 부 다 식 제 어 공 불숙 육 제 육

不出三日. 出三日, 不食之矣. 食不語, 寢不言. 雖疏食菜羹瓜, 祭, 必齊如也.
불 출 삼 일 출 삼 일 불 식 지 의 식 불 어 침 불 언 수 소 사 채 갱 과 제 필제 여 야

|핵심어| 不食不語 (불식불어)

|해설| 먹을 만한 것을 먹고 말할 수 있을 때 말한다.

먹을 때 주의하라.

10-9

자리가 바르지 않으면 앉지 않았다.

席不正, 不坐.
석 부 정　 부 좌

|핵심어| 不正不坐 (부정부좌)

|해설| 바르지 않으면 앉지 않는다.

앉을자리를 보고 앉아라.

10-10

마을 사람과 어울려 술을 마실 때는 어른들이 술자리를 마치고 나간 다음에 술자리를 마쳤다. 마을 사람이 나쁜 귀신을 쫓아내려고 굿을 할 때는 예복을 입고 묘당의 층계 위에 서 있었다.

鄕人飮酒, 杖者出, 斯出矣. 鄕人儺, 朝服而立於阼階.
향 인 음 주　 장 자 출　 사 출 의　 향 인 나　 조 복 이 립 어 조 계

|핵심어| 鄕人飮酒 (향인음주)

|해설| 마을 사람과 어울려 술을 마실 때 예절을 지킨다.

마을에서 필요한 예의를 지켜라.

10-11

다른 나라에 사람을 보내 안부를 묻게 할 때는 가는 사람의 등을 보고 두 번 절했다. 계강자가 약을 보내오자 공자가 절을 하고 받으면서 말했다.

---

* 공자가 음식에 대한 예의를 기록한 대목. 공자는 음식을 대하는 태도에서 정도(正道)를 가려는 자세, 근본에 대한 성찰, 공경과 존중, 정성스런 삶의 태도를 실현할 수 있음을 역설했다.

"나는 약을 잘 알지 못하므로 감히 먹을 수는 없습니다."

問人於他邦, 再拜而送之. 康子饋藥, 拜而受之. 曰, "丘未達, 不敢嘗."
문 인 어 타 방 재 배 이 송 지 강 자 궤 약 배 이 수 지 왈   구 미 달 불 감 상

|핵심어| 未達不敢 (미달불감)
|해설| 잘 알지 못할 때 함부로 행동할 수 없다.
완전히 파악한 후에 행동하라.

10-12

마구간에 불이 나서 타버렸다.
공자가 조정에서 퇴근하자마자 말했다.
"사람이 다쳤는가?"
그리고 마구간의 말에 대해서는 묻지 않았다.

廐焚. 子退朝, 曰, "傷人乎?" 不問馬.
구 분 자 퇴 조 왈   상 인 호   불 문 마

|핵심어| 廐焚不問 (구분불문)
|해설| 마구간에 불이 났는데 사람에 대해 물었고 말은 묻지 않았다.
사람을 사랑하라.

10-13

군주가 음식을 보내주면 반드시 똑바로 앉아서 먼저 맛을 보았다. 군주가 날고기를 보내주면 반드시 익혀서 조상의 제사상에 올렸다. 군주가 살아 있는 짐승을 보내주면 반드시 집에서 길렀다. 군주를 모시고 식사를 할 때 군주가 고수레를 하면, 군주를 위해 먼저 음식 맛을 보았다. 병이 들었을 때 군주가 문병을 오면, 동쪽으로 머리를 두고 예복으로 몸을 덮으며 그 위에 띠를 걸쳤다. 군주가 부르면, 수레가 준비되기를 기다리지 않고 급하게 달려갔다. 태묘에 들어가서 의식을 진행할 때는 모든 일에 대해 하나하나 물었다.

君賜食, 必正席先嘗之. 君賜腥, 必熟而薦之. 君賜生, 必畜之. 侍食於君, 君
군 사 식 필 정 석 선 상 지 군 사 성 필 숙 이 천 지 군 사 생 필 휵 지 시 식 어 군 군

祭, 先飯. 疾, 君視之. 東首, 加朝服, 拖紳. 君命召, 不俟駕行矣. 入太廟, 每
제 선 반 질 군 시 지 동 수 가 조 복 타 신 군 명 소 불 사 가 행 의 입 태 묘 매

事問.
사 문

|핵심어| **君賜君命** (군사군명)

|해설| 군주가 하사한 물건과 군주의 명령에는 그에 맞게 임한다.

윗사람을 대할 때 예법과 상황에 맞게 처신하라.

10-14

친구가 죽었는데 돌봐줄 사람이 없으면 공자는 "내 집에 빈소를 마련하라."고 했다. 친구가 보내온 물건이 수레나 말과 같은 귀중한 것일지라도 제사 지낸 고기가 아니면 절하지 않았다.

朋友死, 無所歸, 曰, "於我殯." 朋友之饋, 雖車馬, 非祭肉, 不拜.
붕 우 사 무 소 귀 왈 어 아 빈 붕 우 지 궤 수 거 마 비 제 육 불 배

|핵심어| **朋友不拜** (붕우불배)

|해설| 친구에 대해서는 서로 믿으며 융통하지 함부로 절하지 않는다.

친구 사이의 신뢰를 재확인하라.

10-15

잘 때는 죽은 사람처럼 뻗은 자세로 자지 않았고, 집에서 한가롭게 있을 때는 차림새를 꾸미지 않았다. 상복 입은 사람을 보면 아무리 친한 사이라도 엄숙하게 얼굴빛을 고쳤다. 관복 입은 사람이나 시각장애인을 보면 아무리 친한 사이라도 반드시 예의를 갖추었다. 상복을 입은 사람에게는 조문하는 예의를 갖추었다. 나라 일을 맡은 관리에게도 그에 맞는 예의를 지켰다. 성찬을 정성스럽게 차려준 사람에게는 반드시 정색을 하고 예의를 표했다. 우레가 치고 바람이 심하게 불면 반드시 얼굴빛을 고치며 놀랐다.

寢不尸, 居不容. 見齊衰者, 雖狎, 必變. 見冕者與瞽者, 雖褻, 必以貌. 凶服者
침 불 시 거 불 용 견 자 최 자 수 압 필 변 견 면 자 여 고 자 수 설 필 이 모 흉 복 자

式之. 式負版者. 有盛饌, 必變色而作. 迅雷風烈, 必變.
식 지 식 부 판 자 유 성 찬 필 변 색 이 작 신 뢰 풍 렬 필 변

| 핵심어 | 君子必變 (군자필변)
| 해설 | 군자는 상황에 맞게 반드시 얼굴빛을 고친다.
일상의 모든 상황에 자신의 모습을 투영하여 점검하라.

10-16

수레를 탔을 때는 반드시 바로 서서 손잡이를 잡았다. 수레 안에서는 이리
저리 둘러보지 않고 말을 빨리 하지 않으며 여기저기 가리키며 손가락질하
지 않았다.

升車, 必正立執綏. 車中不內顧, 不疾言, 不親指.
승 거 필 정 립 집 수 거 중 불 내 고 부 질 언 불 친 지

| 핵심어 | 升車必正 (승거필정)
| 해설 | 수레를 탔을 때는 반드시 바른 자세를 취한다.
수레를 탔으면 수레를 모는 사람을 방해하지 마라.

10-17

꿩이 사람의 눈치를 보다 하늘로 날아올라 빙빙 돌다가 다시 내려와 앉았다.
공자가 말했다.
"산 계곡 다리에 있는 까투리가 때를 만났구나, 때를 만났구나!"
그러자 자로가 그 꿩을 잡아 요리하여 공자에게 올리자, 공자가 세 번 냄
새를 맡아보고 일어났다.*

色斯擧矣, 翔而後集. 曰, "山梁雌雉, 時哉時哉!" 子路共之, 三嗅而作.
색 사 거 의 상 이 후 집 왈 산 량 자 치 시 재 시 재 자 로 공 지 삼 후 이 작

*주자는 이 장을 해설하면서 자신도 무슨 말인지 이해할 수 없다고 말했다.

|해설| 정당하지 않은 음식에 대해 세 번 냄새를 맡아보고 일어났다.

정당하지 않은 음식은 먹지 마라.

선진

11

11-1

공자가 말했다.

"주나라 초기의 사람인 선배들은 예악에 대해 시골 사람처럼 소박하게 지켰다. 주나라 후기의 사람인 후배들은 예악에 대해 세련된 사람처럼 화려하게 지켰다. 지금 내가 예악을 쓴다면 주나라 초기의 선배들처럼 소박하게 하겠다."

子曰, "先進於禮樂, 野人也. 後進於禮樂, 君子也. 如用之, 則吾從先進."
자 왈　선 진 어 예 악　야 인 야　후 진 어 예 악　군 자 야　여 용 지　즉 오 종 선 진

| 핵심어 | 禮樂野人 (예악야인)

| 해설 | 예악을 시골 사람처럼 소박하게 지킨다.

소박하고 순수하라.

11-2

공자가 말했다.

"나를 따라 진나라와 채나라에서 고생한 제자들은 지금 내 문하에 없다. 덕행이 훌륭한 제자는 안연, 민자건, 염백우, 중궁이었다. 언변이 뛰어난 제

자는 재아와 자공이었다. 정치에 능숙한 제자는 염유와 자로였다. 글을 잘하며 학문에 뛰어난 제자는 자유와 자하였다."*

子曰, "從我於陳·蔡者, 皆不及門也." 德行, 顏淵, 閔子騫, 冉伯牛, 仲弓.
자왈　종아어진　채자 계불급문야　덕행 안연 민자건 염백우 중궁

言語, 宰我, 子貢. 政事, 冉有, 季路. 文學, 子游, 子夏.
언어 재아 자공 공사 염유 계로 문학 자유 자하

|핵심어| 德言政文 (덕언정문)
|해설| 덕행과 언변, 정치와 학문에 뛰어난 제자들이 있었다.
자신의 탁월한 능력을 파악하고 발휘하라.

11-3

공자가 말했다.

"안회는 나를 도와준 제자가 아니다. 내 말을 기쁘지 않게 여긴 적이 없다."

子曰, "回也, 非助我者也, 於吾言無所不說."
자왈　안회 비조아자야　어오언무소불열

|핵심어| 非助所說 (비조소열)
|해설| 옆에서 도와주기보다 바로 기쁘게 여기다.
온몸으로 느껴라.

11-4

공자가 말했다.

"민자건은 정말 효자다. 어떤 사람도 그의 부모형제가 민자건을 효자라고 한 말에 대해 군소리를 하지 않는다."

子曰, "孝哉, 閔子騫! 人不間於其父母昆弟之言."
자왈　효재 민자건　인불간어기부모곤제지언

---

* 공자의 천하주유에 동행한 제자들을 일컬어 '공문십철(孔門十哲)'이라 한다. 십철은 당나라 현종 때 붙여진 말이다.

|핵심어| 孝閔子騫 (효민자건)
|해설| 민자건의 효도는 너무나 유명하다.
집안을 화목하고 우애롭게 하기 위해 효도하라.

11-5

남용이 『시경』의 〈백규〉* 시를 세 번이나 되풀이하고 외우자, 공자가 형의
딸을 그에게 시집보냈다.

南容三復白圭, 孔子以其兄之子妻之.
남 용 삼 복 백 규 공 자 이 기 형 지 자 처 지

|핵심어| 南容白圭 (남용백규)
|해설| 남용이 〈백규〉 시를 외웠다.
책임 있는 행동을 하라.

11-6

(노나라 세도가) 계강자가 물었다.

"제자 가운데 누가 배우기를 좋아합니까?"

공자가 대답했다.

"안회가 배우기를 좋아했는데 불행히도 명이 짧아 죽었습니다. 요즘은 없
습니다."

季康子問, "弟子孰爲好學?" 孔子對曰, "有顏回者好學, 不幸短命死矣. 今也
계 강 자 문   제 자 집 위 호 학   공 자 대 왈   유 안 회 자 호 학 불 행 단 명 사 의   금 야

則亡."
즉 무

|핵심어| 顏回好學 (안회호학)
|해설| 안회는 배우기를 좋아했다.
배운 것을 행동으로 실천하라.

* 백규는 『시경』 〈대야〉 〈억편〉에 나오는 시, "백옥으로 만든 홀(백규)의 흠을 갈아서 지을 수 있으나, 사람이 말
을 잘못한 것을 지을 수가 없다네!" 핵심은 말을 삼가야 한다는 것이다.

11-7

안연이 죽자 (안연의 아버지) 안로가 공자에게 '수레를 주면 그것을 팔아 아들의 관을 감싸는 덧관을 만들겠다.'고 요청했다.

공자가 말했다.

"재주가 있거나 없거나 부모는 모두 자식에 대해 말한다. 내 아들 리가 죽었을 때도 관만 있었고 덧관은 하지 않았다. 나는 수레를 팔고 걸어 다니면서까지 아들의 덧관을 마련해 줄 수가 없었다. 왜냐하면 당시 나는 말단이긴 했지만 대부의 신분이어서 수레를 타고 다녀야 했기 때문이다."

顏淵死, 顏路請子之車以爲之槨. 子曰, "才不才, 亦各言其子也. 鯉也死,
안 연 사 안 로 청 자 지 거 이 위 지 곽 자 왈   재 부 재 역 각 언 기 자 야 리 야 사

有棺而無槨. 吾不徒行以爲之槨, 以吾從大夫之後, 不可徒行也."
유 관 이 무 곽 오 불 도 행 이 위 지 곽 이 오 종 대 부 지 후 불 가 도 행 야

|핵심어| 各言其子 (각언기자)
|해설| 사람은 누구나 자기 자식을 위해 말한다.
자식 문제를 충분히 고민하라.

11-8

안연이 죽었다.

공자가 말했다.

"아! 하늘이 나를 버리는구나! 하늘이 나를 버리는구나!"

顏淵死. 子曰, "噫! 天喪予! 天喪予!"
안 연 사 자 왈   희 천 상 여 천 상 여

|핵심어| 子天喪予 (자천상여)
|해설| 공자가 '하늘이 나를 버리는구나'라고 흐느꼈다
사랑하는 제자에 대한 간절한 그리움

11-9

안연이 죽자 공자가 통곡하며 울었다.

공자를 따라간 제자가 말했다.

"선생님, 너무 애통해하십니다."

공자가 말했다.

"내가 통곡했는가? 그를 위해 통곡하지 않고 누구를 위해 통곡하겠는가?"

顔淵死, 子哭之慟. 從者曰, "子慟矣!" 曰, "有慟乎? 非夫人之爲慟而誰爲?"
안 연 사　자 곡 지 통　종 자 왈　　자 통 의　　왈　　유 통 호　　비 부 인 지 위 통 이 수 위

| 핵심어 | **顔淵死慟** (안연사통)

| 해설 | 안연이 죽자 공자가 통곡했다.

애제자의 죽음에 애도하다.

11-10

안연이 죽자 공자의 제자들이 장례를 성대하게 치르려고 했다.

공자가 말했다.

"안 된다."

그러나 제자들이 성대하게 장례를 치렀다.

공자가 말했다.

"안회는 나를 아버지처럼 생각했다. 나는 자식처럼 장례를 치러주지 못했구나! 그것은 나 때문이 아니라 너희들 몇 명이 그렇게 분위기를 만들었다."

顔淵死, 門人欲厚葬之. 子曰, "不可." 門人厚葬之. 子曰, "回也視予猶父也,
안 연 사　문 인 욕 후 장 지　자 왈　　불 가　　문 인 후 장 지　자 왈　　회 야 시 여 유 부 야

予不得視猶子也. 非我也, 夫二三子也."
여 부 득 시 유 자 야　비 아 야　부 이 삼 자 야

| 핵심어 | **厚葬不可** (후장불가)

| 해설 | 장례를 성대하게 치르는 것은 옳지 않다.

가난하게 산 안회의 처지에 맞게 장례도 검소하게 치르는 것이 옳다.

11-11

자로가 '귀신을 섬기는 일'*에 대해 물었다.

공자가 말했다.

"사람도 제대로 모시지 못하는데, 어찌 귀신을 섬길 수 있겠는가?"

자로가 단도직입적으로 '죽음'에 대해 묻겠습니다.

공자가 말했다.

"삶에 대해서도 잘 알지 못하는데, 어찌 죽음에 대해 알겠는가?"

季路問事鬼神. 子曰, "未能事人, 焉能事鬼?" 敢問死. 曰, "未知生, 焉知死?"
계 로 문 사 귀 신   자 왈   미 능 사 인   언 능 사 귀   감 문 사   왈   미 지 생   언 지 사

| 핵심어 | 未知生 焉知死 (미지생 언지사)
| 해설 | 삶도 잘 알지 못하는데, 어찌 죽음에 대해 알겠는가?

삶에 충실하라.

11-12

민자건은 공자를 모실 때 공손하고 즐거운 모양을 했다. 자로는 고지식하고 강직한 모습이었다. 염유와 자공은 부드럽고 화락한 모양을 했다. 이를 보고 공자는 즐거워했다. 그러면서도 "자로**와 같은 강직한 사람은 천수를 누리기 어려울 수 있다."고 염려했다.

閔子侍側, 誾誾如也. 子路, 行行如也. 冉有·子貢, 侃侃如也. 子樂. "若由也,
민 자 시 측   은 은 여 야   자 로   항 항 여 야   염 유   자 공   간 간 여 야   자 락   약 유 야

不得其死然."
부 득 기 사 연

| 핵심어 | 不得死然 (부득사연)

---

* 공자는 세상사에 관심을 갖고 고려할 문제는 허무맹랑한 귀신이나 죽음보다 '삶'에 대한 것이라고 여겼다. 공자 유학의 중심은 '올바른 사람살이'이다.
** 『춘추좌전』「애공 15년」에는 자로가 63세 때 위나라 괴외와 그 아들 출공 첩의 왕위 다툼에 휘말려 죽음을 당했다고 기록돼 있다. 자로는 적의 칼에 맞아 죽으면서도 공자의 제자답게 관을 바르게 고쳐 쓰고 죽었다고 전한다.

| 해설 | 천수를 모두 누리기 어려울 수 있다.

너무 세면 부러진다.

11-13

노나라 사람이 '장부'라는 창고를 만들었다.

민자건이 말했다.

"이전부터 있던 창고를 그냥 쓰면 어떤가? 반드시 고쳐 지을 이유가 있는가?"

공자가 말했다.

"저 사람은 말이 없는 사람이다. 말을 하면 반드시 상황에 맞다."

魯人爲長府. 閔子騫曰, "仍舊貫, 如之何? 何必改作?" 子曰, "夫人不言,
노 인 위 장 부   민 자 건 왈   영 구 관   여 지 하   하 필 개 작   자 왈   부 인 불 언

言必有中."
언 필 유 중

| 핵심어 | 言必有中 (언필유중)

| 해설 | 말은 반드시 상황에 맞게 한다.

이치에 맞게 합당하게 말하라.

11-14

공자가 말했다.

"자로는 어찌 저 정도의 거문고 곡조를 우리 배움의 전당에서 연주하고 있는가?"

그러자 동문들이 자로를 존경하지 않게 되었다.

공자가 말했다.

"자로의 실력이면 당에는 올라섰다. 아직 실에 들지 못했을 뿐이다."

子曰, "由之瑟, 奚爲於丘之門?" 門人不敬子路. 子曰, "由也升堂矣, 未入於
자 왈   유 지 슬   해 위 어 구 지 문   문 인 불 경 자 로   자 왈   유 야 승 당 의   미 입 어

室也."
실 야

|핵심어| 升堂入室 (승당입실)
|해설| 학문의 수준이 마루에 올라선 후 방에 들어간다.
학문의 수준을 차츰차츰 높여 가라.

11-15

자공이 물었다.

"자장과 자하 가운데 누가 현명합니까?"

공자가 말했다.

"자장은 지나치고 자하는 미치지 못한다."

자공이 말했다.

"그렇다면 자장이 더 현명합니까?"

공자가 말했다.

"지나친 것은 미치지 못한 것과 같다."

子貢問, "師與商也孰賢?" 子曰, "師也過, 商也不及." 曰, "然則師愈與?"
자 공 문　　사 여 상 야 숙 현　　자 왈　　사 야 과　상 야 불 급　　왈　　연 즉 사 유 여

子曰, "過猶不及."
자 왈　　과 유 불 급

|핵심어| 過猶不及 (과유불급)
|해설| 지나친 것은 미치지 못한 것과 같다.
중용!

11-16

계씨가 주공보다 부자인데도 염유가 무거운 세금을 거둬들여 계씨의 재물을 더욱 불려 주었다.

이에 공자가 말했다.

"염유는 나의 제자가 아니다! 제자들아, 북을 둥둥 울리고 가서 그를 쳐도

좋다."

季氏富於周公, 而求也爲之聚斂而附益之. 子曰, "非吾徒也. 小子鳴鼓而攻
계 씨 부 어 주 공   이 구 야 위 지 취 렴 이 부 익 지   자 왈   비 오 도 야   소 자 명 고 이 공

之, 可也."
지   가 야

| 핵심어 | 非徒攻之 (비도공지)
| 해설 | 뜻을 함께하는 동문이 배신하면 가서 쳐야 한다.
도리에 어긋난 정치를 하지 마라.

11-17

자고는 우직하고, 증삼은 소박하며, 자장은 치우치고, 자로는 거칠다.

柴也愚, 參也魯, 師也辟, 由也喭.
시 야 우   삼 야 로   사 야 벽   유 야 언

| 핵심어 | 愚魯辟喭 (우로벽언)
| 해설 | 어리석거나 노둔하거나 치우치거나 거칠다
자신을 알고 탐구하자.

11-18

공자가 말했다.

"안회는 상당한 경지에 이르렀지만 가난하여 자주 쌀통이 비었다. 자공은
혼란스러운 시대에 지켜야 할 도를 따르지 않으면서도 재물을 증식했고 추
측한 것이 자주 도리에 맞았다."

子曰, "回也, 其庶乎! 屢空. 賜不受命, 而貨殖焉, 億則屢中."
자 왈   회 야 기 서 호   루 공   사 불 수 명   이 화 식 언   억 즉 루 중

| 핵심어 | 不受命貨殖 (불수명화식)
| 해설 | 난세에 지켜야 할 도를 따르지 않으면서도 재물을 축적한다.
사람의 특성은 다양하다.

11-19

자장이 '착한 사람의 길'에 대해 물었다.

공자가 말했다.

"옛날 성인의 발자취를 밟고 따르지 않으면 그가 추구한 깊은 방에 들어가지 못한다."

子張問善人之道. 子曰, "不踐迹, 亦不入於室."
자 장 문 선 인 지 도 자 왈   불 천 적 역 불 입 어 실

|핵심어| 踐迹入室 (천적입실)
|해설| 성인의 발자취를 밟고 따라야 그가 추구한 방에 들어간다.
모범을 설정하여 잘 따라가라.

11-20

공자가 말했다.

"많은 사람이 변론을 잘한다고 추켜세운다고 해서, 그가 군자일까? 외모나 꾸미는 사람일 것이다."

子曰, "論篤是與, 君子者乎? 色莊者乎?"
자 왈   논 독 시 여 군 자 자 호   색 장 자 호

|핵심어| 論篤色莊 (논독색장)
|해설| 변론만을 잘할 경우 말이나 외모를 꾸미는 사람일 뿐이다.
실제의 알맹이를 채워라.

11-21

(제자) 자로가 물었다.

"좋은 말을 들으면 즉시 행해야 합니까?"

공자가 말했다.

"부모형제가 있는데 어찌 좋은 말을 들었다고 즉시 행할 수 있겠는가?"

염유가 물었다.

"좋은 말을 들으면 즉시 행해야 합니까?"

공자가 말했다.

"들은 즉시 행해야 한다."

공서화가 말했다.

"자로가 '좋은 말을 들으면 즉시 행해야 합니까?'라고 물었을 때는 '부모형제가 있다.'라고 하고, 염유가 '좋은 말을 들으면 즉시 행해야 합니까?'라고 물었을 때는 '들은 즉시 행해야 한다.'라고 하니, 저는 혼란스럽습니다. 감히 그 이유를 묻고자 합니다."

공자가 말했다.

"염유는 소극적이므로 적극적으로 나서게 한 것이고, 자로는 적극적이니까 한 발짝 물러서게 한 것이다."

> 子路問, "聞斯行諸?" 子曰, "有父兄在, 如之何其聞斯行之?" 再有問, "聞斯
> 자로문   문사행저   자왈   유부형재   여지하기문사행지   염유문   문사
>
> 行諸?" 子曰, "聞斯行之." 公西華曰, "由也問聞斯行諸, 子曰 '有父兄在.' 求
> 행저   자왈   문사행지   공서화왈   유야문문사행저   자왈   유부형재   구
>
> 也問聞斯行諸, 子曰 '聞斯行之.' 赤也惑, 敢問." 子曰, "求也退, 故進之. 由
> 야문문사행저   자왈   문사행지   적야혹   감문   자왈   구야퇴   고진지   유
>
> 也兼人, 故退之."
> 야겸인   고퇴지

|핵심어| 聞斯行之 (문사행지)

|해설| 좋은 말은 들은 즉시 행해야 한다.

사람의 특성과 처지에 따라 행동하도록 유도하고, 올바른 일은 즉시 실천으로 옮긴다.

11-22

공자가 광 땅에서 포위되어 곤란을 당한 적이 있었는데, 안연이 뒤늦게 도착했다.

공자가 말했다.

"나는 네가 죽은 줄 알았다."

안연이 말했다.

"선생님이 계신데 제가 어찌 감히 죽겠습니까?"

子畏於匡, 顏淵後. 子曰, "吾以女爲死矣." 曰, "子在, 回何敢死?"
자 외 어 광 안 연 후 자 왈   오 이 여 위 사 의   왈   자 재 회 하 감 사

| 핵심어 | 子在何死 (자재하사)

| 해설 | 선생님이 계신데 어찌 함부로 죽을 수 있겠습니까?
사제 간에 서로를 생각하는 정이 간절하다.

11-23

(계강자의 친척) 계자연이 물었다.

"자로나 염구는 대신이라 할 수 있습니까?"

공자가 말했다.

"나는 당신이 좀 다른 질문을 할 줄 알았는데, 자로와 염구에 대해 묻는군요. 대신은 바른 도리로 군주를 섬기고 그렇지 못하면 물러나는 사람을 말합니다. 지금 자로나 염구는 가신으로 볼 수 있을 겁니다."

계자연이 말했다.

"그렇다면, 주인을 잘 따르는 사람입니까?"

공자가 말했다.

"부모나 군주를 죽이려고 하는 일에는 따르지 않을 것입니다."

季子然問, "仲由 · 冉求, 可謂大臣與?" 子曰, "吾以子爲異之問, 曾由與求之
계 자 연 문   중 유   염 구 가 위 대 신 여   자 왈   오 이 자 위 이 지 문   증 유 여 구 지

問. 所謂大臣者, 以道事君, 不可則止. 今由與求也, 可謂具臣矣." 曰, "然則
문 소 위 대 신 자 이 도 사 군 불 가 즉 지 금 유 여 구 야 가 위 구 신 의   왈   연 즉

從之者與?" 子曰, "弑父與君, 亦不從也."
종 지 자 여   자 왈   시 부 여 군 역 부 종 야

| 핵심어 | 不可則止 (불가즉지)

|해설| 올바르지 않으면 물러난다.
의리를 잘 배운 사람은 자신의 할 일을 잘 찾아서 한다.

11-24

자로가 자고*를 비읍의 읍재가 되게 했다.

공자가 말했다.

"남의 집 자식을 망치게 하는구나."

자로가 말했다.

"백성을 다스리는 일도 있고 사직을 받드는 일도 있습니다. 어찌 반드시 글을 읽는 것만이 학문이라고 하겠습니까?"

공자가 말했다.

"그러므로 변명하며 궤변만 늘어놓는 자가 밉다는 것이다."

子路使子羔爲費宰. 子曰, "賊夫人之子." 子路曰, "有民人焉, 有社稷焉, 何
자 로 사 자 고 위 비 재   자 왈   적 부 인 지 자   자 로 왈   유 민 인 언   유 사 직 언   하

必讀書, 然後爲學?" 子曰, "是故惡夫佞者."
필 독 서   연 후 위 학   자 왈   시 고 오 부 녕 자

|핵심어| 惡夫佞者 (오부녕자)
|해설| 변명하며 궤변만 늘어놓는 자를 미워한다.
궤변으로 입막음하지 마라.

11-25

자로, 증석**, 염유, 공서화가 공자를 모시고 앉아 있었다.

공자가 말했다.

"내가 자네들보다 나이가 많다고 하여 어려워하지 마라. 자네들은 평소에 '나를 알아주는 사람이 없다.'라고 하지만, 사람이 자네들을 알아주고 등용

---

* 자고는 품성은 좋은 사람이었지만 조그마한 지방의 정치지도자가 되기에는 아직 학문이 부족한 사람이었다.
** 증삼의 아버지로 이름은 점(點), 공자의 제자이다.

하면 어떻게 하겠는가?"

자로가 불쑥 나서며 대답했다.

"전차 1,000대 정도를 동원할 수 있는 나라가 강대국들 사이에 끼어 무력 침략을 당하고 거기에 흉년까지 겹쳤다 해도, 제가 나서서 다스리면 3년 안에 나라를 강하게 만들고 백성을 반듯하게 만들 수 있습니다."

공자가 빙그레 웃었다.

"염유, 자네는 어떻게 하겠는가?"

염유가 대답했다.

"사방 60, 70리 혹은 50, 60리쯤 되는 작은 나라를 제가 맡아 다스린다면, 3년 정도면 백성을 잘살게 할 수 있습니다. 예악과 같은 부분에서는 제가 모자라기에 그에 익숙한 군자를 기다리겠습니다."

"공서적(서화), 자네는 어떻게 하겠는가?"

공서적이 대답했다.

"제가 잘할 수 있는 것이 아니라 배우고 싶은 부분을 말씀드리겠습니다. 종묘 제사나 제후들이 회합할 때 예복을 입고 의식을 행할 수 있도록 돕고 싶습니다."

"증석, 자네는 어떻게 하겠는가?"

조용히 거문고를 타고 있던 증석은 팅 하고 소리를 내며 연주를 멈춘 후, 거문고를 놓고 일어나서 대답했다.

"저는 세 사람의 생각과 조금 다릅니다."

공자가 말했다.

"무얼 걱정하는가? 각자 자기의 뜻을 말한 것이다."

증석이 말했다.

"늦은 봄날에 봄옷이 마련되면, 어른 대여섯 사람과 어린아이 예닐곱을 데리고 기수에서 목욕한 뒤 기우제를 올리는 봉우리에 올라 바람을 쐬고, 노래를 부르다가 돌아오겠습니다."

공자가 크게 감탄하며 말했다.

"나도 자네와 같은 생각이다."

세 사람이 나가고 증석이 남았다.

증석이 말했다.

"세 사람의 말을 어떻게 생각하십니까?"

공자가 대답했다.

"각자의 뜻을 말했을 뿐이다."

증석이 말했다.

"선생님은 자로의 말을 듣고 왜 웃으셨습니까?"

공자가 대답했다.

"나라를 다스리는 일은 예의를 갖추어 신중하게 해야 하는데 겸양하지 못해서 웃었다."

"염유가 말한 것도 나라를 다스리겠다는 뜻 아닙니까?"

공자가 대답했다.

"사방 60, 70리건 50, 60리건, 그 정도 규모라면 나라라고 보아야 하지 않겠는가."

"공서화가 말한 것도 나라를 다스리는 일이 아닙니까?"

"종묘의 제사나 회동하는 일이 어찌 제후의 일이 아니겠는가. 공서화가 이를 작은 일이라고 하면 누가 그보다 큰일을 돕는단 말인가?"*

子路 · 曾晳 · 冉有 · 公西華侍坐. 子曰, "以吾一日長乎爾, 毋吾以也. 居則
자로   증석   염유   공서화시좌   자왈   이오일일장호이   무오이야   거즉

曰, "不吾知也." 如或知爾, 則何以哉?" 子路率爾而對, 曰, "千乘之國, 攝乎
왈   불오지야   여혹지이   즉하이재   자로솔이이대   왈   천승지국   섭호

大國之間, 加之以師旅, 因之以饑饉, 由也爲之, 比及三年, 可使有勇, 且知方
대국지간   가지이사려   인지이기근   유야위지   비급삼년   가사유용   차지방

---

* 『논어』에서 가장 긴 구절로 공자와 제자들과의 대화를 통해 공자의 정신이 여실히 드러나고 있다.

也." 夫子哂之. "求, 爾何如?" 對曰, "方六七十, 如五六十, 求也爲之, 比及
야　부자신지　구 이하여　대왈　방육칠십　여오육십　구야위지　비급

三年, 可使足民. 如其禮樂, 以俟君子." "赤, 爾何如?" 對曰, "非曰能之, 願
삼년　가사족민　여기예악　이사군자　적 이하여　대왈　비왈능지 원

學焉. 宗廟之事, 如會同, 端章甫, 願爲小相焉." "點, 爾何如?" 鼓瑟希, 鏗爾
학언　종묘지사　여회동　단장보　원위소상언　점 이하여　고슬희　갱이

舍瑟而作, 對曰, "異乎三子者之撰." 子曰, "何傷乎? 亦各言其志也." 曰, "莫
사슬이작　대왈　이호삼자자지찬　자왈　하상호　역각언기지야　왈　모

春者, 春服旣成, 冠者五六人, 童子六七人, 浴乎沂, 風乎舞雩, 詠而歸." 夫子
춘자　춘복기성　관자오륙인　동자육칠인　욕호기　풍호무우　영이귀　부자

喟然歎曰, "吾與點也!" 三子者出, 曾晳後. 曾晳曰, "夫三子者之言何如?"
위연탄왈　오여점야　삼자자출　증석후　증석왈　부삼자자지언하여

子曰, "亦各言其志也已矣." 曰, "夫子何哂由也?" 曰, "爲國以禮, 其言不讓,
자왈　역각언기지야이의　왈　부자하신유야　왈　위국이례　기언불양

"是故哂之?" "唯求則非邦也與?" "安見方六七十如五六十而非邦也者?"
시고신지　유구즉비방야여　안견방육칠십여오육십이비방야자

"唯赤則非邦也與?" "宗廟會同, 非諸侯而何? 赤也爲之小, 孰能爲之大?"
유적즉비방야여　종묘회동　비제후이하　적야위지소　숙능위지대

| 핵심어 | 浴風詠歸 (욕풍영귀)

| 해설 | 목욕하고 바람 쐬고 노래 부르다가 돌아온다.

혼란스러운 세상에서 정치를 하기보다는 풍류를 즐기며 미래를 대비한
다.

안연*

12

12-1

(제자) 안연이 인에 대해 물었다.

공자가 말했다.

"개인의 이기적 탐욕을 극복하고 사회적 공공성을 회복하는 것이 인이 된다. 어느 날 개인의 사사로운 욕심을 극복하고 사회적 공공심을 회복하면 세상이 인으로 돌아간다. 인을 실천하는 일은 자신에게 달려 있다. 남에게 달렸겠는가."

안연이 "그 조목을 일러주십시오." 하고 말했다.

공자가 말했다.

"예가 아니면 보지도 말고, 예가 아니면 듣지도 말고, 예가 아니면 말하지도 말고, 예가 아니면 실천하지도 마라."

안연이 말했다.

"제가 재빠르지는 않습니다만, 말씀대로 실천하겠습니다."

顔淵問仁. 子曰, "克己復禮爲仁. 一日克己復禮, 天下歸仁焉. 爲仁由己, 而
안 연 문 인   자 왈   극 기 복 례 위 인   일 일 극 기 복 례   천 하 귀 인 언   위 인 유 기   이

* 주자는 이 장에서 공자와 안연이 논하는 문답이 유학의 심법(心法)을 전수해 주는 중요한 대화라고 말했다.

由人乎哉!"顏淵曰, "請問其目." 子曰, "非禮勿視, 非禮勿聽, 非禮勿言, 非
유 인 호 재   안 연 왈   청 문 기 목   자 왈   비 례 물 시   비 례 물 청   비 례 물 언 비

禮勿動." 顏淵曰, "回雖不敏, 請事斯語矣."
례 물 동   안 연 왈   회 수 불 민   청 사 사 어 의

| 핵심어 | 克己復禮 (극기복례)

| 해설 | 개인의 이기적 탐욕을 극복하고 사회적 공공성을 회복하다.

공공성을 확보하라.

12-2

(제자) 중궁**이 인에 대해 물었다.

공자가 말했다.

"문 밖에 나서 사람을 대할 때 귀한 손님을 뵙는 듯이 하고, 백성에게 일을
시킬 때는 큰 제사를 모시듯이 해야 한다. 내가 하고 싶지 않는 것을 남에게
강요하지 마라. 나라에서도 원망이 없고, 가문에서도 원망이 없을 것이다."

중궁이 말했다.

"제가 재빠르지는 않습니다만, 말씀대로 실천하겠습니다."

仲弓問仁. 子曰, "出門如見大賓, 使民如承大祭. 己所不欲, 勿施於人.
중 궁 문 인   자 왈   출 문 여 견 대 빈   사 민 여 승 대 제   기 소 불 욕   물 시 어 인

在邦無怨, 在家無怨." 仲弓曰, "雍雖不敏, 請事斯語矣."
재 방 무 원   재 가 무 원   중 궁 왈   옹 수 불 민   청 사 사 어 의

| 핵심어 | 己所不欲 勿施於人 (기소불욕 물시어인)

| 해설 | 내가 하고 싶지 않은 것을 남에게 강요하지 마라.

입장 바꿔 생각해 봐.

12-3

사마우***가 인에 대해 물었다.

** 『논어』 6편 「옹야」에도 나오는 것처럼, 중궁은 염옹을 말한다.

*** 사마우는 송나라 상퇴(환퇴)의 동생이다. 평소 그의 성품이 말이 많고 조급한 성격임에 비추어, 공자는 말
할 때 가볍게 함부로 하지 말고 깊게 생각한 후에 말하기를 권하고 있다.

공자가 말했다.

"인은 말을 신중하게 하는 것이다."

사마우가 말했다.

"말을 신중하게 하는 것이 바로 인입니까?"

공자가 말했다.

"인을 행하기가 정말 어렵다. 말을 신중하게 하지 않을 수 있겠는가."

司馬牛問仁. 子曰, "仁者, 其言也訒." 曰, "其言也訒, 斯謂之仁矣乎?" 子曰,
사 마 우 문 인　자 왈　 인 자　기 언 야 인　 왈　 기 언 야 인　사 위 지 인 의 호　　자 왈

"爲之難, 言之得無訒乎?"
위 지 난　언 지 득 무 인 호

|핵심어|　**其言也訒** (기언야인)

|해설|　말을 신중하게 하다.

함부로 말하지 마라.

12-4

사마우가 군자에 대해 물었다.

공자가 말했다.

"군자는 근심하지도 않고 두려워하지도 않는다."

사마우가 말했다.

"근심하지도 않고 두려워하지도 않음이 바로 군자입니까?"

공자가 말했다.

"마음을 살펴보고 잘못이 없는데 무엇을 근심하며 무엇이 두렵겠는가?"

司馬牛問君子. 子曰, "君子不憂不懼." 曰, "不憂不懼, 斯謂之君子已乎?"
사 마 우 문 군 자　자 왈　 군 자 불 우 불 구　　 왈　 불 우 불 구　사 위 지 군 자 이 호

子曰, "內省不疚, 夫何憂何懼?"
자 왈　 내 성 불 구　부 하 우 하 구

|핵심어|　**內省不疚** (내성불구)

근심도 두려움도 없는 사람, 내면을 반성했을 때 떳떳하다.

12-5

사마우가 근심 가득한 얼굴로 말했다.

"다른 사람은 모두 형제가 있는데, 저만 형제가 없습니다."

자하가 말했다.

"저도 그것에 대해 들었습니다. '생사 문제는 천명에 있고, 부귀 문제는 하늘에 달려 있다'고 했습니다. 군자로서 자신을 존중하며 도리를 잃지 않고, 남에게 공손하며 예의를 지키면, 세상 사람이 모두 형제가 됩니다. 군자가 어찌 형제가 없음을 근심합니까?"

司馬牛憂曰, "人皆有兄弟, 我獨亡." 子夏曰, "商聞之矣. 死生有命, 富貴在
사 마 우 우 왈   인 개 유 형 제 아 독 무   자 하 왈   상 문 지 의 사 생 유 명 부 귀 재

天. 君子敬而無失, 與人恭而有禮, 四海之內皆兄弟也. 君子何患乎無兄弟也?"
천   군 자 경 이 무 실   여 인 공 이 유 례 사 해 지 내 개 형 제 야   군 자 하 환 호 무 형 제 야

|핵심어| 死生有命 富貴在天 (사생유명 부귀재천)
|해설| 생사는 천명에 있고, 부귀는 하늘에 달려 있다.
최선을 다하고 기다려라.

12-6

자장이 총명함에 대해 물었다.

공자가 말했다.

"물이 스며들 듯 은근히 파고드는 모략이나 피부로 느껴질 듯 간절한 하소연에 넘어가지 않아야 총명하다고 말할 수 있다. 또한 물이 스며들 듯 은근히 파고드는 모략이나 피부로 느껴질 듯 간절한 하소연에 넘어가지 않아야 멀리 내다본다고 말할 수 있다."

子張問明. 子曰, "浸潤之譖, 膚受之愬, 不行焉, 可謂明也已矣. 浸潤之譖,
자장문명 자왈   침윤지참 부수지소 불행언 가위명야이의 침윤지참

膚受之愬, 不行焉, 可謂遠也已矣."
부수지소 불행언 가위원야이의

|핵심어| 譖愬不行 (참소불행)
|해설| 모략이나 하소연에 넘어가지 않아야 한다.
자기 기준을 가져라.

12-7

자공이 정치에 대해 물었다.

공자가 말했다.

"식량을 풍족하게, 군대를 튼튼하게, 백성이 믿게 하는 것이다."

자공이 물었다.

"부득이하게, 이 셋 가운데 한 가지를 포기해야 한다면, 어느 것을 먼저 버려야 합니까?"

공자가 말했다.

"군대를 감축해야 한다."

자공이 물었다.

"부득이하게, 나머지 둘 가운데 한 가지를 포기해야 한다면, 어느 것을 먼저 버려야 합니까?"

공자가 말했다.

"식량을 풍족하게 만드는 정책을 버려야 한다. 옛날부터 사람은 모두 죽기 마련이다. 하지만 백성에게 믿음을 주지 못하면 나라가 존립할 수 없다."

子貢問政. 子曰, "足食, 足兵, 民信之矣." 子貢曰, "必不得已而去, 於斯三者
자공문정 자왈   족식 족병 민신지의   자공왈   필부득이이거 어사삼자

何先?" 曰, "去兵." 子貢曰, "必不得已而去, 於斯二者何先?" 曰, "去食. 自
하선   왈 거병 자공왈   필부득이이거 어사이자하선   왈 거식 자

古皆有死, 民無信不立."
고 개 유 사   민 무 신 불 립

|핵심어| 無信不立 (무신불립)
|해설| 믿음을 주지 못하면 존립할 수 없다.
국가의 운명은 백성의 신뢰에 달려 있다.

12-8

극자성*이 말했다.

"군자는 바탕을 중시하면 그만이다. 꾸며서 무엇하겠는가?

자공이 말했다.

"안타깝습니다. 그대의 군자에 대한 말씀은 빨리 달리는 사두마차도 뒤쫓아 갈 수 없을 정도로 돌이킬 수 없습니다. '무늬는 바탕과 같고 바탕은 무늬와 같다.'고 한다면, 이는 '털을 제거한 호랑이나 표범의 가죽이 털을 제거한 개나 양의 가죽과 같다.'고 하는 격입니다."

棘子成曰, "君子質而已矣, 何以文爲?" 子貢曰, "惜乎! 夫子之說君子也,
극 자 성 왈   군 자 질 이 이 의   하 이 문 위   자 공 왈   석 호   부 자 지 설 군 자 야

駟不及舌. 文猶質也, 質猶文也. 虎豹之鞹, 猶犬羊之鞹."
사 불 급 설   문 유 질 야   질 유 문 야   호 표 지 곽   유 견 양 지 곽

|핵심어| 駟不及舌 (사불급설)
|해설| 빨리 달리는 사두마차도 뒤쫓아갈 수 없을 정도의 언설이다.
잘못한 말은 돌이키기가 그만큼 힘들다.

12-9

(노나라) 애공이 유약**에게 물었다.

"흉년이 들어 나라의 재정이 부족한데 어떻게 하면 좋겠습니까?"

유약이 대답했다.

* 극자성은 위나라 대부이니 당시 사람이 바탕(내재적 본질)이 무늬(외부 장식)보다 우세함을 미워했으므로 이런 말을 한 것이다.
** 유약은 『논어』 1편 「학이」 2에 등장하는 유자를 말한다.

"왜 1/10을 받는 세법인 철법을 쓰지 않습니까?"

애공이 말했다.

"2/10를 받는 세법으로도 모자라는데 어떻게 1/10을 받는 세법을 쓰겠습니까?"

그러자 유약이 말했다.

"백성이 풍족한데 어떻게 군주가 부족할 수 있겠습니까? 백성이 부족한데 어떻게 군주가 풍족할 수 있겠습니까?"

哀公問於有若曰, "年饑, 用不足, 如之何?" 有若對曰, "盍徹乎?" 曰, "二, 吾
애 공 문 어 유 약 왈   년 기   용 부 족   여 지 하   유 약 대 왈   합 철 호   왈   이 오

猶不足, 如之何其徹也?" 對曰, "百姓足, 君孰與不足? 百姓不足, 君孰與
유 부 족   여 지 하 기 철 야   대 왈   백 성 족   군 숙 여 부 족   백 성 부 족   군 숙 여

足?"
족

| **핵심어** | 民足君足 (민족군족)

| **해설** | 백성이 풍족하면 군주도 풍족하게 마련이다.
더불어 모두가 잘사는 세상을 지향하라.

12-10

자장이 도덕성을 높이고 의혹을 분별하는 일에 대해 물었다.

공자가 말했다.

"충실과 신뢰를 소중하게 생각하고 도의를 실천하는 일이 도덕성을 높이는 것이다. 내가 사랑하면 그가 살기를 바라고, 내가 미워하면 그가 죽기를 바란다. 살기를 바랐다가 또 죽기를 바라는 것처럼 오락가락하는 것이 의혹이다. 진정으로 부유해지지도 못하면서, 다른 사람에게 의혹만 받을 뿐이다."

子張問崇德辨惑. 子曰, "主忠信, 徙義, 崇德也. 愛之欲其生, 惡之欲其死.
자 장 문 숭 덕 변 혹   자 왈   주 충 신   사 의   숭 덕 야   애 지 욕 기 생   오 지 욕 기 사

旣欲其生, 又欲其死, 是惑也. 誠不以富, 亦祗以異."
기 욕 기 생 우 욕 기 사 시 혹 야 성 불 이 부 역 지 이 이

|핵심어| 主忠信 (주충신)
|해설| 충실과 신뢰를 소중하게 여긴다.
의혹받을 만한 일을 줄여라.

12-11

제나라 경공이 공자에게 정치에 대해 물었다.

공자가 대답했다.

"군주는 군주다워야 하고, 신하는 신하다워야 하며, 부모는 부모다워야 하고, 자식은 자식다워야 합니다."

경공이 말했다.

"좋은 말씀입니다. 참으로 군주가 군주답지 않고, 신하가 신하답지 않으며, 부모가 부모답지 않고, 자식이 자식답지 않으면, 창고에 곡식이 가득할지라도 내 어찌 먹을 수 있겠습니까?"

齊景公問政於孔子. 孔子對曰, "君君, 臣臣, 父父, 子子." 公曰, "善哉! 信如
제 경 공 문 정 어 공 자 공 자 대 왈   군 군 신 신 부 부 자 자 공 왈   선 재 신 여

君不君, 臣不臣, 父不父, 子不子, 雖有粟, 吾得而食諸?"
군 불 군 신 불 신 부 불 부 자 부 자 수 유 속 오 득 이 식 저

|핵심어| 君君臣臣父父子子 (군군신신부부자자)
|해설| 군주는 군주답고 신하는 신하답고 부모는 부모답고 자식은 자식답다.
본분에 충실하자.

12-12

공자가 말했다.

"한마디 말로 재판의 판결을 내릴 수 있는 사람은 자로밖에 없을 것이다. 자로는 승낙한 것을 미루는 일이 없었다."

子曰, "片言可以折獄者, 其由也與?" 子路無宿諾.
자 왈 편 언 가 이 절 옥 자 기 유 야 여 자 로 무 숙 락

|핵심어| **無宿諾** (무숙락)

|해설| 한 번 승낙한 일은 묵히지 않는다.

정확하게 처리하라.

12-13

공자가 말했다.

"송사를 듣고 재판하는 일은 나도 다른 사람과 마찬가지다. 하지만 나는 반드시 송사 자체를 없애려고 한다."

子曰, "聽訟, 吾猶人也. 必也使無訟乎!"
자 왈 청 송 오 유 인 야 필 야 사 무 송 호

|핵심어| **必使無訟** (필사무송)

|해설| 반드시 송사 자체를 없도록 한다.

소송하지 마라, 악순환이 이어진다.

12-14

자장*이 정치에 대해 물었다.

공자가 말했다.

"관리의 자리에 있을 때는 게으르지 말고 충실하게 일해야 한다."

子張問政. 子曰, "居之無倦, 行之以忠."
자 장 문 정 자 왈 거 지 무 권 행 지 이 충

|핵심어| **無倦行忠** (무권행충)

|해설| 게으름 없이 충실하게 일해야 한다.

자리에 있는 만큼 열심히 일하라.

---

* 자장은 진나라 천민 출신으로 공자보다 48세나 어렸지만 항상 기상이 넘치고 외모가 당당했다고 한다.

12-15

공자가 말했다.

"널리 글을 배우되 예법으로 몸단속을 해야, 사람이 살아가는 도리에 어긋나는 일이 없다."**

子曰, "博學於文, 約之以禮, 亦可以弗畔矣夫."
자 왈   박 학 어 문 약 지 이 례   역 가 이 불 반 의 부

|핵심어| 博文約禮 (박문약례)

|해설| 널리 글을 배우고 예법으로 몸단속을 한다.
세상을 배웠으면 내 것으로 요약하라.

12-16

공자가 말했다.

"군자는 다른 사람의 장점을 살리고 키워주고, 다른 사람의 단점을 고쳐준다. 소인은 이와 반대되는 행동을 한다."

子曰, "君子成人之美, 不成人之惡. 小人反是."
자 왈   군 자 성 인 지 미 불 성 인 지 악   소 인 반 시

|핵심어| 成人之美 (성인지미)

|해설| 사람의 장점을 살려 길러준다.
사람의 장점을 길러주고 단점을 보완해 주자.

12-17

계강자가 공자에게 정치에 대해 물었다.

공자가 대답했다.

"정치는 바르게 하는 일입니다. 그대가 앞장서서 바르게 하면 누가 감히 바르게 하지 않겠습니까?"

** 『논어』 6편 「옹야」 25와 9편 「자한」 10에 같은 내용의 구절이 있다.

季康子問政於孔子. 孔子對曰, "政者, 正也. 子帥以正, 孰敢不正."
계강자문정어공자　공자대왈　　정자　정야　자수이정　숙감부정

|핵심어| **政者正也** (정자정야)

|해설| 정치는 바르게 하는 일이다.

비뚤어진 것은 무조건 바로 세워라.

12-18

계강자*가 도둑이 많은 것이 걱정되어 공자에게 물었다.

공자가 대답했다

"그대 스스로 탐욕을 부리지 않는다면, 상을 준다고 해도 도둑질할 사람이 없을 것입니다."

季康子患盜, 問於孔子. 孔子對曰, "苟子之不欲, 雖賞之不竊."
계강자환도　문어공자　공자대왈　구자지불욕　수상지부절

|핵심어| **不欲不竊** (불욕부절)

|해설| 자신이 탐욕을 부리지 않는다면 도둑질할 사람이 없다.

먼저 네 자신부터 도둑질하지 마라, 그러면 아무도 도둑질하지 않는다.

12-19

계강자가 정치에 대해 물으면서 공자에게 말했다.

"무도한 자를 사형에 처하고 백성이 올바른 도리를 지킬 수 있게 한다면 어떻습니까?"

이에 공자가 대답했다.

"그대는 정치를 하겠다고 하면서 어찌 살인을 하려고 합니까? 그대가 착하고자 하면 백성도 착하게 됩니다. 군자의 도덕성은 바람과 같고, 소인의 도덕성은 풀과 같습니다. 풀은 바람이 불면 반드시 쓰러집니다."

季康子問政於孔子曰, "如殺無道, 以就有道, 何如?" 孔子對曰, "子爲政, 焉
계강자문정어공자왈　여살무도　이취유도　하여　　공자대왈　자위정　언

用殺? 子欲善而民善矣. 君子之德風, 小人之德草. 草上之風, 必偃."
용 살   자 욕 선 이 민 선 의   군 자 지 덕 풍   소 인 지 덕 초   초 상 지 풍   필 언

|핵심어| 欲善民善 (욕선민선)
|해설| 착하려고 하면 다른 사람도 착하게 된다.
먼저 착하려고 해라.

12-20

(제자) 자장이 물었다.

"사 계급인 관리들이 어떻게 해야 통달한다고 말할 수 있습니까?"

공자가 말했다.

"자네가 말하는 통달이 무슨 뜻인가?"

자장이 대답했다.

"제후가 다스리는 나라에서도 명성을 떨치고, 경과 대부가 다스리는 가문에서도 명성을 드날리는 것입니다."

공자가 말했다.

"그것은 명성을 드날린 것이지 통달이 아니다. 통달이라는 것은 성품이 소박하고 강직하고 정의를 사랑하며, 남의 말을 깊이 살피고 얼굴빛을 관찰하여 신중한 태도로 항상 자신을 낮추는 일이다. 그래야 나라에서도 통달하고 가문에서도 통달할 수 있다. 명성을 드날린다는 것은 겉으로는 사람을 사랑하는 것처럼 하되, 실제 행실은 그것에 어긋나는 짓을 하며, 그렇게 처신하면서도 의아하게 여기지 않는다. 이런 사람이 나라에서도 명성을 떨치고 가문에서도 명성을 드날린다."**

子張問, "士何如斯可謂之達矣?" 子曰, "何哉, 爾所謂達者?" 子張對曰, "在
자 장 문   사 하 여 사 가 위 지 달 의   자 왈   하 재   이 소 위 달 자   자 장 대 왈   재

---

* 『춘추좌전』 애공 3년에 계강자가 적자의 자리를 도둑질한 기록이 나온다.
** 공자는 자장이 여러 장점이 있었지만 무엇보다도 실천에 힘쓰지 않은 점을 가장 문제로 보았다.

邦必聞, 在家必聞." 子曰, "是聞也, 非達也. 夫達也者, 質直而好義, 察言而
방 필 문　재 가 필 문　　자 왈　시 문 야　비 달 야　부 달 야 자　질 직 이 호 의　찰 언 이

觀色, 慮以下人. 在邦必達, 在家必達. 夫聞也者, 色取仁而行違, 居之不疑.
관 색　려 이 하 인　재 방 필 달　재 가 필 달　부 문 야 자　색 취 인 이 행 위　거 지 불 의

在邦必聞, 在家必聞."
재 방 필 문　재 가 필 문

|핵심어| 必達非聞 (필달비문)

|해설| 반드시 통달하되 명성을 드날리지 않는다.

진정으로 승부하라.

12-21

번지*가 공자를 따라 무우의 아래에서 바람을 쐬며 말했다.

"감히 묻겠습니다. 도덕성을 높이고, 나쁘게 마음먹은 것을 바로잡으며,
의혹을 분별하는 방법이 있습니까?"

공자가 말했다.

"좋은 질문이다. 맡겨진 일을 먼저 하고 그 대가는 나중에 바라는 것이 도
덕성을 높이는 일이 아니겠는가? 나쁜 점을 스스로 다스리고 다른 사람의
나쁜 점을 탓하지 않는 것이 나쁘게 마음먹은 것을 바로잡는 길이 아니겠는
가? 순간적인 분노를 참지 못해 몸을 돌보지 않고 싸우고, 그 화를 부모에게
미치게 하는 것이 의혹이 아니겠는가?"

樊遲從遊於舞雩之下, 曰, "敢問崇·德修慝·辨惑." 子曰, "善哉問! 先事後
번 지 종 유 어 무 우 지 하　왈　감 문 숭　덕 수 특　변 혹　자 왈　선 재 문　선 사 후

得, 非崇德與? 攻其惡, 無攻人之惡, 非修慝與? 一朝之忿, 忘其身, 以及其親,
득　비 숭 덕 여　공 기 악　무 공 인 지 악　비 수 특 여　일 조 지 분　망 기 신　이 급 기 친

非惑與?"
비 혹 여

|핵심어| 先事後得 (선사후득)

---

* 공자의 제자 중에 번지는 학문과 수양에서 부족한 게 많은 사람이었다. 하지만 공자는 그의 지식 수준을 잘 알
았기에 그에 맞게 쉽고 간단하게 말해주었다.

|해설| 맡겨진 일을 먼저 하고 대가는 나중에 바라다.
자신에게 맡겨진 일부터 먼저 해라.

12-22
번지가 인에 대해 물었다.
공자가 말했다.
"사람을 사랑하는 일이다."
번지가 지에 대해 물었다.
공자가 말했다.
"사람을 알아보는 일이다."
번지가 그 뜻을 깨닫지 못했다.
공자가 말했다.
"정직한 사람을 등용하여 부정한 사람 위에 앉히면, 부정한 사람도 정직한 사람으로 바뀔 수 있다."
번지가 물러나와 자하를 보고 말했다.
"지난번에 제가 선생님을 뵙고 지에 대해서 물었는데, 선생님께서 '정직한 사람을 등용하여 부정한 사람 위에 앉히면, 부정한 사람도 정직한 사람으로 바뀔 수 있다.'고 하셨습니다. 무슨 뜻입니까?"
자하가 말했다.
"그 말씀은 참으로 풍부한 뜻을 지니고 있습니다. 순임금이 세상을 다스리면서 여러 사람 중에서 현명한 신하인 고요를 등용하자 악한 무리들이 자취를 감추게 되었습니다. 탕임금이 세상을 다스리면서 여러 사람 중에서 현명한 신하인 이윤을 등용하자 악한 무리들이 자취를 감추게 되었습니다."

樊遲問仁. 子曰, "愛人." 問知. 子曰, "知人." 樊遲未達. 子曰, "擧直錯諸枉,
번지문인 자왈 애인 문지 자왈 지인 번지미달 자왈 거직조저왕

能使枉者直." 樊遲退, 見子夏曰, "鄕也吾見於夫子而問知, 子曰, "擧直錯諸
능사왕자직 번지퇴 견자하왈 향야오견어부자이문지 자왈 거직조저

枉, 能使枉者直." 何謂也? 子夏曰, "富哉言乎! 舜有天下, 選於衆, 擧皐陶,
왕 능사왕자직 하위야 자하왈 부재언호 순유천하 선어중 거고요

不仁者遠矣. 湯有天下, 選於衆, 擧伊尹, 不仁者遠矣."
불인자원의 탕유천하 선어중 거이윤 불인자원의

| 핵심어 | **擧直錯諸枉** (거직조저왕)
| 해설 | 정직한 사람을 등용하여 부정한 사람 위에 앉히다.
바른 사람이 주도하게 하라.

12-23

자공이 벗을 사귀는 도리에 대해 물었다.

공자가 말했다.

"충고로 인도해 주고 듣지 않으면 그만두되, 지나치게 충고하여 욕보는
일은 없어야 한다."

子貢問友. 子曰, "忠告而善道之, 不可則止, 毋自辱焉."
자공문우 자왈 충고이선도지 불가즉지 무자욕언

| 핵심어 | **忠告善道** (충고선도)
| 해설 | 충고하며 인도해 준다.
적절한 충고가 필요하다. 지나치지는 마라.

12-24

증자가 말했다.

"군자는 글로 벗을 사귀고, 친교로 서로의 도덕성을 높인다."

曾子曰, "君子以文會友, 以友輔仁."
증자왈 군자이문회우 이우보인

| 핵심어 | **以友輔仁** (이우보인)
| 해설 | 친교로 서로의 도덕성을 높인다.
서로를 북돋아주자.

자로

13

13-1

자로가 정치에 대해 물었다.

공자가 말했다.

"앞장서서 일한 다음에 백성을 수고하게 해야 한다."

더 자세하게 말해줄 것을 부탁했다.

공자가 말했다.

"맡은 일을 게을리하지 마라!"

子路問政. 子曰, "先之, 勞之." 請益. 曰, "無倦."
자 로 문 정 자 왈 선 지 노 지 청 익 왈 무 권

| 핵심어 | **先之勞之** (선지노지)

| 해설 | 앞장서서 일한 다음에 백성을 수고하게 해야 한다.

솔선수범한 후에 시켜라.

13-2

(제자) 중궁이 계씨의 가재(가신)가 되어 정치에 대해 물었다.

공자가 말했다.

"먼저 담당한 사람이 일처리하도록 시키고, 조그마한 잘못은 관대하게 용서해 주며, 현명한 인재를 등용해야 한다."

중궁이 말했다.

"어떻게 현명한 인재인지를 알고 그를 등용합니까?"

공자가 말했다.

"자네가 잘 아는 현명한 인재를 등용하면, 자네가 모르는 현명한 인재를 다른 사람이 내버려두겠는가!"

仲弓爲季氏宰, 問政. 子曰, "先有司, 赦小過, 擧賢才." 曰, "焉知賢才而擧
중궁위계씨재 문정 자왈 선유사 사소과 거현재 왈 언지현재이거

之?" 曰, "擧爾所知, 爾所不知, 人其舍諸?"
지 왈 거이소지 이소부지 인기사저

|핵심어| 先有司 擧賢才 (선유사 거현재)
|해설| 먼저 담당자가 일처리하도록 시키고, 현명한 인재를 등용해야 한다.
좋은 사람 등용하여 일을 맡겨라.

13-3
자로가 말했다.

"위나라 군주가 선생님을 모셔다가 정치를 맡기면, 무엇을 먼저 하시겠습니까?"

공자가 말했다.

"반드시 명분을 바로잡으리라!"

자로가 말했다.

"그럴 필요가 있을까요? 선생님께서는 현실 파악이 안 된 것 같은데요! 어째서 명분을 바로잡으려고 하십니까?

공자가 말했다.

"자로야, 좀 거칠구나! 군자는 모르는 일에 대해서는 입을 다물고 있어야 한다. 명분이 바로 서지 않으면 말이 순리대로 통하지 않고, 말이 순리대로

통하지 않으면 일이 이루어지지 않는다. 일이 이루어지지 않으면 예악이 흥성하지 않고, 예악이 흥성하지 않으면 형벌이 알맞지 않으며, 형벌이 알맞지 않으면 백성이 어떻게 행동해야 할지 모르게 된다. 그러므로 군자는 명분을 세우고, 반드시 그것을 말로 할 수 있어야 하며, 말한 것은 반드시 실천할 수 있어야 한다. 군자는 명분을 밝힐 때 조금도 소홀해서는 안 된다."

子路曰, "衛君待子而爲政, 子將奚先?" 子曰, "必也正名乎!" 子路曰, "有是
자 로 왈   위 군 대 자 이 위 정   자 장 해 선   자 왈   필 야 정 명 호   자 로 왈   유 시

哉, 子之迂也! 奚其正?" 子曰, "野哉, 由也! 君子於其所不知, 蓋闕如也.
재   자 지 우 야   해 기 정   자 왈   야 재   유 야   군 자 어 기 소 부 지   개 궐 여 야

名不正則言不順, 言不順則事不成, 事不成則禮樂不興, 禮樂不興則刑罰不中,
명 부 정 즉 언 불 순   언 불 순 즉 사 불 성   사 불 성 즉 예 악 불 흥   예 악 불 흥 즉 형 벌 부 중

刑罰不中則民無所錯手足, 故君子名之必可言也, 言之必可行也. 君子於其
형 벌 부 중 즉 민 무 소 조 수 족   고 군 자 명 지 필 가 언 야   언 지 필 가 행 야   군 자 어 기

言, 無所苟而已矣."
언   무 소 구 이 이 의

|핵심어| 정명필행 (正名必行)
|해설| 명분을 바르게 하고 반드시 실천한다.
사람마다 이름에 걸맞은 분수를 확인하고 실천하라.

13-4

(제자) 번지가 농사짓는 법을 가르쳐달라고 요청했다.

공자가 말했다.

"나는 늙은 농부만 못 하다."

채소밭 가꾸는 법을 가르쳐달라고 요청했다.

공자가 말했다.

"나는 늙은 채소장이만 못 하다."

번지가 밖으로 나갔다.

공자가 말했다.

"번지는 참으로 소인이구나! 윗사람이 예의를 좋아하면 백성이 그를 공경하지 않을 리 없다. 윗사람이 도리를 잘 지키면 백성이 복종하지 않을 리 없다. 윗사람이 신의를 잘 지키면 백성이 성실하지 않을 리 없다. 이렇게 되면 세상 사람이 어린 자식을 강보에 싸 업고 몰려들 것인데, 어째서 농사를 배우려고 하는가?"

樊遲請學稼. 子曰, "吾不如老農." 請學爲圃. 曰, "吾不如老圃." 樊遲出.
번지청학가 자왈 오불여노농 청학위포 왈 오불여노포 번지출

子曰, "小人哉, 樊須也! 上好禮, 則民莫敢不敬. 上好義, 則民莫敢不服.
자왈 소인재 번수야 상호례 즉민막감불경 상호의 즉민막감불복

上好信, 則民莫敢不用情. 夫如是, 則四方之民襁負其子而至矣, 焉用稼!"
상호신 즉민막감불용정 부여시 즉사방지민강부기자이지의 언용가

| 핵심어 | 禮義信至 (예의신지)
| 해설 | 예의와 도리와 신의를 지키면 사람이 저절로 몰려온다.

농사나 채소밭, 주말 농장을 하는 것보다 더 중요한 것이 무엇인지 고민하라.

13-5

공자가 말했다.

"『시경』의 시 300편을 외우더라도, 정사를 제대로 처리하지 못하고, 다른 나라에 외교관으로 나가 혼자서 응대하지 못한다면, 많은 시를 안다고 한들 무슨 소용이 있겠는가?"

子曰, "誦詩三百, 授之以政, 不達, 使於四方, 不能專對, 雖多, 亦奚以爲?"
자왈 송시삼백 수지이정 부달 사어사방 불능전대 수다 역해이위

| 핵심어 | 誦詩政使 (송시정사)
| 해설 | 시를 공부하고 정치와 외교에 응용한다.

공부를 했으면 그만큼 응용하라.

13-6

공자가 말했다.

"자신이 바르면 법령이나 명령을 내리지 않아도 일이 행해지고, 자신이 바르지 못하면 호령을 한다 해도 따르지 않는다."

子曰, "其身正, 不令而行. 其身不正, 雖令不從."
자 왈   기 신 정 불 령 이 행   기 신 부 정   수 령 부 종

| 핵심어 | 身正令行 (신정령행)
| 해설 | 자신이 바르면 명령이 자연스럽게 행해진다.

몸을 바르게 하라.

13-7

공자가 말했다.

"노나라와 위나라의 정치는 형제처럼 비슷하다."

子曰, "魯 · 衛之政, 兄弟也."
자 왈   노   위 지 정 형 제 야

| 핵심어 | 魯衛之政 (노위지정)
| 해설 | 노나라와 위나라는 시조가 형제이므로 정치 특성이 유사하다.

유유상종!

13-8

공자가 위나라의 공자 형을 다음과 같이 평가했다.

"그는 집안의 살림을 잘 챙겼다. 처음 재물이 생기자 '이만하면 어느 정도 쓸 수 있겠다.'고 했다. 그 후에 조금 늘어나자 '이만하면 어느 정도 갖추어 졌다.'고 했다. 재물이 많이 늘어나 넉넉하게 된 후에는 '이제야 집안 살림이 아름답게 되었다.'고 말했다."

子謂衛公子荊, "善居室. 始有, 曰, '苟合矣.' 少有, 曰, '苟完矣.'
자 위 위 공 자 형　선 거 실 시 유 왈　구 합 의　소 유 왈　구 완 의

富有, 曰, '苟美矣.'"
부 유　왈　구 미 의

| 핵심어 | **善居室** (선거실)

| 해설 | 집안의 살림을 잘 챙기다.

가까운 일부터 제대로 처리하라.

13-9

공자가 위나라에 갈 때 염유가 수레를 몰았다.

공자가 말했다.

"사람이 많구나!"

염유가 말했다.

"사람이 많은데, 무엇을 더 해야 합니까?"

공자가 말했다.

"부유하게 만들어야 한다."

염유가 말했다.

"백성이 부유하게 된 다음에는 또 무엇을 해야 합니까?"

공자가 말했다.

"교화해야 한다."

子適衛, 冉有僕. 子曰, "庶矣哉!" 冉有曰, "旣庶矣, 又何加焉?"
자 적 위　염 유 복　자 왈　서 의 재　염 유 왈　기 서 의　우 하 가 언

曰, "富之." 曰, "旣富矣, 又何加焉?" 曰, "教之."
왈　부 지　왈　기 부 의　우 하 가 언　왈　교 지

| 핵심어 | **富之教之** (부지교지)

| 해설 | 백성을 부유하게 만들고 교육해야 한다.

경제적으로 부유한 것을 넘어 지성인으로 성장하라.

13-10

공자가 말했다.

"나를 등용해 준다면, 1년이면 나라를 바로잡을 수 있고, 3년이면 부강한 나라를 만들 정도가 될 것이다."*

子曰, "苟有用我者, 朞月而已可也, 三年有成."
자 왈　구 유 용 아 자　기 월 이 이 가 야　삼 년 유 성

|핵심어| 三年有成 (삼년유성)

|해설| 3년 정도 정치를 하면 부강한 나라를 이룰 수 있다.

부지런히 뛰면 올바른 정치는 금방 이루어진다.

13-11

공자가 말했다.

"'착한 사람이 100년 동안 나라를 다스리면, 잔인하고 포악한 자들을 누르고 사람을 죽이는 형벌을 쓰지 않아도 된다.'고 했는데, 진정으로 옳은 말이다."

子曰, "'善人爲邦百年, 亦可以勝殘去殺矣.' 誠哉是言也!"
자 왈　선 인 위 방 백 년　역 가 이 승 잔 거 살 의　성 재 시 언 야

|핵심어| 善人爲邦 (선인위방)

|해설| 착한 사람이 나라를 다스려야 한다.

정신이 올바른 사람을 정치지도자로 모셔라.

13-12

공자가 말했다.

"천명을 받은 왕으로서의 자격을 지닌 사람이 다스리면, 반드시 30년 후에는 아름다운 나라가 된다."

* 주자는 『사기』를 인용해 공자의 심정을 이렇게 이해한 것으로 보인다. 공자가 늘 위나라를 중심으로 천하주유를 했는데 위나라 영공이 자신을 본체만체하자 공자가 좀 화가 난 심정에서 자신의 심정을 토로한 것이다.

子曰, "如有王者, 必世而後仁."
자 왈   여 유 왕 자   필 세 이 후 인

|핵심어| 王者世仁 (왕자세인)
|해설| 왕의 자격을 지닌 사람이 다스리면 세상은 아름답게 된다.
건전한 정치지도자, 그는 누구일까?

13-13

공자가 말했다.

"몸가짐을 바르게 하면 정치에 무슨 어려움이 있겠는가? 몸가짐을 바르게
하지 못하면 어찌 다른 사람을 바르게 할 수 있겠는가?"

子曰, "苟正其身矣, 於從政乎何有? 不能正其身, 如正人何?"
자 왈   구 정 기 신 의   어 종 정 호 아 유   불 능 정 기 신   여 정 인 하

|핵심어| 能正其身 (능정기신)
|해설| 자신의 몸가짐을 바르게 한다.
자신의 몸가짐이 모든 일의 근본이다.

13-14

염유가 조정에서 퇴근했다.

공자가 말했다.

"어찌하여 이렇게 늦었는가?"

염유가 대답했다.

"정치적 문제로 논의할 것이 있었습니다."

공자가 말했다.

"그 일은 개인적인 것 아닌가? 정치적인 일이라면, 내 비록 등용되지는 않
았지만, 나도 참여하여 들었을 것이다."*

* 염유는 노나라의 권세를 전횡하던 계씨의 가신으로 조정에 근무하고 있었다. 공자가 볼 때 염유의 행위는 계
  씨의 개인적인 일을 논의한 것으로 보았을 것이다.

冉子退朝. 子曰,"何晏也?"對曰,"有政."子曰,"其事也, 如有政, 雖不吾以,
염 유 퇴 조 자 왈   하 안 야   대 왈   유 정   자 왈   기 사 야 여 유 정 수 불 오 이

吾其與聞之."
오 기 여 문 지

| 핵심어 | **有政與聞** (유정여문)
| 해설 | 정치적 문제는 함께 듣고 논의한다.
논의할 문제는 적절하게 논의하라.

13-15

(노나라) 정공이 물었다.

"한마디로 나라를 번영하게 할 수 있는 그런 말이 있습니까?"

공자가 대답했다.

"말이란 것이 그렇게 기약할 수 있는 것이 아닙니다. 사람이 전하는 말 가운데 '군주 노릇하기도 어렵고 신하 노릇하기도 쉽지 않다.'는 말이 있습니다. 군주 노릇하기가 어느 정도 어려운지를 안다면 이 한마디 말로 나라의 번영을 기대할 수 있지 않겠습니까?

정공이 말했다.

"한마디로 나라를 잃게 할 수 있는 그런 말이 있습니까?"

공자가 대답했다.

"말이란 것이 그렇게 기약할 수 있는 것이 아닙니다. 사람이 전하는 말 가운데 '나는 군주가 된 것을 즐거워하지 않지만, 말을 하면 누구도 나의 말을 어기지 못하는 것이 즐거울 뿐이다.'는 말이 있습니다. 군주의 말이 좋아 아무도 어기지 못한다면, 좋은 것 아니겠습니까? 그러나 군주의 말이 좋지 못한데 아무도 어기지 못한다면, 이 한마디 말로 나라를 잃을 것이라고 기대할 수 있지 않겠습니까?

定公問,"一言而可以興邦, 有諸?"孔子對曰,"言不可以若是, 其幾也.
정 공 문   일 언 이 가 이 흥 방 유 저   공 자 대 왈   언 불 가 이 약 시   기 기 야

人之言曰, '爲君難, 爲臣不易.' 如知爲君之難也, 不幾乎一言而興邦乎?"
인 지 언 왈   위 군 난   위 신 불 이   여 지 위 군 지 난 야   불 기 호 일 언 이 흥 방 호

曰, "一言而喪邦, 有諸?" 孔子對曰, "言不可以若是, 其幾也. 人之言曰,
왈   일 언 이 상 방 유 저   공 자 대 왈   언 불 가 이 약 시 기 기 야   인 지 언 왈

'予無樂乎爲君, 唯其言而莫予違也.' 如其善而莫之違也, 不亦善乎?
여 무 락 호 위 군   유 기 언 이 막 여 위 야   여 기 선 이 막 지 위 야   불 역 선 호

如不善而莫之違也, 不幾乎一言而喪邦乎?"
불 기 호 일 언 이 상 방 호 여 불 선 이 막 지 위 야

| 핵심어 | 爲君難 (위군난)
| 해설 | 군주 노릇하기는 상당히 어렵다.
쉬운 일이 어디에 있는가? 하기 나름이다.

13-16

(초나라 대부) 섭공이 정치에 대해 물었다.

공자가 말했다.

"가까이 있는 사람이 기뻐하고, 멀리 있는 사람이 몰려오도록 하는 것입니다."

葉公問政. 子曰, "近者說, 遠者來."
섭 공 문 정   자 왈   근 자 열   원 자 래

| 핵심어 | 近說遠來 (근열원래)
| 해설 | 가까이 있는 사람은 기뻐하고 멀리 있는 사람은 몰려온다.
사람을 끌어들여라.

13-17

자하가 거보 땅의 읍재가 된 후에 정치에 대해 물었다.

공자가 말했다.

"급히 서두르지 말고 조그마한 이익을 탐내지 마라. 급히 서두르면 도달할 수 없고 조그마한 이익을 탐내면 큰일을 이루지 못한다."

子夏爲莒父宰, 問政. 子曰, "無欲速, 無見小利. 欲速則不達, 見小利則大事
자하위거보재 문정 자왈　무욕속 무견소리 욕속즉부달 견소리즉대사

不成."
불 성

|핵심어| 小利不成 (소리불성)
|해설| 조그마한 이익을 탐내면 큰일을 이룰 수 없다.
욕심을 경계하라.

13-18
섭공이 공자에게 말했다.
"우리 마을에 정직하게 행동하는 사람이 있는데, 아버지가 양을 훔치자
아들이 그것을 증언했습니다."
공자가 말했다.
"우리 마을에서 말하는 정직한 사람은 이와 다릅니다. 아버지는 아들의
죄를 숨겨주고 아들은 아버지의 죄를 숨깁니다. 정직함은 그 가운데 있습니
다."

葉公語孔子曰, "吾黨有直躬者, 其父攘羊, 而子證之." 孔子曰, 吾黨之直者異
섭 공 어 공 자 왈　오 당 유 직 궁 자 기 부 양 양 　이 자 증 지　 공 자 왈　오 당 지 직 자 이

於是. 父爲子隱, 子爲父隱, 直在其中矣.
어 시　부 위 자 은 　자 위 부 은 　직 재 기 중 의

|핵심어| 父爲子隱 子爲父隱 (부위자은 자위부은)
|해설| 부모는 자식의 죄를 숨겨주고 자식은 부모의 죄를 숨긴다.
무엇이 원칙인가! 피는 물보다 진한가?

13-19
번지가 인에 대해 물었다.
공자가 말했다.
"일상의 행동거지를 공손하게 하고, 일을 할 때는 집중하고, 다른 사람과 교

류할 때는 충실해야 한다. 오랑캐 땅에 가더라도 이를 포기해서는 안 된다."

樊遲問仁. 子曰, "居處恭, 執事敬, 與人忠. 雖之夷狄, 不可棄也."
번 지 문 인   자 왈   거 처 공   집 사 경   여 인 충   수 지 이 적   불 가 기 야

|핵심어| 恭敬忠不棄 (공경충불기)
|해설| 공손하고 집중하고 충실한 태도를 삶에서 포기해서는 안 된다.
사람다운 삶을 고민하라.

13-20
자공이 물었다.

"어떻게 해야 사 계급으로서 관료 역할을 다한다고 할 수 있습니까?"

공자가 말했다.

"자신의 언행에 부끄러움을 느낄 줄 알아야 한다. 다른 나라에 외교 사절로 가면 위임받은 사명을 욕되지 않게 해야 한다. 그래야 관료라고 할 수 있다."

자공이 말했다.

"감히 묻겠습니다. 그다음 수준의 관리는 어떻습니까?"

공자가 말했다.

"친척들이 효성스럽다고 칭찬하고 동네 사람이 공손하다고 칭찬하는 사람이다."

자공이 말했다.

"감히 묻겠습니다. 다음 수준의 하급 관리는 어떻습니까?"

공자가 말했다.

"말을 하면 반드시 신의를 지켜 행하고, 행하면 반드시 성과를 거두는 사람이다. 딱딱하고 융통성이 없는 듯이 보여 속이 좁은 사람 같지만, 그래도 관리로서 행정가 역할을 잘할 수 있다."

자공이 말했다.

"요즘 하급 관리들, 행정가의 수준은 어떻습니까?"

공자가 말했다.

"아! 비천하고 자질구레한 사람에 대해 무엇을 논의하겠는가?"*

子貢問曰, "何如斯可謂之士矣?" 子曰, "行己有恥, 使於四方, 不辱君命,
자공문왈   하여사가위지사의   자왈   행기유치   사어사방   불욕군명

可謂士矣." 曰, "敢問其次." 曰, "宗族稱孝焉, 鄉黨稱弟焉." 曰, "敢問其次."
가위사의 왈 감문기차 왈   종족칭효언   향당칭제언   왈   감문기차

曰, "言必信, 行必果, 硜硜然小人哉! 抑亦可以爲次矣." 曰, "今之從政者何
왈   언필신   행필과   갱갱연소인재   억역가이위차의   왈   금지종정자하

如?" 子曰, "噫! 斗筲之人, 何足算也?"
여   자왈   희   두소지인   하족산야

|핵심어| 行己有恥 (행기유치)

|해설| 자신의 언행에 부끄러움을 느낄 줄 알아야 한다.

자신의 사명에 비추어 행동을 돌아보라.

13-21

공자가 말했다.

"알맞게 올바른 도리를 행하는 사람과 함께할 수 없다면, 차라리 지나치게 뜻이 높은 사람이나 무식하지만 고집스러운 사람과 함께하겠다! 뜻이 높은 사람은 진취적이고 고집스러운 사람은 나쁘다고 판단되면 행하지 않는다."

子曰, "不得中行而與之, 必也狂·狷乎! 狂者進取, 狷者有所不爲也."
자왈   부득중행이여지   필야광   견호   광자진취   견자유소불위야

|핵심어| 中行與之 (중행여지)

|해설| 알맞게 올바른 도리를 행하는 사람과 함께한다.

상황에 맞추었는지 확인하라.

---

* 중국 고대에 하급 관리는 통칭 사 계급으로 불렸다. 이들은 위로는 공·경·대부를 모시고 밑으로는 서민들을 보살펴야 하는 중요한 중간관리의 역할을 맡고 있었다.

13-22

공자가 말했다.

"남쪽 나라 사람의 말에, '사람으로서 항상 믿고 변하지 않는 마음이 없으면, 무당이나 의원과 같은 사람도 그를 위해 빌거나 약을 처방해 줄 수 없다.'고 했는데, 옳은 말이다! 도덕을 지키지 않고 이랬다저랬다 하면 수치를 초래하고 창피를 당할 수 있다."

공자가 말했다.

"그런 일은 점을 쳐서 해결할 필요가 없다."

子曰, "南人有言曰, '人而無恒, 不可以作巫醫.' 善夫!" "不恒其德, 或承之
자 왈   남 인 유 언 왈   인 이 무 항   불 가 이 작 무 의   선 부   불 항 기 덕   혹 승 지

羞." 子曰, "不占而已矣."
수   자 왈   부 점 이 이 의

| 핵심어 | 人恒其德 (인항기덕)
| 해설 | 사람은 항상 훌륭한 덕성을 지녀야 한다.
믿고 변하지 않는 마음을 함양하라.

13-23

공자가 말했다.

"군자는 화합하되 한 패거리가 되지는 않는다. 소인은 한 패거리를 이루며 화합하지 않는다."

子曰, "君子和而不同, 小人同而不和."
자 왈   군 자 화 이 부 동   소 인 동 이 불 화

| 핵심어 | 和而不同 (화이부동)
| 해설 | 화합하되 한 패거리가 되지는 않는다.
주체성을 지니되 함께하라.

13-24

자공이 물었다.

"마을 사람이 모두 좋아하면 어떻습니까?"

공자가 말했다.

"좋다고만 할 수는 없다."

"마을 사람이 모두 싫어하면 어떻습니까?"

공자가 말했다.

"싫다고만 할 수는 없다. 마을 사람 가운데 착한 사람은 그것을 좋아하고, 착하지 않은 사람이 그것을 싫어하는 것만 같지 못하다."

子貢問曰, "鄕人皆好之, 何如?" 子曰, "未可也." "鄕人皆惡之, 何如?"
자공문왈   향인개호지 하여   자왈   미가야   향인개오지 하여

子曰, "未可也. 不如鄕人之善者好之, 其不善者惡之."
자왈   미가야 불여향인지선자호지 기불선자오지

| 핵심어 | **皆好惡之** (개호오지)
| 해설 | 모든 사람이 좋아하고 싫어하는 것에 대해 신중하게 생각하다.
일방적인 것에 대해 다시 생각하라.

13-25

공자가 말했다.

"군자는 모시기는 쉬우나 기쁘게 하기는 어렵다. 올바른 도리가 아닌 것으로 접근하면 기뻐하지 않는다. 사람에게 일을 시킬 때는 능력과 기량에 맞게 부리고 쓴다. 소인은 모시기는 어려워도 기쁘게 하기는 쉽다. 올바른 도리가 아닌 것으로 접근해도 기뻐한다. 사람에게 일을 시킬 때도 한 사람에게 모든 재주가 갖춰지기를 바란다."

子曰, "君子易事而難說也. 說之不以道, 不說也. 及其使人也, 器之. 小人難
자왈   군자이사이난열야 열지부이도 불열야 급기사인야 기지 소인난

事而易說也. 說之雖不以道, 說也. 及其使人也, 求備焉."
사 이 이 열 야   열 지 수 불 이 도   열 야   급 기 사 인 야   구 비 언

|핵심어| 使人器之 (사인기지)

|해설| 일을 시킬 때 능력과 기량에 맞게 부린다.

사람의 능력을 살펴라.

13-26

공자가 말했다.

"군자는 차분하면서 교만하지 않다. 소인은 교만할 뿐 차분하지 못하다."

子曰, "君子泰而不驕, 小人驕而不泰."
자 왈   군 자 태 이 불 교   소 인 교 이 불 태

|핵심어| 泰而不驕 (태이불교)

|해설| 차분하면서 교만하지 않다.

군자와 소인의 행동을 통해 사람을 분별하라.

13-27

공자가 말했다.

"굳세고 과감하고 소박하고 신중한 사람이 높은 도덕성을 지닐 가능성이 높다."

子曰, "剛·毅·木·訥近仁."
자 왈   강   의   목   눌 근 인

|핵심어| 剛毅木訥 (강의목눌)

|해설| 굳세고 과감하고 소박하고 신중한 사람이 중요하다.

행위는 무엇으로 지속되는가?

13-28

자로가 물었다.

"어떻게 해야 실무행정가라고 할 수 있습니까?"

공자가 말했다.

"착한 행동을 하도록 간절하게 권장하고, 잘못을 고치도록 애쓰며, 화목하게 즐길 수 있으면, 실무행정가라 할 만하다. 친구 사이에는 착한 행동을 권장하고 잘못을 고치도록 애쓰고 형제자매 간에는 화목하게 즐겨야 한다."

子路問曰, "何如斯可謂之士矣?" 子曰, "切切偲偲, 怡怡如也, 可謂士矣.
자 로 문 왈   하 여 사 가 위 지 사 의   자 왈   절 절 시 시   이 이 여 야   가 위 사 의

朋友切切偲偲, 兄弟怡怡."
붕 우 절 절 시 시   형 제 이 이

| 핵심어 | 切偲怡怡 (절시이이)
| 해설 | 착한 행동을 권장하고 잘못을 고치도록 애쓰며, 화목하게 즐긴다.
공무원들을 눈여겨 볼 필요가 있다. 착한 행동을 권하라. 잘못을 고쳐라.

13-29
공자가 말했다.

"착한 사람이 7년 정도 백성을 교육하면 그 백성을 전쟁터에 나가 싸우게 할 수 있다."

子曰, "善人敎民七年, 亦可以卽戎矣."
자 왈   선 인 교 민 칠 년   역 가 이 즉 융 의

| 핵심어 | 敎民七年 (교민칠년)
| 해설 | 7년 정도 가르치면 쓸 만한 백성이 된다.
교육에는 시간이 소요된다!

13-30
공자가 말했다.

"백성을 제대로 가르치지 않고 싸우게 하면 이는 그 백성을 포기하는 것이 된다."

子曰, "以不敎民戰, 是謂棄之."
자 왈 이 불 교 민 전 시 위 기 지

|핵심어| **不敎棄之** (불교기지)

|해설| 백성을 교육하지 않는 일은 그들을 버리는 짓이다.

가르쳐서 가꾸어라.

헌문

14

14-1

원헌*이 수치스런 일에 대해 물었다.

공자가 말했다.

"나라가 안정되었을 때는 봉급을 받는다. 그런데 나라가 혼란스러운데 봉급을 받는 것은 수치스런 일이다."

憲問恥. 子曰, "邦有道, 穀. 邦無道, 穀, 恥也."
헌 문 치   자 왈   방 유 도   곡   방 무 도   곡   치 야

| **핵심어** | **無道穀恥** (무도곡치)

| **해설** | 나라가 혼란스러운데 봉급을 받는 것은 수치다.

때에 맞게 처신하라.

14-2

"남에게 이기기를 좋아하고, 자기의 공을 내세워 자랑하며, 남을 원망하고, 탐욕을 부리는 일을 하지 않으면 사람을 사람답다고 할 수 있습니까?"

공자가 말했다.

---

* 공자의 제자로 성은 원(原), 이름은 헌(憲)이며, 자는 자사이다. 「옹야」편에서는 원사(原思)로 나온다.

"그렇게 하기는 무척 어렵다. 그렇게 한다고 사람다운지는 잘 모르겠다."

"克·伐·怨·欲不行焉, 可以爲仁矣?" 子曰, "可以爲難矣, 仁則吾不知也."
극 벌 원 욕불행언 가이위인의 자왈 가이위난의 인즉오부지야

|핵심어| 克伐怨欲 (극벌원욕)
|해설| 남을 이기고 자기 공을 내세우고 남을 원망하고 탐욕을 부린다.
자신을 낮추고 조심하라.

14-3
공자가 말했다.
"관리가 편안하기를 바란다면 참다운 관리라고 할 수 없다."

子曰, "士而懷居, 不足以爲士矣."
자왈   사이회거 부족이위사의

|핵심어| 懷居不足 (회거부족)
|해설| 편하게 있기를 바라는 것은 바람직하지 않다.
바빠야 산다.

14-4
공자가 말했다.
"나라가 안정되어 잘 다스려질 때는 언행이 도리에 맞지만, 나라가 혼란
스러울 때는 도리에 따라 행동하되 말은 겸손해야 한다."

子曰, "邦有道, 危言危行. 邦無道, 危行言孫."
자왈 방유도 위언위행 방무도 위행언손

|핵심어| 言行危孫 (언행위손)
|해설| 언행이 도리에 맞아야 하고 겸손해야 한다.
언행을 조심하라.

14-5

공자가 말했다.

"도덕성을 지닌 사람은 반드시 좋은 말을 한다. 좋은 말을 하는 사람이 반드시 도덕성을 지닌 것은 아니다. 사람을 사랑하는 사람은 반드시 용감하게 행동한다. 용감하게 행동한다고 해서 반드시 사람을 사랑하는 것은 아니다."

子曰, "有德者必有言, 有言者不必有德. 仁者必有勇, 勇者不必有仁."
자 왈   유 덕 자 필 유 언 유 언 자 불 필 유 덕 인 자 필 유 용 용 자 불 필 유 인

|핵심어| 德者有言 (덕자유언)
|해설| 도덕성을 지닌 사람은 좋은 말을 한다.
도덕과 사랑을 나누어라.

14-6

남궁괄*이 공자에게 물었다.

"예**는 활쏘기를 잘했고, 오***는 육지에서 배를 끌고 올 만큼 힘이 셌지만, 둘 다 제 명에 죽지 못했습니다. 우임금과 후직은 직접 농사를 지으며 일을 했으나 나중에 천하를 얻었습니다."

공자가 대답하지 않았다.

남궁괄이 나가자 공자가 말했다.

"저런 사람이 군자다! 저런 사람이 도덕성을 존중하는 분이다!"

南宮适問於孔子曰, "羿善射, 奡盪舟, 俱不得其死然. 禹 · 稷躬稼而有天下."
남 궁 괄 문 어 공 자 왈   예 선 사 오 탕 주 구 부 득 기 사 연 우 직 궁 가 이 유 천 하

夫子不答. 南宮适出, 子曰, "君子哉若人! 尙德哉若人!"
부 자 부 답 남 궁 괄 출 자 왈   군 자 재 약 인 상 덕 재 약 인

|핵심어| 躬稼有天下 (궁가유천하)

---

* 남궁괄은 노나라 대부이다.
** 예는 유궁나라의 임금인데, 하나라 임금인 상을 치고 임금자리를 빼앗았다.
*** 오는 한착의 아들인데, 한착은 예를 죽이고 임금자리에 올랐다.

|해설| 직접 농사를 지으며 일을 했지만 나중에 천하를 얻었다.

사람다운 사람이라면 무엇을 하건 지도자로서의 자질이 있다.

14-7

공자가 말했다.

"군자이면서도 사람을 사랑하지 못하는 경우가 있다. 소인이면서 사람을 사랑하는 경우는 없다."

子曰, "君子而不仁者有矣夫, 未有小人而仁者也."
자 왈   군 자 이 불 인 자 유 의 부   부 유 소 인 이 인 자 야

|핵심어| 君子仁者 (군자인자)

|해설| 군자는 사람을 사랑하는 사람이다.

군자도 실수할 수 있다.

14-8

공자가 말했다.

"사랑하는 사람이라고 해서 힘든 일을 안 시킬 수 있겠는가? 충실하다고 해서 가르치지 않을 수 있겠는가?"

子曰, "愛之, 能勿勞乎? 忠焉, 能勿誨乎?"
자 왈   애 지   능 물 노 호   충 언   능 물 회 호

|핵심어| 愛勞忠誨 (애노충회)

|해설| 사랑하는 사람도 힘든 일을 시키고 충실한 사람도 가르쳐야 한다.

아끼는 사람일수록 고충을 주라.

14-9

공자가 말했다.

"외교 문서를 작성할 때, 정나라에서는 비심이 초고를 만들고, 세숙이 내용을 검토하고, 외교관인 자우가 문장을 수정하고, 동리에 살던 자산이 글을

아름답게 다듬었다."*

子曰, "爲命, 裨諶草創之, 世叔討論之, 行人子羽修飾之, 東里子產潤色之."
자왈　위명 비심초창지 세숙토론지 행인자우수식지 동리자산윤색지

| 핵심어 | **草創潤色** (초창윤색)
| 해설 | 초고를 만든 후 계속 검토하여 아름다운 글로 만든다.
완결될 때까지 검토하라.

14-10

어떤 사람이 정나라 자산에 대해 물었다.

공자가 말했다.

"자산은 은혜를 베푸는 사람이다."

초나라 자서에 대해 물었다.

공자가 말했다.

"그저 그런 사람이다."

제나라 관중에 대해 물었다.

공자가 말했다.

"정치에 뛰어난 사람이다. 자산은 백씨가 소유했던 병읍의 300호를 몰수했다. 백씨는 거친 음식을 먹으며 빈궁하게 살다가 죽었지만, 관중을 원망하는 말을 하지 못했다."

或問子產. 子曰, "惠人也." 問子西. 曰, "彼哉! 彼哉!" 問管仲. 曰, "人也. 奪
혹문자산 자왈　혜인야　문자서 왈　피재 피재　문관중 왈　인야 탈

伯氏騈邑三百, 飯疏食, 沒齒無怨言."
백씨병읍삼백 반소사　몰치무원언

| 핵심어 | **無怨言** (무원언)
| 해설 | 원망하는 말은 하지 않는다.
사람을 원망하지 마라.

* 비심, 세숙, 자우, 자산은 모두 정나라의 대부로 당시 최고의 지식인이었다.

14-11

공자가 말했다.

"가난하면서 원망하지 않기는 어렵지만, 부자로 살면서 교만하지 않기는
쉽다."

子曰, "貧而無怨, 難, 富而無驕, 易."
자왈　빈이무원　난　부이무교　이

|핵심어| 富而無驕 (부이무교)
|해설| 부자로 살면서 교만하지 않다.
가난해도 원망하지 마라.

14-12

공자가 말했다.

"노나라 대부 맹공작은 조나라나 위나라와 같은 지역의 가신 노릇을 하면
잘할 것이다. 등나라나 설나라와 같은 작은 지역의 대부가 되면 잘 다스릴
수가 없을 것이다."

子曰, "孟公綽爲趙 · 魏老則優, 不可以爲滕 · 薛大夫."
자왈　맹공작위조　위노즉우　불가이위등　설대부

|핵심어| 孟公綽有德 (맹공작유덕)
|해설| 맹공작은 도덕성을 지닌 사람이다.
맹공작은 공자도 칭찬한 사람이다.

14-13

자로가 인격이 완성된 사람에 대해 물었다.

공자가 말했다.

"장무중 같은 지혜, 맹공작 같은 청렴, 변장자 같은 용기, 염구 같은 재주를
갖추고, 예악으로 문화를 가꾸어 간다면, 완성된 사람이라고 할 수 있다."*

공자가 말했다.

"오늘날의 인격이 완성된 사람은 어찌 반드시 그러하겠는가? 이득을 보게 되면 올바른 것인지를 생각하고, 위태로운 일을 당하게 되면 목숨을 아끼지 않으며, 오래전에 맺은 약속일지라도 평소 그 말을 잊지 않으면, 인격이 완성된 사람이라 할 수 있다."

子路問成人. 子曰, "若臧武仲之知, 公綽之不欲, 卞莊子之勇, 冉求之藝,
자로문성인 자왈 약장무중지지 공작지불욕 변장자지용 염구지예

文之以禮樂, 亦可以爲成人矣." 曰, "今之成人者何必然? 見利思義, 見危授
문지이예악 역가이위성인의 왈 금지성인자하필연 견리사의 견위수

命, 久要不忘平生之言, 亦可以爲成人矣."
명 구요불망평생지언 역가이위성인의

|핵심어| 見利思義 (견리사의)

|해설| 이득을 보게 되면 올바른 것인지를 생각해야 한다.

이익보다는 정의를 고민하라.

14-14

공자가 공명가에게 공숙문자**가 어떤 사람인지 물었다.

"정말입니까, 공숙문자는 말이 없고 웃지도 않으며 재물을 함부로 취하지 않습니까?"

공명가가 대답했다.

"말을 전한 사람이 지나친 것 같습니다. 공숙문자는 말을 해야 할 때 말을 하므로 사람이 그의 말을 싫어하지 않았습니다. 즐거울 때 웃으므로 사람이 그의 웃음을 싫어하지 않았습니다. 올바르다는 것을 안 뒤에 취했으므로 사람이 그가 취하는 것을 싫어하지 않았습니다."

공자가 말했다.

"그랬을까? 진정으로 그랬을까?"

---

* 장무중, 맹공작, 변장자는 노나라 대부로 공자가 칭찬한 인물들이다.
** 공명가와 공숙문자는 위나라 사람이다. 공숙문자는 청렴하고 성품이 온화한 사람으로 당시 사람에게 존경받는 인물이었다.

子問公叔文子於公明賈曰, "信乎, 夫子不言不笑不取乎?" 公明賈對曰, "以
자문공숙문자어공명가왈　신호　부자불언불소불취호　공명가대왈　이

告者過也. 夫子時然後言, 人不厭其言. 樂然後笑, 人不厭其笑. 義然後取,
고자과야　부자시연후언　인불염기언　락연후소　인불염기소　의연후취

人不厭其取." 子曰, "其然? 豈其然乎?"
인불염기취　자왈　기연　기기연호

| 핵심어 | **時然後言** (시연후언)

| 해설 | 말을 해야 할 때 말한다.

때에 맞게 살아라.

14-15

공자가 말했다.

"(노나라 대부) 장무중이 방읍을 거점으로 후계자를 세우겠다고 노나라에
요청했는데, 군주에게 강요하지는 않았다고 하지만, 나는 그렇게 믿지 않는
다."

子曰, "臧武仲以防求爲後於魯, 雖曰不要君, 吾不信也."
자왈　장무중이방구위후어노　수왈불요군　오불신야

| 핵심어 | **臧武仲要** (장무중요)

| 해설 | 장무중이 후계자를 요구하다.

강요하지 마라.

14-16

공자가 말했다.

"진나라 문공은 속임수를 쓰고 올바른 방법을 쓰지 않았다. 제나라 환공
은 올바른 방법을 쓰고 속임수를 쓰지 않았다."

子曰, "晋文公譎而不正, 齊桓公正而不譎."
자왈　진문공휼이부정　제환공정이불휼

| 핵심어 | **正而不譎** (정이불휼)

|해설| 올바른 방법을 쓰고 속임수를 쓰지 않는다.

속이지 마라.

14-17

자로가 말했다.

"환공이 공자 규를 죽이자, 소홀은 규를 따라 죽었고 관중은 죽지 않았습니다."*

또 말했다.

"관중은 사람답지 않은 사람 아닙니까?"

공자가 말했다.

"환공이 제후들을 규합할 때 무력을 쓰지 않았는데, 이는 관중의 힘 때문이었다. 이 정도면 괜찮은 사람 같은데, 괜찮은 사람 같다."

子路曰, "桓公殺公子糾, 召忽死之, 管仲不死." 曰, "未仁乎?" 子曰, "桓公九
자 로 왈   환 공 살 공 자 규   소 홀 사 지   관 중 불 사   왈   미 인 호   자 왈   환 공 구

合諸侯, 不以兵車, 管仲之力也. 如其仁, 如其仁."
합 제 후   불 이 병 거   관 중 지 력 야   여 기 인   여 기 인

|핵심어| 不以兵車 (불이병거)

|해설| 군대를 동원하여 무력을 쓰지 않는다.

폭력을 쓰지 마라.

14-18

자공이 말했다.

"관중은 사람을 사랑하는 사람이 아닙니다. 환공이 공자 규를 죽였는데, 규를 따라 죽지 않았을 뿐만 아니라 환공을 돕기까지 했습니다."

공자가 말했다.

---

* 규와 소백은 제나라 양공의 자식들이었다. 그 둘은 당시 심각한 왕위 계승 싸움을 벌였다. 소백이 왕위에 올라 형인 규를 죽였다. 가신인 소홀은 규를 따라 죽었고 관중은 따라 죽지 않고 환공(소백)을 도와 제나라를 부강하게 만들었다.

"관중은 환공을 도와 제후 가운데 패자가 되게 하여 세상을 바로잡는 데 기여하여, 백성이 오늘날에 이르기까지 그 혜택을 받고 있다. 관중이 아니었다면, 우리는 머리를 풀어 헤치고 오랑캐처럼 옷섶을 왼쪽으로 여미었을 것이다. 관중의 업적이 어찌 보잘것없는 일반 사람이 하찮은 신의를 지킨다고 스스로 개천에서 목매어 죽어도 아무도 알지 못하는 것과 같겠는가?"

子貢曰, "管仲非仁者與? 桓公殺公子糾, 不能死, 又相之." 子曰, "管仲相桓
자공왈　관중비인자여　환공살공자규　불능사　우상지　자왈　관중상환

公, 覇諸侯, 一匡天下, 民到于今受其賜. 微管仲, 吾其被髮左衽矣. 豈若匹夫
공　패제후　일광천하　민도우금수기사　미관중　오기피발좌임의　기약필부

匹婦之爲諒也, 自經於溝瀆而莫之知也?"
필부지위량야　자경이구독이막지지야

| 핵심어 | 今受其賜 (금수기사)
| 해설 | 오늘날까지 그 혜택을 받고 있다.
사람에 대한 평가는 냉정하게 하라.

14-19

공숙문자의 가신인 대부 선이 공숙문자와 같이 조정의 신하가 되었다.
공자가 그 말을 듣고 말했다.
"시호를 문*이라고 할 만하다."

公叔文子之臣大夫僎與文子同升諸公. 子聞之, 曰, "可以爲文矣."
공숙문자지신대부선여문자동승저공　자문지　왈　가이위문의

| 핵심어 | 同升諸公 (동승저공)
| 해설 | 함께 조정에 등용되다.
공숙문자는 존중할 만한 인물

14-20

공자가 위나라 영공이 정치를 그르치는 일에 대해 말하자, 계강자가 말했다.
"이와 같은데 어찌 그 자리를 잃지 않습니까?"

공자가 말했다.

"중숙어가 사신들을 접대하여 외교를 잘하고, 축타가 종묘를 잘 관리하여 선조들의 보호를 받으며, 왕손가가 군대를 잘 다스리고 통솔하여 국방을 튼튼히 했습니다. 이와 같으니 어찌 그 자리를 잃겠습니까?"**

子言衛靈公之無道也, 康子曰, "夫如是, 奚而不喪?" 孔子曰,
자 언 위 령 공 지 무 도 야   강 자 왈   부 여 시   해 이 불 상   공 자 왈

"仲叔圉治賓客, 祝駝治宗廟, 王孫賈治軍旅. 夫如是, 奚其喪?"
중 숙 어 치 빈 객   축 타 치 종 묘   왕 손 가 치 군 려   부 여 시   해 기 상

|핵심어| **賓客軍旅** (빈객군려)
|해설| 외교관 접대에서 군대까지 잘 다스리면 나라가 안정된다.

참모를 잘 둬야 한다.

14-21

공자가 말했다.

"함부로 말하고도 부끄럽게 여기지 않는다면, 그 말을 실천하기 어렵다."

子曰, "其言之不怍, 則爲之也難."
자 왈   기 언 지 부 작   즉 위 지 야 난

|핵심어| **不怍爲難** (부작위난)
|해설| 부끄럽게 여기지 않는다면 제대로 실천하기 어렵다.

부끄러워할 줄 알아라.

14-22

진성자***가 간공을 시해했다. 공자가 목욕재계하고 조정에 나아가 노나라 애공에게 아뢰었다.

---

　* 이 장에서 의미하는 '문'이란 도리에 맞으면서도 문화적으로 아름다운 빛을 낼 만하다는 뜻이다.
　** 중숙어는 『논어』 5편 「공야장」에서 나온 위나라 대부 공문자를 말한다. 축타와 왕손가는 위나라의 가신이다.
*** 진성자는 제나라 대부인 진항을 말한다. 원래 초나라에 멸망당한 진나라 사람이었지만, 제나라로 와서 권력을 얻으면서 성을 '진'으로 고쳤다. 제나라에서 간공을 시해한 후, 간공의 동생인 평공을 임금 자리에 앉히고 전횡을 행하였다.

"진항이 자기 군주를 시해했으니, 그를 토벌하십시오."

애공이 말했다.

"맹손, 숙손, 계손, 세 가문에게 말하시오."

공자가 말했다.

"나도 대부의 자리에 있었기 때문에 감히 말씀드리지 않을 수 없어 아뢰었다. 군주가 '저 세 가문에게 말하라.'고 한다."

세 가문에게 말했으나 안 된다고 했다.

공자가 말했다.

"나도 대부의 자리에 있었기 때문에 감히 말씀드리지 않을 수 없어 말했다."

陳成子弑簡公. 孔子沐浴而朝, 告於哀公曰, "陳恒弑其君, 請討之." 公曰, "告
진성자시간공 공자목욕이조 고어애공왈 진항시기군 청토지 공왈 고

夫三子." 孔子曰, "以吾從大夫之後, 不敢不告也. 君曰 '告夫三子'者." 之三
부삼자 공자왈 이오종대부지후 불감불고야 군왈 고부삼자 자 지삼

子告, 不可. 孔子曰, "以吾從大夫之後, 不敢不告也."
자고 불가 공자왈 이오종대부지후 불감불고야

| 핵심어 | 不敢不告 (불감불고)

| 해설 | 감히 알리지 않을 수 없다.

불의를 참아서는 안 된다.

14-23

자로가 군주를 섬기는 일에 대해 물었다.

공자가 말했다.

"속이지 말고 앞에서도 충실하게 간언하라."

子路問事君. 子曰, "勿欺也, 而犯之."
자로문사군 자왈 물기야 이범지

| 핵심어 | 勿欺而犯 (물기이범)

|해설| 속이지 말고 앞에서도 간언하라.
면전에서도 간언하라.

14-24
공자가 말했다.
"군자는 위로 가서 도달하고 소인은 아래로 추락한다."

子曰, "君子上達, 小人下達."
자 왈   군자상달   소인하달

|핵심어| 上達下達 (상달하달)
|해설| 위로 도달하거나 아래로 추락한다.
자신의 위치에 맞게 공부하라.

14-25
공자가 말했다.
"옛날의 학자들은 자기 수양을 위해 공부했으나 요즘의 학자들은 남에게
보이기 위해 공부한다."

子曰, "古之學者爲己, 今之學者爲人."
자 왈   고지학자위기   금지학자위인

|핵심어| 爲己爲人 (위기위인)
|해설| 자기 수양을 위한 공부도 있고 남에게 보여주기 위한 공부도 있다.
남에게 보여주기 위한 형식적인 공부에 주의하라.

14-26
거백옥*이 공자에게 사람을 보냈다.
공자가 그 사람에게 자리에 앉기를 권하며 말했다.
"대부 어른께서는 무엇을 하며 지내십니까?"

* 거백옥은 공자가 위나라에 갔을 때, 숙식을 제공하며 공자에게 많은 도움을 준 인물이다.

그 사람이 대답했다.

"어른께서는 잘못을 줄이려고 애쓰고 계십니다만 잘되지 않는 듯합니다."

그 사람이 돌아간 후, 공자가 말했다.

"훌륭한 심부름꾼이야! 훌륭한 심부름꾼이야!"

蘧伯玉使人於孔子. 孔子與之坐而問焉, 曰, "夫子何爲?" 對曰, "夫子欲寡其
거 백 옥 사 인 어 공 자　공 자 여 지 좌 이 문 언　왈　　부 자 하 위　　대 왈　부 자 욕 과 기

過而未能也." 使者出. 子曰, "使乎! 使乎!"
과 이 미 능 야　　사 자 출　자 왈　사 호　　사 호

| 핵심어 | **欲寡其過** (욕과기과)

| 해설 | 잘못을 줄이려고 애쓰다.

과오를 최소화하라.

14-27

공자가 말했다.

"그 자리에 있지 않은 사람은 그 정사에 대해 논의하지 않는다."

子曰, "不在其位, 不謀其政."
자 왈　부 재 기 위　불 모 기 정

| 핵심어 | **不謀其政** (불모기정)

| 해설 | 그 정사에 대해 논의하지 않는다.

본분을 지켜라.

14-28

증자가 말했다.

"군자는 생각이 자기 자리나 지위를 벗어나지 않는다."

曾子曰, "君子思不出其位."
증 자 왈　군 자 사 불 출 기 위

| 핵심어 | **不出其位** (불출기위)

|해설| 언행이 그의 자리에서 벗어나지 않는다.

자신의 자리와 본분을 분명하게 파악하라.

14-29

공자가 말했다.

"군자는 자신의 말이 행실보다 지나친 것을 부끄럽게 여긴다."

子曰, "君子恥其言而過其行."
자 왈   군 자 치 기 언 이 과 기 행

|핵심어| **恥言過行** (치언과행)

|해설| 말이 행실보다 지나친 것을 부끄럽게 여기다.

말을 앞세우지 마라.

14-30

공자가 말했다.

"군자의 길에 세 가지가 있으나 나는 능숙한 것이 없다. 사람을 사랑하는 사람은 근심하지 않고, 지혜로운 사람은 미혹되지 않으며, 용기 있는 사람은 두려워하지 않는다."

자공이 말했다.

"선생님께서 스스로를 가리켜 말씀하신 것이다."

子曰, "君子道者三, 我無能焉. 仁者不憂, 知者不惑, 勇者不懼."
자 왈   군 자 도 자 삼 아 무 능 언 인 자 불 우 지 자 불 혹 용 자 불 구

子貢曰, "夫子自道也."
자 공 왈   부 자 자 도 야

|핵심어| **道三仁知勇** (도삼인지용)

|해설| 사람의 길은 인과 지와 용, 세 가지다.

인간의 길을 정상적으로 가는 사람은 근심과 미혹과 두려움이 없다.

14-31

자공이 사람을 비교하며 평가를 했다.

공자가 말했다.

"자공아, 그게 현명한 것이냐? 나는 그렇게 할 겨를이 없다."

子貢方人. 子曰, "賜也賢乎哉? 夫我則不暇."
자 공 방 인   자 왈   사 야 현 호 재   부 아 즉 불 가

| 핵심어 | **方人不暇** (방인불가)

| 해설 | 사람을 비교하며 평가할 겨를이 없다.

남에 대한 관심도 중요하지만, 자신부터 열심히 돌아보라.

14-32

공자가 말했다.

"다른 사람이 자기를 알아주지 않음을 걱정하지 말고, 나에게 능력이 없음을 걱정하라."

子曰, "不患人之不己知, 患其不能也."
자 왈   불 환 인 지 불 기 지   환 기 불 능 야

| 핵심어 | **患其不能** (환기불능)

| 해설 | 능력이 없음을 걱정하다.

허세가 아니라 실력을 갖추자.

14-33

공자가 말했다.

"다른 사람이 나를 속일까 미리 넘겨짚지 말고, 다른 사람이 나를 믿지 않을까 억지 추측하지 말며, 다른 사람보다 먼저 깨닫는 사람이 현명하다!"

子曰, 不逆詐, 不億不信, 抑亦先覺者, 是賢乎
자 왈   불 역 사   불 억 불 신   억 역 선 각 자   시 현 호

| 해설 | 먼저 깨닫는 사람이 똑똑한 사람이다.

남보다 먼저 깨달아라.

14-34

미생무*가 공자를 평가하며 말했다.

"공구는 어째서 이렇게 세상에 미련을 두고 오락가락하는가? 말재주나 부리는 것은 아닌가?"

공자가 말했다.

"감히 말재주나 부리려는 것은 결코 아닙니다. 병들고 구태의연한 세상을 고쳐보려고 합니다."

微生畝謂孔子曰, "丘何爲是栖栖者與? 無乃爲佞乎?
미 생 무 위 공 자 왈   구 하 위 시 서 서 자 여   무 내 위 녕 호

孔子曰, 非敢爲佞也, 疾固也."
공 자 왈   비 감 위 녕 야   질 고 야

| 핵심어 | **非敢爲佞** (비감위녕)
| 해설 | 감히 말재주나 부리려는 것은 아니다.

행동으로 실천하며 뚜벅뚜벅 걸어가라. 세상을 구제하기 위해!

14-35

공자가 말했다.

"기주의 말을 명마라고 하는 이유는 힘이 좋아서가 아니라 조련이 잘되었기 때문이다."

子曰, "驥不稱其力, 稱其德也."
자 왈   기 불 칭 기 력   칭 기 덕 야

| 핵심어 | **不稱其力** (불칭기력)

* 미생무는 공자가 살아 있을 당시의 은자(隱者)로 추측된다.

그 물건이 얼마나 잘 쓰일지를 용도에 맞게 고민하라.

14-36

어떤 사람이 말했다.

"덕을 베풀어 원한을 갚는 것은 어떻습니까?"

공자가 말했다.

"덕을 베푼 것은 무엇으로 갚아야 하는가? 강직하고 성실함으로 원한을 갚고, 덕을 베푼 것은 덕을 베푼 것으로 갚아야 한다."

或曰, "以德報怨, 何如?" 子曰, "何以報德? 以直報怨, 以德報德."
혹 왈   이 덕 보 원 하 여   자 왈   하 이 보 덕   이 직 보 원   이 덕 보 덕

|핵심어| **以德報德** (이덕보덕)

|해설| 덕을 베푼 만큼 덕망은 덕망으로 갚아야 한다.

원망을 원망으로 보지 말고 모든 감정을 초월하여 뛰어넘어라.

14-37

공자가 말했다.

"세상이 나를 알아주지 않는다!"

자공이 말했다.

"어찌 선생님을 알아주지 않는다고 하십니까?"

공자가 말했다.

"하늘을 원망하지 않고 사람도 탓하지 않겠다. 아래에서 배워 위로 통달하니, 나를 알아주는 것은 저 하늘일 뿐이다."

子曰. "莫我知也夫!" 子貢曰, "何爲其莫知子也?" 子曰, "不怨天, 不尤人,
자 왈   막 아 지 야 부   자 공 왈   하 위 기 막 지 자 야   자 왈   불 원 천   불 우 인

下學而上達. 知我者其天乎!"
하 학 이 상 달   지 아 자 기 천 호

|해설| 하늘을 원망하지 않고 사람도 탓하지 않는다.
원망 말고 아래로부터 위로 차근차근 하나씩 통달해 나가라.

14-38

공백료가 계손씨의 가신으로 있던 자로를 중상모략했다.

자복경백이 이를 알리면서 말했다.

"계손씨가 공백료의 말에 흔들리고 있습니다. 공백료를 내 힘으로 죽여 시신을 시장터에 내버릴 수도 있습니다."

공자가 말했다.

"정치가 잘 행해지는 것도 하늘의 뜻이고, 정치가 제대로 행해지지 않는 것도 하늘의 뜻입니다. 공백료가 그런 하늘의 뜻을 어떻게 하겠습니까!"

公伯寮愬子路於季孫. 子服景伯以告, 曰, "夫子固有惑志, 於公伯寮, 吾力猶
공 백 료 소 자 로 어 계 손　자 복 경 백 이 고　왈　부 자 고 유 혹 지　어 공 백 료　오 기 유

能肆諸市朝." 子曰, "道之將行也與, 命也. 道之將廢也與, 命也. 公伯寮其如
능 사 저 시 조　자 왈　도 지 장 행 야 여　명 야　도 지 장 폐 야 여　명 야　공 백 료 기 여

命何!"
명 하

|해설| 본래 지닌 뜻이 흔들리다.
본래부터 주어진 도리에 맞게 처신하라.

14-39

공자가 말했다.

"현명한 사람은 어지러운 세상을 피하고, 그다음은 질서가 무너진 나라를 피하며, 그다음은 예의 없는 사람을 피하고, 그다음은 도리에 어긋나는 나쁜 말을 피한다."

그리고 또 덧붙여 말했다.

"그것을 실천한 일곱 사람이 있었다."

子曰, "賢者辟世, 其次辟地, 其次辟色, 其次辟言." 子曰, "作者七人矣."
자왈　현자피세　기차피지　기차피색　기차피언　자왈　작자칠인의

|핵심어| **賢者辟世** (현자벽세)
|해설| 현명한 사람은 어지러운 세상을 피한다.
세상을 혼란스럽게 만드는 일 가운데 피할 만한 것은 피하라.

14-40

자로가 석문에서 묵었다.

성문을 열어주는 문지기가 말했다.

"어디에서 오는 겁니까?"

자로가 말했다.

"공자 문하에서 왔습니다."

문지기가 말했다.

"안 될 줄 알면서도 하려는 사람이지요?"

子路宿於石門. 晨門曰, "奚自?" 子路曰, "自孔氏." 曰, "是知其不可而爲之
자로숙어석문　신문왈　해자　자로왈　자공씨　왈　시지기불가이위지

者與?"
자 여

|핵심어| **不可爲之** (불가위지)
|해설| 할 수 없는 일이지만 해 보려고 한다.
고집스럽게 하려는 데는 이유가 있다. 세상을 구제하거나 정당한 일이므로!

14-41

공자가 위나라에서 경쇠를 치고 있었는데, 삼태기를 메고 공자가 머무르
던 집 앞을 지나가던 사람이 말했다.

"뜻이 담겨 있다! 경쇠 소리에!"

잠시 후에 말했다.

"천박하다! 돌멩이 부딪치듯 깐깐한 소리여! 자기를 알아주지 않으면 그만 둘 뿐이다. 물이 깊으면 옷을 벗고, 물이 얕으면 옷을 걷어 올리고 건너가라."

공자가 말했다.

"과감하다. 하지만 세상을 버리고 사는 일은 어렵지 않다."

子擊磬於衛, 有荷蕢而過孔氏之門者, 曰, "有心哉, 擊磬乎!" 旣而曰, "鄙哉,
자 격 경 어 위 유 하 궤 이 과 공 씨 지 문 자 왈   유 심 재   격 경 호   기 이 왈   비 재

硜硜乎! 莫己知也, 斯已而矣. 深則厲, 淺則揭."子曰, "果哉, 末之難矣!"
갱 갱 호   막 기 지 야   사 이 이 의   심 즉 려   천 즉 게   자 왈   과 재   말 지 난 의

|핵심어| 深厲淺揭 (심려천게)

|해설| 물이 깊으면 옷을 벗고, 물이 얕으면 옷을 걷고 건넌다.

융통성 있게 살고 싶지만 그게 어디 쉬운가? 세상에 저항하라.

14-42

자장이 말했다.

"『서경』에 '고종*이 여막에 사는 것처럼 상제 노릇하는 3년 동안 말을 하지 않았다.'고 했는데, 무슨 말입니까?"

공자가 말했다.

"어찌 고종뿐이겠는가? 옛날 사람은 모두 그렇게 했다. 군주가 돌아가시면, 모든 관리들이 자기가 맡은 일에 대해 3년 동안 총재**에게 묻고 허락받아 처리했다."

子張曰, "書云, '高宗諒陰, 三年不言.' 何謂也?" 子曰, "何必高宗, 古之人皆
자 장 왈   서 운   고 종 양 음   삼 년 불 언   하 위 야   자 왈   하 필 고 종   고 지 인 개

然. 君薨, 百官總己, 以聽於冢宰三年."
연   군 훙   백 관 총 기   이 청 어 총 재 삼 년

---

* 고종은 상나라 군주, 무정(武丁)이다.

** 태재(太宰)라고도 한다. 백관을 통솔하는 지위에 있는 신하를 말한다.

상황을 판단하고 대비하여 일하라.

14-43

공자가 말했다.

"윗사람이 예의를 좋아하면 백성을 부리기 쉽다."

子曰, "上好禮, 則民易使也."
자 왈   상 호 례   즉 민 이 사 야

솔선수범하라.

14-44

자로가 군자에 대해 물었다.

공자가 말했다.

"자기를 수양하여 깨달아야 한다."

자로가 말했다.

"그렇게만 하면 됩니까?"

공자가 말했다

"자기를 수양하여 다른 사람을 편안하게 해주어야 한다."

자로가 말했다.

"정말 그렇게만 하면 됩니까?"

공자가 말했다.

"자기를 수양하여 백성을 편안히 해주어야 한다. 자기를 수양하여 백성을 편안히 해주는 일은 요·순임금도 고민한 것이다."

子路問君子. 子曰, "修己以敬." 曰, "如斯而已乎?" 曰, "修己以安人."
자 로 문 군 자　자 왈　수 기 이 경　왈　여 사 이 이 호　왈　수 기 이 안 인

曰, "如斯而已乎?" 曰, "修己以安百姓." 修己以安百姓, 堯 · 舜其猶病諸!
왈　여 사 이 이 호　왈　수 기 이 안 백 성　수 기 이 안 백 성 요 · 순 기 유 병 저

| 핵심어 | 修己以敬 (수기이경)

| 해설 | 자기를 수양하여 깨닫다.

자신부터 공부하여 모든 사람을 편안하게 하라.

14-45

원양*이 두 다리를 뻗고 앉아 공자를 기다리고 있었다.

공자가 말했다.

"어려서는 겸손하지 못하고, 어른이 되어서는 칭찬받을 만한 일도 없으며,
늙어서도 죽지 않고 그냥 살고 있는 자를 삶의 도적이라고 한다."

그리고는 지팡이로 원양의 정강이를 쳤다.

原壤夷俟. 子曰, "幼而不孫弟, 長而無述焉, 老而不死, 是爲賊." 以杖叩其脛.
원 양 이 사　자 왈　유 이 불 손 제 장 이 무 술 언 노 이 불 사 시 위 적　이 장 고 기 경

| 핵심어 | 長無述賊 (장무술적)

| 해설 | 어른이 되어 칭찬받을 만한 일이 하나도 없다면 삶의 도적이다.

열심히 살자. 살면서 기본은 해야지.

14-46

궐이라는 마을에 한 어린아이가 주인이나 손님의 말을 전하는 전갈을 하
고 있었다.

어떤 사람이 말했다.

"저 아이가 앞으로 공부하여 발전해 나갈 수 있겠습니까?"

공자가 말했다.

---

* 원양은 공자와 같은 마을 사람이었다. 그는 어머니가 죽었는데도 슬퍼하며 장례 치를 생각을 하기는커녕 관 위
에 올라가 노래를 불렀다. 이에 공자가 도와주어 장례를 치렀다고 한다.

"나는 저 아이가 어른의 자리에 앉아 있는 것을 보았습니다. 선생과 함께 걷는 것도 보았습니다. 저 아이는 공부하여 발전해 나가기를 구하는 게 아니고, 빨리 어른이 되려고 하는 아이입니다."

闕黨童子將命. 或問之曰, "益者與?" 子曰, "吾見其居於位也, 見其與先生幷
궐 당 동 자 장 명   혹 문 지 왈   익 자 여   자 왈   오 견 기 거 어 위 야   견 기 여 선 생 병

行也. 非求益者也, 欲速成者也."
행 야   비 구 익 자 야   욕 속 성 자 야

|핵심어| 非益速成 (비익속성)

|해설| 공부하여 발전하려는 게 아니고, 빨리 어른이 되려 한다.

차근차근 탐구하여 성숙하라.

위령공

15

15-1

위나라의 영공*이 진을 치는 방법에 대해 공자에게 물었다.

공자가 대답했다.

"제기 놓는 예법에 대해서는 일찍이 들어서 알고 있습니다. 군대와 관련되는 일에 대해서는 아직 배우지 못했습니다."

다음날 위나라를 떠났다.

衛靈公問陳於孔子. 孔子對曰, "俎豆之事, 則嘗聞之矣. 軍旅之事, 未之學
위 령 공 문 진 어 공 자 공 자 대 왈   조 두 지 사   즉 상 문 지 의 군 려 지 사 미 지 학

也." 明日遂行.
야   명 일 수 행

| **핵심어** | 俎豆軍旅 (조두군려)

| **해설** | 제사 지내는 예법과 군대 전술에 관계되는 일을 알다.

전쟁보다는 평화로운 세계에 관계된 일을 먼저 고민하라.

---

* 당시 공자는 영공에게 올바른 정치를 하는 방법을 다양하게 제안했다. 하지만 영공은 공자의 제안을 그리 귀담아 듣지 않았다.

15-2

진나라에 머무를 때 양식이 떨어지고 함께 따라갔던 제자들이 병이 들어 좀처럼 일어나지 못하게 되었다.

자로가 화가 나서 공자를 뵙고 말했다.

"군자도 이렇게 궁핍한 경우가 있습니까?"

공자가 말했다.

"군자는 본래 궁핍하게 마련이다. 소인은 궁핍하면 문란해진다."

在陳絶量, 從者病, 莫能興. 子路瑥見曰, "君子亦有窮乎?" 子曰, "君子固窮,
재 진 절 량   종 자 병   막 능 흥   자 로 온 현 왈   군 자 역 유 궁 호   자 왈   군 자 고 궁

小人窮斯濫矣."
소 인 궁 사 람 의

|핵심어| 君子固窮 (군자고궁)
|해설| 군자는 본디 궁핍하게 마련이다.
곤란을 겪으면서 문제를 해결하라. 세상 일은 문제의 연속이다.

15-3*

공자가 말했다.

"자공아, 너는 내가 많은 것을 배워서 그것을 기억하고 있는 사람이라고 생각하느냐?"

자공이 대답했다.

"네. 그렇지 않습니까?

공자가 말했다.

"그렇지 않다. 나는 하나로 꿰뚫고 있다."

子曰, "賜也, 女以予爲多學而識之者與?" 對曰, "然, 非與?" 曰, "非也, 予一
자 왈   사 야   여 이 여 위 다 학 이 지 지 자 여   대 왈   연   비 여   왈   비 야   여 일

* 이 장은 공자와 제자 자공의 배움에 대한 서로 다른 관점이 잘 드러나는 대목이다.

以貫之."
이 관 지

|핵심어| 一以貫之 (일이관지)
|해설| 하나로 꿰뚫고 있다.
하나라도 철저하게 장악하라.

15-4
공자가 말했다.
"자로야, 덕을 아는 사람이 참으로 드물다!"

子曰, "由, 知德者鮮矣!"
자 왈   유 지 덕 자 선 의

|핵심어| 知德者鮮 (지덕자선)
|해설| 세상에 덕을 아는 사람이 드물다.
덕망을 재인식하고 깨달아라.

15-5
공자가 말했다.
"조작하지 않고 정치를 행한 사람은 순임금이었지? 어떻게 했는가? 몸가짐을 공손히 하고, 남쪽을 바라보고 앉아 있을 뿐이었다."

子曰, "無爲而治者, 其舜也與? 夫何爲哉? 恭己正南面而已矣."
자 왈   무 위 이 치 자   기 순 야 여   부 하 위 재   공 기 정 남 면 이 이 의

|핵심어| 無爲而治 (무위이치)
|해설| 억지로 조작하지 않고 다스리다.
자연스럽게 정치하라.

15-6
자장이 평소에 실천할 도리에 대해 물었다.
공자가 말했다.

"말이 충실하고 믿음직스럽고 행실이 두텁고 공손하면, 오랑캐 땅에서도 사람다운 도리가 행해질 것이다. 말이 충실하지 않고 믿음직스럽지 못하며, 행실이 두텁지 않고 공손하지 못하면, 자기가 사는 마을일지라도 행세를 할 수 있겠는가? 서 있을 때는 눈앞에서 엄숙하게 떠올리고, 수레를 타고 있을 때는 그것이 멍에에 걸려 있는 듯이 보면 사람다운 도리가 자연스럽게 행해질 것이다."

자장이 이 말을 허리띠에 썼다.

子張問行. 子曰, "言忠信, 行篤敬, 雖蠻貊之邦, 行矣. 言不忠信, 行不篤敬,
자 장 문 행   자 왈   언 충 신   행 독 경   수 만 맥 지 방   항 의   언 불 충 신   항 부 독 경

雖州里, 行乎哉? 立則見其參於前也, 在輿則見其倚於衡也, 夫然後行."
수 주 리   행 호 재   립 즉 견 기 참 어 전 야   재 여 즉 견 기 의 어 형 야   부 연 후 행

子張書諸紳.
자 장 서 저 신

|핵심어| 言忠信 行篤敬 (언충신 항독경)
|해설| 말은 충실하고 믿음직스럽고 행실은 두텁고 공손하다.
언행을 알차게 하라.

15-7*
공자가 말했다.

"사어는 정말 곧은 사람이다! 나라가 질서 있게 다스려져도 화살처럼 곧게 행한다. 나라가 혼란스러워 다스려지지 않아도 화살처럼 곧게 행한다. 거백옥은 정말 군자다운 사람이다! 나라가 질서 있게 다스려지면 관직에 나아간다. 나라가 혼란스러워 다스려지지 않으면 관직에서 물러나 자신의 재능을 거두어 간직해 둔다."

子曰, "直哉, 史魚! 邦有道, 如矢. 邦無道, 如矢. 君子哉, 蘧伯玉! 邦有道,
자 왈   직 재   사 어   방 유 도   여 시   방 무 도   여 시   군 자 재   거 백 옥   방 유 도

* 이 장에서는 사어와 거백옥의 정치적 태도가 극단적으로 대비돼 나타나고 있다.

則仕. 邦無道, 則可卷而懷之."
즉 사 방 무 도 즉 가 권 이 회 지

| 핵심어 | 如矢仕懷 (여시사회)

| 해설 | 언제나 화살처럼 곧으며 관직에 나아가거나 재능을 간직해 둔다.

*사람다운 모습은 강직하면서도 자신의 재능을 쓸 준비를 하는 데서 보
인다.*

15-8

공자가 말했다.

"더불어 이야기할 만한데 더불어 말하지 않으면 사람을 잃는다. 더불어
이야기할 만하지 않은데 더불어 말하면 말을 잃는다. 지혜로운 사람은 사람
도 잃지 않고 또한 말도 잃지 않는다."

子曰, "可與言而不與言, 失人. 不可與言而與之言, 失言. 知者不失人, 亦不
자 왈   가 여 언 이 불 여 언   실 인   불 가 여 언 이 여 지 언   실 언   지 자 불 실 인 역 불

失言."
실 언

| 핵심어 | 失人失言 (실인실언)

| 해설 | 지혜롭지 않으면 사람도 잃고 말도 잃는다.

지혜롭게 대처하라.

15-9

공자가 말했다.

"뜻있는 관리와 사람을 사랑하는 사람은 자기의 삶을 위해 다른 사람을
해치지 않고 몸을 바쳐서라도 사람을 사랑한다."

子曰, "志士仁人, 無求生以害人, 有殺身以成仁."
자 왈   지 사 인 인 무 구 생 이 해 인 유 살 신 이 성 인

| 핵심어 | 殺身成仁 (살신성인)

| 해설 | 몸을 바쳐서 사람을 사랑한다

개인보다는 공동체의 발전을 위해 목숨 바친다.

15-10

자공이 인을 실천하는 일에 대해 물었다.

공자가 말했다.

"기술자가 일을 잘하려고 할 때 반드시 먼저 쓸 연장을 연마한다. 어느 나라에 살든 그 나라 대부 가운데 똑똑한 사람을 섬기고, 그 나라의 관리 가운데 사람을 사랑하는 사람과 사귀어야 한다."

子貢問爲仁. 子曰, "工欲善其事, 必先利其器. 居是邦也, 事其大夫之賢者,
자공문위인 자왈　공욕선기사　필선리기기　거시방야　사기대부지현자

友其士之仁者."
우기사지인자

|핵심어| 先利其器 (선리기기)

|해설| 먼저 자신이 쓸 연장을 연마한다.

무슨 일을 하든 연장부터 먼저 마련하라.

15-11

안연이 나라를 다스리는 방법에 대해 물었다.

공자가 말했다.

"하나라의 달력을 쓰고, 은나라의 수레를 타며, 주나라의 면류관을 쓰고, 음악은 순임금의 소무를 기준으로 한다. 정나라의 음악은 금지하고, 아첨하는 자들을 멀리한다. 정나라의 음악은 음란하고, 아첨하는 자들은 위태롭다."

顔淵問爲邦. 子曰, "行夏之時, 乘殷之輅, 服周之冕, 樂則韶舞. 放鄭聲, 遠佞
안연문위방 자왈　행하지시　승은지로　복주지면　악즉소무　방정성　원녕

人. 鄭聲淫, 佞人殆."
인 정성음 녕인태

|핵심어| 放淫遠佞 (방음원녕)

|해설| 음란한 짓은 금하고 아첨하는 자들을 멀리한다.

정치는 건전한 문화의 조성에서 이루어진다.

15-12

공자가 말했다.

"사람이 원대하게 먼 미래를 생각하지 않으면, 반드시 가까운 곳에 걱정거리가 생긴다."

子曰, "人無遠慮, 必有近憂."
자 왈　인 무 원 려　필 유 근 우

|핵심어| 人必遠慮 (인필원려)

|해설| 사람은 반드시 원대하게 먼 미래를 생각해야 한다.

미래의 꿈을 크게 그려라.

15-13

공자가 말했다.

"끝난 듯하다! 나는 도덕성을 좋아하기를 다채로운 문화를 좋아하듯이 하는 사람을 보지 못했다."

子曰, "已矣乎! 吾未見好德如好色者也."
자 왈　이 의 호　오 미 견 호 덕 여 호 색 자 야

|핵심어| 好德好色 (호덕호색)

|해설| 덕을 좋아하고 온갖 형식의 문화를 좋아하다.

아무리 좋은 문명보다 인간의 도덕성이 먼저다.

15-14

공자가 말했다.

"(노나라 대부) 장문중은 벼슬자리를 도둑질하는 자다. 유하혜가 현명한 사람인 줄 알면서도 자기와 함께 벼슬자리에 있게 하지 않았다."

子曰, "臧文仲其竊位者與! 知柳下惠之賢而不與立也."
자왈　장문중기절위자여　지유하혜지현이불여립야

|핵심어| **賢不與立** (현불여립)
|해설| 현명한 사람과 함께 벼슬자리에 있지 않으려고 하다.
현명한 사람을 인정하고 존중하라.

15-15

공자가 말했다.

"자신은 엄격하게 책망하고 다른 사람은 가볍게 책망하면, 원망이 적다."

子曰, "躬自厚, 而薄責於人, 則遠怨矣."
자왈　궁자후　이박책어인　즉원원의

|핵심어| **厚自薄人** (후자박인)
|해설| 자신에게 엄격하고 타인에게 관대하다.
자신에게 엄격하라.

15-16

공자가 말했다.

"'어떻게 할까? 어떻게 할까?'라고 걱정하지 않는 자에 대해서는 나도 어떻게 할 방법이 없다."

子曰, "不曰 '如之何, 如之何'者, 吾末如之何也已矣."
자왈　불왈　여지하　여지하자　오말여지하야이의

|핵심어| **如之何** (여지하)
|해설| 어떻게 할까?
고민만 하지 말고 대책을 고려하라.

15-17

공자가 말했다.

"여럿이서 하루 종일 모여 있으면서 지껄이는 말이 도덕에 부합하지 않고 잔꾀 부리기를 좋아하는 사람은 사람답게 인도하기 곤란하다."

子曰, "群居終日, 言不及義, 好行小慧, 難矣哉!"
자 왈　군 거 종 일　언 불 급 의　호 행 소 혜　난 의 재

| 핵심어 | 言不義 行小慧 (언불의 행소혜)

| 해설 | 말은 정의롭지 아니 하고 행동은 잔꾀만 부린다.

잔머리 쓰지 마라.

15-18

공자가 말했다.

"군자는 올바름을 바탕으로 삼고, 예의로 그것을 실천하고, 겸손으로 그것
을 드러내며, 믿음으로 그것을 이룬다. 이런 사람이 군자답다!"

子曰, "君子義以爲質, 禮以行之, 孫以出之, 信以成之. 君子哉!"
자 왈　군 자 의 이 위 질　예 이 행 지　손 이 출 지　신 이 성 지　군 자 재

| 핵심어 | 義以爲質 (의이위질)

| 해설 | 정의를 기본 바탕으로 삼는다.

삶의 바탕이 의리다.

15-19

공자가 말했다.

"군자는 능력이 없음을 걱정할 뿐, 다른 사람이 자기를 알아주지 않음을
걱정하지 않는다."

子曰, "君子病無能焉, 不病人之不己知也."
자 왈　군 자 병 무 능 언　불 병 인 지 불 기 지 야

| 핵심어 | 病無能焉 (병무능언)

| 해설 | 능력이 없음을 걱정한다.

능력을 확보하라.

15-20

공자가 말했다.

"군자는 죽을 때까지 자기 이름이 세상에 칭송되지 않는 것을 유감스럽게 여긴다."

子曰, "君子疾沒世而名不稱焉."
자 왈　군 자 질 몰 세 이 명 불 칭 언

| 핵심어 | 沒世名稱 (몰세명칭)

| 해설 | 죽을 때까지는 이름이 칭송되도록 노력해야 한다.

죽기 전에 자기가 한 일에서 이름 석 자는 드러나게 하라.

15-21

공자가 말했다.

"군자는 자기에게서 구하고, 소인은 다른 사람에게서 구한다."

子曰, "君子求諸己, 小人求諸人."
군 자　군 자 구 저 기　소 인 구 저 인

| 핵심어 | 求諸己 (구저기)

| 해설 | 자기에게서 스스로 구한다.

자기에게서 스스로 구하라.

15-22

공자가 말했다.

"군자는 긍지를 갖되 다투지 않고, 함께 어울리되 편당을 만들지 않는다."

子曰, "君子矜而不爭, 群而不黨."
자 왈　군 자 긍 이 부 쟁　군 이 부 당

| 핵심어 | 矜而不爭 (긍이부쟁)

| 해설 | 긍지를 갖되 다투지 않는다.

자긍심을 가져라.

15-23

공자가 말했다.

"군자는 말만 잘한다고 그 사람을 추켜세우지 않고, 사람의 지위가 낮다고 해서 그가 한 의미 있는 말까지 버리지 않는다."

子曰, "君子不以言擧人, 不以人廢言."
자 왈　군 자 불 이 언 거 인　불 이 인 폐 언

|핵심어| 言不擧人 (언불거인)
|해설| 말만 잘한다고 등용하지는 않는다.

사람만을 보고 대처하라.

15-24

자공이 물었다.

"평생토록 지키고 행할 만한 한마디 말이 있습니까?"

공자가 말했다.

"아마 '서'일 것이다! 자기가 하고 싶지 않은 것을 다른 사람에게 강요해서는 안 된다."

子貢問曰, "有一言而可以終身行之者乎?"
자 공 문 왈　유 일 언 이 가 이 종 신 행 지 자 호

子曰, "其恕乎! 己所不欲, 勿施於人."
자 왈　기 서 호　기 소 불 욕　물 시 어 인

|핵심어| 其恕乎 (기서호)
|해설| 아마 서일 것이다.

타자를 배려하라.

15-25

공자가 말했다.

"내가 다른 사람에 대해 누구를 비난하고 누구를 칭찬하겠는가? 칭찬할 사람이 있다면 조사를 통해 실증할 수 있다. 이 백성은 하·은·주 세 나라 때에 곧은 도리를 실천하던 사람이다."

子曰, "吾之於人也, 誰毀誰譽? 如有所譽者, 其有所試矣.
자 왈   오 지 어 인 야   수 훼 수 예   여 유 소 예 자   기 유 소 시 의

斯民也, 三代之所以直道而行也."
사 민 야   삼 대 지 소 이 직 도 이 행 야

|핵심어| 誰毀誰譽 (수훼수예)
|해설| 누구를 비난하고 누구를 칭찬할 수 있는가?
칭찬이나 비난할 사람이 있으면 구체적 사례를 들어라.

15-26

공자가 말했다.

"나는 역사를 기록하는 사관이 의심나는 점을 빼놓고 기록하지 않는 것을 보았다. 말을 가진 사람이 말을 다른 사람에게 빌려 주어 타게 하는 것도 보는데, 지금은 이런 일이 없어졌다."

子曰, "吾猶及史之闕文也. 有馬者借人乘之, 今亡矣夫!"
자 왈   오 유 급 사 지 궐 문 야   유 마 자 차 인 승 지   금 망 의 부

|핵심어| 史之闕文 (사지궐문)
|해설| 역사에서 의심나는 점을 빼놓고 기록한다.
사실을 정확하게, 실제를 옹호하라.

15-27

공자가 말했다.

"간교한 말은 도덕을 어지럽힌다. 작은 것을 참지 못하면 큰일을 그르치

게 된다."

子曰, "巧言亂德. 小不忍, 則亂大謀."
자왈　교언란덕　소불인　즉란대모

|핵심어| **不忍亂謀** (불인란모)
|해설| 참을성이 없으면 일을 그르친다
간교한 말을 하지 말고 인내하라.

15-28
공자가 말했다.

"여러 사람이 싫어하더라도 반드시 살펴봐야 한다. 여러 사람이 좋아하더라도 반드시 살펴봐야 한다."

子曰, "衆惡之, 必察焉. 衆好之, 必察焉."
자왈　중오지　필찰언　중호지　필찰언

|핵심어| **好惡必察** (호오필찰)
|해설| 사람이 좋아하든 싫어하든　반드시 살핀 후에 처리한다.
꼼꼼하게 검토한 후 일처리하라.

15-29
공자가 말했다.

"사람이 길을 넓힐 수 있는 것이지, 길이 사람을 넓히는 것이 아니다."

子曰, "人能弘道, 非道弘人."
자왈　인능홍도　비도홍인

|핵심어| **人能弘道** (인능홍도)
|해설| 사람이 길을 넓힌다.
세상의 모든 일은 인간이 처리한다.

15-30

공자가 말했다.

"잘못을 저지르고도 고치지 않는 것, 그것이 바로 잘못이다."

子曰, "過而不改, 是謂過矣."
자 왈   과 이 불 개   시 위 과 의

|핵심어| 過不改過 (과불개과)
|해설| 잘못하고도 고치지 않는 것이 잘못이다.
잘못한 것은 바로 고쳐라.

15-31

공자가 말했다.

"나는 예전에 종일토록 먹지도 않고 밤새도록 자지도 않고 생각해 본 적이 있었지만, 유익함이 없었고 그것은 배우는 것만 못 한 짓이었다."

子曰, "吾嘗終日不食, 終夜不寢, 以思, 無益, 不如學也."
자 왈   오 상 종 일 불 식   종 야 불 침   이 사   무 익   불 여 학 야

|핵심어| 思不如學 (사불여학)
|해설| 생각만 하는 것은 배움만 못 하다.
배움이 최고의 덕목!

15-32

공자가 말했다.

"군자는 인간의 길을 가기 위해 삶을 도모하지, 단순하게 먹고사는 문제만을 도모하지는 않는다. 농사를 지어도 굶주림이 그 가운데 있을 수 있다. 배우면 양식을 그 가운데서 얻을 수 있다. 군자는 인간의 길을 걱정하지, 가난을 걱정하지 않는다."

子曰, "君子謀道不謀食. 耕也, 餒在其中矣. 學也, 祿在其中矣.
자 왈   군 자 모 도 불 모 식   경 야   뇌 재 기 중 의   학 야   녹 재 기 중 의

君子憂道不憂貧."
군 자 우 도 불 우 빈

| 핵심어 | 君子憂道 (군자우도)
| 해설 | 군자는 인간의 올바른 도리를 걱정한다.
인간의 길이 무엇인가? 깊이 생각해 보라.

15-33

공자가 말했다.

"지혜를 발휘하여 나라를 다스린다고 해도, 사람을 사랑하며 자리를 지키지 않으면 나라는 반드시 잃게 된다. 지혜를 발휘하여 나라를 다스리고 사람을 사랑하며 자리를 지킨다고 해도, 엄숙하고 객관적인 태도로 정치에 임하지 않으면 사람이 존경하지 않는다. 지혜를 발휘하여 나라를 다스리고, 사람을 사랑하며 자리를 지키고, 엄숙하고 객관적인 태도로 정치에 임하더라도, 사람을 예의로 대접하지 않으면 아직 좋은 정치라고 할 수 없다."

子曰, "知及之, 仁不能守之, 雖得之, 必失之. 知及之, 仁能守之, 不莊以
자 왈   지 급 지   인 불 능 수 지   수 득 지   필 실 지   지 급 지   인 능 수 지   부 장 이

涖之, 則民不敬. 知及之, 仁能守之, 莊以涖之, 動之不以禮, 未善也."
리 지   즉 민 불 경   지 급 지   인 능 수 지   장 이 리 지   동 지 불 이 례   미 선 야

| 핵심어 | 知仁守涖 (지인수리)
| 해설 | 지혜를 발휘하고 사람을 사랑하며 자리를 지키고 엄숙하게 정치한다.
제발 좀 좋은 정치를 고민하라.

15-34

공자가 말했다.

"군자는 자질구레한 작은 일은 잘 몰라도 크고 중대한 일은 맡을 수 있다. 소인들은 중대한 일을 맡을 수는 없으나 자질구레한 작은 일은 알 수 있다."

子曰, "君子不可小知, 而可大受也. 小人不可大受, 而可小知也."
자 왈　군 자 불 가 소 지　이 가 대 수 야　소 인 불 가 대 수　이 가 소 지 야

|핵심어| **大受小知** (대수소지)

|해설| 큰일을 맡는 사람이 있고 작은 일을 아는 사람이 있다.

그릇에 맞게 일을 맡겨라.

15-35

공자가 말했다.

"백성에게는 사랑으로 포용해 주는 정치가 물이나 불보다 소중하다. 물과 불 때문에 그것에 빠져 죽는 사람을 나는 보았지만, 사람을 사랑으로 포용하다가 죽는 사람은 보지 못했다."

子曰, "民之於仁也, 甚於水火. 水火, 吾見蹈而死者矣, 未見蹈仁而死者也."
자 왈　민 지 어 인 야　심 어 수 화　수 화　오 견 도 이 사 자 의　미 견 도 인 이 사 자 야

|핵심어| **甚於水火** (심어수화)

|해설| 정치가 물이나 불보다 소중하다

사람을 사랑으로 보듬어라.

15-36

공자가 말했다.

"사람을 사랑하는 일은 스승에게도 양보하지 않는다."

子曰, "當仁不讓於師."
자 왈　당 인 불 양 어 사

|핵심어| **不讓於師** (불양어사)

|해설| 스승에게도 양보하지 못할 일들이 있다.

올바른 일은 무조건이요 절대적이다.

15-37

공자가 말했다.

"군자는 곧고 바르지만 무턱대고 다른 사람을 믿지는 않는다."

子曰, "君子貞而不諒."
자 왈   군 자 정 이 불 량

| 핵심어 | 貞而不諒(정이불량)

| 해설 | 곧고 바르지만 무턱대고 다른 사람을 믿지는 않는다.
무조건 믿지는 마라.

15-38

공자가 말했다.

"군주를 섬길 때는 자기의 직책과 임무를 성실하게 수행하고 그 대가는 나중에 받는다."

子曰, "事君, 敬其事而後其食."
자 왈   사 군   경 기 사 이 후 기 식

| 핵심어 | 敬事後食 (경사후식)

| 해설 | 임무를 성실히 수행하고 대가는 나중에 받는다.
먼저 일에 집중하라.

15-39

공자가 말했다.

"가르침에는 부류가 따로 없다."

子曰, "有教無類."
자 왈   유 교 무 류

| 핵심어 | 有教無類 (유교무류)

| 해설 | 가르침에는 부류가 따로 없다.
지위고하를 막론하고 가르칠 만한 사람은 모두 가르쳐라.

15-40

공자가 말했다.

"길이 같지 않으면 서로 도모하지 않는다."

子曰, "道不同, 不相爲謀."
자 왈   도 부 동   불 상 위 모

|핵심어| 不同不謀 (부동불모)
|해설| 마음이 같지 않으면 도모하지 않는다.
뜻이 같은지 먼저 확인하라.

15-41

공자가 말했다.

"말은 뜻을 바르게 전달하기만 하면 된다."

子曰, "辭達而已矣."
자 왈   사 달 이 이 의

|핵심어| 辭達而已 (사달이이)
|해설| 말은 정확한 뜻만 전달하면 된다.
정확하고 분명하게 전달하라.

15-42

장님인 악사 면이 공자를 뵈러 와서, 계단 앞에 이르자 공자가 말했다.

"거기는 계단입니다."

앉을 자리 앞에 이르자 공자가 말했다.

"거기는 앉을 자리입니다."

모두가 자리에 앉자, 공자는 그에게 알려주며 말했다.

"아무개는 여기 있고 아무개는 저기 있습니다."

악사 면이 나갔다.

자장이 물었다.

"악사와 말하는 데도 도리가 있습니까?"

공자가 말했다.

"그렇다. 악사는 장님이니까 이렇게 하는 것이 본래 악사를 돕는 도리이다."*

師冕見, 及階, 子曰, "階也." 及席, 子曰, "席也." 皆坐,
사 면 현　급 계　자 왈　　계 야　급 석　자 왈　석 야　개 좌

子告之曰, "某在斯, 某在斯." 師冕出.
자 고 지 왈　모 재 사　모 재 사　사 면 출

子張問曰, "與師言之道與?" 子曰, "然, 固相師之道也."
자 장 문 왈　여 사 언 지 도 여　자 왈　연　고 상 사 지 도 야

| 핵심어 | **固相之道** (고상지도)

| 해설 | 어떤 사람이건 본래부터 도와야만 하는 도리가 있다.

사람의 형편을 확인하라.

---

* 중국 고대 사회에서 악사는 거의 맹인이었다. 맹인은 세상의 다양한 상황을 직접 보고 경험하지 않았기 때문에 오로지 순수하게 음악 연주에만 몰두할 수 있다. 따라서 중국 고대에서는 재능이 있는 맹인에게 악사 자격을 부여한 것 같다.

계씨*

16

16-1

계씨가 전유**를 치려고 했다.

염유와 자로가 공자를 뵙고 말했다.

"계씨가 전유를 치려고 합니다."

공자가 말했다.

"염유야! 이렇게 된 것이 너희들 잘못 아니냐? 전유는 옛날 선왕께서 동쪽 몽산의 제사를 주관하라고 봉한 곳이다. 노나라의 영토 내에 있어 노나라를 섬기는 신하의 나라이다. 어째서 치려고 하는가?"

염유가 말했다.

"계씨가 그렇게 하려고 합니다. 저희 두 사람 모두 그렇게 하려고 하지 않습니다."

공자가 말했다.

"염유야! 주임***이 '힘을 다하여 직무를 수행하되 감당할 수 없으면 그만둔다.'라고 했다. 위태로워도 붙잡아주지 않고 자빠져도 일으켜주지 않는다면 그런 보좌관을 어디에 쓰겠느냐?

또 너희들의 말도 잘못되었는데, 계씨 같은 호랑이와 들소가 우리 밖으로 뛰쳐나오고 노나라 군주 같은 귀중한 보석이 궤 속에서 깨졌다면, 이는 누구의 잘못이겠느냐?"

염유가 말했다.

"지금 저 전유는 성곽이 견고하고 비읍과 가깝습니다. 지금 쳐서 빼앗지 않으면 후세에 반드시 자손들의 근심거리가 될 것입니다."

공자가 말했다.

"염유야! 군자는 겉으로 아닌 척하면서 속으로 욕심내는 것을 싫어하고 반드시 하려고 하며 말 꾸미는 것을 미워한다. 내가 듣기로 나라를 다스리거나 가문을 다스리는 사람은 백성의 숫자가 적음을 걱정하지 않고 분배가 고르게 되지 않음을 걱정하고, 가난을 걱정하지 않고 편안하지 못함을 걱정하며, 고르게 분배하여 혜택을 주면 가난함이 없고 화목하면 사람이 적음이 없을 것이며, 편안하게 살면 나라나 가문이 기울거나 망하는 일은 없을 것이다. 이와 같기 때문에, 먼 곳에 사는 사람이 따라오지 않으면 문화적으로 덕치를 하여 스스로 오게 한다. 사람이 온 다음에는 편안하게 살게 해준다. 지금 염유와 자로, 너희 둘은 계씨를 돕고 있으면서 먼 곳에 사는 사람이 따라오지 않는데도 그들이 스스로 오도록 인도하지 못했다. 나라가 갈라지고 민심이 쪼개지는 데도 이를 지키지 못하고 있다. 이런 상황인데 나라 안에서 전쟁을 일으키려고 하고 있으니, 나는 계손씨의 근심이 전유에 있지 않고 담장 안에 있음을 매우 걱정한다."

季氏將伐顓臾. 冉有·季路見於孔子曰,"季氏將有事於顓臾."孔子曰,"求!
계씨장벌전유 염유 계로현어공자왈   계씨장유사어전유   공자왈   구

無乃爾是過與? 夫顓臾, 昔者先王以爲東蒙主, 且在邦域之中矣, 是社稷之
무 내 이 시 과 여   부 전유   석 자 선왕 이 위 동 몽 주   차 재 방 역 지 중 의   시 사 직 지

* 노나라 대부 계손씨는 임금을 받들지 않고 무도하게 국권을 가로챈 세력이다. 이 장은 공자가 이런 계씨 가문에서 가신으로 일하는 제자들이 전쟁 모의에 가담한 사실을 알고 심하게 제자들을 꾸짖는 대목이다.
** 전유는 50리가 못 되는 작은 나라로, 노나라의 부속국이다.
*** 주임은 옛날의 어진 관리의 이름이다.

臣也. 何以伐爲?" 冉有曰, "夫子欲之, 吾二臣者皆不欲也."
신 야   하 이 벌 위   염 유 왈   부 자 욕 지   오 이 신 자 개 불 욕 야

孔子曰, "求! 周任有言曰, '陳力就列, 不能者止.' 危而不持, 顚而不扶,
공 자 왈   구   주 임 유 언 왈   진 력 취 열   불 능 자 지   위 이 부 지   전 이 불 부

則將焉用彼相矣? 且爾言過矣, 虎兕出於柙, 龜玉毁於櫝中, 是誰之過與?"
즉 장 언 용 피 상 의   차 이 언 과 의   호 시 출 어 합   구 옥 훼 어 독 중   시 수 지 과 여

冉有曰, "今夫顓臾, 固而近於費. 今不取, 後世必爲子孫憂."
염 유 왈   금 부 전 유   고 이 근 어 비   금 불 취   후 세 필 위 자 손 우

孔子曰, "求! 君子疾夫, 舍曰欲之, 而必爲之辭. 丘也聞有國有家者,
공 자 왈   구   군 자 질 부   사 왈 욕 지   이 필 위 지 사   구 야 문 유 국 유 가 자

不患寡而患不均, 不患貧而患不安, 蓋均無貧, 和無寡, 安無傾. 夫如是,
불 환 과 이 환 불 균   불 환 빈 이 환 불 안   개 균 무 빈   화 무 과   안 무 경   부 여 시

故遠人不服, 則修文德以來之. 旣來之, 則安之. 今由與求也, 相夫子,
고 원 인 불 복   즉 수 문 덕 이 래 지   기 래 지   즉 안 지   금 유 여 구 야   상 부 자

遠人不服, 而不能來也. 邦分崩離析, 而不能守也. 而謀動干戈於邦內,
원 인 불 복   이 불 능 래 야   방 분 붕 리 석   이 불 능 수 야   이 모 동 간 과 어 방 내

吾恐季孫之憂不在顓臾, 而在蕭墻之內也."
오 공 계 손 지 우 부 재 전 유   이 재 소 장 지 내 야

|핵심어| 憂在蕭墻 (우재소장)

|해설| 근심 걱정이 담장 안에 있다.

집안 단속부터 철저히 하라!

16-2

공자가 말했다.

"세상이 질서가 잡혀 있으면 예악과 정벌이 천자로부터 나오고, 세상이
무질서하면 예악과 정벌이 제후로부터 나온다. 제후로부터 나오면 그 후 10
대 정도 권력을 휘두르다가 망하고, 대부로부터 나오면 그 후 5대 정도 권력
을 휘두르다가 망하며, 가신이 권력을 잡으면 그 후 3대 정도 권력을 휘두르
다가 망한다. 세상이 질서가 잡혀 있으면 정치가 대부의 손에 놀아날 리 없
다. 세상이 질서가 잡혀 있으면 서민들이 정치에 대해 논하지 않는다."

孔子曰, "天下有道, 則禮樂征伐自天子出. 天下無道, 則禮樂征伐自諸侯出.
공자왈　천하유도　즉예악정벌자천자출　천하무도　즉예악정벌자제후출

自諸侯出, 蓋十世希不失矣. 自大夫出, 五世希不失矣. 陪臣執國命,
자제후출　개십세희불실의　자대부출　오세희불실의　배신집국명

三世希不失矣. 天下有道, 則政不在大夫. 天下有道, 則庶人不議."
삼세희불실의　천하유도　즉정부재대부　천하유도　즉서인불의

|핵심어| 庶人不議 (서인불의)

|해설| 정치가 잘되고 있으면 서민들이 정치에 대해 논하지 않는다.

질서 반듯한 정치를 행하라.

16-3*

공자가 말했다.

"녹봉을 주는 권한이 왕실에서 떠난 지 5대가 지났다. 정사가 대부에게 넘어간 지 4대나 되었다. 그러므로 이제 삼환씨의 자손도 그 세력이 미약해질 때가 됐다."

孔子曰, "祿之去公室五世矣, 政逮於大夫四世矣, 故夫三桓之子孫微矣."
공자왈　녹지거공실오세의　정체어대부사세의　고부삼환지자손미의

|핵심어| 三桓之微 (삼환지미)

|해설| 삼환씨의 군력이 미약해지다.

부패한 권력은 무너지게 마련이다.

16-4

공자가 말했다.

"이로움을 주는 세 가지 사귐이 있고 해로움을 주는 세 가지 사귐이 있다. 정직한 사람과 사귀고 진실한 사람과 사귀며 많이 듣고 아는 사람과 사귀면 유익하다. 비위 맞추는 사람과 사귀고 굽실대며 복종하는 사람과 사귀며 아첨하는 사람과 사귀면 해롭다."

* 이 장은 맹손, 숙손, 계손 등 삼환씨의 전횡을 다루고 있다. 노나라는 문공 사망 후, 양중이 문공의 아들 적을 죽이고 선공을 내세우면서 전횡이 시작되었다.

孔子曰, "益者三友, 損者三友. 友直, 友諒, 友多聞, 益矣. 友便辟, 友善柔,
공 자 왈   익 자 삼 우   손 자 삼 우   우 직   우 량   우 다 문   익 의   우 편 벽   우 선 유

友便佞, 損矣."
우 편 녕   손 의

|핵심어| **益損三友** (익손삼우)
|해설| 이로움과 해로움을 주는 세 가지 사귐이 있다.
친구를 잘 사귀어라.

16-5

공자가 말했다.

"이로움을 주는 세 가지 좋아함이 있고 해로움을 주는 세 가지 좋아함이
있다. 예악에 맞게 절제하는 일을 좋아하고 사람의 착함을 말하기 좋아하고
현명한 벗을 많이 갖기를 좋아하면 유익하다. 방자하게 즐기기를 좋아하고
안일하게 놀기를 좋아하며 잔치를 벌이고 즐기기를 좋아하면 해롭다."

孔子曰, "益者三樂, 損者三樂. 樂節禮樂, 樂道人之善, 樂多賢友, 益矣.
공 자 왈   익 자 삼 요   손 자 삼 요   요 절 예 악   요 도 인 지 선   요 다 현 우   익 의

樂驕樂, 樂佚遊, 樂宴樂, 損矣."
요 교 락   요 일 유   요 연 락   손 의

|핵심어| **益損三樂** (익손삼락)
|해설| 이로움과 해로움을 주는 세 가지 좋아함이 있다.
자신이 좋아하는 일, 사람에게 도움이 되는 일을 잘 선택하라.

16-6

공자가 말했다.

"군자를 모시고 있을 때 세 가지 잘못을 저지르기 쉽다. 말하기 전에 먼저
말하는 것을 조급함이라 하고, 말했는데도 대꾸하지 않는 것을 감추는 것이
라 하며, 안색을 살피지도 않고 말하는 것을 분별이 없는 짓이라고 한다."

孔子曰, "侍於君子有三愆, 言未及之而言謂之躁, 言及之而不言謂之隱,
공자왈   시어군자유삼건   언미급지이언위지조   언급지이불언위지은

未見顏色而言謂之瞽."
미견안색이언위지고

|핵심어| **侍有三愆** (시유삼건)

|해설| 사람을 모시고 있을 때 세 가지 잘못을 저지르기 쉽다.

말할 때 세심한 부분 하나하나에 예의를 지켜라.

16-7

공자가 말했다.

"군자에게 세 가지 경계해야 할 일이 있다. 젊은 시기에는 혈기가 안정되지 않았으므로 다채로운 욕구를 경계하고, 어른이 되어서는 혈기가 강하므로 다툼을 경계하며, 늙어서는 혈기가 쇠약하므로 얻는 것을 경계해야 한다."

孔子曰, "君子有三戒. 少之時, 血氣未定, 戒之在色. 及其壯也, 血氣方剛,
공자왈   군자유삼계   소지시   혈기미정   계지재색   급기장야   혈기방강

戒之在鬪. 及其老也, 血氣旣衰, 戒之在得."
계지재투   급기노야   혈기기쇠   계지재득

|핵심어| **君子三戒** (군자삼계)

|해설| 군자는 세 가지 경계할 것이 있다.

혈기를 조심하라.

16-8

공자가 말했다.

"군자는 세 가지 두려워해야 할 일이 있다. 천명을 두려워하고, 대인을 두려워하며, 성인의 말씀을 두려워해야 한다. 소인은 천명을 알지 못하므로 두려워하지 않고, 대인을 함부로 대하고, 성인의 말씀을 업신여긴다."

孔子曰, "君子有三畏. 畏天命, 畏大人, 畏聖人之言.
공자왈   군자유삼외   외천명   외대인   외성인지언

小人不知天命而不畏也, 狎大人, 侮聖人之言."
소인부지천명이불외야 압대인 모성인지언

|핵심어| 君子三畏 (군자삼외)
|해설| 군자는 세 가지 두려워할 것이 있다.
자연과 인간의 법칙을 두려워하라.

16-9

공자가 말했다.

"태어나면서 아는 사람은 가장 뛰어나다. 배워서 아는 사람은 그다음이다. 막히면 애써서 배우는 사람은 그다음이다. 막혀도 배우지 않으면 세상 사람도 그를 가장 아래에 있는 사람이라고 한다."

孔子曰, "生而知之者, 上也. 學而知之者, 次也. 困而學之,
공자왈   생이지지자   상야   학이지지자   차야   곤이학지

又其次也. 困而不學, 民斯爲下矣."
우기차야   곤이불학   민사위하의

|핵심어| 困而學之 (곤이학지)
|해설| 막히면 애써서 배운다.
배움이 힘이다.

16-10*

공자가 말했다.

"군자는 아홉 가지 생각해야 할 것이 있다. 볼 때는 분명하게 보기를 생각하고, 들을 때는 명확하게 듣기를 생각하고, 낯빛은 온화하게 하기를 생각하고, 태도는 공손하게 갖기를 생각하고, 말은 충실히 하기를 생각하고, 일은 신중히 하기를 생각하고, 의심스러운 것은 물어보기를 생각하고, 성이 날 때는 뒤에 어려운 일이 올 것을 생각하고, 이익을 얻을 때는 그것이 올바른 것

* 이 장은 공자가 매우 구체적으로 생활 규범을 정하여 예의범절을 어떻게 실천해야 할지를 밝힌 '구사(九思)'에 관한 내용이다.

인지를 생각한다."

孔子曰, "君子有九思. 視思明, 聽思聰, 色思溫, 貌思恭, 言思忠, 事思敬,
공자왈   군자유구사   시사명   청사총   색사온   모사공   언사충   사사경

疑思問, 忿思難, 見得思義."
의사문   분사난   견득사의

|핵심어| 君子九思 (군자구사)
|해설| 군자는 아홉 가지에 대해 생각해야 한다.
생각하고 또 생각해야 행동이 바르게 된다.

16-11

공자가 말했다.

"착한 일을 보면 따라가지 못하는 것처럼 하고, 착하지 않은 일을 보면 끓는 물을 더듬듯이 해야 한다. 나는 그런 사람을 보기도 했고 또 그런 말을 들은 적도 있다. 숨어 살면서 자신의 뜻을 추구하고, 의리를 행하면서 사람의 길에 도달한다. 나는 그런 말을 들어본 적은 있으나 아직 그런 사람을 보지는 못했다."

孔子曰, "見善如不及, 見不善如探湯. 吾見其人矣, 吾聞其語矣.
공자왈   견선여불급   견불선여탐탕   오견기인의   오문기어의

隱居以求其志, 行義以達其道. 吾聞其語矣, 未見其人也."
은거이구기지   행의이달기도   오문기어의   미견기인야

|핵심어| 見善不及 (견선불급)
|설명| 착한 일을 보면 따라가지 못하는 것처럼 한다.
착한 일을 따르고 묵묵히 자신의 길을 추구한다.

16-12

제나라 경공은 4,000마리의 말을 가지고 있을 정도로 부유했지만, 죽었을 때 백성은 그의 덕을 칭송하지 않았다. 백이·숙제는 수양산 밑에서 굶주려 죽었지만 백성은 오늘날까지도 그들을 칭송한다. 그것이 이를 두고 말한 것

아닌가?

齊景公有馬千駟, 死之日, 民無德而稱焉. 伯夷 · 叔齊餓于首陽之下,
제 경 공 유 마 천 사　사 지 일　민 무 덕 이 칭 언　 백 이　 숙 제 아 우 수 양 지 하

民到于今稱之, 其斯之謂與?
민 도 우 금 칭 지　기 사 지 위 여

|핵심어| 民于今稱 (민우금칭)
|해설| 백성이 오늘날까지도 칭송한다.
역사에 자랑스러운 이름을 남겨라.

16-13

(제자) 진항이 백어*에게 물었다.

"자네는 특별히 가르침을 받은 일이 있는가?"

백어가 대답했다.

"없습니다. 일찍이 아버지가 홀로 서 계실 때, 제가 조심스럽게 뜰 앞을 지나간 일이 있었습니다. 그때 아버지가 '시를 배웠느냐?' 하시기에 '아직 못 배웠습니다.'라고 대답했습니다. 아버지가 '시를 배우지 않으면 남과 더불어 말할 수 없다.'라고 했습니다. 그래서 물러나와 시를 배웠습니다. 어느 날 또 아버지가 홀로 서 계셨는데, 제가 조심스럽게 뜰 앞을 지나갔습니다. 그때 아버지가 '예를 배웠느냐?' 하시기에 '아직 못 배웠습니다.'라고 대답했습니다. 아버지가 '예를 배우지 않으면 사회에 나가 제대로 행세할 수 없다.'라고 했습니다. 그래서 물러나와 예를 배웠습니다. 아버지로부터 들은 말은 이 두 가지뿐입니다."

진항은 물러나 기뻐하며 말했다.

"하나를 묻고 세 가지를 얻었다. 시에 대해 들었고, 예에 대해 들었으며, 또 군자가 자식을 가르칠 때 특별히 가까이 하지 않음을 알았다."

* 백어는 공자의 아들 공리의 자이다.

陳亢問於伯魚曰, "子亦有異聞乎?" 對曰, "未也. 嘗獨立, 鯉趨而過庭.
진항문어백어왈 자역유이문호 대왈 미야 상독립 이추이과정

曰, '學詩乎?' 對曰, '未也.' '不學詩, 無以言.' 鯉退而學詩. 他日, 又獨立,
왈 학시호 대왈 미야 불학시 무이언 이퇴이학시 타일 우독립

鯉趨而過庭. 曰, '學禮乎?' 對曰, '未也.' '不學禮, 無以立.' 鯉退而學禮.
이추이과정 왈 학례호 대왈 미야 불학례 무이립 이퇴이학례

聞斯二者." 陳亢退而喜曰, "問一得三, 聞詩, 聞禮, 又聞君子之遠其子也."
문사이자 진항퇴이희왈 문일득삼 문시 문례 우문군자지원기자야

| 핵심어 | **君子遠子** (군자원자)

| 해설 | 군자는 자식을 가르칠 때 특별히 가까이 하지 않는다.

자식 교육을 할 때는 냉정하고 정확하게 지적하라!

16-14

한 나라의 군주 아내에 대해, 군주가 일컬을 때는 부인이라 하고, 부인이 스스로를 일컬을 때는 소동이라 하며, 그 나라 사람이 일컬을 때는 군부인이라 하고, 다른 나라 사람에게 일컬을 때는 과소군이라고 하며, 다른 나라 사람이 일컬을 때도 군부인이라고 한다.**

邦君之妻, 君稱之曰夫人, 夫人自稱曰小童, 邦人稱之曰君
방군지처 군칭지왈부인 부인자칭왈소동 방인칭지왈군

夫人, 稱諸異邦曰寡小君, 異邦人之亦曰君夫人.
부인 칭저이방왈과소군 이방인지역왈군부인

| 핵심어 | **君稱夫人** (군칭부인)

| 해설 | 군주가 자신의 아내를 부를 때는 부인이라 한다.

모든 사람에게는 그에 맞는 호칭이 있다.

** 『예기』 「곡례」에 따르면, 천자의 아내는 후(后), 제후의 아내는 부인(夫人), 대부의 아내는 유인(孺人), 사의 아내는 부인(婦人), 서인의 아내는 처(妻)라고 명명했다.

양화

17

17-1

양화*가 공자를 만나려 했으나 공자가 만나주지 않자, 양화가 공자에게 삶은 돼지고기를 선물로 보내왔다. 공자는 양화가 집에 없는 틈을 이용하여 사례를 하려고 그의 집으로 갔다. 그런데 가는 도중에 길에서 양화를 만났다.

양화가 공자에게 말했다.

"이리 오시오! 당신에게 할 말이 있습니다."

양화가 혼자 말했다.

"귀중한 보배를 지니고 있으면서 나라가 혼란에 빠지도록 두는 것을 현명하다 할 수 있겠습니까?"

또 혼자 말했다.

"아닐 것입니다."

다시 말했다.

"일을 하고 싶어 하면서도 때를 놓치는 것을 지혜롭다 할 수 있겠습니까?"

---

* 양화는 계씨의 가신인 양호를 말한다. 그는 계환자를 잡아 가두고는 자신이 나랏일을 전횡하며 나라를 어지럽혔다.

다시 혼자 말했다.

"아닐 것입니다. 시간은 지나가고 세월은 우리를 기다려주지 않습니다."

공자가 말했다.

"알았습니다. 내 장차 일을 하겠습니다."

陽貨欲見孔子, 孔子不見, 歸孔子豚. 孔子時其亡也, 而往拜之. 遇諸途.
양 화 욕 견 공 자　공 자 불 견　귀 공 자 돈　공 자 시 기 망 야　이 왕 배 지　우 저 도

謂孔子曰, "來! 予與爾言." 曰, "懷其寶而迷其邦, 可謂仁乎?"
위 공 자 왈　　래　여 여 이 언　　왈　　회 기 보 이 미 기 방　가 위 인 호

曰, "不可." "好從事而亟失時, 可謂知乎?" 曰, "不可." "日月逝矣,
왈　　불 가　　호 종 사 이 기 실 시　가 위 지 호　　왈　　불 가　　일 월 서 의

歲不我與." 孔子曰, "諾. 吾將仕矣."
세 불 아 여　　공 자 왈　　낙　오 장 사 의

| 핵심어 | **歲不我與** (세불아여)

| 해설 | 세월은 우리를 기다려주지 않는다.

기회를 놓치지 마라.

17-2

공자가 말했다.

"본성은 서로 가깝지만 익힘에 따라 서로 멀어진다."

子曰, "性相近也, 習相遠也."
자 왈　　성 상 근 야　습 상 원 야

| 핵심어 | **性近習遠** (성근습원)

| 해설 | 본성은 비슷하지만 공부하는 것에 따라 달라진다.

사람은 비슷하다. 하지만 어떻게 노력하고 연구하느냐에 따라 달라진다.

17-3

공자가 말했다.

"아주 지혜로운 사람과 아주 어리석은 사람은 그 기질을 쉽게 바꿀 수 없다."

子曰, "唯上知與下愚不移."
자 왈   유 상 지 여 하 우 불 이

|핵심어| 上下不移 (상하불이)
|해설| 탁월하거나 어리석으면 변하지 않는다.
보통사람의 눈으로 공부하라.

17-4

공자가 무성에 갔는데 거문고를 타며 노래 부르는 소리가 들렸다.

공자가 빙그레 웃으면서 말했다.

"닭 잡는 데 어찌 소 잡는 칼을 쓰는가?"*

자유**가 대답했다.

"예전에 제가 선생님께 듣기로는 '군자는 도리를 배우면 사람을 사랑하고, 소인이 도리를 배우면 부리기 쉽다.'라고 했습니다."

공자가 말했다.

"여러분! 자유의 말이 옳습니다. 아까 내가 한 말은 농담이었습니다."

子之武城, 聞弦歌之聲. 夫子莞爾而笑, 曰, "割鷄焉用牛刀?" 子游對曰,
자 지 무 성 문 현 가 지 성 부 자 완 이 이 소 왈   할 계 언 용 우 도   자 유 대 왈

"昔者, 偃也聞諸夫子曰, '君子學道則愛人, 小人學道則易使也.'"
석 자   언 야 문 저 부 자 왈 군 자 학 도 즉 애 인 소 인 학 도 즉 이 사 야

子曰, "二三者, 偃之言是也. 前言戲之耳."
자 왈   이 삼 자   언 지 언 시 야   전 언 희 지 이

|핵심어| 學道愛人 (학도애인)
|해설| 도리를 배우면 사람을 사랑한다.
세상을 배워라. 정치를 배워라. 배워야 사람을 배려할 수 있다.

17-5

공산불요***가 비읍에서 반란을 일으킨 후 공자를 부르자 공자가 가려고 했다.

자로가 언짢아하며 말했다.

"가서는 안 됩니다. 어째서 공산씨에게 가려고 하십니까?"

공자가 말했다.

"나를 부르는 자가 어찌 함부로 그러겠는가? 나를 등용해 주는 자가 있다면, 동쪽으로 가서 과거 주나라처럼 부흥시킬 수 있지 않겠는가?"

公山弗擾以費畔, 召, 子欲往. 子路不說, 曰, "末之也已, 何必公山氏之之
공산불요이비반 소 자욕왕 자로불열 왈 말지야이 하필공산씨지지

也?" 子曰, "夫召我者, 而豈徒哉! 如有用我者, 吾其爲東周乎?"
야 자왈 부소아자 이기도재 여유용아자 오기위동주호

| 핵심어 | 用我爲周 (용아위주)

| 해설 | 나를 등용해 준다면 주나라처럼 훌륭하게 만들 수 있다.

진인사대천명!

17-6

자장이 공자에게 인에 대해 물었다.

공자가 말했다.

"다섯 가지를 세상에서 실천할 수 있다면 인을 행할 수 있다."

"청컨대 그것에 대해 묻습니다."

공자가 말했다.

"공손, 관용, 신뢰, 민첩성, 은혜로움이다. 공손하면 모욕을 당하지 않고, 관용을 베풀면 사람의 지지를 얻으며, 신뢰가 있으면 사람이 신임하고, 민첩하면 일을 성취할 수 있으며, 은혜를 베풀면 사람을 충분히 부릴 수 있다."

---

* 작은 고을을 다스리는데 어찌 이런 큰 도[大道]를 쓸 필요가 있느냐고 묻고 있다.
** 자유는 공자의 제자로 무성의 읍재 벼슬을 하고 있었다.
*** 공산불요는 계씨의 가신으로 양화(양호)와 함께 계환자를 잡아 가두고 비읍을 점거하고 반란을 일으켰다.

子張問仁於孔子. 孔子曰, "能行五子於天下, 爲仁矣." "請問之." 曰, "恭,
자장문인어공자　공자왈　능행오자어천하　위인의　청문지　왈　공

寬, 信, 敏, 惠. 恭則不侮, 寬則得衆, 信則人任焉, 敏則有功, 惠則足以使人."
관　신　민　혜　공즉불모　관즉득중　신즉인임언　민즉유공　혜즉족이사인

|핵심어| 能行五子 (능행오자)

|해설| 다섯 가지를 세상에 실천한다.

공손하고 관용하고 신뢰하고 민첩하며 은혜를 베풀어라.

17-7

필힐*이 초빙하자 공자가 가려고 했다.

자로가 말했다.

"예전에 제가 선생님에게 듣기로는 '몸소 착하지 않은 짓을 하는 그런 사
람 속에 군자는 포함되지 않는다.'라고 했습니다. 필힐이 중모에서 반란을
일으켰는데 선생님께서 거기에 가시려고 하니, 어찌된 일입니까?"

공자가 말했다.

"그렇다. 하지만 이런 말을 한 적도 있다. '단단하다고 하지 않겠는가, 아
무리 갈아도 닳지 않는다. 희다고 하지 않겠는가, 아무리 물들여도 검어지지
않는다. 내 어찌 표주박과 같겠는가? 어찌 공중에 매달려 있기만 하고 먹지
도 못하는 것이겠는가?'"

佛肸召, 子欲往. 子路曰, "昔者, 由也聞諸夫子曰, '親於其身爲不善者,
필힐소　자욕왕　자로왈　석자　유야문저부자왈　친어기신위불선자

君子不入也.' 佛肸以中牟畔, 子之往也, 如之何?" 子曰, "然, 有是言也.
군자불입야　필힐이중모반　자지왕야　여지하　자왈　연　유시언야

不曰堅乎, 磨而不磷. 不曰白乎, 涅而不緇. 吾豈匏瓜也哉? 焉能繫而不食?"
불왈견호　마이불린　불왈백호　열이불치　오기포과야재　언능계이불식

|핵심어| 繫而不食 (계이불식)

|해설| 매달려 있지만 먹지 못한다.

직접 실천하라. 사람에게 휘둘리지 말고.

17-8

공자가 말했다.

"자로야! 자네는 여섯 가지 말 속에 여섯 가지 폐단이 숨겨져 있다는 걸 들었는가?"

자로가 대답했다.

"아직 듣지 못했습니다."

"앉아라! 내 자네에게 말해 주겠다. 베풀기를 좋아하면서 배우기를 좋아하지 않으면 그 폐단은 어리석음이다. 지혜롭기를 좋아하면서 배우기를 좋아하지 않으면 그 폐단은 허황함이다. 믿음을 좋아하면서 배우기를 좋아하지 않으면 그 폐단은 해침이다. 곧음을 좋아하면서 배우기를 좋아하지 않으면 그 폐단은 각박함이다. 용맹을 좋아하면서 배우기를 좋아하지 않으면 그 폐단은 난동이다. 굳셈을 좋아하면서 배우기를 좋아하지 않으면 그 폐단은 광기이다."

子曰, "由也! 女聞六言六蔽矣乎?" 對曰, "未也." "居! 吾語女. 好仁不好學,
자왈   유야   여문육언육폐의호   대왈   미야   거 오어여 호인불호학

其蔽也愚. 好知不好學, 其蔽也蕩. 好信不好學, 其蔽也賊. 好直不好學, 其蔽
기폐야우 호지불호학 기폐야탕 호신불호학 기폐야적 호직불호학 기폐

也絞. 好勇不好學, 其蔽也亂. 好剛不好學, 其蔽也狂."
야교 호용불호학 기폐야란 호강불호학 기폐야광

|핵심어| 六言六蔽 (육언육폐)
|해설| 여섯 가지 말 속에 여섯 가지 폐단이 숨겨져 있다.
상대의 말을 제대로 간파하라. 그리고 배워라.

17-9

공자가 말했다.

"그대들! 왜 시를 배우지 않는가? 시는 사람의 감흥과 흥취를 돋우고, 사

---

* 필힐은 진(晉)나라 중모 땅의 읍재이다.

물을 깊이 관찰하게 하며, 사람과 어울려 화합하는 도리를 알게 하고, 슬픔이나 원한을 풀기도 하고 원망하게도 한다. 가까이는 부모를 모시고 멀리는 군주를 섬기는 도리를 배울 수 있다. 또 새나 짐승, 풀이나 나무의 명칭도 많이 알게 한다."

子曰, "小子何莫學夫詩? 詩, 可以興, 可以觀, 可以群, 可以怨. 邇之事父,
자왈　소자하막학부시　시　가이흥　가이관　가이군　가이원　이지사부

遠之事君, 多識於鳥獸草木之名."
원지사군　다식어조수초목지명

| 핵심어 | 學詩與立 (학시여립)

| 해설 | 시를 배워야 함께 살 수 있다.
자연과 사람의 도리를 가르쳐주는 글을 읽어라.

17-10

공자가 백어에게 말했다.

"너는 「주남」·「소남」의 시를 공부했느냐? 사람으로서 「주남」·「소남」을 공부하지 않으면 바로 담장 앞에 서 있는 것과 같지 않겠느냐?"*

子謂伯魚曰, "女爲周南 · 召南矣乎? 人而不爲周南 · 召南, 其猶正牆面而立
자위백어왈　여위주남　소남의호　인이불위주남　소남　기유정장면이립

也與?
야여

| 핵심어 | 牆面而立 (장면이립)

| 해설 | 담장 앞에 서다.
무엇을 보고 알 수 있을까?

17-11

공자가 말했다.

---

*「주남」과 「소남」은 『시경』「국풍」의 편명이다. '주' '소'는 모두 주나라 기산의 남쪽 기슭에 위치한 지역이다. 「주남」에는 11수, 「소남」에는 14수가 실려 있다.

"예의가 중요하다, 예의가 중요하다고 하지만, 보석이나 비단을 말하는 것이겠는가? 음악이 중요하다, 음악이 중요하다고 하지만, 종이나 북을 말하는 것이겠는가?"

子曰, "禮云禮云, 玉帛云乎哉? 樂云樂云, 鐘鼓云乎哉?"
자 왈   예 운 예 운   옥 백 운 호 재   악 운 악 운   종 고 운 호 재

|핵심어| 禮樂玉鐘 (예악옥종)
|해설| 예악은 단순히 종과 보석을 넘어 생각해야 한다.
세상을 움직이는 힘을 고민하라. 예와 악은 그런 것이다.

17-12
공자가 말했다.

"겉으로는 위엄이 있는 것처럼 보이지만 속으로는 약하다. 소인에 비유하면 벽을 뚫고 담을 넘는 좀도둑과도 같다."

子曰, "色厲而內荏, 譬諸小人, 其猶穿窬之盜也與?"
자 왈   색 려 이 내 임   비 저 소 인   기 유 천 유 지 도 야 여

|핵심어| 色厲内荏 (색려내임)
|해설| 겉으로는 위엄이 있는 것처럼 보이지만 속으로는 약하다.
내면과 외면이 일치되는 인간이 되라.

17-13
공자가 말했다.

"시골에서 우두머리 행세를 하는 향원은 도덕을 해치는 도적과 같다."

子曰, "鄕原, 德之賊也."
자 왈   향 원   덕 지 적 야

|핵심어| 鄕原德賊 (향원덕적)
|해설| 향원은 도덕을 해치는 도적이다.
지역, 학연 등 인연만을 내세우는 인간을 경계하라.

17-14

공자가 말했다.

"길거리에서 듣고 길거리에서 다른 사람에게 말하는 것은, 도덕을 포기하는 행동이다."

子曰, "道聽而塗說, 德之棄也."
자 왈   도 청 이 도 설   덕 지 기 야

|핵심어| **塗說德棄** (도설덕기)

|해설| 길거리에서 사람에게 함부로 말하는 것은 도덕을 포기하는 행동이다.

정확하게 알고 정확하게 얘기하라.

17-15

공자가 말했다.

"천박한 사람과 함께 군주를 섬길 수 있겠는가? 그들은 부귀를 얻지 못하면 근심을 얻는다. 부귀를 얻은 다음에는 근심을 잃어버린다. 부귀를 정말 잃을까봐 걱정이 들면 못하는 짓이 없다."

子曰, "鄙夫可與事君也與哉? 其未得之也, 患得之. 旣得之, 患失之. 苟患失
자 왈   비 부 가 여 사 군 야 여 재   기 미 득 지 야   환 득 지   기 득 지   환 실 지   구 환 실

之, 無所不至矣."
지   무 소 부 지 의

|핵심어| **未得患得** (미득환득)

|해설| 얻지 못하면 근심을 얻는다.

욕심을 조절하라.

17-16

공자가 말했다.

"옛날에는 백성에게 세 가지 병폐가 있었다. 오늘날에는 그것이 없어진 것 같다. 옛날에 뜻이 높은 사람은 조그만 예절에 얽매이지 않았으나, 오늘날 뜻이 높은 사람은 방탕하기만 하다. 옛날에 긍지가 있는 사람은 방정했으

나, 오늘날 긍지가 있는 사람은 사납게 위세만 보인다. 옛날에 어리석은 사람은 우직했으나, 오늘날 어리석은 사람은 속이려고 수작을 부린다.”

子曰, “古者民有三疾, 今也或是之亡也. 古之狂也肆, 今之狂也蕩; 古之矜
자 왈   고 자 민 유 삼 질   금 야 혹 시 지 무 야   고 지 광 야 사   금 지 광 야 탕   고 지 긍

也廉, 今之矜也忿戾. 古之愚也直, 今之愚也詐而已矣.”
야 렴   금 지 긍 야 분 려   고 지 우 야 직   금 지 우 야 사 이 이 의

| 핵심어 | 民有三疾 (민유삼질)
| 해설 | 사람에게는 세 가지 병폐가 있다.
높은 뜻, 긍지, 우직함으로 세상에 눈을 떠라.

17-17
공자가 말했다.

“말하는 소리는 남이 듣기 좋게 하고 낯빛은 남들이 좋게 하는 사람 가운데, 사람을 사람답게 대할 줄 아는 자가 드물구나!”

子曰, 巧言令色, 鮮矣仁.
자 왈   교 언 영 색   선 의 인

| 핵심어 | 巧言令色 (교언영색)
| 해설 | 듣기 좋은 말과 보기 좋은 낯빛
가면을 쓰지 마라!

17-18
공자가 말했다.

“자주색이 붉은색을 빼앗는 것을 미워하고, 정나라의 음탕한 음악이 우아한 아악을 어지럽히는 것을 미워하며, 말재주로 나라나 가문이 전복되는 것을 미워한다.”

子曰, “惡紫之奪朱也, 惡鄭聲之亂雅樂也, 惡利口之覆邦家者.”
자 왈   오 자 지 탈 주 야   오 정 성 지 란 아 악 야   오 리 구 지 복 방 가 자

| 핵심어 | 惡紫奪朱 (오자탈주)

| 해설 | 자주색이 붉은색을 빼앗는 것을 미워한다.

'짝퉁'을 경계하라.

17-19*

공자가 말했다.

"나는 말을 하지 않으려고 한다."

자공이 말했다.

"선생님께서 말을 하지 않으시면, 저희들은 무엇을 바탕으로 공부합니까?"

공자가 말했다.

"하늘이 무슨 말을 하던가? 사계절이 바뀌어 돌고 모든 사물이 살아가지만, 하늘이 무슨 말을 하던가?"

子曰, "予欲無言." 子貢曰, "子如不言, 則小子何述焉?" 子曰, "天何言哉?
자 왈   여 욕 무 언   자 공 왈   자 여 불 언   즉 소 자 하 술 언   자 왈   천 하 언 재

四時行焉, 百物生焉, 天何言哉?"
사 시 행 언   백 물 생 언   천 하 언 재

| 핵심어 | 天何言哉 (천하언재)

| 해설 | 하늘이 무슨 말을 하던가?

있는 그대로 보라.

17-20

유비**가 공자를 만나려고 했으나 공자가 아프다는 핑계를 대고 만나기를 사양했다.

유비의 심부름 온 사람이 문밖으로 나가자, 공자는 거문고를 타고 노래를

---

 * 이 장에는 유학의 자연관과 학문관, 인생관 등이 종합적으로 담겨 있다.
** 유비는 노나라 사람으로 공자에게 배운 적이 있었다. 심부름꾼을 시켜 말을 전하려고 한 무례한 행동을 은근히 나무라는 내용이다.

부르며 그 심부름꾼이 듣게 했다.

孺悲欲見孔子, 孔子辭以疾. 將命者出戶, 取瑟而歌, 使之聞之.
유 비 욕 견 공 자 공 자 사 이 질   장 명 자 출 호   취 슬 이 가   사 지 문 지

| 핵심어 | 使之聞之 (사지문지)
| 해설 | 심부름꾼이 노래 소리를 듣게 했다.
사양하는 데는 이유가 있다.

17-21

(제자) 재아가 물었다.

"삼년상은 그 기한이 너무 긴 것 같습니다. 군자가 3년이나 예의를 지키지 못하면 예의는 반드시 혼란스러워지고, 3년이나 음악을 울리지 않으면 음악은 반드시 무너질 것입니다. 묵은 곡식이 없어진 다음 해에 새 곡식이 나오고, 불씨를 얻기 위해 구멍을 뚫어 불씨를 일으키는 나무도 매년 새로 마련하는 것처럼, 일년상으로 마치는 것이 좋지 않겠습니까?"

공자가 말했다.

"일년상만 마치고 쌀밥을 먹고 비단옷을 입어도, 자네 마음이 편하겠는가?"

재아가 말했다

"편합니다."

"자네 마음이 편하다면 그렇게 하게나. 군자는 상중에는 음식을 먹어도 맛있지 않고, 음악을 들어도 즐겁지 않으며, 어떤 곳에 살아도 편하지 않기 때문에 그렇게 하지 않는다. 지금 자네 마음이 편하다면 그렇게 하게나!"

재아가 나갔다.

공자가 말했다.

"재아는 도덕적이지 못하구나! 자식은 태어난 지 3년이 지나야 부모의 품에서 겨우 벗어날 수 있다. 부모가 돌아가셨을 때 삼년상을 치르는 것은 세

상의 보편적인 예의인데, 재아도 부모로부터 3년 동안 사랑을 받았으리라!"

宰我問, "三年之喪, 期已久矣. 君子三年不爲禮, 禮必壞. 三年不爲樂, 樂必
재아문   삼년지상 기이구의 군자삼년불위례 예필괴 삼년불위악 악필

崩. 舊穀旣沒, 新穀旣升, 鑽燧改火, 期可已矣." 子曰, "食夫稻, 衣夫錦, 於女
붕 구곡기몰 신곡기승 찬수개화 기가이의 자왈 식부도 의부금 어여

安乎?" 曰, "安." "女安. 則爲之. 夫君子之居喪, 食旨不甘, 聞樂不樂, 居處
안호   왈 안   여안 즉위지 부군자지거상 식지불감 문악불락 거처

不安, 故不爲也. 今女安, 則爲之!" 宰我出. 子曰, "予之不仁也! 子生三年,
불안 고불위야 금여안 즉위지   재아출 자왈 여지불인야 자생삼년

然後免於父母之懷. 夫三年之喪, 天下之通喪也, 予也有三年之愛於其父母
연후면어부모지회 부삼년지상 천하지통상야 여야유삼년지애어기부모

乎!"
호

|핵심어| 三年通喪 (삼년통상)

|해설| 부모님이 돌아가셨을 때 삼년상을 치르는 것은 보편적 예의다.

보편적인 것은 왜 그런지 그 이유를 제대로 생각하라.

17-22

공자가 말했다.

"하루 종일 배불리 먹기만 하고 마음 쓰는 일이 없으면, 사람 되기 어렵
다! 장기나 바둑 같은 내기나 노름조차도 할 수 있지 않은가? 그런 짓이라도
하는 것이 안 하는 것보다 낫다."

子曰, "飽食終日, 無所用心, 難矣哉! 不有博奕者乎? 爲之, 猶賢乎已."
자왈 포식종일 무소용심 난의재 불유박혁자호 위지 유현호이

|핵심어| 終日用心 (종일용심)

|해설| 하루 동안 무엇이건 마음을 쓰라.

무엇이건 움직이며 하라.

17-23

자로가 말했다.

"군자도 용기를 존중합니까?"

공자가 말했다.

"군자는 도의를 최고로 여긴다. 군자가 용맹스럽고 용기는 넘치는 데 반해 도의가 없으면 반란을 일으키고, 소인이 용맹스럽고 용기가 넘치는 데 반해 도의가 없으면 도둑질을 한다."

子路曰, "君子尙勇乎?" 子曰, "君子義以爲上, 君子有勇而無義爲亂, 小人有
자 로 왈   군 자 상 용 호   자 왈   군 자 의 이 위 상 군 자 유 용 이 무 의 위 란 소 인 유

勇而無義爲盜."
용 이 무 의 위 도

| 핵심어 | 有勇有義 (유용유의)

| 해설 | 용기를 지녔으면 그만큼 도의가 있어야 한다.

정의로움에 올인하라.

17-24

자공이 말했다.

"군자도 미워하는 것이 있습니까?"

공자가 말했다.

"미워하는 것이 있다. 사람의 나쁜 점을 들추어내서 말하는 것을 미워하고, 아랫자리에 있으면서 윗자리에 있는 사람을 비방하고 헐뜯는 것을 미워하며, 용맹하게 날뛰면서 예의가 없는 것을 미워하고, 과감하지만 꽉 막혀 통하지 않는 것을 미워한다."

공자가 말했다.

"자공아, 자네도 미워하는 것이 있는가?"

"남의 것을 엿보고 자기가 아는 것같이 하는 것을 미워하고, 겸손하지 않은 태도를 용감한 것으로 여기는 것을 미워하며, 사람의 비밀과 사생활을 폭

로하면서 강직하다고 여기는 것을 미워합니다."

子貢曰, "君子亦有惡乎?" 子曰. "有惡. 惡稱人之惡者, 惡居下流而訕上者,
자공왈 군자역유오호   자왈   유오 오칭인지악자 오거하류이산상자

惡勇而無禮者, 惡果敢而窒者." 曰, "賜也亦有惡乎?" "惡徼以爲知者, 惡不
오용이무례자 오과감이질자   왈   사야역유오호   오요이위지자 오불

孫以爲勇者, 惡訐以爲直者."
손이위용자 오알이위직자

|핵심어| 君子有惡 (군자유오)

|해설| 군자도 미워하는 것이 있다.

이유 없이 미워해서는 곤란하다.

17-25

공자가 말했다.

"시녀나 하인은 다루기가 매우 어렵다. 가까이하면 공손하지 않고, 멀리하
면 원망한다."

子曰, "唯女子與小人爲難養也, 近之則不孫, 遠之則怨."
자왈   유여자여소인위난양야 근지즉불손 원지즉원

|핵심어| 小人難養 (소인난양)

|해설| 소인은 다루기 어렵다.

적절한 거리를 두라.

17-26

공자가 말했다.

"나이 40세가 되었는데도 사람에게 미움을 받으면, 더 이상 볼 것이 없
다."

子曰, "年四十而見惡焉, 其終也已."
자왈   연사십이견오언 기종야이

|핵심어| 年四十見 (연사십견)
|해설| 나이 사십에 자신을 본다.

자신의 얼굴에 책임을 져라.

미자

18

18-1

미자는 떠나갔고, 기자는 노예처럼 행세하며 숨었고, 비간은 끝까지 간하다가 죽었다.

공자가 말했다.

"은나라에 세 명의 훌륭한 인사가 있었다."

微子去之, 箕子爲之奴, 比干諫而死. 孔子曰, "殷有三仁焉."
미 자 거 지　기 자 위 지 노　비 간 간 이 사　공 자 왈　은 유 삼 인 언

|핵심어| 殷有三仁 (은유삼인)
|해설| 은나라에 세 명의 훌륭한 인사가 있었다.
자신의 자리에서 최선을 다하자.

18-2

(노나라 대부) 유하혜가 재판관이 되었다가 세 번이나 자리에서 쫓겨났다.

어떤 사람이 물었다.

"그대는 세 번이나 쫓겨났는데, 이 나라를 떠나는 게 낫지 않습니까?"

유하혜가 말했다.

"도리를 곧게 지키며 사람을 섬기면 어느 나라에 간들 세 번 쫓겨나지 않겠습니까? 도리를 굽히고 접으며 사람을 섬길 바에야 어찌 내가 태어난 조국을 떠날 필요가 있겠습니까?"

柳下惠爲士師, 三黜. 人曰, "子未可以去乎?"曰, "直道而事人, 焉往而不三
유 하 혜 위 사 사   삼 출   인 왈   자 미 가 이 거 호   왈   직 도 이 사 인   언 왕 이 불 삼

黜? 枉道而事人, 何必去父母之邦?"
출   왕 도 이 사 인   하 필 거 부 모 지 방

|핵심어| **直道事人** (직도사인)
|해설| 도리를 곧게 지키며 사람을 섬기다.
정의로운 행동은 오해받기 쉽다. 그래도 정의롭게 그 사회를 지탱하라.

18-3
제나라 경공이 공자를 초빙하여 어떻게 대우할 것인지에 대해 말했다.
"계씨와 똑같이 대우한다면 내가 초빙할 수 없지만, 계씨와 맹씨의 중간 정도로 대우해 줄 수는 있다."
경공이 말했다.
"내가 늙어서 공자를 등용할 수 없다."
그러자 공자는 제나라를 떠났다.

齊景公待孔子曰, "若季氏, 則吾不能, 以季‧孟之間待之."曰, "吾老矣, 不
제 경 공 대 공 자 왈   약 계 씨   즉 오 불 능   이 계   맹 지 간 대 지   왈   오 노 의   불

能用也."孔子行.
능 용 야   공 자 행

|핵심어| **景公不用** (경공불용)
|해설| 경공이 공자를 등용하지 않다.
한 번 뱉은 말은 책임을 져라.

18-4
제나라에서 여자 가무단을 보내왔는데, 계환자가 이를 받아들이고 즐기며

사흘간 조회를 열지 않자, 공자가 떠났다.

齊人歸女樂, 季桓子受之, 三日不朝, 孔子行.
제 인 귀 녀 악   계 환 자 수 지   삼 일 부 조   공 자 행

| **핵심어** | **女樂受之** (여악수지)

| **해설** | 여자 가무단을 받아들이다.

정상적으로 임무를 수행하라.

18-5

초나라의 기인인 접여*가 노래를 부르며 공자의 수레 앞을 지나가면서 말했다.

"봉황새여 봉황새여, 어찌 덕이 이렇게도 쇠했는가? 지난 일은 탓할 수 없으나, 오는 일은 좇을 수 있다. 그만두자. 그만두자. 오늘날 정치에 참여하는 사람은 위태로울 따름이니!"

공자가 수레에서 내려 함께 말하려고 했다. 그는 재빠르게 몸을 피했고 함께 말하지 못했다.

楚狂接輿歌而過孔子曰, "鳳兮鳳兮, 何德之衰? 往者不可諫, 來者猶可追.
초 광 접 여 가 이 과 공 자 왈   봉 혜 봉 혜   하 덕 지 쇠   왕 자 불 가 간   래 자 유 가 추

已而, 已而, 今之從政者殆而!"孔子下, 欲與之言. 趨而辟之, 不得與之言.
이 이   이 이   금 지 종 정 자 태 이   공 자 하   욕 여 지 언   추 이 피 지   부 득 여 지 언

| **핵심어** | **接輿歌過** (접여가과)

| **해설** | 접여가 노래를 부르며 공자 앞을 지나가다.

은자의 말에 귀 기울여라.

18-6

장저와 걸익이 함께 밭갈이를 하고 있었는데, 공자가 지나가다가 자로를 시켜 나루터가 어디에 있는지 물었다.

---

* 접여는 은자(隱者)로, 초나라의 육통이라 불리는 사람이었다. 미친 척하고 난세를 한탄하며 숨어 살았다고 하나 정확한 기록은 없다.

장저가 말했다.

"저 수레의 고삐를 잡고 있는 분은 누구입니까?"

자로가 말했다.

"공구입니다."

장저가 말했다.

"노나라의 공구입니까?"

자로가 말했다.

"그렇습니다."

장저가 말했다.

"그분은 나루터를 알 것입니다."

걸익에게 다시 물었다.

걸익이 말했다.

"그대는 누구십니까?"

자로가 말했다.

"저는 자로라고 합니다."

걸익이 말했다.

"그대가 바로 노나라 공구의 제자이신가?"

자로가 말했다.

"그렇습니다."

걸익이 말했다.

"세상이 혼란스러워 도도한 흐름이 이와 같은데, 그 누가 세상을 바꿀 수 있겠습니까? 또 그대는 공구같이 사람을 피하는 선비를 따라다니고 있는데, 어찌 세상을 피하는 우리 같은 선비를 따르는 것과 같겠습니까?"

그러고는 씨앗을 뿌리고 흙 덮는 일을 계속했다.

자로가 되돌아와서 이를 공자에게 알렸다.

공자가 떨떠름한 표정을 지으며 말했다.

"사람이 새나 짐승과 같이 떼 지어 살 수는 없다. 우리가 세상 사람과 살지 않으면 누구와 더불어 살겠는가? 세상이 질서가 잡혀 있다면, 내가 세상을 바꾸려고 하지도 않을 것이다."

長沮 · 桀溺耦而耕, 孔子過之, 使子路問津焉. 長沮曰, "夫執輿者爲誰?"
장저 걸익우이경 공자과지 사자로문진언 장저왈 부집여자위수

子路曰, "爲孔丘." 曰, "是魯孔丘與?" 曰, "是也." 曰, "是知津矣."
자로왈 위공구 왈 시노공구여 왈 시야 왈 시지진의

問於桀溺. 桀溺曰, "子爲誰?" 曰, "爲仲由." 曰, "是魯孔丘之徒與?"
문어걸익 걸익왈 자위수 왈 위중유 왈 시노공구지도여

對曰, "然." 曰, "滔滔者天下皆是也, 而誰以易之? 且而與其從辟人之士也,
대왈 연 왈 도도자천하개시야 이수이역지 차이여기종피인지사야

其若從辟世之士哉?" 耰而不輟. 子路行以告. 夫子憮然, 曰, "鳥獸不可與
기약종피세지사재 우이불철 자로행이고 부자무연 왈 조수불가여

同群, 吾非斯人之徒與而誰與? 天下有道, 丘不與易也."
동군 오비사인지도여이수여 천하유도 구불여역야

| 핵심어 | 滔滔天下 (도도천하)
| 해설 | 혼란스러운 상태에서도 세상은 도도하게 흐른다.
어떻게 세상을 바로잡을 것인가? 세상을 바꾸어야 한다.

18-7
자로가 공자를 따라가다가 뒤처졌는데, 지팡이를 짚고 대나무로 만든 그릇을 어깨에 메고 가는 노인을 만났다.
자로가 물었다.
"어르신, 우리 선생님을 보셨습니까?"
노인이 말했다.
"사지를 부지런히 움직이지 않고 오곡을 분별하지도 못하면서, 누구 보고 선생이라 하는가?"
그러고는 지팡이를 땅에 꽂아놓고 김을 매었다.
자로가 공손하게 손을 모으고 곁에 서 있었다.

노인은 자로를 자기 집에 묵게 하고, 닭을 잡고 기장밥을 지어 대접하면서 그의 두 아들을 보여주었다. 다음날, 자로는 그 집을 나와 공자에게 이 사실을 알렸다.

공자가 말했다.

"숨어 사는 분이다."

자로에게 되돌아가 그를 다시 찾아보게 했다.

그 집에 도착해 보니, 그는 어디로 가고 없었다.

자로가 그의 자식들에게 말했다.

"관직에 나아가지 않는 것은 세상의 도의를 저버리는 일이다. 어른과 어린아이 사이의 예절도 폐할 수 없는데, 군주와 신하 사이의 예의를 어찌 폐할 수 있겠는가? 자기의 몸을 깨끗이 할 수는 있지만 큰 윤리는 어지럽히는 것이 된다. 군자가 관직에 나가는 것은 도의를 실천하기 위해서이다. 지금 세상에 도의가 실천되지 않고 있는 것은 이미 알고 있다."

子路從而後, 遇丈人以杖荷蓧. 子路問曰, "子見夫子乎?" 丈人曰, "四體不勤,
자로종이후 우장인이장하조 자로문왈 자견부자호 장인왈 사체불근

五穀不分, 孰爲夫子?" 植其杖而芸. 子路拱而立. 止子路宿, 殺鷄爲黍而食之,
오곡불분 숙위부자 치기장이운 자로공이립 지자로숙 살계위서이식지

見其二子焉. 明日, 子路行以告. 子曰, "隱者也." 使子路反見之. 至, 則行矣.
현기이자언 명일 자로행이고 자왈 은자야 사자로반견지 지 즉행의

子路曰, "不仕無義. 長幼之節, 不可廢也. 君臣之義, 如之何其廢之? 欲潔其
자로왈 불사무의 장유지절 불가폐야 군신지의 여지하기폐지 욕결기

身, 而亂大倫. 君子之仕也, 行其義也. 道之不行, 已知之矣."
신 이란대륜 군자지사야 행기의야 도지불행 이지지의

| 핵심어 | 君子行義 (군자행의)

| 해설 | 군자는 세상의 올바른 도의를 행한다.

세상에서 뒹굴며 개혁하자.

18-8

초야에 은둔한 사람으로 백이, 숙제, 우중, 이일, 주장, 유하혜, 소련 등 일곱 사람이 있다.

공자가 말했다.

"자기의 뜻을 굽히지 않고, 자기의 몸을 욕되게 하지 않은 사람은 백이·숙제이리라!"

공자가 평가했다.

"유하혜·소련은 뜻을 굽히고 몸을 욕되게 했으나, 말이 의리에 맞고 행실이 생각과 일치했으니, 이런 점에서 괜찮았다."

공자가 평가했다.

"우중·이일은 은둔해 살면서 큰소리를 치기도 했으나, 몸가짐이 청렴했고 세상을 버리고 은둔하는 시기가 적절했다."

"나는 이들과 다르다. 할 수 있는 것도 없고 할 수 없는 것도 없다."

逸民. 伯夷·叔齊·虞仲·夷逸·朱張·柳下惠·少連. 子曰, "不降其志,
일 민 백 이 숙 제 우 중 이 일 주 장 유 하 혜 소 련 자 왈 불 강 기 지

不辱其身, 伯夷·叔齊與!" 謂 "柳下惠·少連, 降志辱身矣, 言中倫, 行中慮,
불 욕 기 신 백 이 숙 제 여 위 유 하 혜 소 련 강 지 욕 신 의 언 중 륜 행 중 려

其斯而已矣." 謂 "虞仲·夷逸, 隱居放言, 身中淸, 廢中權." "我則異於是, 無
기 사 이 이 의 위 우 중 이 일 은 거 방 언 신 중 청 폐 중 권 아 즉 이 어 시 무

可無不可."
가 무 불 가

|핵심어| 無可無不可 (무가무불가)
|해설| 할 수 있는 것도 없고 할 수 없는 것도 없다.
올바른 길 위에서 공정하게 실천하라.

18-9*

악관의 수장으로 태사를 맡고 있던 지는 제나라로 갔고, 아반의 악사인 간은 초나라로 갔으며, 삼반의 악사인 요는 채나라로 갔고, 사반의 악사인 결

은 진나라로 갔으며. 북을 치는 방숙은 하내로 들어갔고, 작은북을 흔드는 무는 한중으로 들어갔으며, 악관을 돕던 소사인 양과 경쇠를 치던 양은 섬으로 갔다.

大師摯適齊, 亞飯干適楚, 三飯繚適蔡, 四飯缺適秦, 鼓方叔入於河, 播鼗武
대 사 지 적 제   아 반 간 적 초   삼 반 료 적 채   사 반 결 적 진   고 방 숙 입 어 하   파 도 무

入於漢, 小師陽 · 擊磬襄入於海.
입 어 한   소 사 양   격 경 양 입 어 해

|핵심어| **適國入海** (적국입해)

|해설| 다른 나라로 가거나 섬으로 들어가 은둔한다.

인재를 대접하고 잘 활용하라.

18-10

주공**이 아들 백금을 노나라의 공으로 삼으며 말했다.

"군자는 친척에게 소홀하지 않고, 대신에게 자기를 써주지 않는다는 원한을 품게 하지 않는다. 원로 공신과 같은 오랜 친구의 경우에도 반역 행위가 없다면 버리지 않는다. 사람에게 모든 것이 갖추어지기를 요구하지 않는다!"

周公謂魯公曰, "君子不施其親, 不使大臣怨乎不以. 故舊無大故, 則不棄也.
주 공 위 노 공 왈   군 자 불 시 기 친   불 사 대 신 원 호 불 이   고 구 무 대 고   즉 불 기 야

無求備於一人!
무 구 비 어 일 인

|핵심어| **無求備人** (무구비인)

|해설| 사람에게 모든 것이 갖추어지기를 요구해서는 안 된다.

사람의 장점을 취하라.

---

* 아반, 삼반, 사반은 식사를 할 때 음악으로 흥을 돋우던 자리이다. 예와 악이 무너지자 여러 악관들이 사방으로 흩어지는 상황을 설명한 것이다.

** 이 장에서 '주공'은 공자가 가장 존경했던 주공 단을 일컫는다. 노나라의 시조 같은 사람으로, 자기 대신 아들 백금을 노나라 임금으로 삼았다.

18-11

주나라에 여덟 명의 훌륭한 선비가 있었다. 백달과 백괄, 중돌과 중홀, 숙야와 숙하, 계수와 계왜가 그들이다.

周有八士. 伯達·伯适·仲突·仲忽·叔夜·叔夏·季隨·季騧.
주유팔사 백달 백괄 중돌 중홀 숙야 숙하 계수 계왜

| 핵심어 | 周有八士 (주유팔사)

| 해설 | 주나라에 여덟 명의 훌륭한 선비가 있었다.

역사상의 인재를 통해 교훈을 배워라.

자장

19

19-1

자장이 말했다.

"사 계급의 관리는 위태로움을 보면 목숨을 바치고, 얻을 것을 보면 그것이 올바른 일인지 생각해야 하며, 제사는 그것에 몰입하여 모시고, 상례는 애통하는 마음으로 치러야, 옳다고 할 만하다."

子張曰, "士見危致命, 見得思義, 祭思敬, 喪思哀, 其可已矣."
자 장 왈 사 견 위 치 명 견 득 사 의 제 사 경 상 사 애 기 가 이 의

| 핵심어 | 見危致命 (견위치명)

| 해설 | 위태로움을 보면 목숨을 바친다.

관리는 제 역할을 다해야 한다.

19-2

자장이 말했다.

"도덕성을 지니고 있으면서 넓히지 않고, 사람의 도리를 믿으면서 성실히 실천하지 않으면, 어찌 그것이 있다고 할 수 있겠는가? 어찌 그것이 없다고 할 수 있겠는가?"

子張曰, "執德不弘, 信道不篤, 焉能爲有? 焉能爲亡?"
자 장 왈　집 덕 불 홍　신 도 부 독　언 능 위 유　언 능 위 무

|핵심어| **德弘道篤** (덕홍도독)

|해설| 도덕성을 넓히고 도리를 성실히 실천한다.

도덕과 도리는 무조건 펼쳐내라.

19-3

자하의 문인이 자장에게 사람을 사귀는 일에 대해 물었다.

자장이 말했다.

"자하는 무엇이라고 하던가?"

문인이 대답했다.

"자하가 말했다. '옳은 사람과는 사귀고 옳지 못한 사람은 거절해라.'"

자장이 말했다.

"내가 들은 것과는 다르다. 군자는 현명한 사람을 존중하지만 보통 사람도 용납하고, 착한 사람을 아름답게 여기지만 재능이 없는 이도 불쌍하게 여긴다. 내가 아주 현명하다면 어떤 사람이든 용납하지 않겠는가? 내가 현명하지 않다면 다른 사람이 먼저 나를 거절할 것이니, 어찌 그 사람을 거절할 수 있겠는가?"

子夏之門人問交於子張. 子張曰, "子夏云何?" 對曰, "子夏曰, '可者與之,
자 하 지 문 인 문 교 어 자 장　자 장 왈　자 하 운 하　대 왈　자 하 왈　가 자 여 지

其不可者拒之.'" 子張曰, "異乎吾所聞. 君子尊賢而容衆, 嘉善而矜不能.
기 불 가 자 거 지　자 장 왈　이 호 오 소 문　군 자 존 현 이 용 중　가 선 이 긍 불 능

我之大賢與, 於人何所不容? 我之不賢與, 人將拒我, 如之何其拒人也?"
아 지 대 현 여　어 인 하 소 불 용　아 지 불 현 여　인 장 거 아　여 지 하 기 거 인 야

|핵심어| **尊賢容衆** (존현용중)

|해설| 현명한 사람을 존중하고 보통 사람도 용납한다.

모든 사람을 상황에 맞게 사귀어야 한다.

19-4

자하가 말했다.

"보잘것없는 조그마한 기술일지라도 반드시 볼 만한 점이 있지만, 원대한 뜻을 이루는 데 장애가 될 수도 있으므로 군자는 이를 행하지 않는다."

子夏曰, "雖小道, 必有可觀者焉, 致遠恐泥, 是以君子不爲也."
자 하 왈　수 소 도　필 유 가 관 자 언　지 원 공 니　시 이 군 자 불 위 야

|핵심어| **致遠恐泥** (치원공니)
|해설| 원대한 뜻을 이루는 데 장애가 된다.
방해되는 것이 무엇인지 인지하라.

19-5

자하가 말했다.

"날마다 모르고 있던 것을 알고 달마다 능숙하던 것을 잊어버리지 않으면, 배우기를 좋아한다고 할 만하다."

子夏曰, "日知其所亡, 月無忘其所能, 可謂好學也已矣."
자 하 왈　일 지 기 소 무　월 무 망 기 소 능　가 위 호 학 야 이 의

|핵심어| **日知月能** (일지월능)
|해설| 날마다 알고 달마다 능숙해진다.
용맹정진하라.

19-6

자하가 말했다.

"배우기를 널리 하여 뜻을 도탑게 하며 묻기를 간절히 하여 생각을 가깝게 하면, 사람다움은 그 가운데 있다."

子夏曰, "博學而篤志, 切問而近思, 仁在其中矣."
자 하 왈　박 학 이 독 지　절 문 이 근 사　인 재 기 중 의

|해설| 널리 배우고 가까운 것부터 생각한다.

사람다움의 조건은 배움에서, 나의 주변으로부터 생각하라.

19-7

자하가 말했다.

"기술자는 작업 현장에서 자신이 맡은 일을 완성하고, 군자는 배움을 통해 자신의 길을 실천한다."

子夏曰, "百工居肆以成其事, 君子學以致其道."
자 하 왈   백 공 거 사 이 성 기 사   군 자 학 이 치 기 도

|핵심어| 百工居肆 (백공거사)
|해설| 모든 전문가는 현장에 충실하다.

작업 현장에서 실천하라.

19-8

자하가 말했다.

"소인은 잘못을 하면 반드시 꾸며대려고 한다."

子夏曰, "小人之過也必文."
자 하 왈   소 인 지 과 야 필 문

|핵심어| 過也必文 (과야필문)
|해설| 잘못을 하면 반드시 꾸며대려고 한다.

핑계 대지 마라.

19-9

자하가 말했다.

"군자는 세 가지 차원에서 다르게 드러난다. 멀리서 바라보면 위엄이 있고 근엄하게 보이며, 가까이 나아가 접해보면 온화하게 느껴지며, 말을 들으

면 바르고 명확하다."

子夏曰, "君子有三變, 望之儼然, 卽之也溫, 聽其言也厲."
자하왈　군자유삼변　망지엄연　즉지야온　청기언야려

|핵심어| **君子三變** (군자삼변)
|해설| 군자는 세 가지 차원에서 다르게 드러난다.
머리는 냉철하게, 가슴은 따스하게!

19-10
자하가 말했다.

"군자는 신뢰를 얻은 뒤에 백성을 부려야 하고, 신뢰를 얻지 못한 채 아랫
사람을 부리면 백성은 자기들을 괴롭힌다고 생각한다. 신임을 받은 뒤에 충
실히 간해야 하고, 신임을 받지 못한 채 간하면 윗사람은 자기를 비방한다고
생각한다."

子夏曰, "君子信而後勞其民, 未信則以爲厲己也. 信而後諫, 未信則以爲
자하왈　군자신이후노기민　미신즉이위려기야　신이후간　미신즉이위

謗己也."
방기야

|핵심어| **信而後行** (신이후행)
|해설| 신뢰와 신임을 얻은 후에 자신에게 맞는 행동을 한다.
신뢰를 확보하라.

19-11
자하가 말했다.

"큰 덕은 기준을 넘으면 안 된다. 작은 덕은 약간의 넘나듦이 허용될 수
있다."

子夏曰, "大德不踰閑, 小德出入可也."
자하왈　대덕불유한　소덕출입가야

|해설| 큰 덕과 작은 덕은 나름의 특성이 있다.
큰 규모의 기준과 작은 조항의 실천을 동시에 살펴야 한다.

19-12

자유가 말했다.

"자하의 제자들은 물 뿌리고 쓸며, 응낙하고 대답하며, 나아가고 물러남의 육예에 대해서는 잘 아는 것 같지만 그런 것들은 일상생활의 조그마한 일이다. 본질적인 차원은 아닌데, 어찌해야 하는가?"

자하가 그 말을 듣고 말했다.

"아! 자유의 말이 지나치다! 군자의 도리에서 어느 것을 먼저 할 것이라 하여 전수하는가? 어느 것은 나중에 할 것이라 하여 게을리 하는가? 풀이나 나무에 비유해 보아도 그 종류에 따라 다르게 기른다. 군자의 도리에 어찌 속임수가 있겠는가? 처음부터 끝까지 차근차근 갖추어 가는 사람이 성인이 아닌가!"

子游曰, "子夏之門人小子, 當灑掃應對進退, 則可矣, 抑末也. 本之則無,
자유왈　자하지문인소자　당쇄소응대진퇴　즉가의　억말야　본지즉무

如之何?" 子夏聞之, 曰, "噫! 言游過矣! 君子之道, 孰先傳焉? 孰後倦焉?
여지하　자하문지　왈　희　언유과의　군자지도　숙선전언　숙후권언

譬諸草木, 區以別矣. 君子之道, 焉可誣也? 有始有卒者, 其唯聖人乎!"
비저초목　구이별의　군자지도　언가무야　유시유졸자　기유성인호

|해설| 군자는 속임수를 쓰지 않는다.
사람이 되는 데 필요한 일은 닥치는 대로 배워라.

19-13

자하가 말했다.

"관직 생활을 잘하여 여력이 있으면 배우고, 배움을 잘하여 여력이 있으

면 관직에 나아간다."

子夏曰, "仕而優則學, 學而優則仕."
자 하 왈　사 이 우 즉 학　학 이 우 즉 사

|핵심어| 仕優學仕 (사우학사)
|해설| 관직에서 여력이 있으면 배우고 더 배워서 관직에 나아간다.
끊임없이 배움을 승화하라.

19-14

자유가 말했다.

"상례를 치를 때는 진심으로 슬픔을 다해야 한다."

子游曰, "喪致乎哀而止."
자 유 왈　상 치 호 애 이 지

|핵심어| 喪致哀止 (상치애지)
|해설| 상례에는 슬픔을 다한다.
슬플 때는 슬픔을, 기쁠 때는 기쁨을.

19-15

자유가 말했다.

"나의 친구 자장은 어려운 일을 잘 처리하지만 사람을 사랑하는 데 이르
지는 못했다."

子游曰, "吾友張也爲難能也, 然而未仁."
자 유 왈　오 우 장 야 위 난 능 야　연 이 미 인

|핵심어| 爲難能也 (위난능야)
|해설| 어려운 일을 잘 처리한다.
일처리도 중요하지만 먼저 사람을 사랑하라.

19-16

증자가 말했다.

"자장은 당당하다. 하지만 사람을 사랑하며 함께 일하기는 어렵겠다."

曾子曰, "堂堂乎張也, 難與竝爲仁矣."
증 자 왈　　당 당 호 장 야　난 여 병 위 인 의

|핵심어| **難與竝爲** (난여병위)

|해설| 사람을 사랑하며 함께 일하기는 어렵다.

사람을 사랑하며 함께 일하는 태도를 갖추어라.

19-17

증자가 말했다.

"나는 선생님에게 다음과 같이 들었다. '사람은 자발적으로 성의를 다해 일하지 못하지만 부모의 상례에는 반드시 정성을 다해야 한다.'"

曾子曰, "吾聞諸夫子, 人未有自致者也, 必也親喪乎!"
증 자 왈　　오 문 저 부 자　인 미 유 자 치 자 야　필 야 친 상 호

|핵심어| **未有自致** (미유자치)

|해설| 자발적으로 성의를 다하여 일하지 못하다.

최소한 상례에는 최선을 다하라.

19-18

증자가 말했다.

"나는 선생님께 다음과 같이 들었다. '맹장자*의 효도 실천에서 다른 부분은 누구나 할 수 있다. 그러나 그의 아버지가 등용했던 신하와 아버지가 행하던 정치 방식까지도 바꾸지 않고 그대로 이어받은 것은 쉽게 실천하기 어렵다.'"

曾子曰, "吾聞諸夫子, 孟莊子之孝也, 其他可能也. 其不改父之臣與父之政,
증 자 왈　 오 문 저 부 자　 맹 장 자 지 효 야　 기 타 가 능 야　 기 불 개 부 지 신 여 부 지 정

是難能也."
시 난 능 야

| 핵심어 | 可能難能 (가능난능)

| 해설 | 할 수 있는 일이 있고 하기 어려운 일도 있다.

그 사람을 그 사람답게 하는 일을 살펴라.

19-19

(노나라 세력가) 맹손씨가 증자의 제자인 양부를 재판관으로 등용하자 양부
가 증자에게 물었다.

증자가 말했다.

"윗사람이 도의를 잃어 백성이 뿔뿔이 흩어진 지 오래되었다. 백성의 정
황을 파악했다면 그들을 불쌍히 여기고 죄상을 밝혀냈다고 기뻐하지 말라!"

孟氏使陽膚爲士師, 問於曾子. 曾子曰, "上失其道, 民散久矣.
맹 씨 사 양 부 위 사 사　 문 어 증 자　 증 자 왈　 상 실 기 도　 민 산 구 의

如得其情, 則哀矜而勿喜!"
여 득 기 정　 즉 애 긍 이 물 희

| 핵심어 | 哀矜勿喜 (애긍물희)

| 해설 | 백성을 불쌍하게 여기고 권력을 부리면서 기뻐하지 마라.

백성을 사랑하라.

19-20

자공이 말했다.

"주왕**의 착하지 않음이 그렇게까지 심하지는 않았을 것이다. 그러므로

---

* 맹장자는 노나라 대부 중손씨를 말한다. 부친은 맹헌자로 당대 현자(賢者)였다. 맹장자는 아버지가 죽은 후
에도 아버지의 뜻을 잘 받들었던 효자였다.

** 은나라 주왕은 달기라는 요사스런 여자와 짝이 돼 중국 역사에서 '주지육림(酒池肉林)'으로 불렸던 타락상을
조장했던 인물이다.

군자는 저 하류의 나쁜 정치를 싫어하는데, 세상의 악함이 모두 그에게로 돌아오기 때문이다."

子貢曰, "紂之不善, 不如是之甚也. 是以君子惡居下流, 天下之惡皆歸焉."
자 공 왈   주 지 불 선   불 여 시 지 심 야   시 이 군 자 오 거 하 류   천 하 지 악 개 귀 언

|핵심어| 惡居下流 (오거하류)
|해설| 하류의 나쁜 정치를 싫어한다.
하류에서 부정부패를 일삼지 마라.

19-21
자공이 말했다.
"군자의 잘못은 일식이나 월식과 같다. 잘못하면 사람이 모두 보게 된다.
잘못을 고치면 사람이 모두 우러러보게 된다."

子貢曰, "君子之過也, 如日月之食焉. 過也, 人皆見之. 更也, 人皆仰之."
자 공 왈   군 자 지 과 야   여 일 월 지 식 언   과 야   인 개 견 지   경 야   인 개 앙 지

|핵심어| 過更仰之 (과경앙지)
|해설| 잘못을 고치면 사람이 우러러본다.
잘못은 즉시 고쳐라.

19-22
위나라 대부 공손조가 자공에게 물었다.
"중니는 누구에게서 배웠습니까?"
자공이 말했다.
"주나라 문왕과 무왕의 가르침이 아직 땅에 떨어지지 않고, 사람이 실천하고 있습니다. 현명한 사람은 그 가운데 중요한 부분을 새기고, 현명하지 못한 사람은 그 가운데 조그만 것을 새기지만, 문왕과 무왕의 가르침이 아닌 것이 없습니다. 공자도 문왕과 무왕의 가르침을 배우지 않았겠습니까? 그러니 또한 어찌 정해진 스승이 있겠습니까?"

衛公孫朝問於子貢曰, "仲尼焉學?" 子貢曰, "文 · 武之道, 未墜於地, 在人.
위공손조문어자공왈　중니언학　자공왈　문　무지도　미추어지　재인

賢者識其大者, 不賢者識其小者, 莫不有文 · 武之道焉. 夫子焉不學? 而亦何
현자식기대자　불현자식기소자　막불유문　무지도언　부자언불학　이역하

常師之有?"
상사지유

| 핵심어 | **賢者識大** (현자식대)
| 해설 | 현명한 사람은 중요한 부분을 마음에 새긴다.
올바른 도리는 누구를 막론하고 모두 나아가서 배워라.

19-23

(노나라 대부) 숙손무숙이 조정에서 대부들에게 말했다.

"자공이 중니보다 현명합니다."

자복경백이 이 사실을 자공에게 전했다.

자공이 말했다.

"궁궐 담장에 비유하겠습니다. 저 자공의 담장은 어깨 정도의 높이에 해당하므로 담장 너머로 궁궐 안의 방이나 집 구조의 아름다움을 엿볼 수 있습니다. 공자의 담장은 몇 길이나 되는 높은 담장이므로 대문을 통해 안으로 들어가지 않으면 궁궐 안에 있는 종묘의 아름다움과 여러 관리들의 풍부한 학덕을 볼 수 없습니다. 그런데 그 대문으로 들어간 사람이 거의 없습니다. 그러니 숙손무숙의 말이 또한 마땅하지 않겠습니까?"

叔孫武叔語大夫於朝曰, "子貢賢於仲尼." 子服景伯以告子貢. 子貢曰, "譬之
숙손무숙어대부어조왈　자공현어중니　자복경백이고자공　자공왈　비지

宮牆, 賜之牆也及肩, 窺見室家之好. 夫子之牆數仞, 不得其門而入, 不見宗
궁장　사지장야급견　규견실가지호　부자지장수인　부득기문이입　불견종

廟之美, 百官之富. 得其門者或寡矣. 夫子之云, 不亦宜乎!"
묘지미　백관지부　득기문자혹과의　부자지운　불역의호

| 핵심어 | **得其門入** (득기문입)
| 해설 | 문을 알고 그곳을 통해 안으로 들어가다.

제대로 알지 못하면서 함부로 말하지 마라.

19-24

숙손무숙이 중니를 비방했다.

자공이 말했다.

"그러지 마시오! 중니는 헐뜯을 수 없습니다. 다른 사람의 현명함은 언덕과 같아서 대부분 넘을 수 있습니다. 중니는 해와 달 같아서 누구도 넘을 수 없습니다. 사람이 스스로 선생님의 가르침을 거절할 수는 있겠지만 어찌 해와 달 같은 선생님에게 손상을 줄 수 있겠습니까? 대부분이 자신의 분수를 헤아리지 못함을 드러낼 뿐입니다."

叔孫武叔毀仲尼. 子貢曰, "無以爲也! 仲尼不可毁也. 他人之賢者, 丘陵也,
숙손무숙훼중니 자공왈 무이위야 중니불가훼야 타인지현자 구릉야

猶可踰也. 仲尼, 日月也, 無得而踰焉. 人雖欲自絶, 其何傷於日月乎? 多見其
유가유야 중니 일월야 무득이유언 인수욕자절 기하상어일월호 다현기

不知量也."
부지량야

| 핵심어 | **無得而踰** (무득이유)

| 해설 | 그 사람됨을 넘을 수 없다.

분수를 알고 비판하라.

19-25

진자금(진항)이 자공에게 말했다.

"그대가 공손해서 그렇지, 중니가 어찌 그대보다 현명하겠는가?"

자공이 말했다.

"군자는 한마디 말로 지혜롭게 되기도 하고, 한마디 말로 지혜롭지 않게도 됩니다. 말은 삼가지 않을 수 없습니다. 공자에게 미칠 수 없는 것은 하늘을 사다리로 오를 수 없는 것과 같습니다. 공자가 나라를 맡아 다스린다면,

사람다운 생활을 하게 분위기를 만들어주니 사람이 나가서 일을 하고, 도덕을 실천하도록 가르쳐주니 사람이 올바르게 행동하며, 편안하게 살게 해주니 사람이 모여들고, 저마다 활동할 수 있게 격려하니 서로 어울리며, 살아 계실 때는 서로 존중하여 영광으로 여기고 돌아가시면 서로 슬퍼하게 되니, 어찌 공자에 미칠 수 있겠습니까?"

陳子禽謂子貢曰, "子爲恭也, 仲尼豈賢於子乎?" 子貢曰, "君子一言以爲知,
진 자 금 위 자 공 왈   자 위 공 야   중 니 기 현 어 자 호   자 공 왈   군 자 일 언 이 위 지

一言以爲不知, 言不可不愼也. 夫子之不可及也, 猶天之不可階而升也.
일 언 이 위 부 지   언 불 가 불 신 야   부 자 지 불 가 급 야   유 천 지 불 가 계 이 승 야

夫子之得邦家者, 所謂立之斯立, 道之斯行, 綏之斯來, 動之斯和. 其生也榮,
부 자 지 득 방 가 자   소 위 립 지 사 립   도 지 사 행   수 지 사 래   동 지 사 화   기 생 야 영

其死也哀, 如之何其可及也?"
기 사 야 애   여 지 하 기 가 급 야

|핵심어| 言不可不愼 (언불가불신)
|해설| 말은 삼가지 않을 수 없다.
말을 가려서 하라.

요왈

20

20-1*

요임금이 말했다.

"자! 그대 순아! 하늘이 정한 군주의 차례가 그대에게 왔으니, 진실로 그 마음을 잡아라. 세상이 괴롭고 가난하면 하늘이 내린 군주의 지위도 영원히 끊어질 것이다."

순임금도 우임금에게 그렇게 일러주었다.

은나라의 시조 탕임금이 하늘에 제사를 지내며 말했다.

"변변치 못한 소자 리(履)는, 감히 검은 수컷 소를 제물로 바치고, 빛나고 위대하신 상제께 아뢰옵니다. 죄가 있는 자는 어느 누구에게도 용서받지 못합니다. 상제의 신하인 걸의 죄도 덮어둘 수 없고 모든 것은 상제의 마음에 달렸습니다. 제 몸에 죄가 있는 것은 세상 사람 때문이 아닙니다. 세상 사람에게 죄가 있는 것은 그 죄과가 저에게 있습니다."

주나라 무왕이 말했다.

"하늘이 주나라에 큰 복을 주자 착한 사람이 많아졌다. 가까운 친척이 있

---

* 이 장에서는 중국의 전설적인 임금인 요임금, 순임금, 탕왕, 무왕 등의 정치적 행보와 공적을 간략하게 정리하였다.

을지라도 사람을 사랑하는 사람만 못 하다. 백성에게 허물이 있으면 그 책임은 나 한 사람에게 있다."

그리고 도량형을 점검하고 문물제도를 정비하며 폐기한 관공서를 복구하자 나라의 정치 질서가 잡혀 갔다. 멸망한 나라를 다시 일으키고, 끊어진 세대를 다시 이어주며, 숨겨진 인재를 등용하자 세상 백성이 주나라로 돌아왔다. 주나라가 소중히 여긴 것은 백성, 민생, 상례, 제례였다. 관대했기에 사람이 모여들고, 신의가 있었기에 백성이 신임했으며, 성실했기에 공적을 세웠고, 공평무사했기에 사람이 기뻐하며 따랐다.

堯曰, "咨! 爾舜! 天之曆數在爾躬, 允執其中. 四海困窮, 天祿永終."
요왈 자 이순 천지역수재이궁 윤집기중 사해곤궁 천록영종

舜亦以命禹. 曰, "予小子履, 敢用玄牡, 敢昭告于皇皇后帝, 有罪不敢赦.
순역이명우 왈 여소자리 감용현모 감소고우황황후제 유죄불감사

帝臣不蔽, 簡在帝心. 朕躬有罪, 無以萬方. 萬方有罪, 罪在朕躬." "周有大賚,
제신불폐 간재제심 짐궁유죄 무이만방 만방유죄 죄재짐궁 주유대뢰

善人是富. 雖有周親, 不如仁人. 百姓有過, 在予一人." 謹權量, 審法度,
선인시부 수유주친 불여인인 백성유과 재여일인 근권량 심법도

修廢官, 四方之政行焉. 興滅國, 繼絶世, 擧逸民, 天下之民歸心焉.
수폐관 사방지정행언 흥멸국 계절세 거일민 천하지민귀심언

所重. 民, 食, 喪, 祭. 寬則得重, 信則民任焉, 敏則有功, 公則說.
소중 민 식 상 제 관즉득중 신즉민임언 민즉유공 공즉열

|핵심어| 允執其中 (윤집기중)
|해설| 진실로 그 마음을 잡아라.
유학의 전통은 요임금에서 문무 주공에 이르는 전통이다.

20-2
자장이 공자에게 물었다.
"어떻게 하면 정치에서 능력을 발휘할 수 있습니까?"
공자가 말했다.
"다섯 가지 아름다운 도덕을 존중하고 네 가지 나쁜 일을 막으면, 정치력

을 발휘할 수 있다."

자장이 말했다.

"무엇을 다섯 가지 아름다운 도덕이라고 합니까?"

공자가 말했다.

"군자는 백성에게 베풀되 허비하지 않고, 수고롭게 하되 원망을 사지 않고, 의욕을 갖고 하되 탐하지 않고, 태연하되 교만하지 않고, 위엄이 있되 사납지 않아야 한다."

자장이 물었다.

"무엇을 베풀되 허비하지 않는다고 합니까?"

공자가 말했다.

"백성이 이롭게 여기는 것을 이롭게 하니, 이것이 베풀되 허비하지 않는 것이 아니겠는가? 힘든 일을 할 만한 때를 가려서 힘들게 일을 시키니, 또 누가 원망하겠는가? 도덕적인 일을 하려다가 도덕성을 갖추었는데, 또 무엇을 탐하겠는가? 군자는 재물이 많건 적건, 세력이 크건 작건 함부로 거만하게 행동하지 않는다. 이것이 태연하되 교만하지 않는 것이 아니겠는가? 군자는 의관을 단정하게 하고 눈을 바르게 뜨고 사물을 바라보는데, 사람이 엄숙한 태도로 우러러보고 경외심을 가지니, 이것이 위엄이 있되 사납지 않은 것이 아니겠는가?"

자장이 말했다.

"무엇을 네 가지 나쁜 일이라고 합니까?"

공자가 말했다.

"백성을 가르치지도 않고 죄를 지으면 죽이는 것을 '잔학'이라 하고, 미리 훈계하지도 않고 잘못된 결과만을 나무라는 것을 '포악'이라 하며, 법령을 엉성하게 정하고 기한을 촉박하게 한정하는 것을 '잔적'이라 하고, 남에게 내줄 것인데 출납에 인색한 것을 창고지기의 횡포인 '유치한 근성'이라 한다."

子張問於孔子曰, "何如斯可以從政矣?" 子曰, "尊五美, 屛四惡, 斯可以從
자장문어공자왈　하여사가이종정의　　자왈　존오미　병사악　사가이종

政矣." 子張曰, "何謂五美?" 子曰, "君子惠而不費, 勞而不怨, 欲而不貪,
정의　자장왈　하위오미　자왈　군자혜이불비　노이불원　욕이불탐

泰而不驕, 威而不猛." 子張曰, "何謂惠而不費?" 子曰, "因民之所利而利之,
태이불교　위이불맹　자장왈　하위혜이불비　자왈　인민지소리이리지

斯不亦惠而不費乎? 擇可勞而勞之, 又誰怨? 欲仁而得仁, 又焉貪? 君子無衆
사불역혜이불비호　택가노이노지　우수원　욕인이득인　우언탐　군자무중

寡, 無小大, 無敢慢, 斯不亦泰而不驕乎? 君子正其衣冠, 尊其瞻視, 儼然人
과　무소대　무감만　사불역태이불교호　군자정기의관　존기첨시　엄연인

望而畏之, 斯不亦威而不猛乎?" 子張曰, "何謂四惡?" 子曰, "不敎而殺謂
망이외지　사불역위이불맹호　자장왈　하위사악　자왈　불교이살위

之虐, 不戒視成謂之暴, 慢令致期謂之賊, 猶之與人也, 出納之吝謂之有司."
지학　불계시성위지포　만령치기위지적　유지여인야　출납지인위지유사

| 핵심어 | 五美四惡 (오미사악)
| 해설 | 다섯 가지 아름다운 도덕이 있고 네 가지 나쁜 일이 있다.
정치의 핵심 가치를 장악하라.

20-3*

공자가 말했다.
"천명을 알지 못하면 군자가 될 수 없다. 예의를 알지 못하면 세상에 설 수
없다. 말을 알지 못하면 사람을 알 수 없다."

子曰, "不知命, 無以爲君子也. 不知禮, 無以立也. 不知言, 無以知人也."
자왈　부지명　무이위군자야　부지례　무이립야　부지언　무이지인야

| 핵심어 | 知命禮言 (지명예언)
| 해설 | 천명을 알고 예의를 알고 말을 알아야 한다.
인간은 자연, 인간, 사회, 이 세 가지 법칙을 꿰뚫어야 한다.

*『논어』의 마지막 장이다. 첫 장 첫마디 '학이시습(學而時習)'에서 시작해 마지막 장 첫마디 '부지명(不知命)'으로
끝나는 논어는 '배움에서 시작해 세계를 인식하는 것'으로 대단원의 장을 마무리한다.

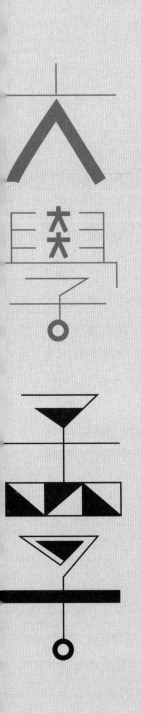

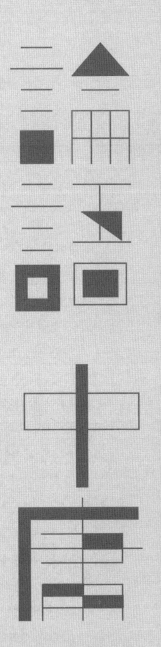

맹자
孟子

제 3 권

양심 회복과 정의 구현의 철학, 맹자

유학에서 맹자는 공자에 버금가는 성인으로 추앙받는다. 그만큼 공자의 사유를 이어받은 동시에 강력한 실천의지를 드러냈기 때문이다. 맹자는 우리에게 너무나 익숙한 '성선설性善說'을 주장한 사상가로 유명하다. 성선설 이외에도 호연지기浩然之氣, 대장부大丈夫, 왕도王道, 정전법井田法, 군자삼락君子三樂 등 다양한 사상도 일러 주었다. 무엇보다도 '역성혁명易姓革命'으로 상징되는 그의 혁명 사상은 동양적 정의正義의 표준으로 자리매김된다.

하지만 사상가로서의 명성에 비해 맹자의 삶은 알려진 것이 많지 않다. 사마천의 『사기』에는 다음과 같이 간략하게 맹자의 생애가 기록되어 있다. 맹자는 추나라 사람인데, 공자의 손자인 자사의 문인에게서 학문을 익혔다. 어느 정도 학문이 무르익게 되자, 제나라에 가서 그 지도자인 선왕을 섬겼으나 등용되지 못했다. 이후에 양나라로 갔으나 양나라의 혜왕 또한 맹자의 말이 현실과 너무나 동떨어져 있다고 보고, 그 말을 제대로 알아듣지 못했다. 이때 진나라에서는 상앙을, 초나라와 위나라에서는 오기를, 제나라에서는 손자와 전기를 등용하여 제각기 나라의 발전을 꿈꾸었다. 세상은 소진과 장의로 대표되는 이른바 합종연횡合從連衡에 힘써 서로 연합하고 대항하고 화해하는 등 공격과 정벌을 현실정치의 원리처럼 여기고 있었다. 그런 가운데 맹자는 끊임없이 요순시대와 하·은·주 삼대의 도덕정치, 이른바 왕도王道를 유세의 화두로 삼았다. 이 때문에 유세를 하러 가는 곳마다 제대로 뜻을 얻지 못했다. 정치 이론으로 볼 때 도무지 설득력이 없어 먹혀들지 않았던 것이다. 이렇게 자신의 뜻을 이루지 못하자, 맹자는 만장을 비롯한 여러 제자들과 더불어 유학의 핵심 경전인 『시경』과 『서경』을 정리하고, 공자의 뜻을 기술하여 『맹자』를 지었다.

맹자와 맹모에 얽힌 이야기

맹자와 관련된 유명한 일화는 교육에서 찾을 수 있다. 우리에게 익숙한 '맹모삼천지교孟母三遷之敎'나 '맹모단기孟母斷機'는 고사성어로서 널리 전해온다. 한나라 때 유향이 지은 『열녀전』「모의」〈추맹가모〉나 『소학』「내편」〈계고〉에 맹모삼천을 비롯한 맹모와 맹자 관련 이야기의 대략이 전해온다.

첫 번째 이야기다. 맹모가 자식 교육을 위해 세 번이나 거주지를 옮겼다는 '맹모삼천지교.'
"추나라 맹가의 어머니를 맹모라 한다. 맹가에서 '가'는 맹자의 이름이다. 맹가와 맹모는 묘지 근처에서 살았다. 때문에 어린 맹가가 즐기는 놀이란 뻔했다. 묘지에서 일어나는 일을 흉내 내는 것. 죽음을 슬퍼하며 발을 구르는 의식과 시체를 매장하는 일을 흉내 내며 놀았다. 맹가의 어머니는 '이곳은 자식을 키울 만한 환경이 못 되는구나!' 하고 시장 근처로 이사를 갔다. 그랬더니 맹가는 또 시장의 풍경을 그대로 따라하며 놀았다. 물건 파는 상인들의 모습을 흉내 내었던 것. 맹가의 어머니는 '이곳 역시 자식을 키울 만한 환경이 못 된다!'하고 다시 학교 근처로 이사를 갔다. 그곳에서 맹가는 제기를 배열하고 예의를 갖추어 일상의 예절 의식을 흉내 내며 놀았다. 맹가의 어머니는 '이곳이야말로 자식을 기를 만한 환경을 갖추었구나!' 하고 그곳에 눌러 살았다."

그런 어머니 덕분에, 맹가는 성장하여 지성인이 갖춰야 할 다양한 교양이 담긴 육예를 익혀 마침내 대학자의 영예를 얻었다. 어떤 지성인은 이를 다음과 같이 평가했다. '맹가의 어머니는 사는 곳을 옮기면서까지 자식을 잘 가르쳤다. 사람이여 이런 것을 모범으로 삼을 지어다.'

두 번째 이야기다. 맹모가 옷감을 잘라버리며 자식을 훈계한 '맹모단기.'
맹가는 학문을 닦기 위해, 어려서부터 집을 떠나 다른 지역으로 유학을 갔다. 그런데 어느 날 중도에 학문을 그만두고 집으로 달려왔다. 그때 어머니는 마루에서 베를 짜고 있었다.
어머니가 물었다.
"배움이 어디까지 이르렀느냐?"
맹가가 대답했다.
"그저 그렇습니다."
그러자 맹가의 어머니는 짜고 있던 베를 가위로 잘라버렸다. 맹가가 흠칫하고 약간 두려움에 떨면서 물었다.
"아니, 갑자기 왜 짜던 베를 자르세요?"
어머니가 말했다.
"네가 학문을 그만둔 것은 내가 이 베를 중간에서 잘라버린 것과 같다. 한 사회의 지성인이란 배워서 바른 이름을 세우고, 물어서 지식을 넓혀야 한다. 그렇게 하면 차분하게 마음을 가질 수 있고, 어떤 일이 닥치더라도 피해를 최소화할 수 있다. 지금 네가 학문을 그만둔다면 하인이나 노예 상태에서 벗어날 수 없다. 시시각각 발생하는 환란을 극복할 수 없다. 베 짜는 일을 그만둔다면 어찌 생활을 할 수 있겠느냐? 사람으로서, 여자가 생업을 포기하고 남자가 학문에 임하면서 자질 함양을 게을리한다면, 도둑이 되지 않으면 남의 심부름 노릇이나 하는 조무래기가 될 수밖에 없다."

이를 계기로 맹가는 깊이 생각했다. 어머니의 충고는 삶의 획기적 전환을 가져왔다. 어머니의 교훈을 두렵게 여긴 맹가는 아침저녁으로 학문에 힘을 쏟았다.

세 번째 이야기다.

맹가는 어렸을 때 가난하여 제대로 먹지 못하면서 자랐다. 얼마나 가난했으면 부모님 이름조차 전하지 않을까! 그러던 어느 날 이웃집에서 돼지를 잡는다는 소식이 들렸다. 이에 어머니에게 이렇게 물은 적이 있었다.

"어머니, 저기 동쪽에 있는 집에서 돼지를 잡는데, 무엇 하려는 것입니까?"

그러자 맹가의 어머니가, 고기를 먹고 싶어 하는 어린 맹가에게 말로라도 위안을 주기 위해, 거짓말로 이렇게 말해 주었다.

"너에게 먹이려는 것이다."

어머니는 곧바로 후회했다.

'내가 듣기에, 옛날에는 임신을 했을 때 문왕의 어머니처럼 훌륭한 품성을 지닌 분들이 태교를 했다고 한다. 뱃속에 있을 때부터 건전한 인성을 길러주기 위해 교육을 하는데, 이미 이렇게 자라서 자기 생각을 갖고 있는 아이가 뻔히 알 텐데, 이런 거짓말을 하여 속여서는 안 된다. 이는 부모자식 사이에 불신을 조장하고 거짓말을 가르치는 짓이다.'

그리고는 마침내 시장에서 돼지고기를 사다가 삶아 먹였다. 그 후 맹가는 이곳저곳에서 크게 배웠고, 세상에서 알아주는 유명한 학자가 되었다.

네 번째 이야기다.

맹가가 장가든 후에 벌어진 일이다. 맹가가 방에 들어가는데 부인이 방안에서 웃옷을 벗고 있었다. 맹가가 이를 불쾌하게 여겨 돌아서며 다시 들어가

지 않았다. 부인은 시어머니에게 이 사실을 알리고 자신을 친정으로 돌려보내 주기를 청했다.

"저는 '부부의 도리를 행할 때, 방 안에서는 문제가 되지 않는다.'고 들었습니다. 제가 방 안에 혼자 있으면서 그 예의를 갖추고 있지 않았습니다. 저 사람이 그것을 보고 화를 내며 불쾌하게 생각한 것은 저를 부인으로 생각한 것이 아니라 손님처럼 대했기 때문입니다. 여자의 도리는 손님의 방에는 머무르지 않는 것입니다. 그러니 저를 제 부모가 계신 곳으로 돌려보내 주십시오."

그러자 맹가의 어머니는 맹가를 불러서 타일렀다.

"예의에 따르면 문 안으로 들어가려 할 때, 방 안에 누가 있는지 없는지를 묻는 것은 존중을 표시하기 위해서이다. 또 마루에 올라갈 때 인기척을 내는 것은 방 안에 있는 사람에게 누군가가 왔음을 알리기 위해서이다. 그리고 방을 들어갈 때 눈길을 반드시 아래로 하는 것은 다른 사람의 허물을 보게 될까 조심해서이다. 지금 네가 예의를 잘 살피지 못하고, 오히려 남에게 예의를 갖추지 않았다고 책망하는 것은 얼마나 잘못된 일이냐?"

어머니의 말을 듣고 맹가는 자신의 잘못을 인정하여, 부인에게 사과하고 떠나지 못하게 했다.

다섯 번째 이야기다. 맹모의 삼종지도三從之道 예의.

맹가가 제나라에 있을 때, 얼굴에 근심스러워하는 기색이 있었다.

맹가의 어머니가 아들의 그런 모습을 보고 물었다.

"네 얼굴에 근심이 있는 것 같은데 무슨 일이냐?"

그러자 맹가가 대답했다.

"아무것도 아닙니다."

그런 일이 있은 지 얼마 지나지 않아, 맹가의 어머니가 오랜만에 집에서 쉬고 있는 어느 날이었다.

맹가가 저쪽 모퉁이에서 기둥을 끌어안고 탄식을 하고 있었다.

맹가의 어머니가 그런 광경을 보고 다시 물었다.

"전에 네 얼굴에 근심이 있는 것 같았는데, 아무것도 아니라고 했다. 지금 또 기둥을 끌어안고 탄식하는 까닭은 무엇이냐?"

맹가가 대답했다.

"제가 듣기로는 '지성인은 자신의 능력에 맞는 자리에 나아가고 구차하게 분수에 넘는 지위를 얻지 않는다. 그리고 상을 받았다고 해서 높은 자리를 탐내지 않는다. 또 지도자들이 들을 자세가 되어 있지 않으면 자신의 의견을 말하지 않고, 듣기는 하지만 그 의견을 적용하지 않으면 그런 나라에서는 벼슬하지 않는다.'고 합니다. 지금 제나라가 제대로 다스려지지 않아 떠나기를 원합니다. 하지만 어머니께서 연로하시니 이 때문에 괴롭습니다."

그러자 맹가의 어머니가 말했다.

"집안 살림을 하는 여자의 경우, 기본적으로 할 일이 있다. 하루 다섯 번의 먹거리에 신경 쓴다거나, 술이나 장 담그는 일을 한다거나, 시부모를 봉양하고 의복 짓는 일을 해야 한다. 그러므로 집안에서의 일을 열심히 할 뿐, 집 밖에서의 일에 크게 마음 쓰지 않는다. 『주역』에 '집안의 음식을 장만하는 일이지, 달리 이루어야 할 일이 있지 않다.'라고 하였고, 『시경』에 '나쁠 것도 없고 좋을 것도 없네. 오로지 술과 음식을 준비하는 일을 맡을 뿐이네.'라고 했다. 이것은 집안 살림을 하는 여자는 자신의 뜻대로 하는 것이 없으며, 삼종의 길이 있을 뿐이라는 말이다. 그러므로 어려서는 부모를 좇고, 출가해서는 남편을 좇으며, 남편이 죽으면 자식을 좇는 것이 기본 예의이다. 이제 자식인 너는 어른이 되었고 어미인 나는 늙었다. 너는 너의 뜻대로 행하고 나는 나의 예의대로 행할 것이니라."

이러한 맹자와 맹모에 얽힌 이야기는 맹자를 아성亞聖의 반열로 자리매김 하는 근거로 작용했다.

인간의 성품에 관한 맹자의 창조적 사유

맹자의 사유는 매우 광범위하다. 공자를 비롯한 고대의 사유를 계승한 것도 있지만, 창조적인 사유도 많다. 독창적인 사유나 실천을 보면, 첫째는 '인간의 성품이 착하다'는 성선설을 확실하게 선언했다는 점이다. 둘째는 공자의 인仁의 뜻을 이어 의義를 주장했고, 이를 도덕실천의 규범으로 삼았다는 점이다. 셋째는 '기를 기르라'는 양기養氣의 학설을 내놓았고, 넷째로는 인의를 근본으로 '왕의 길[王道]'를 말하여 나라를 비롯하여 조직 공동체를 다스리는 주요 방법을 밝힌 것이다.

이런 독창적 사고는, 무엇보다도 '인간의 성품, 혹은 본성이 착하다.'는 양심良心의 선천성과 그것의 보존-확충을 전제로, 인간의 모든 삶을 고려하는데서 그 철학적 위대성을 발휘한다. 맹자는 공자의 손자인 자사의 제자에게서 배웠다. 자사는 '성실함[誠]'을 중심으로 인간성을 규명했다. 그러나 맹자는 이를 발전시켜 '착함[善]'이라고 선언했다.

'인간성이 착하다.'는 논의는 고자告子와의 논쟁에서 구체적으로 밝혀졌다. 맹자는 '인간의 본성이 착하다.'는 것을 물이 아래로 흐르는 것에 비유하며 자연스럽게 인정했다. 하지만 본성이 왜 선한지는 구체적으로 증명하지 않았다. 고자의 주장에 대해 그것이 부당하다는 점을 반박하고 있을 뿐이다. 맹자는 인간의 행위를 경험적으로 파악하여 성선의 내용으로 끌어들였다. 그것이 바로 인의예지仁義禮智가 인간의 마음에 실마리처럼 존재한다는 사단설四端說이다.

그렇다면 인간의 '악함[惡]'은 어디에서 연유하는 것일까? 악함의 시초는 무엇인가? 그에 대한 근본적인 대답을 하기는 어렵다. 맹자는 그것을 인간의 욕심으로 설명했다. 인간의 본성은 착하기 때문에 악은 인간성의 자연스런 작용이 아니다. 악은 인간성을 다하지 않은 결과에 불과하다. 예를 들어, 산길은 사람이 다니지 않으면 풀이나 나무가 우거져서 길을 꽉 메우고 그 누구도 다닐 수 없게 된다. 마찬가지로 착한 인성을 잘 펼쳐 쓰지 않으면 가려지고 잃어버리게 된다. 맹자는 인간에게 악이 생기는 이유를 착한 본성의 발현이 아니라 인간 욕심의 허물 때문이라고 보았다. 왜 인간은 무엇인가를 '하고자 하는가?' 그것 자체가 인간성이 아닐까? 욕심이 생긴 이래로 인간은 서로 헐뜯고 싸우기 시작했다.

맹자는 인간 세상의 갈등과 투쟁을 눈앞에서 보고도 그것을 앞세우지 않았다. 본성의 착함을 전제로 하기 때문에 악한 인간의 상태를 제거하여 착한 본성을 회복하는 데 중점을 두었다. 맹자의 이론에서 욕심이나 욕망의 근원에 대한 문제는 여전히 남는다.

본성 회복을 위한 맹자의 도덕행위는 '인간 본성 자체가 착하다.'는 전제속에 들어 있다. 따라서 사람은 이미 윤리 법칙을 알고 있다. 중요한 것은 사람의 행동이 마땅함을 얻는 것이다. 이 행위를 얻도록 하는 것이 '의'다. 의는 측은惻隱 · 수오羞惡 · 사양辭讓 · 시비是非의 마음으로, 마땅히 할 일을 해야한다는 주장이다. 그러므로 의는 마음의 지향이며 조절 작용이다. 마음의 지향은 착함에 있다. 착함을 행하여 나에게 쌓는 것이다. 이처럼 모든 사람이 착하고 마땅한 행동을 할 때, 세상은 밝아진다. 의사義士, 열사烈士들의 양심에 따른 실천은 의로운 행위의 모범이다. 의는 다른 것이 아니다. 착함으로 가는 인간의 길일 뿐! 이런 의로운 행위가 거듭 실천되어 인간의 올바른 생명력인 기氣가 된다. 맹자는 기를 기르는 일을 매우 중시했다. 이 기는 인간성의 착함을 발휘하는 가운데 있다.

그런데 기를 기르는 대표적인 방법이 호연지기이다. 호연지기는 인간의 마음, 의지 가운데 믿음을 돈독히 하고 행동을 건실하게 하는 상태이다. 호연지기를 기른답시고 산에 올라 '야호! 야호!'를 외치는 행위는 그 근본이아니다. 우리 인간의 마음은 착함으로, 인의예지의 실마리로 가득 차 있다. 이 힘은 인간의 잠재력으로 아주 조용히 자기를 숨기고 있다. 그러나 착해지려고 하는 마음의 발동을 통해 무한정 활발하게 움직일 수 있다.

대장부가 펼치는 정의로운 인간의 길

이런 과정에서 인간은 헛된 욕심에 눈멀어서는 안 된다. 자기의 착한 마음을 팽개쳐 놓고 다른 것에 욕심을 부리지 말아야 한다. 그래서 맹자는 "사람이 집에서 기르던 닭과 개가 도망가면 찾을 줄은 알지만, 자기 마음을 잃고서는 찾을 줄을 모른다."라며 탄식했다. 인간이 공부하는 이유는 간단하다. "자기의 놓친 마음, 긴장을 풀고 해이해진 마음을 구하는 작업"이다.

모든 인간은 본성이 착하기 때문에 누구나 훌륭한 사람이 될 수 있다. 문제는 인간이 그 본성의 착함을 놓아버리는 데 허물이 있는 것이다. 왜 착하려고 노력하지 않고 마음을 해이하게 만드는가? 왜 스스로 포기하고 버리는가? 마음에 꽉 차 있는 양심을 활용해야 인간이 아닌가? 맹자는 자포자기自暴自棄하는 자, 즉 "자신을 짓밟으며 포악해지는 사람과 함께 이야기하지 않고, 자신을 버리는 자와 함께 일하지 않는다."고 선언했다. 왜냐하면 그런 삶의 자세를 지닌 자는 결코 인간다운 생활을 할 수 없기 때문이다.

맹자는 호연지기로 근본을 삼으며 삶을 영위하는 사람을 '대장부大丈夫'로 표현했다. 이는 공자가 '군자君子'로 표현한 것과 비교된다. "이 세상의 넓은 곳에 살면서 올바른 자리에 서고 세상의 큰 도를 행한다. 그 뜻을 얻으면 사람과 함께 그것으로 말미암고, 뜻을 얻지 못하면 홀로 그 도를 행한다. 부귀도 능히 음탕하게 못하며 빈천도 능히 변하게 하지 못하며 위세나 무력도 능히 그 뜻을 굴복시키지 못한다." 이런 인간형이 대장부다. 대장부처럼 세상에 부끄럽지 않으며 떳떳한, 어떤 어려움에도 쉽게 굴복하지 않는 마음을 체득하기란 쉽지 않다. 하지만 이것을 실현하기 위해 힘쓰라고 맹자는 주문했다.

『맹자』에서 인간의 길은 '의義' 그 자체였다. 의는 의리로 풀어쓸 수 있다. 의리가 쌓이고 쌓여 생명력을 얻어 호연지기가 마음에 충만해진다. 그것의 전형적 인간형이 대장부이다. 최고지도자나 경영자인 왕의 길은 이런 과정에 비추어 볼 수 있다. 맹자가 논한 지도자의 길은 공동체 조직에 속한 사람을 살리는 방향으로 진행된다. 구성원을 보호하고 기르는 것이 훌륭한 정치이다.

"최고지도자나 경영자는 공동체 구성원들의 재산을 늘려서 반드시 부모를 모시기에 넉넉하게 하고, 처자식을 양육하는 데 충분하게 지원해 주어야 한다!"

이것이 일차적으로 보장될 때 인간은 살맛을 느낀다. 사람이 억압받고 죽어가는데, 흔히 말하는 스트레스가 끊임없이 쌓여 가는데, 누가 그런 나라에서 살고 싶어 하고, 누가 그런 조직에 근무하고 싶어 하겠는가? 사람과 더불어 살고, 사람을 보호하는 것이 지도자의 길일 따름이다.

제나라 선왕이 돈과 여자, 음악을 좋아한다고 했을 때, 맹자는 그것을 좋아하고 사랑하는 것만큼 "사람과 함께 즐기라."고 말했다. 그리고 "훌륭한 사람을 등용하고 그렇지 못한 자는 물러가게 하라. 잘못을 저지른 자들은 그에 합당한 벌을 주고, 공동체의 일을 할 때는 사람의 동의를 구하여 시작해야 한다."고 자문했다. 지도자나 경영자는 군림하는 사람이 아니다. 사람을 근본으로 하고, 사람의 마음을 따라서 정치를 하고 경영을 해야 한다. 지도자의 길은 바로 공동체에 속한 사람의 길, 그 사람의 착한 마음이 잘 가도록 인도하는 데 있다. 그것이 전통적으로 하는 말인, 민심은 천심이다. 민심을 근본으로 하는 정치다.

『맹자』는 모두 7편으로 구성되어 있는데, 각 편의 명칭은 글의 첫머리 두 글자 또는 세 글자를 따서 만들었다. 각 편의 제목이 체계적이거나 논리적이지는 않다. 하지만 『맹자』 7편의 배열과 순서를 정할 때, 나름대로의 의도가 있었다고 판단된다. 『맹자』의 첫 번째 편이 「양혜왕」인데, 여기에는 개인의 이익 추구를 담고 있다. 그런데 맹자는 요임금이나 순임금의 의리 정신을 최고의 가치로 여긴다. 때문에 맹자가 의리를 가지고 이익의 문제를 정면 비판하는 것을 첫 번째 편명으로 내세웠다고 생각된다. 또한 마지막 편은 「진심」인데, 여기에서는 인간의 품성 도야와 자질 향상을 위한 내용이 많이 담겨 있다. 이는 맹자가 교육을 통한 인간의 도덕적 자각과 고양을, 그의 학문에서 궁극적 가치와 목표로 둔 것으로 판단된다.

양혜왕(상)

1

1-1

맹자가 양나라 혜왕*을 만났다.

혜왕이 말했다.

"노인께서는 천리 길을 멀다 않고 내 나라에 오셨습니다. 앞으로 어떻게 하면 내 나라에 이익을 줄 수 있겠습니까?"

맹자가 대답했다.

"왕께서는 어째서 이익만을 말하십니까? 인의의 정치를 베푸는 일이 있을 뿐입니다. 왕이 '어떻게 하면 내 나라에 이익이 있을까?'라고 말하면, 대부들은 '어떻게 하면 내 집안에 이익이 있을까?'라고 말하고, 관리나 서민들은 '어떻게 하면 나에게 이익이 있을까?'라고 말할 것입니다.

윗사람과 아랫사람이 서로 자기의 이익만을 취한다면 나라가 위태로워질 [國危] 것입니다.**

전차 만 대를 동원할 수 있는 큰 나라에서 그 군주를 시해하는 자는 반드

---

* 양혜왕(BC 372~BC 289)은 위나라 제후 영이다. 대량에 도읍을 정하고 신분에 맞지 않게 스스로를 왕이라 칭했다.
** 국위는 장차 왕을 시해하고 왕위를 찬탈하는 참화에 관한 일을 예언한 것.

시 전차 천 대 가진 그 다음 가문일 것입니다. 전차 천 대를 동원할 수 있는 가문에서 그 군주를 시해하는 자는 반드시 전차 백 대를 동원할 수 있는 가문일 것입니다.*

전차 만 대를 동원할 수 있는 큰 나라가 전차 천 대를 동원할 수 있는 나라를 흡수하고, 전차 천 대를 동원할 수 있는 나라가 전차 백 대를 동원할 수 있는 가문을 흡수하는 일은 흔합니다. 하지만 올바른 도리를 뒤로하고 개인의 이익을 먼저 추구하면, 빼앗지 않고서는 만족하지 않게 됩니다. 사람을 사랑하는 자식이 그 부모를 홀대하는 자는 없고, 올바른 도리를 지닌 사람이 그 군주를 소홀히 대접하는 자도 없습니다. 왕께서는 사람을 사랑하고 올바른 도리를 신중하게 말해야 합니다. 어찌 이익만을 말씀하십니까?"

孟子見梁惠王. 王曰, "叟, 不遠千里而來, 亦將有以利吾國乎?" 孟子對曰,
맹자현양혜왕 왕왈 수 불원천리이래 역장유이리오국호 맹자대왈

"王何必曰利, 亦有仁義而已矣. 王曰, '何以利吾國?' 大夫曰, '何以利吾家?'
왕하필왈리 역유인의이이의 왕왈 하이리오국 대부왈 하이리오가

士庶人曰, '何以利吾身?' 上下交征利, 而國危矣. 萬乘之國, 弑其君者必千乘
사서인왈 하이리오신 상하교정리 이국위의 만승지국 시기군자필천승

之家. 千乘之國, 弑其君者必百乘之家. 萬取千焉, 千取百焉, 不爲不多矣.
지가 천승지국 시기군자필백승지가 만취천언 천취백언 불위부다의

苟爲後義而先利, 不奪不饜. 未有仁而遺其親者也, 未有義而後其君者也.
구위후의이선리 불탈불염 미유인이유기친자야 미유의이후기군자야

王亦曰仁義而已矣, 何必曰利!"
왕역왈인의이이의 하필왈리

| 핵심어 | 何必曰利 (하필왈리)

| 해설 | 어찌 이익만을 말하는가?

정의롭게 살아라.

* 승(乘)은 수레의 숫자를 일컫는다. 만승의 나라는 천자가 다스리는 사방 천리 지역으로 수레 만승이 나온다. 천승 가문은 천자를 모시는 공경을 말하며 수레 천승이 나오는 제후국이다. 백승 가문은 제후를 모시는 가문을 일컫는다.

1-2

맹자가 양나라 혜왕을 만났다.

왕이 연못 주위에 노닐던 거위와 사슴 등을 보면서 말했다.

"현명한 사람도 이런 것을 즐길 줄 압니까?"

맹자가 대답했다.

"현명한 사람이 된 다음에 이런 것을 즐길 수 있습니다. 현명하지 않은 사람은 이런 것을 가지고 있어도 즐길 줄 모릅니다.『시경』**에 '영대를 만들기 시작하여, 그 규모를 헤아리고 둘레에 표하니, 사람이 와서 일하여, 며칠 지나지 않아 완성되었네. 관청 터를 재어보며 서둘지 말라고 했으나, 아버지 일을 위해 자식이 달려오듯 사람이 몰려들었네. 왕이 영유에 계시니, 사슴들이 그곳에 가만히 엎드려 있네. 사슴들은 반지르르 윤기가 돌고, 백조는 희고도 희네. 왕이 영소에 계시니, 아! 연못 가득히 고기들이 뛰노네.'

주나라 문왕이 사람의 힘을 이용하여 대를 만들고 소를 만들었는데, 사람이 그것을 즐거워하는 모습을 찬미한 노래로, 사람은 그 대를 '영대'라 하고, 그 소를 '영소'라 하였고, 문왕이 사슴과 물고기와 자라를 소유하며 즐기는 것을 좋아했습니다. 옛날 사람은 백성과 더불어 즐겼기 때문에 제대로 즐길 수 있었습니다.

『서경』「탕서」***에 '이 해****가 언제나 없어질고? 내 너와 더불어 망하겠다!'라고 했습니다. 백성과 함께 망하고 싶은 마음을 담았겠습니까만, 대와 연못, 짐승을 소유하더라도, 어찌 홀로 즐거워할 수 있겠습니까?"

孟子見梁惠王. 王立於沼上, 顧鴻鴈麋鹿, 曰, "賢者亦樂此乎?" 孟子對曰,
맹 자 현 양 혜 왕   왕 립 어 소 상   고 홍 안 미 록   왈   현 자 역 락 차 호   맹 자 대 왈

"賢者而後樂此. 不賢者雖有此, 不樂也. 詩云, '經始靈臺, 經之營之, 庶民攻
현 자 이 후 락 차   불 현 자 수 유 차   불 락 야   시 운   경 시 영 대   경 지 영 지   서 민 공

** 『시경』「대아」의 〈영대〉 편.
*** 「탕서」는 『서경』「상서」의 편명.
**** 이 해는 하나라의 걸왕을 일컬음.

之, 不日成之. 經始勿亟, 庶民子來. 王在靈囿, 麀鹿攸伏, 麀鹿濯濯, 白鳥鶴
지 불일성지 경시물극 서민자래 왕재영유 우록유복 우록탁탁 백조학

鶴. 王在靈沼, 於牣魚躍.' 文王以民力爲臺爲沼, 而民歡樂之, 謂其臺曰靈臺,
학 왕재영소 오인어약 문왕이민역위대위소 이민환락지 위기대왈영대

謂其沼曰靈沼, 樂其有麋鹿魚鼈. 古之人與民偕樂, 故能樂也. 湯誓曰, '時日
위기소왈영소 락기유미록어별 고지인여민해락 고능락야 탕서왈 시일

害喪, 予及女偕亡!' 民欲與之偕亡, 雖有臺池鳥獸, 豈能獨樂哉!"
할상 여급여개망 민욕여지해망 수유대지조수 기능독락재

| 핵심어 | 與民偕樂 (여민해락)
| 해설 | 백성과 함께 즐긴다.
현명한 지도자가 되는 법.

1-3

양나라 혜왕이 말했다.

"나는 어떻게 하면 우리나라에 훌륭한 정치를 베풀 수 있을지 마음을 다하고 있습니다. 하내 지방에 흉년이 들면 거기에 사는 사람을 하동 지방으로 이주시키고, 하동 지방의 곡식을 하내 지방으로 옮깁니다. 하동 지방에 흉년이 들면 똑같은 방식으로 하고 있습니다. 이웃 나라의 정치를 살펴보아도, 나만큼 백성의 삶에 마음을 쓰는 사람은 없는 것 같은데, 이웃 나라에서 우리나라에 전입하는 인구가 늘지 않는 것은 어째서 그렇습니까?"

맹자가 대답했다.

"왕께서 전쟁을 좋아하니, 전쟁에 비유하여 말씀드리겠습니다. 전쟁을 시작할 때, 둥둥 북을 쳐서 공격을 하면 창과 칼을 휘두르며 전투를 벌이는데, 전투에서 힘이 밀리면 갑옷을 버리고 혹은 병장기를 끌고 도망가면서, 어떤 병사는 백 보를 도망간 뒤에 멈추고, 어떤 병사는 오십 보를 도망간 뒤에 멈추었습니다. 오십 보를 도망가다 멈춘 병사가 백 보를 도망가서 멈춘 병사에게 멀리 도망갔다고 비웃는다면 어떠하겠습니까?"

혜왕이 말했다.

"안 됩니다. 오십 보를 도망간 병사는 단지 백 보를 도망간 것이 아닐 뿐, 이 또한 도망간 것입니다."

맹자가 말했다.

"왕께서 이와 같은 이치를 안다면, 백성의 수가 이웃 나라보다 많아지기를 바라지 마십시오. 농사짓는 때*를 놓치지 않고 제대로 농사를 지으면, 풍년이 들어 곡식이 풍족하게 됩니다. 물고기 씨가 마를 정도로 촘촘한 그물을 연못에 넣어 물고기를 잡지 않으면, 연못에 사는 물고기와 자라 등을 풍족하게 먹을 수 있습니다.

산에서 나무를 벨 때도, 나무가 상당히 자란 후에 베게 되면 목재가 풍족합니다. 곡식, 물고기, 목재 등 사람이 살아가는 데 필요한 양식이 풍족하면, 백성이 살아 있을 때는 먹고사는 데 걱정이 없고, 초상이 났을 때도 장례를 제대로 치를 수 있습니다. 살아 있을 때 먹고사는 데 걱정 없게 하고, 초상이 났을 때 장례 치르는 데 섭섭하지 않게 하는 일이 왕도의 시작입니다. 200여 평 정도의 택지** 주변에 뽕나무를 심어 누에고치를 생산하면 50세 이상의 어른이 비단옷을 입을 수 있습니다. 개나 돼지, 닭과 같은 가축을 기르면서, 때를 놓치지 않고 새끼를 낳아 그 수를 불리면 70세 이상의 어른이 고기를 먹을 수 있습니다.

5,000여 평의 땅에 농사짓는 때를 놓치지 않고 제대로 농사를 지으면 몇명 정도의 식구를 가진 가족이 먹고살 수 있습니다. 교육을 제대로 하여 부모에게 효도하고 어른을 공경하며, 형제자매와 친구 사이의 우애를 강조하며 윤리도덕을 가르친다면 노약자들이 길에서 무거운 짐을 이거나 지고 다니지 않을 것입니다. 70대 어른들이 비단옷을 입고 고기를 먹으며, 젊은 사람이 굶주리거나 춥지 않게 살도록 복지 혜택을 주었는데 왕 노릇 하지 못한

---

* 농시란 봄에는 밭을 가는 때, 여름에는 김을 매는 때, 가을에는 수확하는 때를 일컫는다.
** 다섯 묘의 택지를 의미하며, 한 명의 가장이 나라에서 받는 땅으로, 묘의 반은 농지에 있고 나머지 묘 반은 읍내에 있다.

사람은 아직까지 없었습니다.

풍년으로 곡식이 너무 흔하여 개나 돼지가 사람 먹을 양식을 먹고 있는 지경인데도 그것을 단속할 줄 모르고, 흉년과 기근으로 길에 굶어 죽은 시체가 있어도 나라에서 비축해 놓은 곡식 창고를 열어 먹일 줄을 모릅니다. 사람이 굶어 죽으면 '내가 그렇게 한 것이 아니다. 흉년이나 기근과 같은 세월 탓이다.'라고 합니다. 이는 전쟁을 일으켜 사람을 찔러 죽이고는 '내가 그렇게 한 것이 아니다. 창과 칼 때문이다.'라고 말하는 것과 다르지 않습니다. 왕께서 세월을 핑계 대지 않는다면 세상 사람이 왕의 백성이 되고 싶어 찾아올 것입니다."

梁惠王曰, "寡人之於國也, 盡心焉耳矣. 何內凶, 則移其民於河東, 移其粟於
양 혜 왕 왈   과 인 지 어 국 야 진 심 언 이 의   하 내 흉 즉 이 기 민 어 하 동   이 기 속 어

河內. 河東凶亦然. 察鄰國之政, 無如寡人之用心者. 鄰國之民不加少, 寡人
하 내 하 동 흉 역 연 찰 린 국 지 정 무 여 과 인 지 용 심 자 린 국 지 민 불 가 소 과 인

之民不加多, 何也?" 孟子對曰, "王好戰, 請而戰喩. 塡然鼓之, 兵刃旣接, 棄
지 민 불 가 다 하 야   맹 자 대 왈   왕 호 전 청 이 전 유 전 연 고 지 병 인 기 접 기

甲曳兵而走, 或百步而後止, 或五十步而後止. 以五十步笑百步, 則何如?"
갑 예 병 이 주 혹 백 보 이 후 지 혹 오 십 보 이 후 지 이 오 십 보 소 백 보 즉 하 여

曰, "不可, 直不百步耳, 是亦走也." 曰, "王如知此, 則無望民之多於鄰國也.
왈 불 가 지 불 백 보 이 시 역 주 야   왈   왕 여 지 차 즉 무 망 민 지 다 어 린 국 야

不違農時, 穀不可勝食也. 數罟不入洿池, 魚鼈不可勝食也. 斧斤以時入山林,
불 위 농 시 곡 불 가 승 식 야 촉 고 불 입 오 지 어 별 불 가 승 식 야 부 근 이 시 입 산 림

材木不可勝用也. 穀與魚鼈不可勝食, 材木不可勝用, 是使民養生喪死無憾
재 목 불 가 승 용 야 곡 여 어 별 불 가 승 식 재 목 불 가 승 용 시 사 민 양 생 상 사 무 감

也. 養生喪死無憾, 王道之始也. 五畝之宅, 樹之以桑, 五十者可以衣帛矣.
야 양 생 상 사 무 감 왕 도 지 시 야 오 무 지 택 수 지 이 상 오 십 자 가 이 의 백 의

鷄豚狗彘之畜, 無失其時, 七十者可以食肉矣. 百畝之田, 數口之家, 可以無
계 돈 구 체 지 휵 무 실 기 시 칠 십 자 가 이 식 육 의 백 무 지 전 수 구 지 가 가 이 무

饑矣. 謹庠序之敎, 申之以孝悌之義, 頒白者不負戴於道路矣. 七十者衣帛食
기 의 근 상 서 지 교 신 지 이 효 제 지 의 반 백 자 불 부 대 어 도 로 의 칠 십 자 의 백 식

肉, 黎民不饑不寒, 然而不王者, 未之有也. 狗彘食人食而不知檢, 塗有餓莩
육 여민불기불한 연이불왕자 미지유야 구체식인사이부지검 도유아표

而不知發. 人死, 則曰, '非我也, 勢也.' 是何異於刺人而殺之, 曰, '非我也,
이부지발 인사 즉왈 비아야 세야 시하이어자인이살지 왈 비아야

兵也.' 王無罪歲, 斯天下之民至焉.'
병야 왕무죄세 사천하지민지언

| 핵심어 | 五十步百步 (오십보백보)

| 해설 | 오십 보나 백 보나 마찬가지다.

책임 있게 정치하라.

1-4

양나라 혜왕이 말했다.

"원컨대 가르침을 조금 더 받고 싶습니다."

맹자가 대답했다.

"사람을 죽이는데 몽둥이로 때려죽이는 것과 칼로 베어 죽이는 것에 차이가 있습니까?"

혜왕이 말했다.

"큰 차이가 없는 것 같습니다."

"칼로 베어 죽이는 것과 포악한 정치를 하여 죽이는 것에 차이가 있습니까?"

혜왕이 말했다.

"큰 차이가 없는 것 같습니다."

맹자가 말했다.

"주방에는 실컷 먹고도 남을 고기가 있고, 마구간에는 살찐 말이 있는데, 백성은 먹지를 못해 굶주린 기색이 역력하고, 들판에는 굶어 죽은 시체가 나뒹굴고 있으니, 이는 짐승을 몰아와서 사람을 잡아먹게 한 것이나 다름없습니다. 짐승끼리 서로 잡아먹는 것도 사람이 싫어하는데, 백성의 부모가 되어 정치를 하면서, 짐승을 몰아와서 사람을 잡아먹게 하는 상황을 막지 못한다

면, 어찌 백성의 부모라 할 수 있겠습니까? 공자가 '처음으로 나무를 깎아 사람의 형상을 만들어 매장할 때 같이 묻는 일을 보며 그 후손이 없지 않겠는가?'라고 했습니다. 사람의 형상을 만들어 산 사람처럼 여기고 그것을 죽은 사람의 장례에 사용한 사람에 대해서도 심각하게 염려했는데, 어찌하여 살아 있는 사람을 굶주려 죽게 내버려둔단 말입니까?"

梁惠王曰, "寡人願安承敎." 孟子對曰, "殺人以梃與刃, 有以異乎?" 曰, "無
양 혜 왕 왈　　과 인 원 안 승 교　　맹 자 대 왈　　살 인 이 정 여 인　유 이 이 호　　왈　무

以異也." "以刃與政, 有以異乎?" 曰, "無以異也." 曰, "庖有肥肉, 廐有肥馬,
이 이 야　　이 인 여 정　유 이 이 호　　왈　무 이 이 야　　왈　포 유 비 육　구 유 비 마

民有飢色, 野有餓莩, 此率獸而食人也. 獸相食, 且人惡之, 爲民父母行政, 不
민 유 기 색　야 유 아 표　차 솔 수 이 식 인 야　수 상 식　차 인 오 지　위 민 부 모 행 정　불

免於率獸而食人, 惡在其爲民父母也. 仲尼曰, '始作俑者, 其無後乎?' 爲其
면 어 솔 수 이 식 인　오 재 기 위 민 부 모 야　중 니 왈　시 작 용 자　기 무 후 호　위 기

象人而用之也. 如之何其使斯民飢而死也?"
상 인 이 용 지 야　여 지 하 기 사 사 민 기 이 사 야

| 핵심어 | 率獸食人 (솔수식인)
| 해설 | 짐승을 몰아와서 사람을 잡아먹게 하다.
사람답게 대접하라.

1-5

양나라 혜왕이 말했다.

"진晉나라*가 세상에서 가장 강한 나라였던 것은 노인께서도 잘 알 것입니다. 내 시대에 와서 동쪽으로는 제나라와 전쟁을 하면서 맏아들을 잃었고, 서쪽으로는 진秦나라와 전쟁을 하면서 땅 700리를 잃었으며, 남쪽으로는 초나라와 전쟁을 하면서 모욕을 당했습니다. 나는 이런 일들을 부끄럽게 생각하고 있습니다. 전쟁에서 죽은 영혼들을 위해 그 치욕을 깨끗이 씻어버리고

---

* 위나라는 본래 진나라 대부 위사가 한씨·조씨와 함께 진나라 땅을 나누고 삼진이라고 했다. 그래서 혜왕은 아직도 자기 나라를 진나라라고 말한다

싶은데, 어떻게 하면 좋겠습니까?"

맹자가 대답했다.

"땅이 사방 100리 정도로 작은 나라일지라도 왕 노릇을 잘할 수 있습니다. 왕은 백성을 사랑하는 마음으로 정치를 해야 합니다. 형벌을 줄이고 세금 징수를 적게 하며, 농사를 비롯한 생업에 몰두하게 하고, 젊은 사람이 부모에게 효도하고 형제자매들과 우애 좋게 생활하며, 본분에 충실하고 주변 사람과 신뢰를 쌓을 수 있도록 교육하고, 가정에서는 부모와 형제자매가 화합하고 사회에서는 어른이나 동료들과 잘 어울리게 하면, 병장기가 아니라 몽둥이를 만들어준다 해도, 견고한 갑옷과 예리한 병장기로 완전무장한 진나라와 초나라에 대항할 수 있을 정도의 정신력이 구비될 것입니다.

반면, 적국에서는 젊은 사람이 농사를 비롯한 생업에 몰두하지 못하고 군대에 동원되어 그 부모를 봉양하지 못하게 하면, 부모는 추위에 떨며 얼어서 굶주리고, 형제자매나 처자식이 제각기 살기 위해 뿔뿔이 흩어져 이산가족이 될 것입니다. 이렇게 적국에서 사람을 헤어나기 힘든 곤경에 빠뜨릴 때, 왕께서 가서 바로잡으면 누가 왕과 대적할 수 있겠습니까? 때문에 옛날부터 사랑하는 마음을 지닌 사람을 대적할 사람은 세상에 아무도 없다고 하는 것이니, 왕께서는 의심하지 마십시오."

梁惠王曰, "晉國, 天下莫强焉, 叟之所知也. 及寡人之身, 東敗於齊, 長子死
양혜왕왈   진국 천하막강언 수지소지야 급과인지신 동패어제 장자사

焉, 西喪地於秦七百里, 南辱於楚. 寡人恥之, 願比死者壹洒之, 如之何則
언 서상지어진칠백리 남욕어초 과인치지 원비사자일쇄지 여지하즉

可?" 孟子對曰, "地方百里而可以王. 王如施仁政於民, 省刑罰, 薄稅斂, 深耕
가   맹자대왈 지방백리이가이왕 왕여시인정어민 생형벌 박세렴 심경

易耨, 壯者以暇日修其孝悌忠信, 入以事其父兄, 出以事其長上, 可使制梃以
이누 장자이가일수기효제충신 입이사기부형 출이사기장상 가사제정이

撻秦·楚之堅甲利兵矣. 彼奪其民時, 使不得耕耨以養其父母, 父母凍餓, 兄
달진 초지견갑리병의 피탈기민시 사부득경누이양기부모 부모동아 형

弟妻子離散. 彼陷溺其民, 王往而征之, 夫誰與王敵? 故曰, 仁者無敵, 王請
제 처 자 이 산　피 함 닉 기 민　왕 왕 이 정 지　부 수 여 왕 적　고 왈　인 자 무 적　왕 청

勿疑.”
물 의

| 핵심어 | 仁者無敵 (인자무적)
| 해설 | 사랑하는 마음을 지닌 사람을 대적할 사람은 세상에 아무도 없다.
왕 노릇 잘하는 법.

1-6

맹자가 양나라 양왕*을 만났다.

궁궐에서 나와 사람에게 말했다.

“멀리서 바라보았는데 군자 같지가 않고, 가까이 다가가서 거동을 살펴보
았는데도 두려워할 만한 위엄을 찾을 수 없었다. ”

누군가 갑자기 물었다.

“세상이 어떻게 될 것 같습니까?”

맹자가 대답했다.

“하나로 정해질 것입니다.”

“누가 하나로 만들 수 있습니까?”

맹자가 대답했다.

“사람 죽이기를 좋아하지 않는 사람이 하나로 만들 수 있습니다.”

“누가 그와 더불어 할 수 있겠습니까?”

맹자가 대답했다.

“세상에 편을 들지 않는 사람이 있겠습니까? 왕께서는 곡식의 싹을 알지
요? 7월이나 8월쯤 가뭄이 닥치면 곡식의 싹은 잘 자라다 말라 들어갑니다.
하늘에 구름이 뭉게뭉게 일어나 비가 쏴아 하고 내려 적셔주면 곡식의 싹이
다시 푸르게 뻗어 오릅니다. 이렇게 되면, 누가 그것을 막아낼 수 있겠습니
까? 지금 세상의 정치지도자 가운데 사람 죽이기를 좋아하지 않는 지도자가

없습니다. 사람 죽이기를 좋아하지 않는 지도자가 나타난다면 세상의 백성이 모두 목을 길게 빼고 그를 바라보게 될 것입니다. 진실로 이와 같이 하면 백성이 찾아오는 일이, 물이 아래로 흘러가는 모습과 흡사할 것이니, 누가 이런 상황을 막아낼 수 있겠습니까?"

孟子見梁襄王. 出, 語人曰, "望之不似人君, 就之而不見所畏焉, 卒然問曰,
맹자현양양왕 출 어인왈 망지불사인군 취지이불견소외언 졸연문왈

'天下惡乎定?' 吾對曰, '定于一.' '孰能一之?' 對曰, '不嗜殺人者能一之.'
천하오호정 오대왈 정우일 숙능일지 대왈 불기살인자능일지

'孰能與之?' 對曰, '天下莫不與也? 王知夫苗乎? 七·八月之間旱, 則苗槁
숙능여지 대왈 천하막불여야 왕지부묘호 칠 팔월지간한 즉묘고

矣. 天油然作雲, 沛然下雨, 則苗浡然興之矣. 其如是, 孰能禦之? 今夫天下之
의 천유연작운 패연하우 즉묘발연흥지의 기여시 숙능어지 금부천하지

人牧, 未有不嗜殺人者也. 如有不嗜殺人者, 則天下之民皆引領而望之矣.
인목 미유불기살인자야 여유불기살인자 즉천하지민개인령이망지의

誠如是也, 民歸之, 由水之就下, 沛然誰能禦之?'"
성여시야 민귀지 유수지취하 패연수능어지

| 핵심어 | **不嗜殺人** (불기살인)
| 해설 | 사람 죽이기를 좋아하지 않는다.
반전(反戰) 평화(平和)!

1-7
제나라 선왕**이 물었다.

"제나라 환공***과 진나라 문공****이 어떤 일을 했는지 들려줄 수 있겠습니까?"

맹자가 대답했다.

* 혜왕의 아들, 이름은 혁
** 제선왕(BC 342~BC 327)은 성이 전씨이고 이름은 벽강이다. 제후의 신분이면서 스스로를 왕이라 칭했다.
*** 환공 재위기간(BC 685~ BC 644), 제후의 패자
**** 문공 재위기간(BC 636~BC 628), 제후의 패자

"공자의 제자들 가운데 환공과 문공이 어떤 일을 했는지 말한 사람이 없었습니다. 그러므로 후세에도 전해오는 말이 없고, 저도 아직 그들이 어떤 일을 했는지 들어본 적이 없습니다. 다른 이야기를 계속하고 싶은데, 왕의 길이 무엇인지 말씀드려도 되겠습니까?"

선왕이 말했다.

"어떤 덕망을 지녀야 왕 노릇을 할 수 있습니까?"

맹자가 말했다.

"백성을 보호하면서 왕 노릇을 하면, 이를 막을 사람은 없습니다."

선왕이 말했다.

"나 같은 사람도 백성을 보호할 수 있습니까?"

맹자가 말했다.

"할 수 있습니다."

선왕이 말했다.

"무슨 근거로 내가 할 수 있다고 말하는 것입니까?"

맹자가 말했다.

"제가 호흘*에게 들었습니다. 왕이 층계 위의 대청에 앉아 있었는데, 소를 끌고 대청 아래로 지나가는 사람이 있었습니다. 왕이 이를 보고 '어디로 소를 끌고 가는가?'라고 물었습니다. 소를 끌고 가는 사람이 '종을 새로 주조했는데 이 소를 희생으로 바쳐 주조한 종의 틈에 피를 바르는 의식에 쓰려고 합니다.'라고 대답했습니다. 왕이 '그 소를 희생에 쓰지 말고 놓아주라. 소가 벌벌 떨며 죄 없이 죽을 곳으로 끌려가는 것 같아 내가 그 모습을 차마 볼 수 없다.'라고 했습니다. 소를 끌고 가던 사람이 '그렇다면 종의 틈에 피를 바르는 희생 의식을 하지 말까요?'라고 하자, 왕이 '어찌 폐지할 수 있겠는가? 소 대신 양으로 바꾸어 쓰라.'고 했습니다. 이런 일이 있었습니까?"

* 제나라 신하

선왕이 말했다.

"그런 일이 있었습니다."

맹자가 말했다.

"이런 마음을 지니고 있다면 충분히 왕 노릇을 할 수 있습니다. 백성은 왕께서 소를 제물로 보고 아꼈다고 하지만, 저는 진정으로 왕께서 소가 벌벌 떨면서 죽을 곳으로 끌려가는 모습을 차마 보기 힘들어한 마음을 압니다."

왕이 말했다.

"그렇습니다. 진실로 그렇게 생각하는 백성도 있을 겁니다. 제나라가 좁고 작지만 내 어찌 한 마리 소를 아끼겠습니까? 그 소가 두려워 벌벌 떨며 끌려가는 것이 죄 없이 죽을 곳으로 끌려가는 것 같아 차마 볼 수가 없어, 양으로 바꿔 쓰게 한 것입니다."

맹자가 말했다.

"왕께서는 백성이 왕이 소를 제물로 생각하고 아꼈다는 비난에 대해, 다른 생각을 하지 마십시오. 작은 양을 큰 소와 바꿨으니, 저들이 어찌 진심을 알겠습니까? 왕께서 죄 없이 죽을 곳으로 끌려가는 소를 불쌍하게 여겼다면, 소든 양이든 어찌 구별했겠습니까?"

선왕이 웃으며 말했다.

"진실로 무슨 마음에 그렇게 했겠습니까? 내가 제물을 보고 아꼈기 때문에 양으로 바꾸게 한 건 아닙니다. 백성은 당연히 내가 제물을 아꼈다고 할 수도 있을 것입니다."

맹자가 말했다.

"마음 아파할 건 없습니다. 그런 행동이 사람을 사랑하는 정치의 방법입니다. 벌벌 떨며 두려워하는 소는 지금 보았고, 양은 아직 보지 못했습니다. 군자는 살아 있는 짐승을 보고 차마 그것이 죽는 것을 보지 못합니다. 죽으면서 울부짖는 소리를 듣고 차마 그 고기를 먹지 못합니다. 그러므로 군자는 푸줏간을 멀리하는 것입니다."

선왕이 기뻐하며 말했다.

"『시경』*에 '사람이 지닌 마음, 내가 헤아리네.'라고 했습니다. 선생 같은 분을 두고 한 노래입니다. 내가 그렇게 행동하고 돌이켜 그렇게 한 이유를 찾았지만 내 마음을 알지 못했습니다. 선생께서 말씀해 주시니, 정말 마음이 흐뭇합니다. 그런 마음이 왕의 길에 부합한다니 어째서 그렇습니까?"

맹자가 말했다.

"어떤 사람이 왕에게 이렇게 말했다고 해보십시오. '나는 100균이나 되는 물건을 들 수 있는 힘을 지니고 있지만, 깃털 하나는 들 수 없습니다. 나의 시력은 털끝처럼 가느다란 것도 충분히 볼 수 있지만, 수레에 실은 나무 묶음은 볼 수 없습니다.' 그렇다면 왕께서는 이 말을 믿겠습니까?"

선왕이 말했다.

"아닙니다."

"지금 왕의 은혜가 짐승에게까지 미칠 수 있는데, 백성에게 이르지 않는 것은 유독 어째서 그렇습니까? 깃털 하나를 들 수 없다고 하는 것은 힘을 쓰지 않기 때문입니다. 나무 묶음을 볼 수 없다는 것은 시력을 쓰지 않기 때문입니다. 백성이 보호 받지 못하는 것은 은혜를 베풀지 않기 때문입니다. 그러므로 왕께서 왕 노릇을 하지 못하는 것은 하지 않는 것이지 할 수 없어서가 아닙니다."

선왕이 말했다.

"하지 않는 자와 할 수 없는 자는 그 모습이 어떻게 다릅니까?"

맹자가 대답했다.

"태산을 겨드랑이에 끼고 북해를 뛰어넘는 일에 대해 사람에게 '나는 그것을 할 수 없다.'고 하면, 이는 진실로 할 수 없는 것입니다. 어른을 위해 팔다리를 주물러 드리는 일에 대해 사람에게 '나는 할 수 없다.'고 하면, 이는

* 『시경』「소아」〈교언〉 편

하지 않는 것이지, 할 수 없는 것이 아닙니다. 그러므로 왕께서 왕 노릇을 하지 못하는 것은 태산을 겨드랑이에 끼고 북해를 뛰어넘는 부류가 아닙니다.

왕께서 왕 노릇을 하지 못하는 것은 어른을 위해 팔다리를 주물러 드리는 부류입니다. 집안 어른을 어른으로 모시고 다른 집안의 어른에게까지 미치십시오. 집안 어린이를 어린이로 사랑하고 다른 집안의 어린이에게까지 미치십시오. 세상 다스리는 일을 손바닥 위에서 움직이는 것처럼 쉽게 할 수 있습니다.

『시경』에 '아내에게 모범이 되어, 형제자매에 이르고, 집안과 나라를 다스리네.'라고 노래했습니다. 이는 이 마음을 들어서 저 사람에게 베풀 뿐이라는 말입니다. 그러므로 왕의 은혜를 널리 펼쳐나가면 온 세상을 편안히 잘살게 만들기에 충분하고, 은혜를 펼쳐나가지 않으면 처자식조차도 제대로 보호해 줄 길이 없습니다. 옛날 정치를 잘했던 왕들이 다른 사람보다 특별히 뛰어난 이유는 별것이 없습니다. 자기가 할 일을 잘 펼쳐나갔을 뿐입니다.

지금 왕의 은혜가 짐승에게까지 넉넉하게 미칠 수 있는데도 백성에게 이르지 않는 것은 유독 어째서 그렇습니까? 저울질을 해봐야 가벼운지 무거운지를 알게 됩니다. 재어보아야 긴 것인지 짧은 것인지를 알 수 있습니다. 사물이 모두 그러하지만 마음이 더욱 그러하니 왕께서는 마음을 잘 헤아려보시기 바랍니다. 왕께서는 전쟁을 일으켜 전쟁에 나가는 병사와 곁에 있는 신하들을 위태롭게 하고, 제후들과 원수 관계가 되어야 마음이 시원하시겠습니까?"

선왕이 말했다.

"아닙니다. 내 어찌 그런 것을 시원하게 여기겠습니까? 앞으로 내가 크게 원하는 것을 추구하기 위해서입니다."

맹자가 말했다.

"왕께서 크게 원하는 것이 무엇인지 들어볼 수 있겠습니까?"

선왕이 빙그레 웃을 뿐 말을 하지 않았다.

맹자가 말했다.

"맛있는 음식이 부족해서 그렇습니까? 가볍고 따뜻한 의복이 부족해서 그렇습니까? 아니면, 눈요기할 만한 볼거리가 부족해서 그렇습니까? 귀에 듣기에 아름다운 음악이 부족해서 그렇습니까? 부려먹을 주변의 사람이 부족해서 그렇습니까? 왕에게 여러 신하들이 이런 것을 넉넉하게 대줄텐데, 왕께서 어찌 이런 것 때문에 그러겠습니까!"

선왕이 말했다.

"아닙니다. 이런 것들 때문에 내가 그런 것이 아닙니다."

맹자가 말했다.

"그렇다면 왕께서 크게 원하는 것이 무엇인지 알 것 같습니다. 영토를 넓히고 진나라와 초나라를 굴복시키고 세상의 중심에 서서 사방의 여러 나라를 호령하고 싶어 하는 것입니다. 그와 같은 방법으로 그와 같은 소원을 추구한다면 나무에 올라가서 물고기를 구하는 것과 같습니다."

선왕이 말했다.

"이것이 그렇게 잘못된 겁니까?"

맹자가 말했다.

"잘못되어도 한참 잘못되었지요. 나무에 올라가서 물고기를 구하는 것은 물고기를 얻지 못하더라도 나중에 재앙은 없습니다. 하지만 그와 같은 방법으로 그와 같은 소원을 추구한다면, 온 마음을 쏟고 힘을 다하더라도 나중에 반드시 재앙이 따를 것입니다."

선왕이 말했다.

"어떻게 해야 하는지 그 방법을 좀 알 수 있겠습니까?"

맹자가 말했다.

"추나라와 초나라가 전쟁을 한다면, 왕께서는 누가 이길 것으로 생각하십니까?"

선왕이 말했다.

"초나라가 이길 것입니다."

맹자가 말했다.

"그렇다면 작은 나라는 큰 나라를 대적할 수 없고, 적은 수의 군대는 많은 수의 군대를 대적할 수 없으며, 약한 나라는 강한 나라를 대적할 수 없습니다. 세상에 영토가 1,000리 되는 나라가 아홉 개인데, 제나라는 아홉 나라 가운데 하나에 불과합니다. 하나의 나라가 나머지 여덟 나라를 복종시킨다고 했을 때, 약소국인 추나라가 강대국인 초나라를 대적하는 것과 무엇이 다르겠습니까?

본질을 제대로 돌아보십시오. 지금 왕께서는 훌륭한 정치를 펴고 사람을 사랑하는 마음을 베풀어, 조정에서 관직을 맡으려는 사람에게는 그들의 능력을 존중해 주고, 농사짓는 사람에게는 농지를 나누어 주어 경작하게 하며, 장사꾼들에게는 세금을 징수하지 않거나 감면해 주어 장사를 하여 시장에 물건을 저장하게 하고, 여행하는 사람에게는 안전보장과 통행세 같은 것을 감면해 주어 당신 나라의 길을 이용하게 하며, 세상의 포악한 지도자 밑에서 살면서 그를 미워하는 사람이 모두 왕에게 달려와 하소연하려고 할 것입니다. 이와 같이 하면, 누가 그것을 하지 못하도록 막을 수 있겠습니까?"

선왕이 말했다.

"나는 어두워서 이런 정책을 쓸 수 없습니다. 선생께서 내 뜻을 도와 분명하게 나를 가르쳐주십시오. 내 비록 재빠르지는 않지만 정치를 한번 시험해 보겠습니다."

맹자가 말했다.

"일정한 생업이 없으면서도 변함없이 착한 마음을 지니는 일은 오직 의리를 아는 사람이 할 수 있습니다. 백성은 생업이 없으면 착한 마음이 없어질 수 있습니다. 변함없이 착한 마음이 없어지면, 방탕하고 편벽되고 사악하고 사치하는 길로 빠져 못 하는 짓이 없게 됩니다. 죄를 저지른 다음에 그들을 따라가서 처벌한다면, 이는 백성을 상대로 물고기를 잡듯이 그물질을 하는 것과 같습니다. 사람을 사랑하는 사람이 왕의 자리에 있으면서, 어찌 백성을 상대로 그물질을 할 수 있겠습니까.

그러므로 현명한 왕은 백성이 먹고살 수 있도록 생업을 정해 주어야 하고, 부모를 넉넉하게 모실 수 있게 하며, 처자식을 충분히 먹여살릴 수 있게 하고, 풍년이 드는 해는 배부르고 흉년이 들어도 굶어 죽지 않도록 해야 합니다. 그렇게 해준 다음에 백성을 착하게 만들어야 백성을 따르게 하기 쉬워집니다. 지금은 백성에게 생업은 정해 주었지만, 부모를 모시기에 넉넉하지 못하고, 처자식을 먹여살리는 데 충분하지 않으며, 풍년이 든 해에도 고생하고, 흉년이 든 해에는 굶어 죽는 것을 면하지 못하니, 이런 상황에서는 죽음을 구제하기에도 힘이 모자라 무서울 지경인데, 어느 겨를에 제대로 다스려 예의를 차리게 할 수 있겠습니까! 왕께서 훌륭한 정치를 행하려면 본질을 제대로 성찰해야만 합니다!

200평 정도의 택지 주변에 뽕나무를 심어 누에고치를 생산하면 50세 이상의 어른이 비단옷을 입을 수 있습니다. 개나 돼지, 닭과 같은 가축을 기르면서, 때를 놓치지 않고 새끼를 낳아 그 수를 불리면 70세 이상의 어른이 고기를 먹을 수 있습니다. 5,000여 평의 땅에 농사짓는 때를 놓치지 않고 제대로 농사를 하게 되면 여덟 명 정도의 식구를 가진 가족이 먹고살 수 있습니다.* 학교를 만들어 교육을 제대로 실시하여 부모에게 효도하고 어른을 공경하며, 형제자매와 친구 사이의 우애를 강조하며 윤리도덕을 가르친다면 노약자들이 길에서 무거운 짐을 이거나 지고 다니지 않을 것입니다. 나이 많

---

* 이 구절은 백성의 생업을 제정해 주는 법을 말한다. 조기(趙岐, ?~201, 후한 말기 학자)는 말하기를 "여덟 식구의 가정이란 상농부의 다음이다. 이것이 왕정의 근본이며 일정하게 살아가게 해주는 방법이다. 그래서 맹자는 제나라와 양나라의 임금을 위해서 각각 이렇게 말한 것이다."라고 했다.

은 어른들이 비단옷을 입고 고기를 먹으며, 젊은 사람이 굶주리거나 춥지 않게 살도록 복지 혜택을 주었는데 왕으로 성공하지 못한 사람은 아직까지 보지 못했습니다."

齊宣王問曰, "齊桓·晉文之事, 可得聞乎?" 孟子對曰, "仲尼之徒, 無道桓·
제선왕문왈 제환 진문지사 가득문호 맹자대왈 중니지도 무도환

文之事者, 是以後世無傳焉, 臣未之聞也. 無以, 則王乎?" 曰, "德何如, 則可
문지사자 시이후세무전언 신미지문야 무이 즉왕호 왈 덕하여즉가

以王矣?" 曰, "保民而王, 莫之能禦也." 曰, "若寡人者, 可以保民乎哉?"
이왕의 왈 보민이왕 막지능어야 왈 약과인자 가이보민호재

曰, "可." 曰, "何由知吾可也?" 曰, "臣聞之胡齕曰, 王坐於堂上, 有牽牛而
왈 가 왈 하유지오가야 왈 신문지호흘왈 왕좌어당상 유견우이

過堂下者, 王見之曰, '牛何之?' 對曰, '將以釁鐘.' 王曰, '舍之, 吾不忍其觳
과 당하자 왕견지왈 우하지 대왈 장이흔종 왕왈 사지 오불인기곡

觫, 若無罪而就死地.' 對曰, '然則廢釁鐘與?' 曰, '何可廢也, 以羊易之.' 不識
속 약무죄이취사지 대왈 연즉폐흔종여 왈 하가폐야 이양역지 불식

有諸?" 曰有之." 曰, "是心足以王矣. 百姓皆以王爲愛也, 臣固知王之不忍
유저 왈유지 왈 시심족이왕의 백성개이왕위애야 신고지왕지불인

也." 王曰, "然. 誠有百姓者, 齊國雖褊小, 吾何愛一牛? 卽不忍其觳觫, 若無
야 왕왈 연 성유백성자 제국수편소 오하애일우 즉불인기곡속 약무

罪而就死地, 故以羊易之也." 曰, "王無異於百姓之以王爲愛也, 以小易大
죄이취사지 고이양역지야 왈 왕무이어백성지이왕위애야 이소역대

彼惡知之? 王若隱其無罪而就死地, 則牛·羊何擇焉?"
피오지지 왕약은기무죄이취사지 즉우 양하택언

王笑曰, "是誠何心哉! 我非愛其財. 而易之以羊也, 宜乎百姓之謂我愛也."
왕소왈 시성하심재 아비애기재 이역지이양야 의호백성지위아애야

曰, "無傷也, 是乃仁術也, 見牛未見羊也. 君子之於禽獸也, 見其生, 不忍見
왈 무상야 시내인술야 견우미견양야 군자지어금수야 견기생 불인견

其死. 聞其聲, 不忍食其肉. 是以君子遠庖廚也." 王說, 曰, "詩云, '他人有心,
기사 문기성 불인식기육 시이군자원포주야 왕열 왈 시운 타인유심

予忖度之.' 夫子之謂也. 夫我乃行之, 反以求之, 不得吾心. 夫子言之, 於我心
여촌탁지 부자지위야 부아내행지 반이구지 부득오심 부자언지 어아심

有戚戚焉. 此心之所以合於王者, 何也?"曰, "有復於王者, 曰, '吾力足以擧
유척척언 차심지소이합어왕자 하야 　 왈 　 유복어왕자 왈 　 오력족이거

百鈞, 而不足以擧一羽'. '明足以察秋毫之末', 而不見輿薪. 則王許之乎?"
백균 이부족이거일우 　 명족이찰추호지말 이불견여신 즉왕허지호

曰, "否." "今恩足以及禽獸, 而功不至於百姓者, 獨何與? 然則一羽之不擧,
왈 부 　 금은족이급금수 이공부지어백성자 독하여 연즉일우지불거

爲不用力焉. 輿薪之不見, 爲不用明焉. 百姓之不見保, 爲不用恩焉. 故王之
위불용력언 여신지불견 위불용명언 백성지불견보 위불용은언 고왕지

不王, 不爲也, 非不能也."曰, "不爲者與不能者之形何以異?"曰, "挾太山
불왕 불위야 비불능야 　 왈 불위자여불능자지형하이이 　 왈 협태산

以超北海, 語人曰, '我不能', 是誠不能也. 爲長者折枝, 語人曰, '我不能',
이초북해 어인왈 아불능 시성불능야 위장자절지 어인왈 아불능

是不爲也, 非不能也. 故王之不王, 非挾太山以超北海之類也. 王之不王,
시불위야 비불능야 고왕지불왕 비협태산이초북해지류야 왕지불왕

是折枝之類也. 老吾老, 以及人之老. 幼吾幼, 以及人之幼. 天下可運於掌.
시절지지류야 노오로 이급인지노 유오유 이급인지유 천하가운어장

詩云, '刑于寡妻, 至于兄弟, 以御于家邦.'言擧斯心加諸彼而已. 故推恩足以
시운 형우과처 지우형제 이어우가방 언거사심가저피이이 고추은족이

保四海, 不推恩無以保妻子. 古之人所以大過人者, 無他焉, 善推其所爲而已
보사해 불추은무이보처자 고지인소이대과인자 무타언 선추기소위이이

矣. 今恩足以及禽獸, 而功不至於百姓者, 獨何與? 權, 然後知輕重. 度, 然後
의 금은족이급금수 이공부지어백성자 독하여 권 연후지경중 탁 연후

知長短. 物皆然, 心爲甚, 王請度之. 抑王興甲兵, 危士臣, 構怨於諸侯, 然後
지장단 물개연 심위심 왕청탁지 억왕흥갑병 위사신 구원어제후 연후

快於心與?"王曰, "否. 吾何快於是? 將以求吾所大欲也."曰, "王之所大欲,
쾌어심여 왕왈 부 오하쾌어시 장이구오소대욕야 　 왈 　 왕지소대욕

可得聞與?"王笑而不言. 曰, "爲肥甘不足於口與? 輕煖不足於體與? 抑爲
가득문여 왕소이불언 왈 위비감부족어구여 경난부족어체여 억위

采色不足視於目與? 聲音不足聽於耳與? 便嬖不足使令於前與? 王之諸臣,
채색부족시어목여 성음부족청어이여 편폐부족사령어전여 왕지제신

皆足以供之, 而王豈爲是哉!"曰, "否, 吾不爲是也."曰, "然則王之所大欲可
개족이공지 이왕기위시재 　 왈 부 오불위시야 왈 연즉왕지소대욕가

知已. 欲辟土地, 朝秦·楚, 莅中國而撫四夷也. 以若所爲, 求若所欲, 猶緣木
지이 욕벽토지 조진 초 리중국이무사이야 이약소위 구약소욕 유연목

而求魚也." 王曰, "若是其甚與?" 曰, "殆有甚焉. 緣木求魚, 雖不得魚, 無後
이 구 어 야　왕 왈　약 시 기 심 여　왈　태 유 심 언　연 목 구 어　수 부 득 어　무 후

災. 以若所爲, 求若所欲, 盡心力而爲之, 後必有災." 曰, "可得聞與?"
재　이 약 소 위　구 약 소 욕　진 심 력 이 위 지　후 필 유 재　왈　가 득 문 여

曰, "鄒人與楚人戰, 則王以爲孰勝?" 曰, "楚人勝." 曰, "然則小固不可以敵
왈　추 인 여 초 인 전　즉 왕 이 위 숙 승　왈　초 인 승　왈　연 즉 소 고 불 가 이 적

大, 寡固不可以敵衆, 弱固不可以敵强. 海內之地, 方千里者九, 齊集有其一.
대　과 고 불 가 이 적 중　약 고 불 가 이 적 강　해 내 지 지　방 천 리 자 구　제 집 유 기 일

以一服八, 何以異於鄒敵楚哉? 蓋亦反其本矣. 今王發政施仁, 使天下仕者皆
이 일 복 팔　하 이 이 어 추 적 초 재　개 역 반 기 본 의　금 왕 발 정 시 인　사 천 하 사 자 개

欲立於王之朝, 耕者皆欲耕於王之野, 商賈皆欲藏於王之市, 行旅皆欲出於
욕 립 어 왕 지 조　경 자 개 욕 경 어 왕 지 야　상 고 개 욕 장 어 왕 지 시　행 려 개 욕 출 어

王之塗, 天下之欲疾其君者皆欲赴愬於王. 其若是, 孰能禦之?"
왕 지 도　천 하 지 욕 질 기 군 자 개 욕 부 소 어 왕　기 약 시　숙 능 어 지

王曰, "吾惛, 不能進於是矣. 願夫子輔吾志, 明以敎我. 我雖不敏, 請嘗試之."
왕 왈　오 혼　불 능 진 어 시 의　원 부 자 보 오 지　명 이 교 아　아 수 불 민　청 상 시 지

曰, "無恒産而有恒心者, 惟士爲能. 若民則無恒産, 因無恒心. 苟無恒心,
왈　무 항 산 이 유 항 심 자　유 사 위 능　약 민 즉 무 항 산　인 무 항 심　구 무 항 심

放辟邪侈, 無不爲已. 及陷於罪, 然後從而刑之, 是罔民也. 焉有仁人在位,
방 벽 사 치　무 불 위 이　급 함 어 죄　연 후 종 이 형 지　시 망 민 야　언 유 인 인 재 위

罔民而可爲也? 是故明君制民之産, 必使仰足以事父母, 俯足以畜妻子,
망 민 이 가 위 야　시 고 명 군 제 민 지 산　필 사 앙 족 이 사 부 모　부 족 이 휵 처 자

樂歲終身飽, 凶年免於死亡. 然後驅而之善, 故民之從之也輕. 今也制民之産,
락 세 종 신 포　흉 년 면 어 사 망　연 후 구 이 지 선　고 민 지 종 지 야 경　금 야 제 민 지 산

仰不足以事父母, 俯不足以畜妻子, 樂歲終身苦, 凶年不免於死亡, 此惟救死
앙 부 족 이 사 부 모　부 부 족 이 휵 처 자　락 세 종 신 고　흉 년 불 면 어 사 망　차 유 구 사

而恐不瞻, 奚暇治禮義哉! 王欲行之, 則盍反其本矣! 五畝之宅, 樹之以桑,
이 공 불 섬　해 가 치 예 의 재　왕 욕 행 지　즉 합 반 기 본 의　오 무 지 택　수 지 이 상

五十者可以衣帛矣. 鷄豚狗彘之畜, 無失其時, 七十者可以食肉矣. 百畝之田,
오 십 자 가 이 의 백 의　계 돈 구 체 지 축　무 실 기 시　칠 십 자 가 이 식 육 의　백 무 지 전

勿奪其時, 八口之家可以無飢矣. 謹庠序之敎, 申之以孝悌之義, 頒白者不負
물 탈 기 시　팔 구 지 가 가 이 무 기 의　근 상 서 지 교　신 지 이 효 제 지 의　반 백 자 불 부

戴於道路矣. 老者衣帛食肉, 黎民不飢不寒, 然而不王者, 未之有也."
대 어 도 로 의　노 자 의 백 식 육　여 민 불 기 불 한　연 이 불 왕 자　미 지 유 야

| 핵심어 | 恒産恒心 (항산항심)

| 해설 | 생업이 있어야 마음도 변하지 않는다.

올바른 정치의 도리.

양혜왕(하)

2

2-1

장포가 맹자를 뵙고 말했다.

"제가 선왕을 뵈었는데, 왕이 저에게 음악을 좋아한다고 말했습니다만 저는 대답을 하지 못했습니다." 또 말했다. "음악을 좋아한다는 말이 무엇을 뜻합니까?"

맹자가 말했다.

"선왕이 음악을 정말 좋아한다면 제나라의 미래는 밝겠지요."

다른 날, 맹자가 선왕을 뵙고 말했다.

"왕께서 장포에게 음악을 좋아한다고 말한 적이 있다는데, 그런 일이 있습니까?"

선왕이 얼굴빛을 바꾸며 말했다.

"나는 옛날 왕들의 음악을 좋아하는 것이 아니라, 단지 세속의 음악을 좋아합니다."

맹자가 말했다.

"왕께서 정말 음악을 좋아하면 제나라는 미래가 밝습니다! 지금의 음악이 옛날의 음악과 같습니다."

선왕이 말했다.

"어째서 그런지 들을 수 있겠습니까?"

맹자가 말했다.

"혼자서 음악을 즐기는 것과 다른 사람과 더불어 즐기는 것 가운데 어느 쪽이 더 즐겁겠습니까?"

선왕이 말했다.

"다른 사람과 더불어 즐기는 것이 훨씬 좋습니다."

맹자가 말했다.

"몇몇 사람이 즐기는 것과 여러 사람이 더불어 즐기는 것 가운데 어느 쪽이 더 즐겁겠습니까?"

선왕이 말했다.

"여러 사람과 더불어 즐기는 것이 훨씬 좋습니다."

"제가 왕을 위해 음악에 대해 말해 드리겠습니다. 지금 왕께서 이곳에서 음악을 연주하면, 백성이 종과 북 울리는 소리, 피리나 퉁소 부는 소리를 듣고, 모두 머리를 아파하고 이마를 찌푸리며, '우리 왕은 음악 연주를 좋아하면서 어찌 우리를 이런 곤궁한 지경에 이르게 하는가! 부모자식 간에 서로 만나보지 못하고, 형제자매 처자식이 먹고살기 위해 뿔뿔이 흩어져 이산가족이 되었다.'고 합니다.

지금 왕께서 이곳에서 사냥을 하면, 왕의 수레와 말 우는 소리를 듣고, 깃발 장식의 아름다움을 보고, 사람이 모두 머리를 아파하고 이마를 찌푸리며, '우리 왕은 사냥을 좋아하면서, 어찌 우리를 이런 곤궁한 지경에 이르게 하는가? 부모자식 간에 서로 만나보지 못하고, 형제자매 처자식이 먹고살기 위해 뿔뿔이 흩어져 이산가족이 되었다.'고 합니다.

이는 다른 것이 아니라 백성과 더불어 즐기지 않기 때문입니다. 지금 왕께서 이곳에서 음악을 연주하면, 왕의 종과 북 울리는 소리, 피리나 퉁소 부는 소리를 듣고, 백성이 모두 기꺼이 기뻐하는 낯빛으로 서로 맞장구치면서,

'우리 왕께서 제발 아프지 않으셔야 하는데? 그래야 즐겁게 음악을 연주하시리라!'고 합니다. 지금 이곳에서 사냥을 하면, 왕의 수레와 말 우는 소리를 듣고, 깃발 장식의 아름다움을 보고, 백성이 모두 기꺼이 기뻐하는 낯빛을 하고 서로 맞장구치면서, '우리 왕께서 제발 아프지 않으셔야 하는데? 그래야 즐겁게 사냥을 하시리라!'고 합니다. 이는 다른 것이 아니라, 백성과 더불어 즐기기 때문입니다. 지금 왕께서 백성과 더불어 즐거워한다면 왕 노릇을 할 수 있습니다."

莊暴見孟子, 曰, "暴見於王, 王語暴以好樂, 暴未有以對也." 曰, "好樂何如?"
장포견맹자 왈 포견어왕 왕어포이호악 포미유이대야 왈 호악하여

孟子曰, "王之好樂甚, 則齊國其庶幾乎!" 他日見於王, 曰, "王嘗語莊子以好
맹자왈 왕지호악심 즉제국기서기호 타일현어왕 왈 왕상어장자이호

樂, 有諸?" 王變乎色, 曰, "寡人非能好先王之樂也, 直好世俗之樂耳."
락 유저 왕변호색 왈 과인비능호선생지악야 지호세속지악이

曰, "王之好樂甚, 則齊其庶幾乎! 今之樂, 猶古之樂也." 曰, "可得聞與?"
왈 왕지호악심 즉제기서기호 금지악 유고지악야 왈 가득문여

曰, "獨樂樂, 與人樂樂, 孰樂?" 曰, "不若與人." 曰, "與少樂樂, 與衆樂樂,
왈 독락악 여인락악 숙락 왈 불약여인 왈 여소락악 여중락악

孰樂?" 曰, "不若與衆." "臣請爲王言樂. 今王鼓樂於此, 百姓聞王鐘鼓之聲
숙락 왈 불약여중 신청위왕언악 금왕고악어차 백성문왕종고지성

‧管籥之音, 擧疾首蹙頞而相告曰, '吾王之好鼓樂, 夫何使我至於此極也!
관약지음 거질수축알이상고왈 오왕지호고악 부하사아지어차극야

父子不相見, 兄弟妻子離散.' 今王田獵於此, 百姓聞王車馬之音, 見羽旄之
부자불상견 형제처자이산 금왕전렵어차 백성문왕거마지음 견우모지

美, 擧疾首蹙頞而相告曰, '吾王之好田獵, 夫何使我至於此極也? 父子不相
미 거질수축알이상고왈 오왕지호전렵 부하사아지어차극야 부자불상

見, 兄弟妻子離散.' 此無他, 不與民同樂也. 今王鼓樂於此, 百姓聞王鐘鼓之
견 형제처자이산 차무타 불여민동락야 금왕고악어차 백성문왕종고지

聲‧管籥之音, 擧欣欣然有喜色而相告曰, '吾王庶幾無疾病與? 何以能鼓樂
성 관약지음 거흔흔연유희색이상고왈 오왕서기무질병여 하이능고악

也!' 今王田獵於此, 百姓聞王車馬之音, 見羽旄之美, 擧欣欣然有喜色而相告
야 금왕전렵어차 백성문왕거마지음 견우모지미 거흔흔연유희색이상고

曰, '吾王庶幾無疾病與? 何以能田獵也!' 此無他, 與民同樂也. 今王與百姓
왈 오 왕 서 기 무 질 병 여   하 이 능 전 렵 야   차 무 타 여 민 동 락 야 금 왕 여 백 성

同樂, 則王矣.'
동 락 즉 왕 의

| 핵심어 | 與民同樂 (여민동락)
| 해설 | 사람과 함께 즐긴다.
즐겁게 사는 법.

2-2

제나라 선왕이 물었다.

"문왕의 동산인 원유*가 사방 70리였다고 합니다. 그렇습니까?"

맹자가 대답했다.

"전해오는 기록에 그런 말이 있습니다."

선왕이 말했다.

"그렇게도 컸습니까?"

맹자가 말했다.

"백성은 오히려 작다고 생각했습니다."

선왕이 말했다.

"나의 동산은 사방 40리밖에 안 됩니다. 백성이 오히려 크다고 생각하는
데 왜 그렇습니까?"

맹자가 말했다.

"문왕의 동산은 사방 70리나 되었지만 꼴 베고 나무하는 사람이 그 동산
으로 갔고, 꿩을 잡고 토끼를 잡는 사람이 그 동산으로 갔습니다. 백성이 함
께 사용했기에 백성이 작다고 생각하는 것은 당연하지 않습니까! 제가 처음
제나라 국경에 도착했을 때, 제나라에서 가장 금지하는 것이 무엇인지 물은
다음에 감히 입국했습니다. 제가 그때 들었는데, 교외 관문 안에 동산이 사

* 원유란 새와 짐승을 번식시키고 사육하는 곳을 말한다.

방 40리가 있는데, 동산에 있는 사슴을 잡는 사람은 살인죄와 같이 다스린다고 했습니다. 이는 사방 40리의 동산으로 나라 안에 함정을 만든 것과 같으니 백성이 크다고 생각하는 것은 당연하지 않습니까?"

齊宣王問曰, "文王之囿方七十里, 有諸?" 孟子對曰, "於傳有之."
제 선 왕 문 왈   문 왕 지 유 방 칠 십 리   유 저   맹 자 대 왈   어 전 유 지

曰, "若是其大乎?" 曰, "民猶以爲小也." 曰, "寡人之囿方四十里,
왈   약 시 기 대 호   왈   민 유 이 위 소 야   왈   과 인 지 유 방 사 십 리

民猶以爲大, 何也?" 曰, "文王之囿方七十里, 芻蕘者往焉, 雉兔者往焉.
민 유 이 위 대 하 야   왈   문 왕 지 유 방 칠 십 리 추 요 자 왕 언 치 토 자 왕 언

與民同之, 民以爲小, 不亦宜乎! 臣始至於境, 問國之大禁, 然後敢入.
여 민 동 지 민 이 위 소 불 역 의 호   신 시 지 어 경   문 국 지 대 금 연 후 감 입

臣聞郊關之內, 有囿方四十里, 殺其麋鹿者如殺人之罪.
신 문 교 관 지 내 유 유 방 사 십 리 살 기 미 록 자 여 살 인 지 죄

則是方四十里爲阱於國中, 民以爲大, 不亦宜乎?"
즉 시 방 사 십 리 위 정 어 국 중 민 이 위 대 불 역 의 호

| 핵심어 | 與民同之 (여민동지)
| 해설 | 백성과 함께한다.
백성이 진정 원하는 정치인의 처신.

2-3

제나라 선왕이 물었다.

"이웃 나라와 외교를 하는 데 방법이 있습니까?"

맹자가 대답했다.

"있습니다. 백성을 사랑하는 사람만이 큰 나라지만 작은 나라를 복종시키지 않고 예의를 갖추어 존중해 가면서 국교를 유지할 수 있습니다. 그런 연유로 탕임금이 조그만 나라였던 갈백을 존중해 주었고, 문왕이 조그만 나라였던 곤이를 존중했습니다. 지혜로운 사람만이 작은 나라지만 큰 나라를 섬겨서 나라를 보전할 수 있습니다. 그런 연유로 태왕이 강성한 나라였던 흉노족을 섬겼고, 월나라 구천이 오나라의 부차를 섬겼습니다.

큰 나라지만 작은 나라를 존중해 주는 사람은 자연의 이치를 즐기는 사람입니다. 작은 나라지만 큰 나라를 섬기는 사람은 자연의 질서를 두려워하는 사람입니다. 자연의 이치를 즐기는 사람은 세상을 편안하게 하고, 자연의 질서를 두려워하는 사람은 나라를 편안하게 합니다. 『시경』*에서 다음과 같이 노래했습니다. '하늘의 위엄을 두려워하니, 나라를 편안하게 한다.'"

선왕이 말했다.

"선생의 말씀이 정말 훌륭합니다! 나에게는 단점이 있습니다. 나는 용맹을 좋아합니다."

맹자가 대답했다.

"부탁입니다만 왕께서는 조그마한 용맹은 좋아하지 마십시오. 검을 어루만지며 노려보면서, '네가 어찌 감히 나를 당하겠는가!'라고 말한다면, 이것은 보잘것없는 한 사나이의 용맹이자 한 사람을 상대하는 것입니다. 부탁컨대 용맹을 크게 부리시기 바랍니다. 『시경』**에 '왕이 불끈하며 성을 내자, 군대를 정돈하여 침략하러 가는 무리들을 막아, 주나라의 복을 두텁게 하여, 온 세상에 보답하였다.'라고 노래했습니다. 이는 주나라 문왕의 용맹입니다. 문왕이 크게 성을 내어, 온 세상 사람을 편안히 했습니다.

『서경』***에 '하늘이 사람을 내려보내, 그들을 위해 군주가 나게 하고 스승이 나게 하니, 그가 하느님을 돕기 때문이다. 그를 사방에서 특별히 총애하여, 죄가 있든 없든 오직 내가 살피니, 온 세상 사람이 어찌 감히 그 뜻을 지나칠 수 있겠는가?'라고 했습니다. 은나라의 포악한 군주 하나가 온 세상에 횡포를 부리거늘, 주나라 무왕이 이것을 부끄러워하여 은나라 마지막 임금인 주를 쳐서 평정했는데, 이것이 무왕의 용맹입니다. 무왕은 또한 크게 성내어 온 세상의 사람을 편안하게 했습니다. 지금 왕께서도 크게 성을 내어 온 세상의 사람을 편안하게 해주시면 됩니다. 백성은 왕께서 용맹을 좋아하

* 『시경』「주송」〈아장〉 편
** 『시경』「대아」〈황의〉 편
*** 『서경』「주서」〈태서〉 편

지 않을까 두려워할 것입니다."

齊宣王問曰, "交鄰國有道乎?" 孟子對曰, "有. 惟仁者爲能以大事小,
제 선 왕 문 왈　교 린 국 유 도 호　맹 자 대 왈　유　유 인 자 위 능 이 대 사 소

是故湯事葛, 文王事昆夷. 惟智者爲能以小事大, 故太王事獯鬻, 勾踐事吳.
시 고 탕 사 갈　문 왕 사 곤 이　유 지 자 위 능 이 소 사 대　고 태 왕 사 훈 육　구 천 사 오

以大事小者, 樂天者也. 以小事大者, 畏天者也. 樂天者保天下, 畏天者保
이 대 사 소 자　락 천 자 야　이 소 사 대 자　외 천 자 야　락 천 자 보 천 하　외 천 자 보

其國. 詩云, '畏天之威, 于時保之.'" 王曰, "大哉言矣! 寡人有疾, 寡人好勇."
기 국　시 운　외 천 지 위　우 시 보 지　왕 왈　대 재 언 의　과 인 유 질　과 인 호 용

對曰, "王請無好小勇. 夫撫劍疾視, 曰, '彼惡敢當我哉!' 此匹夫之勇,
대 왈　왕 청 무 호 소 용　부 무 검 질 시　왈　피 오 감 당 아 재　차 필 부 지 용

敵一人者也. 王請大之. 詩云, '王赫斯怒, 爰整其旅, 以遏徂莒, 以篤周祜,
적 일 인 자 야　왕 청 대 지　시 운　왕 혁 사 노　원 정 기 려　이 알 조 거　이 독 주 호

以對于天下.' 此文王之勇也. 文王一怒而安天下之民. 書曰, '天降下民,
이 대 우 천 하　차 문 왕 지 용 야　문 왕 일 노 이 안 천 하 지 민　서 왈　천 강 하 민

作之君, 作之師. 惟曰其助上帝寵之. 四方有罪無罪, 惟我在, 天下曷敢
작 지 군　작 지 사　유 왈 기 조 상 제 총 지　사 방 유 죄 무 죄　유 아 재　천 하 갈 감

有越厥志?' 一人衡行於天下, 武王恥之, 此武王之勇也. 而武王亦一怒而
유 월 궐 지　일 인 형 행 어 천 하　무 왕 치 지　차 무 왕 지 용 야　이 무 왕 역 일 노 이

安天下之民. 今王亦一怒而安天下之民, 民惟恐王之不好勇也."
안 천 하 지 민　금 왕 역 일 노 이 안 천 하 지 민　민 유 공 왕 지 불 호 용 야

| 핵심어 | **交鄰有道** (교린유도)
| 해설 | 이웃 나라와 사귀는 데도 정당한 방법이 있다.

진정한 용기!

2-4

제나라 선왕이 설궁에서 맹자를 만났다.

선왕이 말했다.

"현명한 사람도 이런 즐거움이 있습니까?"

맹자가 대답했다.

"있습니다만, 아랫사람이 이를 얻지 못하면 윗사람을 매우 비난합니다. 즐

거움을 얻지 못했다고 윗사람을 비난하는 자는 잘못입니다. 백성의 윗사람이 되어 백성과 더불어 즐기지 못하는 자도 또한 잘못입니다. 백성의 즐거움을 즐거워하는 사람은 백성 또한 그 즐거움을 더불어 즐거워하고, 백성의 근심을 함께 근심하는 사람은 백성 또한 그 근심을 함께 근심합니다. 즐거워하기를 세상과 더불어 하고, 근심하기를 세상과 함께하면서 왕 노릇을 하지 못한 사람은 없습니다.

옛날에 제나라 경공이 안영에게 물었습니다.* '내가 전부산과 조무산을 구경하고 바닷가를 따라 남쪽으로 낭야읍까지 가려고 하는데, 어떤 일을 해야 이전의 왕들이 관광한 것에 견줄 수 있겠습니까?'

안영이 다음과 같이 대답했습니다. '좋은 질문입니다! 천자가 제후의 나라를 지나가며 순회하는 것을 '순수'라고 하는데, 순수는 지방 실정을 시찰하는 행사입니다. 제후가 천자를 찾아가 조회하는 것을 '술직'이라 하는데, 술직은 특별한 임무를 보고하는 것입니다. 이는 정치 행위인데 봄에는 나가서 경작하는 상태를 살펴 부족한 것을 보충해 주고, 가을에는 수확하는 상태를 살펴 부족한 것을 도와줍니다.

하나라 속담에 우리의 왕이 유람하지 않으면, 우리가 어떻게 쉴 수 있는가? 우리 왕이 즐기지 않으면, 우리가 어떻게 도움을 받겠는가? 한 번 유람하고 한 번 즐김이 제후의 법도가 된다고 했습니다. 지금은 그렇지 못한데, 전쟁을 한답시고 군대가 와서 사람이 먹을 양식을 가져가고, 굶주린 사람이 먹지 못하고, 피곤한 사람이 쉬지 못합니다. 눈을 흘겨보고 서로 비방하며 백성이 이렇게 원망합니다. 예전에 훌륭한 정치를 폈던 왕들의 교훈을 저버리고 백성을 학대하며, 음식을 흥청망청 낭비하면서, 뱃놀이나 사냥, 음주 등에 빠져 자기 일을 제대로 돌보지 않으니 제후들에게 큰 걱정거리입니다.

뱃놀이를 할 때 물길을 따라 아래로 내려가서 돌아오는 것을 잊어버리는

---

* '옛날에 ~ 행하면 됩니다.'까지 21줄은 춘추시대 말기 제나라 재상 안자의 언행을 기록한 『안자춘추』의 권4 「내편」 문하에 나오는 글이다.

상황을 '유'라 하고, 물길을 거슬러 위로 올라가서 돌아오는 것을 잊어버리는 상황을 '연'이라 하며, 짐승을 좇아 사냥을 하다가 만족하지 못하는 것을 '황'이라 하고, 술을 즐겨 마시다 만족하지 못한 것을 '망'이라 합니다. 옛날의 왕들은 이런 '유', '연'의 즐거움과 '황', '망'한 행실이 없었습니다. 군주는 이런 것만을 행하면 됩니다.'

경공은 기뻐했습니다. 나라에 대대적으로 명령을 내린 후, 교외에 나가 머물렀습니다. 이에 훌륭한 정치를 베풀려고 창고를 열어 식량이 부족한 백성을 도와 주었습니다. 태사를 불러 '나를 위해 군주와 신하가 서로 좋아하는 음악을 지으라.'고 했습니다. 치소와 각소가 그때 지어진 음악입니다. 그 가사에 '군주의 욕심을 막는 것이 무슨 잘못이리오?'라고 했는데, 군주의 욕심을 막는 것은 군주를 좋아한 것입니다."

齊宣王見孟子於雪宮. 王曰, "賢者亦有此樂乎?" 孟子對曰, "有人不得則非
제선왕견맹자어설궁 왕왈 현자역유차락호 맹자대왈 유인부득즉비

其上矣. 不得而非其上者, 非也. 爲民上而不與民同樂者, 亦非也.
기 상 의 부득이비기상자 비야 위민상이불여민동락자 역비야

樂民之樂者, 民亦樂其樂. 憂民之憂者, 民亦憂其憂. 樂以天下, 憂以天下,
락민지락자 민역락기락 우민지우자 민역우기우 락이천하 우이천하

然而不王者, 未之有也. 昔者齊景公問於晏子曰, '吾欲觀於轉附 · 朝儛,
연이불왕자 미지유야 석자제경공문어안자왈 오욕관어전부   조무

遵海而南, 放於琅邪, 吾何脩而可以比於先王觀也?' 晏子對曰, '善哉問也!
준해이남 방어낭야 오하수이가이비어선왕관야 안자대왈 선재문야

天子適諸侯曰巡狩, 巡狩者, 巡所守也. 諸侯朝於天子曰述職, 述職者,
천자적저후일순수 순수자 순소수야 제후조어천하왈술직 술직자

述所職也. 無非事者, 春省耕而補不足, 秋省斂而助不及. 夏諺曰, 吾王不遊,
술소직야 무비사자 춘성경이보부족 추성렴이조불급 하언왈 오왕불유

吾何以休? 吾王不豫, 吾何以助? 一遊一豫, 爲諸侯度. 今也不然,
오하이휴 오왕불예 오하이조 일유일예 위제후도 금야불연

師行而糧食, 飢者弗食, 勞者弗息. 睊睊胥讒, 民乃作慝. 方命虐民, 飮食若流.
사 행이량식 기자불식 노자불식 견견서참 민내작특 방명학민 음식약류

流連荒亡, 爲諸侯憂. 從流下而忘反謂之流, 從流上而忘反謂之連, 從獸無厭
유연황망 위제후우 종류하이망반위지류 종류상이망반위지연 종수무염

謂之荒, 樂酒無厭謂之亡. 先王無流連之樂 · 荒亡之行. 惟君所行也.'
위지황 락주무염위지망 선왕무유연지락 황망지행 유군소행야

景公說, 大戒於國, 出舍於郊. 於是始興發, 補不足. 召大師, 曰, '爲我作君臣
경공열 대계어국 출사어교 어시시흥발 보부족 소태사 왈 위아작군신

相說之樂.' 蓋徵招 · 角招是也. 其詩曰, '畜君何尤?' 畜君者, 好君也."
상열지락 개치소 각소시야 기시왈 휵군하우 휵군자 호군야

| 핵심어 | **興發補足** (흥발보족)

| 해설 | 훌륭한 정치를 베풀고자 창고를 열고 식량이 부족한 백성에게 보조해 주다.
올바른 군주가 되는 법.

2-5

제나라 선왕이 물었다.

"사람이 모두 나보고, 명당을 헐어버리라고 합니다. 헐어야 합니까? 놔둬야 합니까?"

맹자가 대답했다.

"명당*은 왕이 사용하는 곳입니다. 왕께서 훌륭한 정치를 행하려고 한다면 헐지 마십시오."

선왕이 말했다.

"훌륭한 정치가 어떤 것인지 들을 수 있겠습니까?"

맹자가 대답했다.

"옛날에 문왕이 기** 땅을 다스릴 때, 농경지를 경작하는 사람에게 1/9의 세금***을 받았고, 관직에 있는 사람에게는 대대로 봉급을 주었으며, 국경지대의 관문과 물품을 교역하는 시장에서 여행자나 장사꾼들의 안전을 보장하

---

* 조기의 주석에 따르면 "명당은 태산에 있는 명당을 말하며, 주나라 천자가 동쪽 지방을 순회하면서 제후의 조회를 받았던 곳"을 말한다.
** 기는 주나라의 옛 나라.
*** 구일법은 정전제의 하나. 사방 일 리가 한 개 정으로, 한 정의 토지 크기가 구백 묘이다. 이곳을 정(井) 자로 구획하여 그 경계를 아홉 구역으로 하고, 한 구역은 일백 묘로 했다. 가운데 일백 묘는 공전이며 밖의 팔백 묘는 사전으로 여덟 가구가 각기 일백 묘를 받고 공동으로 공전을 경작해서 1/9을 세금으로 징수했다.

기 위해 검문을 했을 뿐 세금을 징수하지는 않았고, 물고기 잡는 것을 금지하지 않고 사람과 함께 물고기를 잡아 그 이익을 나누었고, 죄인을 처벌하되 처자식에게까지 영향이 미치지 않게 했습니다.

늙어서 아내가 없는 것을 '홀아비'라 하고, 늙어서 남편이 없는 것을 '과부'라 하며, 늙어서 자식이 없는 것을 '무의탁자'라 하고, 어려서 부모가 없는 것을 '고아'라 합니다. 이 네 가지는 세상에서 곤궁한 백성으로 하소연할 곳이 없습니다. 문왕은 정치를 행하고 사람을 사랑할 때, 반드시 이 네 가지에 처해 있는 사람을 우선 했습니다. 『시경』****에서도 '괜찮다, 부유한 사람은. 이 곤궁한 사람이 가엾도다.'라고 노래했습니다."

선왕이 말했다.

"아주 좋은 말씀입니다!"

맹자가 말했다.

"왕께서 좋게 생각하신다면, 무엇 때문에 실행하지 않습니까?"

선왕이 말했다.

"나에게는 단점이 있습니다. 나는 재물을 좋아합니다."

맹자가 대답했다.

"옛날, 공류*****가 재물을 좋아했습니다. 『시경』******에 '노적가리를 쌓고 창고에 저장하며, 마른 양식을 싸되 전대에 넣고 자루에 담아, 사람을 편안하게 하고 나서, 이로써 나라 빛낼 것을 생각하여, 활과 화살을 펴 들고 창과 방패와 도끼를 가지고, 이제 비로소 길을 떠났도다!'고 노래했습니다. 그러므로 집에 남아 있는 사람에게는 노적가리와 창고에 저장한 양식이 있고, 길을 떠나는 사람에게는 전대와 자루에 담을 양식을 만든 후에, 길을 떠

**** 『시경』 「소아」 〈정월〉 편.
***** 후직의 증손자.
****** 『시경』 「대아」 〈공유〉 편.

날 수 있었습니다. 왕께서 재물을 좋아하더라도 백성과 더불어 하면, 왕 노릇 하는 데 무슨 어려움이 있겠습니까?"

선왕이 말했다.

"나에게는 단점이 있습니다. 나는 여자를 좋아합니다."

맹자가 대답했다.

"옛날에 태왕*이 여자를 좋아하여, 그의 왕비 태강을 너무나 사랑했습니다. 『시경』**에 '고공단보***가 아침에 말을 달려와, 서쪽 물가를 따라 기산 아래에 이르렀네. 이에 강씨의 딸과 함께 그곳에서 같이 살았도다!'라고 노래했습니다. 그때 안에는 남편이 없어 원망하는 여자가 없었고, 밖에는 아내 없는 홀아비가 없었습니다. 왕께서 여자를 좋아하더라도, 백성과 더불어 하면, 왕 노릇 하는 데 무슨 어려움이 있겠습니까?"

齊宣王問曰, "人皆謂我毀明堂, 毁諸? 已乎?" 孟子對曰, "夫明堂者,
제 선 왕 문 왈　인 개 위 아 훼 명 당 훼 제 이 호　맹 자 대 왈　부 명 당 자

王者之堂也, 王欲行王政, 則勿毀之矣." 王曰, "王政可得聞與?" 對曰,
왕 자 지 당 야 왕 욕 행 왕 정 즉 물 훼 지 의　왕 왈　왕 정 가 득 문 여　대 왈

"昔者文王之治岐也, 耕者九一, 仕者世祿, 關市譏而不征, 澤梁無禁,
석 자 문 왕 지 치 기 야 경 자 구 일 사 자 세 록 관 시 기 이 부 정 택 량 무 금

罪人不孥. 老而無妻曰鰥, 老而無夫曰寡, 老而無子曰獨, 幼而無父曰孤.
죄 인 불 노 노 이 무 처 왈 환 노 이 무 부 왈 과 노 이 무 자 왈 독 유 이 무 부 왈 고

此四者天下之窮民而無告者. 文王發政施仁, 必先斯四者. 詩云, '哿矣富人,
차 사 자 천 하 지 궁 민 이 무 고 자 문 왕 발 정 시 인 필 선 사 사 자 시 운　자 의 부 인

哀此煢獨.'" 王曰, "善哉言乎!" 曰, "王如善之, 則何爲不行?"
애 차 경 독　왕 왈　선 재 언 호　왈　왕 여 선 지 즉 하 위 불 행

王曰, "寡人有疾, 寡人好貨." 對曰, "昔者公劉好貨, 詩云, '乃積乃倉,
왕 왈　과 인 유 질 과 인 호 화　대 왈　석 자 공 류 호 화 시 운　내 적 내 창

乃裹餱糧, 于橐于囊, 思戢用光. 弓矢斯張, 干戈戚揚, 爰方啓行.' 故居
내 과 후 량 우 탁 우 낭 사 집 용 광 궁 시 사 장 간 과 척 양 원 방 계 행　고 거

＊ 공류의 구세손.

＊＊『시경』「대아」〈연〉편.

＊＊＊ 고공은 태왕의 본래 칭호, 단보는 태왕의 이름이다.

者有積倉, 行者有囊糧也, 然後可以爰方啓行. 王如好貨, 與百姓同之,
자 유 적 창   행 자 유 낭 낭 야   연 후 가 이 원 방 계 행   왕 여 호 화   여 백 성 동 지

於王何有?" 王曰, "寡人有疾, 寡人好色." 對曰, "昔者太王好色, 愛厥妃.
어 왕 하 유   왕 왈   과 인 유 질 과 인 호 색   대 왈   석 자 태 왕 호 색   애 궐 비

詩云, '古公亶父, 來朝走馬, 率西水滸, 至于岐下. 爰及姜女, 聿來胥宇.'
시 운   고 공 단 보   래 조 주 마   솔 서 수 호   지 우 기 하   원 급 강 녀   율 래 서 우

當是時也, 內無怨女, 外無曠夫. 王如好色, 與百姓同之, 於王何有?"
당 시 시 야   내 무 원 녀   외 무 광 부   왕 여 호 색   여 백 성 동 지   어 왕 하 유

| 핵심어 | 發政施仁 (발정시인)
| 해설 | 정치를 행할 때 사람을 사랑한다.
베풀어라!

2-6

맹자가 제나라 선왕에게 말했다.

"왕의 신하 가운데 처자식을 친구에게 부탁하고 초나라에 가서 여행하는 사람이 있었는데, 여행에서 돌아올 때쯤 그 친구가 자기의 처자식을 추위에 떨며 굶주리게 했다면, 어떻게 하시겠습니까?"

왕이 말했다.

"그를 버릴 것입니다."

맹자가 말했다.

"옥사나 소송을 맡아보는 중요한 관직에 있는 관리가 그 부하를 제대로 통솔하지 못하면 어떻게 하시겠습니까?"

왕이 말했다.

"파면할 것입니다."

맹자가 말했다.

"나라 전체가 제대로 다스려지지 않으면 어떻게 하시겠습니까?"

왕이 좌우를 돌아보면서 딴청을 부리며 다른 말을 했다.

孟子謂齊宣王曰, "王之臣有託其妻子於其友而之楚遊者, 比其反也,
맹자위제선왕왈   왈지신유탁기처자어기우이지초유자 비기반야

則凍餒其妻子, 則如之何?" 王曰, "棄之." 曰, "士師不能治士, 則如之何?"
즉동뇌기처자 즉여지하   왕왈   기지   왈   사자불능치사 즉여지하

王曰, "已之." 曰, "四境之內不治, 則如之何?" 王顧左右而言他.
왕왈   이지   왈   사경지내불치   즉여지하   왕고좌우이언타

| 핵심어 | **顧左右言** (고좌우언)
| 해설 | 좌우를 돌아보며 다른 말을 한다.

제 할 도리를 다하라.

2-7

맹자가 제나라 선왕을 뵙고 말했다.

"이른바 고국이란 오래된 큰 나무가 있다는 말이 아니라 대대로 나라를
위해 희생한 집안이 있다는 말인데, 왕께서는 믿을 만한 애국지사 집안이나
신하가 없습니다. 오래전에 등용한 사람 중 지금 나쁜 짓을 하여 나라를 해
치는 사람이 있다는 것도 모르고 있습니다."

왕이 말했다.

"내가 어떻게 그들의 능력을 헤아려 그만두게 할 수 있겠습니까?"

맹자가 말했다.

"나라의 군주는 현명한 사람을 등용할 때 할 수 없어서 그렇게 하는 것처
럼 하고, 신분상 지위가 낮은 자가 지위가 높은 자를 뛰어넘을 수 있으며, 생
소한 사람이 친한 사람을 뛰어넘을 수 있으니, 어찌 신중히 하지 않을 수 있
겠습니까!

곁에 있는 사람이 모두 똑똑하다고 말하더라도 아직 등용해서는 안 됩니
다. 제후나 대부들이 모두 똑똑하다고 말하더라도 아직 등용해서는 안 됩니
다. 나라 사람이 모두 똑똑하다고 말한 다음에 그를 살펴보십시오. 똑똑함을
확인한 뒤에 등용하십시오. 곁에 있는 사람이 모두 그 사람은 안 된다고 말
하더라도 듣지 말고, 제후나 대부들이 모두 안 된다고 말하더라도 듣지 말

며, 나라 사람이 모두 안 된다고 말한 다음에 그를 살펴보십시오. 안 되는 이유를 확인한 뒤에 버리십시오. 곁에 있는 사람이 모두 그 사람을 죽여야 한다고 말하더라도 듣지 말고, 제후나 대부들이 모두 죽여야 한다고 말하더라도 듣지 말며, 나라 사람이 모두 죽여야 한다고 말한 다음에 그를 살펴보십시오. 죽여야 하는 이유를 확인한 뒤에 죽여야 하니, 그래야 나라 사람이 그를 죽였다라고 말하는 것입니다. 이와 같이 한 뒤에 백성을 위한 부모가 될 수 있습니다."

孟子見齊宣王曰, "所謂故國者, 非謂有喬木之謂也, 有世臣之謂也,
맹 자 견 제 선 왕 왈   소 위 고 국 자   비 위 유 교 목 지 위 야   유 세 신 지 위 야

王無親臣矣. 昔者所進, 今日不知其亡也." 王曰, "吾何以識其不才而舍之?"
왕 무 친 신 의   석 자 소 진   금 일 부 지 기 망 야   왕 왈   오 하 이 식 기 부 재 이 사 지

曰, "國君進賢, 如不得已, 將使卑踰尊, 疏踰戚, 可不愼與! 左右皆曰賢,
왈   국 군 진 현   여 부 득 이   장 사 비 유 존   소 유 척   가 불 신 여   좌 우 개 왈 현

未可也. 諸大夫皆曰賢, 未可也. 國人皆曰賢, 然後察之. 見賢焉, 然後用之.
미 가 야   제 대 부 개 왈 현   미 가 야   국 인 개 왈 현   연 후 찰 지   견 현 언   연 후 용 지

左右皆曰不可, 勿聽. 諸大夫皆曰不可, 勿聽. 國人皆曰不可, 然後察之.
좌 우 개 왈 불 가   물 청   제 대 부 개 왈 불 가   물 청   국 인 개 왈 불 가   연 후 찰 지

見不可焉, 然後去之. 左右皆曰可殺, 勿聽. 諸大夫皆曰可殺, 勿聽,
견 불 가 언   연 후 거 지   좌 우 개 왈 가 살   물 청   제 대 부 개 왈 가 살   물 청

國人皆曰可殺, 然後察之. 見可殺焉, 然後殺之, 故曰國人殺之也.
국 인 개 왈 가 살   연 후 찰 지   견 가 살 언   연 후 살 지   고 왈 국 인 살 지 야

如此, 然後可以爲民父母."
여 차   연 후 가 이 위 민 부 모

| 핵심어 | 察之可以 (찰지가이)
| 해설 | 어떤 일이든 직접 살펴본 다음에 처리할 수 있다.

인재 등용 방법.

2-8
제나라 선왕이 물었다.

"탕이 걸을 쫓아내고, 무왕이 주를 정벌했다고 하는데, 그런 일이 있습니까?"

맹자가 대답했다.

"전해오는 기록에 그런 사실이 있습니다."

왕이 말했다.

"신하가 군주를 시해하는 일이 옳습니까?"

맹자가 말했다.

"인을 해치는 자를 흉포하다고 하고, 의를 해치는 자를 잔혹한 자라고 하는데, 인의를 해친 흉포하고 잔혹한 자를 사람으로부터 외면당한 사나이라고 합니다. 한 사나이에 지나지 않는 군주를 베었다는 말은 들었으나, 군주를 시해했다는 말은 듣지 못했습니다."

齊宣王問曰, "湯放桀, 武王伐紂, 有諸?" 孟子對曰, "於傳有之."
제 선 왕 문 왈   탕 방 걸   무 왕 벌 주   유 저   맹 자 대 왈   어 전 유 지

曰, "臣弑其君, 可乎?" 曰, "賊仁者謂之賊, 賊義者謂之殘. 殘賊之人,
왈   신 시 기 군   가 호   왈   적 인 자 위 지 적   적 의 자 위 지 잔   잔 적 지 인

謂之一夫. 聞誅一夫紂矣, 未聞弑君也."
위 지 일 부   문 주 일 부 주 의   미 문 시 군 야

| 핵심어 | 殘賊一夫 (잔적일부)
| 해설 | 흉포하고 잔혹한 자를 외면당한 사나이라 한다.
군주가 마땅히 해야 할 일.

2-9

맹자가 제나라 선왕에게 말했다.

"큰 궁전을 지으려면 반드시 책임을 맡은 목수에게 큰 나무를 구해 오게 할 것인데, 목수가 큰 나무를 구해 오면 왕께서는 기뻐하며 목수의 임무를 제대로 감당했다고 생각할 것입니다. 목수들이 큰 나무를 잘라서 작게 만들면 왕께서는 화를 내며 목수들이 임무를 제대로 감당하지 못했다고 생각할

것입니다. 사람이 어려서 배우는 것은 어른이 되어 배운 것을 실행하기 위해서입니다. 왕께서 '잠시 너희들이 배운 것을 버리고 나를 따르라.'라고 하신다면, 어떻게 되겠습니까. 지금 여기에 돌에 박힌 거친 옥이 있는데, 20만 량이나 되지만, 반드시 옥을 다듬는 사람에게 다듬도록 시켜 반들반들한 옥을 만들 것입니다. 나라와 집안을 다스리는데 이르러 '잠시 너희들이 배운 것을 버리고 나를 따르라.'라고 하신다면, 옥을 다듬는 사람에게 옥을 다듬는 일을 가르치는 것과 무엇이 다르겠습니까?"

孟子謂齊宣王曰, "爲巨室則必使工師求大木, 工師得大木則王喜,
맹 자 위 제 선 왕 왈   위 거 실 즉 필 사 공 사 구 대 목   공 사 득 대 목 즉 왕 희

以爲能勝其任也. 匠人斲而小之, 則王怒, 以爲不勝其任矣. 夫人幼而學之,
이 위 능 승 기 임 야   장 인 착 이 소 지   즉 왕 노   이 위 불 승 기 임 의   부 인 유 이 학 지

壯而欲行之. 王曰, '姑舍女所學而從我', 則何如. 今有璞玉於此, 雖萬鎰,
장 이 욕 행 지   왕 왈   고 사 여 소 학 이 종 아   즉 하 여   금 유 박 옥 어 차   수 만 일

必使玉人彫琢之. 至於治國家, 則曰, '姑舍女所學而從我', 則何以
필 사 옥 인 조 탁 지   지 어 치 국 가   즉 왈   고 사 여 소 학 이 종 아   즉 하 이

異於敎玉人彫琢玉哉?"
이 어 교 옥 인 조 탁 옥 재

| 핵심어 | **幼學壯行** (유학장행)
| 해설 | 어려서 배우고 어른이 되어 실행한다.

전문성을 보장하라.

2-10

제나라가 연나라를 쳐서 승리했다.

선왕이 물었다.

"어떤 사람은 나에게 연나라를 빼앗지 말라 하고, 어떤 사람은 나에게 빼앗아버리라고 합니다. 전차 만 대를 소유한 제나라가 같은 만 대의 전차를 가지고 있던 연나라를 정벌하는데, 50일 만에 함락시켰고, 사람의 힘으로는 도저히 이런 결과를 낼 수 없는데, 빼앗지 않는다면 반드시 보이지 않는 재

앙이 있을 것 같으니 빼앗아버리는 것이 어떻겠습니까?"

맹자가 대답했다.

"빼앗아서 연나라 백성이 기뻐하거든 빼앗으십시오. 옛날 사람 가운데 그렇게 한 사람이 있었는데, 무왕입니다. 빼앗아서 연나라 사람이 기뻐하지 않거든 빼앗지 마십시오. 옛날 사람 가운데 그렇게 한 사람이 있었는데, 문왕입니다. 전차 만 대 소유한 나라가 같은 만 대를 소유한 나라를 정벌했는데, 도시락과 물병을 들고 나와 포학무도한 정치에서 해방시켜준 것에 고마움을 표하면서 왕의 군대를 환영하는 것에, 어찌 다른 이유가 있겠습니까! 포학한 정치를 피하기 위해서인데, 포학한 정치가 심해진다면 다른 나라에 구원을 요청할 것입니다."

齊人伐燕, 勝之. 宣王問曰, "或謂寡人勿取, 或謂寡人取之. 以萬乘之國伐
제 인 벌 연   승 지   선 왕 문 왈   혹 위 과 인 물 취   혹 위 과 인 취 지   이 만 승 지 국 벌

萬乘之國, 五旬而擧之, 人力不至於此, 不取必有天殃, 取之何如?" 孟子
만 승 지 국   오 순 이 거 지   인 력 부 지 어 차   불 취 필 유 천 앙   취 지 하 여   맹 자

對曰, "取之而燕民悅, 則取之. 古之人有行之者, 武王是也. 取之而燕民不悅.
대 왈   취 지 이 연 민 열   즉 취 지   고 지 인 유 행 지 자   무 왕 시 야   취 지 이 연 민 불 열

則勿取. 古之人有行之者, 文王是也. 以萬乘之國, 伐萬乘之國, 簞食壺漿
즉 물 취   고 지 인 유 행 지 자   문 왕 시 야   이 만 승 지 국   벌 만 승 지 국   단 사 호 장

以迎王師, 豈有它哉! 避水火也, 如水益深, 如火益熱, 亦運而已矣."
이 영 왕 사   기 유 타 재   피 수 화 야   여 수 익 심   여 화 익 열   역 운 이 이 의

| 핵심어 | 迎王避水 (영왕피수)
| 해설 | 왕을 환영하는 것은 포학한 정치를 피하기 위해서이다.
백성을 기쁘게 하라.

2-11

제나라가 연나라를 쳐서 빼앗았다. 제후들이 연나라를 구해주려고 모의를 하자, 제나라 선왕이 말했다.

"제후들이 나를 치려고 전쟁을 도모하는데, 어떻게 대처해야 합니까?"

맹자가 대답했다.

"저는 사방 70리의 영토를 소유하고도 세상을 잘 다스렸다는 말을 들은 적이 있는데, 탕임금이 그 사람입니다. 천 리의 영토를 소유하고도 다른 나라를 두려워했다는 말은 들어보지 못했습니다. 『서경』에 '탕임금이 첫 번째 정벌을 갈에서 시작했다.'고 기록되어 있습니다. 세상이 그것을 믿어주자, 동쪽을 향해 정벌함에 서쪽 오랑캐가 원망하며, 남쪽을 향해 정벌함에 북쪽 오랑캐가 원망하여 말하기를, '어찌하여 우리를 나중에 정벌하는가?'라 하며 백성이 하루빨리 탕임금이 정벌해 주기 바라기를 큰 가뭄에 구름과 무지개를 바라듯이 했습니다. 시장으로 물건을 바꾸러 가는 사람이 그치지 않았고, 밭 가는 사람은 변함없이 일을 했으며, 포악한 군주를 죽여 백성을 위문하니, 단비가 내린 듯 백성이 크게 기뻐했습니다.

『서경』에서 '우리 임금을 기다렸는데, 오시면 살아나리라!'라고 했습니다. 지금 연나라가 백성에게 포학하게 하므로, 왕께서 가서 정벌했고, 백성이 포학무도한 정치에서 해방시켜 줄 것이라고 여겨, 도시락과 물병을 들고 나와 고마움을 표하면서 왕의 군대를 환영했습니다. 그런데 그 부모형제를 죽이고 자식들을 구속하며 종묘를 부수고 보물들을 가져간다면, 어찌 옳은 일이겠습니까? 세상이 제나라가 강한 것을 정말로 두려워하고 있는데, 지금 또다시 영토를 두 배로 확장하고 훌륭한 정치를 베풀지 않는다면, 이는 세상의 군대를 움직이게 하는 요인이 됩니다. 왕께서 빨리 명령을 내려, 잡아 가둔 노약자들을 돌려보내고, 노획한 보물들을 가져오지 못하게 막으며, 연나라 사람에게 물어 새로운 군주를 연나라에 세워준 뒤에 돌아오면 전쟁을 예방할 수 있습니다."

齊人伐燕, 取之. 諸侯將謀救燕, 宣王曰, "諸侯多謀伐寡人者, 何以待之?"
제 인 벌 연 취 지 제 후 장 모 구 연 선 왕 왈   제 후 다 모 벌 과 인 자 하 이 대 지

孟子對曰, "臣聞七十里爲政於天下者湯是也. 未聞以千里畏人者也.
맹 자 대 왈   신 문 칠 십 리 위 정 어 천 하 자 탕 시 야 미 문 이 천 리 외 인 자 야

書曰, '湯一征, 自葛始.' 天下信之, 東面而征西夷怨, 南面而征北狄怨,
서왈 탕일정 자갈시 천하신지 동면이정서이원 남면이정북적원

曰, '奚爲後我?' 民望之, 若大旱之望雲霓也. 歸市者不止, 耕者不變,
왈 해위후아 민망지 약대한지망운예야 귀시자부지 정자불변

誅其君而弔其民, 若時雨降, 民大悅. 書曰, '徯我后, 后來其蘇.'
주기군이적기민 약시우강 민대열 서왈 혜아후 후래기소

今燕虐其民, 王往而征之, 民以爲將拯己於水火之中也, 簞食壺漿, 以迎王師.
금연학기민 왕왕이정지 민이위장증기어수화지중야 단사호장 이영왕사

若殺其父兄, 係累其子弟, 毁其宗廟, 遷其重器, 如之何其可也? 天下固
약살기부형 계루기자제 훼기종묘 천기중기 여지하기가야 천하고

畏齊之彊也, 今又倍地而不行仁政, 是動天下之兵也. 王速出令,
외제지강야 금우배지이불행인정 시동천하지병야 왕속출령

反其旄倪, 止其重器, 謀於燕衆, 置君而後去之, 則猶可及止也.'
반기모예 지기중기 모어연중 치군이후거지 즉유가급지야

| 핵심어 | 奚爲後我 (해위후아)
| 해설 | 어찌하여 사람을 나중에 대접하는가?
전쟁을 막는 방법.

2-12

추나라가 노나라와 전쟁을 일으키자, 목공이 물었다.

"나의 부하 장수들이 33명이나 죽었는데 병졸들은 전쟁에서 죽은 자가 없다. 장수를 생각하지 않는 병졸들을 죽여버리고 싶으나 죽일 수도 없고, 죽이지 않고 그냥 두자니 윗사람의 죽음을 보고도 그것을 고소하게 여기며 구해주지 않은 것이 아주 분합니다. 이를 어떻게 하면 좋겠습니까?"

맹자가 대답했다.

"흉년과 기근이 든 해에 군주의 백성이, 노약자들은 시신이 도랑에 뒹굴고, 청장년들은 살길이 막막하여 사방으로 흩어져 사방으로 도망간 자가 수천 명에 가까운데, 군주의 양식 창고에는 곡식이 꽉 차 있고, 물자 창고에는 재화가 가득 차 있는데도 장수들은 이런 사정을 알려주지 않으니, 이는 윗사람이 태만하여 아랫사람을 잔인하게 다룬 것입니다. 증자가 '이를 경계하고

경계하라. 너에게서 나온 것은 너에게로 돌아간다.'라고 했습니다. 백성은 이제 와서 지금까지 받은 원한을 갚을 기회를 얻은 것이지만, 군주께서는 그것을 탓하지 마십시오. 군주께서 훌륭한 정치를 베풀면, 백성은 그 윗사람과 친해지고 어른을 위해 목숨을 바칠 것입니다."

鄒與魯鬨. 穆公問曰, "吾有司死者三十三人, 而民莫之死也. 誅之則不可
추 여 노 홍   목 공 문 왈   오 유 사 사 자 삼 십 삼 인   이 민 막 지 사 야   주 지 즉 불 가

勝誅, 不誅則疾視其長上之死而不救, 如之何則可也." 孟子對曰, "凶年饑歲,
승 주   불 주 즉 질 시 기 장 상 지 사 이 불 구   여 지 하 즉 하 야   맹 자 대 왈   흉 년 기 세

君之民, 老弱轉乎溝壑, 壯者散而之四方者, 幾千人矣, 而君之倉廩實,
군 지 민   노 약 전 호 구 학   장 자 산 이 지 사 방 자   기 천 인 의   이 군 지 창 름 실

府庫充, 有司莫以告, 是上慢而殘下也. 曾子曰, '戒之戒之, 出乎爾者,
부 고 충   유 사 막 이 고   시 상 만 이 잔 하 야   증 자 왈   계 지 계 지   출 호 이 자

反乎爾者也.' 夫民今而後得反之也, 君無尤焉. 君行仁政, 斯民親其上,
반 호 이 자 야   부 민 금 이 후 득 반 지 야   군 무 우 언   군 행 인 정   사 민 친 기 상

死其長矣."
사 기 장 의

| 핵심어 | 出爾反爾 (출이반이)
| 해설 | 너에게서 나온 것은 너에게로 돌아간다.
군주가 베풀면 백성이 따른다.

2-13

등나라 문공이 물었다.

"등나라는 작은 나라인데, 제나라와 초나라 사이에 끼여 있으니, 제나라를 섬겨야 합니까? 초나라를 섬겨야 합니까?"

맹자가 대답했다.

"그 대책은 내가 어떻게 할 수 있는 일이 아닙니다. 굳이 말하라고 한다면 한 가지 방법이 있는데, 못을 깊이 파고 성을 높이 쌓아, 백성과 함께 지키되, 목숨을 바치며 백성이 떠나가지 않는다면, 해볼 만합니다."

滕文公問曰, "滕, 小國也, 間於齊楚, 事齊乎? 事楚乎?"
등 문 공 문 왈　등 소 국 야　간 어 제 초　사 제 호　사 초 호

孟子對曰, "是謀非吾所能及也. 無已, 則有一焉, 鑿斯池也, 築斯城也,
맹 자 대 왈　시 모 비 오 소 능 급 야　무 이　즉 유 일 언　착 사 지 야　축 사 성 야

與民守之, 效死而民弗去, 則是可爲也."
여 민 수 지　효 사 이 민 불 거　즉 시 가 위 야

| 핵심어 | **效死弗去** (효사불거)
| 해설 | 목숨을 바치며 떠나지 않는다.

함께 지키자.

2-14

등나라 문공이 물었다.

"제나라 사람이 설나라를 빼앗고 거기에 성을 쌓으려고 하니, 나는 무척
두렵습니다. 어떻게 하면 좋겠습니까?"

맹자가 대답했다.

"옛날에 태왕이 빈 땅에 살 때, 적인이 침략하자 그곳을 떠나 기산 아래로
가서 살았는데, 그곳에 살기 위해 땅을 택한 것이 아니라 어쩔 수 없이 거기
에 간 것입니다. 진정으로 선행을 하면 후손 중에서 반드시 왕 노릇을 하는
사람이 생길 것입니다. 군자가 나라를 세워 그 전통을 전하는 이유는 그것
을 계속해 나갈 수 있기 위해서인데, 그 성공 여부는 하늘에 달려 있습니다.
군주께서 제나라가 성을 쌓는 것에 대해 어찌하겠으며, 선행에 힘쓸 뿐입니
다."

滕文公問曰, "齊人將築薛, 吾甚恐. 如之何則可?"
등 문 공 문 왈　제 인 장 축 설　오 심 공　여 지 하 즉 가

孟子對曰, "昔者大王居邠, 狄人侵之, 去之岐山之下居焉, 非擇而取之,
맹 자 대 왈　석 자 태 왕 거 빈　적 인 침 지　거 지 기 산 지 하 거 언　비 택 이 취 지

不得已也. 苟爲善, 後世子孫必有王者矣. 君子創業垂統, 爲可繼也.
부 득 이 야　구 위 선　후 세 자 손 필 유 왕 자 의　군 자 창 업 수 통　위 가 계 야

若夫成功, 則天也. 君如彼何哉, 强爲善而已矣."
약 부 성 공 즉 천 야 군 여 피 하 재 강 위 선 이 이 의

| 핵심어 | **創業垂統** (창업수통)
| 해설 | 나라를 세워 전통을 전하다.
선행을 실천하라.

2-15

등나라 문공이 물었다.

"등나라는 작은 나라인데, 힘을 다하여 큰 나라를 섬기더라도 위협을 면할 수 없을 것이니, 어찌하면 좋겠습니까?"

맹자가 대답했다.

"옛날에 태왕이 빈 땅에 살 때, 적인이 침략했습니다. 가죽과 비단을 바쳐가며 섬겼는데도 침입을 면하지 못했고, 개와 말을 바쳐가며 섬겼는데도 침입을 면하지 못했으며, 구슬과 옥을 바쳐가며 섬겼는데도 침입을 면하지 못했습니다. 이에 참기 힘들어 노인들을 모아놓고 말했습니다. '적인들이 원하는 것은 다름 아닌 우리의 땅입니다. 군자는 사람을 기르는 땅을 볼모로 사람을 해치지는 않습니다. 여러분에게 군주가 없다고 한들 무슨 근심이 있겠습니까, 이제 이곳을 떠나야겠습니다.'

빈 땅을 떠나 양산을 넘어 기산 아래에 터를 만들고 거주했습니다. 빈 땅 사람이 말했습니다. '사람을 사랑하는 사람이니, 절대 놓쳐서는 안 된다.' 그러자 그를 따라가는 사람이 시장으로 몰려가는 사람처럼 많았습니다. 어떤 사람이 말했습니다. '대대로 지켜오는 땅이므로, 나 홀로 마음대로 할 수 있는 것은 아니다. 그러니, 목숨을 바치는 한이 있더라도 떠나지 말자.' 군주께서는 이 두 가지 가운데 하나를 선택하십시오."

滕文公問曰, "滕, 小國也, 竭力以事大國, 則不得免焉. 如之何則可?"
등 문 공 문 왈 등 소 국 야 갈 력 이 사 대 국 즉 부 득 면 언 여 지 하 즉 가

孟子對曰, "昔者大王居邠, 狄人侵之. 事之以皮幣, 不得免焉! 事之以犬馬,
맹자대왈   석자태왕거빈 적인침지 사지이피폐 부득면언 사지이견마

不得免焉. 事之以珠玉, 不得免焉. 乃屬其耆老而告之曰, '狄人之所欲者,
부득면언 사지이주옥 부득면언 내속기기로이고지왈 적인지소욕자

吾土地也. 吾聞之也, 君子不以其所以養人者害人, 二三者何患
오토지야 오문지야 군자불이기소이양인자해인 이삼자하환

乎無君, 我將去之.' 去邠, 踰梁山, 邑于岐山之下居焉. 邠人曰, '仁人也,
호무군 아장거지   거빈 유량산 읍어기산지하거언 빈인왈   인인야

不可失也.' 從之者如歸市. 或曰, '世守也, 非身之所能爲也.
불가실야   종지자여귀시 혹왈 세수야 비신지소능위야

效死勿去.' 君請擇於斯二者."
효사물거   군청택어사이자

| 핵심어 | 仁人不失 (인인불실)
| 해설 | 사람을 사랑하는 지도자를 잃어서는 안 된다.
군자의 길.

2-16
노나라 평공이 외출하려고 하자, 측근인 장창이란 자가 말했다.

"보통 때는 군주가 외출을 하면 반드시 수행원이 갈 곳을 미리 알려주었
습니다. 오늘은 수레가 말에 매여 갈 준비가 다 되었는데도, 수행원이 갈 곳
을 모르고 있습니다. 어디로 가는지 알려 주십시오!"

평공이 말했다.

"맹자를 만나려고 한다."

장창이 말했다.

"왜 만나려고 합니까! 군주께서 스스로 당신을 낮추고 보통 사람에게 먼
저 예를 베푸는 것은 똑똑하기 때문입니까? 예의는 똑똑한 사람으로부터 나
오는데, 맹자는 어머니의 장례를 아버지의 장례보다 지나치게 잘 치렀으니,
군주께서는 만나지 마십시오."

평공이 말했다.

"알았다."

악정자*가 들어가 평공을 뵙고 말했다.

"군주께서는 왜 맹자를 만나보지 않으셨습니까?"

평공이 말했다.

"어떤 사람이 나에게 '맹자가 어머니의 장례를 아버지의 장례보다 지나치게 잘 치렀다.'라고 했는데, 이 때문에 만나지 않았습니다."

악정자가 말했다.

"무슨 말씀이십니까? 군주가 이른바 지나치게 잘 치렀다는 것은 아버지의 장례는 사의 예**로 하고 어머니의 장례는 대부의 예***로 한 것을 말합니다. 아버지의 장례에서는 사가 쓰는 그릇에 제물을 담아 올렸고 어머니의 장례에서는 대부들이 쓰는 그릇에 제물을 담아 올린 걸 말하는 겁니까?"

평공이 말했다.

"아니다. 관과 관을 덮어씌우는 외곽 상자, 수의가 지나치게 좋은 것에 대해 말한 것이다."

악정자가 말했다.

"이것은 지나치게 잘 치른 것이 아닙니다. 아버지 장례 때와 어머니 장례 때의 빈부가 같지 않았기 때문입니다."

악정자가 맹자를 뵙고 말했다.

"제가 군주에게 만날 약속을 잡았고, 군주가 와서 뵈려고 했습니다. 그런데 측근 가운데 장창이란 자가 만나지 못하도록 저지하여 군주가 오지 않은 것입니다."

맹자가 말했다.

"길을 가는 것도 계기가 있고 멈추는 것도 어떤 계기가 있는데, 가고 멈추

---

* 맹자의 제자, 노나라에서 벼슬을 했다.
** 선비의 제례.
*** 대부의 제례.

는 것은 사람이 할 수 있는 영역이 아니다. 내가 노나라 제후를 만나지 못하는 것은 천운이다. 장씨의 아들이 어찌 만나지 못하게 할 수 있겠습니까?"

魯平公將出, 嬖人臧倉者請曰, "他日君出, 則必命有司所之. 今乘輿已駕矣,
노평공장출 폐인장창자청왈 타일군출 즉필영유사소지 금승여이가의

有司未知所之, 敢請!" 公曰, "將見孟子." 曰, "何哉! 君所爲輕身以先於匹
유사미지소지 감청 공왈 장견맹자 왈 하재 군소위경신이선어필

夫者, 以爲賢乎? 禮義由賢者出, 而孟子之後喪踰前喪, 君無見焉."
부자 이위현호 예의유현자출 이맹자지후상유전상 군무견언

公曰, "諾." 樂正子入見, 曰, "君奚爲不見孟軻也?" 曰, "或告寡人曰,
공왈 낙 악정자입견 왈 군해위불견맹가야 왈 혹고과인왈

'孟子之後喪踰前喪.' 是以不往見也." 曰, "何哉? 君所謂踰者,
맹자지후상유전상 시이불왕견야 왈 하재 군소위유자

前以士, 後以大夫. 前以三鼎, 而後以五鼎與?" 曰, "否. 謂棺槨衣衾之美也."
전이사 후이대부 전이삼정 이후이오정여 왈 부 위관곽의금지미야

曰, "非所謂踰也, 貧富不同也." 樂正子見孟子, 曰, "克告於君, 君爲來見也.
왈 비소위유야 빈부부동야 악정자견맹자 왈 극고어군 군위래견야

嬖人有臧倉者沮君, 君是以不果來也." 曰, "行或使之, 止或尼之,
폐인유장창자저군 군시이불과래야 왈 행혹사지 지혹니지

行止非人所能也. 吾之不遇魯侯, 天也. 臧氏之子, 焉能使予不遇哉?"
행지비인소능야 오지불우노후 천야 장씨지자 언능사여불우재

| 핵심어 | 行使止尼 (행사지니)
| 해설 | 행하고 멈추는 것에는 계기가 있다.

순리대로 하라.

공손추(상)

3

3-1

공손추*가 물었다.

"선생님께서 제나라의 요직을 맡으신다면, 관중**과 안영이 세운 공적만큼이나 기대할 수 있겠습니까?"

맹자가 말했다.

"그대는 진정으로 제나라 사람이다. 관중과 안영만을 기억할 뿐이니 말이다. 어떤 사람이 증서***에게 말했다. '그대와 자로 중에 누가 더 훌륭하다고 생각합니까?' 증서가 불안해하면서 말했다. '우리 선조도 두려워하셨던 분입니다.' 또 말했다. '그렇다면 그대와 관중 중에 누가 더 훌륭하다고 생각합니까?' 증서가 화를 내며 기분 나빠 하면서 말했다. '당신은 어째서 나를 관중에게 견줍니까! 관중은 군주의 신임을 전적으로 얻어 저렇게 오랫동안 국정을 담당했어도 그 공적이 변변치 않은데, 당신이 나를 어떻게 보고 이에 비교하려 듭니까!' 관중은 증서도 모범으로 삼으려 하지 않은 사람인데, 그대

---

  * 맹자의 제자, 제나라 사람.
  ** 제나라 대부, 이름은 이오. 환공을 도와 제후의 패자로 세워주었다.
*** 증자의 손자.

는 진정 내가 관중처럼 되기를 바란다는 말이냐?"

공손추가 말했다.

"관중은 그 군주를 강력한 사람으로 만들었고, 안영은 그 군주를 명성이 드날리는 사람으로 만들었습니다. 관중과 안영 같은 사람을 오히려 부족하다고 생각하십니까?"

맹자가 말했다.

"제나라에서 왕 노릇 하는 일은 손을 뒤집는 것처럼 쉬운 일이다."

공손추가 말했다.

"그렇다면 저의 생각이 더욱 혼란스럽습니다. 문왕은 훌륭한 덕망으로 100년을 살았는데도 그 덕망이 세상에 충분히 퍼지지 않았습니다. 무왕과 주공이 그 사업을 계승하여 실천한 후 덕망이 크게 퍼져 나갔습니다. 지금 왕 노릇 하는 것을 그렇게 쉬운 일처럼 말씀하시니, 문왕과 같은 분은 본받을 만한 것이 못 됩니까?"

맹자가 말했다.

"문왕을 어떻게 감당할 수 있겠는가! 탕임금으로부터 무정에 이르기까지, 성현다운 군주 6, 7명이 나와 세상이 은나라가 된 지 오래되었고, 오래되면 바꾸기가 어렵다. 무정이 제후들에게 조회를 받고 세상을 다스릴 때 손바닥에 놓고 움직이듯이 했다. 주는 무정과 시대 차이가 그리 오래지 않지만 훌륭한 풍속과 정치의 영향력이 남아 있었다. 또 미자, 미중, 왕자 비간, 기자, 교격 등이 현인들이었다. 그들이 재상으로 보좌했기에 오랜 시간이 지난 후에 나라를 잃게 되었던 것이다. 한 자의 땅도 그의 소유가 아닌 것이 없었고, 한 사람의 백성도 그의 신하가 아닌 이가 없었는데도 문왕은 사방 100리의 조그만 땅을 기반으로 나라를 일으켰으니, 이 때문에 어려웠던 것이다.

제나라 사람의 속담에 이런 말이 있다. '지혜를 지니고 있을지라도 시대의 추세를 타는 것만 못하다. 농기구가 있을지라도 농사지을 때를 기다리는 것만 못하다.' 지금은 군주가 되기 쉬운 시대이다. 하·은·주가 흥성해 가기 시작할 즈음에도 그 영토가 천 리를 넘지 않았는데 제나라는 그만한 크기의 영토를 소유하고 있다. 닭 울음과 개 짖는 소리가 사방의 국경까지 들릴 정도로 제나라에 그 백성이 많이 살고 있다. 영토를 더 개척하지 않고 백성을 더 모으지 않더라도, 훌륭한 정치를 행하면서 왕 노릇 한다면, 이것을 막을 사람은 없다.

또 왕이 될 사람이 나타나지 않은 기간이 지금처럼 긴 때가 없었다. 백성이 초췌해지고 잔혹한 정치에 시달린 것도 지금처럼 심한 때가 없었다. 굶주린 사람은 쉽게 먹으려 하고 목마른 사람은 쉽게 마시려고 하므로, 공자가 말한 바와 같이 '덕행이 퍼져 나가는 것은 파발마로 명령을 전달하는 것보다 빠르다.' 지금 같은 시대에, 전차 만 대를 소유할 정도의 큰 나라가 훌륭한 정치를 베푼다면, 백성은 거꾸로 매달려 있다 풀려난 것과 같은 기쁨을 느낄 것이므로, 일은 옛날 사람의 반만 하고, 효과는 배가 될 수 있으니, 지금이 그 절호의 기회이다."

公孫丑問曰, "夫子當路於齊, 管仲 · 晏子之功, 可復許乎?" 孟子曰, "子誠
공손추문왈　부자당로어제　관중　안자지공　가부허호　맹자왈　자성

齊人也, 知管仲 · 晏子而已矣. 或問乎曾西曰 '吾子與子路孰賢?' 曾西蹴
제인야　지관중　안자이이의　혹문호증서왈　오자여자로숙현　증서축

然曰, '吾先子之所畏也.' 曰, '然則吾子與管仲孰賢?' 曾西艴然不悅曰,
연왈　오선자지소외야　왈　연즉오자여관중숙현　증서불연불열왈

'爾何曾比予於管仲! 管仲得君如彼其專也, 行乎國政如彼其久也, 功烈如
이하증비여어관중　관중득군여피기전야　행호국정여피기구야　공렬여

彼其卑也, 爾何曾比予於是!' 曰, 管仲, 曾西之所不爲也, 而子爲我願之乎?"
피기비야　이하증비여어시　왈　관중　증서지소불위야　이자위아원지호

曰, "管仲以其君霸, 晏子以其君顯. 管仲 · 晏子猶不足爲與?" 曰, "以齊王,
왈　관중이기군패　안자이기군현　관중　안자유부족위여　왈　이제왕

由反手也." 曰, "若是則弟子之惑滋甚. 且以文王之德, 百年而後崩,
유반수야　왈　약시즉제자지혹자심　차이문왕지덕　백년이후붕

猶未洽於天下. 武王 · 周公繼之, 然後大行. 今言王若易然, 則文王不足
유미흡어천하　무왕　주공계지　연후대행　금언왕약이연　즉문왕부족

法與?"曰, "文王何可當也! 由湯至於武丁, 聖賢之君六七作, 天下歸殷久矣,
법 여   왈 문왕하가당야 유탕지어무정 성현지군육칠작 천하귀은구의

久則難變也. 武丁朝諸侯, 有天下, 猶運之掌也. 紂之去武丁未久也, 其故
구즉난변야 무정조제후 유천하 유운지장야 주지거무정미구야 기고

家遺俗, 流風善政, 猶有存者. 又有微子 · 微仲 · 王子比干 · 箕者 · 膠鬲,
가유속 유풍선정 유유존자 우유미자 미중 왕자비간 기자 교격

皆賢人也. 相與輔相之, 故久而後失之也. 尺地莫非其有也, 一民莫非其
개현인야 상여보상지 고구이후선지야 척지막비기유야 일민막비기

臣也, 然而文王猶方百里起, 是以難也. 齊人有言曰, '雖有智慧, 不如
신야 연이문왕유방백리기 시이난야 제인유언왈 수유지혜 불여

乘勢. 雖有鎡基, 不如待時.' 今時則易然也. 夏后殷周之盛, 地未有過千里
승세 수유자기 불여대시 금시즉이연야 하후은주지성 지미유과천리

者也, 而齊有其地矣. 鷄鳴狗吠相聞, 而達乎四境, 而齊有其民矣.
자야 이제유기지의 계명구폐상문 이달호서경 이제유기민의

地不改辟矣, 民不改聚矣, 行仁政而王, 莫之能禦也. 且王者之不作,
지불개벽의 민불개취의 행인정이왕 막지능어야 차왕자지부작

未有疏於此時者也. 民之憔悴於虐政, 未有甚於此時者也. 飢者易爲食,
미유소어차시자야 민지초췌어학정 미유심어차시자야 기자이위식

渴者易爲飮, 孔子曰, '德之流行, 速於置郵而傳命.' 當今之時, 萬乘之國
갈자이위음 공자왈 덕지유행 속어치우이전명 당금지시 만승지국

行仁政, 民之悅之, 猶解倒懸也, 故事半古之人, 功必倍之, 惟此時爲然."
행인정 민지열지 유해도현야 고사반고지인 공필배지 유차시위연

| 핵심어 | 智慧乘勢 (지혜승세)
| 해설 | 지혜를 지니고 있으면서 추세를 잡아야 한다.

훌륭한 사람의 조건.

3-2

공손추가 물었다.

"선생님이 제나라의 재상이 되어 정치를 행할 수 있게 되어, 패도나 왕도
를 행해도 이상하게 생각할 것은 없습니다. 이에 마음의 동요가 일지는 않겠
습니까?"

맹자가 말했다.

"아니다! 나는 40세가 되면서 마음의 동요가 일지 않았다."

공손추가 말했다.

"그렇다면 선생님은 맹분보다도 뛰어나십니다."

맹자가 말했다.

"그것은 어려운 일이 아니다. 고자도 나보다 먼저 마음의 동요를 일으키지 않았다."

공손추가 말했다.

"마음의 동요를 일으키지 않는 '부동심'에도 방법이 있습니까?"

맹자가 말했다.

"있다. 북궁유라는 사람이 용기를 기르는 방법은 살갗이 칼에 찔려도 꿈쩍도 하지 않고 눈이 찔려도 눈동자를 피하지 않으며, 털끝만큼이라도 남에게 꺾였다고 생각하면 공개된 장소에서 매를 맞는 것처럼 여겼고, 낡고 헐렁헐렁한 옷을 걸친 사람에게도 모욕을 당하지 않고, 전차 만 대를 소유한 큰 나라의 지도자에게도 모욕을 당하지 않을 정도이다. 전차 만 대를 소유한 큰 나라의 지도자를 찔러 죽이는 것을 낡은 옷을 걸친 사람 찔러 죽이는 것처럼 생각하고, 제후조차도 무서워하지 않아 자기를 험담하는 소리가 들리면 반드시 보복을 했다.

맹시사는 용기를 기르는 방법을 말했다. '이기지 못하는 전투를 보면서도 이기는 전투처럼 여긴다. 적군을 헤아려본 뒤에 나아가며, 승리를 헤아린 다음에 나아가 전투를 벌이므로 1만 2,500여 명이나 되는 대군도 두려워한다. 그러면서도 내가 어찌 그런 대군을 반드시 이길 수가 있겠는가, 두려움이 없을 뿐이다.'

맹시사는 증자와 비슷하고 북궁유는 자하와 비슷하다. 이 두 사람이 용기를 기르는 방법 가운데 누가 나은지는 잘 모르겠으나 맹시사의 경우, 자기를 지키는 점에서 요령이 있다. 옛날에 증자가 자양*에게 말했다. '그대는 용맹

---

* 증자의 제자

스러운 것을 좋아하는가? 내 일찍이 공자에게 큰 용기에 대해 들은 적이 있다. 스스로 돌이켜보아 옳지 못하면, 낡고 헐렁헐렁한 옷을 걸친 사람 앞에서도 두려워 견딜 수 없지 않겠는가! 스스로 돌이켜보아 옳다면, 천만 명의 사람 앞일지라도 나는 두려워하지 않을 수 있다.' 맹시사가 지키려는 것은 기력입니다. 이는 증자가 지키려는 요령과는 같지 않다."

공손추가 말했다.

"감히 묻겠습니다. 선생님이 마음의 동요가 없는 것과 고자가 마음의 동요가 없는 것을 들을 수 있겠습니까?"

"고자가 말했다. '다른 사람의 말이 이해가 되지 않아도 마음에서 억지로 알려고 하지 마라. 마음에서 알지 못하거든 기운에 호소하여 도움을 구하지 마라.' 마음에서 알지 못하거든 기운에 호소하여 도움을 구하지 말라는 부분은 괜찮다. 다른 사람의 말이 이해가 되지 않아도 마음에서 억지로 알려고 하지 말라는 부분은 옳지 않다. 의지는 기운을 이끄는 작용을 하는데, 기운은 우리 몸에 꽉 차 있는 것이다. 의지가 일정한 방향으로 나아가면 기운이 그것을 따라갑니다. 그러므로 의지를 바로잡고 자기의 기운을 지나치게 자극하여 발동시키지 말라고 한 것이다."

"의지가 일정한 방향으로 나아가면 기운이 그것을 따라간다고 하고, 또 의지를 바로잡고 자기의 기운을 지나치게 자극하여 발동시키지 말라고 했는데, 무슨 말입니까?"

맹자가 말했다.

"의지가 한결같으면 기운을 움직이고, 기운이 한결같으면 의지를 움직일 수 있다. 지금 자빠지기도 하고 달리기도 하는 것은 기운이고, 그것으로 인해 사람의 마음이 동요하게 된다."

공손추가 말했다.

"감히 묻겠습니다. 선생님은 장점이 무엇입니까?"

맹자가 말했다.

"나는 사람이 하는 말을 제대로 알아듣고, 나의 호연지기를 잘 기른다."

공손추가 말했다.

"감히 묻겠습니다. 무엇을 호연지기라고 합니까?"

맹자가 말했다.

"말로하기 어렵다. 그 기운이 가장 크고 가장 강하며, 곧은 자세로 기르고 방해되는 것이 없으면, 우주자연에 꽉 차게 된다. 그 기운은 의리와 도리가 짝이 된다. 이것이 없으면 굶주리게 된다. 이것은 의리가 쌓이고 쌓여서 생겨나는 것으로, 갑자기 의리가 엄습하여 가질 수 있는 것이 아니다. 행동하는 것이 마음에 녹아 시원하지 않으면 굶주리게 된다. 그러므로 내가 고자는 일찍이 의리를 알지 못하고 밖에 있다고 생각한다고 말했던 것이다. 일을 하면서 반드시 미리 작정하지 말아야 하고, 마음에 간직하여 절대 잊지 말며, 억지로 조장하지도 말아야 한다.

옛날 송나라에 이런 사람이 있었다. 자기가 심은 곡식의 싹이 빨리 자라나지 않음을 안타깝게 여겨 그것을 뽑아 놓고 지쳐서 처진 어깨를 하고 집으로 돌아와서는 집안 사람에게 말했다. '오늘 나는 너무나 피곤하다! 내가 곡식의 싹이 잘 자라도록 도와주었다.' 그 자식이 놀라 밭으로 달려가 보았는데 곡식의 싹이 말라죽어 버렸다. 세상에 곡식의 싹이 자라도록 억지로 조장하지 않는 사람이 적다. 유익함이 없다고 하여 그냥 버려두는 사람은 곡식에 김을 매지 않는 사람이고, 무리하게 잘되게 하려고 억지로 조장하는 사람은 곡식의 싹을 뽑아놓는 사람과 같으니, 이는 유익함이 없을 뿐만 아니라 도리어 해치는 짓입니다."

"말을 제대로 알아듣는다는 것은 무엇을 말합니까?"

맹자가 말했다.

"편파적인 말을 들으면 그 사람이 가리고 있는지를 알고, 지나치게 늘어 놓는 말을 들으면 그 사람이 빠져 있는지를 알며, 이치에 맞지 않는 말을 들으면 그 사람이 정도에서 벗어나 있는지를 알고, 책임을 회피하는 말을 들으면 그 사람이 어떤 궁지에 몰려 있는지를 알 수 있다. 이런 말은 바르지 못한 마음에서 생겨나고, 이런 생각을 가지면 정치에 해를 끼치며, 그것이 정치에 드러나면 해를 끼치는 것이다. 성인이 다시 세상에 나온다 하더라도 내 말을 따를 것이다."

공손추가 말했다.

"재아와 자공은 언변이 탁월했고, 염우와 민자건, 안연은 덕행에 뛰어났다고 했으며, 공자는 이를 겸하고 있으면서, 말했습니다. '나는 말을 하려고 하면 언변이 능숙하지 못해요.' 그렇다면 선생님은 이미 성인이 아닙니까?"

"아니, 그게 무슨 말이냐! 옛날에 자공이 공자에게 물었다. '선생님은 성인이십니다!' 공자가 말했다. '성인이라고 하면 나는 그것을 감당할 수 없고, 나는 배우기를 싫어하지 않고 가르치기를 게을리하지 않는다.' 자공이 말했다. '배우기를 싫어하지 않은 것은 지혜입니다. 가르치기를 게을리하지 않은 것은 인자함입니다. 인자하고 지혜로우니 선생님은 이미 성인입니다.' 성인에 대해서는 공자도 자처하지 않았는데, 이 무슨 말이냐! 옛날에 들은 적이 있다. 자하나 자유, 자장은 모두 성인의 자질 가운데 일부분을 갖추고 있었고, 염우나 민자건, 안연은 성인의 자질을 전반적으로 갖추고 있었으나 미약하다."

"감히 여쭈어봅니다. 선생님은 어느 쪽에 가깝습니까?"

맹자가 말했다.

"그런 이야기는 이제 그만하자."

공손추가 말했다.

"백이와 이윤은 어떠합니까?"

맹자가 말했다.

"처세의 방법이 같지 않다. 그 군주가 아니면 섬기지 않고, 그 백성이 아니면 다스리지 않으며, 다스려지면 나아가고 혼란스러우면 물러나는 사람이 백이다. 누구를 섬기든 군주가 아니며 누구를 다스리든 그 백성이 아닌가,

다스려져도 나아가고 혼란스러워져도 나아가는 사람은 이윤이다. 나아갈 만하면 나아가고 물러나야 한다면 물러나며, 오래 머무를 만하면 오래 머무르고, 빨리 떠나야 할 만하면 빨리 떠나가는 사람은 공자다. 이들 모두는 옛날의 성인이고, 나는 아직까지 그분들처럼 할 수 없다. 원하는 바가 있다면 공자를 배우고 싶다."

"백이와 이윤이 공자만큼 훌륭한 사람입니까?"

"아니다! 백성이 세상에 생겨난 이후 공자 같은 사람은 있지 않다."

공손추가 말했다.

"그렇다면 이 세 분에게 같은 점이 있습니까?"

맹자가 말했다.

"있다. 백 리쯤 되는 영토를 가지고 군주 노릇을 하면, 모두 제후들에게 조회를 받고 세상을 소유할 수 있을 만한 인물이다. 또한 한 가지라도 정의롭지 않은 일을 행하거나 한 사람이라도 죄 없는 이를 죽이고 세상을 차지하는 일 같은 것은 절대 하지 않을 분들이다. 이런 것이 같은 점이다."

공손추가 말했다.

"감히 묻겠습니다. 세 분의 다른 점은 어떤 것입니까?"

맹자가 말했다.

"재아와 자공, 유약은 성인을 충분히 알아볼 만할 정도로 지혜로웠고, 자기들이 좋아하는 것에 아첨하는 데 이르지는 않았다. 재아가 말했다. '내가 볼 때 우리 선생님은 요임금이나 순임금보다 훨씬 나은 분이다.' 자공이 말했다. '그 사람의 예의범절을 보면 그 나라의 정치가 어떤지 알 수 있고, 그 사람의 음악을 들어보면 그 지도자의 덕망이 어떤지 알 수 있으며, 백 세대가 지난 후에 백 세대 이전의 왕들을 평가해 보아도, 이런 점은 어긋나지 않을 것이다. 백성이 세상에 나온 이래 우리 선생님 같은 인격자는 있지 않았다.' 유약이 말했다. '어찌 백성만이 그러하겠는가! 달리는 짐승 중에서 기린이나 나는 새 중에서 봉황, 수많은 언덕 가운데 태산과 같이 큰 산, 길바닥에

고인 물에 비하면 황하와 같은 큰 강물이나 바닷물, 이런 것은 같은 부류 중
에서 가장 뛰어난 것이다. 백성 가운데 성인도 이와 같이 비유할 수 있다. 같
은 무리에서 가장 빼어나고, 함께 모인 것에서 높이 솟아났지만, 백성이 세
상에 나온 이래 공자보다 훌륭한 분은 있지 않았다.'"

公孫丑問曰, "夫子加齊之卿相, 得行道焉, 雖由此覇王, 不異矣. 如此,
공손추문왈　부자가제지경상　득행도언　수유차패왕　불이의　여차

則動心否乎?" 孟子曰, "否! 我四十不動心." 曰, "若是, 則夫子過孟
즉동심부호　맹자왈　부　아사십부동심　왈　약시　즉부자과맹

賁遠矣." 曰, "是不難, 告子先我不動心." 曰, "不動心有道乎?" 曰, "有.
분원의　왈　시불난　고자선아부동심　왈　부동심유도호　왈　유

北宮黝之養勇也, 不膚撓, 不目逃, 思以一毫挫於人, 若撻之於市朝,
북궁유지양용야　불부요　불목도　사이일호좌어인　약달지어시조

不受於褐寬博, 亦不受於萬乘之君. 視刺萬乘之君, 若刺褐夫, 無嚴諸侯,
불수어갈관박　역불수어만승지군　시자만승지군　약자갈부　무엄제후

惡聲至, 必反之. 孟施舍之所養勇也, 曰, '視不勝, 猶勝也. 量敵而後進,
오성지　필반지　맹시사지소양용야　왈　시불승　유승야　양적이후진

慮勝而後會, 是畏三軍者也. 舍豈能爲必勝哉? 能無懼而已矣.' 孟施舍
려승이후회　시외삼군자야　사기능위필승재　능무구이이의　맹시사

似曾子, 北宮黝似子夏. 夫二子之勇, 未知其孰賢, 然而孟施舍守約也.
사증자　북궁유사자하　부이자지용　미지기숙현　연이맹시사수약야

昔者曾子謂子襄曰, '子好勇乎. 吾嘗聞大勇於夫子矣. 自反而不縮, 雖褐
석자증자위자양왈　자호용호　오상문대용어부자의　자반이불축　수갈

寬博, 吾不惴焉, 自反而縮, 雖千萬人, 吾往矣.' 孟施舍之守氣, 又不如曾子
관박　오불췌언　자반이축　수천만인　오왕의　맹시사지수기　우불여증자

之守約也." 曰, "敢問夫子之不動心, 與告子之不動心, 可得聞與?"
지수약야　왈　감문부자지부동심　여고자지부동심　가득문여

"告子曰, '不得於言, 勿求於心. 不得於心, 勿求於氣.' 不得於心, 勿求於氣,
고자왈　부득어언　물구어심　부득어심　물구어기　부득어심　물구어기

可. 不得於言, 勿求於心, 不可. 夫志, 氣之帥也. 氣, 體之充也. 夫志至焉,
가　부득어언　물구어심　불가　부지　기지수야　기　체지충야　부지지언

氣次焉. 故曰持其志, 無暴其氣." "旣曰志至焉氣次焉, 又曰持其志, 無暴其
기차언　고왈지기지　무포기기　기왈지지언기차언　우왈지기지　무포기

氣者, 何也?"曰, "志壹則動氣, 氣壹則動志也. 今夫蹶者趨者, 是氣也,
기 자 하 야　왈　지 일 즉 동 기　기 일 즉 동 지 야　금 부 궐 자 추 자　시 기 야

而反動其心.""敢問夫子惡乎長?"曰, "我知言, 我善養吾浩然之氣."
이 반 동 기 심　감 문 부 자 오 호 장　왈　아 지 언　아 선 양 오 호 연 지 기

"敢問何謂浩然之氣?"曰, "難言也. 其爲氣也, 至大至剛, 以直養而無害,
감 문 하 위 호 연 지 기　왈　난 언 야　기 위 기 야　지 대 지 강　이 직 양 이 무 해

則塞于天地之間. 其爲氣也, 配義與道. 無是, 餒也. 是集義所生者, 非義襲
즉 색 우 천 지 지 간　기 위 기 야　배 의 여 도　무 시　뇌 야　시 집 의 소 생 자　비 아 습

而取之也. 行有不慊於心, 則餒矣. 我故曰, 告子未嘗知義, 以其外之也.
이 취 지 야　행 유 불 겸 어 심　즉 뇌 의　아 고 왈　고 자 미 상 지 의　이 기 외 지 야

必有事焉而勿正, 心勿忘, 勿助長也. 無若宋人然. 宋人有閔其苗之不長而
필 유 사 언 이 물 정　심 물 망　물 조 장 야　무 약 송 인 연　송 인 유 민 기 묘 지 부 장 이

揠之者, 芒芒然歸, 謂其人曰, '今日病矣! 予助苗長矣.' 其子趨而往視之,
알 지 자　망 망 연 귀　위 기 인 왈　금 일 병 의　여 조 묘 장 의　기 자 추 이 왕 시 지

苗則槁矣. 天下之不助苗長者寡矣. 以爲無益而舍之者, 不耘苗者也. 助之
묘 즉 고 의　천 하 지 부 조 묘 장 자 과 의　이 위 무 익 이 사 지 자　불 운 묘 자 야　조 지

長者, 揠苗者也, 非徒無益, 而又害之.""何謂知言?"曰, "詖辭知其所蔽,
장 자　알 묘 자 야　비 도 무 익　이 우 해 지　하 위 지 언　왈　피 사 지 기 소 폐

淫辭知其所陷, 邪辭知其所離, 遁辭知其所窮. 生於其心, 害於其政.
음 사 지 기 소 함　사 사 지 기 소 리　둔 사 지 기 소 궁　생 어 기 심　해 어 기 정

發於其政, 害於其事. 聖人復起, 必從吾言矣.""宰我 · 子貢善爲說辭, 冉牛
발 어 기 정　해 어 기 사　성 인 부 기　필 종 오 언 의　재 아　자 공 선 위 설 사　염 우

· 閔子 · 顔淵善言德行, 孔子兼之, 曰, '我於辭命, 則不能也.' 然則夫子旣
민 자　안 연 선 언 덕 행　공 자 겸 지　왈　아 어 사 명　즉 불 능 야　연 즉 부 자 기

聖矣乎?"曰, "惡, 是何言也! 昔者子貢問於孔子曰, '夫子聖矣乎!'
성 의 호　왈　오　시 하 언 야　석 자 자 공 문 어 공 자 왈　부 자 성 의 호

孔子曰, '聖則吾不能, 我學不厭而敎不倦也.' 子貢曰, '學不厭, 智也.
공 자 왈　성 즉 오 불 능　아 학 불 염 이 교 불 권 야　자 공 왈　학 불 염　지 야

敎不倦, 仁也. 仁且智, 夫子旣聖矣.' 夫聖, 孔子不居, 是何言也!
교 불 권　인 야　인 차 지　부 자 기 성 의　부 성　공 자 불 거　시 하 언 야

昔者竊聞之. 子夏 · 子游 · 子張, 皆有聖人之一體, 冉牛 · 閔子 · 顔淵則具
석 자 절 문 지　자 하　자 유　자 장　개 유 성 인 지 일 체　염 우　민 자　안 연 즉 구

體而微.""敢問所安?"曰, "姑舍是."曰, "伯夷 · 伊尹何如?"
체 이 미　감 문 소 안　왈　고 사 시　왈　백 이　이 윤 하 여

曰, "不同道. 非其君不事, 非其民不使, 治則進, 亂則退, 伯夷也. 何事非君,
왈 부동도 비기군불사 비기민불사 치즉진 란즉퇴 백이야 하사비군

何使非民, 治亦進, 亂亦進, 伊尹也. 可以仕則仕, 可以止則止, 可以久則久,
하사비민 치역진 란역퇴 이윤야 가이사즉사 가이지즉지 가이구즉구

可以速則速, 孔子也. 皆古聖人也, 吾未能有行焉. 乃所願, 則學孔子也."
가이속즉속 공자야 개고성인야 오미능유행언 래소원 즉학공자야

"伯夷 · 伊尹於孔子, 若是班乎?" 曰, "否! 自有生民以來, 未有孔子也."
 백이 이윤어공자 약시반호 왈 부 자유생민이래 미유공자야

曰, "然則有同與?" 曰, "有, 得百里之地而君之, 皆能以朝諸侯 · 有天下.
왈 연즉유동여 왈 유 득백리지지이군지 개능이조제후 유천하

行一不義 · 殺一不辜而得天下, 皆不爲也, 是則同." 曰, "敢問其所以異?"
행일불의 살일불고이득천하 개불위야 시즉동 왈 감문기소이이

曰, "宰我 · 子貢 · 有若, 智足以知聖人, 汙不至阿其所好. 宰我曰, '以予
왈 재아 자공 유약 지족이지성인 오부지아기소호 재아왈 이여

觀於夫子, 賢於堯舜遠矣.' 子貢曰, '見其禮而知其政, 聞其樂而知其德,
관어부자 현어요순원의 자공왈 견기례이지기정 문기락이지기덕

由百世之後, 等百世之王, 莫之能違也. 自生民以來, 未有夫子也.'
유백세지후 등백세지왕 막지능위야 자생민이래 미유부자야

有若曰, '豈惟民哉! 麒麟之於走獸, 鳳凰之於飛鳥, 泰山之於丘垤, 河海之
유약왈 기유민재 기린지어주수 봉황지어비조 태산지어구질 하해지

於行潦, 類也. 聖人之於民, 亦類也. 出於其類, 拔乎其萃, 自生民以來,
어행료 류야 성인지어민 역류야 출어기류 발호기췌 자생민이래

未有盛於孔子也.'"
미유성어공자야

| 핵심어 | 不動心 (부동심)
| 해설 | 마음이 흔들리지 않는다.

장점을 살려라.

3-3

맹자가 말했다.

"권력으로 사람을 사랑하는 체하는 것은 패도라고 하는데, 패도정치를 하
는 자는 반드시 큰 나라를 소유한다. 덕망으로 사람을 사랑하는 것은 왕도
라고 하는데, 왕도정치를 하는 자는 큰 나라만을 고집하지 않는다. 탕임금은

사방 70리, 문왕은 100리를 가지고 세상을 다스렸다. 권력으로 사람을 복종시키는 것은 진심으로 복종하는 것이 아니고, 권력이 그보다 부족하여 할 수 없이 복종하는 것이다. 덕망으로 사람을 복종시키는 것은 진심으로 기뻐하여 복종하는 것으로, 70여 명의 제자가 진심으로 공자를 따르던 것과 같다. 『시경』에서 노래했다. '서쪽에서 동쪽에서 남쪽에서 북쪽에서, 복종하지 않는 이가 없도다.' 이 노래가 그것을 말한다."

孟子曰, "以力假仁者霸, 霸必有大國. 以德行仁者王, 王不待大.
맹 자 왈   이 력 가 인 자 패   패 필 유 대 국   이 덕 행 인 자 왕   왕 부 대 대 .

湯以七十里, 文王以百里. 以力服人者, 非心服也, 力不瞻也. 以德服人者,
탕 이 칠 십 리   문 왕 이 백 리   이 역 복 인 자   비 심 복 야   역 불 섬 야   이 덕 복 인 자

中心悅而誠服也, 如七十子之服孔子也. 詩云, '自西自東, 自南自北,
중 심 열 이 성 복 야   여 칠 십 자 지 복 공 자 야   시 운   자 서 자 동   자 남 자 북

無思不服.' 此之謂也."
무 사 불 복   차 지 위 야

| 핵심어 | 以德誠服 (이덕성복)
| 해설 | 덕망으로 다스려 진심으로 복종한다.
왕도정치를 하라.

3-4
맹자가 말했다.

"사람을 사랑하는 정치를 하면 나라가 번영하고, 사람을 미워하는 정치를 하면 나라가 패망한다. 지금의 반란과 침략으로 나라의 패망을 싫어하면서도 사람을 미워하는 정치를 하는 것은 축축해지고 곰팡이가 끼는 습한 것을 싫어하면서도 낮은 곳에 있는 것과 같다. 패망으로 이끄는 치욕을 싫어한다면, 덕망을 소중하게 여기고 재능 있는 인사들을 존중하며, 현명한 사람이 관직에 있고, 능력 있는 사람이 직책을 맡으며, 나라와 집안을 안정시키고, 정치와 법률 및 사회제도를 정돈하면, 큰 나라일지라도 함부로 하지 못하고

두려워할 것이다.

『시경』에서 노래했다. '하늘에 구름이 끼고 비가 내리기 전, 저 뽕나무 뿌리의 껍질을 벗겨, 창문을 단단하게 얽어놓는다면, 저 아래 있는 사람이, 나를 업신여기기야 하겠는가.'* 이에 대해 공자가 말했다. '이 시를 지은 사람은 정치의 길을 알고 있으리라. 그렇게 나라를 다스린다면 누가 감히 업신여기겠는가.'

지금 나라나 집안이 큰 우환 없이 안정되었는데, 대대적으로 즐기고 태만하고 오만한 짓을 저지른다면, 이는 스스로 화를 불러들이는 짓이다. 화와 복은 모두 자신으로부터 나온다. 『시경』에서 노래했다. '영원히 천명에 합해지기를 생각하고, 스스로 많은 복을 구했도다.'** 『서경』에서 말했다. '하늘이 만든 재앙은 오히려 피할 수 있다. 자신이 만든 재앙은 피할 수 없다. 어찌 살 것인가.' 이런 언급이 그것을 두고 한 말이다."

孟子曰, "仁則榮, 不仁則辱. 今惡辱而居不仁, 是猶惡濕而居下也. 如惡之,
맹자왈   인즉영 불인즉욕 금오욕이거불인 시유오습이거하야 여오지

莫如貴德而尊士, 賢者在位, 能者在職. 國家閒暇, 及是時明其政刑, 雖大國
막여귀덕이존사 현자재위 능자재직 국가한가 급시시명기정형 수대국

必畏之矣. 詩云, '迨天之未陰雨, 徹彼桑土, 綢繆牖戶. 今此下民, 或敢侮予.'
필외지의 시운 태천지미음우 철피상두 주모유호 금차하민 혹감모여

孔子曰, '爲此詩者, 其知道乎? 能治其國家, 誰敢侮之.' 今國家閒暇, 及是時,
공자왈 위차시자 기지도호 능치기국가 수감모지 금국가한가 급시시

般樂怠敖, 是自求禍也. 禍福無不自己求之者. 詩云, '永言配命, 自求多福.'
반락태오 시자구화야 화복무부자기구지자 시운 영언배명 자구다복

太甲曰, '天作孽, 猶可違. 自作孽, 不可活.' 此之謂也."
태갑왈 천작얼 유가위 자작얼 불가활 차지위야

| 핵심어 | 禍福自求 (화복자구)
| 해설 | 화와 복은 모두 스스로 구하는 것이다.
사람을 사랑하는 정치.

* 『시경』「빈풍」〈치효〉 편. 주공의 작품.
** 『시경』「대아」〈문왕〉 편.

3-5

맹자가 말했다.

"덕망을 지닌 사람을 존중하고 유능한 인재를 등용하여 재주와 덕행이 뛰어난 사람이 관직에 있으면, 세상에서 관리를 꿈꾸는 사람이 모두 기뻐하여, 그 조정에서 직책을 맡고 싶어 할 것이다. 시장에서는 점포세만 받고 다른 세금을 징수하지 않고, 법을 정해놓고 안 팔리고 남아 있는 물건은 나라에서 사들이되 세금을 징수하지 않으면, 장사꾼들이 모두 기뻐하여 그 시장에 물건을 보관하고 싶어 할 것이다. 국경을 통과하는 여행자나 물품에 대해 검문은 하되 통행세나 물품세를 징수하지 않으면, 여행자들이 모두 기뻐하여 그 길로 다니기를 원할 것이다. 농사짓는 사람은 공동경작지에 참여하여 경작하게 하고 다른 세금을 내지 않게 하면, 농부들이 모두 기뻐하여 그 땅에서 경작하기를 원할 것이다. 사람이 사는 거주지에서는 주민세와 재산세를 없애면, 사람이 모두 기뻐하여 그 나라의 백성이 되기를 원할 것이다. 진실로 이 다섯 가지를 시행할 수 있다면, 이웃 나라 백성이 그 나라 군주를 우러러보며 부모처럼 대할 것이다. 자기 자식을 이끌고 와서 그 부모를 공격하는 나쁜 짓을 한 군주는 백성이 세상에 난 이후 구제된 사례가 없다. 그렇게 된다면, 이 세상에 그를 대적할 자는 없다. 세상에 대적할 자가 없는 사람은 하늘이 내린 일꾼이므로, 이렇게 하고도 왕 노릇을 하지 못한 사람은 없다."

孟子曰, "尊賢使能, 俊傑在位, 則天下之士皆悅, 而願立於其朝矣.
맹 자 왈   존 현 사 능   준 걸 재 위   즉 천 하 지 사 개 열   이 원 립 어 기 조 의

市廛而不征, 法而不廛, 則天下之商皆悅而願藏於其市矣. 關譏而不征,
시 전 이 부 정   법 이 부 전   즉 천 하 지 상 개 열 이 원 장 어 기 시 의   관 기 이 부 정

則天下之旅皆悅而願出於其路矣. 耕者助而不稅, 則天下之農皆悅而願耕
즉 천 하 지 여 개 열 이 원 출 어 기 로 의   경 자 조 이 불 세   즉 천 하 지 농 개 열 이 원 경

於其野矣. 廛無夫里之布, 則天下之民皆悅而願爲之氓矣. 信能行此五者,
어 기 야 의   전 무 부 리 지 포   즉 천 하 지 민 개 열 이 원 위 지 맹 의   신 능 행 차 오 자

則隣國之民, 仰之若父母矣. 率其子弟, 攻其父母, 自生民以來, 未有能濟
즉 린 국 지 민　 앙 지 약 부 모 의　 솔 기 자 제　 공 기 부 모　 자 생 민 이 래　 미 유 능 제

者也. 如此, 則無敵於天下. 無敵於天下者, 天吏也, 然而不王者, 未之有也.”
자 야　 여 차　 즉 무 적 어 천 하　 무 적 어 천 하 자　 천 리 야　 연 이 불 왕 자　 미 지 유 야

| 핵심어 | 無敵天下 (무적천하)
| 해설 | 세상에 대적할 사람이 없다.
군자의 올바른 도.

3-6

맹자가 말했다.

"사람이 모두 차마 하지 못하는 착한 마음을 지니고 있듯이, 옛날 왕들은
잔혹하게 굴지 못하는 마음을 지니고 있어 잔혹하게 굴지 못하는 정치를 시
행했다. 사람에게 차마 하지 못하는 마음으로 잔혹하게 굴지 못하는 정치를
행한다면, 손바닥 위에 놓고 움직일 수 있을 정도로 세상을 쉽게 다스릴 수
있다.

사람이 모두 차마 하지 못하는 마음을 지니는 근거는, 지금 사람이 갑자기
어린아이가 우물에 빠지려고 하는 장면을 보게 되면, 모두가 깜짝 놀라고 가
슴 쓰라리게 아픈 마음을 갖는데, 이는 어린아이의 부모와 사귀어 친분을 쌓
기 위해서도 아니고, 마을 사람이나 친구들에게 칭찬을 받기 위해서도 아니
며, 어린아이를 구하지 않았다는 비난이나 어린아이가 우물에 빠지면서 지
르는 비명소리가 듣기 싫어서 그러한 것이 아니다. 이를 미루어 본다면, 가
슴 쓰라리게 아파하며 불쌍하게 여기는 마음인 측은지심이 없으면 사람이
아니다. 부끄러워하는 마음인 수오지심이 없으면 사람이 아니다. 양보하는
마음인 사양지심이 없으면 사람이 아니다. 옳고 그름을 가릴 줄 아는 마음인
시비지심이 없으면 사람이 아니다.

측은지심은 사람을 사랑하는 인의 실마리이다. 수오지심은 올바른 일을
하지 않으면 부끄러워할 줄 아는 의의 실마리이다. 사양지심은 사람이 처한

상황에 따라 양보하며 겸손할 줄 아는 예의 실마리이다. 시비지심은 옳고 그름을 판단할 줄 아는 지의 실마리이다. 사람이 이 네 가지 실마리를 지니고 있는 것은 몸에 팔다리 네 개를 지니고 있는 것과 같다. 사단四端을 지니고 있으면서도 스스로 인의를 행할 수 없다고 말하는 자는 자신을 해치는 자이다. 그 군주가 인의를 행할 수 없다고 말하는 자는 군주를 해치는 자이다. 나에게 있는 이 사단을 모두 넓혀서 채울 줄 알아야 한다. 불이 처음 타오르고 샘물이 처음 솟아 나오는 것처럼, 제대로 채운다면 온 세상을 다스려 사람을 충분히 보호할 수 있고, 제대로 채우지 못한다면 집안에서 부모조차도 모실 수 없다.”

孟子曰, “人皆有不忍人之心, 先王有不忍人之心, 斯有不忍人之政矣.
맹자왈   인개유불인인지심 선왕유불인인지심 사유불이인지정의

以不忍人之心, 行不忍人之政, 治天下可運於掌上. 所以謂人皆有不忍人
이불인인지심 행불인인지정 치천하가운어장상 소이위인개유불인인

之心者, 今人乍見孺子將入於井, 皆有怵惕惻隱之心, 非所以內交於孺子
지심자 금인사견유자장입어정 개유출척측은지심 비소이내교어유자

之父母也, 非所以要譽於鄕黨朋友也, 非惡其聲而然也. 由是觀之, 無惻隱
지부모야 비소이요예어향당붕우야 비오기성이연야 유시관지 무측은

之心, 非人也. 無羞惡之心, 非人也. 無辭讓之心, 非人也. 無是非之心,
지심 비인야 무수오지심 비인야 무사양지심 비인야 무시비지심

非仁也. 惻隱之心, 仁之端也. 羞惡之心, 義之端也. 辭讓之心, 禮之端也.
비인야 측은지심 인지단야 수오지심 의지단야 사양지심 예지단야

是非之心, 智之端也. 人之有是四端也, 猶其有四體也. 有是四端, 而自謂
시비지심 지지단야 인지유시사단야 유기유사체야 유시사단 이자위

不能者, 自賊者也. 謂其君不能者, 賊其君者也. 凡有四端於我者, 知皆擴而
불능자 자적자야 위기군자능자 적기군자야 범유사단어아자 지개확이

充之矣. 若火之始然, 泉之始達, 苟能充之, 足以保四海, 苟不充之, 不足
충지의 약화지시연 천지시달 구능충지 족이보사해 구불충지 부족

以事父母.”
이사부모

| 핵심어 | 擴而充之 (확이충지)

| 해설 | 착한 마음을 넓혀서 채울 수 있어야 한다.

인간의 마음=측은 · 수오 · 사양 · 시비지심.

3-7

맹자가 말했다.

"화살 만드는 사람이 갑옷 만드는 사람보다 어찌 착하지 않겠는가! 화살을 만드는 사람은 화살을 쏘았는데 사람을 상하게 하지 못할까 두려워하고, 갑옷 만드는 사람은 갑옷을 입고 화살이나 칼을 맞았을 때 사람이 상할까 두려워한다. 사람이 잘되라고 빌어주면서 사람이 죽지 않아야 명성이 오르는 무당과 사람이 죽어야 관을 만들어 팔 수 있게 되는 목수도 마찬가지 처지이므로, 생업으로 하려는 기술을 다룰 때 신중하지 않을 수 없다.

공자가 말했다. '마을이 트여 있어야 아름답다. 이런 마을을 골라 열린 마음으로 살지 않으면서 어찌 지혜롭다고 할 수 있겠는가?'

사람을 사랑하는 일은 하늘이 준 벼슬이고, 사람이 편안하게 사는 집과 같은데, 그것을 막는 사람도 없는데 사람을 사랑하지 못하면 지혜롭지 못한 것이다. 사람을 사랑하는 마음을 지니지도 않고 지혜롭지도 않으며, 예절도 없고 의리도 없으면, 남의 일꾼으로 부림을 당한다. 남의 일꾼 노릇이나 하면서 그 부려지는 것을 부끄러워하는 것은, 활 만드는 사람이 활 만드는 것을 부끄러워하며, 화살 만드는 사람이 화살 만드는 것을 부끄러워함과 같다. 그렇게 부끄러워한다면, 사람을 사랑하는 것만 못하다. 사람을 사랑하는 사람은 활쏘기 하는 것과 같은데, 활을 쏘는 사람은 자기를 바로잡은 뒤에야 화살을 쏘고, 쏜 화살이 과녁에 맞지 않더라도 자신을 이긴 상대방을 원망하지 않으며, 돌이켜서 자신에게서 그 원인을 찾을 뿐이다."

孟子曰, "矢人豈不仁於函人哉! 矢人惟恐不傷人, 函人惟恐傷人. 巫匠亦然,
맹자왈   시인기불인어함인재 시인유공불상인 함인유공상인 무장역연

故術不可不愼也. 孔子曰, '里仁爲美, 擇不處仁, 焉得智?' 夫仁, 天之尊爵也,
고 술 불 가 불 신 야 공 자 왈   리 인 위 미 택 불 처 인 언 득 지   부 인 천 지 존 작 야

人之安宅也, 莫之禦而不仁, 是不智也. 不仁不智, 無禮無義, 人役也.
인 지 안 택 야 막 지 어 이 불 인 시 부 지 야   불 인 부 지 무 례 무 의 인 역 야

人役而恥爲役, 由弓人而恥爲弓, 矢人而恥爲矢也. 如恥之, 莫如爲仁.
인 역 이 치 위 역 유 궁 인 이 치 위 궁 시 인 이 치 위 시 야 여 치 지 막 여 위 인

仁者如射, 射者正己而後發, 發而不中, 不怨勝己者, 反求諸己而已矣."
인 자 여 사 사 자 정 기 이 후 발 발 이 부 중 불 원 승 기 자 반 구 저 기 이 이 의

| 핵심어 | **反求諸己** (반구저기)
| 해설 | 어떤 일이든 반성하며 자신에게서 그 원인을 찾는다.

마음이 열려 있어야 아름답다.

3-8

맹자가 말했다.

"(공자의 제자)자로는 사람이 그에게 잘못이 있음을 일러주면 기뻐했고, 우임금은 좋은 말을 들으면 절을 했다. 순임금은 이보다도 대단했는데, 좋은 일은 사람과 더불어 행하고, 자기 생각을 버리고 다른 사람의 생각을 따르며, 다른 사람이 착한 일을 하면 바로 그 착한 일을 행하는 것을 즐겼고, 시골구석에서 밭 갈고 곡식 심고 질그릇 굽고 고기 잡을 때부터 제왕이 될 때까지 다른 사람에게서 취하지 않은 것이 없었다. 다른 사람의 선행을 본받아 착한 일을 행하는 것은 다른 사람과 함께 착한 일을 행하는 것이다. 그러므로 군자는 다른 사람과 함께 착한 일을 하는 것이 가장 큰 즐거움이다."

孟子曰, "子路, 人告之以有過則喜, 禹聞善言則拜. 大舜有大焉, 善與人同,
맹 자 왈   자 로 인 고 지 이 유 과 즉 희 우 문 선 언 즉 배 대 순 유 대 언 선 여 인 동

舍己從人, 樂取於人以爲善, 自耕稼陶漁以至爲帝, 無非取於人者.
사 기 종 인 낙 취 어 인 이 위 선 자 경 가 도 어 이 지 위 제 무 비 취 어 인 자

取諸人以爲善, 是與人爲善者也. 故君子莫大乎與人爲善."
취 저 인 이 위 선 시 여 인 위 선 자 야 고 군 자 막 대 호 여 인 위 선

| 핵심어 | **取人爲善** (취인위선)
| 해설 | 사람의 선행을 본받아 착한 일을 행한다.

모범을 따르라.

3-9

맹자가 말했다.

"백이는 올바른 군주가 아니면 섬기지 않았고, 믿을 사람이 아니면 벗하지 않았으며, 나쁜 사람이 장악하고 있는 조정에는 서지 않았고, 나쁜 짓 하는 사람과는 더불어 말하지 않았다. 나쁜 사람이 장악하고 있는 조정에 서고, 나쁜 짓 하는 사람과 더불어 말하는 것은 깨끗하고 말끔하게 옷을 차려입고 더러운 진흙과 숯 구덩이에 앉아 있는 것처럼 여겼다. 악을 미워하는 마음을 미루어 보면, 고향 사람과 함께 조정에 있을 때 고향 사람의 복장이 바르지 못하면 뒤돌아보지도 않고 앞만 보고 떠나, 자신이 더럽혀질 것처럼 여겼다. 이러다 보니 제후들이 추천서를 좋게 써서 사람을 보내도 백이는 이를 잘 받아들이지 않았다. 잘 받아들이지 않는 것은 군주의 측근이 되는 것을 달갑게 여기지 않았기 때문이다.

유하혜*는 부정을 자행하는 더러운 군주를 섬기는 것에 대해 부끄러워하지 않았고, 지위가 낮은 하찮은 자리도 낮게 여기지 않았으며, 나아가면 자기의 현명함을 숨기지 않고 반드시 올바른 길을 밀어붙였다. 등용되지 못하고 버려져도 원망하지 않았고, 곤궁에 빠져도 근심하지 않았다. 그러므로 유하혜는 말했다. '너는 너고 나는 나다. 네가 내 곁에서 웃통을 벗고 벌거벗는다 할지라도, 네가 어찌 나를 더럽힐 수 있겠는가?' 유하혜는 스스로 자신의 삶을 흡족하게 여기며, 그들과 함께 있어도 스스로 올바름을 잃지 않았고, 떠나려고 하다가도 잡아당겨 멈추게 하면 멈추었다. 잡아당겨 멈추게 하면 멈춘 것은 떠나가는 것을 달갑게 여기지 않았기 때문이다."

맹자가 말했다.

"백이는 도량이 좁아 관용이 부족하고, 유하혜는 상대방을 무시하여 존경하는 태도가 부족하다. 도량이 좁고 상대방을 존중하지 않는 태도를 군자는

* 노나라 대부 전자금을 일컬음. 유하에 살았으므로 시호를 혜라 했다.

따르지 않는다."

孟子曰, "伯夷, 非其君不事, 非其友不友, 不立於惡人之朝, 不與惡人言.
맹 자 왈　백 이 비 기 군 불 사 비 기 우 불 우 불 립 어 악 인 지 조 불 여 악 인 언

立於惡人之朝, 與惡人言, 如以朝衣朝冠坐於塗炭. 推惡惡之心, 思與鄕人立,
립 어 악 인 지 조 여 악 인 언 여 이 조 의 조 관 좌 어 도 탄 추 오 악 지 심 사 여 향 인 립

其冠不正, 望望然去之, 若將浼焉. 是故諸侯雖有善其辭命而至者, 不受也.
기 관 부 정 망 망 연 거 지 약 장 매 언 시 고 제 후 수 유 선 기 사 명 이 지 자 불 수 야

不受也者, 是亦不屑就已. 柳下惠, 不羞汚君, 不卑小官, 進不隱賢, 必以其道.
불 수 야 자 시 역 불 설 취 이 유 하 혜 불 수 오 군 불 비 소 관 진 불 은 현 필 이 기 도

遺佚而不怨, 阨窮而不憫. 故曰, '爾爲爾, 我爲我, 雖袒裼裸裎於我側, 爾焉
유 일 이 불 원 액 궁 이 불 민 고 왈　이 위 이 아 위 아 수 단 석 나 정 어 아 측 이 언

能浼我哉?' 故由由然與之偕而不自失焉, 援而止之而止. 援而止之而止者,
능 매 아 재　고 유 유 연 여 지 해 이 부 자 실 언 원 이 지 지 지 지 원 이 지 지 이 지 자

是亦不屑去已." 孟子曰, "伯夷隘, 柳下惠不恭. 隘與不恭, 君子不由也."
시 역 불 설 거 이　맹 자 왈　백 이 애 유 하 혜 불 공 애 여 불 공 군 자 불 유 야

| 핵심어 | 不隘與恭 (불애여공)
| 해설 | 도량이 좁지 않으면서 공경하는 태도.

바르게 살고자 하는 도리.

공손추(하)

4

4-1

맹자가 말했다.

"우주자연의 변화를 살피는 일도 중요하지만 그것은 땅의 형세가 어떠한 지를 파악하는 것만 못하고, 땅의 형세가 어떠한지를 파악하는 것도 중요하지만 그것은 사람 사이에 호응하고 협력하는 마음을 얻는 것만 못하다. 3리쯤 되는 성과 7리쯤 되는 조그만 성곽을 완전히 포위하여 공격해도 이기지 못하는 경우가 있다. 포위하여 공격할 때 반드시 우주자연의 변화를 관찰했는데도 성을 함락시키지 못한 것은 우주자연의 변화를 살피고 그에 맞추어 공격을 한 것보다 지리상으로 공격하기 어려운 것임을 파악하지 못해서이다.

성벽이 높지 않은 것도 아니고, 성곽 주위에 파 놓은 연못인 해자가 깊지 않은 것도 아니며, 병장기가 제대로 갖춰져 있지 않은 것도 아니고, 군량미를 비롯하여 사람이 먹을 곡식이 많지 않은 것도 아닌데도 이 성을 버리고 사람이 떠나는 경우가 있는데, 이는 성이 자리한 땅의 형세가 좋다 할지라도, 사람이 협력하며 즐겁게 살아가려는 마음이 적어서이다.

그러므로 백성이 이 땅에서 살게 하되 영토만을 그 경계로 하지 않고, 나라의 방위를 견고히 하되 산이 험하고 강이 깊은 지세만을 이용하지 않으며, 세상에 위엄을 떨치되 강력한 군사력에만 의존하지 않는다고 했다. 사람이 살아가는 도리가 무엇인지를 얻은 사람은 도와주는 사람이 많고, 도리를 잃은 사람은 도와주는 사람이 적다. 도와주는 사람이 적을수록 친척도 배반한다. 도와주는 사람이 많을수록 세상은 그를 따른다. 세상에 군주를 따르는 사람은 친척조차도 배반하는 포학한 군주를 몰아내므로 군자는 전쟁을 하지 않으려고 하며 전쟁을 하면, 반드시 승리한다."

孟子曰, "天時不如地利, 地利不如人和. 三里之城, 七里之郭, 環而攻之
맹 자 왈   천 시 불 여 지 리 지 리 불 여 인 화 삼 리 지 성 칠 리 지 곽 환 이 공 지

而不勝. 夫環而攻之, 必有得天時者矣, 然而不勝者, 是天時不如地利也.
이 불 승 부 환 이 공 지 필 유 득 천 시 자 의 연 이 불 승 자 시 천 시 불 여 지 리 야

城非不高也, 池非不深也, 兵革非不堅利也, 米粟非不多也, 委而去之,
성 비 불 고 야 지 비 불 심 야 병 혁 비 불 견 리 야 미 속 비 불 다 야 위 이 거 지

是地利不如人和也. 故曰域民不以封疆之界, 固國不以山谿之險, 威天下不
시 지 리 불 여 인 화 야 고 왈 역 민 불 이 봉 강 지 계 고 국 불 이 산 계 지 험 위 천 하 불

以兵革之利. 得道者多助, 失道者寡助. 寡助之至, 親戚畔之. 多助之至,
이 병 혁 지 리 득 도 자 다 조 실 도 자 과 조 과 조 지 지 친 척 반 지 다 조 지 지

天下順之. 以天下之所順, 攻親戚之所畔, 故君子有不戰, 戰必勝矣."
천 하 순 지 이 천 하 지 소 순 공 친 척 지 소 반 고 군 자 유 부 전 전 필 승 의

| 핵심어 | 得道多助 (득도다조)
| 해설 | 올바른 길을 가면 도와주는 사람이 많다.
인간의 도리.

4-2
맹자가 제나라의 선왕에게 문안을 가려고 하자, 왕이 사람을 보내와서 말했다.

"내가 나가서 만나려고 했는데, 감기 기운이 있어 바람을 쐴 수 없으니 조정으로 와서 나를 만나줄 수 있겠습니까?"

맹자가 대답했다.

"불행하게도 저도 몸이 좀 아파서 지금 조정으로 갈 수 없습니다."

그 다음 날, 맹자가 동곽씨* 집에 문상을 가려 하는데 공손추가 물었다.

"어제는 몸이 아프다고 사양하고, 오늘은 조문을 가는데, 도리에 어긋나는 것 아닙니까?"

맹자가 말했다.

"어제는 몸이 아팠고, 오늘은 몸이 나았으니, 어찌 조문을 하지 않겠는 가?"

왕이 사람을 보내 어디가 아픈지 문병하고 의원을 보내왔다.

맹중자**가 대답했다.

"어제에 왕명이 있었으나 몸이 아파 조정에 가지 못했습니다. 오늘은 몸이 조금 좋아졌는지 조정으로 달려갔습니다. 아직 조정에 도착하지 않았습니까?"

몇몇 사람에게 집으로 들어오는 길목을 지키고 있다가 맹자를 만나면, "집으로 돌아오지 말고 반드시 조정으로 가라."고 시켰다.

맹자는 할 수 없이 경추씨***에게 가서 묵었다.

경추씨가 말했다.

"집안에서는 부모자식 사이의 도리가 중요하고, 집 밖으로 나오면 군주와 신하 사이의 도리를 지키는 것이 인간의 큰 윤리입니다. 부모자식 사이에는 은혜를 핵심으로 하고, 군주와 신하 사이에는 존중을 핵심으로 하는데, 제가 볼 때 왕은 선생을 존중하는 듯한데, 선생은 왕을 존중하지 않는 것 같습니다."

맹자가 말했다.

"아니, 무슨 말입니까! 제나라 사람 가운데 사람을 사랑하거나 인간의 도

* 제나라 대부의 집안.
** 맹자의 종형제로 맹자에게 공부를 배운 사람.
*** 제나라 대부의 집안.

리가 중요하다는 내용으로 왕과 함께 말하는 사람이 없는데, 어찌 사람을 사랑하거나 인간의 도리가 중요하다는 말이 아름답지 않아 함께 말하지 않는 걸까요? 그 마음으로 '어찌 사람을 사랑하거나 인간의 도리가 중요하다는 말을 충분히 할 수 있는가!'라고 하면, 왕과의 사이에 서로 존중하지 않는 마음이 너무 큰 것입니다. 저는 요임금이나 순임금이 행했던 훌륭한 정치가 아니면 함부로 선왕 앞에서 말을 하지 못합니다. 그러므로 제나라 사람 가운데 저보다 선왕을 존중하는 이는 없는 것입니다."

경추씨가 말했다.

"아닙니다. 그런 것을 말하는 것이 아닙니다. 『예기』에서 말했습니다. '부모가 부르면 빨리 대답한다.' '군주가 명령하면 수레를 끄는 말에 멍에하기를 기다리지 않고 달려간다.' 군주가 불렀으니 조정에 달려가야 했으며, 왕의 명령을 듣고 만나지 않았으니 『예기』에 나온 예와 다른 것 같아 드린 말씀입니다."

맹자가 말했다.

"어찌 그런 것을 두고 하는 말이겠습니까? 증자가 말했습니다. '진나라와 초나라는 부유한데, 나는 그것에 미치지 못한다. 저들이 부유함으로 나를 대하면, 나는 사람을 사랑하는 마음으로 그들을 대한다. 저들이 지위로 나를 대하면, 나는 사람이 살아가는 도리로 그들을 대한다. 내가 저들에 비해 무엇이 부족하단 말인가?' 어찌 증자가 사람의 도리가 아닌 것을 말했겠습니까? 이런 것도 살아가는 이치의 하나일 겁니다.

세상 사람이 공통적으로 존중하는 것이 세 가지가 있습니다. 하나는 지위이고, 하나는 나이이고, 하나는 덕망입니다. 조정에서는 지위가 어른의 기준이 되고, 마을에서는 나이가 어른의 기준이 되며, 세상이 안정되고 백성을 잘살게 하는 데는 덕망이 최고입니다. 어찌 그 한 가지를 가지고서 다른 둘을 가진 사람을 업신여기며 소홀히 할 수 있겠습니까. 그러므로 훌륭한 일을 할 수 있는 군주는 반드시 함부로 부르지 못하는 신하가 있고, 서로 의논할 일이 있으면 찾아갔습니다. 덕망을 높이지 않고 도리를 즐거워하지 않으며 서로 존중하지 않으면, 더불어 훌륭한 일을 할 수 없는 것입니다.

탕임금은 이윤에게 배운 뒤에 그를 신하로 삼았기 때문에 큰 고생을 하지 않고 왕 노릇을 잘 했습니다. 환공은 관중에게 배운 뒤에 그를 신하로 삼았기 때문에 큰 고생하지 않고 강력한 군주가 되었습니다. 지금은 세상의 여러 나라가 영토 크기가 비슷하고, 정치도 비슷하여, 특별히 뛰어나거나 뚜렷한 나라가 없는데, 그 이유는 자기가 가르칠 수 있는 사람을 신하로 두기를 좋아하고, 자기가 가르침을 받을 수 있는 사람을 신하로 두기를 좋아하지 않기 때문입니다. 탕임금이 이윤을, 환공이 관중을 감히 부르지 않았습니다. 관중도 함부로 부를 수 없었는데, 하물며 관중 같은 사람을 대수롭게 여기지 않는 나 같은 사람에게, 더 말할 것이 있겠습니까?"

孟子將朝王, 王使人來曰, "寡人如就見者也, 有寒疾, 不可以風, 朝將視朝,
맹자장조왕 왕사인래왈 과인여취견자야 유한질 불가이풍 조장시조

不識可使寡人得見乎?" 對曰, "不幸而有疾, 不能造朝." 明日, 出弔於東
불식가사과인득견호 대왈 불행이유질 불능조조 명일 출조어동

郭氏. 公孫丑曰, "昔者辭以病, 今日弔, 或者不可乎?" 曰, "昔者疾, 今日愈,
곽씨 공손추왈 석자사이병 금일조 혹자불가호 왈 석자질 금일유

如之何不弔?" 王使人問疾, 醫來. 孟仲子對曰, "昔者有王命, 有采薪之憂,
여지하부조 왕사인문질 의래 맹중자대왈 석자유왕명 유채신지우

不能造朝. 今病少愈, 趨造於朝, 我不識能至否乎?" 使數人要於路曰, "請必
불능조조 금병소유 추조어조 아불식능지부호 사수인요어로왈 청필

無歸而造於朝." 不得已而之景丑氏宿焉. 景子曰, "內則父子, 外則君臣,
무귀이조어조 부득이이지경추씨숙언 경자왈 내즉부자 외즉군신

人之大倫也. 父子主恩, 君臣主敬, 丑見王之敬子也, 未見所以敬王也."
인지대륜야 부자주은 군신주경 추견왕지경자야 미견소이경왕야

曰, "惡! 是何言也! 齊人無以仁義與王言者, 豈以仁義爲不美也?
왈 오 시하언야 제인무이인의여왕언자 기이인의위불미야

其心曰, '是何足與言仁義也!' 云爾, 則不敬莫大乎是. 我非堯舜之道不敢
기심왈 시하족여언인의야 운이 즉불경막대호시 아비요순지도불감

以陳於王前, 故齊人莫如我敬王也.” 景子曰, “否, 非此之謂也. 禮曰, ‘父召,
이진어왕전 고제인막여아경왕야　경자왈　부 비차지위야 예왈 부소

無諾.’ ‘君命召, 不俟駕.’ 固將朝也, 聞王命而遂不果, 宜與夫禮若不相似然.”
무락　군명소 불사가　고장조야 문왕명이수불과　의여부례약불상이연

曰, “豈謂是與? 曾子曰, ‘晉楚之富, 不可及也. 彼以其富, 我以吾仁. 彼以
왈　기위시여　증자왈　진초지부 불가급야 피이기부 아이오인 피이

其爵, 我以吾義. 吾何慊乎哉?’ 夫豈不義而曾子言之? 是或一道也.
기작 아이오의 오하겸호재　부기불의이증자언지　시혹일도야

天下有達尊三. 爵一, 齒一, 德一. 朝廷莫如爵, 鄉黨莫如齒, 輔世長民莫
천하유달존삼 작일 치일 덕일 조정막여작 향당막여치 보세장민막

如德. 惡得有其一以慢其二哉? 故將大有爲之君, 必有所不召之臣, 欲有謀焉,
여덕 오득유기일이만기이재 고장대유위지군 필유소불소지신 욕유모언

則就之, 其尊德樂道, 不如是不足以有爲也. 故湯之於伊尹, 學焉而後臣之,
즉취지 기존덕락도 불여시부족이유위야 고탕지어이윤 학언이후신지

故不勞而王. 桓公之於管仲, 學焉而後臣之, 故不勞而霸. 今天下地醜德齊,
고불로이왕 환공지어관중 학언이후신지 고불로이패 금천하지추덕제

莫能相尚, 無他, 好臣其所教, 而不好臣其所受教. 湯之於伊尹, 桓公之於
막능상상 무타 호신기소교 이불호신기소수교 탕지어이윤 환공지어

管仲, 則不敢召. 管仲且猶不可召, 而況不爲管仲者乎?”
관중 즉불감소 관중구유불가소 이황불위관중자호

| 핵심어 | 不召之臣 (불소지신)
| 해설 | 함부로 부르지 못하는 신하가 있다.

사람을 격에 맞게 대접하라.

4-3

제자 진진이 물었다.

“예전에 제나라에서 왕이 질 좋은 황금 2,000냥을 보내왔는데 받지 않았
고, 송나라에서 1,400냥을 보내왔는데 받았으며, 설나라에서 1,000냥을 보
내왔는데 받았습니다. 예전에 받지 않은 것이 옳다면 오늘 받은 것은 잘못된
일입니다. 오늘 받은 것이 옳다면 예전에 받지 않은 것은 잘못된 일입니다.
선생님은 옳거나 잘못되거나 이 가운데 하나에 해당합니다.”

맹자가 말했다.

"모두 옳은 행동이었습니다. 송나라에 있을 때는 내가 먼 길을 떠나려고 했고, 먼 길을 가는 사람에게는 반드시 여비를 주게 마련이었기에, 군주가 '여비를 보냅니다.'라고 전해왔는데, 내 어찌 받지 않을 수 있겠습니까? 설나라에 있을 때는 나를 해치려는 자가 있어 경계하는 마음이 있었는데, 설나라 군주가 개인 경호가 필요하다는 말을 들었고 개인 경호를 위해 지원금을 보낸다고 전해왔기에, 내 어찌 받지 않을 수 있겠습니까? 제나라에 있을 때는 처지가 달랐습니다. 특별한 사정이 없었고 돈 쓸 일이 없었습니다. 군자로서 어찌 재물에 농락될 수 있겠습니까?"

陳臻問曰, "前日於齊, 王餽兼金一百而不受, 於宋, 餽七十鎰而受, 於薛,
진 진 문 왈　전 일 어 제　왕 궤 겸 금 일 백 이 불 수　어 송　궤 칠 십 이 수　어 설

餽五十鎰而受. 前日之不受是, 則今日之受非也. 今日之受是, 則前日之
궤 오 십 일 이 수　전 일 지 불 수 시　즉 금 일 지 수 비 야　금 일 지 수 시　즉 전 일 지

不受非也. 夫子必居一於此矣." 孟子曰, "皆是也. 當在宋也, 予將有遠行,
불 수 비 야　부 자 필 거 일 어 차 의　맹 자 왈　개 시 야　당 재 송 야　여 장 유 원 행

行者必以贐, 辭曰, '餽贐', 予何爲不受? 當在薛也, 予有戒心, 辭曰, '聞戒',
행 자 필 이 신　사 왈　궤 신　여 하 위 불 수　당 재 설 야　여 유 계 심　사 왈　문 계

故爲兵餽之, 予何爲不受? 若於齊, 則未有處也. 無處而餽之, 是貨之也.
고 위 병 궤 지　여 하 위 불 수　약 어 제　즉 미 유 처 야　무 처 이 궤 지　시 화 지 야

焉有君子而可以貨取乎?"
언 유 군 자 이 가 이 화 취 호

| 핵심어 | 處而行之 (처이행지)
| 해설 | 처지에 맞추어 행동한다.
옳은 행동을 하라.

4-4
맹자가 평륙*에 가서, 그 대부**에게 말했다.

"그대의 군대에서 창을 잡은 전사가 하루에 세 번 대오를 이탈한다면, 그

를 죽이겠습니까?"

대부 공거심이 말했다.

"세 번까지 기다리지 않겠습니다."

"그렇다면 그대도 대오를 이탈하는 경우가 많습니다. 흉년이 든 해에는 그대가 다스리는 백성 가운데 노약자들은 도랑에 굴러 떨어져 죽고, 청장년들은 먹을 것을 찾아 사방으로 흩어져 떠나가는 사람이 수천 명이나 됩니다."

공거심이 말했다.

"이는 대부인 나 공거심이 감당할 수 있는 일이 아닙니다."

맹자가 말했다.

"지금 다른 사람의 소와 양을 맡아 그를 대신하여 소와 양을 기르는 사람이 있다면, 소와 양을 기르기 위해 반드시 목장과 풀을 구할 것입니다. 목장과 풀을 구하다가 얻지 못하면, 소와 양을 주인에게 되돌려주어야 합니까? 아니면 우두커니 서서 소와 양이 굶어죽어 가는 모습을 지켜보아야 합니까?"

공거심이 말했다.

"이것은 저의 잘못입니다."

다른 날 맹자가 왕을 만나 말했다.

"왕의 땅을 다스리는 신하 다섯 사람을 알고 있습니다. 그 가운데 제대로 다스리고 있는지 아닌지를 알고 있는 자는 공거심뿐입니다."

왕에게 예전에 있었던 일을 자세히 일러 주었다.

왕이 말했다.

"이는 나의 책임입니다."

---

* 제나라 하읍 땅.
** 지방 장관.

孟子之平陸, 謂其大夫曰, "子之持戟之士, 一日而三失伍, 則去之否乎?"
맹자지평륙 위기대부왈   자지지극지사   일일이삼실오   즉거지부호

曰, "不待三." "然則子之失伍也亦多矣. 凶年饑歲, 子之民老羸轉於溝壑·
왈   부대삼   연즉자지실오야역다의   흉년기세 자지민노리전어구학

壯者散而之四方者幾千人矣." 曰, "此非距心之所得爲也." 曰, "今有受
장자산이지사방자기천인의   왈   차비거심지소득위야   왈   금유수

人之牛羊而爲之牧之者, 則必爲之求牧與芻矣. 求牧與芻而不得, 則反諸
인지우양이위지목지자 즉필위지구목여추의   구목여추이부득   즉반제

其人乎? 抑亦立而視其死與?" 曰, "此則距心之罪也." 他日, 見於王曰,
기인호   억역립이시기사여   왈   차즉거심지죄야   타일   견어왕왈

"王之爲都者, 臣知五人焉. 知其罪者惟孔距心." 爲王誦之.
왕지위도자   신지오인언   지기죄자유공거심   위왕송지

王曰, "此則寡人之罪也."
왕왈   차즉과인지죄야

| 핵심어 | **寡人之罪** (과인지죄)
| 해설 | 나의 잘못이다.
책임을 인식하라.

4-5

맹자가 지와*에게 말했다.

"그대가 영구의 읍장을 사양하고, 형벌을 관장하는 사사가 되기를 요청한
것은 그럴듯하게 형벌이 제대로 시행되지 않을 때 간언할 수 있기 때문이었
습니다. 지금 그 자리를 맡은 지 몇 개월이 지났는데, 아직도 간언할 수 없는
상황이란 말입니까?"

지와가 왕에게 여러 가지를 간언했으나 받아들여지지 않자, 사사 자리를
사퇴하고 떠나갔다.

제나라 사람이 말했다.

"지와를 위해 그렇게 말해준 것은 좋지만, 맹자가 자신을 위해 그렇게 한
것이라면 이해할 수 없다."

* 제나라 대부.

공도자가 이 말을 맹자에게 알렸다.

맹자가 말했다.

"나는 듣기로는 관직을 가진 사람이 그 직책을 수행하지 못하면 자리에서 물러나고, 간언하는 사사 자리에 있으면서 그 말이 받아들여지지 않으면 자리에서 물러나야 한다고 했습니다. 나는 관직을 가진 사람도 아니고, 간언하는 사사 자리에 있지도 않았습니다. 그렇다면 내가 관직에 나아가고 물러가는 일에서 자유롭지 않습니까!"

孟子謂蚔䵷曰, "子之辭靈丘而請士師, 似也, 爲其可以言也. 今旣數月矣,
맹 자 위 지 와 왈   자 지 사 령 구 이 청 사 사   사 야   위 기 가 이 언 야   금 기 수 월 의

未可以言與?"蚔䵷諫於王而不用, 致爲臣而去. 齊人曰, "所以爲蚔䵷則
미 가 이 언 여   지 와 간 어 왕 이 불 용 지 위 신 이 거 제 인 왈   소 이 위 지 와 즉

善矣, 所以自爲則吾不知也." 公都子以告. 曰, "吾聞之也, 有官守者,
선 의   소 이 자 위 즉 오 부 지 야   공 도 자 이 고   왈   오 문 지 야   유 관 수 자

不得其職則去, 有言責者, 不得其言則去. 我無官守, 我無言責也.
부 득 기 직 즉 거   유 언 책 자   부 득 기 언 즉 거   아 무 관 수   아 무 언 책 야

則吾進退豈不綽綽然有餘裕哉!"
즉 오 진 퇴 불 부 작 작 연 유 여 유 재

| 핵심어 | **不用而去** (불용이거)
| 해설 | 쓰이지 않으면 떠나간다.
책임 소재를 분명히 하라.

4-6

맹자가 제나라에서 객경 자리를 얻었는데, 등나라에 조문을 가게 되었고, 왕은 대부 왕환에게 맹자를 보좌하여 수행토록 했다. 왕환이 아침저녁으로 맹자를 만났지만, 맹자는 제나라와 등나라의 길을 갔다 왔다 왕복하면서도, 조문을 가서 어떻게 할지 행사에 관해 말하지 않았다.

공손추가 말했다.

"제나라의 객경 자리는 그 지위가 낮지 않습니다. 제나라와 등나라의 길

도 가깝지 않습니다. 그 길을 갔다 오는 사이에 조문하는 일에 대해 한마디도 상의하지 않았다는데, 무슨 일입니까?"

맹자가 말했다.

"조문하는 일에 대해 저 왕환이 다 처리할 것인데, 내가 무슨 할 말이 있겠습니까?"

孟子爲卿於齊, 出弔於滕, 王使蓋大夫王驩爲輔行. 王驩朝暮見, 反齊·
맹자위경어제 출조어등 왕사개대부왕환위보행 왕환조모견 반제

滕之路, 未嘗與之言行事也. 公孫丑曰, "齊卿之位, 不爲小矣. 齊·滕之路,
등지로 미상여지언행사야 공손추왈 제경지위 불위소의 제 등지로

不爲近矣. 反之而未嘗與言行事, 何也?" 曰, "夫旣或治之, 予何言哉!"
불위근의 반지이미상여언행사 하야 왈 부기혹치지 여하언재

| 핵심어 | 與言行事 (여언행사)
| 해설 | 행사에 대해 함께 의논한다.
월권을 경계하라.

4-7

맹자가 어머니 장례를 치르기 위해 제나라에서 노나라로 갔다가, 다시 제나라로 돌아올 때, 영* 땅에 머물렀다. 충우**가 요청해서 말했다.

"요전에 못난 저를 잘 봐주시어, 제게 관을 만드는 목수 일을 맡게 했는데, 그때는 일이 많고 바쁘고 하여 이해되지 않는 것에 대해 감히 묻지 못했습니다. 지금은 시간이 좀 있어, 조용히 묻고 싶습니다. 관을 만드는 나무가 너무 좋은 것 아니었습니까? 제가 그 일을 하면서 그렇게 느껴졌습니다."

맹자가 말했다.

"옛날에는 관이나 관을 담는 궤짝인 곽을 어떻게 만들어야 하는지 일정한 법도가 없었습니다. 주나라 때 관의 두께는 20센티미터가량이고 곽도 이에 걸맞게 만들었습니다. 천자로부터 서민에 이르기까지 모두 그렇게 했는데, 단순하게 보기 좋으라고 한 것이 아니고, 그렇게 초상을 치러야 사람으로서

마음을 다하였다고 생각했기 때문입니다. 신분이나 제도 상 그렇게 할 수 없는데 마음이 흡족할 수 없고, 재력이 없어도 그렇게 해드릴 수 없으니 흡족하지 않으며, 신분이나 제도적으로 그렇게 할 수 있고 재력이 있다면 옛 사람도 모두 좋은 관과 곽을 썼을 것이니, 내 어찌하여 홀로 그렇게 하지 않겠습니까? 죽은 사람을 위해 시신의 살갗에 흙을 닿지 않게 하는 것이, 살아 있는 사람의 마음에도 좋지 않겠습니까? 내가 들은 바로는 군자는 세상의 이목이나 눈치 때문에, 자기 부모의 장례를 무조건 간소하게 치르지는 않는다고 했습니다."

孟子自齊葬於魯, 反於齊, 止於嬴. 充虞請曰, "前日不知虞之不肖, 使虞敦匠,
맹 자 자 제 장 어 노 반 어 제 지 어 영 충 우 청 왈   전 일 부 지 우 지 불 초 사 우 돈 장

事嚴, 虞不敢請. 今願竊有請也. 木若以美然." 曰, "古者棺槨無度. 中古,
사 엄 우 불 감 청 금 원 절 유 청 야 목 약 이 미 연   왈   고 자 관 곽 무 도 중 고

棺七寸, 槨稱之. 自天子達於庶人, 非直爲觀美也, 然後盡於人心. 不得不
관 칠 촌 곽 칭 지 자 천 자 달 어 서 인 비 직 위 관 미 야 연 후 진 어 인 심 부 득 불

可以爲悅, 無財不可以爲悅, 得之爲有財, 古之人皆用之, 吾何爲獨不然?
가 이 위 열 무 재 불 가 이 위 열 득 지 위 유 재 고 지 인 개 용 지 오 하 위 독 불 연

且比化者, 無使土親膚, 於人心獨無恔乎. 吾聞之, 君子不以天下儉其親."
차 비 화 자 무 사 토 친 부 어 인 심 독 무 교 호 오 문 지 군 자 불 이 천 하 검 기 친

| 핵심어 | 心恔不儉 (심교불검)
| 해설 | 장례에는 마음이 흐뭇해야지 검소함만을 강조하지는 않는다.
형편에 맞게 예식하라.

4-8
심동***이 개인적으로 물었다.
"연나라를 정벌할 수 있습니까?"
맹자가 말했다.

* 제나라 남쪽에 있는 읍.
** 맹자의 제자.
*** 제나라 신하.

"정벌할 수 있습니다. 자쾌*도 남에게 연나라를 줄 수 없고, 자지**도 연나라를 자쾌에게 받을 수 없습니다. 여기에 한 관리가 있다고 할 때, 그대가 그를 좋아하여 왕에게 보고하지 않고 개인적으로 그대가 봉급을 주고, 그 관리 또한 왕의 명령도 없이 개인적으로 그대에게서 봉급을 받는다면, 이것이 옳은 일이겠습니까? 자쾌와 자지의 경우에도 무엇이 이와 다르겠습니까?"

제나라가 연나라를 정벌하자, 어떤 사람이 물었다.

"제나라에 연나라를 정벌하도록 권했다고 하는데, 그런 일이 있었습니까?"

맹자가 말했다.

"아닙니다. 심동이 연나라를 정벌할 수 있느냐고 묻기에 내가 정벌할 수 있다고 대답해 주었습니다. 저 사람이 그것을 정벌하게 했다고 생각한 것입니다. 저 사람이 누가 정벌할 수 있느냐고 물었더라면, 포학무도한 사람을 징계하는 하늘의 일꾼이 정벌할 수 있다고 대답했을 것입니다. 지금 살인을 한 자가 있는데, 어떤 사람이 그 사람을 죽일 수 있느냐고 물으면, 죽일 수 있다고 할 것입니다. 저 사람이 누가 그를 죽일 수 있느냐고 물으면, 형벌을 관장하는 관리가 죽일 수 있다고 할 것입니다. 지금은 연나라가 연나라를 정벌하는 형국인데, 무엇 때문에 권하겠습니까?"

沈同以其私問曰, "燕可伐與?" 孟子曰, "可. 子噲不得與人燕, 子之不得受
심 동 이 기 사 문 왈　　　연 가 벌 여　　맹 자 왈　　가　자 쾌 부 득 여 인 연　자 지 부 득 수

燕於子噲. 有仕於此, 而子悅之, 不告於王而私與之吾子之祿爵, 夫士也亦
연 어 자 쾌　유 사 어 차　이 자 열 지　불 고 어 왕 이 사 여 지 오 자 지 록 작　부 사 야 역

無王命而私受之於子, 則可乎? 何以異於是!" 齊人伐燕. 或問曰, "勸齊伐燕,
무 왕 명 이 사 수 지 어 자　즉 가 호　하 이 이 어 시　　제 인 벌 연　혹 문 왈　권 제 벌 연

有諸?" 曰, "未也. 沈同問燕可伐與? 吾應之曰可. 彼然而伐之也.
유 저　왈　미 야　심 동 문 연 가 벌 여　오 응 지 왈 가　피 연 이 벌 지 야

彼如曰, 孰可以伐之? 則將應之曰, 爲天吏, 則可以伐之. 今有殺人者,
피 여 왈　숙 가 이 벌 지　즉 장 응 지 왈　위 천 리　즉 가 이 벌 지　금 유 살 인 자

或問之曰, 人可殺與? 則將應之曰, 可. 彼如曰, 孰可以殺之? 則將應之曰,
혹 문 지 왈　인 가 살 여　즉 장 응 지 왈　가　피 여 왈　숙 가 이 살 지　즉 장 응 지 왈

爲士師則可以殺之. 今以燕伐燕, 何爲勸之哉?"
위 사 사 즉 가 이 살 지 금 이 연 벌 연   하 위 권 지 재

| 핵심어 | **不私與受** (불사여수)
| 해설 | 개인적으로 주고받지 않는다.
공평무사!

4-9

연나라 사람이 제나라에 반기를 들자 제나라 선왕이 말했다.

"나는 맹자에게 너무나 부끄럽다."

진가***가 말했다.

"왕께서는 걱정하지 마십시오. 왕께서 스스로 생각하시기에 주공과 비교해서 누가 더 인자하고 지혜롭다고 생각하십니까?"

왕이 말했다.

"아니, 무슨 소린가?"

진가가 말했다.

"주공이 관숙****에게 은나라를 감독하게 했는데, 관숙이 은나라 사람을 데리고 반란을 일으켰습니다. 주공이 이를 알고 시켰다면 이는 인자하지 못한 일입니다. 알지 못하고 시켰다면 이는 지혜롭지 못한 일입니다. 인자함과 지혜로움은 주공도 제대로 하지 못한 일인데, 왕께서야 말할 게 있겠습니까? 제가 맹자를 만나 해명해 드리겠습니다."

진가가 맹자를 만나 물었다.

"주공은 어떤 사람입니까?"

맹자가 말했다.

 * 연나라 왕.
 ** 연나라 신하.
 *** 진나라 대부.
 **** 무왕의 아우이자 주공의 형. 무왕이 은나라를 정벌했다. 우왕은 주의 아들 무경을 세우고는 관숙에게 아우인 채숙과 함께 은나라를 감독하게 했다.

"옛날의 성인입니다."

신가가 말했다.

"관숙에게 은나라를 감독하게 하자, 관숙이 은나라 사람을 데리고 반란을 일으켰다고 하는데, 그런 일이 있었습니까?"

맹자가 말했다.

"그렇습니다."

진가가 말했다.

"주공이 반란할 것을 알면서 시켰습니까?"

맹자가 말했다.

"알지 못했습니다."

진가가 말했다.

"그렇다면 성인도 잘못을 저지를 수 있는 것입니까?"

맹자가 말했다.

"주공은 아우이고 관숙은 형인데, 주공에게 잘못이 있는 것이 당연하지 않습니까? 옛날의 군자는 잘못이 있으면 바로 고쳤습니다. 지금의 군자는 잘못이 있어도 그대로 밀고 나갑니다. 옛날의 군자는 그 잘못하는 것이 해와 달의 일식이나 월식과 같아서 백성이 모두 그것을 보았고, 잘못을 고치는 장면을 보면서 백성 모두 군자를 우러러보았습니다. 지금의 군자는 잘못을 그대로 밀고 나갈 뿐만 아니라, 잘못에 대해 변명을 늘어놓습니다."

燕人畔, 王曰, "吾甚慙於孟子." 陳賈曰, "王無患焉. 王自以爲與周公孰仁
연 인 반 왕 왈   오 심 참 어 맹 자   진 가 왈   왕 무 환 언 왕 자 이 위 여 주 공 숙 인

且智?" 王曰, "惡是何言也?" 曰, "周公使管叔監殷, 管叔以殷畔. 知而使之,
차 지   왕 왈   오 시 하 언 야   왈   주 공 사 관 숙 감 은   관 숙 이 은 반 지 이 사 지

是不仁也. 不知而使之, 是不智也. 仁·智, 周公未之盡也, 而況於王乎?
시 불 인 야   부 지 이 사 지   시 부 지 야   인 지   주 공 미 지 진 야   이 황 어 왕 호

賈請見而解之." 見孟子, 問曰, "周公何人也?" 曰, "古聖人也."
가 청 견 이 해 지   견 맹 자 문 왈   주 공 하 인 야   왈   고 성 인 야

曰, "使管叔監殷, 管叔以殷畔也, 有諸?"曰, "然."曰, "周公知其將畔而
왈 사관숙감은 관숙이은반야 유제 왈 연 왈 주공지기장반이

使之與?"曰, "不知也." "然則聖人且有過與?"曰, "周公弟也, 管叔兄也,
사지여 왈 부지야 연즉성인차유과여 왈 주공제야 관숙형야

周公之過, 不亦宜乎? 且古之君子, 過則改之. 今之君子, 過則順之.
주공지과 불역의호 차고지군자 과즉개지 금지군자 과즉순지

古之君子, 其過也如日月之食, 民皆見之, 及其更也, 民皆仰之.
고지군자 기과야여일월지식 민개견지 급기경야 민개앙지

今之君子, 豈徒順之, 又從爲之辭."
금지군자 기도순지 우종위지사

| 핵심어 | **過則改之** (과즉개지)

| 해설 | 잘못이 있으면 고친다.

군자는 부끄러움을 안다.

4-10

맹자가 제나라 객경을 그만두고 집으로 돌아왔다.

선왕이 맹자를 찾아와서 말했다.

"요전에 만나고 싶었으나 만날 수 없었는데, 선생을 모시고 조정에서 함께 근무할 수 있어 아주 기뻤습니다. 지금 또 나를 버리고 떠나가니, 앞으로도 계속해서 만나뵐 수 있겠습니까?"

맹자가 대답했다.

"감히 요청할 수는 없습니다만, 그렇게 되기를 원합니다."

그 후 어느 날, 왕이 시자*에게 말했다.

"나는 맹자에게 나라 한복판에 집을 지어주고, 제자들을 길러낼 수 있도록 충분하게 지원하여, 여러 대부들과 나라 사람 모두 공경하며 본받는 곳이 있게 하려는데, 그대는 내 말을 맹자에게 전해주게."

시자가 진진을 통해 이 얘기를 맹자에게 전했다. 진진이 시자의 말을 맹자에게 알렸다.

---

* 제나라 신하.

맹자가 말했다.

"그렇습니까. 그것이 불가능하다는 것을 저 시자가 어찌 알겠습니까? '내가 재물에 욕심을 냈다면 10만을 받던 객경을 그만두고 1만을 받는 선생을 하여 부자가 되겠는가?' 계손이 말했다. '다르다. 자숙의란 사람 말이다. 자기가 정사를 맡아 행하다가 받아들여지지 않으면 그만두어야 한다. 그런데 다시 자기 자식을 경으로 만들었다.' 사람이라면 누구나 부유하고 귀한 자리에 오르고 싶어 하지 않겠습니까? 홀로 부유하고 귀한 자리를 개인적으로 농차지했습니다.

옛날 시장에서는 자기가 가지고 있는 물건으로 자기에게 없는 물건과 바꾸었는데, 시장 관리자가 그것을 조정했습니다. 그런데 탐욕스럽고 이익밖에 모르는 천박한 한 사나이가 높은 곳에 올라가 왼쪽 오른쪽을 내다보며 살펴 시장의 이익을 독점하여 거둬 갔는데, 사람이 모두 그를 천하게 여겼고, 이에 이익을 남기는 행위에 따라 세금을 징수하게 되었으며, 장사꾼에게 세금을 징수한 것이 바로 이 천박한 사나이로부터 비롯되었습니다."

孟子致爲臣而歸. 王就見孟子曰, "前日願見而不可得, 得侍同朝, 甚喜.
맹 자 치 위 신 이 귀 왕 취 견 맹 자 왈 전 일 원 견 이 불 가 득 득 시 동 조 심 희

今又棄寡人而歸, 不識可以繼此而得見乎?" 對曰, "不敢請耳, 固所願也."
금 우 기 과 인 이 귀 불 식 가 이 계 차 이 득 견 호 대 왈 불 감 청 이 고 소 원 야

他日, 王謂時子曰, "我欲中國而授孟子室, 養弟子以萬鍾, 使諸大夫國人皆
타 일 왕 위 시 자 왈 아 욕 중 국 이 수 맹 자 실 양 제 자 이 만 종 사 제 대 부 국 인 개

有所矜式, 子盍爲我言之?" 時子因陳子而以告孟子. 陳子以時子之言告孟子,
유 소 긍 식 자 합 위 아 언 지 시 자 인 진 자 이 이 고 맹 자 진 자 이 시 자 지 언 고 맹 자

孟子曰, "然. 夫時子惡知其不可也? 如使予欲富, 辭十萬而受萬, 是爲欲富
맹 자 왈 연 부 시 자 오 지 기 불 가 야 여 사 여 욕 부 사 십 만 이 수 만 시 위 욕 부

乎? 季孫曰, '異哉! 子叔疑. 使己爲政, 不用, 則亦已矣. 又使其子弟爲卿.'
호 계 손 왈 이 재 자 숙 의 사 기 위 정 불 용 즉 역 이 의 우 사 기 자 제 위 경

人亦孰不欲富貴? 而獨於富貴之中, 有私隴斷焉. 古之爲市者, 以其所有易
인 역 숙 불 욕 부 귀 이 독 어 부 귀 지 중 유 사 농 단 언 고 지 위 시 자 이 기 소 유 역

其所無者, 有司者治之耳. 有賤丈夫焉, 必求隴斷而登之, 以左右望而罔市利,
기 소 무 자 유 사 자 치 지 이 유 천 장 부 언 필 구 농 단 이 등 지 이 좌 우 망 이 망 시 리

人皆以爲賤, 故從而征之, 征商自此賤丈夫始矣."
인 개 이 위 천 고 종 이 정 지 정 상 자 차 천 장 부 시 의

| 핵심어 | 有私隴斷 (유사농단)
| 해설 | 개인적 이익을 위해 농단하다.
받아들여지지 않으면 중단하라.

4-11

맹자가 제나라를 떠나 주 땅에서 잠시 머물렀다. 어떤 사람이 선왕을 위해 맹자를 붙잡으면서 꿇어앉아 가지 말아달라고 부탁하자, 맹자는 한마디 대꾸도 하지 않고 안석安席에 기대어 누웠다.

그 사람이 불쾌해하며 말했다.

"제가 목욕재계하고 하룻밤을 묵으면서 감히 말씀드렸는데, 선생께서는 누워버리고 들어주지 않으니, 다시는 뵙지 않겠습니다."

맹자가 말했다.

"앉으세요! 내 그대에게 분명하게 말해주겠습니다. 옛날 노나라의 목공은 자사를 존경하여 자사 곁에 심부름할 사람이 없으면 자사를 안심시킬 수 없다고 했으며, 설류*와 신상**도 목공 곁에서 도와주지 않으면 자신의 몸도 편안할 수 없다고 했습니다. 그대가 이 늙은이를 생각해 주는 건 좋으나 자사에게도 미치지 못했습니다. 그대가 이 늙은이를 거절한 것입니까? 이 늙은이가 그대를 거절한 것입니까?"

孟子去齊, 宿於晝. 有欲爲王留行者, 坐而言, 不應, 隱几而臥. 客不悅,
맹 자 거 제 숙 어 주 유 욕 위 왕 류 행 자 좌 이 언 불 응 은 궤 이 와 객 불 열

曰, "弟子齊宿而後敢言, 夫子臥而不聽, 請勿復敢見矣." 曰, "坐! 我明語子.
왈 제 자 제 숙 이 후 감 언 부 자 와 이 불 청 청 물 부 감 견 의 왈 좌 아 명 어 자

* 노나라 사람.
** 자사의 아들.

昔者魯繆公無人乎子思之側, 則不能安子思, 泄柳 · 申詳無人乎繆公之側,
석 자 노 목 공 무 인 호 자 사 지 측   즉 불 능 안 자 사   설 류   신 상 무 인 호 목 공 지 측

則不能安其身. 子爲長者慮, 而不及子思. 子絶長者乎? 長者絶子乎?"
즉 불 능 안 기 신   자 위 장 자 려   이 불 급 자 사   자 절 장 자 호   장 자 절 자 호

| 핵심어 | **子絶長者** (자절장자)
| 해설 | 그대들이 이 늙은이를 거절하다.
사람 볼 줄 알기.

4-12

맹자가 제나라를 떠나자 윤사*가 사람에게 말했다.

"우리나라 왕이 탕임금이나 무왕과 같을 수 없다는 것을 몰랐다면 맹자가 총명하지 않은 것이다. 불가능함을 알고서도 왔다면, 그것은 혜택을 받으려고 온 것이다. 천 리나 되는 먼 길을 달려와 왕을 만나려고 했는데 맞지 않아 떠나가되, 사흘이나 머무른 뒤에 주 땅을 출발했다고 하니, 어찌 이리도 오랫동안 체류하는가. 나는 이렇게 하는 것이 불쾌하다."

고자**가 이 말을 알리자, 맹자가 말했다.

"윤사 같은 사람이 어찌 나를 알겠는가? 천 리 길을 멀다 않고 왕을 만나 보러 온 것은 내가 원해서 한 것이다. 맞지 않아 떠나가는 것이 어찌 내가 원해서 한 것이겠는가! 부득이해서 그랬을 뿐이다. 내가 사흘을 머무른 뒤에 주 땅을 출발했는데, 내 마음에는 오히려 너무 빨리 떠났다고 여겼는데, 왕이 마음을 고쳐먹기를 바랐다. 왕이 마음을 고쳐먹었다면 반드시 발길을 되돌렸을 것이다. 주 땅을 떠나가는데도 왕이 나를 떠나지 못하게 만류하려고 뒤따라오지 않기에 나는 홀홀 털어버리고 돌아갈 생각을 했다. 내 비록 그러하나 어찌 왕을 버리기야 하겠는가? 왕은 그래도 훌륭한 정치를 할 능력이 있는데, 왕이 나를 등용한다면, 어찌 제나라 백성이 편안할 뿐이겠는가? 세상의 백성이 편안해질 것이다. 왕이 마음을 고쳐먹기 바라고, 나는 날마다

* 제나라 사람.
** 제나라 사람으로 맹자의 제자.

그것을 소망하고 있다. 내 어찌 쫀쫀한 장부처럼 굴겠는가! 군주에게 간청하다가 받아주지 않으면 성내고 얼굴빛을 심각하게 하여 떠나면서 하루 종일 갈 수 있는 힘을 다하여 간 뒤에, 묵고 가는 것처럼 하겠는가!"

윤사가 이 말을 듣고 말했다.

"나는 진짜로 소인이다."

孟子去齊, 尹士語人曰, "不識王之不可以爲湯 · 武, 則是不明也. 識其不可,
맹 자 거 제   윤 사 어 인 왈   불 식 왕 지 불 가 이 위 탕   무   즉 시 불 명 야   식 기 불 가

然且至, 則是干澤也. 千里而見王, 不遇故去, 三宿而後出晝, 是何濡滯也!
연 차 지   즉 시 간 택 야   천 리 이 견 왕   불 우 고 거   삼 숙 이 후 출 주   시 하 유 체 야

士則玆不悅." 高子以告. 曰, "夫尹士惡知予哉? 千里而見王, 是予所欲也.
사 즉 자 불 열   고 자 이 고   왈   부 윤 사 오 지 여 재   천 리 이 견 왕   시 여 소 욕 야

不遇故去, 豈予所欲哉! 予不得已也. 予三宿而出晝, 於予心猶以爲速,
불 우 고 거   기 여 소 욕 재   여 부 득 이 야   여 삼 숙 이 출 주   어 여 심 유 이 위 속

王庶幾改之. 王如改諸, 則必反予. 夫出晝而王不予追也, 予然後浩然有歸志.
왕 서 기 개 지   왕 여 개 제   즉 필 반 여   부 출 주 이 왕 불 여 추 야   여 연 후 호 연 유 귀 지

予雖然, 豈舍王哉? 王由足用爲善, 王如用予, 則豈徒齊民安? 天下之民擧安.
여 수 연   기 사 왕 재   왕 유 족 용 위 선   왕 여 용 여   즉 기 도 제 민 안   천 하 지 민 거 안

王庶幾改之, 予日望之. 予豈若是小丈夫然哉! 諫於其君而不受, 則怒,
왕 서 기 개 지   여 일 망 지   여 기 약 시 소 장 부 연 재   간 어 기 군 이 불 수   즉 노

悻悻然見於其面, 去則窮日之力而後宿哉!" 尹士聞之曰, "士誠小人也."
행 행 연 현 어 기 면   거 즉 궁 일 지 력 이 후 숙 재   윤 사 문 지 왈   사 성 소 인 야

| 핵심어 | 庶幾改之 (서기개지)
| 해설 | 마음을 고쳐먹기 바라다.
인재를 등용해야 세상이 제대로 돌아간다.

4-13

맹자가 제나라를 떠나자, 충우가 길에서 물었다.

"선생님 안색이 별로 유쾌해 보이지 않습니다. 예전에 선생님께 들은 말입니다만, '군자는 하늘을 원망하지 않고, 사람을 허물하지 않는다.'고 했습니다."

맹자가 말했다.

"그때도 한 시대이고 지금도 한 시대이다. 오백 년 정도의 시간이 흐르면 반드시 왕이 될 사람이 나오고, 그 사이에 반드시 세상을 평화롭게 만드는 유명한 사람이 있다. 주나라가 흥성한 지 700여 년이 되었으니, 햇수로 보면 그런 시대가 벌써 지났고, 시대로 살펴보면 지금이 가능한 때이다. 저 하늘이 세상을 평화롭게 다스리려고 하지 않는 것이니, 세상을 평화롭게 다스리려면, 오늘날과 같은 세상에 직면하여 나를 버려두고 누가 있겠느냐. 내가 어찌 불안하지 않겠느냐."

孟子去齊, 充虞路問曰, "夫子若有不豫色然. 前日虞聞諸夫子曰, '君子不怨
맹 자 거 제　충 우 로 문 왈　　부 자 약 유 불 예 색 연　전 일 우 문 저 부 자 왈　군 자 불 원

天, 不尤人.'"曰, "彼一時, 此一時也. 五百年必有王者興, 其間必有名世者.
천　불 우 인　　왈　　피 일 시　차 일 시 야　오 백 년 필 유 왕 자 흥　기 간 필 유 명 세 자

由周而來, 七百有餘歲矣, 以其數則過矣, 以其時考之, 則可矣. 夫天未欲平
유 주 이 래　칠 백 유 여 세 의　이 기 수 즉 과 의　이 기 시 고 지　즉 가 의　부 천 미 욕 평

治天下也, 如欲平治天下, 當今之世, 舍我其誰也? 吾何爲不豫哉."
치 천 하 야　여 욕 평 치 천 하　당 금 지 세　사 아 기 수 야　오 하 위 불 예 재

| 핵심어 | **必有名世** (필유명세)

| 해설 | 세상에 이름을 남길 사람이 있다.

지성인의 사회적 책무.

4-14

맹자가 제나라를 떠나 휴 땅에 머물렀다.

공손추가 물었다.

"선생님, 제나라 객경으로 있을 때, 봉급을 안 받기도 했는데, 옛 사람의 예의입니까?"

맹자가 말했다.

"아니다. 제나라의 숭 땅에서 내가 왕을 만났다. 그때 물러 나오면서 떠날 마음을 두었는데, 이 마음을 고치고 싶지 않았기 때문에 받지 않은 것이다.

이어서 군대를 동원하라는 명령이 내려져 떠나갈 것을 요청할 수 없는 상황이 되었을 뿐이다. 제나라에 오랫동안 머물렀던 것은 나의 뜻이 아니었다."

孟子去齊, 居休. 公孫丑問曰, "仕而不受祿, 古之道乎?" 曰, "非也. 於崇,
맹 자 거 제 거 휴 공 손 추 문 왈   사 이 불 수 록 고 지 도 호   왈   비 야 어 숭

吾得見王. 退而有去志, 不欲變, 故不受也. 繼而有師命, 不可以請. 久於齊,
오 득 견 왕 퇴 이 유 거 지 불 욕 변 고 불 수 야 계 이 유 사 명 불 가 이 청 구 어 제

非我志也."
비 아 지 야

| **핵심어** | **仕不受祿** (사불수록)

| **해설** | 맡은 일이 있어도 봉급을 받지 않을 때가 있다.

자존심을 지켜라.

등문공(상)

5

5-1

등나라 문공이 세자였을 때, 초나라로 가는 길에 송나라에 들러 맹자를 만났다.

맹자가 '본성은 선하다.'고 말하면서, 말끝마다 요임금과 순임금을 일컬었다.

세자가 초나라에서 돌아올 때 다시 맹자를 만났다.

맹자가 말했다.

"세자께서는 내 말을 의심하십니까? 사람의 길은 하나일 뿐입니다. 성간은 제나라 경공에게 말했습니다. '저들도 사나이고 나도 사나이입니다. 내 어찌 저들을 두려워하겠습니까?' 안연도 말했습니다. '순임금은 어떤 사람인가? 나는 어떤 사람인가? 훌륭한 일을 하는 사람은 또한 그와 같이 된다.' 공명의*도 말했습니다. '문왕은 나의 스승이다. 주공이 어찌 나를 속였겠는가!' 지금 등나라의 긴 곳을 잘라 짧은 곳을 보충하면, 사방 50리는 될 것이니, 좋은 나라를 만들 수 있습니다."

* 노나라의 현인.

『서경』에서 말했습니다.

"약을 마셨는데도 눈앞이 캄캄하고 정신이 어지럽지 않으면, 그 병은 고치지 못한다."

滕文公爲世子, 將之楚, 過宋而見孟子. 孟子道性善, 言必稱堯·舜.
등 문 공 위 세 자 장 지 초 과 송 이 견 맹 자 맹 자 도 성 선 언 필 칭 요 순

世子自楚反, 復見孟子. 孟子曰, "世子疑吾言乎? 夫道一而已矣.
세 자 자 초 반 부 견 맹 자 맹 자 왈 세 자 의 오 언 호 부 도 일 이 이 의

成覸謂齊景公曰, '彼丈夫也, 我丈夫也, 吾何畏彼哉?' 顔淵曰, '舜何人也?
성 간 위 제 경 공 왈 피 장 부 야 아 장 부 야 오 하 외 피 재 안 연 왈 순 하 인 야

予何人也? 有爲者亦若是.' 公明儀曰, '文王我師也, 周公豈欺我哉!' 今滕
여 하 인 야 유 위 자 역 약 시 공 명 의 왈 문 왕 아 사 야 주 공 기 기 아 재 금 등

絶長補短, 將五十里也, 猶可以爲善國. 書曰, '若藥不瞑眩, 厥疾不瘳.'"
절 장 보 단 장 오 십 리 야 유 가 이 위 선 국 서 왈 약 약 불 명 현 궐 질 불 추

| 핵심어 | **絶長補短** (절장보단)
| 해설 | 긴 것을 잘라 짧은 것을 보완하라.
본성은 선하다.

5-2

등나라의 정공이 죽었다.

세자 문공이 스승 연우에게 말했다.

"지난번 송나라에서 맹자를 만나 이야기를 나눈 적이 있는데, 마음에 끝내 잊을 수가 없습니다. 지금 불행하게도 큰 상을 당했으니, 스승께서 맹자에게 물은 다음에 장례를 치르고 싶습니다."

연우가 추나라에 가서 맹자에게 물었다.

맹자가 말했다.

"참으로 잘하는 일입니다! 부모의 장례는 진실로 효성을 다해야 합니다. 증자가 말했습니다. '부모가 살아 계실 때 예의를 다해 모시고, 돌아가시면 예의를 다해 장례 치르며, 예의를 다해 제사를 모셔야 한다. 그래야 효도를

제대로 했다고 할 수 있다.' 제후의 예의에 대해서는 내가 아직 배우지 못했습니다. 하지만 내 일찍이 들은 적은 있습니다. 3년 상을 치르면서 거친 삼베로 만든 상복을 입고, 미음과 거친 죽을 먹는 것은 천자부터 서민에 이르기까지 하 · 은 · 주 삼대의 모든 사람이 공통적으로 지켜왔던 기본 예의입니다."

연우가 돌아와 복명하자, 3년 상을 치르기로 결정했다. 그러자 삼촌들과 형제들, 고위 관리들이 모두 하고 싶어 하지 않으면서 말했다.

"우리의 종주국인 노나라의 이전 군주들도 3년 상을 치르지 않았고, 우리 등나라의 이전 군주들도 3년 상을 치르지 않았습니다. 그런데 당신 시대에 와서 전례를 뒤집는 것은 옳지 않습니다. 옛날 기록에도 있습니다. '상례와 제례는 선조를 따른다.' 우리도 대대로 전수 받은 것이 있습니다"

세자가 스승 연우에게 말했다.

"내가 지난날에 학문을 열심히 하지 않고, 말 달리기와 칼 쓰기를 좋아했습니다. 지금 삼촌들과 형제들, 고위 관리들이 나를 부족한 사람으로 여기고, 큰일을 제대로 치르지 못할까 염려하는 것 같으니, 나를 위해 맹자에게 물어 봐 주십시오."

연우가 다시 추나라로 가서 맹자에게 물었다.

맹자는 말했다.

"그렇군요, 그렇다고 다른 데서 해결책을 찾아서는 안 됩니다. 공자가 말했습니다. '군주가 죽으면 모든 일을 총재에게 맡긴다. 그리고 죽을 먹고, 낯빛이 검은색이 되도록 상주 자리에 나아가 통곡하면, 관직에 있는 관리들이 슬퍼하지 않는 사람이 없으니, 윗사람이 솔선수범했기 때문이다. 윗사람이 좋아하면 아랫사람은 반드시 좋아하게 되어 있다. 군자의 덕망은 바람이다. 소인의 덕망은 풀이다. 풀 위로 바람이 불면 풀은 반드시 쓰러지게 마련이다.' 이와 같이 만드는 것은 세자에게 달려 있습니다."

연우가 돌아와 복명하자 세자가 말했다.

"그렇습니다. 이것은 진정 나에게 달려 있습니다."

세자는 5개월 동안 여막에 거처하며 어떤 명령도 내리지 않았다. 모든 관리들과 친인척들이 세자는 예의를 아는 사람이라고 했다. 예의에 따라 장례를 치르자, 사방에서 찾아와 구경했고, 낯빛은 슬픔과 비통함으로 가득했으며, 애통하고 통곡하는 모습에 조문객들이 매우 감탄했다.

滕定公薨. 世子謂然友曰, "昔者孟子嘗與我言於宋, 於心終不忘. 今也不幸
등정공훙 세자위연우왈 석자맹자상여아언어송 어심종불망 금야불행

至於大故, 吾欲使子問於孟子, 然後行事." 然友之鄒, 問於孟子. 孟子曰,
지어대고 오욕사자문어맹자 연후행사 연우지추 문어맹자 맹자왈

"不亦善乎! 親喪固所自盡也. 曾子曰, '生, 事之以禮. 死, 葬之以禮,
불역선호 친상고소자진야 증자왈 생 사지이례 사 장지이례

祭之以禮. 可謂孝矣.' 諸侯之禮, 吾未之學也. 雖然, 吾嘗聞之矣. 三年之喪,
제지이례 가위효의 제후지례 오미지학야 수연 오상문지의 삼년지상

齊疏之服, 飦粥之食, 自天子達於庶人, 三代共之." 然友反命, 定爲三年之喪.
자소지복 전죽지식 자천하달어서인 삼대공지 연우반명 정위삼년지상

父兄百官皆不欲, 故曰, "吾宗國魯先君莫之行, 吾先君亦莫之行也. 至於子
부형백관개불욕 고왈 오종국노선군막지행 오선군역막지행야 지어자

之身而反之, 不可. 且志曰, '喪祭從先祖.'" 曰, "吾有所受之也." 謂然友曰,
지신이반지 불가 차지왈 상제종선조 왈 오유소수지야 위연우왈

"吾他日未嘗學問, 好馳馬試劍. 今也父兄百官不我足也, 恐其不能盡於大事,
오타일미상학문 호치마시검 금야부형백관불아족야 공기불능진어대사

子爲我問孟子." 然友復之鄒問孟子. 孟子曰, "然, 不可以他求者也. 孔子曰,
자위아문맹자 연우부지추문맹자 맹자왈 연 불가이타구자야 공자왈

'君薨, 聽於冢宰. 歠粥, 面深墨, 卽位而哭, 百官有司莫敢不哀, 先之也.
군훙 청어총재 철죽 면심묵 즉위이곡 백관유사막감불애 선지야

上有好者, 下必有甚焉者矣. 君子之德, 風也. 小人之德, 草也. 草上之風必
상유호자 하필유심언자의 군자지덕 풍야 소인지덕 초야 초상지풍필

偃.' 是在世子." 然友反命, 世子曰, "然, 是誠在我." 五月居廬, 未有命戒.
언 시재세자 연우반명 세자왈 연 시성재아 오월거려 미유명계

百官族人可謂曰知. 及至葬, 四方來觀之, 顔色之戚, 哭泣之哀, 弔者大悅.
백관족인가위왈지 급지장 사방래관지 안색지척 곡읍지애 조자대열

| 핵심어 | 是誠在我 (시성재아)
| 해설 | 모든 실천은 나에게 달려 있다.
훌륭한 사람이 되는 법.

5-3

등나라 문공이 나라를 다스리는 방법에 대해 물었다.

맹자가 말했다.

"백성의 일을 느슨하게 해서는 안 됩니다. 『시경』에서 읊었습니다. '낮에는 띠 풀을 베어 오고, 밤에는 새끼를 꼬아 서둘러 지붕에 올라가 지붕을 이어라. 그리하여 봄이 되면 온갖 곡식을 파종하라!'*

백성이 살아가는 길이 있는데, 일정한 생업이 있는 사람은 변함없이 착한 마음을 지니고 있지만, 일정한 생업이 없는 사람은 변함없이 착한 마음을 지닐 수 없습니다. 변함없이 착한 마음이 없어진다면, 방탕하고 편벽되고 사악하고 사치하는 길로 빠져 못 하는 짓이 없게 됩니다. 죄지은 사람을 따라가 처벌하면, 이는 백성을 그물질하는 것과 같습니다. 어찌 사람을 사랑하는 자리에 있으면서, 백성을 그물질할 수 있겠습니까? 이 때문에 현명한 군주는 반드시 공손하고 검소하게 생활하며, 아랫사람을 예우하고, 백성에게 세금을 거둬들일 때도 제도를 마련해야 합니다.

양호**가 말했습니다. '부자가 되려고 하면 사람을 사랑하기 힘들고, 사람을 사랑하면 부자가 되기 어렵다.' 하나라 때는 50무의 땅을 경작하고 수확량의 1/10을 세금으로 부과하는 공법을 썼고, 은나라 때는 70무의 땅을 경작하고, 수확량의 1/9을 세금으로 부과하는 조법을 썼으며, 주나라 때는 100무의 땅을 경작하고 수확량의 1/10을 세금으로 부과하는 철법을 썼습니다. 이 모두는 실제로 대략 1/10 정도를 세금으로 부과했습니다. 주나라의 철법이라고 할 때 철은 통한다는 뜻이고, 은나라의 조법이라고 할 때 조는 빌린다는 뜻입니다.

용자***가 말했습니다. '농지를 다스리는 데는 은나라 때의 조법보다 좋은 것이 없고, 하나라 때의 공법보다 나쁜 것이 없다.' 하나라 때의 공법은 몇 년 동안 농사를 짓고 그 수확량의 평균을 계산하여 세금을 부과하는 것입니다. 풍년에는 곡식이 남아돌기 때문에 나라에서 많이 거둬 가도 가혹하지 않습니다. 적게 거둬 가는 꼴입니다. 흉년에는 농지에 뿌린 거름 값도 안 되는 수확량임에도 불구하고 반드시 일정한 액수를 가득 채워서 거둬 갑니다. 백성의 부모가 되어, 백성이 일년 내내 뼈 빠지게 일해도 부모조차 봉양할 수 없게 하고, 또 빚을 내고 보태어 세금을 내게 하여, 늙은이와 어린아이들을 시궁창에 빠져 죽게 만든다면, 어찌 백성의 부모가 되겠습니까?

등나라는 나라를 위해 공헌한 사람과 그 자손들에게 대대로 봉급을 지원하고 있습니다. 『시경』에서 읊었습니다. '우리 공전에 먼저 비를 내리고, 이어 우리의 개인 땅에도 내려주소서.'**** 은나라 조법에만 공동경작지인 공전이 있다고 합니다만 이 시의 내용으로 볼 때, 주나라에서도 조법을 쓴 것 같습니다.

그리고 상·서·학·교라는 교육기관을 세워서 사람을 가르쳤는데, 상은 봉양한다는 뜻이고, 교는 가르친다는 뜻이며, 서는 활쏘기를 익힌다는 뜻입니다. 하나라는 교라 했고, 은나라는 서라 했으며, 주나라는 상이라 했는데, 학은 하·은·주 삼대에서 모두 설치했으며, 모든 사람의 윤리도덕을 밝히는 데 목적을 두었습니다. 윗사람이 사람의 윤리도덕을 밝히고 실천하면 서민들은 서로 친해지므로, 임금이 될 사람이 나오면 반드시 이를 보고 배워 법도를 취할 것이며, 나아가 임금이 될 사람의 스승이 될 것입니다.

『시경』에서 읊었습니다. '주나라가 오래된 나라지만 그 명은 새롭기만 하네.'***** 이는 문왕을 찬양한 것입니다. 그대 문공께서 힘써 행한다면, 당연

* 『시경』「빈풍」〈칠월〉편.
** 노나라 계씨의 가신인 양화를 말함.
*** 옛 현인.
**** 『시경』「소아」〈대전〉편.
***** 『시경』「대아」〈문왕〉편.

히 당신의 나라를 새롭게 만들 수 있을 것입니다."

이에 필전*을 맹자에게 보내 정전법을 알아오도록 했다.

맹자가 말했다.

"그대의 군주가 훌륭한 정치를 행하려고, 사람을 선택하여 그대를 내게 보냈습니다. 그대는 반드시 힘을 쏟으십시오! 훌륭한 정치는 반드시 농지의 경계를 바로잡는 데서 시작합니다. 농지의 경계를 똑바로 잡지 못하면 정전법을 시행할 농지가 균등하게 구분되지 못하고, 수확량이 공평하지 않게 됩니다. 때문에 포악한 군주나 더러운 관리들이 그 경계를 바로잡는 일에 태만할 수 있습니다. 경계를 바로잡는 일이 바르게 되면 농지를 나누어 주고 녹봉을 제정하는 일은 가만히 앉아서도 저절로 정해집니다.

등나라는 원래 영토가 좁은데, 관리인 군자가 될 사람도 있고, 들에서 농사를 지을 야인도 있습니다. 군자가 없으면 야인을 다스리지 못하고, 야인이 없으면 군자를 봉양할 수 없습니다. 시골의 농지에는 1/9을 세금으로 부과하는 조법을 쓰고, 수도 부근에서는 1/10을 세금으로 부과하여 자진하여 세금을 납부하게 하십시오. 경 이하의 관리들에게는 규전을 주어야 하는데, 규전 50무에 여부**에게 별도로 25무를 주어 먹고살게 해야 합니다.

이렇게 하면, 죽은 사람을 장사 지내거나 이사를 해도 고향을 떠나가는 일은 없고, 고향에서 농지를 경작하면서 정전법에 따라 공동경작을 하며, 농경지에 드나들면서 서로 친구가 되고, 도둑을 지키고 망볼 때에 서로 도우며, 질병이 있을 때는 서로 붙들고 잡아주면서, 백성이 친하여 화목해질 것입니다.

사방 1리가 하나의 정전인데, 하나의 정전은 900무입니다. 그 가운데가 공동경작지인 공전이고, 여덟 가구에서 한 가구당 100무를 개인 땅인 사전으로 받아 가구별로 농사를 지으며, 여덟 가구가 함께 공전에 농사를 짓습니

---

　* 등나라의 신하.
** 여부란, 한 집안의 주인 외에 땅을 다룰 능력이 있는 사람.

다. 나라에 낼 세금인 공전의 일을 먼저 한 다음에 사전에 농사를 지어야 하는데, 이는 농사지어 먹고사는 야인과 그들이 낸 세금으로 봉양을 받는 관리들을 구별하기 위한 것입니다.

이것이 정전법의 대강입니다. 나라가 윤택하게 잘사는 것은 군주와 그대에게 달려 있습니다."

滕文公問爲國. 孟子曰, "民事不可緩也. 詩云, '晝爾于茅, 宵爾索綯.
등문공문위국 맹자왈 민사불가완야 시운 주이우모 소이삭도

亟其乘屋, 其始播百穀.' 民之爲道也, 有恒産者有恒心, 無恒産者無恒心.
극기승옥 기시파백곡 민지위도야 유항산자유항심 무항산자무항심

苟無恒心, 放辟邪侈, 無不爲已, 及陷乎罪, 然後從而刑之, 是罔民也.
구무항심 방벽사치 무불위이 급함호죄 연후종이형지 시망민야

焉有仁人在位, 罔民而可爲也? 是故賢君必恭儉・禮下, 取於民有制.
언유인인재위 망민이가위야 시고현군필공검 예하 취어민유제

陽虎曰, '爲富不仁也, 爲仁不富矣.' 夏后氏五十而貢, 殷人七十而助,
양호왈 위부불인야 위인불부의 하후씨오십이공 은인칠십이조

周人百畝而徹, 其實皆什一也. 徹者, 徹也. 助者, 藉也. 龍子曰, '治地莫
주인백무이철 기실개십일야 철자 철야 조자 자야 용자왈 치지막

善於助, 莫不善於貢.' 貢者, 校數歲之中以爲常. 樂歲粒米狼戾, 多取之而
선어조 막불선어공 공자 교수세지중이위상 락세립미량려 다취지이

不爲虐. 則寡取之. 凶年糞其田而不足, 則必取盈焉. 爲民父母, 使民盻盻然
불위학 즉과취지 흉년분기전이부족 즉필취영언 위민부모 사민혜혜연

將終歲勤動不得以養其父母, 又稱貸而益之, 使老稚轉乎溝壑, 惡在其爲民
장종세근동부득이양기부모 우칭대이익지 사노치전호구학 오재기위민

父母也? 夫世祿, 滕固行之矣. 詩云, '雨我公田, 遂及我私.' 惟助爲有公田,
부모야 부세록 등고행지의 시운 우아공전 수급아사 유조위유공전

由此觀之, 雖周亦助也. 設爲庠序學校以敎之, 庠者養也, 校者敎也,
유차관지 수주역조야 설위상서학교이교지 상자양야 교자교야

序者射也. 夏曰校, 殷曰序, 周曰庠, 學則三代共之, 皆所以明人倫也.
서자사야 하왈교 은왈서 주왈상 학즉삼대공지 개소이명인륜야

人倫明於上, 小民親於下, 有王者起, 必來取法, 是爲王者師也. 詩云,
인륜명어상 소민친어하 유왕자기 필래취법 시위왕자사야 시운

'周雖舊邦, 其命惟新.' 文王之謂也. 子力行之, 亦以新子之國." 使畢戰
주수구방 기명유신 문왕지위야 자역행지 역이신자지국 사필전

問井地. 孟子曰, "子之君將行仁政, 選擇而使子, 子必勉之! 夫仁政必自經
문정지 맹자왈 자지군장행인정 선택이사자 자필면지 부인정필자경

界始. 經界不正, 井地不鈞, 穀祿不平. 是故暴君汙吏必慢其經界. 經界旣正,
계시 경계부정 정지불균 곡록불평 시고폭군오리필만기경계 경계기정

分田制祿, 可坐而定也. 夫滕, 壤地褊小, 將爲君子焉, 將爲野人焉. 無君子
분전제록 가좌이정야 부등 양지편소 장위군자언 장위야인언 무군자

莫治野人, 無野人莫養君子. 請野九一而助, 國中什一使自賦. 卿以下必有圭
막치야인 무야인막양군자 청야구일이조 국중십일사자부 경이하필유규

田, 圭田五十畝, 餘夫二十五畝. 死徙無出鄕, 鄕田同井, 出入相友, 守望相
전 규전오십무 여부이십오무 사사무출향 향전동정 출입상우 수망상

助, 疾病相扶持, 則百姓親睦. 方里而井, 井九百畝, 其中爲公田. 八家皆
조 질병상부지 즉백성친목 방리이정 정구백무 기중위공전 팔가개

私百畝, 同養公田. 公事畢, 然後敢治私事, 所以別野人也. 此其大略也.
사백무 동양공전 공사필 연후감치사사 소이별야인야 차기대략야

若夫潤澤之, 則在君與子矣."
약부윤택지 즉재군여자의

| 핵심어 | 恒産恒心 (항산항심)
| 해설 | 일정한 생업이 있어야 변함없이 착한 마음을 지닌다.
정전법, 물질이 의식을 지배하는 법.

5-4
신농씨*의 가르침을 실천하는 허행이라는 사람이 있었는데, 초나라에서
등나라로 가서 등나라 대궐 문에 이르러 문공에게 말했다.

"먼 지방에 사는 사람이 군주께서 훌륭한 정치를 베푼다는 말을 듣고 이
렇게 찾아왔으니, 집이라도 한 칸 마련해 주시고 백성이 되게 해주기를 원합
니다."

문공이 그에게 거처할 곳을 마련해 주었다.

그러자 그의 일행 수십 명이 모두 거친 털로 짠 옷을 입고, 짚신을 두드려
만들고, 대나 왕골로 돗자리를 짜며, 그것을 팔아서 먹을 양식을 마련했다.

진량**의 제자 진상이 그의 동생 진신과 함께 농기구를 짊어지고 송나라에서 등나라로 가서 말했다.

"군주께서 훌륭한 정치를 베푼다는 말을 들었는데, 이 또한 성인이십니다. 성인이 다스리는 백성이 되기를 원합니다."

진상이 허행***을 보고 매우 기뻐하며, 진량에게 배운 학문을 모두 버리고, 허행에게 농가학설을 배웠다.

진상이 맹자를 만나 허행의 말을 전했다.

"등나라의 군주는 참으로 현명한 군주입니다. 그러나 아직 올바른 정치의 길을 듣지 못한 것 같습니다. 현명한 사람은 백성과 더불어 농사를 짓고 함께 먹고살며, 손수 아침밥과 저녁밥을 지으면서 정치를 하는데, 지금 등나라는 곡식 창고에 곡물이 쌓였고, 재물 창고에는 재물이 가득하여, 백성을 괴롭혀 자신들을 봉양하려고 하니, 어찌 현명하다 할 수 있겠습니까?"

맹자가 말했다.

"허자(허행)는 반드시 자기가 곡식을 심은 뒤에 먹습니까?"

진상이 말했다.

"그렇습니다."

"허자는 반드시 손수 베를 짜서 옷을 지어 입습니까?"

진상이 말했다.

"아닙니다. 허자는 거친 털옷을 입습니다."

"허자는 모자를 씁니까?"

진상이 말했다.

"예, 모자를 씁니다."

맹자가 말했다.

---

* 염제신농씨를 말함. 처음으로 쟁기와 보습을 만들어서 백성에게 농사를 가르친 자이다.
** 초나라의 유학자. 중국 남쪽의 초나라에서 출생해서 북쪽 나라에 가서 학문을 배웠다.
*** 등나라 농가 사상가의 대표적 인물.

"무슨 모자를 씁니까?"

진상이 말했다.

"흰 비단으로 모자를 만듭니다."

맹자가 말했다.

"자기가 직접 모자를 만듭니까?"

진상이 말했다.

"아닙니다. 곡식을 주고 바꿔 옵니다."

맹자가 말했다.

"허자는 어째서 자신이 직접 베를 짜지 않습니까?"

진상이 말했다.

"농사를 짓는 데 방해되기 때문입니다."

맹자가 말했다.

"허자는 가마솥과 시루로 직접 밥을 지어 먹고, 쇠로 만든 농기구로 경작을 합니까?"

진상이 말했다.

"그렇습니다."

맹자가 말했다.

"도구나 연장은 직접 만듭니까?"

진상이 말했다.

"곡식을 주고 바꿔 옵니다."

맹자가 말했다.

"곡식을 가지고 연장이나 생활도구를 바꾸어 쓰는 것은 질그릇을 굽는 도공이나 대장장이를 괴롭히는 일이 아니고, 질그릇을 굽는 도공이나 대장장이 또한 그들이 만든 연장이나 생활도구를 가지고 곡식을 바꾸는데, 어찌 농부를 괴롭히는 일이겠습니까? 허자는 누구나 직접 농사짓고 먹고살아야 한다고 했는데, 어찌하여 농사에 필요한 연장이나 생활도구는 일일이 집안에서 만들어 쓰지 않으며, 어찌하여 귀찮게 여러 장인이나 기술자들과 바꾸어 쓰며, 어찌하여 허자는 그런 번거로운 일을 피하지 않습니까?"

진상이 말했다.

"연장이나 생활도구를 만드는 장인들이 하는 일은 본디 농사를 지으면서 할 수 있는 일이 아닙니다."

맹자가 말했다.

"그렇다면 세상을 다스리는 일만은 농사를 지으면서 할 수 있단 말입니까? 대인의 일이 있고 소인의 일이 있습니다. 한 사람이 어떤 일이든 다 할 수 있는 기술을 골고루 갖추었더라도, 모든 것을 반드시 자기가 만든 뒤에 쓴다면, 세상 사람은 일을 하다 지쳐서 나자빠질 것입니다. 그러므로 옛날부터 말했습니다. '어떤 사람은 정신노동에 종사하고, 어떤 사람은 육체노동에 종사한다.' 정신노동에 종사하는 사람은 사람을 다스리고, 육체노동에 종사하는 사람은 사람에게 다스림을 받습니다. 다스림을 받는 사람은 다스리는 사람을 먹여살리고, 사람을 다스리는 사람은 사람에게 얻어먹습니다. 이것이 세상 어디에서나 통하는 보편적 이치입니다.

요임금 시절, 세상이 아직 제대로 다스려지지 않아 안정되지 않자, 홍수가 나고 강물이 범람하여 사방에 초목이 무성하게 자라 엉키고, 짐승들이 번식하여 득실거렸으며, 논밭에는 곡식도 제대로 심지 못했고, 짐승들이 사람에게 접근하여 위협을 가했으며, 짐승 발자국과 새 발자국 흔적이 사람이 다니는 나라의 한복판에 함께 찍혀 있을 정도로 엉망진창이었습니다. 요임금이 홀로 걱정하며 순임금을 등용하여 그것을 정리하고 세상을 다스리게 했습니다.

순임금은 백익*에게 불을 다루도록 했고, 백익이 산과 연못 주변에 크게 자란 초목들을 모조리 불태우자 새와 짐승들이 도망쳐 숨었습니다. 우임금

* 순임금의 신하 이름.

이 아홉 개의 강을 뚫어 정비했고, 제수와 탑수를 뚫어 바다로 흘러가게 만들었으며, 여수와 한수의 막힌 물줄기를 트고, 회수와 사수를 막고 있던 장애물들을 밀어내어 양자강으로 흐르게 했습니다. 그런 다음에 사람이 농사를 지어 먹고살 수 있게 되었습니다. 이때 우임금은 8년 동안이나 밖에서 일을 했으며, 세 번이나 자기 집 앞을 지나면서도 들어가 가족을 만나보지 못했다고 하는데, 직접 농사를 짓고 싶다고 한들, 농사지을 틈이나 있겠습니까? 후직*은 사람에게 농사짓는 법을 가르쳐 곡식을 심고 가꾸게 했습니다. 곡식이 잘 익고 먹거리가 풍성해지면서 사람이 잘살게 되었습니다.

사람이 살아가는 데는 기본적으로 따르고 지켜야 할 도리가 있는데, 배불리 먹고 따뜻하게 입고 편안하게 살기만 하고, 사람의 도리에 관한 교육이 없으면, 사람도 짐승과 다를 바 없는 생활에 빠질 수 있습니다. 성인이 이를 근심하여, 설에게 교육을 관장하는 사도를 맡겼고, 사람의 도리인 윤리도덕을 가르치게 했습니다. '부모자식 사이에는 친함이 있고, 군주와 신하 사이에는 의리가 있으며, 남편과 아내 사이에는 분별이 있고, 어른과 어린이 사이에는 차례가 있으며, 친구 사이에는 신뢰를 지켜야 한다.'는 것입니다.

요임금이 말했습니다. '사람을 위로해 주고 그들이 따라오게 한다. 사악한 것을 바로잡아 주고 굽은 것을 펴준다. 애로사항을 도와주고 부축해 준다. 착한 본성을 파악하여 드러나게 해준다. 흉년이 들면 양곡을 풀어 구휼해 주고 조세와 부역 등을 감면해 준다.' 성인이 백성을 걱정함이 이와 같았으니, 어느 겨를에 농사를 지을 수 있었겠습니까!

요임금은 순임금이 얻지 못하는 것을 자신의 걱정근심으로 여기고, 순임금은 우임금이나 고요가 얻지 못하는 것을 자신의 걱정근심으로 여겼습니다. 100무의 땅을 가지고 농사짓기가 쉽지 않다고 자신의 걱정근심으로 여기는 사람은 다름 아닌 농부입니다. 사람에게 재물을 나누어 주는 것을 '은

* 주왕조의 전설적인 시조, 관직의 이름.

혜를 베푸는 시혜'라고 하고, 다른 사람에게 착한 도리를 가르쳐주는 것을 '자기 성의를 다하는 충실'이라고 하며, 세상 사람을 위해 훌륭한 인재를 얻어 정치를 맡기는 것을 '사람을 사랑하는 마음'이라고 합니다. 때문에 세상을 가지고 다른 사람에게 주기는 쉬워도, 세상을 위해 훌륭한 인재를 얻기는 정말 어렵습니다.

공자가 말했습니다. '위대하구나. 요임금의 군주 노릇함이여. 하늘만이 위대하거늘 요임금만이 이를 본받았도다. 넓고도 큰 덕망, 백성이 형용할 수 없도다. 군주답구나. 순임금이여. 높고도 커서 세상을 소유하고도 간여하지 않는구나.' 요임금 순임금이 세상을 다스릴 때, 어찌 그 마음을 쓴 것이 없겠는가, 직접 농사짓는 데 마음 쓰지 않았을 뿐입니다.

나는 하나라가 이민족을 변화시켰다는 말은 들었어도, 이민족에 의해 변화되었다는 말은 듣지 못했습니다. 진량은 초나라 태생인데, 주공이나 공자의 유교를 좋아하여, 북쪽 지방의 나라의 중심에 가서 공부를 했고, 북쪽 지방의 학자들 중에서도 그보다 나은 사람이 별로 없었으니, 진량은 정말 지혜와 용기가 뛰어나고 기개와 풍모를 갖춘 출중한 학자입니다. 그대, 진상·진신 형제는 진량을 수십 년 동안 스승으로 섬겼는데, 스승이 죽자 마침내 스승을 배반했습니다.

옛날에 공자가 별세하자, 제자들이 3년 상을 마친 후, 짐을 챙겨 각자 집으로 돌아갔는데, 자공의 거실에 들어가 인사를 하며, 서로 마주보고 통곡하여, 너무나 슬퍼 울음소리가 나오지 않을 정도로 목이 쉬어버린 다음에 헤어졌다고 합니다. 자공은 다시 돌아와 공자의 묘지 마당에 집을 짓고 홀로 3년을 더 거처한 뒤에 돌아갔습니다. 나중에 자하·자장·자유 등 세 제자가 유약이 성인과 닮았으니, 공자를 모실 때처럼 예의를 갖추고 그를 섬기려고 했습니다. 증자에게 강요했으나, 증자가 말했습니다. '옳지 않다. 공자는 양자강과 한수의 물로 깨끗이 씻은 듯하고, 맑고 고운 가을 햇볕에 말리는 것처럼 고결하고 빛난다. 그런데 어찌 다른 사람을 내세워 대신할 수 있겠는가!'

지금, 남쪽의 오랑캐가 왜가리 소리를 내듯이 떠벌리고 있는데, 선왕의 길도 아니고 그대의 스승 진량을 배반하고, 그의 괴이한 농가학설을 배우고 있으니, 이는 앞에서 말한 증자의 경우와 또 다른 것입니다. 나는, 새가 깊은 골짜기에서 나와 높은 나무로 옮아간다는 말은 들었어도, 높은 나무에서 내려와 깊은 골짜기로 들어간다는 말은 듣지 못했습니다. 『시경』에서 읊었습니다. '서쪽 오랑캐와 북쪽 오랑캐를 치니, 인접한 초나라와 서나라도 응징되었네.'* 주공도 그와 같이 미개하고 야만스런 족속들을 응징하는데, 그대는 이것을 배우고 따르니, 한참 나쁘게 변한 것입니다!"

  "허자의 길을 따라 실천하면, 시장의 물가가 일정하게 되고, 나라 안에 거짓이 없어집니다. 5척 동자를 시장에 보내도 그를 속이는 사람이 없을 것입니다. 옷감의 경우 짧고 긴 길이가 같으면 값이 서로 같고, 베나 실, 솜과 같은 것은 가볍고 무거운 무게가 같으면 값이 서로 같으며, 곡식은 많고 적은 양이 같으면 값이 서로 같고, 신발은 크고 작은 크기가 같으면 값이 서로 같습니다."

  맹자가 말했다.

  "물건은 질이 같지 않은 것이 물건의 특성입니다. 값의 차이가 어떤 때는 2배가 되기도 하고 어떤 때는 5배가 되기도 하며, 심한 경우에는 10배, 100배가 되고, 1,000배, 10,000배가 되기도 하는데, 그대들은 모든 물품을 늘어놓고 똑같다고 하니, 이런 주장은 세상을 혼란스럽게 만듭니다. 굵게 만든 신발과 가늘게 만든 신발의 값이 같다면, 사람이 어찌 굵게 신발을 만들겠습니까. 허자의 길을 따른다면, 사람이 서로 끌고 나서서 속이며 거짓말을 해댈 것이니, 어떻게 나라를 다스릴 수 있겠습니까?"

  有爲神農之言者許行, 自楚之滕, 踵門而告文公曰, "遠方之人, 聞君行仁政,
  유 위 신 농 지 언 자 허 행　자 초 지 등　종 문 이 고 문 공 왈　원 방 지 인　문 군 행 인 정

  * 『시경』 「노송」 〈비궁〉 편.

願受一廛而爲氓."文公與之處. 其徒數十人皆衣褐, 捆屨·織席以爲食.
원 수 일 전 이 위 맹　문 공 여 지 처　기 도 수 십 인 개 의 갈　곤 구　직 석 이 위 식

陳良之徒陳相與其弟辛, 負末耜而自宋之滕, 曰, "聞君行聖人之政, 是亦聖
진 량 지 도 진 상 여 기 제 신　부 뢰 사 이 자 송 지 등　왈　문 군 행 성 인 지 정　시 역 성

人也. 願爲聖人氓."陳相見許行而大悅, 盡棄其學而學焉. 陳相見孟子,
인 야　원 위 성 인 맹　진 상 견 허 행 이 대 열　진 기 기 학 이 학 언　진 상 견 맹 자

道許行之言, 曰, "滕君則誠賢君也. 雖然, 未聞道也. 賢者與民並耕而食,
도 허 행 지 언　왈　등 군 즉 성 현 군 야　수 연　미 문 도 야　현 자 여 민 병 경 이 식

饔飧而治, 今也滕有倉廩府庫, 則是厲民而以自養也, 惡得賢?"孟子曰,
옹 손 이 치　금 야 등 유 창 름 부 고　즉 시 려 민 이 이 자 양 야　오 득 현　맹 자 왈

"許子必種粟而後食乎?"曰, "然.""許子必織布然後衣乎?"曰, "否. 許子
허 자 필 종 속 이 후 식 호　왈　연　허 자 필 직 포 연 후 의 호　왈　부 허 자

衣褐.""許子冠乎?"曰, "冠."曰, "奚冠?"曰, "冠素."曰, "自織之與?"
의 갈　허 자 관 호　왈　관　왈　해 관　왈　관 소　왈　자 식 지 여

曰, "否. 以粟易之."曰, "許子奚爲不自織?"曰, "害於耕."曰, "許子以釜
왈　부　이 속 역 지　왈　허 자 해 위 부 자 식　왈　해 어 경　왈　허 자 이 부

甑爨, 以鐵耕乎?"曰, "然.""自爲之與?"曰, "否, 以粟易之.""以粟易械
증 찬　이 철 경 호　왈　연　자 위 지 여　왈　부　이 속 역 지　이 속 역 계

器者, 不爲厲陶冶 陶冶亦以械器易粟者, 豈爲厲農夫哉? 且許子何不爲陶冶,
기 자　불 위 려 도 야　도 야 역 이 계 기 역 속 자　기 위 려 농 부 재　차 허 자 하 불 위 도 야

舍皆取諸其宮中而用之, 何爲紛紛然與百工交易, 何許子之不憚煩?"
사 개 취 저 기 궁 중 이 용 지　하 위 분 분 연 여 백 공 교 역　하 허 자 지 불 탄 번

曰, "百工之事, 固不可耕且爲也.""然則治天下獨可耕且爲與? 有大人之事,
왈　백 공 지 사　고 불 가 경 차 위 야　연 즉 치 천 하 독 가 경 차 위 여　유 대 인 지 사

有小人之事. 且一人之身而百工之所爲備, 如必自爲而後用之, 是率天下而
유 소 인 지 사　차 일 인 지 신 이 백 공 지 소 위 비　여 필 자 위 이 후 용 지　시 솔 천 하 이

路也. 故曰, 或勞心, 或勞力. 勞心者治人, 勞力者治於人. 治於人者食人,
로 야　고 왈　혹 노 심　혹 노 력　노 심 자 치 인　노 력 자 치 어 인　치 어 인 자 식 인

治人者食於人, 天下之通義也. 當堯之時, 天下猶未平, 洪水橫流, 氾濫於
치 인 자 식 어 인　천 하 지 통 의 야　당 요 지 시　천 하 유 미 평　홍 수 횡 류　범 람 어

天下, 草木暢茂, 禽獸繁殖, 五穀不登, 禽獸偪人, 獸蹄鳥跡之道交於中國.
천 하　초 목 창 무　금 수 번 식　오 곡 부 등　금 수 핍 인　수 제 조 적 지 도 교 어 중 국

堯獨憂之, 擧舜而敷治焉. 舜使益掌火, 益烈山澤而焚之, 禽獸逃匿.
요 독 우 지　거 순 이 부 치 언　순 사 익 장 화　익 열 산 택 이 분 지　금 수 도 닉

禹疏九河, 瀹濟·漯而注諸海, 決汝·漢, 排淮·泗而注之江, 然後中國可
우 소 구 하　약 제　탑 이 주 저 해　결 여　한　배 회　사 이 주 지 강　연 후 중 국 가

得而食也. 當是時也, 禹八年於外, 三過其門而不入, 雖欲耕, 得乎? 后稷敎
득 이 식 야　당 시 시 야　우 팔 년 어 외　삼 과 기 문 이 불 입　수 욕 경　득 호　후 직 교

民稼穡, 樹藝五穀. 五穀熟而民人育. 人之有道也, 飽食煖衣, 逸居而無敎,
민 가 색　수 예 오 곡　오 곡 숙 이 민 인 육　인 지 유 도 야　포 식 난 의　일 거 이 무 교

則近於禽獸. 聖人有憂之, 使契爲司徒, 敎以人倫. 父子有親, 君臣有義,
즉 근 어 금 수　성 인 유 우 지　사 설 위 사 도　교 이 인 륜　부 자 유 친　군 신 유 의

夫婦有別, 長幼有序, 朋友有信. 放勳曰, 勞之來之, 匡之直之, 輔之翼之,
부 부 유 별　장 유 유 서　붕 우 유 신　방 훈 왈　노 지 래 지　광 지 직 지　보 지 익 지

使自得之, 又從而振德之. 聖人之憂民如此, 而暇耕乎! 堯以不得舜爲己憂,
사 자 득 지　우 종 이 진 덕 지　성 인 지 우 민 여 차　이 가 경 호　요 이 부 득 순 위 기 우

舜以不得禹·皐陶爲己憂. 夫以百畝之不易爲己憂者, 農夫也. 分人以財謂
순 이 부 득 우　고 요 위 기 우　부 이 백 무 지 불 이 위 기 우 자　농 부 야　분 인 이 재 위

之惠, 敎人以善謂之忠, 爲天下得人者謂之仁. 是故以天下與人易, 爲天下
지 혜　교 인 이 선 위 지 충　위 천 하 득 인 자 위 지 인　시 고 이 천 하 여 인 이　위 천 하

得人難. 孔子曰, '大哉堯之爲君, 惟天爲大, 惟堯則之, 蕩蕩乎民無能名焉.
득 인 난　공 자 왈　대 재 요 지 위 군　유 천 위 대　유 요 칙 지　탕 탕 호 민 무 능 명 언

君哉舜也, 巍巍乎有天下而不與焉.' 堯舜之治天下, 豈無所用心哉, 亦不用
군 재 순 야　외 외 호 유 천 하 이 불 여 언　요 순 지 치 천 하　기 무 소 용 심 재　역 불 용

於耕耳. 吾聞用夏變夷者, 未聞變於夷者也. 陳良, 楚産也, 悅周公·仲尼
어 경 이　오 문 용 하 변 이 자　미 문 변 어 이 자 야　진 량　초 산 야　열 주 공　중 니

之道, 北學於中國, 北方之學者, 未能或之先也, 彼所謂豪傑之士也. 子之兄
지 도　북 학 어 중 국　북 방 지 학 자　미 능 혹 지 선 야　피 소 위 호 걸 지 사 야　자 지 형

弟事之數十年, 師死而遂倍之. 昔者孔子沒, 三年之外, 門人治任將歸,
제 사 지 수 십 년　사 사 이 수 배 지　석 자 공 자 몰　삼 년 지 외　문 인 치 임 장 귀

入揖於子貢, 相嚮而哭, 皆失聲, 然後歸. 子貢反, 築室於場, 獨居三年,
입 읍 어 자 공　상 향 이 곡　개 실 성　연 후 귀　자 공 반　축 실 어 장　독 거 삼 년

然後歸. 他日, 子夏·子張·子游以有若似聖人, 欲以所事孔子事之. 强曾子,
연 후 귀　타 일　자 하　자 장　자 유 이 유 약 사 성 인　욕 이 소 사 공 자 사 지　강 증 자

曾子曰, '不可, 江漢以濯之, 秋陽以暴之, 皜皜乎不可尙已!' 今也南蠻鴃
증 자 왈　불 가　강 한 이 탁 지　추 양 이 포 지　호 호 호 불 가 상 이　금 야 남 만 결

舌之人, 非先王之道, 子倍子之師而學之, 亦異於曾子矣. 吾聞出於幽谷·
설 지 인　비 선 왕 지 도　자 배 자 지 사 이 학 지　역 이 어 증 자 의　오 문 출 어 유 곡

遷于喬木者, 未聞下喬木而入於幽谷者. 魯頌曰, '戎狄是膺, 荊舒是懲.'
천 우 교 목 자 미 문 하 교 목 이 입 어 유 곡 자 노 송 왈 융 적 시 응 형 서 시 징

周公方且膺之, 子是之學, 亦爲不善變矣!"從許子之道, 則市賈不貳,
주 공 방 차 응 지 자 시 지 학 역 위 불 선 변 의 종 허 자 지 도 즉 시 가 불 이

國中無僞. 雖使五尺之童適市, 莫之或欺. 布帛長短同, 則賈相若. 麻縷絲絮
국 중 무 위 수 사 오 척 지 동 적 시 막 지 혹 기 포 백 장 단 동 즉 가 상 약 마 루 사 서

輕重同, 則賈相若. 五穀多寡同, 則賈相若. 屨大小同, 則賈相若."曰, "夫物
경 중 동 즉 가 상 약 오 곡 다 과 동 즉 가 상 약 구 대 소 동 즉 가 상 약 왈 부 물

之不齊, 物之情也. 或相倍蓰, 或相十伯, 或相千萬, 子比而同之, 是亂天下也.
지 부 제 물 지 정 야 혹 상 배 사 혹 상 십 백 혹 상 천 만 자 비 이 동 지 시 란 천 하 야

巨屨小屨同賈, 人豈爲之哉? 從許子之道, 相率而爲僞者也. 惡能治國家?"
거 구 소 구 동 가 인 기 위 지 재 종 허 자 지 도 상 솔 이 위 위 자 야 오 능 치 국 가

| 핵심어 | 勞心勞力 (노심노력)
| 해설 | 정신노동을 하는 사람이 있고 육체노동을 하는 사람이 있다.
각자의 해야 할 일이 다르다.

5-5

묵가의 사상을 신봉하던 이지가 서벽*을 통해 맹자를 만나기를 요청했다.

맹자가 말했다.

"나도 이지를 만나고 싶으나, 내가 지금 몸이 아프니 조금 나으면 내가 가서 만나볼 것이다."

이지가 오지 않았다.

다른 날 또 맹자를 만나기를 요청했다.

맹자가 말했다.

"지금은 내가 그를 만나볼 수 있다. 직설적으로 말하지 않으면 우리 유교의 견해가 제대로 드러나지 않을 수 있으므로 내가 우선 직설적으로 말하겠다. 내가 들으니, 이지는 묵가라고 하는데, 묵가는 장례를 치를 때, 아주 간소하고 소박하게 치르는 것을 원칙으로 한다. 이지는 그런 묵가의 이론으로 세

* 맹자의 제자.

상 풍속을 바꾸려고 생각한다. 어찌 이지가 장례를 간소하게 하는 것을 옳지 않다거나 귀하지 않다고 여기겠는가? 그런데 이지는 부모의 장례를 유교에서 하는 것처럼 성대하게 치렀는데, 이는 묵가에서 보면, 그들이 천박하게 여기는 것으로 부모를 모신 꼴이 된다."

서벽이 이 말을 이지에게 전하자, 이지가 말했다.

"유교의 이론에 '옛날 사람은 백성을 보호할 때 어린아이를 보호하듯이 한다.'고 했는데, 이 말이 무슨 뜻입니까? 나는 그 말이 '사랑에 차등이 없고, 베푸는 일은 부모부터 시작한다.'는 뜻으로 생각합니다."

서벽이 이 말을 맹자에게 전하자, 맹자가 말했다.

"이지는 진실로, '사람이 자기 형의 아들을 사랑하는 것이 자기 이웃집의 아들을 사랑하는 것과 같다.'고 생각하는가? 그 말은 그런 뜻이 아니라 다른 뜻을 기록한 것이다. 어린아이가 엉금엉금 기어서 우물에 빠져 들어가려고 한다고 할 때, 그것은 어린아이의 죄가 아니다. 하늘은 만물을 생겨나게 해서 하나의 근본을 따르게 하는데, 이지는 두 가지 근본에 따랐다. 아득한 옛날, 부모의 장례를 치르지 않고 매장하지 않은 사람이 있었다. 부모가 죽자, 시신을 들어다가 그냥 골짜기에 버렸다. 며칠 뒤, 그곳을 지나다가 여우와 너구리가 부모의 시신을 뜯어먹고, 파리와 모기, 땅강아지 같은 것이 시신에 붙어 빨아먹고 있는 것을 목격했다. 이에 그 사람은 이마에 식은땀을 흘리며 시신을 차마 똑바로 보지 못하고 시선을 돌리고 말았다. 그 사람은 다른 사람의 이목 때문에 식은땀을 흘린 것이 아니라 속마음이 진정으로 얼굴에까지 나타난 것이다. 그는 얼른 집으로 돌아와 삽을 가지고 가서 흙으로 시신을 덮었다. 흙으로 시신을 덮는 것이 진실로 옳다면, 효성스런 자식이나 착한 사람이 그 부모를 매장하는데도 반드시 그 도리가 있을 것이다."

서벽이 이 말을 이지에게 전했다. 이지는 멍하게 한동안 있다가, 말했다.

"잘 가르쳐주셨습니다."

墨者夷之, 因徐辟而求見孟子. 孟子曰, "吾固願見, 今吾尙病, 病愈, 我且往
묵 자 이 지 인 서 벽 이 구 견 맹 자 맹 자 왈 오 고 원 견 금 오 상 병 병 유 아 차 왕

見." 夷子不來. 他日, 又求見孟子. 孟子曰, "吾今則可以見矣. 不直則道不見,
견 이 자 불 래 타 일 우 구 견 맹 자 맹 자 왈 오 금 즉 가 이 견 의 부 직 즉 도 불 견

我且直之. 吾聞夷子墨者, 墨之治喪也, 以薄爲其道也. 夷子思以易天下,
아 차 직 지 오 문 이 자 묵 자 묵 지 치 상 야 이 박 위 기 도 야 이 자 사 이 역 천 하

豈以爲非是而不貴也? 然而夷子葬其親厚, 則是以所賤事親也." 徐子以告
기 이 위 비 시 이 불 귀 야 연 이 이 자 장 기 친 후 즉 시 이 소 천 사 친 야 서 자 이 고

夷子, 夷子曰, "儒者之道, '古之人若保赤子', 此言何謂也? 之則以爲愛無
이 자 이 자 왈 유 자 지 도 고 지 인 약 보 적 자 차 언 하 위 야 지 즉 이 위 애 무

差等, 施由親始." 徐子以告孟子, 孟子曰, "夫夷子信以爲人之親其兄之子
차 등 시 유 친 시 서 자 이 고 맹 자 맹 자 왈 부 이 자 신 이 위 인 지 친 기 형 지 자

爲若親其隣之赤子乎? 彼有取爾也. 赤子匍匐將入井, 非赤子之罪也. 且天之
위 약 친 기 린 지 적 자 호 피 유 취 이 야 적 자 포 복 장 입 정 비 적 자 지 죄 야 차 천 지

生物也, 使之一本, 而夷子二本故也. 蓋上世嘗有不葬其親者, 其親死, 則擧
생 물 야 사 지 일 본 이 이 자 이 본 고 야 개 상 세 상 유 부 장 기 친 자 기 친 사 즉 거

而委之於壑. 他日過之, 狐狸食之, 蠅蚋姑嘬之. 其顙有泚, 睨而不視. 夫泚也,
이 위 지 어 학 타 일 과 지 호 리 식 지 승 예 고 최 지 기 상 유 차 예 이 불 시 부 차 야

非爲人泚, 中心達於面目. 蓋歸反虆梩而掩之. 掩之誠是也, 則孝子仁人之
비 위 인 차 중 심 달 어 면 목 개 귀 반 라 리 이 엄 지 엄 지 성 시 야 즉 효 자 인 인 지

掩其親, 亦必有道矣." 徐子以告夷子, 夷子憮然, 爲間, 曰, "命之矣."
엄 기 친 역 필 유 도 의 서 자 이 고 이 자 이 자 무 연 위 간 왈 명 지 의

| 핵심어 | 心達於面 (심달어면)
| 해설 | 속마음은 얼굴에 나타난다.
모든 일에는 도리가 있다.

등문공(하)

6

6-1

(제자) 진대가 말했다.

"제후들을 찾아다니며 유세하지 않는데, 지나치게 사소한 일에 매여 그런 것 같습니다. 지금이라도 한바탕 나서서 제후들을 만나면 크게는 왕도정치를, 적어도 패도정치를 하는 군주를 만들 수 있을 것입니다. 옛 기록에도 말했습니다. '한 자를 굽혀 한 길을 편다.' 한번 해볼 만한 일인 듯합니다."

맹자가 말했다.

"옛날, 제나라의 경공이 사냥할 때, 깃발을 들어 사냥터를 지키던 관리를 불렀는데 관리가 오지 않자 그를 죽이려고 했습니다. '뜻 있는 관리는 시신이 시궁창에 버려질 것을 잊지 않고, 용기 있는 관리는 자기 목이 달아날 것을 잊지 않는다.'고 했는데, 공자는 어떤 부분을 취했습니까? 부름이 정당하지 않기 때문에 가지 않은 점을 취한 것입니다. 그들이 예의를 갖추어 부르기를 기다리지 않고 경솔하게 찾아간다면, 내 꼴이 무엇이 되겠습니까? 또 '한 자를 굽혀 한 길을 편다.'고 했는데, 이것은 이익을 가지고 말한 것입니다. 이익을 두고 행동한다면, 한 길을 굽히고 한 자를 펴서 이익이 있다면, 그래도 해야 합니까?

옛날, 조간자*가 왕량**에게 개인적으로 아끼던 해***와 함께 수레를 타고 사냥을 하게 했는데 하루 종일 한 마리의 새도 잡지 못하자, 해가 사냥에서 돌아와 복명했다.

'왕량은 세상에서 가장 몹쓸 수레꾼에 불과합니다.'

어떤 사람이 이 말을 왕량에게 전하자, 왕량이 말했다.

'다시 한 번 수레를 몰아 사냥을 하게 해주십시오.'

억지로 부탁하고 강요하자 겨우 승낙했는데, 하루아침에 열 마리의 새를 잡았다.

해가 사냥에서 돌아와 복명했다.

'세상에서 가장 훌륭한 수레꾼이었습니다.'

조간자가 말했다.

'내가 그에게 너와 함께 수레를 타도록 하겠다.'

이 말을 전해들은 왕량은 이를 허락하지 않고, 말했다.

'제가 그를 위해 수레를 정상적으로 운행했더니, 하루 종일 한 마리의 새도 잡지 못했고, 이번에는 그를 위해 부정한 방법으로 수레를 몰아 짐승을 만나게 했더니, 하루아침에 열 마리의 새를 잡았습니다. 『시경』에서 읊었습니다. '수레꾼이 법도를 잃지 않으니, 활을 쏘는 데 모두 명중하고도 힘이 남아 물건을 깨뜨리는 것과 같다.'**** 저는 그와 같은 소인과 함께 수레를 타는 데 익숙하지 않습니다. 그래서 사양하겠습니다.'

수레를 모는 사람도 활을 쏘는 사람에게 아부하는 것을 부끄러워해서, 아부하여 짐승을 산더미같이 잡는다 하더라도 하지 않았습니다. 그런데 내가 정도를 굽히고 그를 따른다면, 그 꼴이 뭐가 되겠습니까? 지금 그대의 생각이나 말이 잘못되었습니다! 자기를 굽히는 사람은 결코 다른 사람을 곧고 바

---

* 진나라 대부 조앙.
** 수레를 잘 모는 사람.
*** 조간자의 총애를 받은 신하.
**** 『시경』「소아」〈거공〉 편.

르게 할 수 없는 법입니다."

陳代曰, "不見諸侯, 宜若小然. 今一見之, 大則以王, 小則以霸. 且志曰 '枉
진 대 왈　불 견 제 후　의 약 소 연　금 일 견 지　대 즉 이 왕　소 즉 이 패　차 지 왈　왕

尺而直尋', 宜若可爲也." 孟子曰, "昔齊景公田, 招虞人以旌, 不至, 將殺之.
척 이 직 심　의 약 가 위 야　맹 자 왈　석 제 경 공 전　초 우 인 이 정　부 지　장 살 지

'志士不忘在溝壑, 勇士不忘喪其元', 孔子奚取焉? 取非其招不往也.
지 사 불 망 재 구 학　용 사 불 망 상 기 원　공 자 해 취 언　취 비 기 초 불 왕 야

如不待其招而往, 何哉? 且夫枉尺而直尋者, 以利言也. 如以利, 則枉尋直尺
여 부 대 기 초 이 왕　하 재　차 부 왕 척 이 직 심 자　이 리 언 야　여 이 리　즉 왕 심 직 척

而利, 亦可爲與? 昔者趙簡子使王良與嬖奚乘, 終日而不獲一禽, 嬖奚反命
이 리　역 가 위 여　석 자 조 간 자 사 왕 량 여 폐 해 승　종 일 이 불 획 일 금　폐 해 반 명

曰, '天下之賤工也.' 或以告王良, 良曰, '請復之.' 强而後可, 一朝而獲十禽.
왈　천 하 지 천 공 야　혹 이 고 왕 량　량 왈　청 부 지　강 이 후 가　일 조 이 획 십 금

嬖奚反命曰, '天下之良工也.' 簡子曰, '我使掌與女乘.' 謂王良, 良不可, 曰,
폐 해 반 명 왈　천 하 지 량 공 야　간 자 왈　아 사 장 여 여 승　위 왕 량　양 불 가　왈

'吾爲之範我馳驅, 終日不獲一. 爲之詭遇, 一朝而獲十. 詩云, 不失其馳,
오 위 지 범 아 치 구　종 일 불 획 일　위 지 궤 우　일 조 이 획 십　시 운　불 시 기 치

舍矢如破. 我不貫與小人乘, 請辭.' 御者且羞與射者比, 比而得禽獸, 雖若丘
사 시 여 파　아 불 관 여 소 인 승　청 사　어 자 차 수 여 사 자 비　비 이 득 금 수　수 약 구

陵, 弗爲也. 如枉道而從彼, 何也? 且子過矣! 枉己者, 未有能直人者也."
릉　불 위 야　여 왕 도 이 종 피　하 야　차 자 과 의　왕 기 자　미 유 능 직 인 자 야

| 핵심어 | 枉己未直 (왕기미직)

| 해설 | 자기를 굽혀 다른 사람을 바르게 할 수 없다.

정도(正道)를 행하라.

6-2

경춘*이 말했다.

"공손연과 장의**는 진정 대장부가 아니겠습니까, 한번 성을 내면 제후들
이 두려워하고, 조용히 지낼 때는 세상이 잠잠합니다."

* 외교 전문가 집단인 종횡가 사람.
** 두 사람은 위나라 종횡가의 대표적 인물.

맹자가 말했다.

"이 어찌 대장부라 할 수 있겠습니까? 그대는 예의를 배우지 않았습니까? 남자는 성년식을 할 때 아버지가 훈계하고, 여자가 시집갈 때는 어머니가 훈계를 합니다. 시집을 갈 때 문에서 전송하며 말합니다. '네 시댁에 가서는 반드시 어른들을 공경하고, 몸가짐에 유의하여 남편과 자식을 거역하지 마라.' 순종하며 도리를 지키는 것을 정도로 삼는 것은 아내들이 지켜야 할 예의입니다. 세상의 넓은 집에 살고, 세상의 바른 자리에 서며, 세상의 큰길을 행하여, 그 뜻을 얻으면 백성과 함께 가고, 그 뜻을 얻지 못하면 홀로라도 그 길을 갑니다. 부귀에 마음이 흔들리지 않고, 빈천해도 지조나 절개가 변하지 않으며, 위협이나 무력에도 굴하지 않는, 이런 사람을 대장부라고 합니다."

景春曰, "公孫衍 · 張儀豈不誠大丈夫哉, 一怒而諸侯懼, 安居而天下熄."
경 춘 왈   공 손 연   장 의 기 불 성 대 장 부 재   일 노 이 제 후 구   안 거 이 천 하 식

孟子曰, "是焉得爲大丈夫乎? 子未學禮乎? 丈夫之冠也, 父命之. 女子之
맹 자 왈   시 언 득 위 대 장 부 호   자 미 학 예 호   장 부 지 관 야   부 명 지   여 자 지

嫁也, 母命之. 往送之門, 戒之曰, '往之女家, 必敬必戒, 無違夫 · 子.'
가 야   모 명 지   왕 송 지 문   계 지 왈   왕 지 여 가   필 경 필 계   무 위 부   자

以順爲正者, 妾婦之道也. 居天下之廣居, 立天下之正位, 行天下之道.
이 순 위 정 자   첩 부 지 도 야   거 천 하 지 광 거   립 천 하 지 정 위   행 천 하 지 도

得志與民由之, 不得志獨行其道. 富貴不能淫, 貧賤不能移, 威武不能屈,
득 지 여 민 유 지   부 득 지 독 행 기 도   부 귀 불 능 음   빈 천 불 능 이   위 무 불 능 굴

此之謂大丈夫."
차 지 위 대 장 부

| 핵심어 | **大丈夫** (대장부)
| 해설 | 걸출한 사나이
흔들리지 말고 큰길을 가라.

6-3

(위나라 사람) 주소가 물었다.

"옛날에 군자도 벼슬을 했습니까?"

맹자가 말했다.

"벼슬을 했습니다. 전해오는 글에서 말했습니다. '공자는 3개월 이상 섬길 군주가 없으면 안타까워하고 불안해하여, 그 나라를 떠날 때는 반드시 다른 나라 군주에게 줄 예물을 수레에 싣고 떠났다.' 공명의도 말했습니다. '옛날 사람은 3개월 동안 군주를 섬기지 못하면 사람이 가서 위로해 주었다.'"

"3개월 동안 군주를 섬기지 못했다고 하여, 사람이 가서 위로하는 것은 너무 조급하게 구는 것 아닙니까?"

맹자가 말했다.

"관리가 자리를 잃는 것은 제후가 나라를 잃은 것과 같습니다. 『예기』에서 말했습니다. '제후가 밭을 갈면 사람이 와서 경작해 주어 그 수확물을 제사에 바치고, 부인은 양잠을 하여 실을 뽑아 의복을 만든다. 희생으로 바칠 동물이 잘 자라지 않거나 제사에 바칠 곡식이 정결하지 못하거나 의복이 구비되지 않으면 감히 제사를 지내지 못한다. 관리가 제사에 바칠 곡식을 수확할 농지가 없으면 또한 제사를 지내지 못한다.' 희생이나 제기, 의복이 갖추어지지 않아 감히 제사를 지내지 못하면, 사람에게 베푸는 잔치도 하지 못하니 위로하는 것도 부족하지 않습니까?"

"한 나라에서 다른 나라로 갈 때, 반드시 예물을 싣고 가는 이유는 무엇입니까?"

맹자가 말했다.

"관리가 벼슬을 하는 것은 농부가 밭을 가는 것과 같습니다. 농부가 이 나라를 떠나 다른 나라로 간다고 한들, 어찌 농기구를 두고 가겠습니까!"

주소가 말했다.

"진나라에도 많은 사람이 벼슬을 하고 있는데, 벼슬을 그렇게 조급하게 여긴다는 말은 들어보지 못했으니, 벼슬하는 것이 이렇듯 조급하다면 군자가 벼슬하는 것이 어려운 것은 왜 그렇습니까?"

맹자가 말했다.

"남자가 태어나면 그 아들에게 좋은 아내를 얻어 가정을 갖게 하고, 여자가 태어나면 그 딸이 좋은 남편을 얻어 화목한 가정에서 잘살기를 바랍니다. 부모의 마음은 사람이라면 모두 갖고 있는 것입니다. 자식들이 부모의 명을 기다리지 않거나 중매하는 사람의 말을 기다리지 않고, 저희들끼리 멋대로 담에 구멍을 뚫고 서로 엿보거나 담을 넘어가서 서로 어울린다면, 부모는 물론 나라 사람 모두 천하게 여길 것입니다. 옛날 사람이 일찍이 벼슬에 마음이 없었던 것은 아니나, 정도를 따르지 않는 것을 싫어했습니다. 관리가 정도를 따르지 않는 것은 남녀가 담에 구멍을 뚫고 만나는 것과 같습니다."

周霄問曰, "古之君子仕乎?" 孟子曰, "仕. 傳曰, '孔子三月無君, 則皇皇
주소문왈   고지군자사호   맹자왈   사 전왈   공자삼월무군   즉황황

如也, 出疆必載質.' 公明儀曰, '古之人三月無君則弔.'" "三月無君則弔,
여야   출강필재지   공명의왈   고지인삼월무군즉조   삼월무군즉조

不以急乎?" 曰, "士之失位也, 猶諸侯之失國家也. 禮曰, '諸侯耕助,
불이급호   왈   사지실위야 유제후지실국가야 예왈   제후경조

以供粢盛. 夫人蠶繅, 以爲衣服. 犧牲不成, 粢盛不絜, 衣服不備, 不敢
이공자성 부인잠소 이위의복   희생불성   자성불결   의복불비   불감

以祭.' 惟士無田, 則亦不祭. 牲殺·器皿·衣服不備, 不敢以祭, 則不敢以
이제   유사무전   즉역부제 생살   기명   의복불비   불감이제   즉불감이

宴, 亦不足弔乎?" "出疆必載質, 何也?" 曰, "士之仕也, 猶農夫之耕也.
연   역부족조호   출강필재질 하야   왈   사지사야   유농부지경야

農夫豈爲出疆舍其耒耜哉!" 曰, "晉國亦仕國也, 未嘗聞仕如此其急,
농부기위출강사기뢰사재   왈   진국역사국야   미상문사여차기급

仕如此其急也. 君子之難仕, 何也?" 曰, "丈夫生而願爲之有室, 女子生而
사여차기급야   군자지난사   하야   왈   장부생이원위지유실   여자생이

願爲之有家. 父母之心, 人皆有之. 不待父母之命·媒妁之言, 鑽穴隙相窺,
원위지유가   부모지심   인개유지   부대부모지명   매작지언   찬혈극상규

踰牆相從, 則父母國人皆賤之. 古之人未嘗不欲仕也, 又惡不由其道.
유장상종   즉부모국인개천지   고지인미상불욕사야   우오불유기도

不由其道而往者, 與鑽穴隙之類也."
불유기도이왕자   여찬혈극지류야

올바른 관리로 사는 법.

6-4

제자 팽경이 물었다.

"뒤에 따르는 수레가 수십 대이고, 수백 명의 따르는 사람을 거느리고, 이 나라 저 나라를 돌아다니며 제후에게 먹을 것을 달라는 것은 지나치지 않습니까?"

맹자가 말했다.

"정당한 방법이 아니라면 한 그릇의 밥이라도 남에게 받아서는 안 된다. 정당한 방법이라면 순임금은 요임금이 물려준 세상을 받고도 지나치다고 여기지 않았다. 그대는 지나치다고 생각하느냐?"

팽경이 말했다.

"아닙니다! 관리가 되어, 하는 일 없이 봉급을 받아서는 안 된다는 뜻입니다."

맹자가 말했다.

"그대가 사람이 자기의 성과를 교류하고 물건을 서로 교환하여 남는 것으로 부족한 것을 채우지 못하게 한다면, 농사를 짓는 농부는 곡식이 남아서 버리는 것이 있고, 베를 짜는 여인은 베가 남아서 버리는 것이 있을 것이다. 그대가 이런 것을 교류하게 한다면, 목수나 수레를 만드는 기술자들도 모두 밥을 먹을 수 있을 것이다. 여기에 어떤 사람이 있는데, 집안에 들어오면 부모에게 효도하고, 밖에 나가면 사회의 어른에게 공손하며, 옛날 훌륭한 왕들이 행했던 훌륭한 정치를 실천하여 후대의 학자를 기다리면서도, 그대에게 밥을 얻어먹지 못할 수 있다. 그대는 어찌하여 목수나 수레 만드는 기술자 같은 사람은 존중하면서, 사람을 사랑하고 도의를 실천하는 사람은 가벼이 여기느냐?"

팽경이 말했다.

"목수나 수레 만드는 기술자들은 먹고살기 위해 일을 합니다. 군자가 도의를 실천하는 것도 먹고살기 위한 것입니까?"

맹자가 말했다.

"그대는 어찌하여 그 뜻을 가지고 따지느냐? 그대에게 해준 일이 있어 먹여줄 만하면 먹여주면 된다. 그대는 뜻이 무엇인지에 따라 먹여주느냐? 해준 일이나 해놓은 일에 따라 먹여주느냐?"

팽경이 말했다.

"뜻이 무엇인지에 따라 먹여줍니다."

맹자가 말했다.

"여기에 어떤 사람이, 기왓장을 깨부수어 담장에 마구 그어대며 더럽히고 있는데, 이렇게 해만 끼치고 있는데도, 그 뜻이 먹는 것을 얻으려고 한다면 그대는 그 사람을 먹여 주겠느냐?"

팽경이 말했다.

"아닙니다."

맹자가 말했다.

"그렇다면 그대는 뜻이 무엇인지에 따라 먹여주는 것이 아니라, 해놓은 일에 따라 먹여주는 것이다."

彭更問曰, "後車數十乘, 從者數百人, 以傳食於諸侯, 不以泰乎?" 孟子曰,
팽경문왈   후거수십승 종자수백인 이전식어제후 불이태호   맹자왈

"非其道, 則一簞食不可受於人. 如其道, 則舜受堯之天下, 不以爲泰.
비기도 즉일단사불가수어인 여기도 즉순수요지천하 불이위태

子以爲泰乎?" 曰, "否! 士無事而食, 不可也." 曰, "子不通功易事, 以羨
자이위태호   왈   부 사무사이식 불가야   왈   자불통공역사 이선

補不足, 則農有餘粟, 女有餘布. 子如通之, 則梓·匠·輪·輿, 皆得食於子.
보부족 즉농유여속 여유여포 자여통지 즉재 장 륜 여 개득식어자

於此有人焉, 入則孝, 出則悌, 守先王之道, 以待後之學者, 而不得食於子.
어차유인언 입즉효 출즉제 수선왕지도 이대후지학자 이부득식어자

子何尊梓 · 匠 · 輪 · 輿而輕爲仁義者哉?”曰, “梓 · 匠 · 輪 · 輿, 其志將以
자하존재 장 윤 여 이경위인의자재 왈 재 장 윤 여 기지장이

求食也. 君子之爲道也, 其志亦將以求食與?”曰, “子何以其志爲哉?
구식야 군자지위도야 기지역장이구식여 왈 자하이기지위재

其有功於子, 可食而食之矣. 且子食志乎, 食功乎?”曰, “食志.”曰, “有人
기유공어자 가식이식지의 차자식지호 식공호 왈 식지 왈 유인

於此, 毁瓦畫墁, 其志將以求食也, 則子食之乎?”曰, “否.”曰, “然則子非
어차 훼와화만 기지장이구식야 즉자식지호 왈 부 왈 연즉자비

食志也, 食功也.”
식지야 식공야

| 핵심어 | 食志食功 (식지식공)

| 해설 | 뜻에 따라 먹이는 경우도 있고 공에 따라 먹이는 경우도 있다.

정당한 방법.

6-5

제자 만장이 물었다.

“송나라는 작은 나라인데 지금 훌륭한 정치를 행하려고 합니다. 그런데
제나라와 초나라가 송나라에 반대하고 정벌하려고 하니, 어떻게 해야 합니
까?”*

맹자가 말했다.

“탕임금이 박읍에 거처하고 있었는데, 갈나라와 인접해 있었다. 갈나라 백
(작위를 일컬음)이 방탕하고 무도하여 제사를 지내지 않자, 탕임금이 사람을
보내 그 이유를 물었다. ‘어찌하여 제사를 지내지 않습니까?’

갈나라 백이 대답했다.

‘제사에 바칠 희생이 없기 때문입니다.’

탕임금이 사람을 시켜 희생으로 쓸 소와 양을 보내주었는데, 갈나라 백은
이것을 잡아먹고 또 제사를 지내지 않았다. 탕왕이 또 사람을 보내 물었다.

---

* 송나라 왕인 언(BC 328~BC 286)은 전에 등나라를 멸하고 설나라를 징벌했으며, 제·초·위나라 군대를 섬
  멸해 천하를 제패하고자 했다. 이때의 상황을 말한다.

'어찌하여 제사를 지내지 않습니까?'

이번에는 갈나라 백이 이렇게 대답했다.

'제사에 바칠 곡식이 없기 때문입니다.'

탕임금이 박읍의 사람에게 갈나라에 가서 땅을 일구고 농사를 짓도록 도와주고, 노약자들에게는 먹을 것을 날라다 주게 했다. 그러자 갈나라 백은 자기의 백성을 거느리고 나와 술과 밥, 곡식을 가져온 사람을 강탈했고, 주지 않는 사람은 죽이기까지 했다. 한 어린아이가 기장밥과 고기반찬을 날랐는데, 그 아이를 죽이고 가진 것을 강탈했다. 『서경』에서 말했다. '갈백이 먹을 것을 날라준 사람과 원수가 되었다.' 바로 이를 두고 한 말이다.

갈나라 백이 어린아이를 죽였기 때문에, 탕임금이 무력으로 갈나라를 정벌하자, 온 세상 사람이 '탕임금이 갈나라를 친 것은 세상의 재부를 탐내서가 아니라, 보통 사람의 원수를 갚아준 것이다.'라고 말했습니다.

탕임금의 정벌은 갈나라로부터 시작하여, 모두 11개국을 정벌했는데, 세상에 그를 대적한 이가 없었다. 동쪽을 향해 정벌을 나가면 서쪽의 오랑캐들이 원망하고, 남쪽을 향해 정벌을 나가면 북쪽의 오랑캐들이 원망하며 말했다. '어찌하여 우리 족속들을 나중에 정벌하는가?'

세상 사람이 탕임금이 자기 족속을 정벌해 주기를, 큰 가뭄에 비가 내리기를 바라듯이 했다. 시장으로 물건을 바꾸러 가는 사람이 그치지 않았고, 농사일을 하는 사람은 동요하지 않고 열심히 일을 했으며, 그 군주를 처단하고 사람을 위로해 주자, 때를 맞추어 단비가 내린 듯이 사람이 매우 기뻐했다. 『서경』에서 이렇게 말했다. '우리의 임금을 기다리니, 우리 임금이 오면 무고한 형벌이 없어지겠지!'

무왕에게 복종하지 않으려는 자가 있었는데, 동쪽으로 정벌을 나가 그 나라 사람을 편안하게 살게 해주자, 관리들이 좋은 옷감을 비롯하여 예물을 가지고 와서 바치고는 무왕을 섬기고 그의 훌륭한 인품을 보게 되면서, 큰 도읍인 주나라로 귀순했다. 그 군자도 좋은 옷감을 비롯하여 예물을 가지고 와서 주나라의 지성인들을 맞이하고, 일반 서민들은 그릇에 밥을 담고 병에 음료를 담아 와서 주나라의 일반 서민들을 맞이했다. 무왕은 이처럼 도탄에 빠진 사람을 구하고, 그 나라의 잔학한 지도자를 처단했다. 『서경』「태서」에서 이렇게 말했다. '우리 무왕이 위엄을 높이 떨치고, 복종하지 않는 저들의 나라로 진격했노라. 잔학한 자를 처단하고 토벌하여 그 공적이 온 세상에 베풀지니, 은나라 탕 임금보다도 더욱 빛나도다.'

훌륭한 정치를 행하지 않아, 그대에게 이렇게 말하는 것이다. 훌륭한 정치를 행한다면, 온 세상 사람이 모두 고개 들어 바라보고, 이 세상의 군주로 삼으려 할 것이다. 제나라와 초나라가 큰 나라이기는 하지만, 무엇이 두렵겠느냐?"

萬章問曰, "宋, 小國也, 今將行王政, 齊 · 楚惡而伐之, 則如之何?" 孟子曰,
만 장 문 왈   송 소 국 야 금 장 행 왕 정 제 초 오 이 벌 지 즉 여 지 하   맹 자 왈

"湯居亳, 與葛爲隣. 葛伯放而不祀, 湯使人問之, 曰, '何爲不祀?' 曰, '無以
탕 거 박   여 갈 위 린   갈 백 방 이 불 사   탕 사 인 문 지 왈   하 위 불 사   왈   무 이

供犧牲也.' 湯使遣之牛羊, 葛伯食之, 又不以祀. 湯又使人問之曰, '何爲
공 희 생 야   탕 사 견 지 우 양   갈 백 식 지   우 불 이 사   탕 우 사 인 문 지 왈   하 위

不祀?' 曰, '無以供粢盛也.' 湯使亳衆往爲之耕, 老弱饋食. 葛伯率其民,
불 사   왈   무 이 공 자 성 야   탕 사 박 중 왕 위 지 경   노 약 궤 식   갈 백 솔 기 민

要其有酒食黍稻者奪之, 不授者殺之. 有童子以黍肉餉, 殺而奪之. 書曰,
요 기 유 주 식 서 도 자 탈 지   불 수 자 살 지   유 동 자 이 서 육 향   살 이 탈 지   서 왈

'葛伯仇餉.' 此之謂也. 爲其殺是童子而征之, 四海之內皆曰, '非富天下也,
갈 백 구 향   차 지 위 야   위 기 살 시 동 자 이 정 지   사 해 지 내 개 왈   비 부 천 하 야

爲匹夫匹婦復讐也.' 湯始征, 自葛載, 十一征而無敵於天下. 東面而征,
위 필 부 필 부 복 수 야   탕 시 정   자 갈 재   십 일 정 이 무 적 어 천 하   동 면 이 정

西夷怨. 南面而征, 北狄怨. 曰, '奚爲後我?' 民之望之, 若大旱之望雨也.
서 이 원   남 면 이 정   북 적 원   왈   해 위 후 아   민 지 망 지   약 대 한 지 망 우 야

歸市者弗止, 芸者不變, 誅其君, 弔其民, 如時雨降, 民大悅. 書曰, '徯我后,
귀 시 자 부 지   운 자 불 변   주 기 군   조 기 민   여 시 우 강   민 대 열   서 왈   혜 아 후

后來其無罰!' 有攸不惟臣, 東征, 綏厥士女, 篚厥玄黃, 紹我周王見休,
후 래 기 무 벌   유 유 불 유 신   동 정   수 궐 사 녀   비 궐 현 황   소 아 주 왕 견 휴

惟臣附于大邑周.' 其君子實玄黃于篚, 以迎其君子. 其小人簞食壺漿,
유 신 부 우 대 읍 주   기 군 자 실 현 황 우 비 이 영 기 군 자   소 인 인 단 사 호 장

以迎其小人. 救民於水火之中, 取其殘而已矣. 太誓曰, '我武惟揚,
이 영 기 소 인 교 민 어 수 화 지 중 취 기 잔 이 이 의 태 서 왈 아 무 유 양

侵于之彊, 則取于殘, 殺伐用張, 于湯有光.' 不行王政云爾. 苟行王政,
침 우 지 강 즉 취 우 잔 살 벌 용 장 우 탕 유 광 불 행 왕 정 운 이 구 행 왕 정

四海之內皆擧首而望之, 欲以爲君, 齊·楚雖大, 何畏焉?"
사 해 지 내 개 거 수 이 망 지 욕 이 위 군 제   초 수 대 하 외 언

| 핵심어 | **大旱望雨** (대한망우)
| 해설 | 큰 가뭄에 비가 내리다.
왕도정치가 답이다.

6-6

맹자가 대불승*에게 말했다.

"당신은 당신 나라의 왕이 훌륭해지기를 바랍니까? 내 당신에게 분명하게
말해두겠습니다. 여기에 초나라 대부가 있다고 하고, 그의 자식이 제나라 말
을 하고 싶어 한다면 제나라 사람에게 그 자식을 가르치게 하겠습니까? 초
나라 사람에게 그 자식을 가르치게 하겠습니까?"

대불승이 말했다.

"제나라 사람에게 가르치게 할 것입니다."

맹자가 말했다.

"제나라 사람이 그 자식을 가르치고 있는데, 초나라 사람 여러 명이 하루
종일 옆에서 떠들어댄다면, 날마다 종아리를 치면서 제나라 말을 가르치며
잘하기를 요구하더라도 잘 안 될 것입니다. 그 자식을 제나라의 번화한 도시
거리인 장이나 악과 같은 곳에 데려가서 몇 년 동안 살게 한다면, 날마다 종
아리를 치면서 초나라 말을 하도록 요구하더라도 잘 안 될 것입니다. 당신
은 설거주(송나라 신하)를 매우 유능한 관리라고 생각하고, 왕의 거처에서 보

---

* 송나라 신하

좌하게 했습니다. 왕의 곁에 있는 여러 신하들이 모두 설거주와 같이 유능한 사람이라면, 당신의 왕이 누구와 더불어 나쁜 짓을 저지르겠습니까? 왕의 곁에 있는 여러 신하들이 설거주와 같이 유능한 사람이 아니라면, 당신의 왕이 누구와 더불어 착한 일을 하겠습니까? 한 명의 설거주가 홀로 송나라 왕을 어떻게 하겠습니까?"

孟子謂戴不勝曰, "子欲子之王之善與? 我明告子. 有楚大夫於此, 欲其子之
맹자위대불승왈   자욕자지왕지선여   아명고자   유초대부어차   욕기자지

齊語也, 則使齊人傅諸. 使楚人傅諸?"曰, "使齊人傅之."曰, "一齊人傅之,
제어야   즉사제인부저   사초인부저   왈   사제인부지   왈   일제인부지

衆楚人咻之, 雖日撻而求其齊也, 不可得矣. 引而置之莊嶽之間數年, 雖日撻
중초인휴지   수일달이구기제야   불가득의   인이치지장악지간수년   수일달

而求其楚, 亦不可得矣. 子謂薛居州善士也, 使之居於王所. 在於王所者,
이구기초   역불가득의   자위설거주선사야   사지거어왕소   재어왕소자

長幼卑尊皆薛居州也, 王誰與爲不善? 在王所者, 長幼卑尊皆非薛居州也,
장유비존개설거주야   왕수여위불선   재왕소자   장유비존개비설거주야

王誰與爲善? 一薛居州, 獨如宋王何!"
왕수여위선   일설거주   독여송왕하

| 핵심어 | 撻而求其 (달이구기)
| 해설 | 종아리를 치면서 요구하다.
지도자가 올바른 길을 갈 수 있도록 주변에 많은 인재를 배치해야 한다.

6-7

공손추가 물었다.

"제후들을 만나지 않는데, 무슨 뜻이라도 있습니까?"

맹자가 말했다.

"옛날에는 신하가 되지 않으면 제후를 만나지 않았다. 단간목은 위나라 문후가 그를 초빙하려고 집 앞 대문까지 갔으나 담장을 넘어 피했고, 설류는 노나라 목공이 그를 찾아가 만나려고 했으나 문을 닫고 받아들이지 않았다고 하는데, 이들 모두 너무 심했다고 생각한다. 그만큼 간절해서 찾아왔을

경우 만나도 될 것이다.

양화*는 공자**가 자기를 찾아오게 하려고 했지만, 양화는 예의가 없다고 비난 받는 것을 싫어했다. 대부가 사에게 선물을 하는 경우, 사가 자기 집에서 그 선물을 직접 받지 못했으면, 대부의 집 앞 대문에 가서 절을 해야 한다. 양화는 공자가 집에 없을 때를 엿보아 공자에게 삶은 돼지고기를 보냈고, 공자 또한 그가 집에 없을 때를 엿보아 찾아가서 절을 했다. 이런 경우, 양화가 먼저 예의를 베풀었다면, 공자가 어찌 만나지 않았겠느냐? 증자가 이렇게 말했다. '어깨를 추켜올리고 아첨하며 웃음 짓는 것이, 여름 땡볕에서 일하는 것보다 더 고통스럽다.' 자로가 이렇게 말했다. '뜻이 같지 않은데 억지로 영합하여 말하는 자는 그 얼굴빛을 보면 빨개져 있다. 나는 그렇게 할 수가 없다.' 이런 것으로 본다면, 군자가 수양하는 것을 알 수가 있다."

公孫丑問曰, "不見諸侯, 何義?" 孟子曰, "古者不爲臣不見. 段干木踰垣
공손추문왈 불견제후 하의 맹자왈 고자불위신불견 단간목유원

而辟之, 泄柳閉門而不內, 是皆已甚. 迫, 斯可以見矣. 陽貨欲見孔子,
이 피지 설류폐문이불납 시개이심 박 사가이견의 양화욕견공자

而惡無禮. 大夫有賜於士, 不得受於其家, 則往拜其門. 陽貨瞰孔子之亡也,
이 오무례 대부유사어사 부득수어기가 즉왕배기문 양화감공자지무야

而饋孔子蒸豚. 孔子亦瞰其亡也而往拜之. 當是時, 陽貨先, 豈得不見?
이 궤공자증돈 공자역감기무야이왕배지 당시시 양화선 기득불견

曾子曰, '脅肩諂笑, 病于夏畦.' 子路曰, '未同而言, 觀其色赧赧然,
증자왈 협견첨소 병우하휴 자로왈 미동이언 관기색난난연

非由之所知也.' 由是觀之, 則君子之所養, 可知已矣."
비 유지소지야 유시관지 즉군자지소양 가지이의

| 핵심어 | 迫斯可見 (박사가견)
| 해설 | 절박하게 찾아왔을 때는 만나봐도 좋다.
나가고 물러남을 제대로 하라.

* 노나라에서 대부가 되었다.
** 노나라에서 사가 되었다.

6-8

대영지*가 말했다.

"수확물의 1/10을 세금으로 부과하는 농지세를 실시하고, 관문을 통과하는 통행세, 시장의 물품세나 감독세 등 각종 세금 폐지를 올해에 곧바로 하기는 힘드니, 올해는 세금을 경감하고 내년 이후에 가혹한 세금제도를 폐지하도록 하는 것이 어떻겠습니까?"

맹자가 말했다.

"여기 매일 이웃집의 닭을 훔치는 자가 있는데, 어떤 사람이 그에게 말했습니다. '자네의 행동은 군자의 도리가 아닐세.' 그 사람이 말했습니다. '그럼, 그 숫자를 줄여서, 매일이 아니고 한 달에 한 마리씩 훔치다가, 내년 이후에는 훔치지 않으려고 합니다.' 올바른 도리가 아닌 것을 알았다면, 당장 그만두어야 하지, 어찌 내년까지 기다린다고 합니까?"

戴盈之曰, "什一, 去關市之征, 今茲未能, 請輕之, 以待來年然後已, 何如?"
대 영 지 왈   심 일   거 관 시 지 정   금 자 미 능   청 경 지   이 대 래 년 연 후 이   하 여

孟子曰, "今有人日攘其鄰之雞者, 或告之曰, '是非君子之道.' 曰. '請損之,
맹 자 왈   금 유 인 일 양 기 린 지 계 자   혹 고 지 왈   시 비 군 자 지 도   왈   청 손 지

月攘一雞, 以待來年然後已.' 如知其非義, 斯速已矣, 何待來年?"
월 양 일 계   이 대 래 년 연 후 이   여 지 기 비 의   사 속 이 의   하 대 래 년

| 핵심어 | 斯速已矣 (사속이의)
| 해설 | 올바르지 않은 일은 당장 그만두어야 한다.
올바른 정책은 빨리 시행하라.

6-9

공도자가 말했다.

"외부 사람이 모두 선생님이 논쟁하기를 좋아한다고 합니다. 감히 묻겠습니다만 왜 그렇습니까?"

* 송나라 대부.

맹자가 말했다.

"내가 어찌 논쟁하기를 좋아하겠느냐. 할 수 없이 그런 것이다. 세상에 인간이 살아온 지가 오래되었는데, 세상이 잘 다스려질 때도 있었고, 혼란스러울 때도 있었다. 요임금 때는 강물이 역류하여 넘쳐서 나라의 중심부까지 범람했고, 사방에 뱀이나 용 같은 파충류가 득실해서, 사람이 편안하게 살 곳이 없었으며, 낮은 지대에 사는 사람은 나무 위에 집을 지었고, 높은 지대에 사는 사람은 굴을 파고 살았다. 『서경』에서 이렇게 말했다. '쏟아져 내리는 물이 우리를 경계하게 만들었다.' 쏟아져 내리는 물이 바로 홍수다.

우임금에게 홍수를 다스리게 했는데, 우임금이 땅을 파서 강물을 바다로 흘러가게 하고, 뱀이나 용 같은 파충류를 늪지대로 몰아냈다. 강물이 이제 강줄기를 따라 흘러가게 되었는데, 양자강, 회수, 황하, 한수 등이 바로 그것이다. 사람의 생명을 위협했던 홍수나 사람을 해치는 새와 짐승들이 사라진 다음, 이제 사람이 낮은 지대나 높은 지대를 벗어나 평지에서 살게 되었다.

요임금과 순임금이 세상을 떠나자, 성인의 훌륭한 정치가 쇠퇴하고, 폭군이 대대로 나왔다. 서민들이 살던 집을 부수어, 자기들이 이용할 궁전을 짓고 정원을 만들자, 사람이 편안하게 쉴 곳이 없게 되었다. 또한 농지를 강제로 몰수하여 자기들이 즐길 사냥터를 만들어서 사람이 의식주를 해결할 수 없게 되었으며, 사악한 이론과 포학무도한 행동이 수시로 일어났다. 폭군이 즐길 사냥터나 정원들이 많아지면서, 짐승들이 번식하여 득실거렸다. 은나라 말기 주임금 시대에 세상이 너무나 혼란스러워졌다.

주공이 무왕을 도와 주임금을 처단하고, 주임금을 도우고 있던 엄나라를 정벌한 지 3년 만에 그 군주를 토벌하고, 주임금의 최측근이었던 비렴을 바다 모퉁이로 몰아내어 죽였으며, 이때 멸망시킨 나라가 50개국이었다. 사람을 위협하던 범과 표범, 코뿔소와 코끼리를 몰아내어 멀리 쫓아버리니, 세상 사람이 매우 기뻐했다. 『서경』에서 이렇게 말했다. '크게 드러나셨다! 문

왕의 가르침이여. 크게 계승하셨다! 무왕의 공적이여. 우리 후대들을 이끌어 주시되, 모두 올바른 도리로 하고 무너지지 않게 하셨도다.'

세상의 윤리도덕이 미약해져 사악한 학설과 포학무도한 행동이 일어나면서 신하가 군주를 시해하는 자가 있었고, 자식이 부모를 시해하는 자도 있게 되자, 공자가 이를 두려워하여 『춘추』를 지었다. 『춘추』는 천자의 일을 기록한 것이다. 때문에 공자가 이렇게 말했다. '나를 알아주고 칭찬할 일도 오직 『춘추』이리라! 나를 배척하고 벌하는 일도 오직 『춘추』이리라!'

성인이 나오지 않자, 제후들이 방자하게 행동하고, 처사들이 제멋대로 사악한 주장을 내세우며, 양주와 묵적*의 이론이 세상에 넘쳐흘러, 세상의 말이 양주가 아니면 묵적에게로 돌아갔다. 양주의 이론은 자기만을 위주로 하는 군주를 무시하는 사상이고 묵적은 모든 사람을 똑같이 사랑하는 이론으로, 부모를 무시하는 사상이다. 부모도 무시하고 군주도 무시하면 이는 짐승이나 다름없다. 공명의가 말했다. '푸줏간에 살진 고기가 있고, 마구간에 살찐 말이 있는데, 백성에게 굶주린 기색이 있고, 들에 굶어 죽은 시체가 있다면, 이는 짐승을 몰아와서 사람을 잡아먹게 하는 짓이다.'

양주나 묵적의 이론이 종식되지 않으면, 공자의 유교가 제대로 드러나지 못하고, 사악한 이론이 백성을 속여, 사람을 사랑하는 마음이나 올바른 도리의 실천이 막힌다. 사람을 사랑하는 마음이나 올바른 도리의 실천이 막히면, 짐승을 내몰아 사람을 잡아먹게 하다가, 끝내는 사람이 서로 잡아먹게 된다.

내가 이런 사태를 두려워하여, 공자의 유교를 지키고 보호하여, 양주와 묵적의 사악한 이론을 막아서, 비뚤어진 말을 추방하고 사악한 이론이 나오지 못하게 하려고 한다. 사악한 이론은 거의 마음에서 나와 그 일에 해를 끼치고 그 일에서 나와 결국에는 정치에 해를 끼친다. 성인이 다시 나온다 하더라도 내 말을 바꾸지 못할 것이다.

옛날, 우임금이 홍수를 막자 세상이 편안해졌고, 주공이 오랑캐들을 병합하고 맹수를 몰아내자 사람이 편안하게 살게 되었으며, 공자가 『춘추』를 완성하자 난신적자**들이 두려워했다. 『시경』에서 이렇게 읊었다. '서북쪽의 오랑캐를 정벌하니, 남쪽의 오랑캐들도 다스려지네. 이제 나를 대적할 자가 없노라!' 부모도 모르고 군주도 모르는 짐승 같은 자들은 주공도 응징했다.

나 또한 사람의 마음을 바르게 잡아주고, 사악한 이론을 종식시키며, 잘못된 행실을 막고, 방자한 말을 추방하여, 우임금이나 주공, 공자와 같은 성인을 계승하려고 하는데 내 어찌 논쟁하기를 좋아하겠느냐? 할 수 없이 그런 것이다. 지금 양주와 묵적의 이론을 막아낼 수 있는 사람은 유교를 따르는 성인의 무리일 뿐이다."

公都子曰, "外人皆稱夫子好辯, 敢問何也?" 孟子曰, "予豈好辯哉, 予不得已
공도자왈 외인개칭부자호변 감문하야 공자왈 여기호변재 여부득이

也. 天下之生久矣, 一治一亂. 當堯之時, 水逆行, 氾濫於中國, 蛇龍居之,
야 천하지생구의 일치일란 당요지시 수역행 범람어중국 사룡거지

民無所定, 下者爲巢, 上者爲營窟. 書曰, '洚水警余.' 洚水者, 洪水也.
민무소정 하자위소 상자위영굴 서왈 홍수경여 홍수자 홍수야

使禹治之, 禹掘地而注之海, 驅蛇龍而放之菹. 水由地中行, 江·淮·河·
사우치지 우굴지이주지해 구사룡이방지저 수유지중행 강 회 하

漢是也. 險阻旣遠, 鳥獸之害人者消, 然後人得平土而居之. 堯·舜旣沒,
한시야 험조기원 조수지해인자소 연후인득평토이거지 요 순기몰

聖人之道衰, 暴君代作. 壞宮室以爲汙池, 民無所安息. 棄田以爲園囿, 使民
성인지도쇠 폭군대작 괴궁실이위오지 민무소안식 기전이위원유 사민

不得衣食. 邪說暴行又作. 園囿汙池, 沛澤多而禽獸至. 及紂之身, 天下又
부득의식 사설포행우작 원유오지 패택다이금수지 급주지신 천하우

大亂. 周公相武王, 誅紂伐奄, 三年討其君, 驅飛廉於海隅而戮之. 滅國者
대란 주공상무왕 주주벌엄 삼년토기군 구비렴어해우이륙지 멸국자

五十. 驅虎豹犀象而遠之. 天下大悅. 書曰, '丕顯哉! 文王謨. 丕承哉!
오십 구호표서상이원지 천하대열 서왈 비현재 문왕모 비승재

武王烈. 佑啓我後人, 咸以正無缺.' 世衰道微, 邪說暴行有作, 臣弒其君者
무왕열 우계아후인 함이정무결 세쇠도미 사설포행유작 신시기군자

* 묵적은 만민을 다 평등하게 사랑해야 한다는 겸애설을 주장한 묵공을 가리킨다.
** 나라를 어지럽히는 신하와 어버이를 해치는 자식 또는 불충한 무리.

有之, 子弑其父者有之, 孔子懼, 作春秋. 春秋, 天子之事也. 是故孔子曰,
유지 자시기부자유지 공자구 작춘추 춘추 천하지사야 시고공자왈

'知我者其惟春秋乎! 罪我者其惟春秋乎!'聖王不作, 諸侯放恣, 處士橫議,
지아자기유춘추호 죄아자기유춘추호 성왕부작 제후방자 처사횡의

楊朱·墨翟之言盈天下, 天下之言, 不歸楊則歸墨. 楊氏爲我, 是無君也.
양주 묵적지언영천하 천하지언 불귀양즉귀묵 양씨위아 시무군야

墨氏兼愛, 是無父也. 無父無君, 是禽獸也. 公明儀曰, '庖有肥肉, 廏有肥馬,
묵씨겸애 시무부야 무부무군 시금수야 공명의왈 포유비육 구유비마

民有飢色, 野有餓莩, 此率獸而食人也.'楊·墨之道不息, 孔子之道不著,
민유기색 야유아표 차솔수이식인야 양 묵지도불식 공자지도부저

是邪說誣民, 充塞仁義也. 仁義充塞, 則率獸食人, 人將相食. 吾爲此懼,
시사설무민 충색인의야 인의충색 즉솔수식인 인장상식 오위차구

閑先聖之道, 距楊·墨, 放淫辭, 邪說者不得作. 作於其心, 害於其事. 作於
한선성지도 거양 묵 방음사 사설자부득작 작어기심 해어기사 작어

其事, 害於其政. 聖人復起, 不易吾言矣. 昔者禹抑洪水而天下平, 周公兼
기사 해어기정 성인부기 불역오언의 석자우억홍수이천하평 주공겸

夷狄, 驅猛獸而百姓寧, 孔子成春秋而亂臣賊子懼. 詩云, '戎狄是膺, 荊舒
이적 구맹수이백성영 공자성춘추이란신적자구 시운 융적시응 형서

是懲, 則莫我敢承.'無父無君, 是周公所膺也. 我亦欲正人心, 息邪說,
시징 즉막아감승 무부무군 시주공소응야 아역욕정인심 식사설

距詖行, 放淫辭, 以承三聖者, 豈好辯哉? 予不得已也. 能言距楊·墨者,
거피행 방음사 이승삼성자 기호변재 여부득이야 능언거양 묵자

聖人之徒也."
성인지도야

| 핵심어 | 不得已也 (부득이야)
| 해설 | 할 수 없이 일할 때가 있다.
칭찬하고 배척하는 기준은 오직 『춘추』뿐!

6-10

광장*이 말했다.

"진중자**는 참으로 청렴한 인물이 아닙니까? 오릉에 살면서 3일 동안 먹지 않아, 귀가 들리지 않았고 눈이 보이지 않았습니다. 우물가에 오얏나무가 있었고, 떨어진 오얏의 대부분이 굼벵이가 파먹은 것이었는데 너무 배가 고

파 기어가서 그것을 집어 먹었는데, 세 번 삼킨 후에야 귀가 들리고 눈이 보이게 되었다고 합니다.”

맹자가 말했다.

“제나라의 관리 가운데 나는 반드시 진중자를 최고로 꼽는다. 그러나 진중자가 어찌 청렴한 인물이라고 할 수 있겠느냐. 진중자의 지조를 그대로 채우려면 지렁이가 된 후에야 가능한 일이다. 지렁이는 땅 위에서는 마른 흙을 먹고 땅 아래에서는 흙탕물을 마시고 산다. 진중자가 거처하는 집은 백이와 같이 의로운 사람이 지은 것인가? 아니면 도척과 같은 나쁜 녀석이 지은 것인가? 먹는 곡식은 백이와 같이 의로운 사람이 심고 가꾼 것인가? 아니면 도척과 같은 나쁜 녀석이 심고 키운 것입니까? 이것을 알 수 없다.”

광장이 말했다.

“그런 것이 무슨 상관이겠습니까. 그는 자기가 신발을 만들고 아내가 실을 뽑고 옷감을 만들어 곡식을 바꾸어 먹고살고 있습니다.”

맹자가 말했다.

“진중자는 제나라의 권문세가였다. 그의 형인 대가 합 땅에서 받는 봉급이 만종이나 된다. 형의 봉급을 의롭지 않다고 하여 먹지 않았고, 형의 집을 의롭지 않은 집이라 하여 거처하지 않았으며, 형을 피하고 어머니를 떠나 오릉에서 살았다. 나중에 집으로 돌아갔는데, 그의 형에게 살아 있는 거위를 선물한 사람이 있었는데, 그는 이마를 찌푸리며 이렇게 말했다. ‘저 꽥꽥거리는 거위를 어디에 쓰겠는가?’

그 후 어느 날, 그 어머니가 이 거위를 잡아 그에게 주어서 먹고 있었는데, 형이 밖에서 돌아와 그것을 보고 이렇게 말했다. ‘이것은 꽥꽥거리는 거위 고기다.’ 그는 밖으로 나가 거위 고기를 토해버렸다.

어머니가 해주면 먹지 않고 아내가 해주면 먹으며, 형의 집에는 살지 않고

---

* 제나라 사람.
** 제나라 권문세가 사람.

오릉에는 살았다. 이런 식으로 해서야, 그 지조를 채울 수 있겠느냐? 진중자와 같은 자는 지렁이가 된 후에야 그 지조를 채울 수 있을 것이다."

匡章曰, "陳仲子豈不誠廉士哉? 居於陵, 三日不食, 耳無聞, 目無見也. 井上
광장왈　진중자기불성염사재　거오릉　삼일불식　이무문　목무견야　정상

有李, 螬食實者過半矣, 匍匐往將食之, 三咽, 然後耳有聞, 目有見."孟子曰,
유이　조식실자과반의　포복왕장식지　삼연　연후이유문　목유견　맹자왈

"於齊國之士, 吾必以仲子爲巨擘焉. 雖然, 仲子惡能廉. 充仲子之操,
어제국지사　오필이중자위거벽언　수연　중자오능렴　충중자지조

則蚓而後可者也. 夫蚓, 上食槁壤, 下飮黃泉. 仲子所居之室, 伯夷之所築與?
즉인이후가자야　부인　상식고양　하음황천　중자소거지실　백이지소축여

抑亦盜跖之所築與? 所食之粟, 伯夷之所樹與? 抑亦盜跖之所樹與? 是未
억역도척지소축여　소식지속　백이지소수여　억역도척지소수여　시미

可知也."曰, "是何傷哉. 彼身織屨, 妻辟纑, 以易之也."曰, "仲子, 齊之世
가지야　왈　시하상재　피신직구　처벽로　이역지야　왈　중자　제지세

家也, 兄戴, 蓋祿萬鐘. 以兄之祿爲不義之祿而不食也, 以兄之室爲不義之
가야　형대　합록만종　이형지록위불의지록이불식야　이형지실위불의지

室而不居也, 避兄離母, 處於於陵. 他日歸, 則有饋其兄生鵝者, 己頻顣曰,
실이불거야　피형리모　처어오릉　타일귀　즉유궤기형생아자　기빈축왈

"惡用是鶃鶃者爲哉?"他日, 其母殺是鵝也, 與之食之. 其兄自外至, 曰.'是
오용시역역자위재　타일　기모살시아야　여지식지　기형자외지　왈　시

鶃鶃之肉也.'出而哇之. 以母則不食, 以妻則食之. 以兄之室則弗居, 以於
역역지육야　출이왜지　이모즉불식　이처즉식지　이형지실즉불거　이오

陵則居之 是尙爲能充其類也乎? 若仲子者, 蚓而後充其操者也."
릉즉거지　시상위능충기류야호　약중자자　인이후충기조자야

| 핵심어 | 充其操者 (충기조자)
| 해설 | 지조를 채울 수 있는 사람이 있다.

청렴결백!

이루(상)

7

7-1

맹자가 말했다.

"이루*는 밝은 눈을, 공수자(노나라의 장인. 이름은 반)는 뛰어난 솜씨를 가지고 있지만, 원이나 네모를 그릴 때 규구를 쓰지 않으면 네모꼴과 원형을 만들기 어렵다. 태사인 사광**은 밝은 귀를 가지고 있지만 육률을 쓰지 않으면, 다섯 음[궁상각치우]을 바로잡기 어렵다. 이처럼 요임금과 순임금이 실천한 길을 정치의 본보기로 쓰지 않으면, 세상을 고르게 다스리기 어렵다.

요즘은 사람을 사랑하는 마음과 열린 귀를 지니고 있다는 소문이 있는데도, 백성이 정치의 혜택을 받지 못하고 후세에 본보기가 될 수 없는 것은, 이전 왕들이 실천한 훌륭한 정치를 행하지 않기 때문이다. 그러므로 '한갓 선심을 쓰는 것만으로 정치를 잘할 수는 없다. 한갓 법을 쓰는 것만으로 정치가 저절로 행해질 수는 없다.'고 했다. 『시경』에서도 이렇게 노래했다. '잘 못하지 않고 잊지도 않는 것은, 옛날의 본보기를 따르기 때문이다.'*** 이

---

* 중국 황제 때 전설적인 인물. 능히 백 보 밖의 추호의 끝을 볼 수 있을 정도로 눈이 밝았다고 한다.
** 진나라의 악사로 음을 잘 아는 사람.
***『시경』「대아」〈가악〉 편.

전의 왕들이 실천한 정치를 본보기로 하여 잘못을 저지른 사람은 아직까지 없다.

성인은 밝은 눈으로 사물을 파악하고, 자나 줄자, 컴퍼스와 같은 도구로 사각형이나 원형, 평면이나 직선을 만들었는데, 이를 이루 다 쓸 수 없다. 밝은 귀로 소리를 인식하고, 육율을 써서 오음을 바로잡았는데, 이를 이루 다 쓸 수 없다. 마음으로 정성을 다했고, 사람에게 악독하게 굴지 못하는 정치를 실행하여, 사람을 사랑하는 마음이 세상을 뒤덮었다. 그러므로 '높은 산을 만들려면 반드시 언덕을 이용하고, 낮은 강물을 만들려면 반드시 개천이나 연못을 이용하라.' 했는데, 정치를 하면서 이전의 왕들이 실천한 방법을 이용하지 않는데, 지혜롭다 할 수 있겠는가?

때문에 오직 사람을 사랑하는 사람이 높은 자리에 있어야 한다. 사람을 사랑하지 않는 사람이 높은 자리에 있으면, 그 피해가 여러 사람에게 미친다. 높은 곳에 있는 사람이 올바른 정치를 고민하지 않고, 아래에 있는 사람이 법을 지키지 않으며, 조정에 있는 사람이 정치를 신뢰하지 않고, 장인들이 제도를 믿지 않으면, 군자가 의리를 잃고 소인이 법질서를 해치는데도, 나라가 보존될 수 있는 것은 요행이다. 그러므로 '성곽이 완비되지 않거나 군사가 많지 않은 것이 나라의 재앙이 아니고, 농경지가 개간되지 않고 재물이 모이지 않는 것이 나라의 폐해가 아니다. 윗사람이 예의가 없고, 아랫사람이 제대로 배우지 않아 백성을 해치는 사람이 생겨날 때 며칠 가지 않아서 망하게 된다.'고 했다.

『시경』에서 이렇게 노래했다. '하늘이 바야흐로 나라를 뒤엎으려고 하니, 그렇게 시끄럽게 굴지 마라.'

시끄럽게 군다는 것은 답답하다는 말과 같다. 군주를 섬기는 데 의리가 없고, 공직을 맡아 나아가거나 물러나면서 예의가 없으며, 이전의 왕들이 실천한 정치를 헐뜯기만 하니 참 답답한 노릇이다. 그러므로 '군주가 어려운 일을 실행할 수 있도록 권고하는 것을 공손함이라 하고, 착한 일을 밝혀 비뚤어진 마음을 막는 것을 정중함이라 하며, '우리 군주는 올바른 정치를 할 수 없다.'고 하는 것을 도둑이라고 했다."*

孟子曰, "離婁之明, 公輸子之巧, 不以規矩, 不能成方員. 師曠之聰, 不以六
맹자왈   이루지명 공수자지교 불이규구 불능성방원 사광지총 불이육

律, 不能正五音. 堯·舜之道, 不以仁政不能平治天下. 今有仁心仁聞,
률 불능정오음 요 순지도 불이인정불능평치천하 금유인심인문

而民不被其澤, 不可法於後世者, 不行先王之道也. 故曰, "徒善不足以爲政,
이민불피기택 불가법어후세자 불행선왕지도야 고왈   도선부족이위정

徒法不能以自行." 詩云, '不愆不忘, 率由舊章.' 遵先王之法而過者, 未之
도법불능이자행 시운 불건불망 솔유구장 준선왕지법이과자 미지

有也. 聖人旣竭目力焉, 繼之以規矩準繩, 以爲方員平直, 不可勝用也. 旣竭
유야 성인기갈목력언 계지이규구준승 이위방원평직 불가승용야 기갈

耳力焉, 繼之以六律, 正五音, 不可勝用也. 旣竭心思焉, 繼之以不忍人之政,
이력언 계지이육률 정오음 불가승용야 기갈심사언 계지이불인인지정

而仁覆天下矣. 故曰, "爲高必因丘陵, 爲下必因川澤, 爲政不因先王之道,
이인복천하의 고왈   위고필인구릉 위하필인천택 위정불인선왕지도

可謂智乎? 是以惟仁者宜在高位. 不仁而在高位, 是播其惡於衆也.
가위지호 시이유인자의재고위 불인이재고위 시파기악어중야

上無道揆也, 下無法守也, 朝不信道, 工不信度, 君子犯義, 小人犯刑, 國之
상무도규야 하무법수야 조불신도 공불신도 군자범의 소인범형 국지

所存者幸也." 故曰, "城郭不完, 兵甲不多, 非國之災也. 田野不辟, 貨財不聚,
소존자행야 고왈   성곽불완 병갑부다 비국지재야 전야불벽 화재불취

非國之害也. 上無禮, 下無學, 賊民興, 喪無日矣." 詩曰, '天之方蹶, 無然
비국지해야 상무례 하무학 적민흥 상무일의   시왈   천지방궤 무연

泄泄.' 泄泄, 猶沓沓也. 事君無義, 進退無禮, 言則非先王之道者, 猶沓沓也.
예예 예예 유답답야 사군무의 진퇴무례 언즉비선왕지도자 유답답야

故曰 "責難於君謂之恭, 陳善閉邪謂之敬, '吾君不能' 謂之賊."
고왈   책난어군위지공 진선폐사위지경 오군불능 위지적

| 핵심어 | 繼之先王 (계지선왕)

| 해설 | 선왕의 정치를 이어가라.

밝은 눈으로 세상을 판단하라.

* 『시경』「대아」〈판지〉편.

7-2

맹자가 말했다.

"자나 컴퍼스는 네모꼴과 원형을 만드는 데 기여한다. 성인은 인간의 윤리도덕을 만드는 데 기준이 되는 인물이다. 군주가 되려고 한다면 군주의 도리를 다해야 하고, 신하가 되려고 한다면 신하의 도리를 다해야 한다. 이 두 가지는 요임금이나 순임금을 본보기로 할 뿐이다. 순임금이 요임금을 모시던 방법으로 군주를 모시지 않는다면, 그 군주를 공경하지 않는 사람이다. 요임금이 백성을 다스리던 방법으로 백성을 다스리지 않는다면, 그는 백성을 해치는 자이다.

공자가 말했다. '정치의 길은 두 가지다. 사람을 사랑하느냐 사람을 미워하느냐 뿐이다.'

그 백성을 포악하게 대할 경우, 심하면 몸은 시해당하고 나라도 망하게 된다. 심하지 않으면 몸은 위태롭고 나라는 쪼그라든다. 그리하여 유왕*이나 려왕**과 같은 악한 사람으로 불려, 후대에 효성스럽고 인정미 넘치는 사람이 나온다 하더라도, 그 악명을 영원히 고칠 수 없다.'

『시경』에서 이렇게 노래했다. '은나라의 거울이 멀리 있지 않다. 그 포악한 하나라 걸왕의 시대에 있다.'

이것이 바로 경계를 이르는 말이다."***

孟子曰, "規矩, 方圓之至也. 聖人, 人倫之至也. 欲爲君, 盡君道. 欲爲臣,
맹자왈   규구 방원지지야 성인 인륜지지야 욕위군 진군도 욕위신

盡臣道. 二者皆法堯 · 舜而已矣. 不以舜之所以事堯事君, 不敬其君者也.
진신도 이자개법요 순이이의 불이순지소이사요사군 불경기군자야

不以堯之所以治民治民, 賊其民者也. 孔子曰, '道二, 仁與不仁而已矣.'
불이요지소이치민치민 적기민자야 공자왈 도이 인여불인이이의

暴其民甚, 則身殺國亡, 不甚, 則身危國削. 名之曰幽 · 厲, 雖孝子慈孫,
포기민심 즉신시국망 불심 즉신위국삭 명지왈유 려 수효자자손

百世不能改也. 詩云, '殷鑒不遠, 在夏后之世.' 此之謂也."
백세불능개야 시운 은감불원 재하후지세 차지위야

| 핵심어 | 仁與不仁 (인여불인)
| 해설 | 사람을 사랑하느냐 미워하느냐.
정치의 기준.

7-3

맹자가 말했다.

"하·은·주 삼대가 세상을 얻은 것은 사람을 사랑했기 때문이고, 세상을 잃은 것은 사람을 사랑하지 않았기 때문이다. 나라가 무너지고 일어나며 보존되고 망하는 것 또한 그러하다. 천자가 사람을 사랑하지 않으면 이 세상을 지키지 못하고, 제후가 사람을 사랑하지 않으면 사직을 지키지 못하며, 경대부가 사람을 사랑하지 않으면 종묘를 지키지 못하고, 사서인이 사람을 사랑하지 않으면 자기 몸도 지키지 못한다. 요즘은 죽고 망하는 것을 싫어하면서도 사람을 사랑하지 않는데, 이는 취하는 것을 싫어하면서도 억지로 술을 마시는 것과 같다."

孟子曰, "三代之得天下也以仁, 其失天下也以不仁. 國之所以廢興存亡者亦
맹 자 왈   삼 대 지 득 천 하 야 이 인 기 실 천 하 야 이 불 인   국 지 소 이 폐 흥 존 망 자 역

然. 天子不仁, 不保四海, 諸侯不仁, 不保社稷, 卿大夫不仁, 不保宗廟,
연 천 하 불 인 불 보 사 해 제 후 불 인 불 보 사 직 경 대 부 불 인 불 보 종 묘

士庶人不仁, 不保四體. 今惡死亡而樂不仁, 是由惡醉而强酒."
사 서 인 불 인 불 보 사 체 금 오 사 망 이 락 불 인 시 유 오 취 이 강 주

| 핵심어 | 惡醉强酒 (오취강주)
| 해설 | 취하기를 싫어하면서 억지로 술을 마신다.
사랑하면 얻고 사랑하지 않으면 잃는다.

* 주나라 제12대 왕. 향락과 주색에 빠져 정사를 돌보지 않았다. 견융이 침공하여 유왕이 이로써 서주시대가 끝났다.
** 주나라 제10대 왕으로 국인폭동으로 왕위에서 쫓겨나 주의 쇠락을 불러왔다.
*** 『시경』「대아」〈탕〉 편.

7-4

맹자가 말했다.

"사람을 사랑했는데도 친해지지 않으면, 사람을 사랑했는지 돌이켜 보라. 사람을 다스렸는데도 다스려지지 않으면, 지혜를 모았는지 돌이켜 보라. 사람에게 예의를 다했는데도 반응하지 않으면, 공경을 다했는지 돌이켜 보라. 실천을 했는데 얻지 못한 것은 모두 자신에게서 돌이켜 보고 찾아야 하는데, 그 몸이 바르게 되면 세상이 그것으로 돌아간다.

『시경』에서 이렇게 노래했다.

'영원히 자기 사명을 생각하라. 스스로 복을 찾는 길이다.'"*

孟子曰, "愛人, 不親, 反其仁. 治人, 不治, 反其智. 禮人, 不答, 反其敬.
맹자왈   애인 불친 반기인 치인 불치 반기지 예인 부답 반기경

行有不得者, 皆反求諸己, 其身正而天下歸之. 詩云, '永言配命, 自求多福.'"
행유부득자 개반구저기 기신정이천하귀지 시운 영언배명 자구다복

| 핵심어 | 反求諸己 (반구저기)

| 해설 | 자신에게서 돌이켜 보고 찾아라.
진실로 나를 사랑하는 방법.

7-5

맹자가 말했다.

"사람은 늘 말한다. 모두가 '이 세상, 이 나라, 우리 집안'에 대해 말한다. 이 세상의 뿌리는 이 나라에 있고, 이 나라의 뿌리는 이 집안에 있으며, 우리 집안의 뿌리는 이 몸에 있다."

孟子曰, "人有恒言, 皆曰, '天下國家.' 天下之本在國, 國之本在家,
맹자왈   인유항언 개왈 천하국가 천하지본재국 국지본재가

家之本在身."
가지본재신

* 『시경』「대아」〈탕〉편.

세상에서 가장 소중한 '나'

7-6

맹자가 말했다.

"정치를 하는 것은 어렵지 않은데, 세력이 큰 집안에 죄를 짓지 않으면 된다. 큰 집안이 바라는 대로 해주면 나라가 본받고, 나라가 본받으면 세상이 본받는다. 그러므로 윤리도덕이 세상에 넘쳐흐른다."

孟子曰, "爲政不難, 不得罪於巨室. 巨室之所慕, 一國慕之. 一國之所慕,
맹 자 왈   위 정 불 난   부 득 죄 어 거 실   거 실 지 소 모   일 국 모 지   일 국 지 소 모

天下慕之. 故沛然德敎, 溢乎四海."
천 하 모 지   고 피 연 덕 교   일 호 사 해

| 핵심어 | 爲政所慕 (위정소모)
| 해설 | 정치의 실천은 본받는 데 있다.

순리대로 하면 윤리도덕이 넘쳐흐른다.

7-7

맹자가 말했다.

"세상에 도리가 살아 있을 때는 덕망이 작은 사람이 덕망이 큰 사람을 섬기고, 재주가 적은 사람이 재주가 많은 사람을 섬긴다. 세상에 도리가 혼란스러울 때는 작은 나라가 큰 나라를 섬기고 약한 나라가 강한 나라를 섬긴다. 이 두 가지는 세상의 이치이다. 세상의 이치를 따르는 사람은 살아남고, 세상의 이치를 어기는 사람은 죽는다.

제나라 경공이 말했다. '명령을 할 수도 없고, 또 명령을 받지 않는다면, 외교가 끊어질 판이다.' 그리고는 눈물을 흘리면서 딸을 오나라에 시집보냈다.

지금 작은 나라는 큰 나라를 모범으로 배우면서 큰 나라의 명령받기를 부끄러워하는데, 이는 제자가 스승에게 명령받기를 부끄러워하는 것과 같다. 그것을 부끄럽게 여긴다면, 문왕의 행적을 보고 본받아야 한다. 문왕을 본받으면, 큰 나라는 5년, 작은 나라는 7년이면 반드시 세상에 훌륭한 정치를 펼수 있다.

『시경』에서 이렇게 말했다. '상나라의 후손은 그 수가 10만이 넘는다. 상제가 명령하자, 주나라에 복종하는구나! 주나라에 복종하니, 천명이 일정한 것이 아니다. 은나라 사람은 훌륭하고 활달하여, 주나라 서울에 와서 술을 부어 제사를 돕는다.'*

공자가 말했다. '아무리 많은 숫자의 사람도 사람을 사랑하는 사람을 당해낼 수 없다. 나라의 군주가 사람을 사랑하면 세상에 대적할 사람이 없다.'

요즘은 세상에 대적할 사람이 없기를 바라면서, 사람을 사랑하지 않는데, 이는 뜨거운 물건을 잡았다가 찬물에 손을 담그지 않는 것과 같다.

『시경』에서 이렇게 노래했다.

'누가 뜨거운 물건을 잡고서도 손을 물에 담그지 않는가.'"**

孟子曰, "天下有道, 小德役大德, 小賢役大賢. 天下無道, 小役大, 弱役强.
맹자왈 천하유도 소덕역대덕 소현역대현 천하무도 소역대 약역강

斯二者, 天也. 順天者存, 逆天者亡. 齊景公曰, '旣不能令, 又不受命, 是絶
사이자 천야 순천자존 역천자망 제경공왈 기불능령 우불수명 시절

物也.' 涕出而女於吳. 今也小國師大國而恥受命焉, 是猶弟子而恥受命於
물야 체출이녀어오 금야소국사대국이치수명언 시유제자이치수명어

先師也. 如恥之, 莫若師文王. 師文王, 大國五年, 小國七年, 必爲政於天
선사야 여치지 모약사문왕 사문왕 대국오년 소국칠년 필위정어천

下矣. 詩云, '商之孫子, 其麗不億, 上帝旣命, 侯于周服. 侯服于周, 天命靡
하의 시운 상지손자 기려불억 상제기명 후우주복 후복우주 천명미

常, 殷士膚敏, 裸將于京.' 孔子曰, '仁不可爲衆也, 夫國君好仁, 天下無敵.'
상 은사부민 관장우경 공자왈 인불가위중야 부국군호인 천하무적

* 『시경』「대아」〈문왕〉 편.
** 『시경』「대아」〈상유〉 편.

今也欲無敵於天下而不以仁, 是猶執熱而不以濯也.
금 야 욕 무 적 어 천 하 이 불 이 인   시 유 집 열 이 불 이 탁 야

詩云, '誰能執熱, 逝不以濯.'"
시 운   수 능 집 열   서 불 이 탁

| 핵심어 | 順天逆天 (순천역천)
| 해설 | 이치를 따를 때와 이치를 어길 때를 생각하라.
행할 만할 때 행하면 된다.

7-8

맹자가 말했다.

"사람을 사랑하지 않는 자와 더불어 세상일을 말할 수 있겠는가? 그런 인간은 위태로운 일을 편안하게 생각하고, 재앙이 될 일도 이롭게 여기며, 망하게 될 일도 즐긴다. 사람을 사랑하지 않더라도 반성할 줄 아는 사람과 더불어 세상일을 말할 수 있다면, 어찌 나라를 망하게 하고, 집안을 망쳐버리는 일이 있겠는가?

어린아이들이 즐겨 부른 노래가 있다. '창랑의 물이 맑으면 나의 소중한 갓끈을 빨고, 창랑의 물이 흐리면 나의 더러운 발을 씻으리.'

공자가 말했다. '얘들아, 저 노래 소리를 잘 들어보아라. 물이 맑으면 갓끈을 빨고, 물이 흐리면 발을 씻는다고 하니, 물이 맑고 흐림에 따라 스스로 그렇게 취하는 것이다.'

사람은 반드시 자신이 자신을 먼저 업신여기면 다른 사람이 그를 업신여기게 되고, 집안도 반드시 스스로 망쳐버리면 다른 집안이 그 집안을 망치게 되며, 나라도 반드시 스스로 해치면 다른 나라가 공격하게 된다.

『서경』에서 이렇게 말했다. '하늘이 내리는 재앙은 오히려 피할 수 있다. 스스로 지은 재앙으로부터는 살아남을 수 없다.'

이 말이 바로 이를 가리킨 것이다."

孟子曰, "不仁者可與言哉? 安其危而利其菑, 樂其所以亡者. 不仁而可與言,
맹 자 왈   불 인 자 가 여 언 재   안 기 위 이 리 기 치   락 기 소 이 망 자   불 인 이 가 여 언

則何亡國敗家之有? 有孺子歌曰, '滄浪之水淸兮, 可以濯我纓. 滄浪之水濁
즉 하 망 국 패 가 지 유   유 유 자 가 왈   창 랑 지 수 청 혜   가 이 탁 아 영   창 랑 지 수 탁

兮, 可以濯我足.' 孔子曰, '小子聽之, 淸斯濯纓, 濁斯濯足矣. 自取之也.'
혜   가 이 탁 아 족   공 자 왈   소 국 청 지   청 사 탁 영   탁 사 탁 족 의   자 취 지 야

夫人必自侮, 然後人侮之. 家必自毁, 而後人毁之. 國必自伐, 而後人伐之.
부 인 필 자 모   연 후 인 모 지   귀 필 자 훼   이 후 인 훼 지   국 필 자 벌   이 후 인 벌 지

太甲曰, '天作孼, 猶可違. 自作孼, 不可活.' 此之謂也."
태 갑 왈   천 하 얼   유 가 위   자 작 얼   불 가 활   차 지 위 야

| 핵심어 | 淸濁自取 (청탁자취)
| 해설 | 맑고 흐림에 따라 스스로 그렇게 취하라.
내가 중심이다.

7-9

맹자가 말했다.

"걸임금과 주임금 때 세상을 잃은 것은, 그 백성을 잃은 것이다. 백성을 잃었다는 것은 그 마음을 잃은 것이다. 이 세상을 얻을 때 길이 있는데, 그 백성을 얻으면 세상을 얻는다. 백성을 얻을 때 길이 있는데, 그 마음을 얻으면 백성을 얻는다. 그 마음을 얻을 때 길이 있는데, 원하는 것을 줘서 모이게 하고 싫어하는 것을 베풀지 말아야 한다. 백성이 사람을 사랑하는 방향으로 따라가는 것은 물이 아래로 흐르고 짐승이 넓은 들로 달려가는 것과 같다. 그러므로 연못으로 물고기를 몰아주는 것은 수달이고, 나무숲으로 새를 몰아주는 것은 새매이다. 탕임금과 주周 무왕이 백성을 따른 이유는 포악했던 걸임금과 주紂임금이 있었기 때문이다.

지금 세상의 군주 가운데 사람을 사랑하는 사람이 있으면, 제후들이 모두 백성을 그에게 보낼 것이다. 그러니 임금 노릇을 하지 않으려 해도 할 수 없다. 지금 임금 노릇 하려는 사람은, 7년간 병을 앓은 사람이 3년 동안 묵은 약쑥을 구해 병을 고치려는 것과 같다. 병을 고치려는 사람은 차근차근 약쑥

을 비축하여 준비하지 않으면 죽을 때까지 병을 치료하지 못한다. 사람을 사랑하는 데 뜻을 두지 않으면 죽을 때까지 근심하고 치욕을 받으며, 죽어서 멸망에 이른다.

『시경』에서 이렇게 노래했다. '그들이 어찌 잘될 수 있겠는가? 모두 멸망의 구렁텅이로 빠져버리리라.'*

이 말이 바로 이를 이르는 것이다."

孟子曰, "桀·紂之失天下也, 失其民也. 失其民者, 失其心也. 得天下有道,
맹자왈   걸   주지실천하야   실기민야   실기민자   실기심야   득천하유도

得其民, 斯得天下矣. 得其民有道, 得其心, 斯得民矣. 得其心有道, 所欲與
득기민   사득천하의   득기민유도   득기심   사득민의   득기심유도   소욕여

之聚之, 所惡勿施爾也. 民之歸仁也, 猶水之就下·獸之走壙也.
지취지   소오물시이야   민지귀인야   유수지취하   수지주광야.

故爲淵毆魚者獺也, 爲叢毆爵者鸇也. 爲湯·武毆民者, 桀與紂也. 今天下
고 위 연 구 어 자 달 야   위 총 구 작 자 전 야   위 탕   무 구 민 자   걸 여 주 야   금 천 하

之君有好仁者, 則諸侯皆爲之毆矣. 雖欲無王, 不可得已. 今之欲王者, 猶七
지 군 유 호 인 자   즉 제 후 개 위 지 구 의   수 욕 무 왕   불 가 득 이   금 지 욕 왕 자   유 칠

年之病求三年之艾也. 苟爲不畜, 終身不得. 苟不志於仁, 終身憂辱, 以陷於
년 지 병 구 삼 년 지 애 야   구 위 불 축   종 신 부 득   구 부 지 어 인   종 신 우 욕   이 함 어

死亡. 詩云, '其何能淑? 載胥及溺.' 此之謂也."
사 망   시 운   기 하 능 숙   재 서 급 익   차 지 위 야

| 핵심어 | 天下民心 (천하민심)
| 해설 | 세상을 얻고 백성을 얻고 마음을 얻다.
원하는 것은 주고 싫어하는 것은 삼가라.

7-10

맹자가 말했다.

"자신을 해치는 인간과는 더불어 말할 수 없고, 자신을 버리는 인간과는 더불어 도모할 수 없다. 인간의 예의에 대해 비난하고 부정하는 것을 '자기

* 『시경』「대아」〈상유〉 편.

를 해친다.'고 한다. 자신은 사람을 사랑할 수 없고 의리를 따를 수 없다고 하는 것을 '자신을 버린다.'고 한다. 사람을 사랑하는 일은 사람이 편안하게 여기는 보금자리다. 의리는 사람이 가야 할 바른길이다. 편안한 보금자리를 비워놓고 거처하지 않으며, 바른길을 버려두고 따르지 않으니, 아, 슬프다!"

孟子曰, "自暴者不可與有言也, 自棄者不可與有爲也. 言非禮義, 謂之自暴
맹자왈　자포자불가여유언야　자기자불가여유위야　언비예의　위지자포

也. 吾身不能居仁由義, 謂之自棄也. 仁, 人之安宅也. 義, 人之正路也.
야　오신불능거인유의　위지자기야　인　인지안택야　의　인지정로야

曠安宅而弗居, 舍正路而不由, 哀哉!"
광안택이불거　사정로이불유　애재

| 핵심어 | 自暴自棄 (자포자기)
| 해설 | 자신을 해치고 자신을 버리다.
마땅히 가야 할 인간의 길을 가라.

7-11

맹자가 말했다.

"길은 가까운 곳에 있는데 먼 곳에서 찾고, 일은 쉬운 곳에 있는데 어려운 데서 찾는다. 사람마다 그 부모를 모시고, 어른을 어른으로 모시면, 세상이 평안하게 된다."

孟子曰, "道在邇而求諸遠, 事在易而求諸難. 人人親其親, 長其長, 而天
맹자왈　도재이이구저원　사재이이구저난　인인친기친　장기장　이천

下平."
하 평

| 핵심어 | 道邇事易 (도이사이)
| 해설 | 길은 가까운 곳에, 일은 쉬운 곳에 있다.
세상이 편안하게 되는 법.

7-12

맹자가 말했다.

"아랫자리에 있으면서 윗사람의 신임을 얻지 못하면, 백성을 얻어서 다스릴 수 없다. 윗사람에게 신임을 얻는 방법이 있는데, 벗에게 신뢰받지 못하면 윗사람에게 신임을 얻지 못한다. 벗에게 신뢰받는 방법이 있는데, 부모를 모시면서 기뻐하게 만들지 못하면 벗에게 신뢰받지 못한다. 부모를 기쁘게 하는 방법이 있는데, 내 몸을 돌이켜 보아 자연스럽지 못하면 부모를 기쁘게 하지 못한다. 내 몸을 자연스럽게 하는 방법이 있는데, 착한 일을 밝히지 못하면 내 몸을 자연스럽게 하지 못한다. 그러므로 자연스럽게 하는 것은 하늘의 길이다. 자연스러움을 생각하는 것은 사람의 길이다. 가장 자연스럽게 행동하면서도 마음을 감동시키지 못하는 사람은 없다. 자연스럽게 행동하지 못하면서 마음을 감동시킨 사람도 없다."

孟子曰, "居下位而不獲於上, 民不可得而治也. 獲於上有道, 不信於友,
맹 자 왈   거 하 위 이 불 획 어 상   민 불 가 득 이 치 야   획 어 상 유 도   불 신 어 우

弗獲於上矣. 信於友有道, 事親弗悅, 弗信於友矣. 悅親有道, 反身不誠,
불 획 어 상 의   신 어 우 유 도   사 친 불 열   불 신 어 우 의   열 친 유 도   반 신 불 성

不悅於親矣. 誠身有道, 不明乎善, 不誠其身矣. 是故誠者, 天之道也.
불 열 어 친 의   성 신 유 도   불 명 호 선   불 성 기 신 의   시 고 성 자 천 지 도 야

思誠者, 人之道也. 至誠而不動者, 未之有也. 不誠, 未有能動者也."
사 성 자   인 지 도 야   지 성 이 부 동 자   미 지 유 야   불 성   미 유 능 동 자 야

| 핵심어 | **至誠能動** (지성능동)
| 해설 | 가장 자연스럽게 행동할 때 사람의 마음을 감동시킬 수 있다.
신뢰를 얻는 법.

7-13

맹자가 말했다.

"백이가 포악한 주紂임금을 피해 북쪽 바닷가에서 살았는데, 문왕이 새 나라를 일으켰다는 소식을 듣고 이렇게 말했다.

'어찌 찾아가지 않겠는가! 나는 서백[문왕]이 노인을 잘 봉양해 준다고 들었다.'

태공도 주임금을 피해 동해 바닷가에서 살았는데, 문왕이 새 나라를 일으켰다는 소식을 듣고, 이렇게 말했다.

'어찌 그를 찾아가지 않겠는가! 나는 서백이 노인을 잘 봉양해 준다고 들었다.'

두 노인은 세상이 존경하는 큰 어른이었는데, 문왕에게 찾아갔으니, 이는 세상의 부모 같은 사람이 문왕을 찾아간 것이었다. 세상의 부모가 문왕을 찾아 모여드니, 그 자식들도 문왕을 찾아갔다. 제후 가운데 문왕과 같은 정치를 행하는 사람이 있으면, 7년 이내에 반드시 세상을 올바르게 다스리게 된다."

孟子曰, "伯夷辟紂, 居北海之濱, 聞文王作興, 曰, '盍歸乎來! 吾聞西伯善
맹자왈   백이피주 거북해지빈 문문왕작흥 왈   합귀호래 오문서백선

養老者.' 太公辟紂, 居東海之濱, 聞文王作興, 曰, '盍歸乎來! 吾聞西伯
양로자   태공피주 거동해지빈 문문왕작흥 왈   합귀호래 오문서백

善養老者.' 二老者, 天下之大老也, 而歸之, 是天下之父歸之也. 天下之
선양로자 이노자   천하지대로야 이귀지   시천하지부귀지야 천하지

父歸之, 其子焉往? 諸侯有行文王之政者, 七年之內, 必爲政於天下矣."
부귀지 기자언왕 제후유행문왕지정자 칠년지내 필위정어천하의

| 핵심어 | **西伯養老** (서백양로)
| 해설 | 서백이 노인을 대접하다.
어른다운 어른을 공경하라.

7-14
맹자가 말했다.

"염구*가 계씨 가문의 관리가 되었는데, 그 행실을 바로잡지 못하고, 다른 때보다 세금을 두 배나 많이 거두어들였다. 공자가 말했다. '저 염구는 나의 제자가 아니니, 너희들이 북을 울리면서 가서 공격해도 좋다.' 이로 미루어

볼 때, 군주가 훌륭한 정치를 행하지 않는데도 그를 부유하게 만든다면, 모두 공자에게 버림받을 것이니, 하물며 무리하게 전쟁을 해서야 되겠는가? 전쟁으로 영토를 빼앗느라 들에는 죽은 사람이 가득하고, 전쟁으로 성을 빼앗느라 성에는 죽은 사람이 가득하다.

이것이 이른바, '땅을 빼앗기 위해 사람을 잡아먹는다.'는 것이니, 그 죄가 죽어도 용서받지 못할 일이다. 그러므로 자주 전쟁을 일으키는 자는 최고의 형벌을 받아야 하고, 제후와 결탁하여 싸우게 하는 자는 그 다음 형벌을 받아야 하며, 풀밭과 황무지를 개간하여 농지를 경작하게 하고 세금을 무겁게 부과한 자는 그 다음 형벌을 받아야 한다."

孟子曰, "求也爲季氏宰, 無能改於其德, 而賦粟倍他日. 孔子曰, '求非我徒
맹자왈   구야위계씨재 무능개어기덕 이부속배타일 공자왈   구비아도

也, 小子鳴鼓而攻之可也.' 由此觀之, 君不行仁政而富之, 皆棄於孔子者也,
야   소자명고이공지가야   유차관지 군불행인정이부지 개기어공자자야

況於爲之强戰? 爭地以戰, 殺人盈野. 爭城以戰, 殺人盈城. 此所謂率土
황어위지강전 쟁지이전 살인영야 쟁성이전 살인영성 차소위솔토

地而食人肉, 罪不容於死. 故善戰者服上刑, 連諸侯者次之, 辟草萊 · 任土
지이식인육 죄불용어사 고선전자복상형 연제후자차지 벽초래   사토

地者次之."
지자차지

| 핵심어 | 改德富强 (개덕부강)
| 해설 | 행실을 바로잡고 부강한 나라에 기여하라.
백성을 힘들게 하지 마라.

7-15
맹자가 말했다.
"사람이 지닌 것 가운데 눈동자보다 좋은 것은 없다. 눈동자는 사악한 마음을 숨길 수 없다. 가슴속이 바르면 눈동자가 밝고, 가슴속이 바르지 못하

___

* 공자의 제자.

면 눈동자가 흐릿하다. 그 말을 들어보고 그 눈동자를 살펴보는데, 사람이 어찌 마음을 숨길 수 있겠는가?"

孟子曰, "存乎人者, 莫良於眸子. 眸子不能掩其惡. 胸中正則眸子瞭焉,
맹자왈　존호인자　막량어모자　모자불능엄기악　흉중정즉모자요언

胸中不正則眸子眊焉. 聽其言也, 觀其眸子, 人焉廋哉!"
흉중부정즉모자모언　청기언야　관기모자　인언수재

| 핵심어 | **聽言觀眸** (청언관모)
| 해설 | 말을 들어보고 눈동자를 살펴라.
눈동자를 보면 그 사람을 안다.

7-16

맹자가 말했다.

"공손한 사람은 다른 사람을 업신여기지 않고, 검소한 사람은 다른 사람의 것을 빼앗지 않는다. 다른 사람을 업신여기고 다른 사람의 것을 빼앗는 군주는 오직 자신의 뜻에 순종하지 않을까 두려워한다. 어찌 공손하고 검소할 수 있겠는가? 공손하고 검소한 모습을 어찌 목소리와 웃는 모습으로 꾸밀 수 있겠는가?"

孟子曰, "恭者不侮人, 儉者不奪人. 侮奪人之君, 惟恐不順焉, 惡得爲恭儉?
맹자왈　공자불모인　검자불탈인　모탈인지군　유공불순언　오득위공검

恭·儉豈可以聲音笑貌爲哉?"
공　검기가이성음소모위재

| 핵심어 | **聲音笑貌** (성음소모)
| 해설 | 가성으로 소리 내고 웃는 모습을 꾸미다.
군주는 오직 자신의 뜻에 순종하지 않을까 두려워한다.

7-17

순우곤*이 맹자에게 물었다.

"남자와 여자가 직접 물건을 주고받지 않는 것이 예의입니까?"

맹자가 대답했다.

"그게 예의입니다."

순우곤이 물었다.

"형수는 여자인데, 물에 빠지면 손을 잡고 끌어당겨 주어야 합니까?"

맹자가 대답했다.

"형수가 물에 빠졌는데도 끌어당겨 주지 않는다면, 이는 이리 같은 녀석입니다. 남자와 여자 사이에 직접 신체 접촉을 하지 않는 것은 예의입니다. 형수가 물에 빠졌는데 손을 잡고 끌어당겨 구해 주는 것은 도리입니다."

순우곤이 말했다.

"지금 온 세상이 도탄에 빠졌는데, 선생께서 구원하지 않는 것은 어째서입니까?"

맹자가 말했다.

"온 세상이 도탄에 빠졌을 때는 올바른 도리로 구원해야 합니다. 형수가 물에 빠져 허우적댈 때 손을 잡고 끌어당겨 구하는 것과는 다릅니다. 그대는 형수를 구해내듯이, 손으로 이 세상을 구제하려고 합니까?"

淳于髡曰, "男女授受不親, 禮與?" 孟子曰, "禮也." 曰, "嫂溺, 則援之以手
순 우 곤 왈　남 녀 수 수 불 친 예 여　맹 자 왈　예 야　왈　수 익 즉 원 지 이 수

乎?" 曰, "嫂溺不援, 是豺狼也. 男女授受不親, 禮也. 嫂溺援之以手者,
호　왈　수 익 불 원 시 시 랑 야　남 녀 원 수 불 친 예 야　수 익 원 지 이 수 자

權也." 曰, "今天下溺矣, 夫子之不援, 何也?" 曰, "天下溺, 援之以道.
권 야　왈　금 천 하 익 의 부 자 지 불 원　하 야　왈　천 하 익　원 지 이 도

嫂溺, 援之以手. 子欲手援天下乎?"
수 익　원 지 이 수　자 욕 수 원 천 하 호

| 핵심어 | 援之以道 (원지이도)
| 해설 | 올바른 도리로 구원하라.

* 제나라의 변사.

사람의 예의!

7-18

공손추가 물었다.

"군자는 자식을 직접 가르치지 않는다고 하는데, 왜 그렇습니까?"

맹자가 말했다.

"형세로 미루어 보아 직접 가르치지 않는 것이다. 가르치는 사람은 반드시 올바름을 가지고 해야 한다. 올바름으로 가르치지 않다가 그것으로 인해 성을 내게 된다. 성을 내면 자식에게 상처를 줄 수 있다. 아버지가 나를 올바름으로 가르치지만, 아버지의 행실이 올바름에서 나온 것이 아니라면, 이는 부자 사이에 상처를 줄 수 있다. 부자 사이에 서로 상처가 생기면 나쁘게 된다. 옛날에는 자식을 바꾸어 가르쳤다. 부자 사이에는 열심히 하라고 격려하면서도 착한 일에 대해 따지면서 밝히지 않는데, 따지면서 밝히면 부자 사이에 정이 떨어지고, 정이 떨어지면 세상에 이보다 나쁜 일은 없다."

公孫丑曰, "君子之不敎子, 何也?" 孟子曰, "勢不行也. 敎者必以正. 以正
공손추왈   군자지불교자   하야   맹자왈   세불행야   교자필이정 이정

不行, 繼之以怒. 繼之以怒, 則反夷矣. 夫子敎我以正, 夫子未出於正也,
불행   계지이노   계지이노   즉반이의   부자교아이정 부자미출어정야

則是父子相夷也. 父子相夷, 則惡矣. 古者易子而敎之, 父子之間不責善,
즉시부자상이야   부자상이   즉악의   고자역자이교지   부자지간불책선

責善則離, 離則不祥莫大焉."
책선즉리   리즉불상막대언

| 핵심어 | **易子敎之** (역자교지)

| 해설 | 자식 교육은 서로 바꾸어서 한다.

부모는 완전하지 않다.

7-19

맹자가 말했다.

"누구를 모시는 것이 큰일인가? 부모를 모시는 일이 크다. 무엇을 지키는 것이 큰가? 몸을 지키는 일이 크다. 내 몸을 잃지 않고 그 부모를 모신 사람에 대해서는 내가 들은 적이 있다. 그 몸을 잃고, 그 부모를 모신 사람에 대해서는 들어보지 못했다. 누구인들 모실 수 있지 않겠는가? 부모를 모시는 일이 모시는 일의 기본이다. 무엇인들 지킬 수 있지 않겠는가? 몸을 지키는 일이 지키는 일의 기본이다.

증자는 증석을 봉양할 때, 반드시 술과 고기를 올렸다. 밥상을 치울 때는 반드시 남은 음식을 줄 사람을 여쭈었다. 증석이 '남은 것이 있느냐?'고 물으면, 반드시 '있습니다.'라고 대답했다. 증석이 죽고, 증원이 증자를 봉양할 때도 반드시 술과 고기가 있었다. 그런데 밥상을 치울 때 남은 음식을 줄 사람을 여쭙지 않았다. 증자가 '남은 것이 있느냐?'고 물으면, 반드시 '없습니다.'라고 대답했다. 이는 먹다 남은 음식을 다시 올리기 위해서였다. 이것은 이른바 '음식을 가지고 물질적인 봉양'만을 하는 것이다. 증자와 같이 해야 '뜻을 봉양한다.'고 이를 만하다. 부모를 모실 때는 증자와 같이 하는 것이 옳다."

孟子曰, "事孰爲大? 事親爲大. 守孰爲大? 守身爲大. 不失其身而能事其
맹 사 왈   사 숙 위 대   사 친 위 대   수 숙 위 대   수 신 위 대   불 실 기 신 이 능 사 기

親者, 吾聞之矣. 失其身而能事其親者, 吾未之聞也. 孰不爲事? 事親,
친 자   오 문 지 의   실 기 신 이 능 사 기 친 자   오 미 지 문 야   숙 불 위 사   사 친

事之本也. 孰不爲守? 守身, 守之本也. 曾子養曾晳, 必有酒肉. 將徹,
사 지 본 야   숙 불 위 수   수 신   수 지 본 야   증 자 양 증 석   필 유 주 육   장 철

必請所與. 問, '有餘?' 必曰, '有.' 曾晳死, 曾元養曾子, 必有酒肉. 將徹,
필 청 소 여   문   유 여   필 왈   유   증 석 사   증 원 양 증 자   필 유 주 육   장 철

不請所與. 問, '有餘.' 曰, '亡矣.' 將以復進也. 此所謂養口體者也. 若曾子,
불 청 소 여   문   유 여   왈   무 의   장 이 부 진 야   차 소 위 양 구 체 자 야   약 증 자

則可謂養志也. 事親若曾子者可也."
즉 가 위 양 지 야   사 친 약 증 자 자 가 야

| 핵심어 | **孝道養志** (효도양지)
| 해설 | 효도는 뜻을 헤아리며 봉양하는 일이다.
부모를 진심으로 모셔라.

7-20

맹자가 말했다.

"사람마다 일일이 꾸짖을 수 없고, 잘못된 정치에 대해 모조리 흠잡을 수는 없다. 오직 대인이어야 군주의 나쁜 마음을 바로잡을 수 있다. 군주가 사람을 사랑하면 모든 일에서 사람을 사랑하지 않을 수 없고, 군주가 사람을 올바르게 대하면 모든 일에서 의리가 없을 수 없으며, 군주가 바르면 모든 일에서 바르지 않음이 없으니, 한결같이 군주를 바르게 하면 나라가 평안해진다."

孟子曰, "人不足與適也, 政不足與間也. 惟大人爲能格君心之非.
맹 자 왈   인 부 족 여 적 야   정 부 족 여 간 야   유 대 인 위 능 격 군 심 지 비

君仁莫不仁, 君義莫不義, 君正莫不正, 一正君而國定矣."
군 인 막 불 인   군 의 막 불 의   군 정 막 부 정   일 정 군 이 국 정 의

| 핵심어 | **正君國定** (정군국정)
| 해설 | 군주를 바르게 하면 나라가 평안해진다.
사람을 사랑하라.

7-21

맹자가 말했다.

"예상하지 못한 칭찬을 받을 수도 있고, 온전함을 추구하다 비방당할 수도 있다."

孟子曰, "有不虞之譽, 有求全之毀."
맹 자 왈　　유 불 우 지 예　유 구 전 지 훼

| 핵심어 | 求全之毀 (구전지훼)
| 해설 | 온전함을 추구하다 비방당하다
예상치 못한 결과에 대비하라.

7-22

맹자가 말했다.

"사람이 말을 쉽게 하는 것은, 책임지지 않겠다는 의미다."

孟子曰, "人之易其言也, 無責耳矣."
맹 자 왈　　인 지 이 기 언 야　무 책 이 의

| 핵심어 | 易言無責 (이언무책)
| 해설 | 쉽게 하는 말은 책임감이 없다.
신중하게 말하라.

7-23

맹자가 말했다.

"사람의 폐단은 다른 사람의 스승 되기를 좋아하는 데 있다."

孟子曰, "人之患, 在好爲人師."
맹 자 왈　　인 지 환　재 호 위 인 시

| 핵심어 | 人患爲師 (인환위사)
| 해설 | 사람의 폐단은 가르치려고 달려드는 데 있다.
스승을 자처하지 마라.

7-24

(맹자의 제자) 악정자가 자오(왕환의 자)를 따라 제나라에 갔다.
악정자가 맹자를 찾아뵈었다.

맹자가 말했다.

"그대도 나를 찾아오느냐?"

악정자가 말했다.

"선생님, 어찌 그렇게 말씀을 하십니까?"

맹자가 물었다.

"그대가 이곳에 온 지 며칠이나 되었는가?"

악정자가 대답했다.

"며칠 지났습니다."

맹자가 말했다.

"며칠 지났다면, 내가 이렇게 말하는 것이 당연하지 않느냐?"

악정자가 말했다.

"숙소를 정하지 못해서 그랬습니다."

맹자가 말했다.

"그대는 어디서 그런 말을 들었는가? '숙소를 정한 뒤에 어른을 찾아뵙는다.'고 하던가?"

악정자가 말했다.

"제가 죄를 지었습니다."

樂正子從於子敖之齊. 樂正子見孟子. 孟子曰, "子亦來見我乎?"
악 정 자 종 어 자 오 지 제 악 정 자 견 맹 자 맹 자 왈 자 역 래 견 아 호

曰, "先生何爲出此言也?" 曰, "子來幾日矣?" 曰, "昔者."
왈   선 생 하 위 출 차 언 야   왈 자 래 기 일 의   왈 석 자

曰, "昔者, 則我出此言也, 不亦宜乎?" 曰, "舍館未定." 曰, "子聞
왈 석 자 즉 아 출 차 언 야 불 역 의 호   왈 사 관 미 정   왈 자 문

之也, '舍館定然後求見長者'乎?" 曰, "克有罪."
지 야 사 관 정 연 후 구 견 장 자 호   왈 극 유 죄

| 핵심어 | 見長無日 (견장무일)

| 해설 | 어른을 찾아뵐 때는 특별한 날 없이 바로바로 방문하라.

어른을 살펴라.

7-25

맹자가 악정자에게 말했다.

"그대가 자오를 따라 제나라에 온 것은 한갓 먹고 마시기 위해서이다. 나는 그대가 옛날의 훌륭한 도리를 배우면서, 먹고 마시며 놀기를 바라지 않는다."

孟子謂樂正子曰, "子之從於子敖來, 徒餔啜也. 我不意子學古之道,
맹 자 위 악 정 자 왈   자 지 종 어 자 오 래   도 포 철 야   아 불 의 자 학 고 지 도

而以餔啜也."
이 이 포 철 야

| 핵심어 | 不徒餔啜 (부도포철)
| 해설 | 단순하게 먹고 마시며 놀기만 하지 마라.
뭘 해도 의미 있게 하라.

7-26

맹자가 말했다.

"불효에는 세 가지가 있는데, 자식이 없는 것이 가장 큰 불효이다. 순임금이 부모에게 알리지 않고 혼인한 것은 자식이 없을까 염려했기 때문이다. 군자는 그런 행위를 '부모에게 알린 것과 같다.'고 생각했다."

孟子曰, "不孝有三, 無後爲大. 舜不告而娶, 爲無後也. 君子以爲猶告也."
맹 자 왈   불 효 유 삼   무 후 위 대   순 불 고 이 취   위 무 후 야   군 자 이 위 유 고 야

| 핵심어 | **不孝無後** (불효무후)
| 해설 | 최고의 불효는 자식이 없는 것이다.
부모에게 자식을 안겨드려라.

7-27

맹자가 말했다.

"사람을 사랑하는 일의 실제는 부모를 모시는 데 있다. 사람의 올바른 도리를 실천하는 실제는 형님을 따르는 데 있다. 슬기로운 행동의 실제는 이 두 가지를 알아서 그것을 벗어나지 않는 일이다. 예의의 실제는 이 두 가지를 절도 있게 만드는 일이다. 즐거운 삶의 실제는 이 두 가지를 통해 즐거워하는 일이다. 즐거워하면 이런 마음이 생기고 그런 마음이 생기면 이런 행실을 어찌 그만둘 수 있으랴. 그만둘 수 없으므로 자신도 모르게 발로 뛰며 손으로 휘저으며 춤을 추게 된다."

孟子曰, "仁之實, 事親是也. 義之實, 從兄是也. 智之實, 知斯二者弗去是也.
맹자왈   인지실 사친시야   의지실   종형시야   지지실   지사이자불거시야

禮之實, 節文斯二者是也. 樂之實, 樂斯二者. 樂則生矣, 生則惡可已也.
예지실 절문사이자시야   악지실   락사이자   락즉생의   생즉오가이야

惡可已, 則不知足之蹈之, 手之舞之."
오가이   즉부지족지도지   수지무지

| 핵심어 | 事親從兄 (사친종형)
| 해설 | 부모를 모시고 형님을 따르라.
사랑과 도리의 실천.

7-28

맹자가 말했다.

"세상 사람이 아주 기뻐하면서 자기를 따라오려고 했는데, 세상 사람이 아주 기뻐하면서 자기를 따라오려고 하는 것을 보고도 대수롭지 않게 여기는 것은 순임금만이 그렇게 했다. 부모에게 인정받지 못하면 사람 노릇을 할 수 없다. 부모를 따르게 하지 못하면서 자식 노릇을 할 수 없다. 순임금이 부모를 모시는 도리를 다하자 고수(순임금의 아버지 이름)가 기뻐했다. 고수가 기뻐하자 세상이 편하게 되었다. 고수가 기뻐하자 세상의 부모 자식 사이가

안정되었다. 이것을 큰 효도라고 한다."

孟子曰, "天下大悅而將歸己, 視天下悅而歸己猶草芥也, 惟舜爲然. 不得乎
맹자왈　천하대열이장귀기　예천하열이귀이유초개야　유순위연　부득호

親, 不可以爲人. 不順乎親, 不可以爲子. 舜盡事親之道, 而瞽瞍厎豫. 瞽瞍厎
친　불가이위인　불순호친　불가이위자　순진사친지도　이고수지예　고수지

豫, 而天下化. 瞽瞍厎豫, 而天下之爲父子者定. 此之謂大孝."
예　이천하화　고수지예　이천하지위부자자정　차지위대효

| 핵심어 | **得順乎親** (득순호친)

| 해설 | 부모에게 인정받고 부모를 따라라.

자식의 도리.

이루(하)

8

8-1

맹자가 말했다.

"순임금은 제풍에서 태어나 부하로 옮겨가 살다가 다시 명조로 와서 살다 죽었는데, 동이족 사람이다. 문왕은 기주에서 태어나 필영에서 죽었는데, 서이족 사람이다. 지역의 거리가 1,000여 리가 되고, 세대 차이도 1,000여 년이나 되지만, 뜻을 얻어 나라를 평안하게 잘 다스렸다는 점에서는 부절*을 맞춘 듯이 똑같다. 앞 세대의 성인과 뒤 세대의 성인이 다스린 정치의 방법은 동일하다."

孟子曰, "舜生於諸馮, 遷於負夏, 卒於鳴條, 東夷之人也. 文王生於岐周,
맹자왈   순생어제풍   천어부하   졸어명조   동이지인야   문왕생어기주

卒於畢郢, 西夷之人也. 地之相去也千有餘里, 世之相後也千有餘歲,
졸어필영   서이지인야   지지상거야천유여리   세지상후야천유여세

得志行乎中國, 若合符節. 先聖後聖, 其揆一也."
득지행호중국   약합부절   선성후성   기규일야

| 핵심어 | **得志揆一** (득지규일)

| 해설 | 뜻을 얻어 나라를 잘 다스리는 방법은 같다.
한결같이 백성을 생각하라.

8-2

자산**이 정나라의 정치를 맡고 있을 때, 수레에 사람을 태워 진수와 유수를 건너게 해준 일이 있었다.

맹자가 말했다.

"은혜를 베푼 것이기는 하지만 정치를 하는 방법을 알지 못했다. 그해 11월이 되면 강을 건널 수 있는 다리가 완공되고, 12월에는 수레가 다닐 수 있는 다리가 완공되는데, 백성은 강물 건너는 일을 괴롭게 여기지 않는다. 군자가 정치를 고르게 하면, 수레로 길을 갈 때 사람에게 길을 비키게 하는 것도 무방하지만, 어찌 모든 사람을 수레에 태워 강을 건너게 해줄 수 있겠는가. 그러므로 정치를 하는 사람이 모든 백성을 기쁘게 해주려면, 매일 해도 부족할 것이다."

子産聽鄭國之政, 以其乘輿濟人於溱洧. 孟子曰, "惠而不知爲政. 歲十一月
자산청정국지정 이기승여제인어진유 맹자왈 혜이부지위정 세십일월

徒杠成, 十二月輿梁成, 民未病涉也. 君子平其政, 行辟人可也, 焉得人人而
도강성 십이월여량성 민미병섭야 군자평기정 행벽인가야 언득인인이

濟之. 故爲政者每人而悅之, 日亦不足矣."
제지 고위정자매인이열지 일역부족의

| 핵심어 | 悅日不足 (열일부족)

| 해설 | 백성에게 기쁨을 주기 위해 매일 일해도 부족하다.

최선을 다하라.

8-3

맹자가 제나라 선왕에게 말했다.

"군주가 신하 보기를 손과 발처럼 하면, 신하도 군주 보기를 배나 심장처럼 소중히 여깁니다. 군주가 신하 보기를 개와 말처럼 하면, 신하도 군주 보

---

*주로 사신이 가지고 다니는 물건. 둘로 갈라 하나는 국가에서 보관하고 하나는 사신이 지녀, 신분증명서로 사용했다.

**정나라 대부인 공손교.

기를 일반 사람처럼 합니다. 군주가 신하 보기를 흙먼지같이 하면, 신하도
군주 보기를 원수같이 할 것입니다."

선왕이 말했다.

"『의례』에 예전의 군주를 위해 상복을 입는다고 했는데, 어떤 경우에 상복
을 입습니까?"

맹자가 말했다.

"충고를 듣고 실천하여 백성에게 은택이 미치게 해야 합니다. 특별한 사
정이 있어 떠나면 사람을 시켜 국경까지 데려다주고, 또 그가 가는 곳에 먼
저 좋은 기별을 해주며, 떠난 지 3년이 되었는데 돌아오지 않은 다음에야 그
에게 주었던 토지와 주택을 거둡니다. 이것을 세 번의 예의가 있다고 하는
것입니다. 이와 같이 하면 상복을 입어주는 것입니다. 지금은 신하가 되어
충고하면 행하지 않고, 말하면 들어주지 않으니, 백성에게 은택이 미치지 못
한 것은 당연합니다. 특별한 사정이 생겨 떠나면, 군주가 그를 잡아 가두거
나, 또 그가 가는 곳에 악선전을 하여 궁지에 몰리게 합니다. 떠나는 날 바로
토지와 주택을 거둡니다. 이것을 원수라고 합니다. 원수에게 무슨 상복 입을
일이 있겠습니까?"

孟子告齊宣王曰, "君之視臣如手足, 則臣視君如腹心. 君之視臣如犬馬,
맹자고제선왕왈 군지시신여수족 즉신시군여복심 군지시신여견마

則臣視君如國人. 君之視臣如土芥, 則臣視君如寇讎." 王曰, "禮, 爲舊君
즉신시군여국인 군지시신여토개 즉신시군여구수 왕왈 예 위구군

有服, 何如斯可爲服矣?" 曰, "諫行言聽, 膏澤下於民. 有故而去, 則使
유복 하여사가위복의 왈 간행언청 고택하어민 유고이거 즉사

人導之出疆, 又先於其所往. 去三年不反, 然後收其田里 此之謂三有禮焉.
인도지출강 우선어기소왕 거삼년불반 연후수기전리 차지위삼유례언

如此, 則爲之服矣. 今也爲臣, 諫則不行, 言則不聽, 膏澤不下於民. 有故
여차 즉위지복의 금야위신 간즉불행 언즉불청 고택불하어민 유고

而去, 則君搏執之, 又極之於其所往. 去之日, 遂收其田里. 此之謂寇讎.
이거 즉군박집지 우극지어기소왕 거지왈 수수기전리 차지위구수

寇讎何服之有?”
구 수 하 복 지 유

| 핵심어 | 君三有禮 (군삼유례)
| 해설 | 군주는 세 가지 예의가 있어야 한다.
원수가 되지 않는 군주의 길.

8-4

맹자가 말했다.

"죄가 없는데도 하급 관리인 사를 죽이면, 대부도 그 나라를 떠날 것이다. 죄 없는 백성을 죽이면 하급 관리인 사들이 그 나라를 떠나버릴 것이다."

孟子曰, “無罪而殺士, 則大夫可以去. 無罪而戮民, 則士可以徙.”
맹 자 왈   무 죄 이 살 사   즉 대 부 가 이 거   무 죄 이 륙 민   즉 사 가 이 사

| 핵심어 | 無罪殺戮 (무죄살육)
| 해설 | 죄가 없는데도 죽이다.
군주가 잔인하면 백성이 떠난다.

8-5

맹자가 말했다.

"군주가 사람을 사랑하면 모든 일에서 사람을 사랑하게 되고, 군주가 사람의 올바른 도리를 깨우치면 모든 일에서 예의가 있게 된다."

孟子曰, “君仁莫不仁, 君義莫不義.”
맹 자 왈   군 인 막 불 인   군 의 막 불 의

| 핵심어 | 君仁君義 (군인군의)
| 해설 | 군주는 사람을 사랑하고 도리를 깨우쳐야 한다.
사랑하고 깨우쳐라.

8-6

맹자가 말했다.

"예의가 아닌 예의와 의리가 아닌 의리를 대인은 행하지 않는다."

孟子曰, "非禮之禮, 非義之義, 大人弗爲."
맹 자 왈   비 례 지 례   비 의 지 의   대 인 불 위

| 핵심어 | **大人禮義** (대인예의)

| 해설 | 큰사람은 예의를 지킨다.

예의와 의리를 지켜야 큰사람이다.

8-7

맹자가 말했다.

"올바른 도리를 터득한 사람이 도리를 터득하지 못한 사람을 길러주고, 재능 있는 사람이 재능 없는 사람을 길러준다. 그러므로 사람은 똑똑한 사람에게 배우기를 즐겨 한다. 올바른 도리를 터득한 사람이 도리를 터득하지 못한 사람을 버리고, 재능 있는 사람이 재능 없는 사람을 버린다면, 똑똑한 사람과 우둔한 사람의 거리, 그 사이는 한 치도 안 될 것이다."

孟子曰, "中也養不中, 才也養不才, 故人樂有賢父兄也. 如中也棄不中,
맹 자 왈   중 야 양 부 중   재 야 양 부 재   고 인 락 유 현 부 형 야   여 중 야 기 부 중

才也棄不才, 則賢不肖之相去, 其間不能以寸."
재 야 기 부 재   즉 현 불 초 지 상 거   기 간 불 능 이 촌

| 핵심어 | **養中才賢** (양중재현)

| 해설 | 올바른 도리와 재능을 길러야 현명한 사람이 된다.

사람을 버리지 마라.

8-8

맹자가 말했다.

"사람은 불의를 행하지 않는 지조가 있어야 나중에 훌륭한 일을 할 수 있

다."

孟子曰, "人有不爲也, 而後可以有爲."
맹 자 왈　　 인 유 불 위 야　 이 후 가 이 유 위

| 핵심어 | 人有不爲 (인유불위)

| 해설 | 사람에게는 하지 말아야 할 일이 있다.

올바른 일을 하라.

8-9

맹자가 말했다.

"다른 사람의 착하지 않은 점을 말하고서, 나중에 있을 고통을 어찌 감당하려는가!"

孟子曰, "言人之不善, 當如後患何!"
맹 자 왈　　 언 인 지 불 선　 당 여 후 환 하

| 핵심어 | 當後患何 (당후환하)

| 해설 | 후환을 어찌 감당하려는가.

함부로 비난하지 마라.

8-10

맹자가 말했다.

"중니[공자]는 아주 심한 행동을 하지 않았다."

孟子曰, "仲尼不爲已甚者."
맹 자 왈　　 중 니 불 위 이 심 자

| 핵심어 | 不爲已甚 (불위이심)

| 해설 | 아주 심한 행동을 하지 않는다.

조심해서 행동하라.

8-11

맹자가 말했다.

"대인은 말을 할 때 반드시 믿도록 하지 않고, 행실에서는 반드시 과단성 있게 하지 않으며, 올바름이 있는 것만을 따진다."

孟子曰, "大人者, 言不必信, 行不必果, 惟義所在."
맹 자 왈　　대 인 자　언 불 필 신　행 불 필 과　유 의 소 재

| 핵심어 | 惟義所在 (유의소재)

| 해설 | 오직 올바름이 있는 것을 따진다.

대인의 본분!

8-12

맹자가 말했다.

"대인은 어린아이의 마음을 잃지 않은 사람이다."

孟子曰, "大人者, 不失其赤子之心者也."
맹 자 왈　　대 인 자　불 실 기 적 자 지 심 자 야

| 핵심어 | 赤子之心 (적자지심)

| 해설 | 어린아이의 마음을 갖는다.

순진하고 천진난만한 마음으로 돌아가라.

8-13

맹자가 말했다.

"살아 있을 때 봉양하는 일은 중대사에 해당될 수 없다. 돌아가신 부모의 장례를 지내는 일만이 중대사에 해당한다."

孟子曰, "養生者不足以當大事, 惟送死可以當大事."
맹 자 왈　　양 생 자 부 족 이 당 대 사　유 송 사 가 이 당 대 사

| 핵심어 | 送死大事 (송사대사)

| 해설 | 장례 지내는 일만이 인생의 중대사다.
한 번 있는 일에 최선을 다하라.

8-14

맹자가 말했다.

"군자가 올바른 도리로 깊이 탐구하는 것은 스스로 터득하기 위해서이다. 스스로 터득하면 편안하게 일을 처리하고, 편안하게 일을 처리하면 그 일의 활용 범위가 깊어지며, 활용 범위가 깊어지면 여기저기에서 근원을 만나게 된다. 그러므로 군자는 스스로 깨달으려고 한다."

孟子曰, "君子深造之以道, 欲其自得之也. 自得之, 則居之安. 居之安,
맹 자 왈   군 자 심 조 지 이 도   욕 기 자 득 지 야   자 득 지   즉 거 지 안   거 지 안

則資之深. 資之深, 則取之左右逢其原. 故君子欲其自得之也."
즉 자 지 심   자 지 심   즉 취 지 좌 우 봉 기 원   고 군 자 욕 기 자 득 지 야

| 핵심어 | 自得居安 (자득거안)
| 해설 | 스스로 터득하고 편안하게 처리한다.
군자 되는 길은 어렵지 않다.

8-15

맹자가 말했다.

"널리 배우고 자세하게 설명하는 것은, 그것을 돌아보면서 해설하여 요점을 말하려는 것이다."

孟子曰, "博學而詳說之, 將以反說約也."
맹 자 왈   박 학 이 상 설 지   장 이 반 설 약 야

| 핵심어 | 博學詳說 (박학상설)
| 해설 | 널리 배우고 자세하게 설명한다.
요점을 도출하라.

8-16

맹자가 말했다.

"착한 일을 가지고 사람을 복종시키려다가 사람을 복종시킨 적은 아직까지 없었다. 착한 일을 가지고 사람을 기르고 난 뒤에 세상을 복종시킬 수 있다. 세상이 마음으로 복종하지 않는데, 왕 노릇 한 사람은 아직까지 없었다."

孟子曰, "以善服人者, 未有能服人者也. 以善養人, 然後能服天下.
맹 자 왈   이 선 복 인 자   미 유 능 복 인 자 야   이 선 양 인   연 후 능 복 천 하

天下不心服而王者, 未之有也."
천 하 불 심 복 이 왕 자   미 지 유 야

| 핵심어 | 以善養人 (이선양인)
| 해설 | 착한 일을 가지고 사람을 기르다.
마음으로 복종하게 해야 따른다.

8-17

맹자가 말했다.

"말은 알맹이가 없는 것이 좋지 않다. 좋지 않은 알맹이는 현명한 사람을 덮고 가로막는다."

孟子曰, "言無實不祥. 不祥之實, 蔽賢者當之."
맹 자 왈   언 무 실 불 상   불 상 지 실   폐 현 자 당 지

| 핵심어 | 無實不祥 (무실불상)
| 해설 | 알맹이가 없는 것이 좋지 않다.
실제를 얘기하라.

8-18

(제자) 서벽이 말했다.

"중니[공자]가 자주 물에 대해 일컬으며 '물이여! 물이여!'라고 말했는데, 무엇을 물에서 취하려고 한 것입니까?"

맹자가 말했다.

"원천에서 솟아나는 샘물이 밤낮을 쉬지 않고 흘러, 구덩이를 가득 채운
뒤 바다로 들어갑니다. 뿌리가 있는 것은 이와 같은데, 이 때문에 물에 비유
했던 겁니다. 뿌리가 없다면 7월이나 8월에 빗물이 모여 도랑을 가득 채울
수는 있겠지만, 그 물이 마르는 것은 서서도 기다릴 수 있습니다. 그러므로
명성과 소문이 실제보다 부풀려 있는 것을 군자는 부끄러워합니다."

徐子曰, "仲尼亟稱於水, 曰, '水哉水哉!' 何取於水也?" 孟子曰, "源泉混混,
서 자 왈   중 니 기 칭 어 수 왈   수 재 수 재   하 취 어 수 야   맹 자 왈   원 천 혼 혼

不舍晝夜, 盈科而後進, 放乎四海. 有本者如是, 是之取爾. 苟爲無本,
불 사 주 야   영 과 이 후 진   방 호 사 해   유 본 자 여 시   시 지 취 이   구 위 무 본

七八月之間雨集, 溝澮皆盈, 其涸也, 可立而待也. 故聲聞過情, 君子恥之."
칠 팔 월 지 간 우 집   구 회 개 영   기 고 야   가 립 이 대 야   고 성 문 과 정   군 자 치 지

| 핵심어 | 不舍晝夜 (불사주야)
| 해설 | 밤낮을 쉬지 않는다.
군자는 실제보다 명성이 부풀려 있는 것을 부끄러워한다.

8-19

맹자가 말했다.

"사람이 짐승과 다른 이유는 아주 적지만, 서민들은 이것을 깨닫지 못하
여 버리고, 군자는 이것을 파악하여 지니고 있다. 순임금은 여러 사물의 이
치에 밝아 인간의 윤리에 맞게 정치를 했다. 사람을 사랑하고 도리가 무엇인
지에 따라 행한 것이지, 사람을 사랑하거나 도리를 억지로 행하려고 한 것은
아니었다."

孟子曰, "人之所以異於禽獸者幾希, 庶民去之, 君子存之. 舜明於庶物,
맹 자 왈   인 지 소 이 이 어 금 수 자 기 희 서 민 거 지 군 자 존 지   순 명 어 서 물

察於人倫. 由仁義行, 非行仁義也."
찰 어 인 륜   유 인 의 행   비 행 인 의 야

먼저 인간이 되어라.

8-20

맹자가 말했다.

"우임금은 맛있는 술을 싫어하고, 착한 말을 좋아했다. 탕임금은 중용의 길을 굳게 잡고, 똑똑한 인재를 등용하되 신분의 차별을 두지 않았다. 문왕은 백성 보기를 다친 사람을 돌보듯이 가엾게 여겼고, 올바른 길을 바라보고도 보지 못한 것처럼 생각했다. 무왕은 가까운 사람이라 하여 더 친숙하게 대하지 않았고, 멀리 떨어져 있는 사람을 잊지 않았다. 주공은 위의 세 임금을 겸하여, 네 가지 일을 실행할 것을 생각했다. 맞지 않는 것이 있으면 우러러보며 생각하고, 밤낮으로 깊이 고민하면서 다행히 깨달으면 앉아서 날이 새기를 기다렸다."

孟子曰, "禹惡旨酒而好善言. 湯執中, 立賢無方. 文王視民如傷, 望道而未之見. 武王不泄邇, 不忘遠. 周公思兼三王, 以施四事, 其有不合者, 仰而思之, 夜以繼日, 幸而得之, 坐以待旦."

| 핵심어 | **仰而思之** (앙이사지)
| 해설 | 우러러보며 생각하라.

시대정신!

8-21

맹자가 말했다.

"임금의 자취가 사라지자 시가 없어졌고, 시가 사라진 뒤에, 『춘추』가 지어졌다. 진나라의 『승』과 초나라의 『도올』과 노나라의 『춘추』는 같은 것이

다. '그 사건은 제나라의 환공, 진나라의 문공의 행적이고, 그 글은 사관들이
기록했다.' 공자가 말했다. '그 뜻을 내가 외람되게 취한 것이다.'"

孟子曰, "王者之迹熄而詩亡, 詩亡然後春秋作. 晉之乘, 楚之檮杌, 魯之
맹 자 왈   왕 자 지 적 식 이 시 망   시 망 연 후 춘 추 작   진 지 승   초 지 도 올   노 지

春秋, 一也. '其事則齊桓·晉文, 其文則史.' 孔子曰, '其義則丘竊取之矣.'"
춘 주   일 야   기 사 즉 제 환   진 문   기 문 즉 사   공 자 왈   기 의 즉 구 절 취 지 의

| 핵심어 | **春秋大義** (춘추대의)
| 해설 | 춘추의 대의명분을 알라.
기록되어야 사라지지 않는다.

8-22

맹자가 말했다.

"군자의 은택도 다섯 세대 정도가 되면 끊어진다. 소인의 은택도 다섯 세
대 정도가 되면 끊어진다. 나는 공자의 제자가 되지는 못했다. 하지만 나는
사람을 통해 스스로 배웠다."

孟子曰, "君子之澤, 五世而斬. 小人之澤, 五世而斬. 予未得爲孔子徒也,
맹 자 왈   군 자 지 택   오 세 이 참   소 인 지 택   오 세 이 참   여 미 득 위 공 자 도 야

予私淑諸人也."
공 사 숙 저 인 야

| 핵심어 | **私淑諸人** (사숙저인)
| 해설 | 다른 사람에게서 스스로 배웠다.
사람을 통해서도 배움의 길이 있다.

8-23

맹자가 말했다.

"받을 수도 있고 안 받을 수도 있는 경우, 받으면 청렴을 해치게 된다. 줄
수도 있고 안 줄 수도 있는 경우, 주면 은혜를 해치게 된다. 죽을 수도 있고
죽지 않을 수도 있을 경우, 죽으면 용맹을 해치게 된다."

孟子曰, "可以取, 可以無取, 取傷廉. 可以與, 可以無與, 與傷惠. 可以死,
맹 자 왈　가 이 취　가 이 무 취　취 상 렴　가 이 여　가 이 무 여　여 상 혜　가 이 사

可以無死, 死傷勇."
가 이 무 사　사 상 용

| 핵심어 | 可廉惠勇 (가렴혜용)
| 해설 | 청렴과 은혜와 용맹을 발휘할 수 있어야 한다.
죽지 말고 실행하라.

8-24

방몽*이 예**에게 활쏘기를 배웠는데, 활 쏘는 기술을 다 배우고 난 뒤 세상에 자기를 능가하는 사람은 예밖에 없다고 생각하고 예를 죽였다.

맹자가 말했다.

"그런 일이 일어난 것은 예에게도 죄가 있습니다."

공명의***가 말했다.

"마땅히 죄가 없습니다."

맹자가 말했다.

"가볍다고 할 수는 있겠지만, 어찌 죄가 없다 하겠습니까? 정나라 사람이 자탁유자를 시켜 위나라를 침략하게 했습니다. 위나라에서는 유공사에게 그를 반격하여 쫓아내게 했습니다. 자탁유자가 '아, 오늘, 고질병이 발작하여 활을 잡을 수 없으니, 잘못하다가는 죽을지도 모르겠구나!' 하고 말하더니, 부하인 마부에게 물었습니다. '우리를 추격해 오는 자는 누구인가?' 마부가 '유공사입니다.'라고 대답했습니다. 자탁유자가 '아, 살았다.' 하고 말하니 마부가 '유공사는 위나라에서 활을 잘 쏘기로 소문난 자인데, 장군께서 '살았다.'라고 말하시는 것은 무슨 뜻입니까?' 하고 물었습니다.

자탁유자가 '유공사는 윤공타에게 활쏘기를 배웠고, 윤공타는 나에게 활쏘기를 배웠다. 윤공타는 단정한 사람이기 때문에 선택하여 사귄 친구도 반드시 단정한 사람일 것이다.'라고 말했습니다. 유공사가 추격해 와서 자탁유

자에게 '장군은 어찌하여 활을 잡지 않습니까?'라고 물으니 '오늘, 고질병이 발작하여 활을 잡을 수가 없습니다.'라고 대답했습니다. 유공사가 '그렇습니까? 소인은 윤공타에게 활쏘기를 배웠고, 윤공타는 장군에게 활쏘기를 배웠습니다. 나는 차마 장군이 전수해 준 기술로 장군을 해칠 수 없습니다. 그러나 오늘의 일은 나라의 일이니, 내가 감히 그만둘 수 없습니다.'라고 말하고 나서 화살을 뽑아 수레바퀴에 두들겨 살촉을 빼버리고, 네 개의 화살을 발사한 뒤에 돌아갔습니다."

逢蒙學射於羿, 盡羿之道, 思天下惟羿爲愈己, 於是殺羿. 孟子曰, "是亦羿
방몽학사어예 진예지도 사천하유예위유기 어시살예 맹자왈 시역예

有罪焉." 公明儀曰, "宜若無罪焉." 曰, "薄乎云爾, 惡得無罪? 鄭人使子
유죄언 공명의왈 의약무죄언 왈 박호운이 오득무죄 정인사자

濯孺子侵衛, 衛使庚公之斯追之. 子濯孺子曰, '今日我疾作, 不可以執弓,
탁유자침위 위사유공지사추지 자탁유자왈 금일아질작 불가이집궁

吾死矣夫!' 問其僕曰, '追我者誰也?' 其僕曰, '庚公之斯也.' 曰, '吾生矣.'
오사의부 문기복왈 추아자수야 기복왈 유공지사야 왈 오생의

其僕曰, '庚公之斯, 衛之善射者也. 夫子曰吾生, 何謂也?' 曰, '庚公之斯
기복왈 유공지사 위지선사자야 부자왈오생 하위야 왈 유공지사

學射於尹公之他, 尹公之他學射於我. 夫尹公之他, 端人也, 其取友必端矣.'
학사어윤공지타 윤공지타학사어아 부윤공지타 단인야 기취우필단의

庚公之斯至, 曰, '夫子何爲不執弓?' 曰, '今日我疾作, 不可以執弓.' 曰, '小
유공지사지 왈 부자하위부집궁 왈 금일아질작 불가이집궁 왈 소

人學射於尹公之他, 尹公之他學射於大子, 我不忍以夫子之道反害夫子.
인학사어윤공지타 윤공지타학사어부자 아불인이부자지도반해부자

雖然, 今日之事, 君事也. 我不敢廢.' 抽矢叩輪, 去其金, 發乘矢而後反."
수연 금일지사 군사야 아불감폐 추시고륜 거기금 발승시이후반

| 핵심어 | 不道反害 (부도반해)
| 해설 | 그 사람에게 배운 도리로 그 사람을 해치지는 않는다.
항상 긴장하라.

* 방몽은 활을 잘 쏘는 신화적 인물
** 후예, 유궁이라는 나라의 임금
*** 공명의는 노나라 사람

8-25

맹자가 말했다.

"서자*가 더러운 것을 뒤집어쓰고 있으면, 사람이 모두 코를 막고 지나갈 것이다. 용모가 추악한 사람일지라도 몸가짐을 가다듬고 목욕하면 상제에게 제사를 지내게 할 수도 있다."

孟子曰, "西子蒙不潔, 則人皆掩鼻而過之. 雖有惡人, 齋戒沐浴,
맹 자 왈   서 자 몽 불 결   즉 인 개 엄 비 이 과 지   유 유 악 인   재 계 목 욕

則可以祀上帝."
즉 가 이 사 상 제

| 핵심어 | 齋戒沐浴 (재계목욕)
| 해설 | 목욕하고 몸가짐을 가다듬어 항상 깨끗하고 맑은 정신을 유지한다.
목욕재계 청정실행.

8-26

맹자가 말했다.

"세상에서 말하고 있는 본성은 과거의 일을 법칙으로 따를 뿐이다. 과거의 일은 자연스런 형세를 근본으로 한다. 지혜로운 사람이 싫어하는 것은 얕은 지식으로 지나치게 꿰뚫으려는 짓이다. 지혜로운 사람이 우임금이 홍수를 다스려 강물을 흘러가게 하듯이 한다면, 지혜를 싫어할 까닭이 없다. 우임금이 강물을 흘러가게 한 것은 막히는 곳이 없는 데로 유도하기 위해서였다. 지혜로운 사람이 막히는 곳이 없는 데로 흘러간다면, 지혜 또한 크게 될 것이다. 하늘은 높고 별과 별자리는 저 멀리 있지만, 과거의 일을 법칙으로 추구한다면, 1,000여 년 동안의 하지와 동지가 바뀌는 법칙도 앉아서 알 수 있다."

孟子曰, "天下之言性也, 則故而已矣. 故者以利爲本. 所惡於智者, 爲其
맹 자 왈   천 하 지 언 성 야   즉 고 이 이 의   고 자 이 리 위 본   소 오 어 지 자   위 기

鑿也. 如智者若禹之行水也, 則無惡於智矣. 禹之行水也, 行其所無事也.
착 야　여 지 자 약 우 지 행 수 야　즉 무 오 어 지 의　　우 지 행 수 야　　행 기 소 무 사 야

如智者亦行其所無事, 則智亦大矣. 天之高也, 星辰之遠也, 苟求其故,
여 지 자 역 행 기 소 무 사　즉 지 역 대 의　　천 지 고 야　　성 신 지 원 야　　구 구 기 고

千歲之日至可坐而致也."
천 세 지 일 지 가 좌 이 지 야

| 핵심어 | 以利爲本 (이리위본)
| 해설 | 자연스러운 순리를 근본으로 하다.
자연스럽게 행하라.

8-27

공행자*가 아들의 상을 당했다. 우사 왕환이 조문을 하는데, 우사가 문에 들어오자 그 앞으로 다가가 우사와 더불어 말하는 자가 있었고, 우사가 자리에 나아가자 우사의 자리로 가서 우사와 더불어 말하는 자도 있었다. 맹자도 조문을 하고 있었는데, 맹자는 우사와 더불어 말을 하지 않았다. 우사가 불쾌해하며 말했다.

"여러 군자가 모두 나와 말하는데, 맹자 홀로 나와 더불어 말을 하지 않으니, 이는 나를 무시한 것이다."

맹자가 이 말을 듣고 말했다.

"『주례』에 보면, 조정에 있을 때는 위계를 넘어 서로 말하지 않고, 계단을 넘어 서로 읍례를 하지 않는다고 되어 있습니다. 나는 예의를 지키려고 했을 뿐이지, 자오[왕환]가 나더러 무시한다고 말하니, 이상하지 않습니까!"

公行子有子之喪. 右師往弔, 入門, 有進而與右師言者, 有就右師之位而與
공 행 자 유 자 지 상　우 사 왕 조　입 문　유 진 이 여 우 사 언 자　유 취 우 사 지 위 이 여

右師言者. 孟子不與右師言, 右師不悅, 曰, "諸君子皆與驩言, 孟子獨不
우 사 언 자　맹 자 불 여 우 사 언　우 사 불 열　왈　　제 군 자 개 여 환 언　맹 자 독 불

---

* 월나라의 미녀 서시를 말함.
** 제나라의 대부.

與驩言, 是簡驩也.” 孟子聞之曰, “禮, 朝廷不歷位而相與言, 不踰階而相
여 환 언   시 간 환 야   맹 자 문 지 왈   예   조 정 불 력 위 이 상 여 언   불 유 계 이 상

揖也. 我欲行禮, 子敎以我爲簡, 不亦異乎!”
읍 야   아 욕 행 례   자 오 이 아 위 간   불 역 이 호

| 핵심어 | **行禮爲簡** (행례위간)
| 해설 | 예의를 실천하려는데 무시한다고 오해하다.
사람을 잘 파악하라.

8-28

맹자가 말했다.

“군자가 일반인과 다른 이유는 윤리도덕을 마음에 지니기 때문이다. 군자는 사람을 사랑하는 마음을 지니고, 사람에게 양보하는 예의를 마음에 지닌다. 사람을 사랑하는 마음을 지닌 사람은 다른 사람을 사랑하고, 양보하는 예의를 마음에 지닌 사람은 다른 사람을 공경한다. 사람을 사랑하는 사람은 다른 사람이 항상 사랑해 주고, 사람을 공경하는 사람은 다른 사람이 항상 공경해 준다.

여기에 어떤 사람이 있는데, 방자하고 도리에 어긋나게 나를 대우한다면 군자는 반드시 자신을 돌아본다. '내가 반드시 사람을 사랑하는 마음을 지니지 못했겠지, 반드시 사람에게 양보하는 예의가 없었겠지, 이러한 일이 어찌 나에게 이르렀는가!'

자신을 돌아보았는데, 사람을 사랑하는 마음을 지니고 있고, 사람에게 양보하는 예의가 있었는데도, 여전히 방자하고 도리에 어긋나게 대우한다면, 군자는 반드시 자신을 돌아본다. '내가 반드시 충실하지 못한가 보다.'

자신을 돌아보았는데, 사람에게 충실했는데도, 여전히 방자하고 도리에 어긋나게 대우한다면, 군자는 말한다. '이 또한 망령된 자일 뿐이다. 이와 같은 행위를 한다면 짐승과 무엇이 다르겠는가? 짐승 같은 사람과 또 실랑이를 해서 무엇하겠는가?'

그러므로 군자는 평생토록 하는 근심은 있어도, 하루아침에 겪는 걱정은 없다. 근심할 일은 다음과 같은 것이다. 순임금도 사람이며 나 또한 사람이다. 순임금은 세상에 본보기가 되어 후세에 이름이 전해지는데, 나는 아직도 시골의 평범한 사람 노릇을 하고 있으니, 이것이 근심할 일이다. 근심을 하면 어떻게 해야 하는가? 순임금과 같이 할 뿐이다. 군자는 걱정하는 것이 없다. 사람을 사랑하는 마음을 지니지 않고 서는 실천하지 않으며, 사람에게 양보하는 예의가 아니면 실천하지 않는다. 하루아침에 겪는 일시적인 걱정이 있더라도, 군자는 걱정하지 않는다."

孟子曰, "君子所以異於人者, 以其存心也. 君子以仁存心, 以禮存心. 仁者
맹 자 왈　군 자 소 이 이 어 인 자　이 기 존 심 야　군 자 이 인 존 심　이 례 존 심　인 자

愛人, 有禮者敬人. 愛人者, 人常愛之. 敬人者, 人常敬之. 有人於此, 其待我
애 인　유 례 자 경 인　애 인 자　인 상 애 지　경 인 자　인 상 경 지　유 인 어 차　기 대 아

以橫逆, 則君子必自反也. '我必不仁也, 必無禮也, 此物奚宜至哉.' 其自反
이 횡 역　즉 군 자 필 자 반 야　아 필 불 인 야　필 무 례 야　차 물 해 의 지 재　기 자 반

而仁矣, 自反而有禮矣, 其橫逆由是也, 君子必自反也. '我必不忠.'
이 인 의　자 반 이 유 례 의　기 횡 역 유 시 야　군 자 필 자 반 야　아 필 불 충

自反而忠矣, 其橫逆由是也, 君子曰, '此亦妄人也已矣. 如此, 則與禽獸奚
자 반 이 충 의　기 횡 역 유 시 야　군 자 왈　차 역 망 인 야 이 의　여 차　즉 여 금 수 해

擇哉? 於禽獸又何難焉? 是故君子有終身之憂, 無一朝之患也. 乃若所憂
택 재　어 금 수 우 하 난 언　시 고 군 자 유 종 신 지 우　무 일 조 지 환 야　내 약 소 우

則有之. 舜, 人也. 我, 亦人也. 舜爲法於天下, 可傳於後世, 我由未免爲鄕
즉 유 지　순　인 야　아　역 인 야　순 위 법 어 천 하　가 전 어 후 세　아 유 미 면 위 향

人也, 是則可憂也. 憂之如何? 如舜而已矣. 若夫君子所患則亡矣, 非仁
인 야　시 즉 가 우 야　우 지 여 하　여 순 이 이 의　약 부 군 자 소 환 즉 무 의　비 인

無爲也, 非禮無行也. 如有一朝之患, 則君子不患矣."
무 위 야　비 례 무 행 야　여 유 일 조 지 환　즉 군 자 불 환 의

| 핵심어 | *存心自反* (존심자반)
| 해설 | 윤리도덕을 갖춘 마음을 지키고 자신을 돌아본다.

행한 대로 거둔다.

8-29

우임금이나 후직은 태평성세를 맞이했으나, 자기 집 문 앞을 세 번이나 지나면서도 집에 들어가지 않았다. 공자는 그들이 현명하다고 생각했다. 한편 안자(안회)가 어지러운 세상을 만나서 누추한 골목에서 살면서 한 그릇의 밥과 한 바가지의 물로 고생스럽게 사는 것을 보고, 다른 사람은 그런 고생을 견디지 못하는데, 안자는 그런 생활을 기꺼이 즐겼다. 공자는 안자가 현명하다고 생각했다.

맹자가 말했다.

"우임금과 후직, 안회는 그 도리가 같다. 우 임금은 물에 빠진 사람이 있으면 자신이 그를 물에 빠뜨린 것처럼 여겼고, 후직은 굶주리는 사람이 있으면 자신이 그를 굶주리게 한 것처럼 여겼다. 이 때문에 그렇게 급하게 일을 한 것이다. 우임금과 후직, 안자는 처지가 바뀌면, 모두 그렇게 했을 것이다.

지금 한 방에서 같이 지내는 사람이 싸우고 있을 때 빨리 말려야 하는데, 흐트러진 머리에 그냥 갓끈만 매고 가서 말릴 수도 있다. 이웃집에서 사람이 싸우는데, 흐트러진 머리에 그냥 갓끈만 매고 가서 말린다면, 오히려 어리석고 잘못된 생각이니, 문을 닫고 있더라도 괜찮다."

禹·稷當平世, 三過其門而不入. 孔子賢之, 顔子當亂世, 居於陋巷, 一簞食,
우　직당평세　삼과기문이불입　공자현지　안자당란세　거어누항　일단사

一瓢飮, 人不堪其憂, 顔子不改其樂. 孔子賢之. 孟子曰, "禹·稷·顔回
일표음　인불감기우　안자불개기락　공자현지　맹자왈　우　직　안회

同道. 禹思天下有溺者, 由己溺之也. 稷思天下有飢者, 由己飢之也. 是以
동도　우사천하유닉자　유기닉지야　직사천하유기자　유기기지야　시이

如是其急也. 禹·稷·顔子, 易地則皆然. 今有同室之人鬪者, 救之, 雖被髮
여시기급야　우　직　안자　역지즉개연　금유동실지인투자　구지　수피발

纓冠而救之可也. 鄕鄰有鬪者, 被髮纓冠而往救之, 則惑也, 雖閉戶可也."
영관이구지가야　향린유투자　피발영관이왕구지　즉혹야　수폐호가야

| 핵심어 | 過門不入 (과문불입)

| 해설 | 자기 집 문 앞을 지나가면서도 들어가지 않는다.
직무에 충실하라.

8-30

(제자) 공도자가 말했다.

"광장에 대해, 나라 사람이 모두 '불효'를 저지른다고 합니다. 선생님은 그와 교유하고, 또 그에 따라 예우도 하는 것 같은데, 감히 묻습니다. 어째서 그렇습니까?"

맹자가 말했다.

"세상에서 말하는 불효에는 다섯 가지가 있다. 빈둥빈둥 놀면서 몸을 게을리하여 부모를 제대로 봉양하지 않는 것이 첫 번째 불효다. 노름이나 하고 장기나 바둑을 두며, 술 마시기를 좋아하여 부모를 제대로 봉양하지 않는 것이 두 번째 불효다. 재물을 지나치게 좋아하며 처자식만을 사랑하며 부모를 제대로 봉양하지 않는 것이 세 번째 불효다. 귀나 눈이 즐겁도록 쾌락과 향락을 즐기며 부모를 욕되게 하는 것이 네 번째 불효다. 만용을 부리고 수시로 사람과 싸워서 부모를 위태롭게 하는 일이 다섯 번째 불효다. 광장에게 이 가운데 한 가지라도 해당하는 것이 있느냐?

광장은 부모자식 사이에 착하게 살라고 지나치게 요구하다가, 부모자식 간에 뜻이 서로 맞지 않았다. 착하게 살라고 요구하는 것은 친구 사이에 하는 말이다. 부모자식 사이에 착하게 살라고 요구하는 것은 은혜를 해치는 큰 일이다. 광장이 어찌하여 남편과 아내, 자식과 어머니가 함께 어울려 살기를 바라지 않았겠느냐? 부친에게 죄를 지었기에 가까이 할 수 없었고, 아내를 내보내고 자식들도 멀리하며, 평생토록 봉양을 하지 못하게 했다. 그 마음가짐을 그와 같이 하지 않으면, 부친을 노엽게 한 죄가 더욱 크다고 여겼다. 이것이 광장일 뿐이다."

公都子曰, "匡章, 通國皆稱不孝焉. 夫子與之遊, 又從而禮貌之, 敢問何也?"
공도자왈   광장 통국개칭불효언 부자여지유 우종이례모지 감문하야

孟子曰, "世俗所謂不孝者五 惰其四肢, 不顧父母之養, 一不孝也. 博奕好
맹자왈   세속소위불효자오 타기사지 불고부모지양 일불효야   박혁호

飮酒, 不顧父母之養, 二不孝也. 好貨財, 私妻子, 不顧父母之養, 三不孝也.
음주 불고부모지양 이불효야 호화재 사처자 불고부모지양 삼불효야

從耳目之欲, 以爲父母戮, 四不孝也. 好勇鬪很, 以危父母, 五不孝也.
종이목지욕 이위부모륙 사불효야 호용투한 이위부모 오불효야

章子有一於是乎? 夫章子, 子父責善而不相遇也. 責善, 朋友之道也. 父子責
장자유일어시호 부장자 자부책선이불상우야 책선 붕우지도야 부자책

善, 賊恩之大者. 夫章子豈不欲有夫妻子母之屬哉? 爲得罪於父, 不得近,
선 적은지대자 부장자기불욕유부처자모지속재 위득죄어부 부득근

出妻屛子, 終身不養焉. 其設心以爲不若是, 是則罪之大者. 是則章子已矣."
출처병자 종신불양언 기설심이위불약시 시즉죄지대자 시즉장자이의

| 핵심어 | **不孝者五** (불효자오)

| 해설 | 불효에 다섯 가지가 있다.

효도하라.

8-31

증자가 무성에 있을 때, 월나라 군대가 침략한 일이 있었다.

어떤 사람이 말했다.

"적군이 쳐들어오는데, 어찌 빨리 피하지 않습니까?"

증자가 말했다.

"내 집안에 아무도 들어오지 못하게 하고, 정원의 초목들을 망가뜨리지 못하게 해라."

월나라 군대가 물러간 후, 증자가 말했다.

"우리 집의 담장과 지붕을 수리해라. 내가 곧 집으로 돌아갈 것이다."

월나라 군대가 완전히 물러간 다음, 증자가 집으로 돌아왔다.

주변 사람이 말했다.

"선생님에게 충실하고 또 공경하게 대우하는데, 월나라 군대가 침략하자

먼저 집을 떠나 피난을 가서, 백성이 그것을 바라보고, 적이 물러가자 집을 수리한 후 다시 돌아오니, 그야말로 옳지 않은 듯합니다."

심유행*이 말했다.

"그것은 그대들이 잘 알지 못하고 하는 소리입니다. 옛날 우리 심유씨 집안에 부추라는 자가 반란을 일으켜 환난을 겪은 적이 있었습니다. 그때 선생을 따르는 제자 70명 정도가 있었는데, 단 한 사람도 선생과 함께 있지 않았습니다."

자사가 위나라에 있을 때, 제나라 군대의 침략이 있었다.

어떤 사람이 말했다.

"적이 침략해 오는데, 어찌 빨리 떠나가지 않습니까?"

자사가 말했다.

"내가 떠나가면, 이 나라의 군주가 누구와 더불어 나라를 지키겠습니까?"

맹자가 말했다.

"증자와 자사가 지키고 행한 도리는 같습니다. 증자는 스승이며 부형이었습니다. 자사는 신하로 미천한 자리에 있었습니다. 증자와 자사가 처지를 바꾼다면, 모두 그렇게 했을 것입니다."

曾子居武城, 有越寇. 或曰, "寇至, 盍去諸?"曰, "無寓人於我室, 毁傷其
증자거무성 유월구 혹왈 구지 합거저 왈 무우인어아실 훼상기

薪木."寇退, 則曰, "脩我牆屋, 我將反."寇退, 曾子反. 左右曰, "待先生如
신목 구퇴 즉왈 수아장옥 아장반 구퇴 증자반 좌우왈 대선생여

此其忠且敬也, 寇至則先去以爲民望, 寇退則反, 殆於不可."沈猶行曰,
차기충차경야 구지즉선거이위민망 구퇴즉반 태어불가 심유행왈

"是非汝所知也. 昔沈猶有負芻之禍, 從先生者七十人, 未有與焉."子思居
시비여소지야 석심유유부추지화 종선생자칠십인 미유여언 자사거

於衛, 有齊寇. 或曰, "寇至, 盍去諸?"子思曰, "如伋去, 君誰與守?"孟子曰,
어위 유제구 혹왈 구지 합거저 자사왈 여급거 군수여수 맹자왈

* 증자의 제자.

"曾子・子思同道. 曾子, 師也, 父兄也. 子思, 臣也, 微也. 曾子・子思易地
증자 자사동도 증자 사야 부형야 자사 신야 미야 증자 자사역지

則皆然."
즉 개 연

| 핵심어 | **易地皆然** (역지개연)
| 해설 | 처지를 바꾸면 모두 그렇게 한다.
본분에 충실하라.

8-32

저자*가 말했다.

"임금이 사람을 시켜 선생의 행동을 몰래 엿보게 했습니다. 보통 사람과
다른 점이 있습니까?"

맹자가 말했다.

"어찌 보통 사람과 다르겠소? 요임금이나 순임금도 보통 사람과 같습니
다."

儲子曰, "王使人瞷夫子, 果有以異於人乎?" 孟子曰, "何以異於人哉!
저 자 왈 왕 사 인 간 부 자 과 유 이 이 어 인 호 맹 자 왈 가 이 이 어 인 재

堯舜與人同耳."
요 순 여 인 동 이

| 핵심어 | **堯舜與同** (요순여동)
| 해설 | 요임금과 순임금도 보통 사람과 같다.
사람은 평등하다.

8-33

제나라 사람 중에 한 아내와 한 첩을 두고 같은 집에 사는 자가 있었다. 그
사람이 밖으로 나가기만 하면 반드시 술과 고기를 배불리 먹은 뒤에 집으로
돌아오곤 했다. 그 아내가 누구와 더불어 음식을 먹었는가를 물었는데, 모두

* 제나라 사람.

부귀한 사람이었다.

그 아내가 첩에게 말했다.

"남편이 외출하면 반드시 술과 고기를 배불리 먹은 뒤에 집으로 돌아오기에, 내가 누구와 함께 음식을 먹었는가를 물어보니, 모두 부귀한 사람이었다. 그런데 아직까지 똑똑한 재능을 갖춘 사람이 집으로 찾아오는 일이 없었다. 내가 남편이 가는 곳을 몰래 엿보아야겠다."

아침 일찍 일어나 남편이 가는 곳을 따라가 보았는데, 남편은 성안의 거리를 두루 배회하며 도중에 함께 서서 말하는 사람도 없었다. 그러더니 동쪽 끝의 북망산에 있는 무덤 사이에서 제사를 지내는 사람에게 가서 남은 음식을 조금 빌어먹고, 부족하면 또 돌아보고 딴 곳으로 갔다. 이것이 술과 고기를 배불리 얻어먹는 방법이었다.

그 아내가 집으로 돌아와서 첩에게 말했다.

"남편은 우러러 바라보면서, 함께 일생을 마쳐야 할 사람인데, 지금 이와 같다!"

첩과 더불어 남편을 원망하며, 뜰 가운데서 울고 있었다. 남편은 그런 사실을 알지 못하고는 의기양양하게 돌아와서 처와 첩에게 교만을 떨었다.

군자의 관점에서 보면, 사람 중에 부귀와 영달을 구하는 자들이, 그 처와 첩이 부끄럽게 여기지 않고 서로 울지 않을 자가 거의 없을 것이다."

齊人有一妻一妾而處室者. 其良人出, 則必饜酒肉而後反. 其妻問所與飮
제 인 유 일 처 일 첩 이 처 실 자 기 양 인 출 즉 필 염 주 육 이 후 반 기 처 문 소 여 음

食者, 則盡富貴也. 其妻告其妾曰, "良人出, 則必饜酒肉而後反, 問其與飮
식 자 즉 진 부 귀 야 기 처 고 기 첩 왈 양 인 출 즉 필 염 주 육 이 후 반 문 기 여 음

食者, 盡富貴也, 而未嘗有顯者來. 吾將瞯良人之所之也."蚤起, 施從良人
식 자 진 부 귀 야 이 미 상 유 현 자 래 오 장 간 양 인 지 소 지 야 조 기 시 종 양 인

之所之, 徧國中無與立談者. 卒之東郭墦間, 之祭者乞其餘. 不足, 又顧而
지 소 지 편 국 중 무 여 립 담 자 졸 지 동 곽 번 간 지 제 자 걸 기 여 부 족 우 고 이

之他. 此其爲饜足之道也. 其妻歸告其妾曰, "良人者, 所仰望而終身也,
지타 차기위염족지도야 기처귀고기첩왈 양인자 소앙망이종신야

今若此!" 與其妾訕其良人, 而相泣於中庭. 而良人未之知也, 施施從外來,
금약차 여기첩산기양인 이상읍어중정 이양인미지지야 시시종외래

驕其妻妾. 由君子觀之, 則人之所以求富貴利達者, 其妻妾不羞也而不
교기처첩 유군자관지 즉인지소이구부귀리달자 기처첩불수야이불

相泣者, 幾希矣.
상읍자 기희의

| 핵심어 | 饜足之道 (염족지도)

| 해설 | 배불리 얻어먹는 방법이 있다.

사람답게 살지 못하면 부끄러운 줄이나 알아라.

만장(상)

9

9-1

만장*이 물었다.

"순임금이 밭에 나가 하늘을 향해 울부짖었다고 했는데, 어찌하여 울부짖은 것입니까?"**

맹자가 말했다.

"원망하면서도 사모했기 때문이다."

만장이 말했다.

"부모가 사랑하거든 기뻐하고 잊지 말아야 합니다. 부모가 미워하거든 노력하고 원망하지 말아야 합니다. 그렇다면 순임금은 부모를 원망했습니까?"

맹자가 말했다.

"장식***이 공명고****에게 물었다. '순임금이 밭에 나간 일에 대해서는

---

* 맹자의 제자.
** 순임금의 부친인 고수는 너무나 성품이 포악한 사람이었다. 고수는 후처를 들이고 그 사이에 순임금의 이복동생 상을 낳았다. 고수와 순임금의 새어머니는 상을 사랑한 나머지 순임금을 죽여 없애려는 갖은 계략을 꾸며대며 순임금을 학대했다. 순임금은 역산에서 밭을 갈고 물고기를 잡으며 엄청난 고생을 했다. 순임금은 자신의 처지를 한탄하며 자기에게 무슨 죄가 있어서 부모가 자기를 학대하는 게 아닌지 근심에 사로잡혀, 자신의 억울한 심정을 호소할 길이 없어 수시로 밭에 나가 하늘에 대고 소리쳐 울었다고 한다.
*** 공명고의 제자.
**** 증자의 제자.

제가 이미 들어서 알고 있습니다. 하늘을 우러러보고 부모를 그리워하며 울부짖었다는 일에 대해서는 제가 알지 못하겠습니다.' 공명고가 말했다. '이것은 네가 알 바 아니다.' 공명고는 효자의 마음은 냉담한 것이 아니라고 생각했다. '나는 힘을 다해 밭을 갈고, 자식으로서 공손하게 직분을 다할 따름이다. 부모가 나를 사랑하지 않는 것은 나에게 무슨 죄가 있어서가 아닐까?'라고 근심했다.

요임금은 자식인 9남 2녀를 시켜, 여러 관리들과 소와 양 같은 가축, 곡식 창고와 재물 창고 등을 갖추어 순임금을 밭 가운데서 섬기게 했다. 세상의 관리들이 순임금의 덕망을 보고 찾아가는 사람이 많아지자, 요임금은 세상이 돌아가는 추세와 인심을 살펴보고, 순임금에게 임금 자리를 물려주려고 했다. 순임금은 효도가 부모에게 순탄하게 받아들여지지 않았기 때문에, 곤궁한 사람이 돌아갈 집이 없는 것처럼 여겼다.

세상의 관리들이 모여들어 기뻐하는 일은 사람이 원하는 것이지만, 순임금은 그것으로 근심을 풀지는 못했다. 아름다운 여인은 사람이 원하는 것이지만, 순임금은 요임금의 두 딸을 아내로 얻었어도 근심을 풀지 못했다. 부유함은 사람이 원하는 것이지만, 순임금은 세상을 소유하는 경제적 부를 가졌어도 근심을 풀지 못했다. 귀함은 사람이 원하는 것이지만, 순임금은 천자의 자리에서 정치적 고귀함을 누렸어도 근심을 풀지 못했다. 사람이 자기를 좋아하고 따라주는 일과 아름다운 여인, 부유함과 고귀함에도 불구하고, 충분하게 근심을 풀 만한 것이 없었으니, 오직 부모에게 효도하여 사랑을 받아야, 순임금은 근심을 풀 수 있었던 것이다.

사람은 어릴 때는 부모를 그리워하고, 여인을 알고 좋아하게 되면 젊고 예쁜 소녀를 그리워하며, 처자식을 두면 처자식을 그리워하고, 관리가 되면 군주를 그리워하다가, 군주에게 신임을 얻지 못하면 마음에 열병이 든다. 큰 효도는 평생토록 부모를 그리워하는 일인데, 나이 50이 되어도 부모를 그리워하는 사람을 나는 위대한 순임금에게서 보았다."

萬章問曰, "舜往于田, 號泣于旻天, 何爲其號泣也?" 孟子曰, "怨慕也."
만장문왈　순왕우전　호읍어민천　하위기호읍야　맹자왈　원모야

萬章曰, "父母愛之, 喜而不忘. 父母惡之, 勞而不怨. 然則舜怨乎?"
만장왈　부모애지　희이불망　부모오지　노이불원　연즉순원호

曰, "長息問於公明高曰, '舜往于田, 則吾旣得聞命矣. 號泣于旻天・于父母,
왈　장식문어공명고왈　순왕우전　즉오기득문명의　호읍우민천　우부모

則吾不知也.' 公明高曰, '是非爾所知也.' 夫公明高以孝子之心爲不若是恝.
즉오부지야　공명고왈　시비이소지야　부공명고이효자지심위불약시갈

'我竭力耕田, 共爲子職而已矣. 父母之不我愛, 於我何哉?' 帝使其子九男
아갈력경전　공위자직이이의　부모지불아애　어아하재　제사기자구남

二女, 百官牛羊倉廩備, 以事舜於畎畝之中. 天下之士多就之者, 帝將胥天下
이녀　백관우양창름비　이사순어견무지중　천하지사다취지자　제장서천하

而遷之焉. 爲不順於父母, 如窮人無所歸. 天下之士悅之, 人之所欲也,
이천지언　위불순어부모　여궁인무소귀　천하지사열지　인지소욕야

而不足而解憂. 好色, 人之所欲, 妻帝之二女, 而不足而解憂. 富, 人之所欲,
이부족이해우　호색　인지소욕　처제지이녀　이부족이해우　부　인지소욕

富有天下, 而不足而解憂. 貴, 人之所欲, 貴爲天子, 而不足而解憂.
부유천하　이부족이해우　귀　인지소욕　귀위천자　이부족이해우

人悅之・好色・富・貴, 無足而解憂者, 惟順於父母可以解憂. 人少則慕
인열지　호색　부　귀　무족이해우자　유순어부모가이해우　인소즉모

父母, 知好色則慕少艾, 有妻子則慕妻子, 仕則慕君, 不得於君則熱中.
부모　지호색즉모소애　유처자즉모처자　사즉모군　부득어군즉열중

大孝, 終身慕父母, 五十而慕者, 予於大舜見之矣."
대효　종신모부모　오십이모자　여어대순견지의

| 핵심어 | 足而解憂 (족이해우)
| 해설 | 충분하게 근심을 풀다.

진짜 효도.

9-2

만장이 물었다.

"『시경』에서 이렇게 노래했습니다. '혼인을 하려면 어떻게 해야 하나? 반
드시 부모에게 알려야 한다.'* 이 말을 믿는다면 순임금처럼 해서는 안 됩니

---

* 『시경』「제풍」〈남산〉 편.

다. 순임금이 부모에게 알리지 않고 혼인한 것은 어째서입니까?"

맹자가 말했다.

"부모에게 알렸다면 혼인할 수 없었을 것이다. 남자와 여자가 혼인하여 같이 사는 것은 인생에서 중대한 일이다. 혼인한 사실을 부모에게 알렸다면, 인생에서 중대한 일이 막혀 부모를 원망하게 될 테고, 이 때문에 알리지 않은 것이다."

만장이 말했다.

"순임금이 부모에게 알리지 않고 혼인한 일에 대해서는 제가 이미 들어서 알고 있습니다. 요임금이 순임금에게 두 딸을 시집보내면서도, 부모에게 말하지 않은 것은 어째서입니까?"

맹자가 말했다.

"요임금 또한 부모에게 알리면, 딸을 시집보낼 수 없다는 것을 알았기 때문이다."

만장이 말했다.

"부모가 순임금에게 곡식 창고의 지붕을 수리하게 했는데, 사다리를 타고 창고 지붕으로 올라가자, 아버지 고수가 창고에 불을 질렀습니다. 순임금에게 우물을 파게 했는데, 우물을 다 파고 나오려고 하자 따라가서 흙을 덮었습니다. 순임금의 이복동생인 상이 말했습니다. '이런 일을 도모하여 순임금을 매장한 것은 모두 나의 공로이다. 소와 양을 비롯한 가축은 부모가 갖고, 곡식 창고와 재물 창고도 부모의 것이다. 창과 방패와 같은 무기는 내가 갖고, 거문고도 내가 가지며, 요임금이 준 붉은 칠을 한 활도 내가 갖는다. 두 형수는 내가 데리고 살면서 내 잠자리 시중을 들도록 하겠다.'

그리고 상은 순임금의 궁궐에 들어갔는데, 순임금이 평상에 앉아 거문고를 타고 있자, 상이 말했습니다. '너무나 우울하고 답답하고, 형님 생각이 나서 이렇게 왔습니다.' 하고는 겸연쩍어 했습니다. 순임금이 말했습니다. '네

가 여기 와서 관리들과 더불어 나를 도와주기 바란다.' 참 모를 일입니다. 순임금은 상이 자신을 죽이려 한 것을 몰랐습니까?"

맹자가 말했다.

"어찌 알지 못했겠느냐? 순임금은 상이 근심하면 또한 근심하고, 상이 기뻐하면 또한 기뻐했다."

만장이 물었다.

"그렇다면 순임금은 거짓으로 기쁜 척한 것입니까?"

맹자가 말했다.

"아니다! 옛날에 어떤 사람이 정자산에게 살아 있는 물고기를 선물한 적이 있었는데, 자산은 연못을 돌보는 사람에게 그것을 연못에서 기르라고 했다. 연못지기는 그 물고기를 삶아먹고는 돌아와 자산에게 이렇게 말했다. '처음에 고기를 놓아주자 어릿어릿하더니, 조금 있다가는 꼬리를 치며 깊은 곳으로 들어가 버렸습니다.' 자산이 말했다. '물고기가 살 곳을 얻었구나! 살 곳을 얻었구나!' 연못지기가 나와서 이렇게 말했다. '누가 자산을 지혜롭다 말하는가! 내가 이미 물고기를 삶아먹었는데, 자산은 '살 곳을 얻었구나! 살 곳을 얻었구나!'라고 했다.' 그러므로 군자는 실제 도리에 맞는 방법으로 속일 수는 있지만, 올바른 도리가 아닌 방법으로 속이기는 어렵다. 상은 형을 사랑하는 인간적인 도리로 찾아왔다고 했습니다. 그러므로 순임금이 정말로 믿고 기뻐했으니, 어찌 거짓으로 그랬겠습니까?"

萬章問曰, "詩云, '娶妻如之何? 必告父母.' 信斯言也, 宜莫如舜. 舜之不告
만장문왈   시운 취처여지하   필고부모   신사언야   의막여순 순지불고

而娶, 何也?" 孟子曰, "告則不得娶. 男女居室, 人之大倫也. 如告, 則廢人
이취 하야   맹자왈   고즉부득취 남녀거실 인지대륜야 여고 즉폐인

之大倫以懟父母, 是以不告也." 萬章曰, "舜之不告而娶, 則吾既得聞命矣.
지대륜이대부모 시이불고야   만장왈   순지불고이취 즉오기득문명의

帝之妻舜而不告, 何也?" 曰, "帝亦知告焉則不得妻也." 萬章曰, "父母使
제지처순이불고 하야   왈   제역지고언즉부득처야   만장왈   부모사

舜完廩, 捐階, 瞽瞍焚廩. 使浚井, 出, 從而揜之. 象曰, '謨蓋都君, 咸我績.
순 완 름 연 계 고 수 분 름 사 준 정 출 종 이 엄 지 상 왈 모 개 도 군 함 아 적

牛羊, 父母. 倉廩, 父母. 干戈, 朕. 琴, 朕. 弤, 朕. 二嫂, 使治朕棲.' 象往入
우 양 부 모 창 름 부 모 간 과 짐 금 짐 저 짐 이 수 사 치 짐 서 상 왕 입

舜宮, 舜在牀琴, 象曰, '鬱陶思君爾.' 忸怩. 舜曰, '唯玆臣庶, 汝其于予治.'
순 궁 순 재 상 금 상 왈 울 도 사 군 이 육 니 순 왈 유 자 신 서 여 기 우 여 치

不識舜不知象之將殺己與?"曰, "奚而不知也? 象憂亦憂, 象喜亦喜."
불 식 순 부 지 상 지 장 살 기 여 왈 해 이 부 지 야 상 우 역 우 상 희 역 희

曰, "然則舜僞喜者與?"曰, "否! 昔者有饋生魚於鄭子産, 子産使校人畜
왈 연 즉 순 위 희 자 여 왈 부 석 자 유 궤 생 어 어 정 자 산 자 산 사 교 인 휵

之池. 校人烹之, 反命曰, '始舍之, 圉圉焉, 少則洋洋焉, 攸然而逝.' 子産曰,
지 지 교 인 팽 지 반 명 왈 시 사 지 어 어 언 소 즉 양 양 언 유 연 이 서 자 산 왈

'得其所哉, 得其所哉.' 校人出, 曰, '孰謂子産智? 予旣烹而食之, 曰, 得其
득 기 소 재 득 기 소 재 교 인 출 왈 숙 위 자 산 지 여 기 팽 이 식 지 왈 득 기

所哉! 得其所哉!' 故君子可欺以其方, 難罔以非其道. 彼以愛兄之道來,
소 재 득 기 소 재 고 군 자 가 기 이 기 방 난 망 이 비 기 도 피 이 애 형 지 도 래

故誠信而喜之, 奚僞焉?"
고 성 신 이 희 지 해 위 언

| 핵심어 | 難罔非道 (난망비도)

| 해설 | 올바른 도리가 아닌 방법으로 속이기는 어렵다.

정도로 말하라.

9-3

만장이 물었다.

"상은 매일같이 순임금을 죽이는 일에 매달렸습니다. 순임금이 천자가 되
자, 상을 추방했다고 하는데, 왜 그렇게 했습니까?"

맹자가 말했다.

"영토를 주어 멀리 가서 살게 했는데, 어떤 사람은 '추방했다.'고 말하는
것이다."

만장이 말했다.

"순임금이 공공을 유주에 유배하고, 환도를 숭산으로 추방하며, 삼묘족의

족장을 삼위에서 죽이고, 곤을 우산에 가두었는데, 네 사람을 처벌하자 세상이 모두 순임금에게 복종했으니, 이는 사람을 미워하는 자를 처벌했기 때문입니다. 상이 사람을 미워하는 마음을 지니고 있는 자임에도 불구하고, 유비에 영토를 주었으니, 상의 지배를 받는 유비 사람은 무슨 죄입니까? 사람을 사랑하는 마음을 지닌 사람도 이와 같이 한단 말입니까? 다른 사람은 죽이면서, 동생에게는 영토를 주었습니다."

맹자가 말했다.

"사람을 사랑하는 마음을 지닌 사람은 동생이라고 하여 노여움을 감춘다거나 원망을 묵혀둔다거나 하지 않고, 친하게 지내고 사랑하는 것일 뿐이다. 친하게 지내면 고귀하게 되기를 바라고, 사랑한다면 부유해지기를 바란다. 그를 유비에 영토를 주어 보낸 것은, 부유하고 고귀하게 되길 바란 것이다. 자신은 천자가 되고, 동생은 일반 서민이 된다면, 어찌 동생에게 친하게 굴고 사랑했다고 할 수 있겠느냐?"

"감히 묻겠습니다. 어떤 사람이 추방했다고 말하는 것은 어째서입니까?"

맹자가 말했다.

"상이 유비에서 실제 정치를 못 하게 하고, 천자인 순임금이 그 나라를 다스리고, 그 지역의 세금을 받도록 했다. 그래서 추방했다고 한 것이지, 어찌 유비 사람에게 포학한 정치를 할 수 있었겠느냐! 그러나 순임금은 늘 동생인 상을 만나보려고 했다. 그래서 상에게 끊임없이 찾아오게 했고, 특산물을 바치는 시기가 되지 않았는데도, 유비에 있던 상을 수시로 접견했다. 이것을 말한 것이다."

萬章問曰, "象日以殺舜爲事. 立爲天子則放之, 何也?" 孟子曰, "封之也,
만 장 문 왈   상 일 이 살 순 위 사 립 위 천 자 즉 방 지 하 야   맹 자 왈   봉 지 야

或曰放焉." 萬章曰, "舜流共工于幽州, 放驩兜于崇山, 殺三苗于三危,
혹 왈 방 언   만 장 왈   순 유 공 공 우 유 주 방 환 두 우 숭 산 살 삼 묘 우 삼 위

殛鯀于羽山, 四罪而天下咸服, 誅不仁也. 象至不仁, 封之有庳, 有庳之人
극 곤 우 우 산 사 죄 이 천 하 함 복 주 불 인 야 상 지 불 인 봉 지 유 비 유 비 지 인

奚罪焉? 仁人固如是乎? 在他人則誅之, 在弟則封之." 曰, "仁人之於弟也,
해 죄 언　인 인 고 여 시 호　재 타 인 즉 주 지　재 제 즉 봉 지　왈　인 인 지 어 제 야

不藏怒焉, 不宿怨焉, 親愛之而已矣. 親之欲其貴也, 愛之欲其富也. 封之
부 장 노 언　불 숙 원 언　친 애 지 이 이 의　친 지 욕 기 귀 야　애 지 욕 기 부 야　봉 지

有庳, 富貴之也. 身爲天子, 弟爲匹夫, 可謂親愛之乎?" "敢問或曰放者何
유 비　부 귀 지 야　신 위 천 자　제 위 필 부　가 위 친 애 지 호　감 문 혹 왈 방 자 하

謂也?" 曰, "象不得有爲於其國, 天子使吏治其國而納其貢稅焉, 故謂之放,
위 야　왈　상 부 득 유 위 어 기 국　천 자 사 리 치 기 국 이 납 기 공 세 언　고 위 지 방

豈得暴彼民哉! 雖然, 欲常常而見之, 故源源而來, 不及貢, 以政接于有庳.
기 득 포 피 민 재　수 연　욕 상 상 이 견 지　고 원 원 이 래　불 급 공　이 정 접 우 유 비

此之謂也."
차 지 위 야

| 핵심어 | **親愛富貴** (친애부귀)

| 해설 | 형제자매 간에는 친하게 지내고 사랑하며 부귀하게 해준다.

서로 사랑하라.

9-4

함구몽*이 물었다.

"옛날부터 전해오는 말이 있습니다. '덕망이 훌륭한 관리에 대해서는 군주가 함부로 그를 신하로 삼을 수 없고, 부모가 함부로 그를 자식으로 취급할 수 없다. 순임금이 천자가 되어 남쪽을 바라보고 서자, 요임금도 제후들을 거느리고 북쪽을 바라보며 조회를 했고, 아버지 고수 또한 북쪽을 바라보며 조회를 했다. 순임금이 고수를 보고 얼굴에 불안한 기색이 돌며 위축되었다.' 공자가 말했습니다. '이때는 세상이 아주 불안하고 위태로웠다.' 이런 말이 있는지 잘 모르겠습니다. 이 말이 사실입니까?"

맹자가 말했다.

"아니다! 이는 군자의 말이 아니고, 제나라 동쪽에 사는 야인이 한 말이다. 요임금이 나이가 들어 노쇠하자 순임금이 섭정을 했다. 『서경』「요전」에 이렇게 나와 있다. '순임금이 섭정을 한 지 28년 만에 요임금이 별세하자 백성이 자기 부모를 잃은 것처럼 여겼다. 3년 동안 상복을 입고, 주변의 모든 나

라에서 음악을 연주하며 노는 것을 금했다.' 공자가 말했다. '하늘에는 두 개의 태양이 없고, 백성에게는 두 명의 지도자가 없다.' 순임금이 천자가 되고, 또 세상 제후들을 거느리고 요임금을 위해 3년 상을 치른다면, 이는 두 명의 천자가 있는 꼴이다."

함구몽이 말했다.

"순임금이 요임금을 신하로 삼지 않은 것에 대해서는 이미 제가 들어서 알겠습니다. 『시경』에 노래한 것이 있습니다. '세상에 임금의 영토가 아닌 것이 없고, 영토 안에 임금의 신하가 아닌 사람이 없도다.'** 순임금이 이미 천자가 되었는데, 감히 묻겠습니다. 아버지 고수가 신하가 아닌 것은 어째서입니까?"

맹자가 말했다.

"이 시는 그런 뜻을 노래한 것이 아니다. 임금이 나라 일에 힘을 쏟다 보니, 신하들이 부모를 봉양하지 못함을 불평한 것이다. 이에 신하들이 '모든 일이 임금의 일이 아닌 것이 없는데, 나만 홀로 똑똑하다고 하여 힘을 쏟아야 하는가.'하고 말한 것이다. 그러므로 시를 해석하는 사람은 그 구절이 나타내려는 말을 해치지 않아야 하고, 한 구절의 말로 본래의 뜻을 해치지 말아야 한다. 시를 보는 사람이 마음으로 시를 지은 사람의 뜻을 헤아려야 그 시를 알 수 있고, 말만 가지고 본다면 위험하다. 『시경』의 시에서 이렇게 노래했다.*** '주나라가 여왕의 난을 겪은 다음, 주나라에 살아남은 사람이 하나도 없다.' 이 말을 믿는다면, 주나라에 남은 사람이 없게 된다.

효자로서 최고의 도리는 부모를 존경하는 일보다 큰 것이 없고, 부모를 존경하는 일 가운데 세상을 봉양하는 일보다 더 큰 것이 없다. 천자의 부모는 세상에서 가장 존경받는 사람이다. 세상을 봉양을 했으니, 가장 봉양을 잘한

---

*맹자의 제자.
**『시경』「소아」〈북산〉편.
***『시경』「대아」〈운한〉편.

것이다. 『시경』에서 이렇게 노래했다. '늘 효도하고 그리워하네. 효도하고 그리워함이 세상의 법도가 되었네.' 이것을 두고 말한 것이다. 『서경』에서 이렇게 말했다. '순임금이 아버지 고수를 뵐 적에 최고로 존경하고 조심스럽게 모셨는데, 고수 또한 점잖고 부드럽게 대하였다.'* 이것이 부모가 함부로 자식을 대할 수 없다는 증거이다."

咸丘蒙問曰, "語云 盛德之士, 君不得而臣, 父不得而子. 舜南面而立,
함구몽문왈 어운 성덕지사 군부득이신 부부득이자 순남면이립

堯帥諸侯北面而朝之, 瞽瞍亦北面而朝之. 舜見瞽瞍, 其容有蹙. 孔子曰,
요솔제후북면이조지 고수역북면이조지 순견고수 기용유축 공자왈

'於斯時也, 天下殆哉, 岌岌乎.' 不識此語誠然乎哉?" 孟子曰 "否! 此非君
어사시야 천하태재 급급호 불식차어성연호재 맹자왈 부 차비군

子之言, 齊東野人之語也. 堯老而舜攝也. 堯典曰, '二十有八載, 放勳乃徂落,
자지언 제동야인지어야 요노이순섭야 요전왈 이십유팔재 방훈내조락

百姓如喪考妣. 三年, 四海遏密八音.' 孔子曰, '天無二日, 民無二王.' 舜旣
백성여상고비 삼년 사해알밀팔음 공자왈 천무이일 민무이왕 순기

爲天子矣, 又帥天下諸侯以爲堯三年喪, 是二天子矣." 咸丘蒙曰, "舜之不
위천자의 우솔천하제후이위요삼년상 시이천자의 함구몽왈 순지불

臣堯, 則吾旣得聞命矣. 詩云, '普天之下, 莫非王土. 率土之濱, 莫非王臣.'
신요 즉오기득문명의 시운 보천지하 막비왕토 솔토지빈 막비왕신

而舜旣爲天子矣, 敢問瞽瞍之非臣如何?" 曰, "是詩也, 非是之謂也. 勞於
이 순기위천자의 감문고수지비신여하 왈 시시야 비시지위야 노어

王事, 而不得養父母也. 曰, '此莫非王事, 我獨賢勞也.' 故說詩者不以文
왕사 이부득양부모야 왈 차막비왕사 아독현노야 고설시자불이문

害辭, 不以辭害志. 以意逆志, 是爲得之, 如以辭而已矣, 雲漢之詩曰, '周餘
해사 불이사해지 이의역지 시위득지 여이사이이의 운한지시왈 주여

黎民, 靡有孑遺.' 信斯言也, 是周無遺民也. 孝子之至, 莫大乎尊親. 尊親
여민 미유혈유 신사언야 시주무유민야 효자지지 막대호존친 존친

之至, 莫大乎以天下養. 爲天子父, 尊之至也. 以天下養, 養之至也. 詩曰,
지지 막대호이천하양 위천하부 존지지야 이천하양 양지지야 시왈

'永言孝思, 孝思惟則.' 此之謂也. 書曰, '祗載見瞽瞍, 夔夔齋栗, 瞽瞍亦
영언효사 효사유칙 차지위야 서왈 지재현고수 기기재율 고수역

允若.' 是爲父不得而子也."
윤 약　　시 위 부 부 득 이 자 야

| **핵심어** | 以**意**逆志 (이의역지)
| **해설** | 마음으로 사람의 뜻을 헤아린다.
진짜 권위!

9-5

만장이 말했다.

"요임금이 세상을 순임금에게 물려주었다고 하는데, 그런 일이 있습니까?"

맹자가 말했다.

"아니다. 천자라고 하여 마음대로 세상을 다른 사람에게 물려줄 수는 없다."

만장이 말했다.

"그렇다면 순임금이 세상을 소유했는데, 누가 준 것입니까?"

맹자가 말했다.

"하늘이 준 것이다."

만장이 말했다.

"하늘이 주었다면, 차근차근 말로 명령을 내린 것입니까?"

맹자가 대답했다.

"아니다. 하늘은 말하지 않고, 행실이나 업적으로 보여줄 뿐이다."

만장이 말했다.

"행실과 업적으로 보여준다는 것은 어떤 것입니까?"

맹자가 말했다.

"천자는 하늘에 사람을 천거할 수 있지만, 하늘이 세상을 물려주게 할 수

*『서경』「우서」〈대우모〉편.

는 없다. 제후는 천자에게 사람을 추천할 수 있지만, 천자가 제후를 물려주게 할 수는 없다. 대부가 제후에게 사람을 추천할 수는 있지만, 제후가 대부를 물려주게 할 수는 없다. 옛날에 요임금이 순임금을 하늘에 천거했을 때 하늘이 받아들였고, 백성에게 그의 행실과 업적이 드러났을 때 백성이 받아들였다. 그러므로 하늘은 말하지 않고 행실과 업적으로 보여줄 뿐이라고 한 것이다."

만장이 물었다.

"감히 묻겠습니다. 하늘에 천거했을 때 하늘이 받아들였고, 백성에게 그의 행실과 업적이 드러났을 때 백성이 받아들였다는 것은 어떤 것입니까?"

맹자가 말했다.

"순임금에게 제사를 주관하도록 했고, 모든 신들이 제사를 잘 받아들였는데, 이것이 하늘이 받아들였다는 뜻이다. 순임금에게 정치를 하도록 맡겼고, 나라를 잘 다스리고 백성이 편안하게 여겼는데, 이것이 백성이 받아들였다는 뜻이다. 하늘이 받아들였고 사람이 받아들였으므로, 천자가 마음대로 세상을 사람에게 물려줄 수 없다고 말하는 것이다.

순임금은 28년 동안이나 요임금을 도와주었는데, 이는 사람의 힘으로 할 수 있는 일이 아니고 하늘의 뜻이다. 요임금이 죽자 삼년 상을 마치고, 순임금은 요임금의 아들을 피해 남하의 남쪽으로 갔다. 세상의 제후와 관료들이 요임금의 아들에게 가지 않고 순임금에게 갔고, 소송을 하는 사람은 요임금의 아들에게 가지 않고 순임금에게 갔으며, 덕망이나 업적을 칭송하는 사람은 요임금의 아들을 칭송하지 않고 순임금을 칭송했다. 그러므로 하늘의 뜻이라고 말한 것이다.

그런 다음에 순임금은 중앙으로 가서 천자의 자리에 올랐다. 요임금의 궁궐에 거처하며 요임금의 아들을 몰아냈다면, 이는 자리를 빼앗은 것이다. 하늘이 준 것이 아니다. 『서경』 「태서」에 '하늘이 보는 것은 백성을 통해 보고, 하늘이 듣는 것은 백성을 통해 듣는다.'고 했는데, 이것을 두고 한 말이다."

萬章曰, "堯以天下與舜, 有諸?" 孟子曰, "否. 天子不能以天下與人."
만 장 왈 요 이 천 하 여 순 유 저   맹 자 왈 부 천 자 불 능 이 천 하 여 인

"然則舜有天下也, 孰與之?" 曰, "天與之." "天與之者, 諄諄然命之乎?"
연 즉 순 유 천 하 야 숙 여 지   왈 천 여 지   천 여 지 자 순 순 연 명 지 호

曰, "否. 天不言, 以行與事示之而已矣." 曰, "以行與事示之者, 如之何?"
왈 부 천 불 언 이 행 여 사 시 지 이 이 의   왈 이 행 여 사 시 지 자 여 지 하

曰, "天子能薦人於天, 不能使天與之天下. 諸侯能薦人於天子, 不能使天子
왈   천 하 능 천 인 어 천 불 능 사 천 여 지 천 하 제 후 능 천 인 어 천 자 불 능 사 천 자

與之諸侯. 大夫能薦人於諸侯, 不能使諸侯與之大夫. 昔者堯薦舜於天而
여 지 제 후 대 부 능 천 인 어 제 후 불 능 사 제 후 여 지 대 부 석 자 요 천 순 어 천 이

天受之, 暴之於民而民受之. 故曰, 天不言, 以行與事示之而已矣."
천 수 지 포 지 어 민 이 민 수 지 고 왈 천 불 언 이 행 여 사 시 지 이 이 의

曰, "敢問薦之於天而天受之, 暴之於民而民受之, 如何?" 曰, "使之主祭,
왈   감 문 천 지 어 천 이 천 수 지 포 지 어 민 이 민 수 지 여 하   왈 사 지 주 제

而百神享之, 是天受之. 使之主事而事治, 百姓安之, 是民受之也. 天與之,
이 백 신 향 지 시 천 수 지 사 지 주 사 이 사 치 백 성 안 지 시 민 수 지 야 천 여 지

人與之, 故曰天子不能以天下與人. 舜相堯二十有八載, 非人之所能爲也,
인 여 지 고 왈 천 자 불 능 이 천 하 여 인 순 상 요 이 십 유 팔 재 비 인 지 소 능 위 야

天也. 堯崩, 三年之喪畢, 舜避堯之子於南河之南. 天下諸侯朝覲者, 不之堯
천 야 요 붕 삼 년 지 상 필 순 피 요 지 자 어 남 하 지 남 천 하 제 후 조 근 자 부 지 요

之子而之舜. 訟獄者, 不之堯之子而之舜. 謳歌者, 不謳歌堯之子而謳歌舜.
지 자 이 지 순 송 옥 자 부 지 요 지 자 이 지 순 구 가 자 불 구 가 요 지 자 이 구 가 순

故曰天也. 夫然後之中國, 踐天子位焉. 而居堯之宮, 逼堯之子, 是篡也.
고 왈 천 야 부 연 후 지 중 국 천 천 자 위 언 이 거 요 지 궁 핍 요 지 자 시 찬 야

非天與也. 泰誓曰, '天視自我民視, 天聽自我民聽.' 此之謂也."
비 천 여 야 태 서 왈 천 시 자 아 민 시 천 청 자 아 민 청 차 지 위 야

| 핵심어 | 行與事示 (행여사시)

| 해설 | 행실과 업적으로 보여주다.

백성은 올바른 지도자를 따른다.

9-6

만장이 물었다.

"사람이 말합니다. '우임금에게 이르러 덕망이 쇠하여, 현명한 사람에게

임금 자리를 물려주지 않고, 자식에게 물려주었다.' 그런 일이 있습니까?"

맹자가 말했다.

"아니다. 그렇지 않다. 하늘이 현명한 사람에게 물려주게 하면 현명한 사람에게 물려주고, 하늘이 자식에게 물려주게 하면 자식에게 물려주는 것이다. 옛날에 순임금이 우임금을 하늘에 천거한 지 17년 만에 순임금이 죽었다. 삼년 상을 마치고 우임금이 순임금의 아들을 피해 양성으로 갔고, 세상 백성이 우임금을 따라왔는데, 이는 요임금이 죽은 후 요임금의 아들을 따르지 않고 순임금을 따르는 것과 같았다.

우임금은 당시 현명하고 공이 많았던 백익을 하늘에 천거하고 7년 만에 우임금이 죽었다. 삼년 상을 마친 백익은 우임금의 아들을 피해 기산의 북쪽으로 갔는데, 조회하고 소송하는 사람이 백익에게 가지 않고 우임금의 아들 계에게 가서, '우리 군주의 아들이다.'라고 했다. 덕망이나 업적을 칭송하는 사람은 백익을 칭송하지 않고 계를 칭송하며, 우리 군주의 아들이라고 했다.

요임금의 아들 단주가 똑똑하지 못했고, 순임금의 아들 또한 똑똑하지 못했다. 순임금이 요임금을 돕고, 우임금이 순임금을 도운 것은, 그 햇수가 많아 백성에게 은택을 베푼 지가 오래되었다. 우임금의 아들 계는 현명하여 우임금의 정치를 승계할 수 있었다. 백익이 우임금을 도운 것은, 그 햇수가 적어 백성에게 은택을 베푼 것이 오래되지 않았다.

순임금, 우임금, 백익이 보좌한 것이 햇수에 차이가 있고, 그 아들이 현명하고 그렇지 못함도 모두 하늘의 뜻이어서, 사람의 힘으로 할 수 있는 일이 아니다. 그렇게 하려던 것이 아닌데 그렇게 되는 것은 하늘의 뜻이다. 부르지 않았는데도 이르는 것은 운명이다. 일반 서민으로서 세상을 소유하는 사람은, 덕망이 반드시 순임금이나 우임금 같아야 하고, 또 천자가 천거해 주어야 한다. 중니[공자]도 세상을 소유하지 못했다.

대를 이어 세상을 소유해 왔는데도 하늘이 버리는 것은 반드시 걸임금이나 주임금과 같은 자이다. 이들 때문에 백익이나 이윤, 주공 같은 사람이 세상을 소유하지 못했다. 이윤이 탕임금을 도와 세상의 임금 노릇을 하게 했고, 탕임금이 죽자, 아들 태정은 임금 자리에 올라보지도 못하고 죽었고, 외병은 2년 동안, 중임은 4년 동안 임금 자리에 있었다. 태갑이 탕임금이 만들어놓은 제도를 뒤집어엎자, 이윤이 태갑을 동 땅에 추방했다. 3년 후, 태갑이 자신의 잘못을 뉘우치고, 스스로 깊이 반성했고, 동 땅에 있으면서 사람을 사랑하는 마음씨와 사람의 올바른 도리를 깨우치고 실천하여, 3년 동안 이윤이 자기에게 훈계하며 가르쳐준 정치의 의미를 듣고, 박읍으로 돌아왔다.

주공이 세상을 소유하지 못한 것도, 백이가 하나라에서 한 것과 이윤이 은나라에 한 것과 같다. 공자가 말했다. '요임금과 순임금은 선양했고, 하나라 은나라 주나라는 이를 계승했는데, 그 뜻은 같다.'"

萬章問曰, "人有言 '至於禹而德衰, 不傳於賢而傳於子', 有諸?" 孟子曰,
만장문왈   인유언 지어우이덕쇠 부전어현이전어자 유저   맹자왈

"否. 不然也. 天與賢, 則與賢. 天與子, 則與子. 昔者舜薦禹於天, 十有七年,
부 불연야 천여현 즉여현 천여자 즉여자 석자순천우어천 십유칠년

舜崩. 三年之喪畢, 禹避舜之子於陽城, 天下之民從之, 若堯崩之後不從
순붕   삼년지상필 우피순지자어양성 천하지민종지   약요붕지후부종

堯之子而從舜也. 禹薦益於天, 七年, 禹崩. 三年之喪畢, 益避禹之子於箕
요지자이종순야 우천익어천 칠년 우붕 삼년지상필 익피우지자어기

山之陰, 朝覲訟獄者不之益而之啓, 曰, '吾君之子也.' 謳歌者不謳歌益而
산지음 조근송옥자부지익이지계 왈   오군지자야   구가자불구가익이

謳歌啓, 曰, 吾君之子也. 丹朱之不肖, 舜之子亦不肖. 舜之相堯, 禹之相
구가계   왈 오군지자야 단주지불초 순지자역불초 순지상요 우지상

舜也, 歷年多, 施澤於民久. 啓賢, 能敬承繼禹之道. 益之相禹也, 歷年少,
순야 역년다 시택어민구 계현 능경승계우지도 익지상우야 역년소

施澤於民未久. 舜·禹·益相去久遠, 其子之賢不肖皆天也, 非人之所
시택어민미구 순 우 익상거구원 기자지현불초개천야 비인지소

能爲也. 莫之爲而爲者, 天也. 莫之致而至者, 命也. 匹夫而有天下者, 德必
능위야 막지위이위자 천야 막지치이지자 명야 필부이유천하자 덕필

若舜·禹而又有天子薦之者, 故仲尼不有天下. 繼世而有天下, 天之所廢,
약순 우이우유천하천지자 고중니불유천하 계세이유천하 천지소폐

必若桀·紂者也, 故益·伊尹·周公不有天下. 伊尹相湯以王於天下, 湯崩,
필약걸 주자야 고익 이윤 주공불유천하 이윤상탕이왕어천하 탕붕

太丁未立, 外丙二年, 仲壬四年. 太甲顚覆湯之典刑, 伊尹放之於桐. 三年,
태정미립 외병이년 중임사년 태갑전복탕지전형 이윤방지어동 삼년

太甲悔過, 自怨自艾, 於桐處仁遷義, 三年以聽伊尹之訓己也, 復歸于亳.
태갑회과 자원자애 어동처인천의 삼년이청이윤지훈기야 복귀우박

周公之不有天下, 猶益之於夏, 伊尹之於殷也. 孔子曰, '唐·虞禪, 夏后·
주공지부유천하 유익지어하 이윤지어은야 공자왈 당 우선 하후

殷·周繼, 其義一也.'"
은 주계 기의일야

| **핵심어** | **禪繼義一** (선계의일)

| **해설** | 군주 자리를 현명한 사람에게 선양하거나 자식에게 계승한 것은 그 뜻이 같다. *사람의 뜻에 따르라.*

9-7

만장이 물었다.

"사람이 이렇게 말합니다. '이윤이 고기를 썰고 삶는 요리하는 일로 탕임금에게 접근하여 등용되기를 요구했다.' 그런 일이 있었습니까?"

맹자가 말했다.

"아니다. 그렇지 않다. 이윤*은 유신이라는 들에서 밭을 갈면서 요임금과 순임금이 행했던 정치를 즐겼다. 의리가 아니고 도리가 아니면, 이 세상을 다 소유하게 해도 돌아보지 않고, 말 4,000마리를 매어놓아도 돌아보지 않았다. 의리가 아니고 도리가 아니면, 지푸라기처럼 하찮은 것 하나도 남에게 주지 않았고, 지푸라기처럼 하찮은 것 하나도 남에게서 취하지 않았다.

탕임금이 사람을 시켜 예물을 가지고 가서 이윤을 초빙하자, 태연하게 말했다. '내가 탕임금이 가져온 예물을 가지고 무엇하겠는가? 내가 밭도랑 사이에 살면서 요임금과 순임금의 정치를 즐기는 것만 같겠는가?' 탕임금은

---

*『여씨춘추』 본미에 따르면, 유신씨가 공상이라는 지역에서 어린아이를 얻어다가 자신의 요리사에게 기르도록 했다. 나중에 그 어린아이가 자라면서 이수에서 살았는데, 이수의 '이' 자를 따서 이윤이라고 불렀다.

세 번이나 사람을 보내어 이윤을 초빙하자, 어느 순간에 마음을 바꾼 듯 말했다.

'내가 밭도랑 사이에 살면서 요임금과 순임금의 정치를 즐기기보다 탕임금을 도와 요임금과 순임금과 같은 군주로 만드는 것이 낫지 않은가! 백성에게 요임금과 순임금의 시대처럼 편안하게 살게 하는 것보다 좋은 것이 어디 있겠는가! 내가 직접 이런 사회를 보는 것이 더 좋은 일 아닌가! 하늘이 이 백성을 세상에 보낸 것은, 먼저 안 사람에게 나중에 안 사람을 깨우치고, 먼저 깨달은 사람에게 나중에 깨달은 사람을 깨우치게 한 것이다. 나는 하늘이 낸 백성 가운데 먼저 깨달은 사람이고, 나는 올바른 도리로 이 백성을 깨우쳐야 할 책임이 있으며, 내가 깨우쳐주지 않는다면, 누가 하겠는가?'

세상 백성 가운데 요임금과 순임금이 베풀었던 혜택을 입지 못하는 사람이 있으면, 자신이 그들을 도랑으로 밀어 넣은 것처럼 생각했고, 세상의 중대한 사명을 스스로 맡겠다고 자임한 것이 이와 같았다. 그러므로 탕임금에게 가서 설득하고, 하나라의 걸을 정벌하여 백성을 구제했다.

나는 자기 몸을 굽히는 자가 다른 사람을 바로잡았다는 말은 들어보지 못했는데, 하물며 자신을 욕되게 하는 자가 세상을 바로잡았다는 말은 해서 무엇하겠느냐? 성인의 행실은 똑같지가 않은데, 때로는 물러나 있기도 하고, 때로는 가까이에 있기도 하며, 때로는 떠나가고, 때로는 떠나가지 않지만, 모두 자신의 몸을 깨끗이 할 뿐이다. 나는 이윤이 요임금과 순임금의 정치를 탕임금에게 요구했다는 말은 들었지만, 고기를 썰고 삶는 요리하는 일로 등용되기를 요구했다는 말은 들어보지 못했다.

『서경』「이훈」에 '하늘이 하나라 걸을 토벌할 때, 걸의 궁전인 목궁부터 쳐부수게 한 것은, 이윤이 박 땅에서 그렇게 하라고 했다.'라고 전해온다."

萬章問曰, "人有言'伊尹以割烹要湯', 有諸?" 孟子曰, "否. 不然. 伊尹耕於
만장문왈 인유언 이윤이할팽요탕 유저 맹자왈 부 불연 이윤경어

有莘之野, 而樂堯 · 舜之道焉. 非其義也, 非其道也, 祿之以天下弗顧也,
유신지야 이락요 순지도언 비기의야 비기도야 녹지이천하불고야

繫馬千駟弗視也. 非其義也, 非其道也, 一介不以與人, 一介不以取諸人.
계마천사불시야 비기의야 비기도야 일개불이여인 일개불이취저인

湯使人以幣聘之, 囂囂然曰, '我何以湯之聘幣爲哉? 我豈若處畎畝之中,
탕사인이폐빙지 효효연왈 아하이탕지빙폐위재 아기약처견무지중

由是以樂堯 · 舜之道哉?'湯三使往聘之, 旣而幡然改曰, '與我處畎畝之中,
유시이락요 순지도재 탕삼사왕빙지 기이번연개왈 여아처견무지중

由是以樂堯 · 舜之道, 吾豈若使是君爲堯 · 舜之君哉! 吾豈若使是民爲堯 ·
유시이락요 순지도 오기약사시군위요 순지군재 오기약사시민위요

舜之民哉! 吾豈若於吾身親見之哉! 天之生此民也, 使先知覺後知, 使先覺
순지민재 오기약어오신친견지재 천지생차민야 사선지각후지 사선각

覺後覺也. 予, 天民之先覺者也, 予將以斯道覺斯民也, 非予覺之而誰也?'
각후각야 여 천민지선각자야 여장이사도각사민야 비여각지이수야

思天下之民, 匹夫匹婦有不被堯 · 舜之澤者, 若己推而內之溝中, 其自任以
사천하지민 필부필부유불피요 순지택자 약기추이내지구중 기자임이

天下之重如此, 故就湯而說之以伐夏救民. 吾未聞枉己而正人者也, 況辱己
천하지중여차 고취탕이설지이벌하구민 오미문왕기이정인자야 황욕기

以正天下者乎? 聖人之行不同也, 或遠或近, 或去或不去, 歸潔其身而已矣.
이정천하자호 성인지행부동야 혹원혹근 혹거혹불거 귀결기신이이의

吾聞其以堯 · 舜之道要湯, 未聞以割烹也. 伊訓曰, '天誅造攻,
오문기이요 순지도요탕 미문이할팽야 이훈왈 천주조공

自牧宮. 朕載自亳.'"
자목궁 짐재자박

| 핵심어 | 歸潔其身 (귀결기신)
| 해설 | 자신의 몸을 깨끗이 하는 데 힘쓰다.
의리와 도리로 행하라.

9-8

만장이 물었다.

"어떤 사람이 공자가 위나라에서는 옹저*의 집에 머물렀고, 제나라에서는
내시인 척환의 집에 머물렀다고 하는데 이런 일이 있습니까?"

맹자가 말했다.

"아니다. 그렇지 않다. 일을 좋아하는 자들이 꾸며낸 말이다. 공자는 위나라에 있을 때는 안수유**의 집에 있었다. 미자하***의 아내와 자로****의 아내가 자매간이었다. 미자하가 자로에게 '공자가 우리 집에 기숙하면, 위나라의 경으로 추천할 수 있다.'고 하자, 자로가 이 말을 공자에게 알렸고, 공자가 말하기를 '하늘의 뜻에 달려 있다.'고 했다. 공자가 나갈 때 예의를 다하고, 물러날 때 의리를 다하며, 어떤 일을 얻든 얻지 못하든, '하늘의 뜻에 달려 있다.'고 했다. 옹저나 내시인 척환의 집에 머물렀다면, 이는 의리도 없고 하늘의 뜻도 없는 것이다.

공자가 노나라와 위나라에 머무르기가 불편한 일이 생겨, 노나라와 위나라를 떠나 송나라로 가는데, 사마환퇴*****라는 자가 길을 가로막고 죽이려고 하자, 너덜너덜한 옷을 입고 변장을 하여 송나라를 지나갔다. 이때 공자가 이런 곤경을 여러 번 겪으며 사성이라는 벼슬을 가진 정자의 집에 기숙했는데, 그는 진나라 제후의 신하였다.

나는 가까운 곳에서 온 신하를 살필 때도 누구의 집에 기숙하는지를 보고, 먼 곳에서 온 신하를 살필 때도 누구의 집에 기숙하는지를 보아야 한다고 들었다. 공자가 옹저와 내시 척환의 집에 머물면서 그들을 주인으로 삼았다면, 어떻게 공자라 할 수 있겠느냐?"

萬章問曰, "或謂孔子於衛主癰疽, 於齊主侍人瘠環, 有諸乎?" 孟子曰, "否.
만 장 문 왈   혹 위 공 자 어 위 주 옹 저   어 제 주 시 인 척 환   유 저 호   맹 자 왈   부

不然也. 好事者爲之也. 於衛主顔讎由. 彌子之妻與子路之妻, 兄弟也.
불 연 야   호 사 자 위 지 야   어 위 주 안 수 유   미 자 지 처 여 자 로 지 처   형 제 야

---

　* 당시 위나라 지도자의 최측근.
　** 위나라 고위관료이자 현명한 사람이었던 안탁추.
　*** 당시 위나라 지도자 영공의 최측근.
　**** 공자의 제자.
***** 송나라 군대 일을 맡아보던 사람.

彌子謂子路曰, ‘孔子主我, 衛卿可得也.’ 子路以告, 孔子曰, ‘有命.’ 孔子進
미 자 위 자 로 왈   공 자 주 아   위 경 가 득 야   자 로 이 고   공 자 왈   유 명   공 자 진

以禮, 退以義, 得之不得曰, ‘有命.’ 而主癰疽與侍人瘠環, 是無義無命也.
이 례   퇴 이 의   득 지 부 득 왈   유 명   이 주 옹 저 여 시 인 척 환   시 무 의 무 명 야.

孔子不悅於魯·衛, 遭宋桓司馬, 將要而殺之, 微服而過宋. 是時孔子當阨,
공 자 불 열 어 노   위   조 송 환 사 마   장 요 이 살 지   미 복 이 과 송   시 시 공 자 당 액

主司城貞子, 爲陳侯周臣. 吾聞觀近臣, 以其所爲主. 觀遠臣, 以其所主.
주 사 성 정 자   위 진 후 주 신   오 문 관 근 신   이 기 소 위 주   관 원 신   이 기 소 주

若孔子主癰疽與侍人瘠環, 何以爲孔子?”
약 공 자 주 옹 저 여 시 인 척 환   하 이 위 공 자

| 핵심어 | 觀臣所主 (관신소주)
| 해설 | 신하를 살필 때는 누구를 주인으로 하는지 본다.
인물을 알아보는 정도(正度).

9-9

만장이 물었다.

“어떤 사람이 말합니다. ‘백리해가 제사에 쓸 짐승을 기르는 진나라 사람에게 다섯 마리의 양 가죽을 받기로 하고 팔려가서, 소를 기르다가 진나라 목공에게 등용되었다.*고 하는데 믿을 만한 말입니까?”

맹자가 말했다.

“아니다. 그렇지 않다. 일을 좋아하는 자들이 꾸며낸 말이다. 백리해는 우나라 사람이다. 진나라 사람이 수극 지역에서 생산된 구슬과 굴 지역에서 생산된 말을 가지고 와서 우나라의 길을 빌려서 괵나라를 치려고 했다. 궁지기는 그것을 반대하며 우공에게 간청했고 백리해는 간청하지 않았는데, 우공이 간청해도 듣지 않자, 백리해는 우나라를 떠났다. 진나라에 갔을 때는 나이가 이미 70세나 되는 노인이었다. 소를 기르며 진나라 목공에게 등용되기를 요구하는 것이 더러운 일이 될 줄 몰랐다면, 어찌 그를 지혜롭다 할 수 있겠느냐? 간청할 수 없기에 간청하지 않았으니, 지혜롭지 않다고 할 수 있겠

* 『사기』 「상군열전」에 기록된 내용에 백리해의 이야기가 전한다.

느냐? 우공이 멸망할 것을 알고 먼저 떠났으니, 지혜롭지 않다고는 할 수 없다. 당시 진나라에 등용되어 목공이 함께 정치를 행할 만한 인물임을 알고 그를 도왔으니, 지혜롭지 않다고 할 수 있겠느냐? 진나라를 도와 군주를 세상에 드러내어 후세에 전할 만하게 했으니, 현명하지 않고서야 이렇게 할 수 있겠느냐? 자신의 몸을 팔아서 군주를 만드는 일은, 시골에서 자신을 아끼는 자들도 하지 않는 짓이다. 현명한 사람이 이런 짓을 했다고 할 수 있겠느냐?"

萬章問曰, "或曰, '百里奚自鬻於秦養牲者, 五羊之皮, 食牛, 以要秦穆公.'
만 장 문 왈   혹 왈   백 리 해 자 육 어 진 양 생 자   오 양 지 피   식 우   이 요 진 목 공

信乎?" 孟子曰, "否. 不然, 好事者爲之也. 百里奚, 虞人也. 晉人以垂棘之
신 호   맹 자 왈   부   불 연   호 사 자 위 지 야   백 리 해   우 인 야   진 인 이 수 극 지

璧與屈産之乘, 假道於虞以伐虢. 宮之奇諫, 百里奚不諫, 知虞公之不可
벽 여 굴 산 지 승   가 도 어 우 이 벌 괵   궁 지 기 간   백 리 해 불 간   지 우 공 지 불 가

諫而去. 之秦, 年已七十矣, 曾不知以食牛干秦穆公之爲汙也, 可謂智乎?
간 이 거   지 진   년 이 칠 십 의   증 부 지 이 식 우 간 진 목 공 지 위 오 야   가 위 지 호

不可諫而不諫, 可謂不智乎? 知虞公之將亡而先去之, 不可謂不智也.
불 가 간 이 불 간   가 위 부 지 호   지 우 공 지 장 망 이 선 거 지   불 가 위 부 지 야

時擧於秦, 知穆公之可與有行也而相之, 可謂不智乎? 相秦而顯其君
시 거 어 진   지 목 공 지 가 여 유 행 야 이 상 지   가 위 부 지 호   상 진 이 현 기 군

於天下, 可傳於後世, 不賢而能之乎?" 自鬻以成其君, 鄕黨自好者不爲,
어 천 하   가 전 이 후 세   불 현 이 능 지 호   자 육 이 성 기 군   향 당 자 호 자 불 위

而謂賢者爲之乎?
이 위 현 자 위 지 호

| 핵심어 | 不可諫不諫 (불가간불간)
| 해설 | 간청할 수 없으면 간청하지 않는다.
할 만한 일에 도전하라.

만장(하)

10

10-1

맹자가 말했다.

"백이는 눈으로는 나쁜 빛을 보지 않았고 귀로는 나쁜 소리를 듣지 않았으며, 군주다운 군주가 아니면 섬기지 않았고 그 백성이 아니면 부리지 않았으며, 세상이 잘 다스려지면 나아가고 혼란스러우면 물러났다. 포악한 정치를 하는 나라나 포악한 사람이 사는 곳에는 참고 살지 못했다. 시골 사람과 함께 섞여 살고 있는 것을 깨끗하고 말끔하게 옷을 차려입고 더러운 진흙과 숯 구덩이에 앉아 있는 것처럼 여겼다. 포학무도한 주임금이 다스릴 때는 북쪽 바닷가에 살면서 이 세상이 깨끗해지기를 기다렸다. 그러므로 백이의 풍모를 들으면 완악한 사나이도 청렴해지고, 나약한 사나이도 지조를 세우게 된다.

이윤이 말했다. '누구를 섬긴들 군주가 아니겠는가? 누구를 다스린들 사람이 아니겠는가?' 세상이 제대로 다스려져도 나아가고 혼란스러워져도 나아간다. 이윤이 또 말했다. '하늘이 이 백성을 세상에 보낸 것은, 먼저 안 사람이 나중에 안 사람을 깨우치고, 먼저 깨달은 사람이 나중에 깨달은 사람을 깨우치게 하려는 것이다. 나는 하늘이 낸 백성 가운데 먼저 깨달은 사람이

고, 나는 올바른 도리로 이 백성을 깨우쳐야 할 책임이 있다.' 세상 백성 가운데 요임금과 순임금이 베풀었던 혜택을 입지 못하는 사람이 있으면, 자신이 그들을 도랑으로 밀어 넣은 것처럼 생각했고, 세상의 중대한 사명을 스스로 맡겠다고 자임했다.

유하혜는 더러운 군주일지라도 부끄러워하지 않았고, 하찮은 관직일지라도 사양하지 않았으며, 나아가면 현명함을 숨기지 않고 반드시 올바른 길을 실천했으며, 등용되지 못하고 버려져도 원망하지 않았고, 곤궁에 빠져도 근심하지 않았으며, 시골 사람과 더불어 있어도 즐겁고 느긋하게 기거하며 몰인정하게 떠나려 하지 않았다. '너는 너고 나는 나다. 내 곁에서 웃통을 벗고 벌거벗는다 할지라도, 네가 어찌 나를 더럽힐 수 있겠는가?' 그러므로 유하혜의 풍모를 들으면 마음과 도량이 좁은 사나이는 너그러워지고, 경박한 사나이는 마음이 두터워진다.

공자가 제나라를 떠날 때는 물에 담갔던 쌀을 건져서 떠날 만큼 급하게 떠났고, 노나라를 떠날 때는 '더디고 더디다, 내 걸음이여, 조국을 떠나는 길이로구나.'라고 했다. 빨리 떠나야 할 만하면 빨리 떠나가고, 오래 머무를 만하면 오래 머무르며, 관직에 나아갈 만하면 나아가고 물러나야 한다면 물러나는 사람이 공자다.”

맹자가 말했다.

“백이는 성인 가운데 맑은 사람이고, 이윤은 성인 가운데 일을 책임지는 사람이며, 유하혜는 성인 가운데 화합하는 사람이고, 공자는 성인 가운데 때에 맞고 바르게 행동하는 사람이다. 공자를 '집대성한 사람'이라고 한다. 집대성이란 쇳소리로 울려서 옥 소리로 이를 종합하여 거두는 것이다. 쇳소리로 울리는 것은 일을 시작하는 것이고, 옥 소리로 거둔다는 것은 일을 끝내는 것이다. 일을 시작하는 것은 지혜에 속하고, 일을 끝내는 것은 덕망에 속한다. 활쏘기에 비유하면, 지혜는 활을 당기는 재주이고, 덕망은 활을 당기는 힘이다. 100보 밖에서 활을 쏘는 것과 같아서, 과녁에 이르게 하는 것은 너의 힘이지만, 과녁에 맞히는 것은 너의 힘이 아니다."

孟子曰, "伯夷目不視惡色, 耳不聽惡聲. 非其君不事, 非其民不使. 治則進,
맹자왈 백이목불시악색 이불청악성 비기군불사 비기민불사 치즉진

亂則退. 橫政之所出, 橫民之所止, 不忍居也. 思與鄕人處, 如以朝衣朝冠
란즉퇴 횡정지소출 횡민지소지 불인거야 사여향인처 여이조의조관

坐於塗炭也. 當紂之時, 居北海之濱, 以待天下之淸也. 故聞伯夷之風者,
좌어도탄야 당주지시 거북해지빈 이대천하지청야 고문백이지풍자

頑夫廉, 懦夫有立志. 伊尹曰, '何事非君? 何使非民?' 治亦進, 亂亦進.
완부렴 나부유립지 이윤왈 하사비군 하사비민 치역진 란역진

曰, '天之生斯民也, 使先知覺後知, 使先覺覺後覺. 予, 天民之先覺者也.
왈 천지생사민야 사선지각후지 사선각각후각 여 천민지선각자야

予將以此道覺此民也.' 思天下之民, 匹夫匹婦有不與被堯 · 舜之澤者, 如己
여장이차도각차민야 사천하지민 필부필부유불여피요 순지택자 여기

推而內之溝中, 其自任以天下之重也. 柳下惠不羞汙君, 不辭小官, 進不隱賢
추이내지구중 기자임이천하지중야 유하혜불수오군 불사소관 진불은자

必以其道, 遺佚而不怨, 阨窮而不憫, 與鄕人處, 由由然不忍去也. '爾爲爾,
필이기도 유일이불원 액궁이불민 여향인처 유유연불인거야 이위이

我爲我, 雖袒裼裸裎於我側, 爾焉能浼我哉?' 故聞柳下惠之風者, 鄙夫寬,
아위아 수단석나정어아측 이언능매아재 고문유하혜지풍자 비부관

薄夫敦. 孔子之去齊, 接淅而行. 去魯, 曰, '遲遲吾行也, 去父母國之道也.'
박부돈 공자지거제 접석이행 거노 왈 지지오행야 거부모국지도야

可以速而速, 可以久而久, 可以處而處, 可以仕而仕, 孔子也." 孟子曰,
가이속이속 가이구이구 가이처이처 가이사이사 공자야 맹자왈

"伯夷, 聖之淸者也. 伊尹, 聖之任者也. 柳下惠, 聖之和者也. 孔子, 聖之時
백이 성지청자야 이윤 성지임자야 유하혜 성지화자야 공자 성지시

者也. 孔子之謂集大成. 集大成也者, 金聲而玉振之也. 金聲也者, 始條理也.
자야 공자지위집대성 집대성야자 금성이옥진지야 금성야자 시조리야

玉振之也者, 終條理也. 始條理者, 智之事也. 終條理者, 聖之事也. 智, 譬則
옥진지야자 종조리야 시조리자 지지사야 종조리자 성지사야 지 비즉

巧也. 聖, 譬則力也. 由射於百步之外也, 其至, 爾力也. 其中, 非爾力也."
교야 성 비즉력야 유사어백보지외야 기지 이력야 기중 비이력야

| 핵심어 | 淸任和時 (청임화시)

| 해설 | 맑고 책임지고 화합하고 때에 맞는 네 부류의 성인이 있다.

시대정신을 읽어라.

10-2

북궁기*가 맹자에게 물었다.

"주나라 때의 신분 서열이나 지위, 봉급 등의 제도가 어떠했습니까?"**

맹자가 말했다.

"자세한 내용은 알 수 없습니다. 제후들이 그 제도가 자기들에게 해가 되는 것을 싫어하여, 기록을 모조리 없애 버렸는데, 내가 일찍이 그것을 배운 적이 있어 조금 알고 있습니다. 천자가 한자리이고, 공이 한자리이며, 후가 한자리이고, 백이 한자리이고, 자와 남이 똑같이 한자리로, 모두 다섯 등급입니다. 군이 한자리이고, 경이 한자리이고, 대부가 한자리이고, 상사가 한자리이고, 중사가 한자리이고, 하사가 한자리로, 모두 여섯 등급입니다. 천자의 제도는 토지가 사방 1,000리이고, 공·후는 모두 사방 100리이고, 백은 사방 70리이고, 자·남은 사방 50리로, 모두 네 등급입니다. 50리가 안 될 경우, 천자와 직접 통하지 못하고 제후에게 붙는데, 부용이라고 합니다. 천자 아래에 있는 경은 후에 버금가는 토지를 받고, 대부는 백에 버금가는 토지를 받으며, 원사는 자·남에 버금가는 토지를 받습니다.

큰 나라는 영토가 사방 100리입니다. 군주는 경이 받는 녹봉의 10배를 받고, 경의 녹봉은 대부의 4배를 받으며, 대부는 하급관리인 상사의 2배를 받고, 상사는 중사의 2배, 중사는 하사의 2배를 받으며, 하사와 서민으로서 관직에 있는 자는 녹봉이 같은데, 녹봉은 농지를 경작하는 수입을 대신할 정도였습니다. 그 다음으로 큰 나라의 영토는 사방 70리입니다. 군주는 경이 받는 녹봉의 10배를 받고, 경의 봉급은 대부의 3배를 받으며, 대부는 상사의 2

* 위나라 사람.
** 당시 전국시대 지도자들은 자신들의 전횡에 걸림돌이 되는 주나라 신분이나 토지에 관한 구체적인 제도 기록을 없애 버렸다.

배를 받고, 상사는 중사의 2배, 중사는 하사의 2배, 하사와 서민으로서 관직에 있는 자는 녹봉이 같은데, 녹봉은 농지를 경작하는 수입을 대신할 정도였습니다. 작은 나라의 영토는 사방 50리입니다. 군주는 경이 받는 봉급의 10배를 받고, 경의 봉급은 대부의 2배를 받으며, 대부는 상사의 2배를 받고, 상사는 중사의 2배, 중사는 하사의 2배, 하사와 서민으로서 관직에 있는 자는 봉급이 같은데, 녹봉은 농지를 경작하는 수입을 대신할 정도였습니다.

농지를 직접 경작하는 서민은 농부 한 집당 농지 100무*를 받습니다. 100무의 땅에 농사를 짓는데, 땅이 비옥한 정도에 따라, 농사를 아주 잘 짓는 상농부는 9명의 식구를 먹일 수 있고, 조금 잘 짓는 상농부는 8명의 식구를 먹일 수 있습니다. 보통 정도의 중농부는 7명의 식구를 먹일 수 있고, 그보다 조금 못한 중농부는 6명의 식구를 먹일 수 있으며, 농사에 좀 서툰 하농부는 5명의 식구를 먹일 수 있습니다. 서민으로서 관직에 있는 자의 녹봉도 이와 같이 다섯 등급으로 나누어 차등해서 지급합니다."

北宮錡問曰, "周室班爵祿也, 如之何?" 孟子曰, "其詳不可得聞也. 諸侯惡
북 궁 기 문 왈   주 실 반 작 록 야   여 지 하   맹 자 왈   기 상 불 가 득 문 야   제 후 오

其害己也, 而皆去其籍, 然而軻也嘗聞其略也. 天子一位, 公一位, 侯一位,
기 해 기 야   이 개 거 기 적   연 이 가 야 상 문 기 략 야   천 자 일 위   공 일 위   후 일 위

伯一位, 子 · 男同一位, 凡五等也. 君一位, 卿一位, 大夫一位, 上士一位,
백 일 위   자   남 동 일 위   범 오 등 야   군 일 위   경 일 위   대 부 일 위   상 사 일 위

中士一位, 下士一位, 凡六等. 天子之制, 地方千里, 公侯皆方百里, 伯七十里,
중 사 일 위   하 사 일 위   범 육 등   천 자 지 제   지 방 천 리   공 후 개 방 백 리   백 칠 십 리

子 · 男五十里, 凡四等. 不能五十里, 不達於天子, 附於諸侯, 曰附庸. 天子
자   남 오 십 리   범 사 등   불 능 오 십 리   부 달 어 천 자   부 어 제 후   왈 부 용   천 자

之卿受地視侯, 大夫受地視伯, 元士受地視子 · 男. 大國地方百里, 君十卿
지 경 수 지 시 후   대 부 수 지 시 백   원 사 수 지 시 자   남   대 국 지 방 백 리   군 십 경

祿, 卿祿四大夫, 大夫倍上士, 上士倍中士, 中士倍下士, 下士與庶人在官者
록   경 록 사 대 부   대 부 배 상 사   상 사 배 중 사   중 사 배 하 사   하 사 여 서 인 재 관 자

同祿, 祿足以代其耕也. 次國地方七十里, 君十卿祿, 卿祿三大夫, 大夫倍
동 록   녹 족 이 대 기 경 야   차 국 지 방 칠 십 리   군 십 경 록   경 록 삼 대 부   대 부 배

上士, 上士倍中士, 中士倍下士, 下士與庶人在官者同祿, 祿足以代其耕也.
상사 상사배중사 중사배하사 하사여서인재관자동록 녹족이대기경야

小國地方五十里, 君十卿祿, 卿祿二大夫, 大夫倍上士, 上士倍中士,
소국지방오십리 군십경록 경록이대부 대부배상사 상사배중사

中士倍下士, 下士與庶人在官者同祿, 祿足以代其耕也. 耕者之所獲,
중사배하사 하사여서인재관자동록 녹족이대기경야 경자지소획

一夫百畝, 百畝之糞, 上農夫食九人, 上次食八人, 中食七人, 中次食六人,
일부백무 백무지분 상농부식구인 상차식팔인 중식칠인 중차식육인

下食五人, 庶人在官者, 其祿以是爲差."
하식오인 서인재관자 기록이시위차

| 핵심어 | **祿足代耕** (녹족대경)

| 해설 | 서민으로서 관직에 있는 사람의 녹봉은 농지를 경작하는 수입을 대신할 정도다.
기본 생존권을 보장하다.

10-3

만장이 물었다.

"감히 묻겠습니다. 친구는 어떻게 사귀어야 합니까?"

맹자가 말했다.

"나이와 신분, 형제자매의 권세와 관계없이 친구를 사귀어야 한다. 벗을 사귀는 것은 그 사람의 덕망을 사귀는 것이지, 다른 것을 끼어들게 하여 자랑하며 뽐내서는 안 된다. 맹헌자**는 수레 100대를 낼 수 있을 정도의 집안이었는데, 그에게 친구 다섯 명이 있었다. 악정구와 목중, 그리고 나머지 세 사람은 내가 이름을 잊었다. 맹헌자가 이 다섯 사람과 친구로 지낼 때, 이 사람 가운데 맹헌자의 집안을 의식했던 사람은 아무도 없었다. 이 사람이 마음에 맹헌자의 집안을 의식하고 있었다면, 맹헌자는 이들과 더불어 벗하지 않았을 것이다.

수레 100대를 가진 집안만이 그러한 것이 아니고, 조그마한 나라의 군주

* 약 500여평 정도.
** 노나라의 최고위 관료.

가운데도 그러한 경우가 있었다. 비읍의 혜공이 말했다. '나는 자사를 스승으로 모시고, 나는 안반을 벗으로 대하며, 왕순과 장식은 나를 섬긴다.' 조그마한 나라의 군주만이 그러한 것이 아니라, 큰 나라의 지도자 가운데 또한 그러한 경우가 있었다. 진나라 평공이 해당을 벗으로 사귈 때, 들어오라고 하면 들어가고, 앉으라고 하면 앉고, 먹으라고 하면 먹었다. 거친 밥과 나물국이라도 배불리 먹지 않은 적이 없었는데, 감히 배불리 먹지 않을 수가 없었다. 끝내 그렇게 사귈 뿐이었다. 관직을 준 것도 아니고, 함께 나라를 다스리지도 않았으며, 어떤 봉급을 나누어 주지도 않았다. 선비가 현명한 사람을 존경한 것이지, 왕공이 현인을 존경한 것이 아니었다.

　순임금이 서민의 신분에서 요임금의 두 딸과 혼인을 하게 되어 신분이 높아졌고, 순임금이 요임금을 만나뵙자 요임금은 사위인 순임금을 별관에 머물게 하며 잔치를 베풀 때, 순임금에게 가서 음식을 얻어먹었다. 요임금과 순임금이 서로 번갈아가며 주인과 손님이 되었는데, 이는 천자가 서민과 벗한 것이다. 아랫사람이 윗사람을 존경하는 일을 고귀한 사람을 고귀하게 여기는 것이라고 하고, 윗사람이 아랫사람을 존경하는 일을 현명한 사람을 존경하는 것이라 하는데, 고귀한 사람을 고귀하게 여기는 것과 현명한 사람을 존경하는 것은 그 뜻이 같다."

萬章問曰, "敢問友?" 孟子曰, "不挾長, 不挾貴, 不挾兄弟而友. 友也者, 友
만장문왈　감문우　맹자왈　불협장　불협귀　불협형제이우　우야자　우

其德也, 不可以有挾也. 孟獻子, 百乘之家也, 有友五人焉 樂正裘 · 牧仲,
기덕야　불가이유협야　맹헌자　백승지가야　유우오인언악정구　목중

其三人則予忘之矣. 獻子之與此五人者友也, 無獻子之家者也. 此五人者亦
기삼인즉여망지의　헌자지여차오인자우야　무헌자지가자야　차오인자역

有獻子之家, 則不與之友矣. 非惟百乘之家爲然也, 雖小國之君亦有之.
유헌자지가　즉불여지우의　비유백승지가위연야　유소국지군역유지

費惠公曰, '五於子思則師之矣, 五於顔般則友之矣. 王順 · 長息, 則事我
비혜공왈　오어자사즉사지의　오어안반즉우지의　왕순　장식　즉사아

者也.' 非惟小國之君爲然也, 雖大國之君亦有之. 晉平公於亥唐也, 入云
자야　비유소국지군위연야　수대국지군역유지　진평공어해당야　입운

則入, 坐云則坐, 食云則食. 雖疏食菜羹, 未嘗不飽, 蓋不敢不飽也. 然終
즉입　좌운즉좌　식운즉식　수소식채갱　미상불포　개불감불포야　연종

於此而已矣. 弗與共天位也, 弗與治天職也, 弗與食天祿也. 士之尊賢者也,
어차이이의　불여공천위야　불여치천직야　불여식천록야　사지존현자야

非王公之尊賢. 舜尙見帝, 帝館甥于貳室, 亦饗舜, 迭爲賓主, 是天
비왕공지존현야　순상현제　제관생우이실　역향순　질위빈주　시천

子而友匹夫也. 用下敬上謂之貴貴, 用上敬下謂之尊賢, 貴貴尊賢其義一也."
자이우필부야　용하경상위지귀귀　용상경하위지존현　귀귀존현기의일야

| 핵심어 | **貴貴尊賢** (귀귀존현)

| 해설 | 고귀한 사람을 고귀하게 여기고 현명한 사람을 존경한다.

어떻게 친구를 사귈까?

10-4

만장이 말했다.

"감히 묻겠습니다. 교제할 때는 어떤 마음으로 해야 합니까?"

맹자가 말했다.

"공손해야 한다."

만장이 말했다.

"보내온 예물을 사양하고 받지 않는 것을 공손하지 않다고 하는데, 어째서 그렇습니까?"

맹자가 말했다.

"높은 사람이 예물을 내려주면, 그 물건을 받는 것이 옳은가? 옳지 않은가? 따져보면서 받을 때, 이것을 공손하지 않다고 한다. 때문에 윗사람이 예물을 내려주면 물리치지 않고 받아야 한다."

만장이 말했다.

"말하고 물리치지 말고 마음으로 사양하면 안 됩니까. '백성로부터 올바르지 않게 착취하여 주는 것은 아닐까' 하고 생각하면서 다른 말로 핑계를

대며 받지 않으면 안 됩니까?"

맹자가 말했다.

"교제가 도리에 맞고, 예의를 갖추어 대접을 할 경우, 공자도 받았다."

만장이 말했다.

"지금 나라의 대문 밖에서 길을 막고 사람을 죽이거나 재물을 강탈하는 강도가 있는데, 도리에 맞게 교제하고, 예의를 갖추어 대접을 할 경우, 그들이 강탈한 물건을 예물로 준다면 받을 수 있습니까?"

맹자가 말했다.

"안 된다. 『서경』「강고」에 '사람을 죽이고 재물을 강탈하며 포악하고 죽음을 두려워하지 않는 자를 모든 사람이 원망하지 않는 이가 없다.'고 말하고 있다. 이런 범죄자는 명령을 기다리지 않고 죽여야 할 자들이다. 은나라는 하나라에서 받았고, 주나라는 은나라에서 물려받았는데, 지금도 폐지하지 않은 형벌이다. 오늘날에는 더욱 밝히는 형벌인데, 어찌 그런 물건을 받을 수 있겠느냐?"

만장이 말했다.

"요즘 제후들이 백성에게 하는 행태가 이렇게 강도질한 것과 같습니다. 도리에 맞게 교제하고, 예의를 갖추어 대접을 할 경우, 그런 예물은 군자도 받는다고 했는데, 감히 묻습니다. 무슨 말입니까?"

맹자가 말했다.

"그대가 생각하기에, 임금 될 사람이 나온다면, 지금 제후들을 모조리 몰아서 죽이겠느냐? 그들을 깨우치고 이끌어주었는데도 잘못을 고치지 않으면, 그때 죽이겠느냐? 자기 소유가 아닌것을 취하는 자를 도둑이라고 하는데, 지나치게 유추하여 적용하면 극단적인 생각에 이를 수 있다. 공자가 노나라에서 벼슬할 때, 노나라 사람이 사냥 시합을 하면서 사냥한 짐승을 서로 비교하며 빼앗고는 했는데, 공자 또한 그렇게 했다. 이렇게 사냥한 것을 비교하며 서로 빼앗고 하는 것이 허용되는데, 하물며 예물로 주는 것 받는 것이야 어떻겠느냐?"

만장이 물었다.

"그렇다면, 공자가 벼슬을 한 것은 올바른 정치를 위해서가 아닙니까?"

맹자가 말했다.

"올바른 정치를 위해서였다."

만장이 말했다.

"올바른 정치를 위한다면서 어찌 사냥 시합을 할 때 서로 비교하며 빼앗고 합니까?"

맹자가 말했다.

"공자는, 그 이전에 문란해진 제도를 바로잡고, 공급하기 어려운 물건들을 각 지역에서 억지로 가지고 와서 공급하지 않도록 불합리한 점을 고쳤다."

만장이 물었다.

"올바른 정치를 시행하기 어려웠다면, 어찌 빨리 그 나라를 떠나지 않았습니까?"

맹자가 말했다.

"올바른 정치를 실천할 수 있는 조짐을 보여주었다. 그런 조짐이 있음에도 제대로 시행되지 않자 떠났는데, 그렇게 하다 보니 한 나라에 3년 이상 머무른 곳이 없었다. 공자는 올바른 정치를 행할 만하다고 생각하며 벼슬을 했고, 예의와 도리를 지키고 교제할 수 있다고 생각하며 벼슬을 했으며, 현명한 사람을 대접하며 길러준다고 생각하며 벼슬을 했다. 계환자 때는 올바른 정치를 행할 만하다고 보고 벼슬했고, 위나라 영공 때는 도리를 지키며 교제가 가능하다고 보고 벼슬했으며, 위나라 효공 때는 현명한 사람을 대접하며 길러준다고 보고 벼슬을 했다."

萬章曰, "敢問交際何心也?" 孟子曰, "恭也." 曰, "却之却之爲不恭, 何哉?"
만장왈　감문교제하심야　맹자왈　공야　왈　각지각지위불공　하재

曰, "尊者賜之. 曰, 其所取之者, 義乎? 不義乎? 而後受之, 以是爲不恭,
왈　존자사지　왈　기소취지자　의호　불의호　이후수지　이시위불공

故弗卻也." 曰, "請無以辭卻之, 以心卻之. 曰, 其取諸民之不義也. 而以
고불각야　왈　청무이사각지　이심각지　왈　기취저민지불의야　이이

他辭無受, 不可乎?" 曰, "其交也以道, 其接也以禮, 斯孔子受之矣."
타사무수　불가호　왈　기교야이도　기접야이례　사공자수지의

萬章曰, "今有禦人於國門之外者, 其交也以道, 其餽也以禮, 斯可受禦與?"
만장왈　금유어인어국문지외자　기교야이도　기궤야이례　사가수어여

曰, "不可. 康誥曰, '殺越人于貨, 閔不畏死, 凡民罔不譈.' 是不待敎而誅
왈　불가　강고왈　살월인우화　민불외사　범민망부대　시부대교이주

者也. 殷受夏, 周受殷, 所不辭也. 於今爲烈, 如之何其受之?" 曰, "今之諸
자야　은수하　주수은　소불사야　어금위열　여지하기수지　왈　금지제

侯取之於民也, 猶禦也. 苟善其禮際矣, 斯君子受之, 敢問何說也?"
후취지어민야　유어야　구선기례제의　사군자수지　감문하설야

曰, "子以爲有王者作, 將比今之諸侯而誅之乎? 其敎之不改而後誅之乎?
왈　자이위유왕자작　장비금지제후이주지호　기교지불개이후주지호

夫謂非其有而取之者, 盜也, 充類至, 義之盡也. 孔子之仕於魯也, 魯人獵較,
부위비기유이취지자　도야　충류지　의지진야　공자지사어노야　노인엽교

孔子亦獵較. 獵較猶可, 而況受其賜乎?" 曰, "然則孔子之仕也, 非事道與?"
공자역엽교　엽교유가　이황수기사호　왈　연즉공자지사야　비사도여

曰, "事道也." "事道奚獵較也?" 曰, "孔子先簿正祭器, 不以四方之食供
왈　사도야　사도해엽교야　왈　공자선부정제기　불이사방지식공

簿正." 曰, "奚不去也?" 曰, "爲之兆也. 兆足以行矣, 而不行, 而後去, 是以
부정　왈　해불거야　왈　위지조야　조족이행의　이불행　이후거　시이

未嘗有所終三年淹也. 孔子有見行可之仕, 有際可之仕, 有公養之仕. 於季
미상유소종삼년엄야　공자유견행가지사　유제가지사　유공양지사　어계

桓子, 見行可之仕也. 於衛靈公, 際可之仕也. 於衛孝公, 公養之仕也."
환자　견행가지사야　어위영공　제가지사야　어위효공　공양지사야

| 핵심어 | 交也以道 (교야이도)

| 해설 | 도리에 맞게 교제하다.

공손하고 예의 바르게.

10-5

맹자가 말했다.

"벼슬을 하는 것은 가난을 면하기 위한 것은 아니지만, 때로는 가난을 면하기 위한 경우도 있다. 혼인을 하여 아내를 얻는 것은 집안 살림을 돌보기 위한 것은 아니지만, 때로는 집안 살림을 돌보기 위한 경우가 있다. 가난을 면하기 위해 벼슬을 하는 사람은 높은 자리를 사양하고 낮은 자리에 있어야 하고, 부유한 생활을 사양하고 청빈하게 살아야 한다. 높은 자리를 사양하고 낮은 자리에 있으면서 부유한 생활을 사양하고 청빈하게 살려면, 어떤 관직이 마땅할까? 국경의 관문을 지키는 문지기나 딱딱이를 치는 야경꾼이면 된다. 공자가 젊은 시절 곡물 창고를 지키던 위리가 되어서는 '회계를 정당하게 할 뿐이다.'라고 말했다. 가축 사육을 담당하던 승전이 되어서는 '소와 양을 잘 키울 뿐이다.'라고 말했다. 낮은 지위에 있으면서 높은 자리에 있는 사람의 일에 대해 말하는 것은 죄다. 남의 나라 조정에서 벼슬을 하며, 올바른 정치를 시행하지 않는 것은 부끄러운 일이다."

孟子曰, "仕非爲貧也, 而有時乎爲貧. 娶妻非爲養也, 而有時乎爲養. 爲貧者,
맹자왈 사비위빈야 이유시호위빈 취처비위양야 이유시호위양 위빈자

辭尊居卑, 辭富居貧. 辭尊居卑, 辭富居貧, 惡乎宜乎? 抱關擊柝. 孔子嘗
사존거비 사부거빈 사존거비 사부거빈 오호의호 포관격탁 공자상

爲委吏矣, 曰, '會計當而已矣.' 嘗爲乘田矣, 曰, '牛羊茁壯長而已矣.'
위위리의 왈 회계당이이의 상위승전의 왈 우양촬장장이이의

位卑而言高, 罪也. 立乎人之本朝而道不行, 恥也."
위비이언고 죄야 입호인지본조이도불행 치야

| 핵심어 | 道不行恥 (도불행치)
| 해설 | 올바른 정치를 시행하지 않는 자세가 부끄럽다.

공무원으로서 본분을 다하라.

10-6

만장이 말했다.

"사*가 제후에게 의탁해서는 안 된다고 하는데, 어째서 그렇습니까?"

맹자가 말했다.

"감히 못하는 것이다. 제후가 나라를 잃은 뒤에 제후에게 의탁하는 것은 예의이다. 사가 제후에게 의탁하는 것은 예의가 아니다."

만장이 말했다.

"군주가 곡식을 보내주면 받습니까?"

맹자가 말했다.

"받아야 한다."

만장이 말했다.

"받는 것은 무슨 뜻입니까?"

맹자가 말했다.

"군주는 다른 나라로부터 온 사람을 본디 구휼해 준다."

만장이 말했다.

"구휼하는 것으로 주면 받고, 녹봉으로 주면 받지 않는 것은 어째서입니까?"

맹자가 말했다.

"감히 하지 못하는 것이다."

만장이 물었다.

"감히 묻겠습니다. 어찌 감히 하지 못하는 것입니까?"

맹자가 말했다

"국경의 관문을 지키는 문지기나 딱딱이를 치는 야경꾼들도 모두 일정한 직책이 있어 위에서 주는 녹봉으로 먹고사는데, 일정한 직책도 없는데 위에

---

* 하급관리.

서 주는 것을 받으면 공손하지 않은 일이다."

만장이 말했다.

"군주가 구휼해 주면 받는다고 했는데, 주는 것을 계속 받을 수 있겠습니까?"

맹자가 말했다.

"목공이 (공자의 손자)자사에게 자주 문안을 하고 삶은 고기를 보내주었다. 자사는 기뻐하지 않았고, 끝내 손을 내저으며 심부름 온 사람을 대문 밖으로 내보내고 북쪽을 향해 머리를 조아리며 두 번 절을 하고 삶은 고기를 받지 않으며 말했다. '이제 와서 군주가 나를 개나 말을 키우듯이 대하고 있음을 알았다.' 그 다음부터 물건을 갖다 주는 일이 없었다. 현명한 사람을 좋아하기만 하고 등용하지 못하며, 봉양도 할 수 없다면, 현명한 사람을 좋아한다고 말할 수 있겠는가?"

만장이 물었다.

"감히 묻겠습니다. 나라의 군주가 군자를 봉양하려면, 어떻게 해야 봉양한다고 할 수 있겠습니까?"

맹자가 말했다.

"군주가 명령을 내려 예물을 보내면, 두 번 절하고 머리를 조아리고 받습니다. 그 다음부터는 곡물 창고지기는 계속 곡식을 대주고 푸주간 관리인은 계속 고기를 대주며, 군주의 명령을 내세워 예물을 보내지 않게 해야 한다. 자사는 삶은 고기를 직접 보내어 자기에게 자주 절하게 했기 때문에, 군자를 봉양하는 예의가 아니라고 생각했다. 요임금이 순임금에 대해 아홉 명의 아들에게 섬기게 하고, 두 딸을 시집보내고, 여러 관리들에게 보좌하게 하고, 소와 양 등의 가축을 보냈으며, 곡식 창고와 재물창고 등을 갖추어 순임금을 밭도랑 가운데서 봉양하도록 하여, 나중에 최고의 자리에 등용하여 나라를 다스리게 했다. 때문에 왕공이 현명한 사람을 존경한다고 하는 것이다."

萬章曰, "士之不託諸侯, 何也?" 孟子曰, "不敢也. 諸侯失國而後託於諸侯,
만장왈 사지불탁제후 하야 맹자왈 불감야 제후실국이후탁어제후

禮也. 士之託於諸侯, 非禮也." 萬章曰, "君餽之粟, 則受之乎?" 曰, "受之."
예야 사지탁어제후 비례야 만장왈 군궤지속 즉수지호 왈 수지

"受之何義也?" 曰, "君之於氓也, 固周之." 曰, "周之則受, 賜之則不受,
수지하의야 왈 군지어맹야 고주지 왈 주지즉수 사지즉불수

何也?" 曰, "不敢也." 曰, "敢問其不敢何也?" 曰, "抱關擊柝者, 皆有常
하야 왈 불감야 왈 감문기불감하야 왈 포관격탁자 개유상

職以食於上, 無常職而賜於上者, 以爲不恭也." 曰, "君餽之則受之, 不識
직이식어상 무상직이사어상자 이위불공야 왈 군궤지즉수지 불식

可常繼乎?" 曰, "繆公之於子思也, 亟問, 亟餽鼎肉. 子思不悅, 於卒也,
가상계호 왈 목공지어자사야 기문 기궤정육 자사불열 어졸야

摽使者出諸大門之外, 北面稽首再拜而不受, 曰, '今而後, 知君之犬馬畜伋.'
표사자출저대문지외 북면계수재배이불수 왈 금이후 지군지견마휵급

蓋自是臺無餽也. 悅賢不能擧, 又不能養也, 可謂悅賢乎?" 曰, "敢問國君
개자시대무궤야 열현불능거 우불능양야 가위열현호 왈 감문국군

欲養君子, 如何斯可謂養矣?" 曰, "以君命將之, 再拜稽首而受. 其後廩人
욕양군자 여하사가위양의 왈 이군명장지 재배계수이수 기후름인

繼粟, 庖人繼肉, 不以君命將之. 子思以爲鼎肉使己僕僕爾, 亟拜也, 非養君
계속 포인계육 불이군명장지 자사이위정육사기복복이 기배야 비양군

子之道也. 堯之於舜也, 使其子九男事之, 二女女焉, 百官牛羊倉廩備, 以養
자지도야 요지어순야 사기자구남사지 이녀녀언 백관우양창름비 이양

舜於畎畝之中, 後擧而加諸上位, 故曰王公之尊賢者也."
순어견무지중 후거이가저상위 고왈왕공지존현자야

| 핵심어 | **常繼尊賢** (상계존현)
| 해설 | 늘 현인을 존경하는 마음을 이어가라.
자신의 처지에 맞게 응대하라.

10-7

만장이 말했다.

"감히 묻겠습니다. 제후를 만나보지 않는데, 무슨 뜻이라도 있습니까?"

맹자가 말했다.

"도성 안에 있는 사람은 시정의 신하라 하고, 재야에 있는 사람을 초망의 신하라고 하는데, 모두 서민이라고 한다. 서민은 예물을 바쳐 신하가 되지 않고는, 감히 제후를 만나보지 않는 것이 예의이다."

만장이 말했다.

"서민은 불러서 일을 시키면 가서 일해야 하고, 군주가 만나려고 불러도 가서 만나지 않는 것은 어째서입니까?"

맹자가 말했다.

"불러서 일을 시키는 부역은 도리이다. 가서 만나보는 것은 도리가 아니다. 또 군주가 나를 만나보려고 하는 것은, 무엇 때문이겠느냐?"

만장이 말했다.

"보고 들은 것이 많고 현명하기 때문이겠지요."

맹자가 말했다.

"보고 들은 것이 많기 때문이라면, 천자도 함부로 스승을 부르지 않는데, 하물며 제후가 부를 수 있겠느냐? 현명하기 때문이라면, 현명한 사람을 보고 싶다고 하면서 함부로 오라고 한 사례를 나는 들어보지 못했다. 목공이 자사를 만나면서 이렇게 말했다. '옛날에 수레 1,000대를 낼 수 있을 정도로 큰 나라에서 사 계급과 벗하였다고 했는데, 어떻습니까?' 자사가 불쾌한 듯이 '옛사람이 말하기를 섬긴다고 했지요? 어찌 벗한다고 했겠습니까?'라고 했다. 자사가 불쾌하게 여긴 것은 '지위로 보면, 그대는 군주이고 나는 신하이니 어찌 감히 군주와 벗할 수 있겠는가? 덕망으로 보면, 목공이 나를 섬겨야 하니 어찌 나와 더불어 벗할 수 있겠는가?'라는 생각 때문이었다. 수레 1,000대를 낼 만한 군주가 벗하기를 원해도 될 수 없는데, 하물며 나를 함부로 부를 수 있단 말이냐?

제나라 경공이 사냥을 할 때, 깃발을 흔들어 사냥터를 지키던 관리를 불렀는데, 오지 않자 죽이려고 했다. '뜻 있는 사[관리]는 시신이 시궁창에 버려질 것을 잊지 않고, 용기 있는 사는 목이 달아날 것을 잊지 않는다.'고 했는데,

공자는 무엇을 취했을까? 신분에 맞게 부르지 않았기 때문에, 가지 않는 것을 취했다."

만장이 말했다.

"감히 묻겠습니다. 사냥터 관리를 부를 때는 무엇을 사용합니까?"

맹자가 말했다.

"사슴 가죽으로 만든 모자를 사용한다. 서민은 비단으로 만든 깃발을 사용하고, 사는 두 마리의 용 그림이 그려진 깃발에 방울 달린 깃대를 사용하며, 대부는 두 마리의 용 그림이 그려진 깃발에 깃털을 쪼개서 깃대의 머리에 씌운 것을 사용한다. 대부를 부르는 깃발로 사냥터의 관리를 부르는데, 사냥터 관리는 죽어도 감히 가지 못한다. 관리를 부르는 것으로 서민을 부른다면 서민이 어찌 감히 갈 수 있겠느냐? 하물며 현명한 사람을 초빙할 때 예의도 갖추지 않고 부르는데, 내가 어찌 그것에 응하겠느냐?

현명한 사람을 만나려고 하면서, 그에 맞는 예의를 지키지 않는다면, 그것은 문으로 들어가려고 하면서 문을 닫는 것과 같다. 의리는 사람이 가야 할 길이고, 예의는 사람이 출입하는 문이다. 오직 군자가 이 길을 따를 수 있고, 이 문으로 출입할 수 있다. 『시경』에 '큰길은 숫돌처럼 평평하고 화살같이 곧도다. 군자가 밟고 가는 길이고 소인이 우러러보는 곳이로다.'고 노래했다."

만장이 물었다.

"공자는 군주가 부르면 수레에 멍에하기를 기다리지 않고 달려갔다고 했는데, 그렇다면 공자가 잘못한 겁니까?"

맹자가 말했다.

"공자가 벼슬할 때, 맡은 직책이 있지 않았느냐? 그 관직으로 불렀기 때문에 그렇게 한 것이다."

萬章曰, "敢問不見諸侯, 何義也?" 孟子曰, "在國曰市井之臣, 在野曰草莽之
만 장 왈　감 문 불 견 제 후　하 의 야　맹 자 왈　재 국 왈 시 정 지 신　재 야 왈 초 망 지

臣, 皆謂庶人. 庶人不傳質爲臣, 不敢見於諸侯, 禮也." 萬章曰, "庶人召
신 개위서인 서인부전질위신 불감견어제후 예야 만장왈 서인소

之役則往役, 君欲見之, 召之則不往見之, 何也?"曰, "往役, 義也. 往見,
지역즉왕역 군욕견지 소지즉불왕견지 하야 왈 왕역 의야 왕견

不義也. 且君之欲見之也, 何爲也哉?"曰, "爲其多聞也, 爲其賢也."
불의야 차군지욕견지야 하위야재 왈 위기다문야 위기현야

曰, "爲其多聞也, 則天子不召師, 而況諸侯乎? 爲其賢也, 則吾未聞欲見賢
왈 위기다문야 즉천자불소사 이황제후호 위기현야 즉오미문욕견현

而召之也. 繆公亟見於子思, 曰, '古千乘之國以友士, 何如?'子思不悅
이소지야 목공기견어자사 왈 고천승지국이우사 하여 자사불열

曰, '古之人有言曰, 事之云乎? 豈曰友之云乎?'子思之不悅也, 豈不曰
왈 고지인유언왈 사지운호 기왈우지운호 자사지불열야 기불왈

'以位, 則子君也, 我臣也, 何敢與君友也? 以德, 則子事我者也, 奚可以與
이위 즉자군야 아신야 하감여군우야 이덕 즉자사아자야 해가이여

我友?'千乘之君, 求與之友而不可得也, 而況可召與? 齊景公田, 招虞
아우 천승지군 구여지우이불가득야 이황가소여 제경공전 초우

人以旌, 不至, 將殺之. '志士不忘在溝壑, 勇士不忘喪其元,'孔子奚取焉?
인이정 부지 장살지 지사불망재구학 용사불망상기원 공자해취언

取非其招不往也."曰, "敢問招虞人何以?"曰, "以皮冠. 庶人以旃,
취비기초불왕야 왈 감문초우인하이 왈 이피관 서인이전

士以旂, 大夫以旌. 以大夫之招招虞人, 虞人死不敢往. 以士之招招庶人,
사이기 대부이정 이대부지초초우인 우인사불감왕 이사지초초서인

庶人豈敢往哉? 況乎以不賢人之招招賢人乎? 欲見賢人而不以其道, 猶欲
서인기감왕재 황호이불현인지초초현인호 욕견현인이불이기도 유욕

其入而閉之門也. 夫義, 路也. 禮, 門也. 惟君子能由是路, 出入是門也.
기입이폐지문야 부의 로야 예 문야 유군자능유시로 출입시문야

詩云, '周道如底, 其直如矢. 君子所履, 小人所視.'"萬章曰, "孔子君命召
시운 주도여지 기직여시 군자소리 소인소시 만장왈 공자군명소

不俟駕而行, 然則孔子非與?"曰, "孔子當仕, 有官職, 而以其官召之也."
불사가이행 연즉공자비여 왈 공자당사 유관직 이이기관소지야

| 핵심어 | **義路禮門** (의로예문)

| 해설 | 의리는 길이고 예의는 문이다.

각자의 처지에 맞게 예우하라.

10-8

맹자가 만장에게 말했다.

"한 고을의 착한 관리라야 한 고을의 착한 관리와 벗할 수 있고, 한 나라의 착한 관리라야 한 나라의 관리와 벗할 수 있다. 세상의 착한 관리라야 세상의 착한 관리와 벗할 수 있다. 세상의 착한 관리와 벗하는 것만으로 만족스럽지 않을 때도 있을 것이니, 또 옛날 사람과 벗하기 위해 논의할 필요도 있다. 그들의 시를 읊고 글을 읽으면서 그 사람을 몰라서야 되겠느냐? 때문에 그 시대를 논의하는 것이니, 이것이 시대로 거슬러 올라가 벗하는 이유이다."

孟子謂萬章曰, "一鄕之善士, 斯友一鄕之善士, 一國之善士, 斯友一國之善
맹 자 위 만 장 왈   일 향 지 선 사   사 우 일 향 지 선 사   일 국 지 선 사   사 우 일 국 지 선

士. 天下之善士, 斯友天下之善士. 以友天下之善士爲未足, 又尙論古之人.
사   천 하 지 선 사   사 우 천 하 지 선 사   이 우 천 하 지 선 사 위 미 족   우 상 론 고 지 인

頌其詩, 讀其書, 不知其人可乎? 是以論其世也, 是尙友也."
송 기 시   독 기 서   부 지 기 인 가 호   시 이 론 기 세 야   시 상 우 야

| 핵심어 | 尙論古人 (상론고인)
| 해설 | 옛날 사람과 벗하기 위해 논의하다.
시대를 거슬러 올라가 벗하는 이유.

10-9

제나라 선왕이 경의 지위에 대해 물었다.

맹자가 말했다.

"왕께서는 어떤 경을 말하는 것입니까?"

선왕이 말했다.

"경은 같지 않습니까?"

맹자가 말했다.

"같지 않습니다. 집안인 친인척으로서 경이 있고, 친인척이 아닌 다른 집

안사람으로서 경이 있습니다."

선왕이 말했다.

"친인척으로서 경에 대해 묻고 싶습니다!"

맹자가 말했다.

"군주에게 큰 잘못이 있으면 간절하게 충고하고, 계속하여 충고를 하는
데도 듣지 않으면, 군주의 자리를 바꿔버립니다."

선왕이 발끈하여 얼굴빛이 확 바뀌었다.

맹자가 말했다.

"왕께서는 이상하게 생각하지 마십시오. 왕께서 저에게 물었기에, 감히 제
가 바르게 대답하지 않을 수 없었습니다."

왕의 얼굴빛이 가라앉은 후에, 다른 집안 사람으로서 경에 대해 물었다.

맹자가 말했다.

"군주가 잘못이 있으면 적절하게 충고합니다. 계속하여 충고를 하는데 듣
지 않으면, 군주의 곁을 떠나갑니다."

齊宣王問卿. 孟子曰, "王何卿之問也?" 王曰, "卿不同乎?" 曰, "不同. 有貴
제 선 왕 문 경　맹 자 왈　왕 하 경 지 문 야　　왕 왈　　경 부 동 호　　왈　부 동　유 귀

戚之卿, 有異姓之卿." 王曰, "請問貴戚之卿!" 曰, "君有大過則諫, 反覆之
척 지 경　유 이 성 지 경　왕 왈　청 문 귀 척 지 경　왈　군 유 대 과 즉 간　반 복 지

而不聽, 則易位." 王勃然變乎色. 曰, "王勿異也. 王問臣, 臣不敢不以正對."
이 불 청　즉 역 위　왕 발 연 변 호 색　왈　　왕 물 이 야　왕 문 신　신 불 감 불 이 정 대

王色定, 然後請問異姓之卿. 曰, "君有過則諫, 反覆之而不聽, 則去."
왕 색 정　연 후 청 문 이 성 지 경　왈　군 유 과 즉 간　반 복 지 이 불 청　즉 거

| 핵심어 | **有過則諫** (유과즉간)
| 해설| 잘못이 있으면 충고한다.
충고해도 듣지 않으면 군주를 바꿔라.

고자(상)

11

11-1

고자가 말했다.

"본성은 버드나무와 같습니다. 사람의 도리는 버드나무를 휘어서 만든 나무 그릇과 같습니다. 사람의 본성을 가지고 사람을 사랑하는 마음을 갖게 하거나 사람의 도리를 행하는 것은 버드나무를 가지고 나무 그릇을 만드는 것과 같습니다."

맹자가 말했다.

"그대는 버드나무의 본성에 따라서 나무 그릇을 만듭니까? 버드나무를 죽이고 해치고 난 후에 나무 그릇을 만듭니까? 버드나무를 죽이고 해쳐서 나무 그릇을 만든다면 사람을 죽이고 해쳐서, 사람을 사랑하는 마음을 갖게 하거나 사람의 도리를 행하게 하는 것과 같습니까? 세상 사람을 거느리고, 사람을 사랑하는 마음을 갖지 못하게 하거나 사람의 도리를 행하지 못하게 하는 것은, 반드시 그대의 말 때문일 것입니다."

告子曰, "性, 猶杞柳也. 義, 猶桮棬也. 以人性爲仁義, 猶以杞柳爲桮棬."
고자왈　성　유기류야　의　유배권야　이인성위인의　유이기류위배권

孟子曰, "子能順杞柳之性而以爲栝棬乎? 將戕賊杞柳而後以爲栝棬也?
맹 자 왈   자 능 순 기 유 지 성 이 이 위 배 권 호   장 장 적 기 류 이 후 이 위 배 권 야

如將戕賊杞柳而以爲栝棬, 則亦將戕賊人以爲仁義與? 率天下之人而禍
여 장 장 적 기 류 이 이 위 배 권   즉 역 장 장 적 인 이 위 인 의 여   솔 천 하 지 인 이 화

仁義者, 必子之言夫."
인 의 자   필 자 지 언 부

| 핵심어 | 人性仁義 (인성인의)

| 해설 | 사람의 본성은 사람을 사랑하거나 사람의 도리를 행하게 되어 있다.

인간은 무엇인가?

11-2

고자가 말했다.

"본성은 빙빙 돌고 있는 물과 같아서 동쪽으로 터놓으면 동쪽으로 흐르고, 서쪽으로 터놓으면 서쪽으로 흐릅니다. 사람의 본성은 착하거나 착하지 않음의 구분이 없어, 물이 동쪽과 서쪽으로 분별없이 흐르는 것과 같습니다."

맹자가 말했다.

"물이 동쪽과 서쪽으로 분별없이 흐른다고 한다면, 위로 튀어 오르거나 아래로 떨어지는 분별도 없단 말입니까? 사람의 본성이 착하다는 것은 물이 아래로 흐르는 것과 같습니다. 사람은 착하지 않음이 없고 물은 아래로 흐르지 않는 법이 없습니다. 지금 저 물을 손바닥으로 쳐서 튀어 오르게 하면 이마를 넘어가게 할 수 있고, 물길을 막아 거꾸로 흐르게 하면 산에 머물게 할 수도 있는데, 이것이 어찌 물의 본성이겠습니까? 그 형세가 그런 것입니다. 사람이 착하지 않은 짓을 할 수 있게 된 것은 그 본성이 또한 이와 같아서입니다."

告子曰, "性猶湍水也, 決諸東方則東流, 決諸西方則西流. 人性之無分於善
고 자 왈   성 유 단 수 야   결 저 동 방 즉 동 류   결 저 서 방 즉 서 류   인 성 지 무 분 어 선

不善也, 猶水之無分於東西也." 孟子曰, "水信無分於東西, 無分於上下乎?
불 선 야 유 수 지 무 분 어 동 서 야   맹 자 왈   수 신 무 분 어 동 서 무 분 어 상 하 호

人性之善也, 猶水之就下也. 人無有不善, 水無有不下. 今夫水搏而躍之,
인 성 지 선 야 유 수 지 취 하 야 인 무 유 불 선 수 무 유 불 하 금 부 수 박 이 약 지

可使過顙. 激而行之, 可使在山. 是豈水之性哉? 其勢則然也. 人之可使爲
가 사 과 상 격 이 행 지 가 사 재 산 기 기 수 지 성 재 기 세 즉 연 야 인 지 가 사 위

不善, 其性亦猶是也."
불 선 기 성 역 유 시 야

| 핵심어 | **性善水下** (성선수하)
| 해설 | 본성이 착한 것은 물이 아래로 흐르는 것과 같다.
사물의 특성을 파악하라.

11-3

고자가 말했다.

"태어나면서 생긴 그대로를 본성이라 합니다."

맹자가 말했다.

"태어나면서 생긴 그대로를 본성이라고 하면, 흰 것은 그대로 흰 것이라
는 것과 같습니까?"

고자가 말했다.

"그렇습니다."

맹자가 말했다.

"흰 깃털의 흰 것은 흰 눈의 흰 것과 같고, 흰 눈의 흰 것은 흰 옥의 흰 것
과 같습니까?

고자가 말했다.

"그렇습니다."

맹자가 말했다.

"그렇다면 개의 본성이 소의 본성과 같고, 소의 본성이 사람의 본성과 같
습니까?"

告子曰, "生之謂性." 孟子曰, "生之謂性也, 猶白之謂白與?" 曰, "然."
고 자 왈   생 지 위 성   맹 자 왈   생 지 위 성 야   유 백 지 위 백 여   왈   연

"白羽之白也, 猶白雪之白. 白雪之白, 猶白玉之白歟?" 曰, "然."
백 우 지 백 야   유 백 설 지 백   백 설 지 백   유 백 옥 지 백 여   왈   연

"然則犬之性猶牛之性, 牛之性猶人之性歟?"
연 즉 견 지 성 유 우 지 성   우 지 성 유 인 지 성 여

| 핵심어 | **生之謂性** (생지위성)
| 해설 | 태어나면서 생긴 그대로를 본성이라 한다.
본성은 본능인가?

11-4

고자가 말했다.

"식생활과 성생활은 본성입니다. 사람을 사랑하는 마음은 내면에 있는 것이지 외면에 있는 것이 아닙니다. 사람의 도리는 외면에 있는 것이지, 내면에 있는 것이 아닙니다."

맹자가 말했다.

"어찌하여 사람을 사랑하는 마음은 내면에 있고, 사람의 도리는 외면에 있다고 합니까?"

고자가 말했다.

"저기 나이 많은 어른이 있어 내가 그를 어른으로 여기는 것이지, 나에게 그를 어른으로 존경하려는 마음이 있는 것은 아닙니다. 저것은 흰 것이므로 내가 그것을 흰 것으로 여기는 것과 같고, 저 흰 것은 외면을 보고 따르므로 외면에 있다고 말하는 것입니다."

맹자가 말했다.

"흰 말의 흰 빛과는 다르고 흰 사람의 흰 빛과는 다르지 않습니다. 잘 모르겠으나 늙은 말을 늙었다고 생각하는 것과 노인을 어른으로 존경함에 차이가 없단 말입니까? 또 어른이라는 것이 사람의 도리입니까? 어른으로 존경하는 것이 사람의 도리입니까?"

고자가 말했다.

"내 동생이면 내가 사랑하고, 진나라 사람의 동생이면 나는 그를 사랑하지 않는데, 이는 나를 중심으로 기쁨을 삼는 것이므로 내면에 있다고 한 것입니다. 저 멀리 초나라의 어른도 존경하고 또한 우리나라의 어른도 존경하는데, 이는 어른을 중심으로 기쁨을 삼는 것이므로 외면에 있다고 한 것입니다."

맹자가 말했다.

"진나라 사람이 불고기를 즐겨 먹는 것과 내가 불고기를 즐겨 먹는 것은 다를 바 없습니다. 저 물건 또한 그러합니다만, 그렇다면 불고기를 즐겨 먹는 것 또한 외면에 있습니까?"

告子曰, "食·色, 性也. 仁, 內也, 非外也. 義, 外也, 非內也." 孟子曰, "何以
고 자 왈   식   색 성 야 인 내 야 비 외 야 의 외 야 비 내 야 맹 자 왈   하 이

謂仁內義外也?"曰, "彼長而我長之, 非有長於我也. 猶彼白而我白之,
위 인 내 의 외 야   왈   피 장 이 아 장 지 비 유 장 어 아 야 유 피 백 이 아 백 지

從其白於外也, 故謂之外也."曰, "異於白馬之白也, 無以異於白人之白也.
종 기 백 어 외 야 고 위 지 외 야   왈   이 어 백 마 지 백 야 무 이 이 어 백 인 지 백 야

不識長馬之長也, 無以異於長人之長歟? 且謂長者義乎? 長之者義乎?"
불 식 장 마 지 장 야 무 이 이 어 장 인 지 장 여 차 위 장 자 의 호   장 지 자 의 호

曰, "吾弟則愛之, 秦人之弟則不愛也, 是以我爲悅者也, 故謂之內. 長楚人
왈   오 제 즉 애 지 진 인 지 제 즉 불 애 야 시 이 아 위 열 자 야 고 위 지 내 장 초 인

之長, 亦長吾之長, 是以長爲悅者也, 故謂之外也."曰, "耆秦人之炙, 無以
지 장 역 장 오 지 장 시 이 장 위 열 자 야 고 위 지 외 야   왈   기 진 인 지 자 무 이

異於耆吾炙. 夫物則亦有然者也, 然則耆炙亦有外歟?"
이 어 기 오 자 부 물 즉 역 유 연 자 야 연 즉 기 자 역 유 외 여

| 핵심어 | **食色性也** (식색성야)

| 해설 | 식생활과 성생활은 인간의 본성이다.

내면인가? 외면인가?

11-5

맹계자가 공도자에게 물었다.

"무엇을 일러 사람의 도리가 내면에 있다고 합니까?"

공도자가 말했다.

"내 마음에 있는 공경을 행하기 때문에 내면에 있다고 하는 것입니다."

맹계자가 물었다.

"마을 어른 중에 맏형보다 한 살 많은 사람이 있으면, 누구를 더 공경해야 합니까?"

공도자가 말했다.

"내 형을 더 공경합니다."

맹계자가 물었다.

"술을 따를 때는 누구에게 먼저 합니까?"

공도자가 말했다.

"마을 어른에게 먼저 술을 따릅니다."

맹계자가 물었다.

"공경하는 것은 형에게 있고, 어른 대접은 마을 어른에게 있는데, 과연 사람의 도리는 외면에 있어 내면에서 나오는 것이 아닙니까?"

공도자가 답변을 하지 못하고, 맹자에게 이를 알렸다.

맹자가 말했다.

"'숙부를 존경하는가? 동생을 존경하는가?'라고 물어보면 맹계자가 '숙부를 존경한다.'고 말할 것입니다. 또 '동생이 조상에게 제사를 지낼 때 시동이 되면 누구를 존경하는가?'라고 물어보면 맹계자가 '동생을 존경한다.'고 말할 것입니다. 이때 그대는 '어찌 숙부를 존경하지 않는 겁니까?'라고 말하십시오. 맹계자는 '동생이 시동의 자리에 있기 때문이다.'고 말할 것입니다. 그대는 또한 이렇게 말하십시오. '내가 마을 어른에게 술잔을 먼저 올린 것도 자리에 있기 때문입니다. 평상시에는 맏형을 공경하지만 상황에 따라 공경하는 것은 마을 어른에게 있습니다."

맹계자가 이 말을 듣고 말했다.

"숙부를 존경하게 되면 숙부를 존경하고, 동생을 존경하게 되면 동생을 존경하는 것이므로, 사람의 도리는 외면에 있지 내면에서 나오는 것이 아닙니다."

공도자가 말했다.

"겨울철에는 따뜻한 물을 마시고, 여름철에는 찬물을 마시는데, 그렇다면, 마시고 먹고 하는 것 또한 외면에 있습니다."

孟季子問公都子曰, "何以謂義內也?" 曰, "行吾敬, 故謂之內也." "鄕人長
맹 계 자 문 공 도 자 왈　하 이 위 의 내 야　왈　행 오 경　고 위 지 내 야　향 인 장

於伯兄一歲, 則誰敬?" 曰, "敬兄." "酌則誰先?" 曰, "先酌鄕人." "所敬在此,
어 백 형 일 세　즉 수 경　왈　경 형　작 즉 수 선　왈　선 작 향 인　소 경 재 차

所長在彼, 果在外非由內也." 公都子不能答, 以告孟子. 孟子曰, "'敬叔父乎?
소 장 재 피　과 재 외 비 유 내 야　공 도 자 불 능 답　이 고 맹 자　맹 자 왈　경 숙 부 호

敬弟乎?' 彼將曰, '敬叔父.' 曰, '弟爲尸則誰敬?' 彼將曰 '敬弟.' 子曰,
경 제 호　피 장 왈　경 숙 부　왈　제 위 시 즉 수 경　피 장 왈　경 제　자 왈

'惡在其敬叔父也?' 彼將曰, '在位故也.' 子亦曰, '在位故也.' 庸敬在兄,
오 재 기 경 숙 부 야　피 장 왈　재 위 고 야　자 역 왈　재 위 고 야　용 경 재 형

斯須之敬在鄕人." 季子聞之, 曰, "敬叔父則敬, 敬弟則敬, 果在外, 非由
사 수 지 경 재 향 인　계 자 문 지　왈　경 숙 부 즉 경　경 제 즉 경　과 재 외　비 유

內也." 公都子曰, "冬日則飮湯, 夏日則飮水, 然則飮食亦在外也."
내 야　공 도 자 왈　동 일 즉 음 탕　하 일 즉 음 수　연 즉 음 식 역 재 외 야

| 핵심어 | 在位故也 (재위고야)
| 해설 | 자리에 따라 다른 이유가 있다.
사람의 도리는 내면인가? 외면인가?

11-6

공도자가 말했다.

"고자가 '본성은 착하거나 착하지 않음의 구분이 없다.'고 말했고, 어떤 사

람은 '본성은 착한 일을 할 수도 있고 착하지 않은 일을 할 수도 있다. 때문에 문왕이나 무왕 같은 훌륭한 군주가 나오면 사람이 착한 것을 좋아하고, 유왕이나 려왕 같은 포악한 군주가 나오면 사람이 포악함을 좋아한다.'라고 합니다. 어떤 사람은 '본성이 착한 사람도 있고, 본성이 착하지 않은 사람도 있는데, 요임금처럼 착한 사람이 군주가 되었는데도 순임금의 이복동생인 상과 같은 극악무도한 사나이가 있었고, 고수와 같이 완악한 아버지가 있었고 순임금과 같이 효성스런 자식도 있었으며, 주왕같이 포악한 군주를 조카로 두어도 미자계나 왕자 비간과 같은 충실한 측근도 있었다.'라고 했습니다. 지금 본성이 착하다고 말하는데, 그렇다면 저들의 말이 모두 잘못된 것입니까?"

맹자가 말했다.

"그 실정에 따라 행동하면 착하다고 할 수 있기에, 이른바 착하다는 것이다. 그런데 착하지 않은 행동을 할 수도 있지만, 그것은 사람의 바탕이 잘못되어 그런 것은 아니다. 측은한 마음은 누구나 지니고 있다. 부끄러워할 줄 아는 마음은 누구나 지니고 있다. 양보하는 마음은 누구나 지니고 있다. 옳고 그름을 분별할 줄 아는 마음은 누구나 지니고 있다. 측은지심은 사람을 사랑하는 마음인 인이고, 수오지심은 올바른 도리인 의이며, 공경지심은 사람이 지켜야 할 기본 예의인 예이고, 시비지심은 옳고 그름을 판단할 줄 아는 지혜인 지이다. 인·의·예·지는 외부로부터 꾸미고 덧붙인 것이 아니라 내가 본디 지니고 있던 것인데, 생각하지 못하고 있을 뿐이다. 그러므로 구하면 얻고 버려두면 잃게 된다. 때로는 2배가 되고, 때로는 5배 정도로 차이가 나는 것은, 타고난 자질을 모두 발휘하지 못했기 때문이다.

『시경』에 '하늘이 사람을 낳으면서, 사물에 일정한 법칙이 있게 했도다. 사람은 본성을 지니고 있고, 이 아름다운 덕망을 좋아한다.'*라고 노래했다. 이에 공자가 말했다. '이 시를 지은 자는 세상의 도리를 안다! 사물이 있으면

*『시경』「대아」〈증민〉 편.

반드시 법칙이 있고, 사람은 본성을 가지고 있으므로 이 아름다운 덕망을 좋아한다.'"

公都子曰, "告子曰, '性無善無不善也.' 或曰, '性可以爲善, 可以爲不善.
공도자왈　고자왈　성무선무불선야　혹왈　성가이위선　가이위불선

是故文·武興則民好善, 幽·厲興則民好暴.' 或曰, '有性善, 有性不善.
시고문　무흥즉민호선 유　려흥즉민호포　혹왈　유성선　유성불선

是故以堯爲君而有象, 以瞽瞍爲父而有舜, 以紂爲兄之子且以爲君而有微
시고이요위군이유상　이고수위부이유순　이주위형지자차이위군이유미

子啓·王子比干.' 今曰性善, 然則彼皆非歟?" 孟子曰, "乃若其情, 則可以
자계　왕자비간　금왈성선　연즉피개비여　맹자왈　내약기정　즉가이

爲善矣, 乃所謂善也. 若夫爲不善, 非才之罪也. 惻隱之心, 人皆有之.
위선의　내소위선야　약부위불선 비재지죄야　측은지심　인개유지

羞惡之心, 人皆有之. 恭敬之心, 人皆有之. 是非之心, 人皆有之. 惻隱之心,
수오지심　인개유지　공경지심　인개유지　시비지심　인개유지　측은지심

仁也. 羞惡之心, 義也. 恭敬之心, 禮也. 是非之心, 智也. 仁·義·禮·智,
인야　수오지심　의야　공경지심　예야　시비지심　지야　인　의　예　지

非由外鑠我也, 我固有之也, 弗思耳矣. 故曰求則得之, 舍則失之. 或相倍蓰,
비유외삭아야　아고유지야　불사이의　고왈구즉득지　사즉실지　혹상배사

而無筭者, 不能盡其才者也. 詩曰, '天生蒸民, 有物有則. 民之秉彝, 好是
이무산자　불능진기재자야　시왈　천생증민　유물유칙　민지병이　호시

懿德.' 孔子曰, '爲此詩者, 其知道乎! 故有物必有則, 民之秉彝也,
의덕　공자왈　위차시자　기지도호　고유물필유칙　민지병이야

故好是懿德.'"
고호시의덕

| 핵심어 | 求得舍失 (구득사실)
| 해설 | 구하면 얻고 버려두면 잃는다.
인의예지, 내가 본디 지니고 있는 것.

11-7

맹자가 말했다.

"풍년에는 젊은이들이 대체로 착하지만, 흉년에는 대체로 포악해지는 경

우가 많다. 타고난 자질이 달라서 그런 것이 아니라, 흉년에 곡식이 부족한 것을 채우기 위해 마음이 욕망에 빠져서 그렇게 된 것이다. 지금, 밀과 보리 농사를 하는데, 밀알이나 보리 종자를 파종하고 흙으로 덮었으나, 그 땅도 비슷하고 심는 시기도 비슷하면, 밀이나 보리 싹이 쑥쑥 자라나서 하지가 될 무렵 알곡이 모두 여물 것이다. 이때 수확량은 같지 않을 수 있는데, 그것은 토질이 비옥한 땅도 있고 척박한 땅도 있으며, 기후 풍토에 따라 어떤 땅에는 비나 이슬이 많이 내리고 어떤 땅에는 적게 내리며, 부지런한 사람과 게으른 사람이 땅을 가꾸는 데 차이가 있기 때문이다. 그러므로 같은 부류의 사물들은 서로 비슷하기 마련인데, 어찌 인간만이 그렇지 않다고 의심하겠는가?

성인도 나와 같은 부류의 사람이다. 때문에 용자*가 말했다. '발의 크기를 모르고 신발을 만들더라도, 삼태기를 만들지는 않는다.' 왜냐하면 신발이 서로 비슷한 것은 세상 사람의 발 모양이 같기 때문이다. 입으로 맛보는 음식에서 모든 사람이 좋아하며 즐기는 것이 있는데, '역아'**는 사람의 입에 맞는 음식이 어떤 것인지 터득한 사람이다. 입으로 맛보는 음식에서 그 맛을 즐기는 사람의 본성이 다르다면, 개와 말이 우리 사람과 같은 부류가 아닌 것처럼, 세상의 음식 맛을 어찌 역아에만 따르겠는가. 음식 맛에 관한 한, 세상이 '역아'가 만들어놓은 것을 즐기려 하는데, 이는 사람의 입맛이 서로 같기 때문이다. 음악을 듣는 귀 또한 그러하다. 소리에 관한 한 세상 사람이 '사광'***이 들려주는 아름다운 음악을 즐기려 하는데, 이는 세상 사람의 음악에 대한 취향이 서로 같기 때문이다. 눈으로 보는 것도 그러하다. 미인인 '자도'를 보고 세상 사람이 그 아름다움을 알지 못하는 사람이 없었다. '자도'의 아름다움을 알지 못하는 사람은 눈이 없는 사람과 같다.

* 옛날의 지혜로운 사람.
** 역아는 제나라 환공의 요리사.
*** 주나라 때 악사.

그러므로 '입에 맞는 음식은 누구나 똑같이 즐기고, 귀에 맞는 음악은 누구나 똑같이 들으며, 눈에 맞는 색깔은 누구나 똑같이 아름답게 여긴다.'라고 한다. 마음에서만 유독 똑같은 것이 없겠는가? 마음에서만 똑같은 것은 무엇을 말하는가? 그것은 이치와 의리이다. 성인은 우리 마음에 똑같은 것이 무엇인지를 먼저 알았다. 때문에 이치와 의리가 우리 마음을 기쁘게 한다는 것은, 고기 요리가 우리 입을 즐겁게 하는 것과 같다."

孟子曰, "富歲, 子弟多賴. 凶歲, 子弟多暴. 非天之降才爾殊也, 其所以陷
맹자왈   부세 자제다뢰 흉세 자제다포 비천지강재이수야 기소이함

溺其心者然也. 今夫麰麥, 播種而耰之, 其地同, 樹之時又同, 浡然而生,
닉기심자연야 금부모맥 파종이우지 기지동 수지시우동 발연이생

至於日至之時, 皆熟矣. 雖有不同, 則地有肥磽, 雨露之養 · 人事之不齊也.
지어일지지시 개숙의 수유부동 즉지유비교 우로지양 인사지부제야

故凡同類者擧相似也, 何獨至於人而疑之? 聖人與我同類者. 故龍子曰,
고범동류자거상사야 가독지어인이의지 성인여아동류자 고용자왈

'不知足而爲屨, 我知其不爲蕢也.' 屨之相似, 天下之足同也. 口之於味有
부지족이위구 아지기불위궤야 구지상사 천하지족동야 구지어미유

同耆也, 易牙先得我口之所耆者也. 如使口之於味也, 其性與人殊, 若犬 ·
동기야 역아선득아구지소기자야 여사구지어미야 기성여인수 약견

馬之與我不同類也, 則天下何耆皆從易牙之於味也. 至於味, 天下期於易牙,
마지어아부동류야 즉천하하기개종역아지어미야 지어미 천하기어역아

是天下之口相似也. 惟耳亦然. 至於聲, 天下期於師曠, 是天下之耳相似也.
시천하지구상사야 유이역연 지어성 천하기어사광 시천하지이상사야

惟目亦然. 至於子都, 天下莫不知其姣也. 不知子都之姣者, 無目者也. 故曰,
유목역연 지어자도 천하막부지기교야 부지자도지교자 무일자야 고왈

口之於味也, 有同耆焉. 耳之於聲也, 有同聽焉. 目之於色也, 有同美焉.
구지어미야 유동기언 이지어성야 유동청언 목지어색야 유동미언

至於心, 獨無所同然乎? 心之所同然者何也? 謂理也, 義也. 聖人先得我
지어심 독무소동연호 심지소동연자하야 위리야 의지야 성인선득아

心之所同然耳. 故理 · 義之悅我心, 猶芻豢之悅我口."
심지소동연이 고리 의지열아심 유추환지열아구

| 핵심어 | 心同義理 (심동의리)

11-8

맹자가 말했다.

"우산의 나무가 일찍이 울창하게 우거져 아름다웠다. 우산이 큰 나라의 교외에 있었기 때문에, 사람이 도끼로 벌목해 가다 보니, 어찌 울창하게 우거져 아름다울 수 있겠는가? 나무들은 밤낮으로 숨을 쉬고 비나 이슬을 맞으며 싹을 틔워냈지만, 소와 양이 또 우산에 방목되어 그 나무의 잎사귀를 뜯어 먹다 보니 지금과 같이 헐벗은 민둥산이 되었다. 사람은 그 헐벗은 민둥산만을 보고, 우산에는 일찍이 좋은 재목이 없었다고 생각하는데, 이것이 어찌 우산의 본성이겠는가.

사람에게 보존된 본성이 어찌 사람을 사랑하고 사람의 도리를 실천하는 마음이 없겠는가? 사람이 양심을 잃어버리는 것 또한 우산의 나무를 도끼로 베어가는 것과 같으니, 매일 벌목해 가면 어찌 아름다울 수 있겠는가? 사람의 착한 본성도 밤낮으로 성숙되고, 새벽의 맑은 기운을 받아 맑고 깨끗한 기운이 있지만, 좋아하고 미워하는 것을 대할 때, 양심을 잃지 않고 보존하는 사람이 드물어졌다. 낮에 일어나는 세속적 물욕에 찌들어 쓰러지기 때문이다.

구속되고 쓰러지기를 반복하면, 양심의 싹을 기르는 기운이 보존될 수 없다. 그 기운이 보존될 수 없으면 짐승과 거리가 멀지 않게 된다. 사람은 그 짐승 같은 행실만 보고는 본래부터 훌륭한 자질이 없었다고 생각하는데, 이것이 어찌 사람의 성정이겠는가. 그러므로 기르는 힘을 얻으면 어떤 사물이든 잘 자랄 수 있고, 기르는 힘을 잃으면 어떤 사물이든 시들게 된다.

공자가 말했다. '잡으면 보존되고 놓으면 없다. 나가고 들어오는 데 때가 없고, 그 방향을 알 수 없다.' 이는 오직 사람의 마음을 두고 말한 것이 아니겠는가?"

孟子曰, "牛山之木嘗美矣. 以其郊於大國也, 斧斤伐之, 可以爲美乎? 是其
맹자왈　우산지목상미의　이기교어대국야　부근벌지　가이위미호　시기

日夜之所息, 雨雲之所潤, 非無萌蘗之生焉, 牛羊又從而牧之, 是以若彼濯
일야지소식　우로지소윤　비무맹얼지생언　우양우종이목지　시이약피탁

濯也. 人見其濯濯也, 以爲未嘗有材焉, 此豈山之性也哉. 雖存乎人者,
탁야　인견기탁탁야　이위미상유재언　차기산지성야재　수존호인자

豈無仁義之心哉? 其所以放其良心者, 亦猶斧斤之於木也, 旦旦而伐之,
기무인의지심재　기소이방기양심자　역유부근지어목야　단단이벌지

可以爲美乎? 其日夜之所息, 平旦之氣, 其好惡與人相近也者幾希. 則其旦
가이위미호　기일야지소식　평단지기　기호오여인상근야자기희　즉기단

晝之所爲, 有梏亡之矣. 梏之反覆, 則其夜氣不足以存. 夜氣不足以存,
주지소위　유곡망지의　곡지반복　즉기야기부족이존　야기부족이존

則其違禽獸不遠矣. 人見其禽獸也, 而以爲未嘗有才焉者, 是豈人之情也哉.
즉기위금수불원의　인견기금수야　이이위미상유재언자　시기인지정야재

故苟得其養, 無物不長. 苟失其養, 無物不消. 孔子曰, '操則存, 舍則亡.
고구득기양　무물부장　구실기양　무물불소　공자왈　조즉존　사즉망

出入無時, 莫知其鄕.' 惟心之謂與?"
출입무시　막지기향　유심지위여

| 핵심어 | **得養長失養消** (득양장실양소)

| 해설 | 기르는 힘을 얻으면 자라고, 기르는 힘을 잃으면 시든다.
잡으면 보존되고 놓으면 없다.

11-9

맹자가 말했다.

"왕이 지혜롭지 않다고 하는데, 이상할 것 없다. 세상에 자라나기 쉬운 사
물이 있다 하더라도, 하루 동안만 따가운 햇볕을 받게 하고 열흘 동안 춥게
내버려두면, 제대로 자라날 사물은 있지 않은 것처럼, 내가 왕을 만나는 것
또한 아주 드물다. 내가 물러나오면 왕을 춥게 하는 자들이 달려들 것이니,
내가 훌륭한 정치의 싹을 돋아나게 한들 무엇하겠는가?

지금, 저 바둑 두는 기술은 하찮은 것이지만, 마음을 오롯이 하고 뜻을 다하지 않으면 기술을 터득하지 못한다. 혁추라는 사람은 전국에서 바둑을 가장 잘 두는 자인데, 혁추를 불러 두 사람에게 바둑을 가르치게 했다. 한 사람은 마음을 오롯이 하고 뜻을 다하여 오직 혁추의 말을 듣게 하고, 다른 한 사람은 혁추의 말을 듣기는 하지만 마음 한편에는 기러기와 고니가 날아올 때 활과 주살을 당겨 사냥할 일을 생각한다. 이 사람이 앞사람과 같이 배운다고는 하지만, 마음을 오롯이 하는 사람만 같지는 않다. 이것은 그의 지혜가 앞사람보다 부족해서인가? 그렇지 않다."

孟子曰, "無或乎王之不智也. 雖有天下易生之物也, 一日暴之, 十日寒之,
맹자왈　무혹호왕지부지야　수유천하이생지물야　일일폭지　십일한지

未有能生者也, 吾見亦罕矣. 吾退而寒之者至矣, 吾如有萌焉何哉? 今夫奕
미유능생자야　오견역한의　오퇴이한지자지의　오여유맹언하제　금부혁

之爲數, 小數也, 不專心致志, 則不得也. 奕秋, 通國之善奕者也, 使奕秋誨
지위수　소수야　부전심치지　즉부득야　혁추　통국지선혁자야　사혁추회

二人奕, 其一人專心致志, 惟奕秋之爲聽. 一人雖聽之, 一心以爲有鴻鵠將至,
이인혁　기일인전심치지　유혁추지위청　일인수청지　일심이위유홍곡장지

思援弓繳而射之, 雖與之俱學, 弗若之矣. 爲是其智弗若與? 曰, 非然也."
사원궁격이사지　수여지구학　불약지의　위시기지불약여　왈　비연야

| 핵심어 專心致志 (전심치지)
| 해설 | 마음을 오롯이 하고 뜻을 다하다.
지혜롭게 사는 법!

11-10

맹자가 말했다.

"생선 요리도 내가 원하는 것이고, 곰 발바닥 요리도 내가 원하는 것이지만, 이 두 가지를 동시에 얻을 수 없다면, 생선 요리를 버리고 그보다 더 맛있는 곰 발바닥 요리를 취하겠다. 삶도 내가 원하는 것이고, 삶의 도리도 내가 원하는 것이지만, 이 두 가지를 동시에 얻을 수 없다면, 삶을 버리고 도리

를 취하리라. 삶도 내가 원하는 것이지만, 삶보다 중요한 것을 원하므로 삶을 구차하게 얻으려 하지 않는다. 죽음도 내가 싫어하는 것이지만, 죽음보다 중요한 것이 있으므로 환난이 닥쳐오더라도 피하지 않는 때가 있다. 사람이 원하는 것이 삶보다 중요한 것이 없다면, 삶을 얻을 수 있는 방법을 어찌 쓰지 않겠는가? 사람이 싫어하는 것이 죽음보다 중요한 것이 없다면, 환난을 피할 수 있는 방법을 어찌 쓰지 않겠는가? 이 때문에 살 수 있는데도 그 방법을 쓰지 않는 때가 있고, 이 때문에 화를 피할 수 있는데도 하지 않는 때가 있다. 그러므로 원하는 것이 삶보다 중요한 것이 있고, 싫어하는 것이 죽음보다 심한 것이 있으며, 훌륭한 덕망과 똑똑한 재능을 지닌 사람만이 이러한 마음을 지니고 있는 것이 아니라, 모든 사람이 이러한 마음을 지니고 있는데, 현명한 사람은 이것을 잃지 않을 뿐이다.

한 그릇의 밥과 한 그릇의 국을 얻으면 살고, 얻지 못하면 죽는 경우가 있다. 툭하고 혀를 차고 꾸짖으며 밥과 국을 던져주면, 거리를 떠도는 사람도 이를 받으려 하지 않고, 발로 차듯이 하며 밥과 국을 던져주면 거지도 받으려 달려들지 않는다. 만종이나 되는 엄청난 재물을 주면 예의와 의리에 합당한지 따지지 않고 받으니, 만종의 재물이 나에게 무슨 보탬이 되겠는가? 화려한 저택을 짓기 위해, 처와 첩들이 풍족하게 받들어주기를 바라서, 궁핍한 자가 자신에게 고마워하기 위해 그렇게 한다.

지난번에는 양심을 지키기 위해 죽어도 받지 않다가 이제는 저택을 화려하게 꾸미기 위해 그것을 받고, 지난번에는 양심을 지키기 위해 죽어도 받지 않다가 이제는 처와 첩을 거느리고 풍족하게 살기 위해 그것을 받으며, 지난번에는 양심을 지키기 위해 죽어도 받지 않다가 이제는 궁핍한 사람에게 베풀기 위해 재물을 받았다. 이런 일 또한 그만둘 수 없는가? 이것을 '그 본래의 마음을 잃었다.'고 하는 것이다."

孟子曰, "魚我所欲也, 熊掌亦我所欲也, 二者不可得兼, 舍魚而取熊掌者也.
맹자왈　어아소욕야　웅장역아소욕야　이자불가득겸　사어이취웅장자야

生亦我所欲也, 義亦我所欲也, 二者不可得兼, 舍生而取義者也. 生亦我所欲,
생역아소욕야　의역아소욕야　이자불가득겸　사생이취의자야　생역아소욕

所欲有甚於生者, 故不爲苟得也. 死亦我所惡, 所惡有甚於死者, 故患有所不
소욕유심어생자　고불위구득야　사역아소오　소오유심어사자　고환유소불

辟也. 如使人之所欲莫甚於生, 則凡可以得生者, 何不用也? 使人之所惡莫
피야　여사인지소욕막심어생　즉범가이득생자　하불용야　사인지소오막

甚於死者, 則凡可以辟患者, 何不爲也? 由是則生而有不用也, 由是則可
심어사자　즉범가이피환자　하불위야　유시즉생이유불용야　유시즉가

以辟患而有不爲也. 是故所欲有甚於生者, 所惡有甚於死者, 非獨賢者有是
이피환이유불위야　시고소욕유심어생자　소오유심어사자　비독현자유시

心也, 人皆有之, 賢者能勿喪耳. 一簞食, 一豆羹, 得之則生, 弗得則死. 嘑爾
심야　인개유지　현자능물상이　일단사　일두갱　득지즉생　부득즉사　호이

而與之, 行道之人弗受. 蹴爾而與之, 乞人不屑也. 萬鍾則不辯禮義而受之,
이여지　행도지인불수　축이이여지　걸인불설야　만종즉불변예의이수지

萬鍾於我何加焉? 爲宮室之美, 妻妾之奉, 所識窮乏者得我與. 鄕爲身死而
만종어아하가언　위궁실지미　처첩지봉　소식궁핍자득아여　향위신사이

不受, 今爲宮室之美爲之. 鄕爲身死而不受, 今爲妻妾之奉爲之. 鄕爲身死
불수　금위궁실지미위지　향위신사이불수　금위처첩지봉위지　향위신사

而不受, 今爲所識窮乏者得我而爲之. 是亦不可以已乎! 此之謂失其本心."
이불수　금위소식궁핍자득아이위지　시역불가이이호　차지위실기본심

| 핵심어 | 失其本心 (실기본심)

| 해설 | 본래의 마음을 잃다.

내가 진짜 원하는 것.

11-11

맹자가 말했다.

"인은 사람의 마음이고, 의는 사람의 길이다. 그 길을 버리고 따라가지 않고, 그 마음을 내버리고 찾을 줄을 모르니, 슬프다! 사람이 집에서 기르던 닭과 개가 도망가면 찾을 줄 알면서, 마음을 내버려두고도 찾을 줄 모른다. 학문의 길은 다른 것이 아니고, 내버린 마음을 찾는 일일 뿐이다."

孟子曰, "仁, 人心也. 義, 人路也. 舍其路而弗由, 放其心而不知求, 哀哉!
맹자왈　　인 인심야　의 인로야　사기로이불유　방기심이부지구 애재

人有雞犬放, 則知求之. 有放心, 而不知求. 學問之道無他, 求其放心而已矣."
인유계견방　즉지구지　유방심　이부지구　학문지도무타　구기방심이이의

| 핵심어 |　求其放心 (구기방심)

| 해설 | 내버린 마음을 찾다.

학문의 길!

11-12

맹자가 말했다.

"지금 넷째 손가락이 구부러져 펴지지 않는데, 그렇다고 손가락이 아프지도 않고 일하는 데 손을 쓸 수 없는 것도 아니다. 그래도 손가락을 펼 수 있다면 진나라나 초나라처럼 먼 길이라도 멀다 여기지 않고 찾아갈 텐데, 이는 자기 손가락이 다른 사람 손가락과 같지 않기 때문이다. 자기 손가락이 다른 사람 손가락과 같지 않으면 그것이 안 좋다는 것을 안다. 마음이 다른 사람 마음과 같지 않게 병들었는데도 안 좋다는 걸 모르니, 이를 두고 유추할 줄 모른다고 하는 것이다."

孟子曰, "今有無名之指, 屈而不信, 非疾痛害事也. 如有能信之者, 則不遠
맹자왈　　금유무명지지　굴이불신 비질통해사야　여유능신지자　즉불원

秦 · 楚之路, 爲指之不若人也. 指不若人, 則知惡之. 心不若人, 則不知惡,
진　초지로　위지지불약인야　지불약인　즉지오지　심불약인　즉부지오

此之謂不知類也."
차지위부지류야

| 핵심어 |　心不若人 (심불약인)

| 해설 | 마음이 다른 사람 마음과 같지 않게 병들다.

착한 마음을 지속하라.

11-13

맹자가 말했다.

"두 손으로 움켜쥐거나 한 손으로 움켜쥘 수 있을 정도의 작은 오동나무와 가래나무가 있을 때, 사람이 그것을 기르려고 한다면 모두 그것을 기르는 까닭을 안다. 그런데 자기 몸에 대해서는 길러야 하는 까닭을 알지 못하니, 어찌 자기 몸을 사랑하는 것이 오동나무와 가래나무를 기르는 일만도 못하겠는가? 깊이 생각하지 않기 때문이다."

孟子曰, "拱把之桐 · 梓, 人苟欲生之, 皆知所以養之者. 至於身, 而不知所
맹자왈   공파지동 재 인구욕생지 개지소이양지자 지어신 이부지소

以養之者, 豈愛身不若桐梓哉? 弗思甚也."
이양지자   기애신불약동재재 불사심야

| 핵심어 | 弗思甚也 (불사심야)
| 해설 | 생각을 깊이 하지 않다.
생각의 힘을 길러야 하는 이유.

11-14

맹자가 말했다.

"사람은 자기 몸의 모든 부위를 아낀다. 모든 부위를 아끼므로 전체를 기르려고 한다. 한 자와 한 치의 살도 모두 아끼기에, 한 자와 한 치의 살도 남김없이 기른다. 잘 기르고 잘못 기르는 근거가 어찌 다른 데 있겠는가? 바로 자기에게서 취할 뿐이다. 몸에는 귀하고 천한 것, 크고 작은 것이 있는데, 작은 것을 가지고 큰 것을 해치지 말고, 천한 것을 가지고 귀한 것을 해치지 말아야 한다. 작은 것을 기르는 자는 소인이 되고, 큰 것을 기르는 자는 대인이 된다.

지금, 정원사가 오동나무와 가래나무를 버리고 멧대추나무와 가시나무를 기른다면, 천박한 정원사가 될 것이다. 몸에서 손가락 하나만을 기르고, 어깨와 등을 돌아볼 줄 모른다면, 몸을 제대로 보지 못하는 무능한 의사가 될 것이다.

사람은 먹고 마시는 데 급급하여 음식을 밝히는 사람을 천하게 여기는데,

작은 것을 기르고 큰 것을 잃기 때문이다. 음식에 급급한 사람일지라도 큰 것을 잃지 않는다면, 어찌 그 음식이 한 자나 한 치의 살이 될 뿐이겠는가?"

孟子曰, "人之於身也, 兼所愛. 兼所愛, 則兼所養也. 無尺寸之膚不愛焉,
맹자왈   인지어신야   겸소애   겸소애   즉겸소양야   무척촌지부불애언

則無尺寸之膚不養也. 所以考其善不善者, 豈有他哉? 於己取之而已矣.
즉무척촌지부불양야   소이고기선불선자   기유타재   어기취지이이의

體有貴賤, 有小大, 無以小害大, 無以賤害貴. 養其小者爲小人, 養其大者爲
체유귀천   유소대   무이소해대   무이천해귀   양기소자위소인   양기대자위

大人. 今有場師, 舍其梧·檟, 養其樲棘, 則爲賤場師焉. 養其一指, 而失其
대인   금유장사   사기오   가   양기이극   즉위천장사언   양기일지   이실기

肩背而不知也, 則爲狼疾人也. 飮食之人, 則人賤之矣, 爲其養小以失大也.
견배이부지야   즉위랑질인야   음식지인   즉인천지의   위기양소이실대야

飮食之人, 無有失也, 則口腹豈適爲尺寸之膚哉?"
음식지인   무유실야   즉구복기적위척촌지부재

| 핵심어 | 大養大人 (대양대인)
| 해설 | 마음을 기르는 사람은 훌륭한 사람이 된다.
물질적인 것에만 집착하지 마라.

11-15
공도자가 물었다.

"다 같은 사람인데, 어떤 사람은 대인이 되고, 어떤 사람은 소인이 되는데, 어째서 그렇습니까?"

맹자가 말했다.

"착한 마음을 따라 행동하면 대인이 되고, 물질적 욕망에 이끌려 행동하면 소인이 된다."

공도자가 말했다.

"다 같은 사람인데, 어떤 사람은 착한 마음을 따라서 행동하고, 어떤 사람은 물질적 욕망에 이끌려 행동하는데, 어째서 그렇습니까?"

맹자가 말했다.

"귀나 눈 같은 감각기관은 생각을 하지 못하기 때문에 사물에 가려지고, 사물과 사물이 엉키면 더욱 가려져 끌려갈 뿐이다. 마음의 기능은 생각할 수 있다는 것인데, 생각하면 사물의 이치를 얻고 생각하지 않으면 그것을 깨닫지 못한다. 이것은 천부적으로 타고난 것이므로 큰마음을 앞세우면, 작은 것은 함부로 하지 못할 것이니, 이것이 대인이 되는 이유이다."

公都子問曰, "鈞是人也, 或爲大人, 或爲小人, 何也?" 孟子曰, "從其大體
공 도 자 문 왈   균 시 인 야 혹 위 대 인 혹 위 소 인   하 야   맹 자 왈   종 기 대 체

爲大人, 從其小體爲小人." 曰, "鈞是人也, 或從其大體, 或從其小體, 何也?"
위 대 인 종 기 소 체 위 소 인   왈   균 시 인 야 혹 종 기 대 체 혹 종 기 소 체   하 야

曰, "耳目之官不思, 而蔽於物, 物交物, 則引之而已矣. 心之官則思, 思則
왈   이 목 지 관 불 사 이 폐 어 물 물 교 물   즉 인 지 이 이 의 심 지 관 즉 사 사 즉

得之, 不思則不得也. 此天之所與我者, 先立乎其大者, 則其小者不能奪也,
득 지 부 사 즉 부 득 야 차 천 지 소 여 아 자 선 립 호 기 대 자   즉 기 소 자 불 능 탈 야

此爲大人而已矣."
차 위 대 인 이 이 의

| 핵심어 | **思則得之** (사즉득지)
| 해설 | 생각하면 세상의 이치를 얻는다.
누가 대인이고, 누가 소인인가?

11-16

맹자가 말했다.

"하늘이 내려주는 벼슬인 천작이 있고, 임금이 내려주는 벼슬인 인작이 있다. 사람을 사랑하고 사람의 도리를 행하며, 자기 직분에 충실하고 다른 사람과의 신뢰를 지키며, 착한 일을 즐거워하며 게을리하지 않는 것이 천작이다. 공, 경, 대부와 같은 것은 인작이다. 옛날 사람은 천작을 닦아서 인작이 뒤따라오게 했다. 지금 사람은 천작을 닦아서 인작을 요구하고, 인작을 얻고 나면 천작을 버리는데, 이는 아주 잘못된 일이다. 결국에는 모두 잃게 될 뿐이다."

孟子曰, "有天爵者, 有人爵者. 仁義忠信, 樂善不倦, 此天爵也. 公卿大夫,
맹자왈　유천작자　유인작자　인의충신　락선불권　차천작야　공경대부

此人爵也. 古之人脩其天爵, 而人爵從之. 今之人脩其天爵以要人爵, 旣得人
차인작야　고지인수기천작　이인작종지　금지인수기천작이요인작　기득인

爵而棄其天爵, 則惑之甚者也. 終亦必亡而已矣."
작이기기천작　즉혹지심자야　종역필망이이의

| 핵심어 | 天爵人爵 (천작인작)
| 해설 | 인간에게는 내면의 도리와 외부의 직위가 있다.
천작을 닦아서 인작이 따라오게 하라.

11-17

맹자가 말했다.

"고귀하게 되려는 것은 모든 사람에게 있는 똑같은 마음이다. 사람마다
고귀함을 지니고 있는데, 생각하지 않을 뿐이다. 사람이 고귀하게 여기는 것
은 본래 귀한 것은 아니다. 조맹이 고귀하게 여긴 것은 조맹이 천하게 만들
수 있다. 『시경』에 '이미 술로 취하고 이미 덕망으로 충족했다.'*라고 노래했
는데, 사람을 사랑하는 마음과 사람의 도리에 충족함을 말한 것이다. 때문에
다른 사람의 살진 고기와 맛있는 쌀밥을 원하지 않는다. 좋은 명성과 널리
알려진 명예가 몸에 갖추어져 있기 때문에 다른 사람이 주는 수놓은 비단옷
을 원하지 않는 것이다.

孟子曰, "欲貴者, 人之同心也. 人人有貴於己者, 弗思耳矣. 人之所貴者,
맹자왈　욕귀자　인지동심야　인인유귀어기자　불사이의　인지소귀자

非良貴也. 趙孟之所貴, 趙孟能賤之. 詩云, '旣醉以酒, 旣飽以德.' 言飽乎仁
비양귀야　조맹지소귀　조맹능천지　시운　기취이주　기포이덕　언포호인

義也, 所以不願人之膏粱之味也. 令聞廣譽施於身, 所以不願人之文繡也."
의야　소이불원인지고량지미야　영문광예시어신　소이불원인지문수야

| 핵심어 | 所貴仁義 (소귀인의)
| 해설 | 귀한 것은 사람을 사랑하는 마음과 도리를 충족하는 일이다.

* 『시경』「대아」〈기취〉 편.

고귀함을 아는 법.

11-18

맹자가 말했다.

"인자함이 인자하지 않음을 이기는 것은 물이 불을 이기는 것과 같다. 지금 인자한 척하는 자들은 한 잔의 물로 수레에 가득 실은 나무의 불이 난 것을 끄는 것과 같으니, 불이 꺼지지 않으면 물이 불을 이기지 못한다고 말한다. 이는 또 인자하지 않음에 빠져 헤어나지 못하는 자들로, 끝내는 조그만 것도 잃을 뿐이다."

孟子曰, "仁之勝不仁也, 猶水之勝火. 今之爲仁者, 猶以一杯水救一車薪之
맹 자 왈   인 지 승 불 인 야   유 수 지 승 화   금 지 위 인 자   유 이 일 배 수 구 일 거 신 지

火也, 不熄, 則謂之水不勝火. 此又與於不仁之甚者也, 亦終必亡而已矣."
화 야   불 식   즉 위 지 수 불 승 화   차 우 여 어 불 인 지 심 자 야   역 종 필 망 이 이 의

| 핵심어 | **水勝火** (수승화)
| 해설 | 물로 불을 끄다.

원리를 똑바로 보라.

11-19

맹자가 말했다.

"오곡은 씨앗 중에서도 좋은 것이다. 하지만 제대로 열매 맺지 못하면 피보다도 못한데, 사람을 사랑하는 마음씨 또한 그것을 어떻게 성숙시키느냐에 달려 있을 뿐이다."

孟子曰, "五穀者, 種之美者也. 苟爲不熟, 不如荑稗. 夫仁亦在乎熟之而已矣."
맹 자 왈   오 곡 자   종 지 미 자 야   구 위 불 숙   불 여 이 패   부 인 역 재 호 숙 지 이 이 의

| 핵심어 | **種之美熟** (종지미숙)
| 해설 | 종자의 아름다움은 알차게 성숙했을 때다.

마음의 씨앗을 잘 영글게 하라.

11-20

맹자가 말했다.

"후예가 사람에게 활쏘기를 가르칠 때, 반드시 활을 힘껏 당기고 화살을 쏘는 순간에 뜻을 두게 했다. 그러므로 활쏘기를 배우는 사람은 반드시 활을 힘껏 당기고 화살을 쏘는 순간에 뜻을 둔다. 큰 목수가 사람을 가르칠 때, 반드시 컴퍼스와 곱자를 도구로 사용했다. 때문에 목수 일을 배우는 사람은 반드시 컴퍼스와 곱자를 사용한다.

孟子曰, "羿之教人射, 必志於彀. 學者亦必志於彀. 大匠誨人, 必以規矩.
맹 자 왈   예 지 교 인 사   필 지 어 구   학 자 역 필 지 어 구   대 장 회 인   필 이 규 구

學者亦必以規矩."
학 자 역 필 이 규 구

| 핵심어 | 志彀規矩 (지구규구)

| 해설 | 화살을 쏘는 순간에 뜻을 두고, 컴퍼스와 곱자를 사용한다.

핵심을 살펴라.

고자(하)

12

12-1

임나라 사람이 옥려자*에게 물었다.

"예의와 음식을 먹는 일 가운데 어느 것이 중요합니까?"

옥려자가 말했다.

"예의가 중요합니다."

임나라 사람이 물었다.

"남자와 여자가 함께 사는 것과 예의 가운데 어느 것이 중요합니까?"

옥려자가 말했다.

"예의가 중요합니다."

임나라 사람이 말했다.

"예의를 차려가며 음식을 먹으려니 굶어 죽을 판이고, 예의를 차리지 않고 음식을 먹으면 음식을 얻을 수 있는데, 반드시 예의대로 해야 합니까? 혼인의 예의를 갖추면 아내를 얻지 못하고, 혼인의 예의를 갖추지 않으면 아내를 얻을 수 있는데, 반드시 혼인의 예의를 갖추어야 합니까?"

* 맹자의 제자.

옥려자가 대답하지 못했다.

다음 날 추나라로 가서 맹자에게 이를 알렸다.

맹자가 말했다.

"아! 그런 물음에 답하는 데 무슨 문제라도 있느냐? 뿌리를 헤아리지 않고 끄트머리만을 가지런하게 한다면, 사방 한 치의 작은 나무를 가지런히 하여 높이 솟은 누각 위에 놓고 그보다 높게 만들 수 있다. 쇠 덩어리가 깃털보다 무겁다고 할 때, 어찌 한 혁대 고리의 쇠뭉치가 수레 가득 실은 깃털의 무게보다 무겁다고 말하겠느냐! 음식을 먹어야 사람이 살 수 있다는 소중한 뜻을 예의 가운데 덜 중요한 것과 비교한다면, 어찌 음식이 중요하지 않겠느냐? 남자와 여자가 함께 사는 것이 소중한데, 이를 예의 가운데 덜 중요한 것과 비교한다면, 어찌 남녀가 함께 사는 것이 중요하지 않겠느냐?

가서 응대하여 말해라. '형의 팔을 비틀고 음식을 빼앗으면 음식을 먹을 수 있고, 형의 팔을 비틀지 않으면 음식을 얻어먹지 못하는 경우, 형의 팔을 비틀겠습니까? 동쪽 집의 담장을 뛰어넘어 그 집의 처녀를 끌어오면 아내를 얻게 되고, 끌어오지 않으면 아내를 얻지 못하는 경우, 처녀를 끌어오겠습니까?'"

任人有問屋廬子曰, "禮與食, 孰重?" 曰, "禮重." "色與禮, 孰重?"
임 인 유 문 옥 려 자 왈　예 여 식 숙 중　왈　예 중　색 여 예 숙 중

曰, "禮重." 曰, "以禮食則飢而死, 不以禮食則得食, 必以禮乎? 親迎則不
왈　예 중　왈　이 예 식 즉 기 이 사　불 이 예 식 즉 득 식　필 이 예 호　친 영 즉 부

得妻, 不親迎則得妻, 必親迎乎?" 屋廬子不能對. 明日之鄒, 以告孟子,
득 처　불 친 영 즉 득 처　필 친 영 호　옥 려 자 소 능 대　명 일 지 추　이 고 맹 자

孟子曰, "於! 答是也何有? 不揣其本, 而齊其末, 方寸之木, 可使高於岑樓.
맹 자 왈　어　답 시 야 하 유　불 췌 기 본　이 제 기 말　방 촌 지 목　가 사 고 어 잠 루

金重於羽者, 豈謂一鉤金與一興羽之謂哉! 取食之重者與禮之輕者而比之,
금 중 어 우 자　기 위 일 구 금 여 일 여 우 지 위 재　취 식 지 중 자 여 례 지 경 자 이 비 지

奚翅食重? 取色之重者與禮之輕者而比之, 奚翅色重? 往應之曰 '紾兄之
해시식중   취색지중자여례지경자이비지   해시색중   왕응지왈   진형지

臂而奪之食, 則得食, 不紾則不得食, 則將紾之乎? 踰東家牆而摟其處子,
비이탈지식   즉득식   부진즉부득식   즉장진지호   유동가장이루기처자

則得妻, 不摟則不得妻, 則將摟之乎?'"
즉득처   불루즉부득처   즉장루지호

| 핵심어 | **禮之輕重** (예지경중)
| 해설 | 예의 가운데 경중을 헤아려야 한다.
예의가 중요하다.

12-2

조교*가 물었다.

"사람은 모두 요임금이나 순임금이 될 수 있다고 하는데, 그런 일이 있습
니까?"

맹자가 말했다.

"그렇습니다."

조교가 말했다.

"제가 듣기에, 문왕은 키가 10척이고 탕임금도 9척이라고 했습니다. 지금
제 키는 9척 4촌으로 큽니다만, 곡식만 축내고 있을 뿐이니, 어찌하면 좋습
니까?"

맹자가 말했다.

"어찌 키와 관계가 있겠습니까? 훌륭한 정치에 힘쓸 따름입니다. 여기에
어떤 사람이 있는데, 한 마리의 병아리를 들어 올릴 힘도 없으면, 그는 힘이
없는 사람입니다. 오늘 100균[3,000근]의 무게를 들 수 있다고 하면, 힘이 있
는 사람입니다. 그렇다면 오획**이 들었던 만큼 무거운 짐을 들어 올린다면,
그 또한 오획과 같은 장사가 될 것입니다. 사람이 어찌 다른 사람보다 잘하

---

* 조나라 지도자의 동생.
** 전국시대 진나라의 역사(力士)로, 진무왕의 호위무사였다.

지 못함을 걱정합니까? 스스로 하지 않는 것을 걱정해야 합니다.

천천히 걸어서 어른보다 뒤에 가는 것을 공경한다고 하고, 빨리 걸어서 어른보다 앞에 가는 것을 공경하지 않는다고 합니다. 천천히 걸어가는 것을 어찌 사람이 할 수 없는 일이겠습니까! 하지 않는 것입니다. 요임금이나 순임금의 길은 효도와 공경일 뿐입니다. 그대가 요임금의 옷을 입고 요임금의 말씀을 외우며 요임금의 행실을 실천한다면, 요임금처럼 됩니다. 그대가 걸 임금의 옷을 입고, 걸의 말을 외우며 걸의 행실을 실천한다면, 걸처럼 포악하게 됩니다."

조교가 말했다.

"제가 추나라의 군주를 만나면, 관사를 빌릴 수 있습니다. 여기에 머물면서 선생 문하에서 배우고 싶습니다."

맹자가 말했다.

"사람의 길은 큰 길과 같은데, 어찌 알기 어렵겠습니까? 사람이 구하지 않는 것이 병폐입니다. 그대도 돌아가 구해보면, 스승은 남아돌 정도로 많습니다."

曹交問曰, "人皆可以爲堯舜, 有諸?" 孟子曰, "然." "交聞文王十尺, 湯九
조 교 문 왈   인 개 가 이 위 요 순 유 저   맹 자 왈   연   교 문 문 왕 십 척 탕 구

尺. 今交九尺四寸以長, 食粟而已, 何如則可?" 曰, "奚有於是? 亦爲之而
척 금 교 구 척 사 촌 이 장 식 속 이 이 여 하 즉 가   왈   해 유 어 시 역 위 지 이

已矣. 有人於此, 力不能勝一匹雛, 則爲無力人矣. 今日擧百鈞, 則爲有
이 의 유 인 어 차 역 불 능 승 일 필 추 즉 위 무 력 인 의 금 왈 거 백 균 즉 위 유

力人矣. 然則擧烏獲之任, 是亦爲烏獲而已矣. 夫人豈以不勝爲患哉? 弗爲耳.
력 인 의 연 즉 거 오 획 지 임 시 역 위 오 획 이 이 의 부 인 기 이 불 승 위 환 재 불 위 이

徐行後長者謂之弟, 疾行先長者謂之不弟. 夫徐行者, 豈人所不能哉! 所不
서 행 후 장 자 위 지 제 질 행 선 장 자 위 지 부 제 부 서 행 자 기 인 소 불 능 재 소 불

爲也. 堯舜之道, 孝悌而已矣. 子服堯之服, 誦堯之言, 行堯之行, 是堯而已
위 야 요 순 지 도 효 제 이 이 의 자 복 요 지 복 송 요 지 언 행 요 지 행 시 요 이 이

矣. 子服桀之服, 誦桀之言, 行桀之行, 是桀而已矣." 曰, "交得見於鄒君,
의 자 복 걸 지 복 송 걸 지 언 행 걸 지 행 시 걸 이 이 의 왈 교 득 견 어 추 군

可以假館, 願留而受業於門." 曰, "夫道, 若大路然, 豈難知哉?
가 이 가 관 원 류 이 수 업 어 문 왈 부 도 약 대 로 연 기 난 지 재

人病不求耳. 子歸而求之, 有餘師."
인 병 불 구 이 자 귀 이 구 지 유 여 사

| 핵심어 | **人病不求** (인병불구)

| 해설 | 사람이 스스로 구하지 않는 것이 병폐다.

오직 훌륭한 정치에 힘쓸 뿐!

12-3

공손추가 물었다.

"고자*가 '『시경』「소반」**은 소인의 시다.'라고 했습니다."

맹자가 말했다.

"무엇으로 그렇게 말했겠느냐?"

공손추가 말했다.

"원망했기 때문입니다."

맹자가 말했다.

"꽉 막혔다! 고씨 노인의 시 해석이 그렇다. 여기에 어떤 사람이 있다고 할 때, 월나라 사람이 그에게 활을 쏘려고 한다면, 그 사람은 떠들고 웃고 하면서 얘기할 것이다. 왜냐하면 월나라 사람은 멀리 남쪽에 있으므로 자기와 별 상관이 없기 때문이다. 그런데 자기 형이 활로 그 사람을 쏘려고 한다면, 눈물을 떨구며 얘기할 것이다. 왜냐하면 그 형을 친근하게 여기기 때문이다. 『시경』「소반」에서 원망한 것은 부모를 친근하게 한 것이다. 부모를 친근하게 하는 것은 사랑하는 마음에서 우러나오는 것이다. 꽉 막혔다. 고씨 노인

---

 * 이 장의 고자(高子)는 맹자와 사람의 본성에 대해 논쟁했던 고자(告子)와 다른 인물이다.

** 「소아」〈소반〉 편, 이 시에 대해선 여러 가지 해설이 있다. 노시설(盧詩說)에서는 윤길보의 전처 아들 백기가 지은 시라고 한다. 윤길보가 후처에게서 백방을 낳았는데, 후처가 백기를 헐뜯으며 황야로 내쫓자, 이를 원통히 여긴 백기가 지은 시라는 것이다.

의 시 해석이 그렇다."

공손추가 말했다.

"『시경』〈개풍〉*에서는 어찌하여 원망하지 않았습니까?"

맹자가 말했다.

"〈개풍〉은 부모의 잘못이 조그마한 것을 다룬 시이고, 〈소반〉은 부모의 잘못이 큰 것을 다룬 시다. 부모의 잘못이 큰 데도 원망하지 않는다면, 부모자식 관계가 더욱 멀어질 수 있다. 부모의 잘못이 조그마한 것인데 지나치게 원망하면, 부모자식 간에 감정이 상할 수 있다. 관계가 멀어지는 것도 불효이고, 감정을 상하게 하는 것도 불효다.

공자가 말했다. '순임금은 최고의 효자다. 나이 50세에도 부모를 그리워했다.'"

公孫丑問曰, "高子曰, '小弁, 小人之詩也.'" 孟子曰, "何以言之?"
공손추문활   고자왈   소변 소인지시야   맹자왈   하이언지

曰, "怨." 曰, "固哉! 高叟之爲詩也. 有人於此, 越人關弓而射之, 則己談笑
왈   원   왈   고재   고수지위시야   유인어차 월인관궁이사지   즉기담소

而道之, 無他, 疏之也. 其兄關弓而射之, 則己垂涕泣而道之, 無他, 戚之也.
이도지   무타   소지야 기형관궁이사지   즉기수체읍이도지   무타   척지야

小弁之怨, 親親也. 親親, 仁也. 固矣夫, 高叟之爲詩也." 曰, "凱風何以
소변지원   친친야   친친 인야   고의부   고수지위시야   왈   개풍하이

不怨?" 曰, "凱風, 親之過小者也. 小弁, 親之過大者也. 親之過大而不怨,
불원   왈   개풍 친지과소자야   소반   친지과대자야   친지과대이불원

是愈疏也. 親之過小而怨, 是不可磯也. 愈疏, 不孝也. 不可磯, 亦不孝也.
시유소야 친지과소이원 시불가기야   유소   불효야   불가기   역불효야.

孔子曰, '舜其至孝矣, 五十而慕.'"
공자왈   순기지효의   오십이모

| 핵심어 | 無不可磯 (무불가기)
| 해설 | 간섭하고 과격하게 대들지 마라.
부모를 공경하라.

12-4

송경**이 초나라로 가고 있었는데, 맹자가 석구에서 송경을 만나 말했다.

"선생께서는 어디로 가십니까?"

송경이 말했다.

"내가 진나라와 초나라 사이에 전쟁이 발생했다는 소문을 들었어요. 초나라로 가서 왕을 만나 설득하여 전쟁을 그만두게 하려고 합니다. 초나라 왕이 기뻐하지 않으면, 진나라 왕을 만나 설득하여 전쟁을 그만두게 하려고 합니다. 두 나라 왕 가운데 말을 들어주는 사람이 있지 않겠습니까?"

맹자가 말했다.

"저는 자세한 것을 묻고자 하지는 않습니다만, 요지를 듣기 원하는데, 어떻게 설득하려고 합니까?"

송경이 말했다.

"그 전쟁이 두 나라에 이익이 되지 않는 것을 말하려고 합니다."

맹자가 말했다.

"선생의 뜻은 참 좋습니다만, 선생의 말은 옳지 않습니다. 선생이 이익을 가지고 진나라와 초나라의 왕을 설득하면, 진나라와 초나라의 왕은 이익 때문에 전쟁을 멈추고 군대를 해산할 것입니다. 이는 군대의 해산을 즐거워하는 동시에 이익을 기뻐하는 것입니다. 신하가 이익을 생각하여 군주를 섬기고, 자식이 이익을 생각하여 부모를 모시며, 동생이 이익을 생각하여 형을 존경한다면, 이는 군주와 신하, 부모와 자식, 형제자매 사이에 사람을 사랑하는 마음이나 사람의 도리를 버리고 이익을 생각하여 서로 대하는 꼴이 되니, 이렇게 하여 망하지 않은 사람이 없습니다.

선생이 사람을 사랑하는 마음이나 사람의 도리로 진나라와 초나라의 왕

---

* 「국풍」〈개풍〉편, 개풍은 효자를 찬미한 시. 당시 위나라에 음풍(淫風)이 유행해 아들 일곱을 둔 여자도 집에서 가만히 견디지 못했을 정도였다고 한다. 이에 일곱 아들이 어머니를 위로하려고 어머니를 찬미한 노래이다.
** 송나라의 벼슬아치.

을 설득하면, 진나라와 초나라의 왕이 사람을 사랑하는 마음이나 사람의 도리에 근거하여 전쟁을 멈추고 군대를 해산할 것입니다. 이는 군대의 해산을 즐거워하는 동시에 사람을 사랑하는 마음이나 사람의 도리가 실천됨을 기뻐하는 것입니다. 신하가 사람을 사랑하는 마음이나 사람의 도리를 생각하여 군주를 섬기고, 자식이 사람을 사랑하는 마음이나 사람의 도리를 생각하여 부모를 모시며, 동생이 사람을 사랑하는 마음이나 사람의 도리를 생각하여 형을 존경한다면, 이는 군주와 신하, 부모와 자식, 형제자매 사이에 이익 추구를 버리고 사람을 사랑하는 마음이나 사람의 도리를 생각하여 서로 대하는 것이니, 이렇게 하고도 왕 노릇 하지 못한 사람은 아직까지 없었습니다. 어찌 이익만을 말하십니까?"

宋牼將之楚, 孟子遇於石丘, 曰, "先生將何之?" 曰, "吾聞秦·楚構兵, 我將
송경장지초 맹자우어석구 왈 선생장하지 왈 오문진 초구병 아장

見楚王說而罷之. 楚王不悅, 我將見秦王說而罷之. 二王我將有所遇焉."
견초왕설이파지 초왕불열 아장견진왕설이파지 이왕아장유소우언

曰, "軻也請無問其詳, 願聞其指, 說之將何如?" 曰, "我將言其不利也."
왈 가야청무문기상 원문기지 설지장여하 왈 아장언기불리야

曰, "先生之志則大矣, 先生之號則不可. 先生以利說秦·楚之王, 秦·楚之
왈 선생지지즉대의 선생지호즉불가 선생이리설진 초지왕 진 초지

王悅於利, 以罷三軍之師, 是三軍之士樂罷而悅於利也. 爲人臣者, 懷利以
왕열어리 이파삼군지사 시삼군지사락파이열어리야 위인신자 회리이

事其君. 爲人子者, 懷利以事其父. 爲人弟者, 懷利以事其兄. 是君臣·
사기군 위인자자 회리이사기부 위인제자 회리이사기형 시군신

父子·兄弟終去仁義, 懷利以相接, 然而不亡者, 未之有也. 先生以仁義
부자 형제종거인의 회리이상접 연이불망자 미지유야 선생이인의

說秦·楚之王, 秦·楚之王悅於仁義而罷三軍之師, 是三軍之士樂罷而悅
설진 초지왕 진 초지왕열어인의이파삼군지사 시삼군지사락파이열

於仁義也. 爲人臣者, 懷仁義以事其君. 爲人子者, 懷仁義以事其父. 爲人
어인의야 위인신자 회인의이사기군 위인자자 회인의이사기부 위인

弟者, 懷仁義以事其兄. 是君臣·父子·兄弟去利懷仁義以相接也, 然而不
제자 회인의이사기형 시군신 부자 형제거리회인의이상접야 연이불

王者, 未之有也. 何必曰利?"
왕 자 미 지 유 야 하 필 왈 리

| 핵심어 | **去利懷仁** (거리회인)
| 해설 | 이익을 버리고 사람을 사랑하다.
어찌 이익만을 말하려 하는가?

12-5

맹자가 추나라에 있을 때, 계임*이 임나라를 다스리고 있으면서, 예물을 보내 교제를 요청했으나, 예물을 받기만 하고 답례를 하지 않았다. 맹자가 평륙에 있을 때, 저자가 재상으로 있으면서 예물을 보내와 교제를 요청했으나, 예물을 받기만 하고 답례를 하지 않았다. 나중에 추나라에서 임나라로 가서 계임을 만나보았고, 평륙에서 제나라로 가서는 저자를 만나보지 않았다.

옥려자**가 기뻐하며 말했다.

"따져볼 거리가 생겼다!"

옥려자가 물었다.

"선생님은 임나라에 가서는 계자를 만나고, 제나라에 가서는 저자를 만나보지 않았는데, 저자가 재상이 되었기 때문입니까?"

맹자가 말했다.

"아니다. 『서경』에 '예물을 보내올 때는 예의를 중시하니, 예의가 물건에 미치지 못하면, 이는 예물을 보내온 것이 아니라고 하니, 이는 예물을 보내는 데 마음을 쓰지 않았기 때문이다.'***라고 했다. 그는 예물을 보낼 때 예의를 지키지 않았다."

옥려자가 기뻐했다.

어떤 사람이 묻자, 옥려자가 말했다.

* 임나라 지도자의 막내동생.
** 맹자의 제자.
*** 『서경』「주서」〈낙고〉 편.

"계자는 추나라에 가기 어려운 형편이었고, 저자는 평륙에 갈 수 있었습니다."

孟子居鄒. 季任爲任處守, 以幣交, 受之而不報. 處於平陸, 儲子爲相, 以幣
맹자거추 계임위임처수 이폐교 수지이불보 처어평륙 저자위상 이폐

交, 受之而不報. 他日, 由鄒之任, 見季子. 由平陸之齊, 不見儲子. 屋廬子
교 수지이부보 타일 유추지임 견계자 유평륙지제 불견저자 옥려자

喜曰, "連得間矣!" 問曰, "夫子之任見季子, 之齊不見儲子, 爲其爲相與?"
희왈 연득간의 문왈 부자지임견계자 지제불견저자 위기위상여

曰, "非也. 書曰, '享多儀, 儀不及物, 曰不享. 惟不役志于享.' 爲其不
왈 비야 서왈 향다의 의불급물 왈불향 유불역지우향 위기불

成享也." 屋廬子悅. 或問之, 屋廬子曰, "季子不得之鄒, 儲子得之平陸."
성향야 옥려자열 혹문지 옥려자왈 계자부득지추 저자득지평륙

| 핵심어 | 役志于享 (역지우향)
| 해설 | 예물을 보낼 때는 마음과 정성을 다한다.
올바른 예물 보내는 법.

12-6

순우곤*이 물었다.

"명예와 공적을 앞세우는 사람은 다른 사람을 위하는 것입니다. 명예와 공적을 뒤로 돌리는 사람은 자신을 위하는 것입니다. 선생께서는 삼경**의 자리에 있었는데, 명예와 공적이 위아래로 더해지지 않고 떠났습니다. 인자한 사람도 본디 그렇습니까?"

맹자가 말했다.

"낮은 자리에 있을지라도 현명한 지혜를 가지고 어리석은 군주를 섬기지 않은 사람은 백이입니다. 다섯 번이나 탕임금을 찾아가고 다섯 번이나 걸임금을 찾아간 사람은 이윤입니다. 더러운 군주를 싫어하지 않고 낮은 관직을

* 제나라의 지식인.
** 제나라 객경이라는 고위관직.

사양하지 않은 사람은 유하혜입니다. 이 세 사람은 길은 같지 않았으나, 그 나아감은 같았습니다."

순우곤이 물었다.

"같다는 것이 무엇입니까?"

맹자가 말했다.

"사람을 사랑하는 마음입니다. 군자는 사람을 사랑하는 마음을 지닐 뿐입니다. 어찌 길이 반드시 같겠습니까?"

순우곤이 말했다.

"노나라 목공 때, 공의자가 정사를 맡았고 자류와 자사가 신하였으나, 노나라의 영토가 침략당하여 많이 빼앗겼습니다. 훌륭한 인물이 있었는데도, 나라에 도움이 되지 않았습니다."

맹자가 말했다.

"우나라는 백리해를 등용하지 않아 망했고, 진나라 목공은 그를 등용하여 힘 있는 나라가 되었습니다. 현명한 인물을 등용하지 않으면 나라가 망하고, 어찌 영토를 빼앗기는 것으로 끝나겠습니까?"

순우곤이 말했다.

"옛날에 왕표*가 기수 주변에 살게 되자, 하서 지방 사람이 노래를 잘 부르게 되었습니다. 면구**가 고당 지역에 살게 되자, 제나라 서쪽 지방 사람이 노래를 잘 부르게 되었습니다. 화주와 기량의 아내가 남편이 전사하여 애통하게 곡소리를 잘하자, 나라의 풍속이 바뀌었습니다. 안에 들어 있는 것은 반드시 밖으로 드러나게 마련인데, 할 일을 잘했는데 공적이 없는 경우를 저는 일찍이 보지 못했습니다. 그러므로 이 세상에는 현명한 사람이 없으니, 있다면 제가 반드시 알 것입니다."

맹자가 말했다.

* 위나라 사람으로 노래를 잘했던 인물.
** 제나라 사람으로 노래를 잘했던 인물.

"공자가 노나라의 사구*가 되었으나 정책들이 받아들여지지 않았고, 나라에서 지내는 제사에 참여했으나 제사 때 사용한 고기를 내려주지 않자, 제사 때 입었던 예복을 벗지도 않은 채 떠났습니다. 공자를 알지 못하는 자들은 제사 고기를 받지 못했기 때문에 떠났다고 하고, 공자를 아는 자들은 예의가 없기 때문에 떠났다고 말합니다. 하지만 사실, 공자는 조그마한 잘못을 핑계로 떠나려고 했으니, 이유 없이 떠났다는 오해를 받고 싶어 하지 않았습니다. 군자의 행동은 일반 사람이 정확하게 알지 못합니다."

淳于髡曰, "先名實者, 爲人也. 後名實者, 自爲也. 夫子在三卿之中, 名實
순 우 곤 왈   선 명 실 자   위 인 야   후 명 실 자   자 위 야   부 자 재 삼 경 지 중   명 실

未加於上下而去之, 仁者固如此乎?" 孟子曰, "居下位, 不以賢事不肖者,
미 가 어 상 하 이 거 지   인 자 고 여 차 호   맹 자 왈   거 하 위   불 이 현 사 불 초 자

伯夷也. 五就湯, 五就桀者, 伊尹也. 不惡汙君, 不辭小官者, 柳下惠也.
백 이 야   오 취 탕   오 취 걸 자   이 윤 야   불 오 오 군   불 사 소 관 자   유 하 혜 야

三子者, 不同道, 其趨一也." "一者何也?" 曰, "仁也. 君子亦仁而已矣,
삼 자 자   부 동 도   기 추 일 야   일 자 하 야   왈   인 야   군 자 역 인 이 의 의

何必同?" 曰, "魯繆公之時, 公儀子爲政, 子柳 · 子思爲臣, 魯之削也滋甚.
하 필 동   왈   노 목 공 지 시   공 의 자 위 정   자 류   자 사 위 신   노 지 삭 야 자 심

若是乎賢者之無益於國也." 曰, "虞不用百里奚而亡, 秦穆公用之而覇.
약 시 호 현 자 지 무 익 어 국 야   왈   우 불 용 백 리 해 이 망   진 목 공 용 지 이 패

不用賢則亡, 削何可得歟?" 曰, "昔者王豹處於淇, 而河西善謳. 緜駒處於
불 용 현 즉 망   삭 하 가 득 여   왈   석 자 왕 표 처 어 기   이 하 서 선 구   면 구 처 어

高唐, 而齊右善歌. 華周 · 杞梁之妻善哭其夫, 而變國俗. 有諸內必形諸外,
도 당   이 제 우 선 가   화 주   기 량 지 처 선 곡 기 부   이 변 국 속   유 저 내 필 형 저 외

爲其事而無其功者, 髡未嘗覩之也. 是故無賢者也, 有則髡必識之." 曰, "孔
위 기 사 이 무 기 공 자   곤 미 상 도 지 야   시 고 무 현 자 야   유 즉 곤 필 식 지   왈   공

子爲魯司寇, 不用, 從而祭, 燔肉不至, 不稅冕而行. 不知者以爲爲肉也,
자 위 노 사 구   불 용   종 이 제   번 육 부 지   불 탈 면 이 행   부 지 자 이 위 위 육 야

其知者以爲爲無禮也, 乃孔子則欲以微罪行, 不欲爲苟去. 君子之所爲,
기 지 자 이 위 위 무 례 야   내 공 자 즉 욕 이 미 죄 행   불 욕 위 구 거   군 자 지 소 위

衆人固不識也."
중 인 고 불 식 야

| 핵심어 | **有內形外** (유내형외)
| 해설 | 안에 있는 것은 밖으로 드러나게 마련이다.
사람을 사랑하는 마음.

12-7

맹자가 말했다.

"춘추시대 오패**는 훌륭한 덕망을 갖춘 하나라의 우임금, 은나라 탕임금, 주나라의 문왕과 무왕의 죄인이다. 지금 제후들은 춘추시대 오패의 죄인이다. 지금 대부들은 지금 제후의 죄인이다.

천자가 제후를 순시하는 것을 '순수'라 하고, 제후가 천자에게 조회 가는 것을 '술직'이라 한다. 봄에는 농지 경작을 살펴 부족한 것을 채워주고, 가을에는 수확한 상태를 살펴 부족한 것을 채워준다. 천자가 제후의 나라에 들어가, 영토가 잘 개척되고, 농지가 잘 가꾸어졌으며, 노인을 봉양하고 현인을 높이며, 재능 있는 사람을 등용하였으면 상을 내리는데, 상으로는 토지를 준다. 천자가 제후의 나라에 들어가, 영토가 황폐하고, 노인을 버리며, 현인을 존경하지 않고, 재물을 거둬들이고 오만한 자들을 등용하였으면 꾸짖는다.

한 번 조회 오지 않으면 그 지위를 낮추고, 두 번 조회 오지 않으면 그 땅을 떼어내어 봉토를 줄이고, 세 번 조회 오지 않으면 군대를 동원하여 제후를 바꿔놓는다. 그러므로 천자는 죄를 성토하되 정벌하지 않으며, 제후는 정벌하되 성토하지 않는다. 춘추시대 오패는 제후를 이끌어내어 제후를 정벌했다. 그러므로 오패는 삼왕의 죄인이라고 말하는 것이다.

춘추시대 오패 가운데 제나라 환공이 가장 위세가 컸는데, 규구***에서 제후들을 모아놓고 맹약을 할 때, 제물로 쓸 동물을 묶어놓은 다음 그 위에

---

* 오늘날의 법무부장관이나 검찰총장.
** 제나라 환공, 진나라 문공, 진나라 목공, 송나라 양공, 초나라 장왕을 일컬음.
*** 송나라의 한 지역.

맹약한 내용을 올려놓고, 피를 마시지는 않았다.

첫 번째 맹약, '불효하는 자를 죽이고 세자를 바꾸지 않으며 첩을 아내로 삼지 않는다.'

두 번째 맹약, '현인을 존경하고 인재를 길러서 덕망 있는 이를 표창한다.'

세 번째 맹약, '노인을 공경하고 어린이를 사랑하며 손님과 나그네를 잊지 않는다.'

네 번째 맹약, '사 벼슬은 세습할 수 없고 관직을 겸직시키지 말며, 사를 취할 때는 반드시 똑똑한 인물을 쓰고, 대부를 함부로 죽여서는 안 된다.'

다섯 번째 맹약, '제방을 구부러지게 쌓지 말고 양곡 수입을 막지 말며 특정 지역에 봉토를 주었으면 반드시 알린다.'

그리고 말했다. '우리 동맹을 맺은 사람은 맹약한 이후부터 우호적으로 지낸다.'

지금 제후들은 모두 이 다섯 가지 맹약 사항을 어기고 있으므로 지금의 제후들을 춘추 오패의 죄인이라고 말하는 것이다. 군주의 악덕을 조장하는 것은 그 죄가 작으나, 군주의 악덕에 영합하는 것은 그 죄가 크다. 지금의 대부는 모두 군주의 악덕에 영합하므로 지금의 대부를 지금 제후의 죄인이라고 말하는 것이다."

孟子曰, "五覇者, 三王之罪人也. 今之諸侯, 五覇之罪人也. 今之大夫, 今之
맹자왈　오패자　삼왕지죄인야　금지제후　오패지죄인야　금지대부　금지

諸侯之罪人也. 天子適諸侯曰巡狩, 諸侯朝於天子曰述職. 春省耕而補不足,
제후지죄인야　천자적제후왈순수　제후조어천자왈술직　춘성경이보부족

秋省斂而助不給. 入其疆, 土地辟, 田野治, 養老尊賢, 俊傑在位, 則有慶,
추성렴이조불급　입기강　토지벽　전야치　양로존현　준걸재위　즉유경

慶以地. 入其疆, 土地荒蕪, 遺老失賢, 掊克在位, 則有讓. 一不朝則貶其爵,
경이지　입기강　토지황무　유로실현　부극재위　즉유양　일부조즉폄기작

再不朝則削其地, 三不朝則六師移之. 是故天子討而不伐, 諸侯伐而不討.
재부조즉삭기지　삼부조즉육사이지　시고천자토이불벌　제후벌이불토

五霸者, 摟諸侯 以伐諸侯者也. 故曰五霸者, 三王之罪人也. 五霸桓公
오 패 자 누 제 후 이 벌 제 후 자 야 고 왈 오 패 자 삼 왕 지 죄 인 야 오 패 환 공

爲盛, 葵丘之會諸侯, 束牲載書而不歃血. 初命曰, '誅不孝, 無易樹子,
위 성 규 구 지 회 제 후 속 생 재 서 이 불 삽 혈 초 명 왈 주 불 효 무 역 수 자

無以妾爲妻.' 再命曰, '尊賢育才, 以彰有德.' 三命曰, '敬老慈幼, 無忘賓旅.'
무 이 첩 위 처 재 명 왈 존 현 육 재 이 창 유 덕 삼 명 왈 경 로 자 유 무 망 빈 려

四命曰, '士無世官, 官事無攝, 取士必得, 無專殺大夫.' 五命曰, '無曲防,
사 명 왈 사 무 세 관 관 사 무 섭 취 사 필 득 무 전 살 대 부 오 명 왈 무 곡 방

無遏糴, 無有封而不告.' 曰, '凡我同盟之人, 旣盟之後, 言歸于好.'
무 알 적 무 유 봉 이 불 고 왈 범 아 동 맹 지 인 기 맹 지 후 언 귀 우 호

今之諸侯皆犯此五禁, 故曰今之諸侯, 五霸之罪人也. 長君之惡 其罪小,
금 지 제 후 개 범 차 오 금 고 왈 금 지 제 후 오 패 지 죄 인 야 장 군 지 악 기 죄 소

逢君之惡其罪大. 今之大夫皆逢君之惡, 故曰今之大夫, 今之諸侯之罪人也."
봉 군 지 악 기 죄 대 금 지 대 부 개 봉 군 지 악 고 왈 금 지 대 부 금 지 제 후 지 죄 인 야

| 핵심어 | **五霸之會** (오패지회)
| 해설 | 패도정치를 하면서도 평화협정을 맺다.

패도정치의 기본.

12-8

노나라에서 신도*를 장군으로 임명하려고 했다.

맹자가 말했다.

"백성을 가르치지 않고 전쟁에 동원하는 것은 백성을 재앙에 빠트리는 짓입니다. 백성을 재앙에 빠트리는 짓은 요임금이나 순임금의 세상에서는 용납할 수 없는 일이었습니다. 한 번 전쟁을 하여 제나라를 치고, 남양을 차지한다고 하더라도, 안 되는 일입니다."

신도가 발끈하여 불쾌해하며 말했다.

"이런 일은 내가 알 바 아닙니다!"

맹자가 말했다.

"내 분명히 그대에게 말하겠는데, 천자의 영토는 사방 1,000리이고, 1,000

* 법가를 신봉하던 인물.

리가 안 되면 제후를 대접할 수 없습니다. 제후의 영토는 사방 100리이고, 100리가 안 되면 조상의 법전 제도 등을 지킬 수 없습니다. 주공을 노나라에 봉할 때, 영토가 사방 100리였는데, 영토가 부족하지 않았기 때문에 100리에 제한했습니다. 강태공을 제나라에 봉할 때, 또한 사방 100리였는데, 영토가 부족하지 않았기 때문에 100리에 제한했습니다. 지금 노나라는 사방 100리 되는 땅이 다섯이나 되는데, 그대가 생각하건대, 왕이 나온다면 노나라는 영토를 줄일 것 같습니까, 늘릴 것 같습니까? 한갓 저쪽에서 땅을 취하여 이쪽에 준다 해도, 훌륭한 덕망을 지닌 사람은 이렇게 하지 않을 것입니다. 하물며 사람을 죽이면서 땅을 늘린단 말입니까! 군자는 군주를 섬길 때, 그 군주를 이끌어 올바른 길로 가도록 힘써 인도하고, 사람을 사랑하는 일에 뜻을 두도록 할 뿐입니다."

魯欲使愼子爲將軍. 孟子曰, "不教民而用之, 謂之殃民. 殃民者, 不容於堯 ·
노 욕 사 신 자 위 장 군 맹 자 왈 불 교 민 이 용 지 위 지 앙 민 앙 민 자 불 용 어 요

舜之世. 一戰勝齊, 遂有南陽, 然且不可." 愼子勃然不悅, 曰, "此則滑釐
순 지 세 일 전 승 제 수 유 남 양 연 차 불 가 신 자 발 연 불 열 왈 차 즉 골 리

所不識也." 曰, "吾明告子. 天子之地方千里, 不千里, 不足以待諸侯.
소 불 식 야 왈 오 명 고 자 천 자 지 지 방 천 리 불 천 리 부 족 이 대 제 후

諸侯之地方百里, 不百里, 不足以守宗廟之典籍. 周公之於封魯爲方百里也.
제 후 지 지 방 백 리 불 백 리 부 족 이 수 종 묘 지 전 적 주 공 지 어 봉 노 위 방 백 리 야

地非不足, 而儉於百里. 太公之封於齊也, 亦爲方百里也, 地非不足也,
지 비 부 족 이 검 어 백 리 태 공 지 봉 어 제 야 역 위 방 백 리 야 지 비 부 족 야

而儉於百里. 今魯方百里者五, 子以爲有王者作, 則魯在所損乎, 在所益乎?
이 검 어 백 리 금 노 방 백 리 자 오 자 이 위 유 왕 자 작 즉 노 재 소 손 호 재 소 익 호

徒取諸彼以與此, 然且仁者不爲, 況於殺人以求之乎! 君子之事君也, 務引其
도 취 제 피 이 여 차 연 차 인 자 불 위 황 어 살 인 이 구 지 호 군 자 지 사 군 야 무 인 기

君以當道, 志於仁而己."
군 이 당 도 지 어 인 이 이

| 핵심어 | **務引當道** (무인당도)
| 해설 | 올바른 길로 가도록 힘써 인도한다.

똑바로 하라.

12-9

맹자가 말했다.

"지금 군주를 섬기는 자들은 모두 말한다. '내 군주를 위해 농지를 개간하고, 곡식창고와 재물창고를 채우게 할 수 있다.' 지금 이른바 훌륭한 신하는 옛날에 이른바 백성을 해치던 도적들이다. 군주가 올바른 길을 가지 않고, 사람을 사랑하는 일에 뜻을 두지 않는데도, 부유하게 만들려고 하니, 이것은 폭군인 걸임금을 부유하게 하는 것과 같다. 또 '내 군주를 위해 동맹국과 맹약하고 전쟁을 하면 반드시 승리한다.'고 한다.

지금 이른바 훌륭한 신하는 옛날의 이른바 백성을 해치던 도적들이다. 군주가 올바른 길을 가지 않고, 사람을 사랑하는 일에 뜻을 두지 않는데도, 억지로 전쟁을 일으키려 하니, 이것은 폭군인 걸임금을 도와주는 것과 같다. 지금의 악덕한 부국강병의 길을 따르고 포악한 풍토를 고치지 않는다면, 세상을 다 준다 하더라도, 하루아침도 견디지 못할 것이다."

孟子曰, "今之事君者皆曰, '我能爲君辟土地, 充府庫.' 今之所謂良臣,
맹자왈   금지사군자개왈   아능위군벽토지   충부고   금지소위양신

古之所謂民賊也. 君不鄕道, 不志於仁, 而求富之, 是富桀也. '我能爲君約
고지소위민적야   군불향도   부지어인   이구부지   시부걸야   아능위군약

與國, 戰必克.' 今之所謂良臣, 古之所謂民賊也. 君不鄕道, 不志於仁,
여국   전필극   금지소위양신   고지소위민적야   군불향도   부지어인

而求爲之强戰, 是輔桀也. 由今之道, 無變今之俗, 雖與之天下, 不能一
이구위지강전   시보걸야   유금지도   무변금지속   수여지천하   불능일

朝居也."
조거야

| 핵심어 | 辟土充府 (벽토충부)
| 해설 | 농지를 개간하고 창고를 채운다.

백성을 위한 올바른 길.

12-10

백규*가 말했다.

"나는 조세로 1/20만 받으려고 하는데, 어떻습니까?"

맹자가 말했다.

"그대의 방법은 북쪽의 미개족인 맥족이 쓰는 방법입니다. 10,000가구가 사는 나라에서 한 사람만이 도자기를 만든다면 되겠습니까?"

백규가 말했다.

"안 됩니다. 그릇 물량이 부족하여 사람이 충분히 쓸 수 없습니다."

맹자가 말했다.

"저 맥족은 오곡이 제대로 자라지 않고, 수수만이 생산됩니다. 성곽, 궁실, 종묘, 제사와 같은 제도나 예의도 없고, 제후들과 예물을 교환하고 음식을 대접하는 일이 없으며, 여러 관직이나 담당 관리도 별도로 없으므로 1/20만 징수해도 충분합니다. 지금 나라의 중앙에 살면서 윤리도덕을 버리고, 군자가 없다면 어찌 되겠습니까? 도자기 생산량이 적어도 나라를 다스릴 수 없는데, 하물며 군자가 없다면 어떻게 되겠습니까!

요임금이나 순임금이 부과했던 방법보다 가볍게 부과하려는 자는 대맥이나 소맥 등의 맥족에 해당합니다. 요임금이나 순임금보다 무겁게 부과하려는 자는 대걸이나 소걸 등의 폭군에 해당합니다."

白圭曰, "吾欲二十而取一, 何如?" 孟子曰, "子之道, 貉道也. 萬室之國,
백규왈   오욕이십이취일 하여   맹자왈   자지도 맥도야 만실지국

一人陶, 則可乎?" 曰, "不可, 器不足用也." 曰, "夫貉, 五穀不生, 惟黍生之.
일인도 즉가호   왈 불가 기부족용야   왈 부맥 오곡불생 유서생지

無城郭宮室 · 宗廟祭祀之禮, 無諸侯幣帛饔飧, 無百官有司, 故二十而
무성곽궁실   종묘제사지례 무제후폐백옹손 무백관유사 고이십이

取一而足也. 今居中國, 去人倫, 無君子, 如之何其可也? 陶以寡, 且不可
취일이족야 금거중국 거인륜 무군자 여지하기가야 도이과 차불가

---

* 주나라의 부호.

以爲國, 況無君子乎! 欲輕之於堯 · 舜之道者, 大貉小貉也. 欲重之於堯 ·
이 위 국　황 무 군 자 호　욕 경 지 어 요　순 지 도 자　대 맥 소 맥 야　욕 중 지 어 요

舜之道者, 大桀小桀也."
순 지 도 자　대 걸 소 걸 야

| 핵심어 | **器足用也** (기족용야)
| 해설 | 그릇을 충분히 쓸 수 있게 한다.
백성이 윤리도덕을 지키며 사는 법.

12-11

백규가 말했다.

"제가 홍수를 다스린 것이 우임금보다 낫습니다."

맹자가 말했다.

"그대의 방법은 잘못되었습니다. 우임금이 물을 다스린 것은 물길을 따라 제 길로 가게 한 것이니, 때문에 우임금은 사해를 골짜기로 삼아 홍수를 다스렸습니다. 지금 그대는 이웃 나라를 골짜기로 삼고 있어 물이 거꾸로 가니, 이를 홍수라고 합니다. 홍수라는 것은 큰 물난리입니다. 이는 인자한 사람이 싫어하는 것이니, 그대가 잘못한 것입니다."

白圭曰, "丹之治水也, 愈於禹." 孟子曰, "子過矣. 禹之治水, 水之道也,
백 규 왈　단 지 치 수 야　유 어 우　맹 자 왈　자 과 의　우 지 치 수　수 지 도 야

是故禹以四海爲壑. 今吾子以鄰國爲壑, 水逆行, 謂之洚水. 洚水者, 洪水也.
시 고 우 이 사 해 위 학　금 오 자 이 린 국 위 학　수 역 행　위 지 홍 수　홍 수 자　홍 수 야

仁人之所惡也, 吾子過矣."
인 인 지 소 오 야　오 자 과 의

| 핵심어 | **逆行洚水** (역행홍수)
| 해설 | 물이 거꾸로 넘쳐흘러 홍수가 나다.
인자는 물을 잘 다스린다.

12-12

맹자가 말했다.

"군자가 신의를 지키지 않으면 무슨 일을 할 수 있겠는가?"

孟子曰, "君子不亮, 惡乎執?"
맹 자 왈   군 자 불 량   오 호 집

| 핵심어 | **不亮無執** (불량무집)
| 해설 | 신의 없이 일을 할 수 없다.
신의! 군자의 길!

12-13

노나라에서 악정자에게 정치를 맡기려고 했다.

맹자가 말했다.

"내가 그 말을 듣고 기뻐서 잠을 이루지 못했다"

공손추가 말했다.

"악정자가 강합니까?"

맹자가 말했다.

"아니다."

공손추가 말했다.

"지혜와 분별력이 있습니까?"

맹자가 말했다.

"아니다."

공손추가 말했다.

"견문과 식견이 많습니까?"

맹자가 대답했다.

"아니다."

공손추가 물었다.

"그렇다면, 어찌하여 기뻐서 잠을 이루지 못했습니까?"

맹자가 말했다.

"그 사람됨이 착한 것을 좋아한다."

공손추가 말했다.

"착한 것을 좋아하면 충분합니까?"

맹자가 말했다.

"착한 것을 좋아하면 세상을 다스리는 데도 충분하니, 하물며 노나라 같은 나라야 충분하다! 착한 것을 좋아하면 이 세상에서 1,000리를 가볍게 여기고 찾아와 착한 것을 말해준다. 착한 것을 좋아하지 않으면 사람이 말한다. '그래, 그래, 이미 나도 안다.' 자만하는 사람의 목소리와 얼굴빛은 사람의 발걸음을 1,000리 밖에서 막는다. 재능을 지닌 사람이 1,000리 밖에서 발걸음을 멈춘다면, 아첨하고 비위 맞추는 사람이 올 것이다. 아첨하고 비위 맞추는 사람과 더불어 산다면, 나라가 다스려지기를 바란다고 한들, 다스려지겠느냐?"

魯欲使樂正子爲政. 孟子曰, "吾聞之, 喜而不寐." 公孫丑曰, "樂正子强乎?"
노 욕 사 악 정 자 위 정   맹 자 왈   오 문 지   희 이 불 매   공 손 추 왈   악 정 자 강 호

曰, "否." "有知慮乎?" 曰, "否." "多聞識乎?" 曰, "否." "然則奚爲喜而
왈   부   유 지 려 호   왈   부   다 문 식 호   왈   부   연 즉 해 위 희 이

不寐?" 曰, "其爲人也好善." "好善足乎?" 曰, "好善優於天下, 而況魯國乎?
불 매   왈   기 위 인 야 호 선   호 선 족 호   왈   호 선 우 어 천 하   이 황 노 국 호

夫苟好善, 則四海之內, 皆將輕千里而來告之以善. 夫苟不好善, 則人將曰,
부 구 호 선   즉 사 해 지 내   개 장 경 천 리 이 래 고 지 이 선   부 구 불 호 선   즉 인 장 왈

'訑訑, 予旣已知之矣.' 訑訑之聲音顏色, 距人於千里之外. 士止於千里之外,
이 이   여 기 이 지 지 의   이 이 지 성 음 안 색   거 인 어 천 리 지 외   사 지 어 천 리 지 외

則讒諂面諛之人至矣. 與讒諂面諛之人居, 國欲治, 可得乎?"
즉 참 첨 면 유 지 인 지 의   여 참 첨 면 유 지 인 거   국 욕 치   가 득 호

| 핵심어 | **好善優天下** (호선우천하)

| 해설 | 착한 것을 좋아하면 세상을 다스리는 데 충분하다.

실력 있는 관리의 정치법.

12-14

제자인 진자가 말했다.

"옛날의 군자는 어떻게 관직에 나갔습니까?"

맹자가 말했다.

"나아가는 경우가 세 가지 있고, 물러나는 경우가 세 가지 있다. 맞이할 때 존경해 주고 예의가 있으며 말을 받아들여 행한다고 하면 나아가고, 예의가 있다 하더라도 말이 받아들여지지 않으면 물러난다. 그 다음에 말이 받아들여지지는 않으나 맞이할 때 존경해 주고 예의가 있으면 나아가고, 예의가 없어지면 물러난다. 그 다음에 아침도 먹지 못하고 저녁도 먹지 못해 굶주려 문밖에도 나가지 못하게 되었을 때, 군주가 이 말을 듣고 '내 크게는 훌륭한 정치를 행하지 못하고, 또 그 말을 따르지 못했다. 내 영토에서 굶주리게 하는 일에 대해 난 부끄러워한다.'며 구제해 준다면 나아갈 수 있다. 다만 그런 경우에는 죽음을 면할 정도의 낮은 관직과 봉급을 받아야만 한다."

陳子曰, "古之君子何如則仕?" 孟子曰, "所就三, 所去三. 迎之致敬以有禮,
진자왈   고지군자하여즉사   맹자왈   소취삼 소거삼 영지치경이유례

言將行其言也, 則就之. 禮貌未衰, 言弗行也, 則去之. 其次, 雖未行其言也,
언장행기언야 즉취지 예모미쇠 언불행야 즉거지 기차 수미행기언야

迎之致敬以有禮, 則就之. 禮貌衰, 則去之. 其下, 朝不食, 夕不食, 飢餓不能
영지치경이유례 즉취지 예모쇠 즉거지 기하 조불식 석불식 기아불능

出門戶, 君聞之, 曰, '吾大者不能行其道, 又不能從其言也. 使飢餓於
출문호 군문지 왈 오대자불능행기도 우불능종기언야 사기아어

我土地, 吾恥之.' 周之, 亦可受也, 免死而已矣."
아토지 오치지 주지 역가수야 면사이이의

| 핵심어 | 就三去三 (취삼거삼)

| 해설 | 나아가고 물러나는 경우가 세 가지가 있다.

군자가 부끄럽지 않게 사는 법.

12-15

맹자가 말했다.

"순임금은 농사를 짓다가 발탁되었고, 부열은 성벽을 쌓다가 등용되었으며, 교격은 생선과 소금을 팔고 살다가 등용되었다. 관이오[관중]은 하급 관리로 있다가 등용되었고, 손숙오는 바닷가에 살다가 등용되었으며, 백리해는 시장에 살다가 등용되었다. 그러므로 하늘이 큰 임무를 이 사람에게 내리려고 할 때는, 반드시 먼저 그 마음의 뜻을 괴롭게 하고, 그 체력을 힘들게 하며, 그 육체를 굶주리게 하고, 그 몸을 빈궁하게 하여, 일을 할 때도 그가 하려는 것과 어긋나게 만들었고, 마음을 움직이고 성질을 참게 하여, 일찍이 해내지 못하던 일을 더 많이 할 수 있게 했다.

사람은 항상 잘못을 저지른 뒤에 고친다. 마음에 괴로움을 느끼고, 생각이 가로막히고 난 뒤에 분발한다. 괴로움이 낯빛에 나타나고 말소리에 드러난 뒤에 깨닫는다. 나라 안에는 법도 있는 집안이나 보좌하는 관리가 없고, 나라 밖에는 적국과 외환에 대처할 장군이 없으니, 그런 나라는 항상 멸망한다. 그런 다음에야 걱정과 근심 속에서 살고 편안하게 즐기는 가운데 죽어 간다는 것을 알게 된다."

孟子曰, "舜發於畎畝之中, 傅說擧於版築之間, 膠鬲擧於魚鹽之中, 管夷吾
맹자왈 순발어견무지중 부열거어판축지간 교격거어어염지중 관이오

擧於士, 孫叔敖擧於海, 百里奚擧於市. 故天將降大任於是人也, 必先苦其
거어사 손숙오거어해 백리해거어시 고천장강대임어시인야 필선고기

心志, 勞其筋骨, 餓其體膚, 空乏其身行拂亂其所爲, 所以動心忍性, 曾益
심지 노기근골 아기체부 공핍기신행불란기소위 소이동심인성 증익

其所不能. 人恒過, 然後能改. 困於心, 衡於慮, 而後作. 徵於色, 發於聲,
기소불능 인항과 연후능개 곤어심 형어려 이후작 징어색 발어성

而後喩. 入則無法家拂士, 出則無敵國外患者, 國恒亡. 然後知生於憂患,
이후유 입즉무법가불사 출즉무적국외환자 국항망 연후지생어우환

而死於安樂也."
이사어안락야

| 핵심어 | 生於憂患 死於安樂 (생어우환 사어안락)
| 해설 | 우환에서 살고 안락에서 죽는다.

큰일을 할 사람은 하늘이 시험한다.

12-16

맹자가 말했다.

"가르치는 방법은 매우 다양하다! 내가 달갑지 않아 가르치기를 싫어하는 것, 이 또한 가르침일 뿐이다."

孟子曰, "敎亦多術矣! 予不屑之敎誨也者, 是亦敎誨之而已矣."
맹 자 왈　 교 역 다 술 의　 여 불 설 지 교 회 야 자 　시 역 교 회 지 이 이 의

| 핵심어 | 不屑之敎 (불설지교)
| 해설 | 가르치고 깨우치기를 싫어하는 가르침도 있다.

역설적으로 말하라.

진심(상)

13

13-1

맹자가 말했다.

"그 마음을 다하는 사람은 그 본성을 안다. 그 본성을 알면 하늘의 이치를 알게 된다. 그 마음을 보존하여 그 본성을 기르는 것은 하늘을 섬기는 바탕이다. 수명이 짧거나 길거나 하늘의 이치를 의심해서는 안 되며, 자기의 몸을 닦고 하늘의 명령을 기다려야 하며, 그것이 본성을 바로 세우는 방법이다."

孟子曰, "盡其心者, 知其性也. 知其性, 則知天矣. 存其心, 養其性,
맹 자 왈   진 기 심 자   지 기 성 야   지 기 성   즉 지 천 의   존 기 심   양 기 성

所以事天也. 夭壽不貳, 脩身以俟之, 所以立命也."
소 이 사 천 야   요 수 불 이   수 신 이 사 지   소 이 립 명 야

| 핵심어 | 盡心知性 (진심지성)
| 해설 | 마음을 다하면 본성을 안다.
본성을 바로 세우는 법.

13-2

맹자가 말했다.

"천명이 아닌 것이 없기에 올바른 이치를 파악하여 따라야 한다. 그러므로 천명을 아는 사람은 무너질 듯한 바위나 담장 아래에 서지 않는다. 자기의 도리를 다하고 죽는 것이 올바른 천명이다. 죄를 지어 형벌을 받고 죽는 것은 올바른 천명이 아니다."

孟子曰, "莫非命也, 順受其正. 是故知命者不立乎巖墻之下.
맹 자 왈   막 비 명 야   순 수 기 정   시 고 지 명 자 불 립 호 암 장 지 하

盡其道而死者, 正命也. 桎梏死者, 非正命也."
진 기 도 이 사 자   정 명 야   질 곡 사 자   비 정 명 야

| 핵심어 | 順受正命 (순수정명)
| 해설 | 올바른 천명을 파악하여 따른다.
자신의 도리를 다하라.

13-3

맹자가 말했다.

"구하면 얻게 되고 버려두면 잃게 되는데, 구하기만 하면 얻을 수 있는 이유는 그것이 바로 내 안에 있기 때문이다. 구하는 데는 방법이 있고 얻는 데는 천명이 있는데, 구하기만 한다고 해서 얻어지지 않는 이유는 그것이 바로 내 밖에 있기 때문이다."

孟子曰, "求則得之, 舍則失之, 是求有益於得也, 求在我者也. 求之有道,
맹 자 왈   구 즉 득 지   사 즉 실 지   시 구 유 익 어 득 야   구 재 아 자 야   구 지 유 도

得之有命, 是求無益於得也, 求在外者也."
득 지 유 명   시 구 무 익 어 득 야   구 재 외 자 야

| 핵심어 | 求在我者 (구재아자)
| 해설 | 내 안에 있는 것을 구하다.
구하면 얻게 되고 버려두면 잃게 된다.

13-4

맹자가 말했다.

"모든 사물은 나에게 갖추어져 있다. 자신을 돌아보고 성실하면 즐거움이 이보다 클 수 없다. 다른 사람을 용서하는 데 힘쓰면 사랑하는 마음을 구하는 데 가깝다."

孟子曰, "萬物皆備於我矣. 反身而誠, 樂莫大焉. 强恕而行, 求仁莫近焉."
맹 자 왈   만 물 개 비 어 아 의 반 신 이 성 락 막 대 언 강 서 이 행 구 인 막 근 언

| 핵심어 | 恕行仁近 (서행인근)
| 해설 | 사람을 용서할 때 사랑하는 마음에 가까워진다.
배려하라.

13-5

맹자가 말했다.

"행하고 있으면서도 제대로 알지 못하고, 잘하고 있으면서도 제대로 살피지 못하며, 평생토록 일하면서도 도리를 모르는 사람이 많다."

孟子曰, "行之而不著焉, 習矣而不察焉, 終身由之而不知其道者, 衆也."
맹 자 왈   행 지 이 부 저 언 습 의 이 불 찰 언 종 신 유 지 이 부 지 기 도 자 중 야

| 핵심어 | 行之不著 (행지부저)
| 해설 | 일하고 있으면서도 뭘 하는지 제대로 알지 못한다.
일하는 방법!

13-6

맹자가 말했다.

"사람은 수치를 몰라서는 안 된다. 수치를 모르는 것을 부끄럽게 여긴다면 수치스런 일도 없게 된다."

孟子曰, "人不可以無恥. 無恥之恥, 無恥矣."
맹자왈 인불가이무치 무치지치 무치의

| 핵심어 | 無恥之恥 (무치지치)
| 해설 | 수치를 모르는 것을 부끄럽게 여긴다.
사람의 도리!

13-7

맹자가 말했다.

"수치를 깨닫는 일은 사람에게서 아주 중요하다. 임시변통으로 기교를 부리는 자는 수치스럽다는 마음을 두지 않는다. 보통 사람처럼 수치스러워 할 줄 모른다면, 어찌 사람이라 하겠는가?"

孟子曰, "恥之於人大矣. 爲機變之巧者, 無所用恥焉. 不恥不若人,
맹자왈   치지어인대의 위기변지교자 무소용치언 불치불약인

何若人有?"
하 약 인 유

| 핵심어 | 恥於人大 (치어인대)
| 해설 | 사람에게 수치는 중요한 일이다.
수치를 모르면 사람도 아니다.

13-8

맹자가 말했다.

"옛날의 현명한 왕은 착한 일을 좋아하여 권세를 제쳐놓았다. 옛날의 현명한 관리가 어찌 그렇지 않았겠는가? 도리에 따라 행하기를 즐거워하고, 다른 사람의 권세에 기대지 않았다. 그러므로 왕이나 공이 존경을 다하고 예의를 갖추지 않으면, 그들을 자주 만나볼 수 없었다. 자주 만나보기 어려운데, 하물며 신하로 기용할 때는 어떻게 했겠는가?"

孟子曰, "古之賢王好善而忘勢. 古之賢士何獨不然. 樂其道而忘人之勢.
맹자왈   고지현왕호선이망세 고지현사하독불연 락기도이망인지세

故王公不致敬盡禮, 則不得亟見之. 見且由不得亟, 而況得而臣之乎?"
고 왕 공 불 치 경 진 례   즉 부 득 극 견 지   견 차 유 부 득 기   이 황 득 이 신 지 호

| 핵심어 | 好善忘勢 (호선망세)
| 해설 | 착한 일을 좋아하여 권세를 제쳐놓다.

현명한 왕의 처세.

13-9

맹자가 송구천*에게 말했다.

"그대는 유세하기를 좋아합니까? 내 그대에게 유세에 대해 말해주려는데, 다른 사람이 알아주더라도 태연하게 욕심 없는 것처럼 하고, 다른 사람이 알아주지 않더라도 태연하게 욕심 없는 것처럼 해야 합니다."

송구천이 말했다.

"어떡해야 태연하게 욕심이 없는 것처럼 할 수 있습니까?"

맹자가 말했다.

"덕망을 높이고 의리를 따라 행하여 즐거워하면, 태연하게 욕심이 없는 것처럼 할 수 있습니다. 그러므로 관리는 곤궁해도 의리를 잃지 않고, 올바른 길을 벗어나지 않습니다. 곤궁해도 의리를 잃지 않으므로 관리가 지조를 지킵니다. 올바른 길을 벗어나지 않으므로 백성이 희망을 잃지 않는 것입니다. 옛날 사람은 뜻을 얻으면 그 은택을 백성에게 베풀었고, 뜻을 얻지 못하면 몸을 닦아 세상에 드러냈습니다. 곤궁에 빠지면 혼자서라도 자신의 몸을 착하게 하고, 영화를 누리면 세상 사람과 더불어 했습니다."

孟子謂宋句踐曰, "子好遊乎? 吾語子遊, 人知之亦囂囂, 人不知亦囂囂."
맹 자 위 송 구 천 왈   자 호 유 호   오 어 자 유   인 지 지 역 효 효   인 부 지 역 효 효

曰, "何如斯可以囂囂矣?" 曰, "尊德樂義, 則可以囂囂矣. 故士窮不失義,
왈   하 여 사 가 이 효 효 의   왈   존 덕 락 의   즉 가 이 효 효 의   고 사 궁 불 실 의

*맹자가 살던 시대 유세객.

達不離道. 窮不失義, 故士得己焉. 達不離道, 故民不失望焉. 古之人得志,
달 불 리 도　궁 불 실 의　고 사 득 기 언　달 불 리 도　고 민 불 실 망 언　고 지 인 득 지

澤加於民. 不得志, 修身見於世. 窮則獨善其身, 達則兼善天下."
택 가 어 민　부 득 지　수 신 견 어 세　궁 즉 독 선 기 신　달 즉 겸 선 천 하

| 핵심어 | 尊德樂義 (존덕락의)
| 해설 | 덕망을 높이고 의리를 따라 행하여 즐거워한다.
욕심 없는 것처럼 행하는 법.

13-10

맹자가 말했다.

"문왕의 교화를 받은 다음에 일어나는 사람은 보통 사람이다. 그런데 지혜
나 재능이 남달리 뛰어난 관리는 문왕의 교화가 없어도 분발하여 일어난다."

孟子曰, "待文王而後興者, 凡民也. 若夫豪傑之士, 雖無文王猶興."
맹 자 왈　대 문 왕 이 후 흥 자　범 민 야　약 부 호 걸 지 사　수 무 문 왕 유 흥

| 핵심어 | 豪傑之士 (호걸지사)
| 해설 | 지혜나 재능이 남달리 뛰어난 사람이 있다.
분발해서 일어나라.

13-11

맹자가 말했다.

"한씨*나 위씨**와 같은 두 집안의 권세나 재산을 덧붙여주어도, 스스로
담담하게 여긴다면 다른 사람보다 뛰어난 사람이다."

孟子曰, "附之以韓 · 魏之家, 如其自視欿然, 則過人遠矣."
맹 자 왈　부 지 이 한　위 지 가　여 기 자 시 감 연　즉 과 인 원 의

| 핵심어 | 自視欿然 (자시감연)
| 해설 | 스스로 담담하게 여기다.

* 진나라의 최고위급 관료.
** 진나라의 최고위급 관료.

뛰어난 사람이 되는 길.

13-12

맹자가 말했다.

"백성을 편안하게 살게 해주는 도리에 힘쓰면, 힘들어도 백성이 원망하지 않는다. 사람을 살게 하는 도리로 힘썼는데 어쩌다가 백성을 죽게 해도, 죽게 한 사람을 원망하지 않는다."

孟子曰, "以佚道使民, 雖勞不怨. 以生道殺民, 雖死不怨殺者."
맹 자 왈   이 일 도 사 민   수 노 불 원   이 생 도 살 민   수 사 불 원 살 자

| 핵심어 | **佚道使民** (일도사민)
| 해설 | 백성을 편안하게 살게 해주는 도리에 힘쓴다.

백성을 위하는 길.

13-13

맹자가 말했다.

"패도정치 아래 있는 백성은 조그마한 혜택을 받아도 즐거워한다. 왕도정치 아래 있는 백성은 덤덤하게 만족해한다. 부득이하여 죽여도 원망하지 않고, 이롭게 해도 고맙게 여기지 않으면서도 백성은 날로 착한 일을 더하면서도 누가 그렇게 만든 줄을 알지 못한다. 군자가 지나는 곳은 교화 되고, 마음에 간직하고 있는 것은 헤아릴 수 없으며, 윗사람과 아랫사람이 천지와 함께 흘러가니, 어찌 도움이 작다고 하겠는가?"

孟子曰, "霸者之民, 驩虞如也. 王者之民, 皥皥如也. 殺之而不怨,
맹 자 왈   패 자 지 민   환 우 여 야   왕 자 지 민   호 호 여 야   살 지 이 불 원

利之而不庸, 民日遷善而不知爲之者. 夫君子所過者化, 所存者神,
리 지 이 불 용   민 일 천 선 이 부 지 위 지 자   부 군 자 소 과 자 화   소 존 자 신

上下與天地同流, 豈曰小補之哉!"
상 하 여 천 지 동 류   기 왈 소 보 지 재

왕도정치는 백성을 기쁘게 한다.

13-14

맹자가 말했다.

"착한 정치를 베풀겠다는 말보다 실제 착한 정치를 잘 베풀고 있다는 칭찬이 사람 마음에 들어간다. 좋은 정치보다 좋은 교화가 백성을 따르게 할 수 있다. 좋은 정치는 백성이 겁을 먹고 따르게 하고, 좋은 교화는 백성이 서로 사랑하게 한다. 좋은 정치는 백성이 재물을 얻고, 좋은 교화는 백성의 마음을 얻는다."

孟子曰, "仁言不如仁聲之入人深也. 善政不如善教之得民也. 善政,
맹자왈   인언불여인성지입인심야 선정불여선교지득민야 선정

民畏之. 善教, 民愛之. 善政得民財, 善教得民心."
민 외 지 선 교 민 애 지 선 정 득 민 재 선 교 득 민 심

좋은 교화를 하라.

13-15

맹자가 말했다.

"사람이 배우지 않고도 잘하는 것은 태어나면서부터 저절로 잘하는 능력이다. 생각하지 않고도 아는 것은 태어나면서부터 저절로 잘 아는 능력이다. 부모를 사랑할 줄 모르는 어린아이는 없고, 그 아이가 점점 자라나면서 그 형을 존경할 줄 모르는 사람이 없다. 부모를 사랑하는 것은 사람을 사랑하는 마음이다. 어른을 존경하는 것은 사람의 도리이다. 중요한 문제는 다른 것이 아니라 그것을 온 세상으로 확대하여 적용하는 일이다."

孟子曰, "人之所不學而能者, 其良能也. 所不慮而知者, 其良知也. 孩提之
맹자왈　인지소불학이능자　기양능야　소불려이지자　기양지야　해제지

童, 無不知愛其親者, 及其長也, 無不知敬其兄也. 親親, 仁也. 敬長, 義也.
동　무부지애기친자　급기장야　무부지경기형야　친친　인야　경장　의야

無他, 達之天下也."
무타　달지천하야

| 핵심어 | **良能良知** (양능양지)
| 해설| 사람은 태어나면서부터 할 수 있는 능력과 알 수 있는 능력이 있다.

내가 잘할 수 있는 것.

13-16

맹자가 말했다.

"순임금이 깊은 산속에 살 때, 나무 사이나 바윗돌 위를 오가며 사슴이나 멧돼지를 자주 보고 함께 놀았다. 깊은 산속에서 살아가는 야인과 다른 것이 별로 없었다. 한 마디 착한 말을 듣고 한 가지 착한 행실을 보게 되면, 양자 강과 황하가 세차게 흘러가듯이 착한 말을 하고 착한 행실을 하여 아무도 막을 수가 없었다."

孟子曰, "舜之居深山之中, 與木石居, 與鹿豕遊. 其所以異於深山之野人者
맹자왈　순지거심산지중　여목석거　여록시유　기소이이어심산지야인자

幾希. 及其聞一善言, 見一善行, 若決江河, 沛然莫之能禦也."
기희　급기문일선언　견일선행　약결강하　패연막지능어야

| 핵심어 | **善言善行** (선언선행)
| 해설 | 착한 말과 착한 행실을 듣고 보고 깨우치다.

착하게 살아라.

13-17

맹자가 말했다.

"하지 않아야 할 것을 하지 말고, 하고 싶지 않은 것을 하지 말아야 하니, 이와 같이 할 뿐이다."

孟子曰, "無爲其所不爲, 無欲其所不欲, 如此而已矣."
맹자왈　무위기소불위　무욕기소불욕　여차이이의

| 핵심어 | **不爲不欲** (불위불욕)

| 해설 | 하지 않아야 할 일과 하고 싶지 않아야 할 일이 있다.

마음이 원하는 대로 하라.

13-18

맹자가 말했다.

"사람이 덕망과 지혜, 기술과 지식을 지니고 끊임없이 활동할 때, 늘 열병 같은 근심에 놓이기 마련이다. 유독 버림받은 신하나 부모에게 인정받지 못한 자식들은, 마음을 위태롭게 쓰고 걱정 근심에 대한 생각이 깊기 때문에, 일에 통달할 수 있다."

孟子曰, "人之有德慧術知者, 恒存乎疢疾. 猶孤臣孼子, 其操心也危,
맹자왈　인지유덕혜술지자　항존호진질　독고신얼자　기조심야위

其慮患也深, 故達."
기려환야심　고달

| 핵심어 | **操心慮患** (조심려환)

| 해설 | 마음을 잡고 근심에 대해 생각하다.

끊임없이 활동하라.

13-19

맹자가 말했다.

"군주 한 사람을 섬기는 자가 있는데, 군주를 섬기고 총애 받으며 군주를 기쁘게 하는 일에 몰두한다. 사직을 편안하게 만들려는 자가 있는데, 사직이 안정되기를 바라며 기쁘게 하는 일에 집착한다. 세상을 바로잡아 백성을 구해내려는 자가 있는데, 자기가 도달한 지위를 바탕으로 세상에 자기 소신을 행할 수 있게 된 다음에 행한다. 대인이 있는데, 자기 몸을 바르게 하여 다른 사람도 바르게 한다."

孟子曰, "有事君人者, 事是君則爲容悅者也. 有安社稷臣者, 以安社稷爲悅
맹자왈   유사군인자   사시군즉위용열자야   유안사직신자   이안사직위열

者也. 有天民者, 達可行於天下而後行之者也. 有大人者, 正己而物正者也."
자야   유천민자   달가행어천하이후행지자야   유대인자   정기이물정자야

| 핵심어 | 正己物正 (정기물정)
| 해설 | 자기 몸을 바르게 하여 다른 사람도 바르게 한다.
대인의 길을 가라.

13-20

맹자가 말했다.

"군자에게 세 가지 즐거움이 있는데, 세상에서 왕 노릇 하는 일은 여기에
포함되지 않는다. 부모가 모두 생존해 있고 형제자매가 별일 없이 지내는 것
이 첫 번째 즐거움이다. 위로 하늘에 부끄럽지 않고 아래로 사람에게 부끄
럽지 않은 것이 두 번째 즐거움이다. 세상에 슬기로운 인재를 얻어 교육하는
것이 세 번째 즐거움이다. 군자에게 세 가지 즐거움이 있는데, 세상에서 왕
노릇 하는 일은 여기에 포함되지 않는다."

孟子曰, "君子有三樂, 而王天下不與存焉. 父母俱存, 兄弟無故, 一樂也.
맹자왈   군자유삼락   이왕천하불여존언   부모구존   형제무고   일락야

仰不愧於天, 俯不怍於人, 二樂也. 得天下英才而教育之, 三樂也.
앙불괴어천   부부작어인   이락야   득천하영재이교육지 삼락야

君子有三樂, 而王天下不與存焉."
군자유삼락   이왕천하불여존언

| 핵심어 | 君子三樂 (군자삼락)
| 해설 | 군자에게 세 가지 즐거움이 있다.
지성인으로 살아라.

13-21

맹자가 말했다.

"영토가 넓어지고 백성 수가 많아지는 것은 군자가 원하는 일이지만, 인

생의 즐거움은 그 속에 있지 않다. 세상의 중심에 서서 온 세상 백성을 편안하게 살게 하는 것은 군자도 즐거워하지만, 사람의 본성에서 나오는 좋은 정치가 여기에 있지 않다. 군자의 본성은 큰일을 한다고 하여 더해지는 것도 아니고, 곤궁하게 산다고 하여 줄어드는 것도 아닌데, 타고난 분수가 정해져 있기 때문이다. 군자의 본성은 인·의·예·지가 마음에 뿌리를 내려 색깔을 갖추고 살아나면, 맑고 밝은 빛이 얼굴에 나타나고, 등에도 두둑하게 넘쳐 어깨가 쫙 펴지며, 온몸에 베풀어진다. 온몸이 말하지 않아도 저절로 깨닫게 된다."

孟子曰, "廣土衆民, 君子欲之, 所樂不存焉. 中天下而立, 定四海之民,
맹자왈 광토중민 군자욕지 소락부존언 중천하이립 정사해지민

君子樂之, 所性不存焉. 君子所性, 雖大行不加焉, 雖窮居不損焉, 分定故也.
군자락지 소성부존언 군자소성 수대행불가언 수궁거불손언 분정고야

君子所性, 仁·義·禮·智根於心, 其生色也, 睟然見於面, 盎於背,
군자소성 인 의 예 지근어심 기생색야 수연현어면 앙어배

施於四體. 四體不言而喩."
시어사체 사체불언이유

| 핵심어 | 仁根於心 (인근어심)
| 해설 | 사람을 사랑하는 마음씨가 마음에 뿌리내린다.
인생의 즐거움!

13-22

맹자가 말했다.

"백이가 폭군인 주임금을 피해 북쪽 바닷가에 살았는데, 문왕이 나라를 일으켰다는 소리를 듣고, '내 어찌 돌아가지 않겠는가? 내가 들었는데 서백[문왕]은 늙은이를 잘 봉양한다.'고 했다. 태공도 폭군인 주임금을 피해 동쪽 바닷가에 살았는데, 문왕이 나라를 일으켰다는 소리를 듣고, '내 어찌 돌아가지 않겠는가? 내가 들었는데, 서백은 늙은이를 잘 봉양한다.'고 했다. 세상에 늙은이를 잘 봉양하면, 훌륭한 사람이 자기가 돌아갈 곳으로 삼을 것

이다.

　5무[250평] 정도 되는 집 담장 아래의 텃밭에 뽕나무를 심어 부녀자들이 누에를 치면, 늙은이가 따스한 비단옷을 입을 수 있다. 다섯 마리의 암탉과 두 마리의 암퇘지를 기르면서 때를 놓치지 않고 잘 번식시키면, 늙은이가 영양을 보충하는 고기를 먹을 수 있다. 100무[5,000평] 정도의 땅을 농부가 경작한다면, 여덟 식구 정도의 한 가구가 굶지 않고 살 수 있다.

　이른바 '서백이 늙은이를 잘 봉양한다.'는 것은, 그 농지 제도를 잘 만들어 주어, 농사짓는 법과 가축 기르는 방법을 가르치고, 그 처자식을 인도하여 늙은이를 봉양하게 한 것이다. 50세에는 비단이 아니면 따뜻하지 않고, 70세에는 고기가 아니면 배부르지 않다. 따뜻하게 입지 못하고 배부르게 먹지 못하는 것을 '춥고 배고프다.'라고 한다. 문왕이 다스린 백성 가운데, 춥고 배고픈 늙은이가 없다는 것은 이를 말한다."

孟子曰, "伯夷辟紂, 居北海之濱, 聞文王作興, 曰, '盍歸乎來? 吾聞西伯善
맹자왈　백이피주　거북해지빈　문문왕자흥　왈　합귀호래　오문서백선

養老者.' 太公辟紂, 居東海之濱, 聞文王作興, 曰, '盍歸乎來? 吾聞西伯
양노자　태공피주　거동해지빈　문문왕작흥　왈　합귀호래　오문서백

善養老者.' 天下有善養老, 則仁人以爲己歸矣. 五畝之宅, 樹墻下以桑,
선양노자　천하유선양노　즉인인이위기귀의　오무지택　수장하이상

匹婦蠶之, 則老者足以衣帛矣. 五母雞, 二母彘, 無失其時, 老者足以無失
필부잠지　즉로자족이의백의　오모계　이모체　무실기시　노자족이무실

肉矣. 百畝之田, 匹夫耕之, 八口之家可足以無飢矣. 所謂西伯善養老者,
육의　백무지전　필부경지　팔구지가가족이무기의　소위서백선양노자

制其田里, 敎之樹 · 畜, 導其妻子, 使養其老. 五十非帛不煖, 七十非肉
제기전리　교지수　흙　도기처자　사양기로　오십비백불난　칠십비육

不飽. 不煖不飽, 謂之凍餒. 文王之民, 無凍餒之老者, 此之謂也."
불포　불난불포　위지동뇌　문왕지민　무동뇌지로자　차지위야

| 핵심어 | **無失其時** (무실기시)

| 해설 | 일할 때 그 시기를 놓치지 않는다.

세상이 따르는 일을 하라.

13-23

맹자가 말했다.

"농지 정비를 잘하여 세금 부과를 적게 한다면 백성을 부유하게 할 수 있다. 제때 나는 음식을 먹고, 예의에 맞게 쓰면, 재물을 풍족하게 쓸 수 있다. 백성은 물과 불이 없으면 살기가 힘들지만, 저녁에 남의 집 문을 두드리며 물과 불을 구할 때 주지 않는 사람이 없는 것은 넉넉하기 때문이다. 성인이 세상을 다스리면, 곡식을 물과 불처럼 충분히 소유할 수 있게 해야 한다. 곡식이 물과 불처럼 충분하다면, 백성이 어찌 인자하지 않겠는가?"

孟子曰, "易其田疇, 薄其稅斂, 民可使富也. 食之以時, 用之以禮, 財不可
맹 자 왈   이 기 전 주   박 기 세 렴   민 가 사 부 야   식 지 이 시   용 지 이 례   재 불 가

勝也. 民非水 · 火不生活, 昏暮叩人之門戶求水 · 火, 無弗與者, 至足矣.
승 야   민 비 수   화 불 생 활   혼 모 고 인 지 문 호 구 수   화   무 불 여 자   지 족 의

聖人治天下, 使有菽粟如水 · 火. 菽粟如水 · 火, 而民焉有不仁者乎?"
성 인 치 천 하   사 유 숙 속 여 수   화   숙 속 여 수   화   이 민 언 유 불 인 자 호

| 핵심어 | **菽粟水火** (숙속수화)
| 해설 | 먹고사는 곡식이 물과 불, 필수품처럼 충분하다.
백성이 인자하게 살도록 하는 방법.

13-24

맹자가 말했다.

"공자가 동쪽의 산에 올라가 노나라를 작다고 보고, 태산에 올라가 세상을 작다고 생각했다. 그러므로 바다를 본 사람에게 다른 물은 조그맣게 보이기 때문에 큰물에 대한 이야기를 하기 어렵고, 성인의 문하에서 노니는 사람에게 다른 배움은 조그맣게 보이기 때문에 훌륭한 말을 하기 어렵다. 물을 보는 데 방법이 있는데, 반드시 물결과 세차게 솟아 흐르는 여울목을 보아야 한다. 해와 달은 밝은 빛을 지니고 있기에, 빛을 용납하는 작은 틈바구니까지도 모두 비춘다. 흐르는 물의 속성은 웅덩이가 차지 않으면 흘러가지 않는

다. 군자가 인간의 도리를 지향하는 데 뜻을 두었을 때, 그것이 찬란하게 빛나지 않으면 높은 경지에 도달하지 못한다."

孟子曰, "孔子登東山而小魯, 登太山而小天下, 故觀於海者難爲水, 遊於
맹 자 왈   공 자 등 동 산 이 소 노, 등 태 산 이 소 천 하 고 관 어 해 자 난 위 수, 유 어

聖人之門者難爲言. 觀水有術, 必觀其瀾. 日月有明, 容光必照焉. 流水之
성 인 지 문 자 난 위 언   관 수 유 술, 필 관 기 란   일 월 유 명, 용 광 필 조 언   유 수 지

爲物也, 不盈科不行. 君子之志於道也, 不成章不達."
위 물 야, 불 영 과 불 행   군 자 지 지 어 도 야, 불 성 장 부 달

| 핵심어 | 不盈不行 (불영불행)
| 해설 | 차지 않으면 흘러가지 않는다.
크게 배우고 넓게 깨우쳐라.

13-25

맹자가 말했다.

"새벽에 닭이 울면 일어나서 부지런히 착한 행동을 하는 자들은 순임금의 길을 따르는 사람이다. 닭이 울면 일어나서 부지런히 이익을 채우려는 자는 도척의 길을 따르는 무리이다. 순임금과 도척의 차이는 다른 것이 아니라 이익과 착한 일의 사이이다."

孟子曰, "雞鳴而起, 孳孳爲善者, 舜之徒也. 雞鳴而起, 孳孳爲利者,
맹 자 왈   계 명 이 기, 자 자 위 선 자   순 지 도 야 계 명 이 기, 자 자 위 리 자

蹠之徒也. 欲知舜與蹠之分, 無他, 利與善之間也."
척 지 도 야   욕 지 순 여 척 지 분, 무 타   리 여 선 지 간 야

| 핵심어 | 利善之間 (리선지간)
| 해설 | 이익과 착한 일은 차이가 있다.
성인과 도둑의 차이.

13-26

맹자가 말했다.

"양자(양주)는 자기만을 위하는 학설을 주장하기 때문에, 한 오라기의 털을 뽑아 세상을 이롭게 하는 일도 하지 않았다. 묵적은 모든 사람을 평등하게 사랑하는 학설을 주장하기 때문에, 머리끝부터 발끝까지 털이 다 닳아 없어질 정도가 되어도 세상에 이로우면 행했다. 자막*은 그 중간 입장을 취했다. 중간 입장을 취하는 것이 좋은 생각에 가까운 것 같다. 중간 입장을 취하면서 상황에 따라 헤아려보지 않으면 한쪽 입장을 고집하는 것과 같다. 한쪽 입장만을 고집하는 것을 미워하는 이유는 인간의 도리를 해치고 한 가지만을 들면서 모든 것을 없애버리기 때문이다."

孟子曰, "楊子取爲我, 拔一毛而利天下, 不爲也. 墨子兼愛, 摩頂放踵利
맹 자 왈   양 자 취 위 아   발 일 모 리 이 천 하   불 위 야   묵 자 겸 애   마 정 방 종 리

天下, 爲之. 子莫執中. 執中爲近之. 執中無權, 猶執一也. 所惡執一者,
천 하   위 지   자 막 집 중   집 중 위 근 지   집 중 무 권   유 집 일 야   소 오 집 일 자

爲其賊道也, 擧一而廢百也."
위 기 적 도 야   거 일 이 폐 백 야

| 핵심어 | 執中無權 (집중무권)
| 해설 | 중간 입장을 취하면서 상황에 따라 헤아리다.
한쪽에 치우치면 인간의 도리를 해친다.

13-27

맹자가 말했다.

"굶주린 사람은 달게 먹고, 목마른 사람은 달게 마시는데, 이는 음식의 바른 맛을 알지 못한 것으로 굶주림과 목마름이 그것을 해쳤기 때문이다. 어찌 입이나 배만이 굶주리고 목마름에 가리겠는가? 사람의 마음 또한 가려지는 것이 있다. 사람이 굶주림과 목마름에 가리는 것으로 마음을 가리지 않게 할 수 있다면, 다른 사람에게 미치지 못함을 근심으로 여기지 않는다."

* 노나라의 현자

孟子曰, "飢者甘食, 渴者甘飮, 是未得飮食之正也, 飢渴害之也. 豈惟口腹
맹 자 왈　　기 자 감 식　갈 자 감 음　시 미 득 음 식 지 정 야　기 갈 해 지 야　기 유 구 복

有飢渴之害? 人心亦皆有害. 人能無以飢渴之害爲心害, 則不及人不爲憂矣."
유 기 갈 지 해　인 심 역 개 유 해　인 능 무 이 기 갈 지 해 위 심 해　즉 불 급 인 불 위 우 의

| 핵심어 | **飢渴害之** (기갈해지)
| 해설 | 굶주림과 목마름이 음식의 본 맛을 해친다.

음식의 바른 맛을 아는 법.

13-28

맹자가 말했다.

"유하혜는 삼공의 벼슬에 올라도 자기의 절개를 바꾸지 않았다."

孟子曰, "柳下惠不以三公易其介."
맹 자 왈　　유 하 혜 불 이 삼 공 역 기 개

| 핵심어 | **三公不易** (삼공불이)
| 해설 | 삼공의 벼슬에 올라도 절개를 바꾸지 않는다.

변치 않는 절개!

13-29

맹자가 말했다.

"무엇인가를 하려는 사람에 대해 우물 파는 일에 비유할 수 있는데, 9인
[20미터] 정도가 되는 깊이로 우물을 팠는데 샘물이 나오는 곳에 이르지 못하
고 그만두면, 우물을 포기하는 것과 같다."

孟子曰, "有爲者辟若掘井, 掘井九軔而不及泉, 猶爲棄井也."
맹 자 왈　　유 위 자 비 약 굴 정　굴 정 구 인 이 불 급 천　유 위 기 정 야

| 핵심어 | **不泉不棄** (불천불기)
| 해설 | 샘물이 나오는 곳에 이르지 않았다고 포기하지 않는다.

끝까지 파라.

13-30

맹자가 말했다.

"요임금과 순임금은 본성대로 정치를 했다. 탕임금과 무왕은 체득하여 정치를 했다. 오패는 가식적으로 정치를 꾸몄다. 오래도록 가식적으로 하며 본래로 돌아가지 않았으니, 어찌 훌륭한 정치가 아님을 알겠는가."

孟子曰, "堯·舜, 性之也. 湯·武, 身之也. 五覇, 假之也. 久假而不歸,
맹자왈   요 순 성지야 탕 무 신지야 오패 가지야 구가이불귀

惡知其非有也?"
오지기비유야

| 핵심어 | **久假不歸** (구가불귀)

| 해설 | 오래도록 가식적으로 하면 본래 모습으로 돌아갈 수 없다.

본성대로 정치하라.

13-31

공손추가 말했다.

"이윤*이 말했습니다. '나는 올바른 도리를 따르지 않는 것을 보고 견딜 수 없다.' 그리고는 태갑을 동 땅으로 추방하자, 백성이 크게 기뻐했습니다. 이후 현명한 면모를 갖춘 태갑을 다시 돌아오게 하자, 백성이 크게 기뻐했습니다. 현명한 인물이 신하가 되었는데, 군주가 인자하지 못하다면 추방할 수 있습니까?"

맹자가 말했다.

"이윤과 같이 뜻이 있으면 그렇게 할 수 있지만, 이윤과 같은 뜻이 없다면 그것은 찬탈이다."

公孫丑曰, "伊尹曰, '予不狎于不順.' 放太甲于桐, 民大悅. 太甲賢,
공손추왈   이윤왈 여불압우불순 방태갑우동 민대열 태갑현

又反之, 民大悅. 賢者之爲人臣也, 其君不賢, 則固可放與?"
우반지 민대열 현자지위이신야 기군불현 즉고가방여

孟子曰, "有伊尹之志則可, 無伊尹之志則簒也."
맹자왈   유이윤지지즉가   무이윤지지즉찬야

| 핵심어 | 不賢可放 (불현가방)
| 해설 | 현명하지 않은 군주는 추방할 수 있다.
잘못하면 교육하라.

13-32

공손추가 말했다.

"『시경』에 '일하지 않고 공짜로 밥을 먹지 않는다.'**라고 노래했습니다. 군자가 농지를 경작하지 않고도 먹고사는 것은 어째서입니까?"

맹자가 말했다.

"군자가 이 나라에 살 때, 그 군주가 등용하면 나라가 편안하고 부유해지며, 존귀해지고 영화롭게 되고, 그 자제들이 따르면 가정에서는 효도하고 형제자매가 존경하며, 사회에서는 본분에 충실하고 다른 사람과 신뢰를 돈독히 할 것이다. 일하지 않고 공짜로 밥을 먹지 않는다는 시에서 무엇이 이보다 큰 것이겠느냐?"

公孫丑曰, "詩曰, '不素餐兮.' 君子之不耕而食, 何也?"
공손추왈   시왈   불소찬혜   군자지불경이식   하야

孟子曰, "君子居是國也, 其君用之, 則安富尊榮. 其子弟從之, 則孝悌忠信.
맹자왈   군자거시국야   기군용지   즉안부존영   기자제종지   즉효제충신

不素餐兮, 孰大於是?"
불소찬혜   숙대어시

| 핵심어 | 不素餐兮 (불소찬혜)
| 해설 | 일하지 않고 공짜로 밥을 먹지 않는다.
군자의 역할!

---

* 은나라 탕임금을 최고지도자로 만드는 데 크게 기여한 인물.
** 『시경』「위풍」〈벌단〉 편.

13-33

왕자인 점*이 물었다.

"관리가 되려는 사람은 무엇을 일삼아야 합니까?"

맹자가 말했다.

"뜻을 숭상해야 합니다."

점이 물었다.

"무엇을 일러 뜻을 숭상한다고 합니까?"

맹자가 말했다.

"사람을 사랑하고 사람의 도리를 지키는 일일 뿐입니다. 한 사람이라도 죄 없는 사람을 죽이는 것은 사람을 사랑하는 일이 아닙니다. 자기의 소유가 아닌데 가지는 것은 사람의 도리가 아닙니다. 삶의 자세는 무엇에 있습니까? 사람을 사랑하는 마음을 가져야 합니다. 삶의 방향은 무엇에 있습니까? 사람의 도리를 실천해야 합니다. 사람을 사랑하는 마음을 지니고, 사람의 도리를 실천할 수 있다면, 대인으로서 일할 준비가 된 것입니다."

王子塾問曰, "士何事?" 孟子曰, "尙志." 曰, "何謂尙志?" 曰, "仁義而已矣.
왕 자 점 문 왈   사 하 사   맹 자 왈   상 지   왈   하 위 상 지   왈   인 의 이 이 의

殺一無罪, 非仁也. 非其有而取之, 非義也. 居惡在? 仁是也. 路惡在?
살 일 무 죄 비 인 야 비 기 유 이 취 지 비 의 야 거 오 재 인 시 야 로 오 재

義是也. 居仁由義, 大人之事備矣."
의 시 야 거 인 유 의 대 인 지 사 비 의

| 핵심어 | 居仁由義 (거인유의)
| 해설 | 사람을 사랑하고 도리를 실천한다.
공직자의 윤리를 확인하라.

13-34

맹자가 말했다.

"제나라 사람 진중자는 올바르지 않은 방법으로 제나라를 그에게 주면 받

지 않을 것을 사람이 모두 믿는데, 이는 한 그릇의 밥과 한 그릇의 국을 물리친 정도의 조그마한 도리다. 사람에게는 부모와 친척, 군주와 신하, 윗사람과 아랫사람 사이의 도리보다 큰 도리는 없다. 조그마한 도리를 지켰다 하여 큰 도리도 잘 지킬 것이라고 믿어서야, 어찌 되겠는가?"

孟子曰, "仲子, 不義與之齊國而弗受, 人皆信之, 是舍簞食豆羹之義也.
맹 자 왈   중 자 불 의 여 지 제 국 이 불 수   인 개 신 지   시 사 단 사 두 갱 지 의 야

人莫大焉亡親戚君臣上下. 以其小者信其大者, 奚可哉!
인 막 대 언 망 친 척 군 신 상 하   이 기 소 자 신 기 대 자   해 가 재

| 핵심어 | **不義弗受** (불의불수)
| 해설 | 올바르지 않은 방법으로 주면 받지 않는다.
도리를 지켜라.

13-35

(제자) 도응이 물었다.

"순임금이 천자가 되고 고요가 사법관으로 있었는데, 순임금의 아버지 고수가 사람을 죽였다면 어떻게 했겠습니까?"

맹자가 말했다.

"법에 따라 집행할 따름이다."

"그렇다면 순임금이 말리지 않겠습니까?"

맹자가 말했다.

"순임금이 어떻게 말릴 수 있겠느냐? 저 고요는 법을 다스리는 직책을 부여받았다."

"그렇다면 순임금은 어떻게 해야 합니까?"

맹자가 말했다.

"순임금은 세상을 포기하되 헌신짝 버리듯이 해야 한다. 몰래 아버지를

---

* 제나라의 차기 지도자.

업고 도망하여 바닷가에 살면서, 평생토록 즐거워하며 자기가 다스렸던 세상을 잊어야 한다."

桃應問曰, "舜爲天子, 皐陶爲士, 瞽瞍殺人, 則如之何?" 孟子曰, "執之而
도 응 문 왈   순 위 천 자   고 요 위 사   고 수 살 인   즉 여 지 하   맹 자 왈   집 지 이

已矣." "然則舜不禁與?" 曰, "夫舜惡得而禁之? 夫有所受之也."
이 의   연 즉 순 불 금 여   왈   부 순 오 득 이 금 지   부 유 소 수 지 야

"然則舜如之何?" 曰, "舜視棄天下猶棄敝蹝也. 竊負而逃, 遵海濱而處,
연 즉 순 여 지 하   왈   순 시 기 천 하 유 기 폐 사 야   절 부 이 도   준 해 빈 이 처

終身訢然, 樂而忘天下."
종 신 흔 연   락 이 망 천 하

| 핵심어 | **竊負而逃** (절부이도)
| 해설 | 몰래 아버지를 업고 도망가다.
소중한 것에 목숨을 걸어라.

13-36

맹자가 범 땅에서 제나라로 가서, 제나라 왕의 아들을 바라보고 감탄하며 말했다.

"궁중에 거처하면 기상이 높아지고 봉양하는 것이 좋으면 몸이 바뀐다. 궁중에 사는 영향이 크도다! 그도 사람의 자식으로 태어나지 않았는가?"

맹자가 말했다.

"왕자의 궁궐, 수레와 말, 의복 등 대부분이 다른 사람과 같은데 왕자가 저런 모습으로 빛나는 것은 그 사는 곳이 그렇게 만들었다. 하물며 세상에 가장 넓은 집에 사는 사람은 어떻겠는가? 노나라 군주가 송나라에 가서, 질택의 문 앞에서 고함쳤다. 성문을 지키는 자가 말했다. '이분은 우리 군주가 아닌데, 어찌 그 음성이 우리 군주와 비슷한가?' 이는 다름이 아니라, 거처하는 환경이 서로 비슷하기 때문이다."

孟子自范之齊, 望見齊王之子, 喟然嘆曰, "居移氣, 養移體. 大哉居乎!
맹 자 자 범 지 제   망 견 제 왕 지 자   위 연 탄 왈   거 이 기   양 이 체   대 제 거 호

夫非盡人之子與?" 孟子曰, "王子宮室 · 車馬 · 衣服多與人同, 而王
부 비 진 인 지 자 여   맹 자 왈   왕 자 궁 실   거 마   의 복 다 여 인 동   이 왕

子若彼者, 其居使之然也. 況居天下之廣居者乎? 魯君之宋, 呼於垤澤之門.
자 약 피 자   기 거 사 지 연 야   황 거 천 하 지 광 거 자 호   노 군 지 송   호 어 질 택 지 문

守者曰, '此非吾君也, 何其聲之似我君也?' 此無他, 居相似也."
수 자 왈   차 비 오 군 야   하 기 성 지 사 아 군 야   차 무 타   거 상 사 야

| 핵심어 | **居氣養體** (거기양체)
| 해설 | 거처에 따라 기상이 달라지고 봉양에 따라 몸이 바뀐다.
환경을 중시하라.

13-37

맹자가 말했다.

"먹여주기는 하지만 사랑하지 않으면, 돼지를 기르는 것이다. 사랑해 주기
만 하고 존경하지 않으면, 짐승으로 기르는 것이다. 공경하는 마음은 예물을
보내기 이전에 이미 있는 것이다. 형식적으로만 공경하고 진실하지 않으면,
군자는 거기에 헛되이 얽매이지 않는다."

孟子曰, "食而弗愛, 豕交之也. 愛而不敬, 獸畜之也. 恭敬者, 幣之未將
맹 자 왈   식 이 불 애   시 교 지 야   애 이 불 경   수 휵 지 야   공 경 자   폐 지 미 장

者也. 恭敬而無實, 君子不可虛拘."
자 야   공 경 이 무 실   군 자 불 가 허 구

| 핵심어 | **食而弗愛** (식이불애)
| 해설 | 먹여주기는 하지만 사랑하지 않는다.
진실로 공경하라.

13-38

맹자가 말했다.

"형체나 얼굴빛은 타고난 본성이다. 성인이 되어야만, 각각의 형체가 기능

을 제대로 발휘할 수 있다."

孟子曰, "形·色, 天性也. 惟聖人然後可以踐形."
맹 자 왈　　형　　색　천 성 야　유 성 인 연 후 가 이 천 형

| 핵심어 | **形色天性** (형색천성)
| 해설 | 형체나 얼굴빛은 타고난 본성이다.
기능을 최대로 발휘하라.

13-39

제나라 선왕이 상[장례]을 줄이려고 했다.

공손추가 말했다.

"삼년 상을 일년 상으로 줄이는 것이 상례를 그만두는 것보다는 낫지 않습니까?"

맹자가 말했다.

"이는 어떤 사람이 형의 팔뚝을 비틀었는데, 그대가 그자에게 '좀 천천히 비틀게'라고 말하는 것과 같다. 그런 자일수록 효도와 공경의 도리를 가르쳐야만 한다."

왕자 가운데 어머니가 죽은 사람이 있었는데, 어머니가 후궁인지라 상복을 입지 못하고 있자, 그의 스승이 그에게 몇 달 동안이라도 상복을 입도록 권유했다.

공손추가 물었다.

"이와 같은 것은 어떻습니까?"

맹자가 말했다.

"이는 하려고 해도 뜻대로 할 수 없으니, 상복을 하루라도 더 입는 것이 그만두는 것보다 낫다. 앞에서 말한 것은 하지 말라고 금하는 사람이 없는데도 하지 않는 것이다."

齊宣王欲短喪. 公孫丑曰, "爲朞之喪, 猶愈於已乎." 孟子曰, "是猶或紾
제 선 왕 욕 단 상   공 손 추 왈   위 기 지 상   유 유 어 이 호   맹 자 왈   시 유 혹 진

其兄之臂, 子謂之姑徐徐云爾, 亦敎之孝悌而已矣." 王子有其母死者,
기 형 지 비   자 위 지 고 서 서 운 이   역 교 지 효 제 이 이 의   왕 자 유 기 모 사 자

其傅爲之請數月之喪. 公孫丑曰, "若此者, 何如也?" 曰, "是欲終之而
기 부 위 지 청 수 월 지 상   공 손 추 왈   약 차 자   하 여 야   왈   시 욕 종 지 이

不可得也, 雖加一日愈於已. 謂夫莫之禁而弗爲者也."
불 가 득 야   수 가 일 일 유 어 이   위 부 막 지 금 이 불 위 자 야

| 핵심어 | 莫禁弗爲 (막금불위)
| 해설 | 금하지도 않았는데 행하지 않다.
기본은 하라.

13-40

맹자가 말했다.

"군자가 사람을 가르치는 근거에 다섯 가지가 있다. 때맞추어 내리는 비가 곡식과 초목을 잘 자라게 하기 위함이고, 덕망을 성숙하기 위함이며, 자질을 발달하기 위함이고, 답하고 묻기 위함이며, 직접 배우지 않고 따르고 배워서 수양하기 위함이다. 이 다섯 가지가 군자가 사람을 가르치는 근거다.

孟子曰, "君子之所以敎者五. 有如時雨化之者, 有成德者, 有達財者,
맹 자 왈   군 자 지 소 이 교 자 오   유 여 시 우 화 지 자   유 성 덕 자   유 달 재 자

有答問者, 有私淑艾者. 此五者, 君子之所以敎也."
유 답 문 자   유 사 숙 애 자   차 오 자   군 자 지 소 이 교 야

| 핵심어 | 所以五敎 (소이오교)
| 해설 | 가르침의 근거에 다섯 가지가 있다.
군자가 사람을 가르치는 근거.

13-41

공손추가 말했다.

"학문의 길이 높고 아름다운데, 하늘에 오르는 것과 같이 높아서 따라갈

수 없을 것 같습니다. 어찌 저들에게 충분히 도달할 수 있다고 여기게 하여, 날마다 부지런히 힘쓰게 하지 않습니까?"

맹자가 말했다.

"큰 목수는 성숙하지 않은 서투른 목수를 위해 먹줄 쓰는 법을 고치거나 버리지 않고, 활의 명수인 예는 활을 잘 쏘지 못하는 사람을 위해 활 당기는 방법을 바꾸지 않는다. 군자는 활을 당기고도 쏘지 않으나 마냥 긴장하고 있다. 도리에 맞게 서 있으니 배울 수 있는 사람만이 이를 따른다."

公孫丑曰, "道則高矣美矣, 宜若登天然, 似不可及也. 何不使彼爲可幾及
공손추왈　도즉고의미의　의약등천연　사불가급야　하불사피위가기급

而日孳孳也." 孟子曰, "大匠不爲拙工改廢繩墨, 羿不爲拙射變其彀率.
이일자자야　맹자왈　대장불위졸공개폐승묵　예불위졸사변기구율

君子引而不發, 躍如也. 中道而立, 能者從之."
군자인이불발　약여야　중도이립　능자종지

| 핵심어 | 能者從之 (능자종지)
| 해설 | 배울 수 있는 사람만이 따른다.
긴장 속에서 배워라.

13-42

맹자가 말했다.

"세상에 도리가 행해질 때는 도리를 몸소 실천한다. 세상에 도리가 행해지지 않을 때는 몸을 올바른 도리에 따르게 한다. 도리를 가지고 다른 사람을 따라간다는 말은 아직 들어보지 못했다."

孟子曰, "天下有道, 以道殉身. 天下無道, 以身殉道. 未聞以道殉乎人者也."
맹자왈　천하유도　이도순신　천하무도　이신순도　미문이도순호인자야

| 핵심어 | 以身殉道 (이신순도)
| 해설 | 온몸을 올바른 도리에 따르게 하다.
난세를 이기는 도리의 실천.

13-43

공도자가 말했다.

"등나라의 경이 문하에 있을 때 예우해 줄 만한 것 같았습니다. 그런데 대답하지 않았으니, 어째서 그랬습니까?"

맹자가 말했다.

"고귀한 신분을 믿고 묻거나, 잘난 재주를 믿고 물으며, 연장자임을 믿고 묻거나, 공훈이 있는 척하면서 물으며, 연고를 지니고 있는 것처럼 묻는 것에 대해 모두 대답하지 않는다. 등경은 이 가운데 두 가지를 가지고 있었다."

公都子曰, "滕更之在門也, 若在所禮. 而不答, 何也?" 孟子曰, "挾貴而問,
공 도 자 왈   등 경 지 재 문 야   약 재 소 례   이 부 답   하 야   맹 자 왈   협 귀 이 문

挾賢而問, 挾長而問, 挾有勳勞而問, 挾故而問, 皆所不答也. 滕更有二焉."
협 현 이 문   협 장 이 문   협 유 훈 로 이 문   협 고 이 문   개 소 부 답 야   등 경 유 이 언

| 핵심어 | 不禮不答 (불례부답)

| 해설 | 예의가 아닌 것으로 물으면 대답하지 않는다.

묻는 법도를 지켜라.

13-44

맹자가 말했다.

"그만두어서는 안 될 경우에 그만두는 사람은 그만두지 못하는 것이 없다. 두텁게 해주어야 할 것에 엷게 한다면 엷게 하지 않은 것이 없다. 나아가기를 빨리 하는 사람은 물러나는 것도 빠르다."

孟子曰, "於不可已而已者, 無所不已. 於所厚者薄, 無所不薄也.
맹 자 왈   어 불 가 이 이 이 자   무 소 불 이   어 소 후 자 박   무 소 불 박 야

其進銳者, 其退速."
기 진 예 자   기 퇴 속

| 핵심어 | 進銳退速 (진예퇴속)

| 해설 | 빨리 나아가는 사람은 빨리 물러난다.

행동이 어떤지를 보고 예측하라.

13-45

맹자가 말했다.

"군자는 물건에 대해, 그것을 아껴주되 사랑해 주지는 않는다. 사람을 사랑해 주되 친밀하게 하지 않는다. 부모를 사랑으로 모신 후에 백성에게 사랑을 베풀고, 백성에게 사랑을 베풀고 난 후에 사물을 아껴준다."

孟子曰, "君子之於物也, 愛之而弗仁. 於民也, 仁之而弗親. 親親而仁民,
맹 자 왈   군 자 지 어 물 야   애 지 이 불 인   어 민 야   인 지 이 불 친   친 친 이 인 민

仁民而愛物."
인 민 이 애 물

| 핵심어 | 仁民愛物 (인민애물)
| 해설 | 사람을 사랑한 후에 물건을 아낀다.
사물을 대하는 태도.

13-46

맹자가 말했다.

"지혜로운 사람은 모르는 것이 없으나 당장 힘써야 할 일을 급하게 여긴다. 인자한 사람은 사랑하지 않는 것이 없으나 훌륭한 덕망을 지닌 사람을 가까이함을 급하게 여긴다. 요임금 순임금과 같은 지혜를 지니고 있으면서도 만물을 두루 알지 않은 것은 먼저 할 일을 급하게 생각했기 때문이다. 요임금 순임금과 같은 인자함을 지니고 있으면서도 사람을 두루 사랑하지 않은 것은 훌륭한 덕망을 지닌 사람을 가까이함을 급하게 생각했기 때문이다. 삼년 상은 제대로 치르지 못하면서, 3개월 동안 입는 상복인 '시마緦麻'나 5개월 동안 입는 소공小功과 같은 대수롭지도 않은 일을 깊이 살피며, 밥을 마구 퍼먹고 국물을 줄줄 들이키면서, 마른 고기를 이빨로 끊어 먹지 말라는 등 대수롭지 않은 것을 따진다. 이를 일러 힘써야 할 일을 모른다고 하는 것

이다."

孟子曰, "知者無不知也, 當務之爲急. 仁者無不愛也, 急親賢之爲務.
맹자왈   지자무부지야   당무지위급   인자무불애야   급친현지위무

堯 · 舜之知而不徧物, 急先務也. 堯 · 舜之仁不徧愛人, 急親賢也.
요   순지지이불편물   급선무야   요   순지인불편애인   급친현야.

不能三年之喪, 而緦 · 小功之察, 放飯流歠, 而問無齒決 是之謂不知務."
불능삼년지상   이시   소공지찰   방반류철   이문무치결 시지위부지무

| 핵심어 | **當務爲急** (당무위급)

| 해설 | 당장 힘써야 할 일을 급하게 여긴다.

시급한 일부터 시행하라.

진심(하)

14

14-1

맹자가 말했다.

"인자하지 못하구나! 양나라 혜왕이여. 인자한 사람은 사랑하는 사람을 대하는 마음으로 사랑하지 않는 사람에게까지 미친다. 인자하지 않은 사람은 사랑하지 않는 사람을 대하는 마음으로 사랑하는 사람에게까지 미친다."

공손추가 물었다.

"무슨 말씀입니까?"

맹자가 말했다.

"양나라 혜왕이 영토를 빼앗으려는 욕심으로 백성을 무참하게 죽이면서 전쟁을 하다가 대패했다. 다시 보복하려고 했으나 이기지 못할까 두려워 사랑하는 자식들을 내몰아서 죽게 했는데, 이것을 사랑하지 않는 사람을 대하는 마음으로 사랑하는 사람에게까지 미쳤다고 한 것입니다."

孟子曰, "不仁哉! 梁惠王也. 仁者以其所愛, 及其所不愛. 不仁者以其所不
맹자왈 불인재 양혜왕야 인자이기소애 급기소불애 불인자이기소불

愛, 及其所愛." 公孫丑問曰, "何謂也?" "梁惠王以土地之故, 糜爛其民而
애 급기소애 공손추문왈 하위야 양혜왕이토지지고 미란기민이

戰之, 大敗. 將復之, 恐不能勝, 故驅其所愛子弟以殉之, 是之謂以
전지 대패 장복지 공불능승 고구기소애자제이순지 시지위이

其所不愛及其所愛也."
기소불애급기소애야

| 핵심어 | 及所不愛 (급소불애)

| 해설 | 사랑하는 마음으로 사랑하지 않는 사람에게까지 미친다.

인자한 사람의 사랑법.

14-2

맹자가 말했다.

"춘추시대에는 정의로운 전쟁이 없었는데, 저 나라가 이 나라보다 잘했다고 할 만한 것은 있었다. 정벌은 위에 있는 나라가 아래에 있는 나라를 치는 것인데, 대등한 나라끼리는 서로 정벌하지 않는다."

孟子曰, "春秋無義戰, 彼善於此, 則有之矣. 征者, 上伐下也, 敵國不相征也."
맹자왈 춘추무의전 피선어차 즉유지의 정자 상벌하야 적국불상정야

| 핵심어 | 春秋無義戰 (춘추무의전)

| 해설 | 혼란한 시기인 춘추시대에 정의로운 전쟁은 없었다.

전쟁하지 마라.

14-3

맹자가 말했다.

"『서경』을 그대로 믿는다면 안 읽거나 무시하는 것만 못하다. 나는 『서경』「무성」에 대해 두서너 개의 글을 취할 뿐이다. 인자한 사람은 세상에 대적할 사람이 없는데, 최고의 인자함으로 가장 인자하지 않은 사람을 정벌했으니, 어찌 피가 흘러 절구를 떠내려가게 했겠는가?"

孟子曰, "盡信書, 則不如無書. 吾於武成, 取二三策而已矣. 仁人無敵於
맹자왈 진신서 즉불여무서 오어무성 취이삼책이이의 인인무적어

天下, 以至仁伐至不仁, 而何其血之流杵也?"
천하 이지인벌지불인 이하기혈지류저야

| 핵심어 | **盡書無書** (진서무서)

| 해설 | 서경을 다 믿는 것은 그것이 없는 것보다 못하다.

학문은 취할 수 있을 만한 가치가 있는 것만 취한다.

14-4

맹자가 말했다.

"어떤 사람이 '내가 진법을 잘 알고 내가 전쟁을 잘한다.'고 하면, 그는 큰 죄인이다. 나라의 군주가 사람을 사랑하는 마음을 지니고 있다면, 세상에 대적할 자가 없다. 임금이 남쪽을 향하여 정벌하니까 북쪽의 미개 부족이 원망하고, 동쪽을 향하여 정벌하니까 서쪽의 미개 부족이 원망한다. '어찌하여 우리들을 나중에 정벌하는가?'라고 했다.

무왕이 은나라를 정벌할 때, 수레가 300대였고, 정예 병사가 3,000명이었다. 왕이 말했다. '두려워하지 말라, 너희들을 편안히 하려는 것이고, 백성을 대적하려는 것이 아니다.' 그러자 사람이 짐승이 뿔을 땅에 대듯이 머리를 조아렸다. '정벌'의 '정征'이라는 말은 '바로잡는다.'의 정正이라는 뜻인데, 각기 자기를 바로잡아 주기를 바랐으니, 어찌 적이 되어 싸웠겠는가?"

孟子曰, "有人曰, '我善爲陳, 我善爲戰.' 大罪也. 國君好仁, 天下無敵焉.
맹자왈   유인왈   아선위진   아선위전   대죄야   국군호인   천하무적언

南面而征, 北夷怨, 東面而征, 西夷怨. 曰, '奚爲後我?' 武王之伐殷也,
남면이정 북적원 동면이정 서이원 왈   해위후아   무왕지벌은야

革車三百兩, 虎賁三千人. 王曰, '無畏, 寧爾也, 非敵百姓也.' 若崩厥角,
혁거삼백량 호분삼천인 왕왈 무외 영이야 비적백성야   약붕궐각

稽首. 征之爲言正也, 各欲正己也, 焉用戰?"
계수 정지위언정야   각욕정기야   언용전

| 핵심어 | **好仁無敵** (호인무적)

| 해설 | 사랑하는 마을을 지니고 있으면 세상에 대적할 자가 없다.

정벌(征伐)의 정(征)은 '바로잡는' 것이다.

14-5

맹자가 말했다.

"목수나 수레 만드는 기술자는 다른 사람에게 컴퍼스나 곱자로 원이나 네모를 만드는 법도나 기준을 가르쳐줄 수는 있지만, 다른 사람에게 재주나 기술이 좋아지게 할 수는 없다."

孟子曰, "梓匠輪輿, 能與人規矩, 不能使人巧."
맹자왈 재장륜여 능여인규구 불능사인교

| **핵심어** | **不能人巧** (불능인교)

| **해설** | 다른 사람의 재주나 기술을 좋아지게 할 수는 없다.

자기가 직접 하라.

14-6

맹자가 말했다.

"순임금이 서민으로 가난하게 살 때 마른밥을 먹고 채소를 먹으며 평생토록 그러할 것 같았다. 천자가 되어 수놓은 옷을 입고 거문고를 타며, 요임금의 두 딸이 받들어 모시자, 본디 그렇게 살았던 것과 같았다."

孟子曰, "舜之飯糗茹草也, 若將終身焉. 及其爲天子也, 被袗衣, 鼓琴,
맹자왈   순지반구여초야 약장종신언 급기위천자야 피진의   고금,

二女果, 若固有之."
이녀과   약고유지

| **핵심어** | **若固有之** (약고유지)

| **해설** | 본디 그렇게 했던 것과 같다.

자연스럽게 하라.

14-7

맹자가 말했다.

"나는 이제 와서야 다른 사람의 부모를 죽이는 것이 얼마나 엄중한 일인

지를 알았다. 다른 사람의 부모를 죽이면 다른 사람 또한 내 부모를 죽인다. 다른 사람의 형을 죽이면 다른 사람 또한 내 형을 죽인다. 그렇다면 직접 부모형제를 죽인 것은 아니지만, 한 손 넘어 자신이 죽인 것과 같다."

孟子曰, "吾今而後知殺人親之重也. 殺人之父, 人亦殺其父. 殺人之兄,
맹 자 왈   오 금 이 후 지 살 인 친 지 중 야 살 인 지 부 인 역 살 기 부 살 인 지 형

人亦殺其兄. 然則非自殺之也, 一間耳."
인 역 살 기 형 연 즉 비 자 살 지 야 일 간 이

| 핵심어 | 非殺一間 (비살일간)
| 해설 | 자기가 죽인 것은 아니지만 한 손 넘어 자기가 죽인 것과 같다.
살인하지 마라.

14-8

맹자가 말했다.

"옛날에 관문을 만든 것은 포악한 일을 막기 위해서였다. 지금 관문을 만드는 것은 포악한 짓을 하려는 것 같다."

孟子曰, "古之爲關也, 將以禦暴. 今之爲關也, 將以爲暴.
맹 자 왈   고 지 위 관 야 장 이 어 포 금 지 위 관 야 장 이 위 포

| 핵심어 | 禦暴爲暴 (어포위포)
| 해설 | 포악한 일을 막거나 포악한 일을 만들거나 둘 중의 하나다.
포악한 짓을 엄금하라.

14-9

맹자가 말했다.

"자신이 도리에 맞게 행동하지 않으면, 처자식도 도리에 맞게 행하지 않고 사람을 부릴 때 도리에 맞게 하지 않으면, 처자식조차도 움직이게 할 수 없다."

孟子曰, "身不行道, 不行於妻子. 使人不以道, 不能行於妻子."
맹 자 왈　신 불 행 도　불 행 어 처 자　사 인 불 이 도　불 능 행 어 처 자

| 핵심어 | **身道使人** (신도사인)

| 해설 | 도리에 맞게 하고 사람도 도리에 따라 부린다.

사람에게 맞는 행동을 해야 따르게 된다.

14-10

맹자가 말했다.

"지나치게 이익을 추구하는 사람은 흉년이 들어도 죽지 않는다. 넉넉하게 덕망을 쌓은 사람은 나쁜 세상이라도 혼란스럽지 않다."

孟子曰, "周于利者, 凶年不能殺. 周于德者, 邪世不能亂."
맹 자 왈　주 우 리 자 흉 년 불 능 살 주 우 덕 자　사 세 불 능 란

| 핵심어 | **德者不亂** (덕자불란)

| 해설 | 덕망을 쌓은 사람은 혼란스럽지 않다.

덕을 쌓아라.

14-11

맹자가 말했다.

"명예를 좋아하는 사람은 1,000대의 수레를 가진 큰 나라도 양보할 수 있다. 그럴 만한 사람이 아니면, 한 그릇 밥과 한 그릇 국에도 욕심내는 모습이 얼굴에 드러난다."

孟子曰, "好名之人能讓千乘之國. 苟非其人, 簞食豆羹見於色."
맹 자 왈　호 명 지 인 능 양 천 승 지 국 구 비 기 인　단 사 두 갱 현 어 색

| 핵심어 | **能讓見色** (능양현색)

| 해설 | 명예로 양보할 수도 있지만, 욕심이 얼굴에 드러날 수도 있다.

양보하라.

14-12

맹자가 말했다.

"인자하고 현명한 인물을 신뢰하지 않으면 나라에 인재가 없다. 예의와 법도가 없으면 위아래 질서가 혼란해진다. 정치가 없으면 나라에서 쓸 재정이 부족해진다."

孟子曰, "不信仁賢, 則國空虛. 無禮義, 則上下亂. 無政事, 則財用不足."
맹 자 왈   불 신 인 현   즉 국 공 허   무 례 의   즉 상 하 란   무 정 사 즉 재 용 부 족

| 핵심어 | **政事財足** (정사재족)
| 해설 | 정치를 제대로 하면 나라의 재정이 풍족하다.
믿고 예의를 지켜라.

14-13

맹자가 말했다.

"인자하지 않는데도 나라를 얻은 자는 있다. 인자하지 않고 세상을 얻은 자는 없다."

孟子曰, "不仁而得國者, 有之矣. 不仁而得天下者, 未之有也."
맹 자 왈   불 인 이 득 국 자   유 지 의   불 인 이 득 천 하 자   미 지 유 야

| 핵심어 | **仁得天下** (인득천하)
| 해설 | 인자해야 세상을 얻는다.
세상 인심을 얻는 법.

14-14

맹자가 말했다.

"백성이 귀중하고, 사직이 그 다음이고, 군주는 가벼운 것이다. 그러므로 백성의 마음을 얻은 사람은 세상을 다스리는 천자가 된다. 천자에게 신임을 얻은 사람은 제후가 된다. 제후에게 신임을 얻은 사람은 대부가 된다. 제후

가 사직을 위태롭게 하면 현명한 인물을 골라 바꾸고, 제사에 바칠 제물이 살찌고 제물로 올릴 곡식이 깨끗하게 준비된 다음, 제사를 제때에 지냈는데 도 가뭄이 들고 홍수가 나면, 서민을 위해 사직을 옮겨 설치해야 한다."

孟子曰, "民爲貴, 社稷次之, 君爲輕. 是故得乎丘民而爲天子. 得乎天子
맹자왈   민위귀 사직차지 군위경 시고득호구민이위천자 득호천자

爲諸侯. 得乎諸侯爲大夫. 諸侯危社稷, 則變置, 犧牲旣成, 粢盛旣潔,
위제후 득호제후위대부 제후위사직 즉변치 희생기성 자성기결

祭祀以時, 然而旱乾水溢, 則變置社稷."
제사이시 연이한건수일 즉변치사직

| 핵심어 | 民貴君輕 (민귀군경)
| 해설 | 백성이 귀중하고 군주는 가볍다.
서민을 소중히 여겨라.

14-15

맹자가 말했다.

"성인은 백 대[3,000여 년]까지 존경받는 스승인데, 백이와 유하혜가 그들 이다. 그러므로 백이의 풍모를 들은 사람은, 욕심 많은 사나이가 청렴해지 고, 무기력한 사나이가 뜻을 세우게 된다. 유하혜의 풍모를 들은 사람은, 인 정이 적은 사나이가 인정이 도타워지고, 여유가 없던 사나이가 너그러워진 다. 백 대 이전의 세상에서 일어났는데, 백 대 이후에 들은 사람 가운데 떨쳐 일어나지 않는 사람이 없다. 성인이 아니고서야 어찌 이와 같을 수 있겠는 가! 하물며 직접 가까이한 사람에게서는 어떠하겠는가?"

孟子曰, "聖人, 百世之師也, 伯夷·柳下惠是也. 故聞伯夷之風者, 頑夫廉,
맹자왈   성인 백세지사야 백이 유하혜시야 고문백이지풍자 완부렴

懦夫有立志. 聞柳下惠之風者, 薄夫敦, 鄙夫寬. 奮乎百世之上, 百世之
나부유입지 문유하혜지풍자 박부돈 비부관 분호백세지상 백세지

下聞者莫不與起也. 非聖人而能若是乎. 而況於親炙之者乎?"
하문자막불흥기야 비성인이능약시호 이황어친자지자호

| 핵심어 | 百世之師 (백세지사)
| 해설 | 영원히 존경받는 스승이 있다.
성인의 행실을 따라라.

14-16

맹자가 말했다.

"인자함이란 사람다운 사람이다. 합하여 말한 것이 사람의 길이다."

孟子曰, "仁也者, 人也. 合而言之道也."
맹자왈   인야자   인야   합이언지도지

| 핵심어 | 仁也者人 (인야자인)
| 해설 | 인자함은 바로 사람다움이다.
사람의 길!

14-17

맹자가 말했다.

"공자가 노나라를 떠날 때 '더디고 더디다, 내 걸음이여'라고 말했는데, 이는 부모의 나라를 떠나는 도리다. 제나라를 떠날 때는 밥을 지으려고 물에 담가두었던 쌀을 건져서 갈 만큼 급히 떠났는데, 이는 다른 나라를 떠나는 도리다."

孟子曰, "孔子之去魯, 曰, '遲遲吾行也,' 去父母國之道也. 去齊, 接淅而行,
맹자왈   공자지거노   왈   지지오행야   거부모국지도야   거재   접석이행

去他國之道也."
거타국지도야

| 핵심어 | 遲遲接淅 (지지접석)
| 해설 | 더디게 떠나거나 급하게 떠나는 도리가 있다.
자신의 입장을 고려해서 행동하라.

14-18

맹자가 말했다.

"군자가 진나라와 채나라 사이에서 곤경에 빠졌는데, 위아래가 교제하지 않았기 때문이다."

孟子曰, "君子之戹於陳·蔡之間, 無上下之交也."
맹 자 왈　　군 자 지 액 어 진　　채 지 간　　무 상 하 지 교 야

| 핵심어 | 戹間無交 (액간무교)

| 해설 | 곤경에 빠지는 것은 교제하지 않기 때문이다.

수시로 교제하라.

14-19

맥계*가 말했다.

"저는 사람에게 비난받고 욕을 먹고 있습니다."

맹자가 말했다.

"걱정할 것 없습니다. 관직을 맡다 보면 욕을 많이 듣게 마련입니다. 『시경』에서도 '괴로운 마음 근심으로 가득한데, 여러 소인들에게 노여움을 받는다.'**고 노래했습니다. 공자도 그랬습니다. '그 노여움을 없애지는 못했으나, 또한 그 명성을 잃지 않았다.'고 했습니다. 문왕도 그랬습니다."

貉稽曰, "稽大不理於口." 孟子曰, "無傷也, 士憎玆多口. 詩云, '憂心悄悄,
맥 계 왈　　계 대 불 리 어 구　　맹 자 왈　　무 상 야　사 증 자 다 구　시 운　　우 심 초 초

慍于群小.' 孔子也. '肆不殄厥慍, 亦不殞厥問.' 文王也."
온 우 군 소　　공 자 야　　사 부 진 궐 온　역 불 운 궐 문　　문 왕 야

| 핵심어 | 士憎多口 (사증다구)

| 해설 | 관리는 욕을 많이 듣게 마련이다.

욕먹는 것을 두려워 하지 마라.

---

* 북방의 맥족 출신 사람.
** 『시경』「패풍」〈백주〉 편.

14-20

맹자가 말했다.

"현명한 사람은 밝은 덕망으로 사람을 밝게 했다. 지금은 우매하고 흐릿한 덕망으로 사람을 밝게 하려 한다."

孟子曰, "賢者以其昭昭, 使人昭昭. 今以其昏昏, 使人昭昭."
맹 자 왈   현 자 이 기 소 소   사 인 소 소   금 이 기 혼 혼   사 인 소 소

| 핵심어 | 昭昭昏昏 (소소혼혼)

| 해설 | 밝은 덕망과 어두운 덕망이 있다.

현명한 사람의 처신.

14-21

맹자가 고자에게 말했다.

"산속의 샛길도 사람이 많이 오가며 사용하면 큰길이 되지만, 오랫동안 사용하지 않으면 띠풀이 자라 덮인 지금 그대의 마음이 띠풀로 덮여 있다."

孟子謂高子曰, "山徑之蹊間介然用之而成路, 爲間不用, 則茅塞之矣.
맹 자 위 고 자 왈   산 경 지 혜 간 개 연 용 지 이 성 로   위 간 불 용   즉 모 색 지 의

今茅塞子之心矣."
금 모 색 자 지 심 의

| 핵심어 | 茅塞之心 (모색지심)

| 해설 | 띠 풀로 덮인 마음이다

마음을 사용하라.

14-22

맹자에게 잠깐 배웠던 고자가 말했다.

"우임금의 음악이 문왕의 음악보다 격이 높은 것 같습니다."

맹자가 말했다.

"어째서 그렇게 말하느냐?"

고자가 말했다.

"종의 고리 끈이 닳았기 때문에 그렇습니다."

맹자가 말했다.

"그것만으로 어찌 그렇게 말할 수 있겠느냐? 성문의 수레바퀴 자국이 두 말이 끄는 수레의 힘으로 만들어진 것이겠느냐?"

高子曰,"禹之聲尙文王之聲." 孟子曰,"何以言之?" 曰,"以追蠡."
고 자 왈   우 지 성 상 문 왕 지 성   맹 자 왈   하 이 언 지   왈   이 추 려

曰,"是奚足哉? 城門之軌, 兩馬之力與?"
왈   시 해 족 재   성 문 지 궤   양 마 지 력 여

| 핵심어 | **禹以追蠡** (우이추려)
| 해설 | 우임금의 음악을 연주하던 종의 고리 끈이 닳았다.
오랜 세월이 간직한 깊이를 보라.

14-23

제나라에 흉년이 들었다.

제자 진진이 말했다.

"나라 사람이 모두 선생님께서 건의하여 당읍의 곡식창고를 열어주게 할 것을 기대하고 있는데, 그렇게 할 수는 없겠지요."

맹자가 말했다.

"그렇게 하다가는 무모한 풍부와 같은 꼴이 되고 만다. 진나라 사람 가운데 풍부라는 자가 있었는데, 맨손으로 호랑이를 때려잡을 정도로 난폭했지만 나중에 착한 관리가 되었다. 어느 날 들에 나갔는데 여러 사람이 호랑이를 쫓고 있었고, 호랑이가 산모퉁이까지 달아나서 산을 등지고 서자, 사람이 감히 달려들지 못했다. 풍부가 있는 것을 보고 달려가 부탁을 했다. 풍부가 호랑이를 잡으려고 팔뚝을 걷어붙이고 수레에서 내려와 많은 사람이 모두 기뻐했다. 하지만 관리들은 이를 비웃었다."

齊饑. 陳臻曰, "國人皆以夫子將復爲發棠, 殆不可復." 孟子曰, "是爲馮
제기 진진왈 국인개이부자장부위발당 태불가부 맹자왈 시위풍

婦也. 晉人有馮婦者, 善搏虎, 卒爲善士. 則之野, 有衆逐虎, 虎負嵎,
부야 진인유풍부자 선박호 졸위선사 즉지야 유중축호 호부우

莫之敢攖. 望見馮婦, 趨而迎之. 馮婦攘臂下車, 衆皆悅之. 其爲士者笑之."
막지감영 망견풍부 추이영지 풍부양비하거 중개열지 기위사자소지

| 핵심어 | 殆不可復 (태불가부)
| 해설 | 지금 처지에서 그렇게 할 수 없다.
정말 할 수 있을 때 하라.

14-24

맹자가 말했다.

"입이 맛을 느끼는 것, 눈이 빛깔을 보는 것, 귀가 음성을 듣는 것, 코가 냄새를 맡는 것과 팔다리가 편한 것은 본성이다. 거기에는 제각기 운명이 있는데, 군자는 이를 본성이라 하지 않는다. 인자함이 부모자식 사이에 베풀어지고, 의리가 군주와 신하 사이에 유지되고, 예의가 손님과 주인 사이에 지켜지고, 지혜가 현명한 사람에게 밝혀지고, 성인이 자연의 질서를 본보기로 한 것은 운명이다. 거기에는 본성이 있는데, 군자는 이를 운명이라 하지 않는다."

孟子曰, "口之於味也, 目之於色也, 耳之於聲也, 鼻之於臭也, 四肢於安佚也,
맹자왈 구지어미야 목지어색야 이지어성야 비지어취야 사지어안일야

性也. 有命焉, 君子不謂性也. 仁之於父子也, 義之於君臣也, 禮之於
성야 유명언 군자불위성야 인지어부자야 의지어군신야 예지어

賓主也, 知之於賢者也, 聖人之於天道也, 命也. 有性焉, 君子不謂命也."
빈주야 지지어현자야 성인지어천도야 명야 유성언 군자불위명야

| 핵심어 | 有命有性 (유명유성)
| 해설 | 사람에게는 운명도 있고 본성도 있다.
본성과 운명의 차이.

14-25

호생불해*가 물었다.

"악정자는 어떤 사람입니까?"

맹자가 말했다.

"착한 사람이고 신용 있는 사람입니다."

"무엇을 착함이라 하고, 무엇을 신용이라 합니까?"

맹자가 말했다.

"모든 사람이 그렇게 되기를 바라는 것을 착함이라 하고, 자기 몸에 소유하는 것을 신용이라 하며, 충실하게 채워져 있는 것을 아름다움이라 하고, 충실하게 채워져 있으면서 밝게 빛나는 것을 위대함이라 하며, 위대하면서 모든 사람을 감화시키는 것을 성스럽다고 하고, 성스러우면서 알 수 없는 것을 신령하다고 합니다. 악정자는 두 가지의 가운데 있으며, 네 가지의 아래에 있는 사람입니다."

浩生不害問曰, "樂正子何人也?" 孟子曰, "善人也, 信人也." "何謂善?
호 생 불 해 문 왈   악 정 자 하 인 야   맹 자 왈   선 인 야 신 인 야   하 위 선

何謂信?" 曰, "可欲之謂善, 有諸己之謂信, 充實之謂美, 充實而有光輝之
하 위 신   왈   가 욕 지 위 선 유 저 기 지 위 선 충 실 지 위 미 충 실 이 유 광 휘 지

謂大, 大而化之之謂聖, 聖而不可知之之謂神. 樂正子二之中, 四之下也."
위 대 대 이 화 지 지 위 성 성 이 불 가 지 지 지 위 신   악 정 자 이 지 중 사 지 하 야

| 핵심어 | 二中四下 (이중사하)

| 해설 | 착함과 신용 두 가지의 가운데 있으며, 아름다움, 위대함, 성스러움, 신령함 네 가지의 아래에 있다.

무엇이 착함이고, 무엇이 신용인가?

14-26

맹자가 말했다.

---

*제나라 선비.

"묵적을 배우다가 도피하면 반드시 양주의 이론에 빠지고, 양주를 배우다가 도피하면 반드시 유가로 돌아올 것이다. 유가로 오면 받아줄 뿐이다. 지금 양주·묵적을 배우며 변론하는 것은 우리를 뛰쳐나간 돼지를 쫓는 것과 같은데, 우리 속으로 돌아왔는데 또 따라가서 돼지 다리를 묶으려 한다."

孟子曰, "逃墨必歸於楊, 逃楊必歸於儒. 歸, 斯受之而已矣. 今之與楊·
맹 자 왈   도 묵 필 귀 어 양   도 양 필 귀 어 유   귀   사 수 지 이 이 의   금 지 여 양

墨辯者, 如追放豚, 旣入其苙, 又從而招之."
묵 변 자   여 추 방 돈   기 입 기 립   우 종 이 초 지

| 핵심어 | **楊墨招之** (양묵초지)
| 해설 | 양주·묵적의 이론에 빠지면 그에 얽매여 헤어나기 어렵다.
진리가 무엇인지 제대로 보라.

14-27
맹자가 말했다.

"나라에서 부과하는 세금으로 여름에는 베나 비단을 징수하고, 가을에는 곡식을 거두고, 겨울에는 노역을 부과한다. 군자는 한 번에 한 가지만 쓰고, 두 가지는 늦추어 준다. 두 가지를 동시에 쓰면 백성이 굶어 죽고, 세 가지를 동시에 쓰면, 먹고살기 위해 부모자식이 흩어진다."

孟子曰, "有布縷之征, 粟米之征, 力役之征. 君子用其一, 緩其二.
맹 자 왈   유 포 루 지 정   속 미 지 정   역 역 지 정   군 자 용 기 일   완 기 이

用其二而民有殍, 用其三而父子離."
용 기 이 이 민 유 표   용 기 삼 이 부 자 리

| 핵심어 | **征用一二** (정용일이)
| 해설 | 세금을 부과할 때 하나는 쓰되 두 가지는 늦추어 준다.
먼저 사람을 살려라.

14-28
맹자가 말했다.

"제후가 보배로 삼을 것이 세 가지다. 영토, 백성, 정치이다. 구슬이나 옥과 같은 희귀한 재물을 보배로 여기면, 재앙이 반드시 자신에게 미친다."

孟子曰, "諸侯之寶三 土地 · 人民 · 政事. 寶珠玉者, 殃必及身."
맹 자 왈   제 후 지 보 삼 토 지   인 민   정 사 보 주 옥 자 앙 필 급 신

| 핵심어 | 寶土民政 (보토민정)
| 해설 | 영토, 백성, 정치를 보배로 삼는다.
제후가 보배로 삼을 것들.

14-29

분성괄*이 제나라에서 관직을 했다.

맹자가 말했다.

"죽을 것 같은데, 저 분성괄이!"

분성괄이 피살되자, 제자가 물었다.

"선생님께서는 어찌하여 그가 피살될 것을 알았습니까?"

맹자가 말했다.

"그 사람됨이 작은 재주가 있을 뿐, 군자의 큰 도리를 알지 못했으니, 자기 몸을 죽게 했던 것이다."

盆成括仕於齊. 孟子曰, "死矣, 盆成括!" 盆成括見殺, 門人問曰, "夫子
분 성 괄 사 어 제 맹 자 왈   사 의 분 성 괄   분 성 괄 견 살 문 인 문 왈 부 자

何以知其將見殺?" 曰, "其爲人也小有才, 未聞君子之大道也,
하 이 지 기 장 견 살   왈   기 위 인 야 소 유 재 미 문 군 자 지 대 도 야

則足以殺其軀而已矣."
즉 족 이 살 기 구 이 이 의

| 핵심어 | 小才殺軀 (소재살구)
| 해설 | 작은 재주를 믿고 설치면 자기 몸을 죽게 한다.
큰 도리를 믿어라.

* 맹자의 제자가 될 뻔했던 사람.

14-30

맹자가 등나라에 가서 상궁에 머무르고 있었다. 창문 위에 신발을 만들다가 미완성인 채로 둔 것이 있었는데, 보이지 않자 숙소 주인이 찾았으나 찾지 못했다.

어떤 사람이 물었다.

"따라온 사람 중에 누군가 신발을 감춘 게 아닙니까?"

맹자가 말했다.

"그대는 따라온 사람이 신발을 훔치기 위해 여기 왔다고 생각합니까?"

그 사람이 말했다.

"아니겠지요."

맹자가 말했다.

"선생이 글을 가르친다고 할 때, 가는 사람은 붙잡지 않고, 오는 사람은 막지 않는다고 했습니다. 이는 훔치려는 마음으로 온 자도 받아주었을 것이란 말입니다."

孟子之滕, 館於上宮. 有業屨於牖上, 館人求之弗得. 或問之曰, "若是
맹 자 지 등 관 어 상 궁 유 업 구 어 유 상 관 인 구 지 부 득 혹 문 지 왈 약 시

乎從者之廋也?"曰, "子以是爲竊屨來與?"曰, "殆非也." "夫子之設科也,
호 종 자 지 수 야 왈 자 이 시 위 절 구 래 여 왈 태 비 야 부 자 지 설 과 야

往者不追, 來者不拒. 苟以是心至, 斯受之而已矣."
왕 자 불 추 내 자 불 거 구 이 시 심 지 사 수 지 이 이 의

| 핵심어 | **不追不拒** (불추불거)
| 해설 | 가는 사람 붙잡지 않고 오는 사람 막지 않는다.
모든 것은 자기에게 맡긴다.

14-31

맹자가 말했다.

"사람은 누구나 차마 하지 못하는 것이 있는데, 차마 하는 마음을 미루어

나가 사랑하면 인자함이 된다. 사람은 하지 않는 일이 있는데, 하는 마음을 미루어 나가면 의리가 된다. 사람이 다른 사람을 해치지 않으려는 마음으로 가득 채운다면 인자함이 넘쳐난다. 사람이 담을 뚫고 넘어가서 도둑질하지 않으려는 마음으로 가득 채운다면 의리가 넘쳐난다. 사람이 경멸하거나 천대받지 않을 힘을 길러 마음에 가득 채운다면 가는 곳마다 의리를 실천할 수 있다. 관리가 말할 경우가 아닌데 말한다면 이는 말로 아첨하는 짓이다. 말해야 할 경우에 말하지 않는다면 이는 말하지 않는 것으로 아첨하는 짓이다. 이는 모두 담을 뚫고 넘어가는 부류이다."

孟子曰, "人皆有所不忍, 達之於其所忍, 仁也. 人皆有所不爲, 達之於其
맹자왈   인개유소불인   달지어기소인   인야   인개유소불위   달지어기

所爲, 義也. 人能充無欲害人之心, 而仁不可勝用也. 人能充無穿踰之心,
소위   의야   인능충무욕해인지심   이인불가승용야   인능충무천유지심

而義不可勝用也. 人能充無受爾汝之實, 無所往而不爲義也. 士未可以
이의불가승용야   인능충무수이여지실   무소왕이불위의야   사미가이

言而言, 是以言餂之也. 可以言而不言, 是以不言餂之也. 是皆穿踰之類也."
언이언   시이언첨지야   가이언이불언   시이불언첨지야   시개천유지류야

| 핵심어 | 言不言餂 (언불언첨)
| 해설 | 말로 아첨하기도 하고 말하지 않고 아첨하기도 한다.
내면의 힘을 길러 의리를 실천하라.

14-32

맹자가 말했다.

"말이 알기 쉬우면서도 뜻이 깊은 것은 좋은 말이다. 올바로 지켜 나가면서 넓게 베푸는 것은 좋은 도리다. 군자의 말은 마음에 근거하며 도리가 담겨 있다. 군자는 도리를 지키고, 몸을 닦아 세상을 화평하게 한다. 사람은 그 논밭을 버려두고 다른 사람의 논밭에서 김매는 것을 근심하는데, 다른 사람에게 구하는 것은 무겁고, 스스로 책임지는 것은 가볍게 하기 때문이다."

孟子曰, "言近而指遠者, 善言也. 守約而施博者, 善道也. 君子之言也,
맹 자 왈　언 근 이 지 원 자　선 언 야　수 약 이 시 박 자　선 도 야　군 자 지 언 야

不下帶而道存焉. 君子之守, 脩其身而天下平. 人病舍其田而芸人之田,
불 하 대 이 도 존 언　군 자 지 수　수 기 신 이 천 하 평　인 병 사 기 전 이 운 인 지 전

所求於人者重, 而所以自任自輕."
소 구 어 인 자 중　이 소 이 자 임 자 경

| 핵심어 | 人重自輕 (인중자경)
| 해설 | 다른 사람 책임은 무겁게 만들고 자기 책임은 가볍게 한다.
내 책임이다.

14-33

맹자가 말했다.

"요임금과 순임금은 본성대로 했다. 탕임금과 무왕은 본성을 회복했다. 움직임과 용모 등 행동거지가 예의에 맞는 것은 덕망이 가득한 것이다. 죽은 사람을 통곡하고 슬퍼하는 것은 산 사람에게 보이기 위해서가 아니다. 덕망을 지키고 사악하게 굴지 않는 것은 공직에서 녹봉을 받기 위해서가 아니다. 말하는 것이 반드시 믿음직스러운 것은 행실을 바르게 하기 위해서가 아니다. 군자는 법도대로 행하여 명을 기다릴 뿐이다."

孟子曰, "堯 · 舜, 性者也. 湯 · 武, 反之也. 動容周旋中禮者, 盛德之至也.
맹 자 왈　요　순　성 자 야　탕　무　반 지 야　동 용 주 선 중 례 자　성 덕 지 지 야

哭死而哀, 非爲生者也. 經德不回, 非以干祿也. 言語必信, 非以正行也.
곡 사 이 애　비 위 생 자 야　경 덕 불 회　비 이 간 록 야　언 어 필 신　비 이 정 행 야

君子行法 以俟命而已矣."
군 자 행 법　이 사 명 이 이 의

| 핵심어 | 行法俟命 (행법사명)
| 해설 | 법도대로 행하고 명을 기다린다.
본성대로 행하는 방법.

14-34

맹자가 말했다.

"대인에게 유세할 때는 그들을 하찮게 여기고, 그들의 위세가 당당함을 무시해야 한다. 높이가 수십 미터나 되고, 서까래 머리가 수십 자나 되는 집을, 나는 뜻을 얻더라도 짓지 않는다. 사방 열 자나 되는 밥상에 음식을 늘어놓고, 시중 드는 첩이 수백 명인 것을, 나는 뜻을 얻더라도 하지 않는다. 즐기고 술을 마시며, 말을 달리고 사냥하며, 뒤에 따르는 수레가 1,000대인 것을, 나는 뜻을 얻더라도 하지 않는다. 저들에게 있는 것은 모두 내가 하지 않는 것이고, 나에게 있는 것은 모두 옛날의 법도이니, 내가 어찌 저들을 두려워하겠는가?"

孟子曰, "說大人則藐之, 勿視其巍巍然. 堂高數仞, 榱題數尺, 我得志
맹 자 왈   세 대 인 즉 막 지   물 시 기 외 외 연   당 고 수 인   최 제 수 척   아 득 지

弗爲也. 食前方丈, 侍妾數百人, 我得志弗爲也. 般樂飮酒, 驅騁田獵,
불 위 야   식 전 방 장   시 첩 수 백 인   아 득 지 불 위 야   반 락 음 주   구 빙 전 렵

後車千乘, 我得志弗爲也. 在彼者皆我所不爲也, 在我者皆古之制也,
후 거 천 승   아 득 지 불 위 야   재 피 자 개 아 소 불 위 야   재 아 자 개 고 지 제 야

吾何畏彼哉!"
오 하 외 피 재

| **핵심어** | 說大人藐 (세대인막)

| **해설** | 높은 사람에게 유세할 때 외면적 위세나 부귀를 무시한다.
떳떳하게 말하라.

14-35

맹자가 말했다.

"마음을 수양하는 일은 욕심을 적게 하는 것보다 좋은 것이 없다. 그 사람됨이 욕심이 적으면 본심을 보존하지 못하는 것이 있더라도 아주 적다. 사람됨이 욕심이 많으면 본심을 보존하는 것이 있더라도 매우 적다."

孟子曰, "養心莫善於寡欲. 其爲人也寡欲, 雖有不存焉者, 寡矣.
맹 자 왈   양 심 막 선 어 과 욕   기 위 인 야 과 욕   수 유 부 존 언 자   과 의

其爲人也多欲, 雖有存焉者, 寡矣."
기 위 인 야 다 욕   수 유 존 언 자   과 의

| 핵심어 | 莫善寡欲 (막선과욕)
| 해설 | 욕심을 적게 하는 일보다 좋은 것이 없다.

욕심을 줄여라.

14-36

증석*이 대추를 좋아했는데, 증자는 차마 대추를 먹지 못했다.

공손추가 물었다.

"회나 불고기와 대추 중에 어느 것이 더 맛있습니까?"

맹자가 말했다.

"회나 불고기일 것이다."

공손추가 말했다.

"그렇다면 증자는 어찌하여 회나 불고기를 먹으면서 대추는 먹지 않았습니까?"

맹자가 말했다.

"회나 불고기는 누구나 똑같이 먹는 음식이다. 대추는 아버지가 홀로 좋아하던 음식이다. 이는 아버지의 이름을 부르는 것은 피하고 성을 부르는 것은 피하지 않는 것과 같다. 성은 똑같고, 이름은 홀로 쓰이는 것이기 때문이다."

曾晳嗜羊棗, 而曾子不忍食羊棗. 公孫丑問曰, "膾炙與羊棗孰美?"
증 석 기 양 조   이 증 자 불 인 식 양 조   공 손 추 문 왈   회 자 여 양 조 숙 미

孟子曰, "膾炙哉." 公孫丑曰, "然則曾子何爲食膾炙而不食羊棗?"
맹 자 왈   회 자 재   공 손 추 왈   연 즉 증 자 하 위 식 회 자 이 불 식 양 조

曰, "膾炙所同也. 羊棗所獨也. 諱名不諱性, 性所同也, 名所獨也."
왈   회 자 소 동 야   양 조 소 독 야   위 명 불 휘 성   성 소 동 야   명 소 독 야

| 해설 | 모든 사람에게 똑같은 것과 한 사람에게 독특한 것이 있다.
가려서 응대하라.

14-37

만장이 물었다.

"공자가 진나라에 있으면서 말했습니다. '어찌 돌아가지 않겠는가. 내 고향의 젊은이들이 과격하고 단순하며 진취적인데, 당초의 뜻을 잊지 않는다.' 공자가 진나라에 있으면서 어찌 노나라의 과격한 관리를 생각했습니까?"

맹자가 말했다.

"공자는 '도리에 맞게 하는 인물을 얻지 못한다면 반드시 과격한 사람이나 고집 센 사람과 함께할 것인가? 과격한 사람은 진취적이고, 고집 센 사람은 하지 않는 일이 있다.'고 했다. 공자가 어찌 도리에 맞게 하는 인물을 원하지 않았겠는가. 반드시 얻을 수는 없기에, 그 다음 인물을 생각한 것이다."

"감히 묻겠습니다. 어떠해야 과격한 사람이라고 할 수 있습니까?"

맹자가 말했다.

"금장[자장]이나 증석, 목피 같은 사람이 공자가 말하는 과격한 사람이다."

만장이 물었다.

"어찌하여 이들을 과격한 사람이라고 합니까?"

맹자가 말했다.

"그들의 뜻이 높고 크다. 그들은 옛사람이여, 옛사람이여 하면서도, 평소에 그 행실을 살펴보면, 그 말을 덮어버리고 실천하지 않는 자들이다. 과격한 사람을 얻지 못하면, 더러운 것을 좋게 여기지 않는 사람을 얻어 가르치려고 했는데, 이런 인물이 고집 센 사람이고, 또 그 다음이다. 공자가 말했다. '내 문 앞을 지나면서도 내 집에 들어오지 않는 것을 내가 유감으로 여기지

* 증자의 아버지

않을 사람이 있다면, 그자는 오직 향원*일 것이다! 향원은 덕을 해치는 자이다.'"

"어떠해야 향원이라 할 수 있습니까?"

맹자가 말했다.

"어찌하여 이처럼 말과 뜻이 큰 것인가? 말은 행실을 돌아보지 않고, 행실은 말을 돌아보지 않고, '옛 사람이여, 옛 사람이여'라고 말하며, 외롭고 쓸쓸하게 행동한다. 이 세상에 태어났으면 이 세상에 맞게 착하게 살면 되는 것이다.' 자기가 생각하는 것을 숨기면서 세상에 아첨하는 자가 바로 향원이다."

만장이 말했다.

"한 고을이 모두 점잖은 사람이라고 하면 가는 곳마다 의젓한 사람이 될 텐데, 공자가 덕을 해치는 자라고 한 것은 어째서입니까?"

맹자가 말했다.

"비난하려고 해도 비난할 거리가 없고, 헐뜯으려 해도 헐뜯을 것이 없다. 세상에 유행하는 풍속과 같게 하고, 더러워진 세상에 영합한다. 여기에 있으면서 충실하고 믿음직스럽게 하고, 일을 할 때는 청렴결백한 것과 같아, 여러 사람이 모두 좋아하니, 스스로 옳다 여기지만, 요임금과 순임금의 도리에 들어갈 수 없으므로 덕을 해치는 자라고 한 것이다. 공자가 말했다. '같으면서 아닌 것을 미워하는데, 가라지를 미워함은 벼 싹을 어지럽힐까 두려워해서이고, 말재주가 있는 자를 미워함은 의리를 어지럽힐까 두려워해서이며, 말 잘하는 입을 가진 자를 미워함은 신뢰를 어지럽힐까 두려워해서이고, 정나라 음악을 미워함은 올바른 음악을 어지럽힐까 두려워해서이며, 자주색을 미워함은 붉은색을 어지럽힐까 두려워해서이고, 향원을 미워함은 덕을 어지럽힐까 두려워해서이다.' 군자는 변하지 않는 인간의 도리를 회복할 뿐이다. 인간의 도리가 바르게 되면 서민이 착한 일에 떨쳐 일어나고, 어긋나고 악한 존재는 없어질 것이다."

萬章問曰, "孔子在陳, 曰, '盍歸乎來. 吾黨之小子狂簡進取, 不忘其初.'
만장문왈　공자재진　왈　합귀호래　오당지소자광간진취　불망기초

孔子在陳, 何思魯之狂士?" 孟子曰, "孔子 '不得中道而與之, 必也狂狷乎?
공자재진　하사노지광사　맹자왈　공자　부득중도이여지　필야광견호

狂者進取, 狷者有所不爲也.' 孔子豈不欲中道哉? 不可必得, 故思其次也."
광자진위　견자유소불위야　공자기불욕중도재　불가필득　고사기차야

"敢問何如斯可謂狂矣?" 曰, "如琴張·曾晳·牧皮者, 孔子之所謂狂矣."
감문하여사가위광의　왈　여금장　증석　목피자　공자지소위광의

"何以謂之狂也?" 曰, "其志嘐嘐然, 曰古之人, 古之人. 夷考其行, 而不掩
하이위지광야　왈　기지효효연　왈고지인　고지인　이고기행　이불엄

焉者也. 狂者又不可得, 欲得不屑不絜之士而與之, 是獧也, 是又其次也.
언자야　광자우불가득　욕득불설불결지사이여지　시견야　시우기차야

孔子曰, '過我門而不入我室, 我不憾焉者, 其惟鄕原乎! 鄕原, 德之賊也.'"
공자왈　과아문이불입아실　아불감언자　기유향원호　향원　덕지적야

曰, "何如斯可謂之鄕原矣?" 曰, "何以是嘐嘐也? 言不顧行, 行不顧言,
왈　하여사가위지향원의　왈　하이시효효야　언불고행　행불고언

則曰, '古之人, 古之人. 行何爲踽踽涼涼. 生斯世也, 爲斯世也善, 斯可矣.'
즉왈　고지인　고지인　행하위우우량량　생사세야　위사세야선　사가의

閹然媚於世也者, 是鄕原也." 萬章曰, "一鄕皆稱原人焉, 無所往而不爲
엄연미어세야자　시향원야　만장왈　일향개칭원인언　무소왕이불위

原人, 孔子以爲德之賊, 何哉?" 曰, "非之無擧也, 刺之無刺也. 同乎流俗,
원인　공자이위덕지적　하재　왈　비지무거야　자지무자야　동호류속

合乎汙世. 居之似忠信, 行之似廉潔, 衆皆悅之, 自以爲是而不可與入堯·
합호오세　거지사충신　행지사렴결　중개열지　자이위시이불가여입요

舜之道, 故曰德之賊也. 孔子曰, '惡似而非者, 惡莠, 恐其亂苗也. 惡佞, 恐其
순지도　고왈덕지적야　공자왈　오사이비자　오유　공기란묘야　오녕　공기

亂義也. 惡利口, 恐其亂信也. 惡鄭聲, 恐其亂樂也. 惡紫, 恐其亂朱也. 惡鄕
란의야　오리구　공기란신야　오정성　공기란악야　오자　공기란주야　오향

原, 恐其亂德也.' 君子反經而已矣. 經正則庶民興, 庶民興, 斯無邪慝矣."
원　공기란덕야　군자반경이이의　경정즉서민흥　서민흥　사무사특의

| 핵심어 | 經正民興 (경정민흥)

| 해설 | 도리가 바르게 되면 서민이 착한 일에 떨쳐 일어난다.

실천하는 삶을 살아라.

14-38

맹자가 말했다.

"요임금 순임금으로부터 탕임금에 이르기까지가 500년이 되었다.* 우임금과 고요는 요임금과 순임금을 직접 보고 알았고, 탕임금은 듣거나 배워서 알았다. 탕임금으로부터 문왕에 이르기까지가 500년이 되었다. 이윤과 내주**는 직접 보고 알았고, 문왕은 듣고서 알았다. 문왕으로부터 공자에 이르기까지가 500년이 되었다. 태공망과 산의생은 직접 보고 알았고, 공자는 듣고서 알았다. 공자로부터 오늘에 이르기까지가 100년이 되었는데, 성인의 시대가 멀지 않고, 성인이 거주한 곳이 가까운데도 아무도 없단 말인가, 또한 아무도 없단 말인가."

孟子曰, "由堯·舜至於湯, 五百有餘歲. 若禹·皐陶則見而知之, 若湯則
맹자왈   유요 순지어탕   오백유여세   약우 고요즉견이지지   약탕즉

聞而知之. 由湯至於文王, 五百有餘歲. 若伊尹·萊朱則見而知之, 若文王
문이지지   유탕지어문왕   오백유여세   약이윤   내주즉견이지지   약문왕

則聞而知之. 由文王至於孔子, 五百有餘歲. 若太公望·散宜生, 則見而知之,
즉문이지지   유문왕지어공자   오백유여세   약태공망   산의생   즉견이지지

若孔子則聞而知之. 由孔子而來, 至於今, 百有餘歲, 去聖人之世,
약공자즉문이지지   유공자이래   지어금   백유여세   거성인지세

若此其未遠也. 近聖人之居, 若此其甚也. 然而無有乎爾, 則亦無有乎爾."
약차기미원야   근성인지거   약차기심야   연이무유호이   즉역무유호이

| 핵심어 | 五百餘歲 (오백여세)
| 해설 | 500여 년 만에 성인이 출현한다.

맹자의 길을 보라.

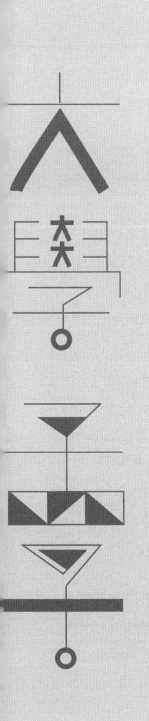

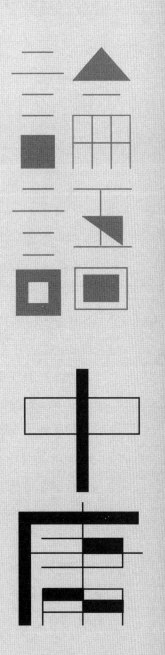

중용 中庸

제 4 권

중용, 인간의 문화에 구가하는 생명력

『중용』의 학문·역사적 발전과정

동서고금을 막론하고, '중용'이라는 말은 상당한 의미가 있는 개념이다. 재미있기도 하고 어렵기도 하다. 고대 그리스의 아리스토텔레스도 중용을 통해 행복한 삶을 고민했고, 공자를 비롯한 동양의 유학자들도 중용을 삶의 중심에 놓고 사상을 전개했다. 특히 마음을 어떻게 써야 하는지, 인간의 욕망을 어떻게 조절해야 하는지, 심사숙고했다. 이러한 중용의 사유는, 어감에 따라 의미 차이가 있다고 할지라도, 어느 정도의 보편성을 확보하고 있다. 특히 동양의 유학에서 중용은 마음공부의 정수이다. 이른바 심법心法으로서 학문과 삶의 지침을 전반적으로 관통하는 핵심 사상이다.

유교의 사서四書(『논어』, 『맹자』, 『대학』, 『중용』) 가운데 하나로 세상에 빛을 보기 전, 『중용』은 본래 『예기』 49편 중 31편에 자리하고 있었다. 즉 『예기』의 한 편명에 불과했다. 그러나 그 내용이 함축적이면서도 심오하고 중요했기에, 유교의 핵심 경전으로 정돈되었고, 여러 차례의 발전을 거쳐 지금 우리 눈앞에 전해지고 있는 것이다.

중국 후한 때의 유명한 학자인 정현鄭玄,127~200에 따르면,『중용』은 우주자연의 모든 사물이 알맞게 쓰이고 서로 응하는 작용을 기록한 것으로, 공자의 손자인 자사가『중용』을 지어 할아버지의 학문적 공덕을 깊게 밝힌 것이다.

정현의 의견은 몇 가지 측면에서 중요한 정보를 일러준다. 그 중 하나는『중용』이 알맞게 쓰이고 호응한다는 '중화中和'의 작용을 주요 내용으로 기술하고 있다는 중용의 의미 풀이고, 또 다른 하나는 저자가 공자의 손자인 자사라는 것이다. 아울러 자사가 할아버지 공자의 학덕을 뚜렷이 드러내기 위해 저술했다는 저술 목적 등을 지시한다.

그러나 정말 자사가『중용』을 지었는지는 불분명하다. 학자들 사이에도 의견이 분분하다. 다만, 사마천의『사기』「공자세가」를 비롯하여『한서』「예문지」,『양서』「음악지」 등 옛 문헌에 따르면,『중용』은 자사가 지은 것으로 추측된다.『중용』을 지은 자사는 공자, 안자, 증자, 자사, 맹자 등으로 지칭되는 유교의 5대 성인이다. 공자로 상징되는 공씨 집안에서, 자사는 공리의 아들이자 공자의 손자이다. 자사는 증자의 제자로 노나라 목공의 스승이었다고 한다. 후세에는 그가 할아버지인 공자의 학덕을 드날렸다는 점을 높이 사서 '술성述聖'이라고도 칭했다.

언제부터『중용』이『예기』에서 독립되어 별도의 경전으로 다루어지기 시작했는지 정확하게 알기는 어렵다. 중국 고대의 서지사항에 대해 많은 정보를 제공해 주는『한서』「예문지」의 경우, 〈육예략·예류〉에『중용설』 2편이 있었다고 기록되어 있다. 하지만『중용설』 2편은 현재「예문지」에 남아 있지 않아, 그 내용이 어떤 것인지 알 길이 없다.『수서』「경적지」에도 남송 때 대

옹이 쓴 『예기중용전』 2권이 있다고 하지만, 이 책 또한 현재는 전하지 않는다. 그러나 '예기'라는 서명에 포함된 단어가 있는 것으로 보아, 이 경우에도 『예기』에서 「중용」을 독립시켜 저술을 한 것으로 추측해 볼 수 있다. 또한 양나라 무제가 『중용강소』 1권과 『사기제지중용의』 5권을 지었다고 한 기록도 있는데, 이 책 또한 현재는 남아 있지 않다.

이후, 『중용』은 당나라와 송나라 시기에 많은 학자들에 의해 연구되면서, 그 중요성도 더욱 강조되었다. 당나라 때의 이고는 『복성서』를 저술했는데, 그 내용을 보면 『중용』의 주석이라고 해도 과언이 아닐 정도로 『중용』의 내용을 재해석한 것이다. 특히 심성의 차원에서 중용을 풀이하고 있다. 이외에도 이고는 『중용설』을 저술했는데, 이고의 연구는 『중용』의 가치를 인지하고, 그 내용을 세상에 드러내려는 유학자의 면모를 엿볼 수 있다.

북송시대에 오면, 이제 『중용』을 존중하는 기풍이 성행하기 시작한다. 사마광司馬光,1019~1086, 범조우范祖禹, 1041~1098 등 많은 학자들이 『중용』과 관련한 강의, 해설, 논설을 저술했다. 특히 범중엄范仲淹, 989~1052은 북송오자의 한 사람이자 기氣철학으로 유명한 장재張載, 1020~1077에게 『중용』을 강의하여 전수해 주었다. 정호 · 정이 두 형제, 이른바 '이정'은 『중용』을 공자문하의 제자가 전수한 심법이라고 하여 그 가치를 극도로 높이 평가했다. 그리고 그것을 『논어』, 『맹자』, 『대학』과 함께 유학자들의 필독서인 사서로 정돈했는데, 이 무렵부터 『중용』은 상당한 지위를 확보하게 되었다.

남송시대에 이르면, 우리의 조선 사상에 절대적 영향력을 미친 주자의 학문적 활약이 두드러진다. 장재와 '이정' 등의 학문을 이어받아 성리학을 종합하는 주자는 정자의 학설을 계승 · 발전시켜 『중용장구』를 짓는다. 이는 『중용』이 『예기』에서 완전히 분리되어 유교 사서로 확정되고, 유교 경전의 기본으로 정착되는 계기가 되었다.

　주자는 『중용』의 심오한 뜻을 연구하는 데 엄청난 시간을 보냈다. 그의 인생 중 상당한 시기를 『중용』 연구에 바쳤다고 해도 과언이 아닐 정도이다. 주자가 『중용장구』의 저술을 마친 것이 1189년, 그의 나이 60세 되던 해였다. 『예기』의 「중용」은 원래 33절로 구성되어 있었다. 그런데 정자는 이것이 타당하지 못하다고 생각하고 다시 37절로 나누었다. 그러나 주자는 정자의 학설을 심각하게 검토한 이후, 다시 33장으로 되돌려놓고 거기에 주석과 풀이를 가미했다. 그것이 그 유명한 『중용장구』이다.

　주자는 『중용장구』의 서문을 쓰면서, "『중용』은 자사가 유학의 전통을 잃을까 근심이 되어 각고의 노력 끝에 지은 것이다."라고 하여, 유학의 도통道統 전승을 서술하고 있다. 이때 내세운 학문의 도통이나 핵심은 다름 아닌 유학의 유명한 '16자 심법'이다. 그것은 『서경』 「대우모」에 나오는 "인심人心은 위험하고 도심道心은 미미하나, 오직 정밀하고 오직 한결같아야 진실로 그 중용을 잡게 된다."라는 16글자의 대문을 내세운다. 심법에서는 인심과 도심을 논의하고 난 뒤에는, 늘 도심이 우리 몸의 주인이 되고 인심은 언제나 그 명령에 복종해야 한다고 주장했다. 주자는 이러한 유학의 전통, 즉 자사가 요임금과 순임금 이래로 전승되어 내려오는 유학의 근본을 추구하고, 그것을 평소에 자기가 듣고 배운 스승의 말씀을 통해 구체적으로 증명하여 내용을 풀어나가면서, 『중용장구』를 다시 만들어 후세에 배우는 사람에게 일러준 것이다.

『중용』의 가치, 그것을 읽는 자세와 방법

'사서'로 명명되는 『대학』, 『논어』, 『맹자』, 『중용』은 유교의 특성과 요지를 심층적으로 담고 있는 기본 경전이다. 그러기에 독서의 순서도 질서정연하게 제시된다. 『대학』을 통해 공부의 규모를 정하고, 『논어』에서 그 공부의 근본을 세우며, 『맹자』에서 공부가 펼쳐지고 넘나드는 차원을 볼 수 있고, 『중용』에서 옛 사람의 숨겨져 있으면서도 묘한 공부의 절정을 맛보게 했다.

이런 점에서 사서 중에서 맨 마지막에 읽도록 한 『중용』은 인간의 삶과 공부의 철학을 은미하고도 오묘하게 간직하고 있다. 그것은 인간이 자연스럽게, 성실하게 살려는 노력을 눈물겹게 담고 있다. 진정성을 갖고 자신에게 충실하고, 타자와 함께하려는, 우리 모두를 위한 삶의 진실을 고려한다. 자연과 인간의 화해, 그리고 인간의 노력, 건전한 마음 씀씀이. 중용은 그 이상도 그 이하도 아니다.

『중용』은 일상생활의 균형과 조화를 꾀한다

중용은 어떻게 생겨났을까? 어떤 의미를 부여받으며 그 개념을 형성하고 발전시켜 왔을까? '중용'의 최초 의미를 이해하기 위해서는 중국 고대의 문자 기록인 갑골문을 살펴볼 필요가 있다. 갑골문에서는 '중中'을 쓴 흔적이 여러 군데에서 나타난다. 하지만 '용庸'을 쓴 모습은 잘 드러나지 않는다. 따라서 『중용』의 전체 모습보다는, '중'의 용례를 통해 중용의 문자적 의미를 유추할 수 있다. 갑골문에 보이는 '중'은 펄럭이는 깃발을 상징한다. 때로는 깃발의 위아래에 매달려 휘날리는 띠를 나타내기도 한다. 이때 깃발은 바람이 부는 방향에 따라 전후좌우로 휘날린다. 하지만 휘날리기만 할 뿐, 그 깃발의 실제인 깃발은 하나이다.

깃발은 기류의 흐름과 바람이 부는 상황 조건에 따라 나부낀다. 그러나 깃발을 매달고 있는 깃대는 여전히 하나의 축으로 자기 자리를 지키고 있다. 휘날리는 깃발과 이를 둘러싼 상황 조건, 그리고 깃발을 매달고 있는 깃대의 관계에서 우리는 주요한 유기체적 연관성을 발견할 수 있다. 그것은 동양에서 전통적으로 말해왔던 중심 혹은 중점이라는 의미의 파생이다. 여기에서 중은 안과 밖의 관계를 통해 안이라는 의미를 지니게 된다. 안은 안팎, 즉 내외의 관계, 혹은 속과 겉, 중심과 주위라는 바탕 설정을 전제로 한다. 때문에 중은 철저하게 자기와 타자, 내면과 외면의 연관성에서 판단되거나 설정되는 말이다. 다시 말하면, 중은 나와 타인, 혹은 안과 바깥 사이에서, 그것을 판가름하는 기준이 무엇인지를 일러주는 일종의 표준이자 기준이며 잣대이다.

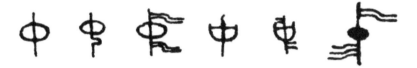

중(中)의 다양한 모습들

이는 '시간-공간,' '정신-육체,' '내-외,' '주관-객관,' '개체-일반,' '유-무' 등 모든 착종錯綜된 복잡한 관계의 균형을 유지하는 점, 조화를 지탱하는 점으로, '밸런스balance의 극치'이다. 이는 상대적이거나 상반되는 것의 뒤섞임 속에서 '균형', '조화', '밸런스'를 중의 핵심적 내용으로 보는 것이다. 이때, 중은 반드시 사물과의 관계를 전제로 한다. 그러므로 관계의 측면에서, 중은 물리적 · 기계적 중을 말하는 것이 아니라 사람과 사람 사이에 생기는, 혹은 자기 마음에 생기는 문제를 처리하는 데 어떻게 하면 가장 절절하게 해소할 수 있느냐와 관련하여, 매우 복잡한 요소를 내포하고 있다.

하나의 사물은 우선적으로 '시간과 공간' 내의 존재이다. 그러므로 '때와 장소'라는 요소가 들어 있다. 다음으로 사물이란 '사람 대 사람'이나 '사람 대 물건'을 막론하고 언제나 '나와 너', '주관 대 객관' 혹은 '주체 대 객체'의 관계를 전제로 한다. 이런 점에서 중은 다양한 사물간의 관계의 산물이다. '관계 가운데 어떻게 자리하느냐'를 보여준다.

한편, 용庸은 중中과는 상당히 다른 성질을 지닌 모습으로 드러난다. 앞에서도 언급한 것처럼, 용은 갑골문에 나타나지 않는다. 대신, 우리는 중국 고대 한자의 원초적 모습을 풀이하고 있는 『설문해자』에서 그 용례를 찾을 수 있다. 『설문해자』에서는 '용庸을 용用과 같다.'라고 하여, '쓰임'의 의미로 풀이했다. 이는 일을 새롭게 진행해 나가 끝이 없다거나, 또는 '쓰임'을 베풀어 행할 수 있음을 의미한다. 이렇게 볼 경우, 용은 늘 움직이는 가운데 존재하는 인간의 행위, 그것이 지속되는 것으로 이해할 수 있다. 앞에서 언급한 중이 용과 언제 어떻게 합쳐졌는지, 그 개념의 발달과정을 구체적으로 밝히기는 쉽지 않다. 중과 용이 중용으로 통합되어 하나의 개념으로 드러나는 것은 『논어』와 『중용』에서이다. 그것은 "중용의 덕은 지극하다. 사람이 오래 지속하는 경우가 드물다!"라는 언표를 통해 구체성을 띤다.

여기에서 공자가 설명한 중용의 덕은 인간관계에서 최고의 덕목으로 느껴진다. 문제는 공자가 중용이 무엇인지, 어떤 행동으로 드러날 수 있는지, 그 자세한 내용이나 의미를 설명하지 않았다는 점이다. 하지만 『논어』에서 언급되고 논의되는 여러 개념으로 볼 때, '중용'은 인仁에 가장 가까운 듯하다. 왜냐하면 『논어』는 삶의 구체적인 장면에서의 기록을 담은 것으로, 인은 삶의 상황과 관계에서 우러나오는 것이고, 중용이 바로 삶의 '관계'에서 지속적으로 쓰이는 덕목이기 때문이다. 이후, '중용'이라는 개념은 주자의『중용장구』에서 다음과 같이 구체적으로 해석된다.

"중은 한쪽으로 치우치거나 의지하지 않으며 지나침과 모자람이 없는 것이고, "용은 변하지 않는 일상생활"을 말한다.

이때, 중은 크게 두 가지 의미로 설명된다. 하나는 '치우치지도 의지하지도 않는다.'이고, 다른 하나는 '지나치지도 모자라지도 않는다.'라는 뜻이다. 전자는 본체 자체가 중립성을 띠고 있음을 뜻하고, 후자는 실제로 적합성을 지니고 있음을 의미한다. 본체와 실제, 중립성과 적합성! 이 두 가지는 서로 다른 듯하지만 시간과 공간 속에서 동시에 드러난다. 그러므로 중은 '중립성'과 '적합성'을 시간과 공간 속에서 운용하여, '최상의', '가장 적합한,' 구체적이고 순간적인 현실에서 표출된다. 그 가운데 용은 인간의 지속적 쓰임과 행위를 드러낸다. 모든 쓰임은 일상생활에서의 구체적 용도이다. 그것은 시간과 공간 속에서 변화의 흐름에 의지한다. 변화의 상황 가운데 가장 적절한 것을 취한다. 따라서 중용은 시간과 공간 속에서 '최상의', '가장 적합한 것'이다. 이는 중이라는 원리에 의거한 법칙성과 용이라는 구체적 실천에 의거한 실현력을 담보한다.

중용은 우주자연 자체를 형용한 표현인 동시에 인간 일상생활에의 적용이다. 다시 말하면, 중용은 자연의 우주법칙인 동시에 인간의 사회법칙으로서 세계의 기본 질서를 형용한 개념이다. 일상생활에서 중용은 인간과 늘 함께 호흡하는 덕행으로 드러난다. 따라서 중용은 자연과 인간의 관계 가운데, 변화하는 시간과 공간 속에서, 때와 상황에 맞게 대처하는 삶의 방법으로 이해할 수 있다.

1

우주자연의 질서에 따라 타고난 것을 인간의 본성이라고 하고, 그 본성을 따르는 것을 길이라 하며, 그 길을 끊임없이 지속하며 문명을 창출해 가는 것을 문화 제도라고 한다.

인간의 길은 일상생활을 잠시도 떠나지 못한다. 떠날 수 있다면 그것은 인간의 길이 아니다. 때문에 사람다운 사람인 건전한 인격자는 일상생활에서 다른 사람에게 보이지 않는 자신의 마음가짐이 흐트러지지 않도록 경계하고 삼가며, 다른 사람에게 들리지 않는 자신의 마음가짐이 흐트러지지 않도록 겁내고 두려워한다.

숨겨져 있는 것보다 더 잘 드러나 보이는 것은 없고, 작은 일보다 더 크고 환하게 나타나는 것은 없다. 때문에 사람다운 사람인 건전한 인격자는 혼자 있을 때도 모든 일에 대해 조심한다.

기쁨과 노여움, 슬픔과 즐거움이, 아직 행동에 나타나지 않은 것을 '알맞음'이라 하고, 행동으로 나타나서 이치와 도리에 딱 들어맞는 것을 '호응'이라고 한다. 알맞음이라는 것은 우주자연과 인간사회가 본래 그러하듯이 원래 있는 기본 질서이고, 호응이라는 것은 그 기본 질서가 사람과 사람 사이에, 물건과 사람 사이에, 일과 사람 사이의 작용과정에서 서로 응하여 딱 들어맞는 것, 달리 말하면 화합과 조화이다.

우주자연과 인간사회의 질서가 알맞게 되고, 모든 사물 사이의 작용이 호응하게 되면, 우주자연과 인간사회가 기본 질서를 유지하고, 인간을 비롯한 모든 사물이 저마다의 삶을 완수하리라.

天命之謂性, 率性之謂道, 脩道之謂敎. 道也者, 不可須臾離也, 可離非道也.
천명지위성 솔성지위도 수도지위교 도야자 불가수유리야 가리비도야

是故君子戒愼乎其所不睹, 恐懼乎其所不聞. 莫見乎隱, 莫顯乎微, 故君子
시고군자계신호기소부도 공구호기소불문 막현호은 막현호미 고군자

愼其獨也. 喜怒哀樂之未發謂之中, 發而皆中節謂之和. 中也者, 天下之大本
신기독야 희노애락지미발위지중 발이개중절위지화 중야자 천하지대본

也. 和也者, 天下之達道也. 致中和, 天地位焉, 萬物育焉.
야 화야자 천하지달도야 치중화 천지위언 만물육언

| 핵심어 | 率性之謂道 (솔성지위도)
| 해설 | 인간의 본성을 따르는 것이 길이다.

우주자연의 도!

2

공자가 말했다.

"사람다운 사람인 건전한 인격자는 중용을 지키고 실천한다. 사람답지 못한 천박한 존재는 중용과 반대되는 짓거리를 일삼는다. 지성인의 중용 실천은 교육받은 사람답게 때와 장소, 처지와 상황에 따라 알맞게 한다. 배우지 못한 조무래기는 중용에 반하는 행동을 하기에, 교양 없는 사람으로서 두려워하지 않고 조심하지 않으며 물러섬이 전혀 없다."

仲尼曰, "君子中庸, 小人反中庸. 君子之中庸也, 君子而時中. 小人之中庸也,
중 니 왈   군 자 중 용   소 인 반 중 용 군 자 지 중 용 야 군 자 이 시 중   소 인 지 중 용 야

小人而無忌憚也."
소 인 이 무 기 탄 야

| 핵심어 | **君子中庸** (군자중용)
| 해설 | 군자는 중용을 지키고 실천한다.
군자의 길!

3

공자가 말했다.

"중용은 정말 합당한 인간의 길이다! 사람은 이를 깨달을 필요가 있다. 문제는 사람 가운데 중용을 지속적으로 실천하려는 자가 적다는 것이다!"

子曰, "中庸其至矣乎! 民鮮能久矣."
자 왈   중 용 기 지 의 호   민 선 능 구 의

| 핵심어 | 中庸其至矣乎 (중용기지의호)
| 해설 | 중용은 합당한 인간의 길이고 사람은 이를 깨달아야 한다.
합당한 인간의 조건.

공자가 말했다.

"중용의 길이 왜 이행되지 않는지, 그 이유를 나는 안다. 세상에서 아는 척하는 사람은 중용의 길을 지나친다. 우둔한 사람은 중용의 길을 제대로 파악하지 못하여 이에 미치지 못한다. 중용의 길이 왜 제대로 밝혀지지 않는지, 그 이유를 나는 안다. 세상에서 현명하다고 하는 사람은 중용의 길을 지나친다. 우매한 사람은 중용의 길이 무엇인지 몰라서 이에 미치지 못한다. 사람은 누구나 음식을 먹고 산다. 그러나 음식의 참맛을 아는 사람은 적다."

子曰, "道之不行也, 我知之矣. 知者過之, 愚者不及也. 道之不明也,
자 왈 도 지 불 행 야 아 지 지 의 지 자 과 지 우 자 불 급 야 도 지 불 명 야

我知之矣. 賢者過之, 不肖者不及也. 人莫不飮食也, 鮮能知味也."
아 지 지 의 현 자 과 지 불 초 자 불 급 야 인 막 불 음 식 야 선 능 지 미 야

| 핵심어 | 不肖者不及也 (불초자불급야)
| 해설 | 우매한 사람은 중용의 길을 몰라서 이에 미치지 못한다.

중용의 길!

공자가 말했다.

"중용의 길이 참으로 행해지기 힘들겠구나!"

子曰,"道其不行矣夫."
자 왈   도 기 불 행 의 부

| 핵심어 | 道其不行矣夫 (도기불행의부)

| 해설 | 중용의 길은 참으로 행하기 힘들다.

중용의 실천!

6

공자가 말했다.

"순임금은 참으로 큰 지혜를 지닌 사람이다. 순임금은 다른 사람에게 묻기를 좋아했다. 평범하고 하찮은 말에도 조심하는 것을 좋아했다. 그러나 다른 사람의 단점은 숨겨주고 장점은 드날려주었다. 사람 사이에 서로 대립되는 견해는, 양쪽을 저울질하여 국민들에게 알맞게 사용했다. 이것이 바로 순임금이 순임금다운 점이다."

子曰, "舜其大知也與? 舜好問而好察邇言, 隱惡而揚善, 執其兩端,
자 왈   순 기 대 지 야 여   순 호 문 이 호 찰 이 언   은 악 이 양 선   집 기 양 단

用其中於民, 其斯以爲舜乎!"
용 기 중 어 민   기 사 이 위 순 호

| 핵심어 | 隱惡而揚善 (은악이양선)

| 해설 | 사소한 말도 조심하기를 좋아한다.

큰 지혜를 지닌 사람.

7

공자가 말했다.

"사람이 모두 나를 '슬기롭다! 지혜롭다!'라고 말한다. 하지만 가만히 보면 욕심에 얽매여 그물이나 덫, 함정 속으로 빠져 들어간다. 그러면서도 그런 화를 피할 줄도 모른다. 이게 나다. 사람이 모두 나를 '슬기롭다! 지혜롭다!'라고 말한다. 하지만 일상생활의 합리성을 도모하는 인간의 길, 중용을 선택하여, 한 달도 제대로 지키지 못한다. 이게 나다."

子曰, "人皆曰予知, 驅而納諸罟擭陷阱之中, 而莫之知辟也. 人皆曰予知,
자 왈   인 개 왈 여 지 구 이 납 저 고 확 함 정 지 중 이 막 지 지 피 야 인 개 왈 여 지

擇乎中庸, 而不能期月守也."
택 호 중 용   이 불 능 기 월 수 야

| 핵심어 | 人皆曰予知 (인개왈여지)
| 해설 | 사람이 나를 지혜롭다고 말한다.
중용 실현의 어려움.

8

공자가 말했다.

"안회는 중용을 선택하여 한 가지 착한 것을 얻으면, 받들어서 가슴에 꼭 간직하여 잃지 않았다."

子曰, "回之爲人也, 擇乎中庸, 得一善, 則拳拳服膺而弗失之矣."
자 왈   회지위인야 택호중용 득일선 즉권권복응이불실지의

| 핵심어 | **拳拳服膺** (권권복응)
| 해설 | 소중히 받들어 가슴에 간직하라.

중용의 실천 체험.

9

공자가 말했다.

"온 세상이나 한 나라, 한 가문을 평화롭고 공평하게 잘 다스린 사람도 있었고, 누구나 탐내는 높은 벼슬자리나 봉급을 사양한 사람도 있었으며, 날카로운 칼날을 밟을 수 있는 용맹스런 사람도 있었다. 하지만 이들이라고 하여 중용을 제대로 실천할 수는 없다."

子曰, "天下國家可均也, 爵祿可辭也, 白刃可蹈也, 中庸不可能也."
자 왈   천 하 국 가 가 균 야   작 록 가 사 야   백 인 가 도 야   중 용 불 가 능 야

| 핵심어 | 中庸不可能 (중용불가능)

| 해설 | 중용을 제대로 실천할 수는 없다.

중용의 좁은 길.

공자의 수제자인 자로가 물었다.

"선생님, 사람이 '굳세다.'라고 하는데, 무엇을 말합니까?"

공자가 말했다.

"'굳세다'라고 하는 것도 여러 가지이다. 자네가 물은 '굳세다.'라고 하는 것이, 남쪽 지방 사람의 굳셈인가? 북쪽 지방 사람의 굳셈인가? 아니면 자네 같은 지성인이 지녀야 할 굳셈인가?

너그럽고 부드러운 태도로 가르치고, 의리도 없고 도리를 지키지 않는 법도가 없는 행동을 하는 사람일지라도 그에게 보복을 하지 않는 것은, 남쪽 지방 사람의 굳셈이다. 교양을 갖춘 지성인은 이렇게 산다.

창을 들고 갑옷을 입고 싸우다가 죽어도 후회하지 않는 것은, 북쪽 지방 사람의 굳셈이다. 무력이 센 강포한 사람이 이렇게 산다.

그러므로 사람다운 사람인 건전한 인격자는, 사람마다 서로 응하여 남에게 휩쓸리지 않는다. 이 얼마나 굳세고 꿋꿋한가! 알맞은 곳에 서서 치우치지 않는다. 이 얼마나 굳세고 꿋꿋한가! 나라가 잘 다스려져서 벼슬하고 봉급을 받아도 곤궁할 때의 생활태도나 절개를 변하지 않고 유지한다. 이 얼마나 굳세고 꿋꿋한 삶의 태도인가! 나라가 혼란스럽게 되어 벼슬에서 물러나더라도, 나라를 사랑하고 사람을 아끼는 마음을 변하지 않고 지킨다. 이 얼마나 굳세고 꿋꿋한 인생인가!"

子路問强. 子曰, "南方之强與? 北方之强與? 抑而强與? 寬柔以敎, 不報無道,
자 로 문 강   자 왈   남 방 지 강 여   북 방 지 강 여   억 이 강 여   관 유 이 교   불 보 무 도

南方之强也, 君子居之. 衽金革, 死而不厭, 北方之强也, 而强者居之. 故君
남 방 지 강 야   군 자 거 지   임 금 혁   사 이 불 염   북 방 지 강 야   이 강 자 거 지   고 군

子和而不流, 强哉矯. 中立而不倚, 强哉矯. 國有道, 不變塞焉, 强哉矯.
자 화 이 불 류   강 재 교   중 립 이 불 의   강 재 교   국 유 도   불 변 색 언   강 재 교

國無道, 至死不變, 强哉矯."
국 무 도   지 사 불 변   강 재 교

| 핵심어 | 和而不流 (화이불류)

| 해설 | 사람마다 서로 응하여 남에게 휩쓸리지 않는다.

굳세고 꿋꿋한 인생을 사는 법.

11

공자가 말했다.

"어떤 사람은 별난 일을 찾아내고 괴이한 짓을 행한다. 후세에 그런 것을 칭찬하고 계승하는 사람이 있겠지만, 나는 그런 이상한 짓은 하지 않는다.

교양을 갖추었다는 사람은 처음에는 인간의 올바른 길을 찾아 행한다. 그러다 도중에 그만두는 경우가 있다. 그러나 나는 결코 그렇게 하지 않으리라.

사람다운 사람인 건전한 인격자는 중용에 의지하여 실천하며, 세상에서 물러나 숨어 살면서 사람에게 알려지지 않아도 후회하지 않는다. 이런 삶은 최고의 인격자만이 제대로 누릴 수 있다."

子曰, "索隱行怪, 後世有述焉, 吾弗爲之矣. 君子遵道而行, 半塗而廢,
자왈 색은행괴 후세유술언 오불위지의 군자준도이행 반도이폐

吾弗能已矣. 君子依乎中庸, 遯世不見, 知而不悔, 唯聖者能之."
오불능이의 군자의호중용 둔세불견 지이불회 유성자능지

| 핵심어 | 遵道而行 (준도이행)
| 해설 | 인간의 올바른 길을 찾아 행한다.
교양인의 조건!

12

사람다운 사람인 건전한 인격자의 삶, 그 중용의 길은 그 작용이 밝아서 쓰임이 넓고 그 본체는 은미하게 숨겨져 잘 드러나지 않는다.

중용의 길은 평범한 부부가 함께 생활하며 자식을 낳고 기르는 일상 가운데서도 알 수 있다. 그러나 중용의 핵심에 대해서는 최고 인격자라고 할지라도 세세하게 모두 다 알지 못하는 부분이 있다. 평범한 부부처럼 잘나지 못한 사람도 중용을 잘 실천할 수 있다. 그러나 중용의 핵심에 대해서는 최고 인격자라고 할지라도 세세하게 모두 다 실천하지 못하는 부분이 있다. 우주 자연의 질서는 너무나 위대하다. 사람은 그 위대한 우주자연의 질서를 모두 파악하지 못하기에 늘 불안한 마음에 걱정이다. 그러므로 교육받은 지성인이 아무리 큰 틀에서 중용을 말하더라도 세상 사물의 중용을 모두 담지는 못하고, 아무리 작은 틀에서 중용을 말하더라도 세상에 보이지 않는 중용을 깨뜨릴 수는 없다.

『시경』「대아」〈한록〉편에 "솔개는 하늘 높이 훨훨 날고, 물고기는 연못에서 파닥이누나!"라고 읊조렸다. 이 노래는 우주자연의 질서가 하늘과 땅에서 정확하게 드러남을 보여주었다.

"교양을 갖춘 사람, 그가 실천할 삶의 단서는 평범한 부부생활에서 비롯된다. 그 정확한 모습은 우주자연의 질서를 통해 드러나리라."

君子之道, 費而隱. 夫婦之愚, 可以與知焉. 及其至也, 雖聖人亦有所不知焉.
군 자 지 도 비 이 은 부 부 지 우 가 이 여 지 언 급 기 지 야 수 성 인 역 유 소 부 지 언

夫婦之不肖, 可以能行焉. 及其至也, 雖聖人亦有所不能焉. 天地之大也,
부 부 지 불 초 가 이 능 행 언 급 기 지 야 수 성 인 역 유 소 불 능 언 천 지 지 대 야

人猶有所憾. 故君子語大, 天下莫能載焉. 語小, 天下莫能破焉. 詩云,
인 유 유 소 감 고 군 자 어 대 천 하 막 능 재 언 어 소 천 하 막 능 파 언 시 운

"鳶飛戾天, 魚躍于淵." 言其上下察也. "君子之道, 造端乎夫婦, 及其至也,
연 비 려 천 어 약 우 연 언 기 상 하 찰 야 군 자 지 도 조 단 호 부 부 급 기 지 야

察乎天地."
찰 호 천 지

| 핵심어 | 天下莫能破焉 (천하막능파언)
| 해   설 | 세상에 보이지 않는 중용을 깨뜨릴 수는 없다.

인격자의 삶!

13

공자가 말했다.

"중용의 길은 인간의 삶과 멀리 떨어져 있지 않다. 사람이 일상을 살아가면서 삶에 필요한 합당한 도리를 멀리하면 그것은 인간의 길이라고 할 수 없다."

『시경』「빈풍」〈벌가〉에 이런 노래가 있다.

"도끼자루를 베는구나, 도끼자루를 베는구나. 그 방법은 멀지 않네!"

사람은 도끼자루를 잡고 도끼자루를 벤다. 그 장면을 눈을 흘겨 바라보며, 같은 도끼자루를 베면서 그 방법이 멀리 있다고 한다. 때문에 정치지도자는 그 사람의 타고난 본성을 기준으로 사람을 다스리다가, 사람다운 사람으로 되돌아오면 그것으로 멈춘다.

자기 마음을 다하는 충실과 남을 이해해 주는 배려는 중용의 길과 멀리 떨어져 있지 않다. 자신에게 베풀어서 원하지 않는 것을 또한 남에게 베풀지 마라!

사람다운 사람인 건전한 인격자, 그 인생의 길에 네 가지가 있다. 그 가운데 나 공자는 하나도 제대로 하지 못했다. 아들에게 효도해 주기를 바라면서 부모를 제대로 섬기지 못하고, 아래 참모나 보좌관에게 맡은 일 다해주기를 바라면서 위의 최고지도자를 제대로 섬기지 못하며, 아우에게는 존중해 줄 것을 바라면서 형을 제대로 섬기지 못하고, 벗에게 우정과 신뢰가 있기를 바라면서 먼저 그에게 제대로 베풀지 않았다. 평범한 덕을 실천하고, 평범한 말에 조심하며, 행실에 부족함이 있으면 애써 고치려고 노력해야 한다. 행실을 충분하게 실천했다면, 지나치게 더할 필요는 없다. 이때 말은 행실을 돌아보며, 행실은 말을 돌아보아야 한다. 그러니 교양을 갖춘 지성인으로서 어찌 착실하지 않을 수 있겠는가?

子曰, "道不遠人. 人之爲道而遠人, 不可以爲道." 詩云, "伐柯伐柯, 其則不
자왈   도불원인 인지위도이원인 불가이위도   시운   벌가벌가 기칙불

遠." 執柯以伐柯, 睨而視之, 猶以爲遠. 故君子以人治人, 改而止. 忠恕違道
원   집가이벌가 예이시지 유이위원 고군자이인치인 개이지 충서위도

不遠, 施諸己而不願, 亦勿施於人. 君子之道四, 丘未能一焉. 所求乎子以事
불원 시저기이불원 역물시어인 군자지도사 구미능일언 소구호자이사

父, 未能也. 所求乎臣以事君, 未能也. 所求乎弟以事兄, 未能也. 所求乎朋友
부 미능야 소구호신이사군 미능야 소구호제이사형 미능야 소구호붕우

先施之, 未能也. 庸德之行, 庸言之謹, 有所不足, 不敢不勉, 有餘不敢盡,
선시지 미능야 용덕지행 용언지근 유소부족 불감불면 유여불감진

言顧行, 行顧言. 君子胡不慥慥爾.
언고행 행고언 군자호부조조이

| 핵심어 | 忠恕違道不遠 (충서위도불원)
| 해설 | 충실과 배려는 중용의 길에서 멀지 않다.
중용의 길, 인간의 길!

14

교양을 갖춘 지성인은 자신의 현재 위치에 따라 행동하고, 분수를 벗어나는 일을 하지 않는다.

자신이 부귀를 확보하고 있다면, 부귀를 지닌 만큼 그 자리에 알맞게 해당하는 일을 실천한다. 빈천한 처지에 있다면, 빈천한 대로 그 자리에 알맞게 해당하는 일을 실천한다. 문화가 다른 나라에서 살게 되었다면, 문화가 다른 만큼 그 자리에 알맞게 해당하는 일을 실천한다. 근심과 재난을 맞닥뜨렸다면, 걱정 근심을 주의하면서 그 자리에 알맞게 해당하는 일을 실천한다. 이와 같이 지성인은 어떤 상황에서나 자신의 본분에 따라 알맞게 처리한다.

높은 자리에 있다고 해서 낮은 자리에 있는 사람을 업신여기지 않는다. 낮은 자리에 있다고 해서 높은 자리에 있는 사람에게 빌붙거나 의지하지 않는다. 자신을 바르게 하고 남에게 바라지 않으면 아무런 원망이 없다. 위로 하늘을 원망하지 않으며 아래로 사람을 탓하지도 않는다.

그러므로 교양을 갖춘 사람은 자연스럽게 처신하며 운명을 기다리고, 교양이 없는 조무래기들은 위험한 짓거리를 하면서 요행을 바란다.

공자가 말했다.

"활쏘기를 할 때의 예법이 지성인의 삶의 방식과 유사한 부분이 있다. 과녁을 정확하게 맞히지 못하면, 돌이켜 자신의 언행에 잘못이 있는지를 반성하고, 그 원인을 자기에서 찾는다."

君子素其位而行, 不願乎其外. 素富貴行乎富貴, 素貧賤行乎貧賤,
군 자 소 기 위 이 행   불 원 호 기 외   소 부 귀 행 호 부 귀   소 빈 천 행 호 빈 천,

素夷狄行乎夷狄, 素患難行乎患難. 君子無入而不自得焉. 在上位不陵下,
소 이 적 행 호 이 적   소 환 난 행 호 환 난   군 자 무 입 이 부 자 득 언   재 상 위 불 릉 하

在下位不援上, 正己而不求於人, 則無怨. 上不怨天, 下不尤人. 故君子居易
재 하 위 불 원 상   정 기 이 불 구 어 인   즉 무 원   상 불 원 천   하 불 우 인   고 군 자 거 이

以俟命, 小人行險以徼幸. 子曰, "射有似乎君子, 失諸正鵠, 反求諸其身."
이 사 명   소 인 행 험 이 요 행   자 왈   사 유 사 호 군 자   실 저 정 곡   반 구 저 기 신

| 핵심어 | **居易俟命** (거이사명)
| 해설 | 자연스럽게 처신하며 운명을 기다리라.

자신에게서 원인을 찾는다.

15

지성인의 일상을 다음과 같이 비유할 수 있겠다.

'먼 곳을 가려면 반드시 가까운 곳에서 출발하고, 높은 곳을 오르려면 반드시 낮은 곳에서 시작해야 한다.'

『시경』「소아」〈상체〉에 다음과 같이 노래했다.

"아내와 자식들이 사랑하고 화합함이 거문고와 비파가 화음을 내는 듯하며, 형제자매가 늘 화합하여 즐겁고 그대의 집안 화목하고 의가 좋아, 그대의 아내와 자식도 즐거워하는구나!"

공자가 말했다.

"그런 자식을 둔 부모는 참으로 마음이 편하고 즐겁겠다."

君子之道, 辟如行遠必自邇, 辟如登高必自卑. 詩曰, "妻子好合, 如鼓瑟琴,
군자지도 비여행원필자이 비여등고필자비 시왈   처자호합 여고슬금

兄弟旣翕, 和樂且耽, 宜爾室家, 樂爾妻帑." 子曰, "父母其順矣乎."
형제기흡 화락차탐 의이실가 락이처노   자왈   부모기순의호

| 핵심어 | 行遠必自邇 (행원필자이)
| 해설 | 먼 곳을 가려면 반드시 가까운 곳에서 출발하라.
부모-자식의 도리.

공자가 말했다.

"우주자연이 굽혔다 폈다 하며 작용하는 조화의 힘은 참으로 대단하다. 우주자연의 움직임은 그 형상을 보려고 해도 보이지 않고, 그 소리를 들으려 해도 들리지 않는다. 하지만 모든 사물이 존재하는 근간이 되므로 그 기능과 작용이 빠질 수 없다.

세상 사람에게 정결한 마음가짐으로 의복을 단정하게 입고 경건하게 우주자연의 조화 작용에 존중을 표하면, 그 신령스런 기운이 우리 몸을 휘감으며 강물처럼 넘실대듯 하리라.

『시경』「대아」〈억〉에 다음과 같은 노래가 있다.

"신령스러움이 우리에게 찾아옴을 헤아릴 수 없는데, 하물며 꺼리거나 싫어할 수 있으랴!"

이 장면이 다름 아닌, 보이지 않고 숨겨져 있던 은미함이 나타나는 것이다. 우주자연의 진실함, 그 자연스러움을 덮을 수 없음이 이와 같다."

子曰, "鬼神之爲德, 其盛矣乎! 視之而弗見, 聽之而弗聞, 體物而不可遺.
자 왈   귀 신 지 위 덕 기 성 의 호   시 지 이 불 견 청 지 이 불 문 체 물 이 불 가 유

使天下之人, 齊明盛服, 以承祭祀. 洋洋乎如在其上, 如在其左右. 詩曰,
사 천 하 지 인   제 명 성 복   이 승 제 사   양 양 호 여 재 기 상   여 재 기 좌 우   시 왈

"神之格思, 不可度思. 矧可射思." 夫微之顯, 誠之不可揜, 如此夫."
신 지 격 사   불 가 탁 사   신 가 역 사   부 미 지 현   성 지 불 가 엄   여 차 부

| 핵심어 | **夫微之顯** (부미지현)

| 해설 | 숨겨져 있던 은미함이 나타난다.

우주자연의 조화!

17

공자가 말했다.

"순임금이야말로 정말 세상에서 가장 큰 효도를 한 사람이다. 덕망으로 보면 최고인격자가 되었고, 지위로 보면 최고지도자가 되었으며, 부유함으로 보면 세상의 모든 것을 가졌다. 살아 있을 때는 선조들을 종묘에 받들어 모셨고, 죽은 후에는 후손들이 또 받들어 모시게 하여, 자손들이 잘 보존되고 대대로 복록을 누리게 했다."

때문에 큰 덕망을 지닌 사람은 반드시 그에 걸맞은 지위를 얻으며, 반드시 그에 어울리는 복록을 얻으며, 반드시 그에 합당한 명성을 얻으며, 반드시 그만큼 장수를 누리게 된다.

때문에 우주자연은 모든 사물을 생성할 때, 반드시 저마다의 재질에 따라 속성을 부여한다. 따라서 뿌리를 박고 위로 자라나려는 것은 북돋아주고, 기울어져 자빠지려는 것은 덮어준다.

『시경』「대아」〈가락〉에 다음과 같은 노래가 있다.

"좋구나! 최고지도자의 훌륭한 덕이, 온 사람을 흐뭇하게 하는구나! 저절로 복록이 쏟아져 사는 데 도움을 주고, 자연스럽게 세상이 끊임없이 돌봐주는구나."

그러므로 큰 덕망을 지닌 사람은, 반드시 최고지도자가 되어 사람을 잘 살게 하라는 지상 명령을 받는다."

子曰, "舜其大孝也與? 德爲聖人, 尊爲天子, 富有四海之內. 宗廟饗之,
자왈   순기대효야여   덕위성인   존위천자   부유사해지내   종묘향지

子孫保之. 故大德必得其位, 必得其祿, 必得其名, 必得其壽. 故天之生物,
자손보지   고대덕필득기위   필득기록   필득기명   필득기수   고천지생물

必因其材而篤焉. 故栽者培之, 傾者覆之, 詩曰, "嘉樂君子, 憲憲令德.
필인기재이독언   고재자배지   경자복지   시왈   가락군자   헌헌령덕

宜民宜人, 受祿于天, 保佑命之, 自天申之." 故大德者必受命."
의민의인   수록우천   보우명지   자천신지   고대덕자필수명

| 핵심어 | **必因其材而篤** (필인기재이독)
| 해설 | 반드시 저마다의 재질에 따라 속성을 부여한다.

진정한 효도!

18

공자가 말했다.

"아무런 걱정도 근심도 없는 사람은 오직 주나라의 문왕이리라. 왕계를 아버지로 모셨고, 무왕을 아들로 두었다. 아버지는 사업을 일으켰고, 아들은 그것을 계승하여 발전시켰다!"

무왕이 태왕-왕계-문왕의 계통을 이어받아, 군사를 일으켜 포악무도한 은나라의 주왕을 타도하고 세상을 평정했다. 그러나 세상 사람이 존경해주는 만큼 빛나는 명성을 잃지 않았다. 최고지도자가 되었고, 부귀를 누리며 세상의 모든 것을 가졌다. 선조들을 종묘에 받들어 모셨고, 자손들이 대대로 부귀영화를 누리게 했다.

사실, 무왕은 말년에 가서야 최고지도자가 되었다. 이때 아우인 주공이 아버지 문왕과 형 무왕의 덕망을 정돈하여 마무리했다. 그리고 할아버지인 태왕과 왕계를 최고지도자로 모시고, 그 윗대 선조들도 최고지도자로 예우하여 제사를 잘 지냈다.

주공이 만든 이 제도는 당시 각계각층의 정치지도자들은 물론, 하급 관리나 서민들에게도 통용되었다.

아버지가 고위급 관료이고 아들이 하급 관리라면, 장사는 고위급 관료에 해당하는 의식으로 치르고, 제사는 하급 관리에 해당하는 의식으로 지냈다. 아버지가 하급 관리이고 아들이 고위급 관료라면, 장사는 하급 관리에 해당하는 의식으로 치르고, 제사는 고위급 관료에 해당하는 의식으로 지냈다.

장례식의 경우, 1년의 상례는 중간급 지도자까지 통용되게 했고, 3년의 상례는 최고지도자에게까지 통용되게 했다. 부모에 대한 상례는 지위가 높은 사람이나 낮은 사람에 관계없이 똑같이 소중한 일이다.

子曰, "無憂者, 其唯文王乎? 以王季爲父, 以武王爲子, 父作之, 子述之.
자 왈 무 우 자 기 유 문 왕 호 이 왕 계 위 부 이 무 왕 위 자 부 작 지 자 술 지

武王纘大王 · 王季 · 文王之緒. 壹戎衣而有天下, 身不失天下之顯名, 尊爲
무 왕 찬 태 왕   왕 계   문 왕 지 서 일 융 의 이 유 천 하 신 불 실 천 하 지 현 명 존 위

天子, 富有四海之內. 宗廟饗之, 子孫保之. 武王未受命, 周公成文 · 武之德,
천 자 부 유 사 해 지 내 종 묘 향 지 자 손 보 지 무 왕 말 수 명 주 공 성 문   무 지 덕

追王大王 · 王季, 上祀先公以天子之禮. 斯禮也, 達乎諸侯 · 大夫, 及士 ·
추 왕 태 왕   왕 계 상 사 선 공 이 천 자 지 례 사 례 야 달 호 제 후   대 부 급 사

庶人. 父爲大夫, 子爲士, 葬以大夫, 祭以士. 父爲士, 子爲大夫. 葬以士,
서 인 부 위 대 부 자 위 사 장 이 대 부 제 이 사 부 위 사 자 위 대 부 장 이 사

祭以大夫. 期之喪, 達乎大夫. 三年之喪, 達乎天子. 父母之喪, 無貴賤一也."
제 이 대 부 기 지 상 달 호 대 부 삼 년 지 상 달 호 천 자 부 모 지 상 무 귀 천 일 야

| 핵심어 | 父母之喪無貴賤一 (부모지상무귀천일)
| 해설 | 부모 상은 귀천에 관계없이 소중한 일이다.

현자(賢者)의 조건!

19

공자가 말했다.

"무왕과 주공의 효도는 세상 사람이 모두 인정할 정도의 지극한 효성이었다.

효도라는 것은 조상의 뜻을 잘 계승하고, 대대로 내려오는 사업을 제대로 이룩하는 작업이다. 봄과 가을에는 선조들의 종묘인 사당을 수리하고, 대대로 내려오는 기물을 진열하며, 조상의 유물인 의복을 펼쳐 조상의 신위 곁에 있는 시동에게 걸치고, 계절마다 나오는 신선한 음식을 제사상에 올렸다.

종묘에서 행하는 의식은 아버지 세대와 자식 세대의 구별을 위해 조상들 사이에 세대간 차이를 두는 소와 목의 서열이나 순차를 바르게 세우기 위해서이다. 공, 후, 경, 대부 등 관직의 계급에 따라 서열을 매기는 것은 신분상 귀한 사람과 천한 사람을 구분하기 위해서이다. 제사를 지낼 때에 담당한 직책에 따라 서열을 매기는 것은 지혜가 있고 덕행이 뛰어난 사람을 분별하기 위해서이다. 제사를 지낸 후, 내빈과 더불어 연회를 하며 음복주를 마실 때 아랫사람이 윗사람에게 술잔을 권하는 것은 미천한 사람도 모두 제사의 의미를 알고 겸허하게 참여할 수 있도록 기회를 주기 위해서이다.

제사가 끝나고 내빈들이 모두 돌아간 후 동족끼리 간단히 연회를 할 때, 모발의 색깔에 따라 자리를 정하는 것은 일가친척 간에 연령별로 서열을 재확인하고 가문의 질서를 바로잡기 위해서이다.

선조의 자리에 올라서는 선조가 행하던 예식을 행하고, 선조가 즐겨하던 음악을 연주하며, 선조가 존중하던 것을 존중하고, 선조가 친애하던 사람을 친애한다. 돌아가신 분을 살아 있는 분 모시는 것처럼 하며, 없어진 분을 남아 있는 분 섬기듯 하는 것이 효도를 다하는 일이다.

최고지도자가 하늘에 제사지내는 의식과 그 아래 정치지도자들이 땅에 제사지내는 의식은 최고의 신령을 섬기는 일이다. 종묘 의식은 한 가문의 선조들을 모시어 제사지내는 것이다. 최고의 신령을 섬기는 일과 가문의 선조들을 모시는 일을 잘 알아서 성실하게 실행할 수 있으면, 나라 다스리는 일은 내가 내 손바닥 보듯이 제대로 처리할 수 있다."

子曰, 武王周公, 其達孝矣乎! 夫孝者, 善繼人之志, 善述人之事者也.
자 왈 무 왕 주 공 기 달 효 의 호 부 효 자 선 계 인 지 지 선 술 인 지 사 자 야

春秋脩其祖廟, 陳其宗器, 設其裳衣, 薦其時食. 宗廟之禮, 所以序昭穆也.
춘 추 수 기 조 묘 진 기 종 기 설 기 상 의 천 기 시 식 종 묘 지 례 소 이 서 소 목 야

序爵, 所以辨貴賤也. 序事, 所以辨賢也. 旅酬下爲上, 所以逮賤也. 燕毛,
서 작 소 이 변 귀 천 야 서 사 소 이 변 현 야 여 수 하 위 상 소 이 체 천 야 연 모

所以序齒也. 踐其位, 行其禮, 奏其樂, 敬其所尊, 愛其所親, 事死如事生,
소 이 서 치 야 천 기 위 행 기 례 주 기 악 경 기 소 존 애 기 소 친 사 사 여 사 생

事亡如事存, 孝之至也. 郊社之禮, 所以事上帝也. 宗廟之禮, 所以祀乎其
사 망 여 사 존 효 지 지 야 교 사 지 례 소 이 사 상 제 야 종 묘 지 례 소 이 사 호 기

先也. 明乎郊社之禮, 禘嘗之義, 治國其如示諸掌乎!"
선 야 명 호 교 사 지 례 체 상 지 의 치 국 기 여 시 저 장 호

| 핵심어 | **善繼人志** (선계인지)
| 해설 | 조상의 뜻을 잘 계승한다.

효도의 참뜻!

20

공자의 인생 말년인 70대 무렵, 노나라의 최고지도자 애공이 정치하는 방법에 대해 공자에게 자문을 구했다.

이에 공자가 말했다.

"옛날 주나라를 창건한 문왕과 무왕의 정치에 관한 기록이 역사책에 실려 있습니다. 그 당시처럼 덕망이 있는 최고지도자와 그를 보좌하는 참모들이 있으면 그에 맞는 정치가 이루어집니다. 그런 덕망 있는 사람이 없으면 사람이 잘살 수 있는 정치도 실행되지 않습니다.

사람으로서 힘써야 할 길은 정치를 어떻게 하느냐에 잘 드러납니다. 그것은 식물을 자라게 하는 근원인 땅이 수목에 민감하게 나타나는 것과 같습니다. 이런 점에서 정치라는 것은 물가에서 쉽게 나고 잘 자라는 창포나 갈대와도 같습니다.

때문에 정치를 잘하고 못하는 것은 사람에게 달려 있습니다. 어떤 사람을 참모로 쓰거나 보좌관으로 임명하는 일은 최고지도자가 직접 하지요? 그러니까 최고지도자는 직접 인재를 등용하여 써야 하기 때문에, 인간의 길이 무엇인지, 그 합당한 도리를 분명하게 밝혀야 합니다. 인간의 길을 밝힐 때는,

진정, 사람을 사랑하는 열린 마음으로 해야 합니다.

열린 마음은 사람 사이에서 그들을 상대로 하는 일입니다. 그러다 보니 나와 가장 가까운 혈육인 친인척에 대해 친절하게 하는 것이 하나의 잣대가 되고 중요한 일이 됩니다. 사람의 도리는 마땅히 해야 하는 일을 말합니다. 그것은 지혜롭고 똑똑한 사람을 존중하는 것에서 비롯되기에, 이 일이 가장 중요한 것이 됩니다. 친인척을 사랑하는 데도 차이가 있고, 똑똑한 사람을 존중하는 데도 차등이 있습니다. 그러기에 예의와 예절이 생기는 것입니다.

그러므로 한 나라의 최고지도자는 정치를 잘하기 위해 스스로 수양을 하지 않을 수 없습니다. 자신을 수양하려고 생각하면 부모를 모시고 효도를 다해야 합니다. 부모를 모시고 친인척을 섬기며 받들 일을 생각하면 사람을 제대로 파악하여 현명한 참모를 가려서 써야 합니다. 이렇게 인간사회의 법칙 속에서 사람을 제대로 파악하려면, 우주자연의 질서가 어떻게 돌아가는지, 그 이치를 정확하게 아는 데까지 이르러야 합니다."

인간사회에는 모든 사람에게 두루 통하는 보편적인 길, 사람의 도리에 해당하는 것이 다섯 가지가 있습니다. 그것을 실천하게 만드는 근거는 세 가지입니다. 최고지도자와 참모, 부모와 자식, 남편과 아내, 형제자매, 친구 사이의 사귐, 이 다섯 가지가 일상생활에서 마땅히 실천해야 하는 보편적인 사람의 도리이다. 지, 인, 용, 이 세 가지는 모든 사람에게 두루 통하는 보편적인 덕목인데, 그것을 실천하게 만드는 바탕은 하나입니다.

어떤 사람은 태어나면서부터 그 길을 알고, 어떤 사람은 배워서 알게 되며, 어떤 사람은 엄청나게 노력해서 알게 되기도 합니다. 하지만 사람의 도리를 알게 된다는 차원에서는 동일합니다. 어떤 사람은 힘들이지 않고 편안하게 그 길을 실천하고, 어떤 사람은 잘해서 이롭게 하여 실천하며, 어떤 사람은 애써서 강하게 하여 실천하기도 합니다. 하지만 실천하여 성공한다는 차원에서는 동일합니다."

공자가 말하였다. "배우기를 좋아하는 것은 '지'에 가깝고, 실천하는 데 힘쓰는 것은 '인'에 가까우며, 부끄러움을 아는 것은 '용'에 가깝다."

지·인·용! 이 세 가지를 알면 자신이 왜 수양을 하는지 그 근거를 알게 되고, 자기 수양의 근거를 알게 되면, 왜 다른 사람을 다스려야 하는지 그 근거를 알게 된다. 다른 사람을 다스리는 근거를 알게 되면, 자신이 속한 집안과 나라, 나아가 온 세상을 왜, 어떻게 다스려야 하는지 그 이유를 알게 된다.

온 세상과 나라, 집안을 다스리는 데 필요, 당연히 해야 할 아홉 가지 기준이 있다. 그것은 첫째, 자기 수양, 둘째, 지혜로운 사람에 대한 존중, 셋째, 부모 및 친인척에 대한 사랑, 넷째, 고위급 관리에 대한 존경, 다섯째, 참모나 보좌관들에 대한 보살핌, 여섯째, 서민들에 대한 자식 같은 내리사랑, 일곱째, 모든 업종의 기술자들에 대한 우대, 여덟째, 이방인이나 객지에 있는 사람에 대한 배려, 아홉째, 정치지도자들에 대한 예우 등이다.

최고지도자가 자기 수양을 하면 인간으로서 가야 할 길이 확립된다. 지혜로운 사람을 존중하면 의혹이 없어진다. 부모와 친인척을 사랑하면 친인척 형제자매 사이에 서로 원망하지 않는다. 고위급 관리를 존경하면 정치 질서가 바르게 된다. 참모나 보좌관들을 보살피면 관리들이 본분에 충실하여 열심히 일하게 된다. 서민을 자식처럼 사랑하면 사람이 서로 잘 살자고 권장한다. 모든 업종의 기술자들을 우대하면 생산성이 높아져서 나라의 재물이 풍족해진다. 이방인이나 객지에 있는 사람을 배려하면 다른 나라에서 귀한 손님들이 몰려올 것이다. 정치지도자들을 품어주고 그에 맞게 예우해 주면 세상의 모든 사람이 존경을 표할 것이다.

최고지도자가 안으로는 순수한 맑은 마음을 지니고 겉으로는 단정한 차림으로 하여, 예의가 아니면 움직이지 않는 것은 수양의 기초이다. 남을 해치지 않고 색욕을 멀리하며 재물을 지나치게 밝히지 않고 덕망 있는 사람을 소중하게 여기는 것은 지혜로운 사람이 활동할 수 있게 하는 바탕이다. 집안 사람 중에서 높은 자리에 있는 사람을 대우해 주고, 봉급을 그 자리에 맞게 챙겨 주며, 좋아하고 싫어하는 것을 함께하는 것은 가까운 일가친척을 사랑하도록 권장하는 바탕이다. 여러 관리들에게 일을 맡길 수 있도록 자율성을 부여하는 것은 고위급 관리들이 자부심을 갖게 하는 기초이다. 본분에 충실하고 신뢰감을 주며 봉급을 그에 맞게 주는 것은 하급 관리들이 자긍심을 갖게 하는 기초이다. 때에 맞추어 일을 부리고 세금을 적게 거두어들이는 것은 서민들을 잘살게 하는 바탕이다. 매일 혹은 월별로 수시로 살펴 일에 맞게 봉급을 주는 것은 여러 기술자들에게 생산력을 높이게 하는 바탕이다. 떠나가는 사람을 잘 보내고 찾아오는 사람을 잘 맞이하며 잘하는 사람을 칭찬해 주고 능력이 좀 떨어지는 사람을 격려해 주는 것은 이방인이나 객지 사람에게 동기를 부여해 주는 일이다.

대가 끊어진 집안의 대를 이어주고, 망해가는 나라를 돌봐주며, 혼란스러운 것을 바로잡아주고, 위태로운 것을 유지하도록 하며, 보고를 받는 조회와 사람을 맞이하는 초빙을 때에 맞게 하고, 물건을 보낼 때는 두텁게 하고 가져올 때는 엷게 하는 것은 정치지도자들이 활동하는 활력소가 된다.

온 세상과 나라, 집안을 다스리는 데 필요한, 당연히 해야 할, 아홉 가지 기준이 있다. 그러나 그것을 실천하게 만드는 바탕은 한 가지이다.

모든 일은 미리 준비하면 잘 이루어지고, 미리 준비하지 못하면 제대로 되지 않는다. 말이 미리 정해져 있으면 막히지 않고, 일이 미리 정해져 있으면 당황하지 않는다. 행동이 미리 정해져 있으면 탈이 생기지 않고, 사람의 길이 미리 정해져 있으면 어떤 길을 가더라도 궁색하지 않다.

아랫자리에 있으면서 윗사람에게 신임을 얻지 못하면 사람을 다스릴 수 없다. 윗사람에게 신임을 얻는 데도 방법이 있다. 친구들에게 신뢰를 얻지 못하면 윗사람에게 신임을 얻지 못할 것이다. 친구에게 신뢰를 얻는 데도 방법이 있다. 부모에게 효도하고 순종하지 못하면 친구에게 신뢰를 얻지 못할 것이다. 부모에게 효도하고 순종하는 데도 방법이 있다. 자기 스스로 돌아보아 성실하지 않으면 부모에게 불효하고 순종하지 못할 것이다. 자기 스스로 돌아보아 자연스럽게 인간의 도리를 실천하게 하는 것에도 방법이 있다. 착한 일이 무엇인지 제대로 알지 않으면 스스로 자연스럽게 인간의 도리를 실천하지 못할 것이다.

자연스러운 것은 우주자연의 길이고, 자연스럽게 사람의 도리를 이행하려는 것은 인간의 길이다. 자연스러운 사람은 어떤 일이든 애써 힘들이지 않아도 척척 들어맞고, 생각하지 않아도 마음에 터득되며, 저절로 자기 길을 찾는다. 이것이 최고의 인격자이다. 자연스럽게 사람의 도리를 이행하려는 인간은 착한 것을 선택하여 굳게 잡는 사람이다.

자연스럽게 사람의 도리를 이행하기 위해서는, 넓게 많은 것을 배우고, 자세하고 세밀하게 물으며, 신중하게 깊이 생각하고, 분명하고 바르게 판단하며, 확실하게 최선을 다하여 실천해야 한다.

자연스럽게 사람의 도리를 이행하는 법, 그 중용의 길에 대해 배우지 않을 수도 있지만, 배운다면 능통하지 않고서는 그만두지 말아야 한다. 묻지 않을 수도 있지만, 묻는다면 알지 않고서는 그만두지 말아야 한다. 생각하지 않을 수도 있지만, 생각한다면 얻지 않고서는 그만두지 말아야 한다. 판단하지 않을 수도 있지만, 판단한다면 분명하게 밝혀지지 않고서는 그만두지 말아야 한다. 실천하지 않을 수도 있지만, 실천한다면 확실해지지 않고서는 그만두지 말아야 한다. 다른 사람이 한 번에 잘하게 되면 자기는 백 번을 하고, 다른 사람이 열 번에 잘하게 되면 자기는 천 번을 해야 한다.

　진정으로 이 다섯 가지 공부를 제대로 할 수 있다면, 어리석은 사람일지라도 반드시 총명해질 것이고, 유약한 사람일지라도 반드시 굳센 사람이 될 것이리라!"

哀公問政. 子曰, "文武之政, 布在方策. 其人存則其政舉. 其人亡, 則其政息.
애공문정 자왈 문무지정 포재방책 기인존즉기정거 기인망 즉기정식

人道敏政, 地道敏樹. 夫政也者, 蒲盧也. 故爲政在人, 取人以身, 脩身以道,
인도민정 지도민수 부정야자 포로야 고위정재인 취인이신 수신이도

脩道以仁. 仁者, 人也, 親親爲大. 義者, 宜也, 尊賢爲大. 親親之殺, 尊賢
수도이인 인자 인야 친친위대 의자 의야 존현위대 친친지살 존현

之等, 禮所生也. 在下位不獲乎上, 民不可得而治矣. 故君子不可以不脩身.
지등 예소생야 재하위불획호상 민불가득이치의 고군자불가이불수신

思脩身, 不可以不事親. 思事親. 不可以不知人. 思知人, 不可以不知天.
사수신 불가이불사친 사사친 불가이부지인 사지인 불가이부지천

天下之達道五, 所以行之者三, 曰君臣也 · 父子也 · 夫婦也 · 昆弟也 · 朋友
천하지달도오 소이행지자삼 왈군신야 부자야 부부야 곤제야 붕우

之交也. 五者, 天下之達道也. 知 · 仁 · 勇三者, 天下之達德也. 所以行之者
지교야 오자 천하지달도야 지 인 용삼자 천하지달덕야 소이행지자

一也. 或生而知之, 或學而知之, 或困而知之, 及其知之, 一也. 或安而行之,
일야 혹생이지지 혹학이지지 혹곤이지지 급기지지 일야 혹안이행지

或利而行之, 或勉强而行之, 及其成功一也." 子曰, "好學近乎知, 力行近乎
혹리이행지 혹면강이행지 급기성공일야 자왈 호학근호지 역행근호

仁, 知恥近乎勇. 知斯三者, 則知所以脩身. 知所以脩身, 則知所以治人.
인 지치근호용 지사삼자 즉지소이수신 지소이수신 즉지소이치인

知所以治人, 則知所以治天下國家矣. 凡爲天下國家有九經, 曰, 脩身也,
지소이치인 즉지소이치천하국가의 범위천하국가유구경 왈 수신야

尊賢也, 親親也, 敬大臣也, 體群臣也, 子庶民也, 來百工也, 柔遠人也, 懷諸
존현야 친친야 경대신야 체군신야 자서민야 래백공야 유원인야 회제

侯也. 脩身則道立, 尊賢則不惑, 親親則諸父昆弟不怨, 敬大臣則不眩,
후야　수신즉도립　존현즉불혹　친친즉제부곤제불원　경대신즉불현

體群臣則士之報禮重, 子庶民則百姓勸, 來百工則財用足, 柔遠人則四方歸
체군신즉사지보례중　자서민즉백성권　래백공즉재용족　유원인즉사방귀

之, 懷諸侯則天下畏之. 齊明盛服, 非禮不動, 所以脩身也. 去讒遠色,
지　회제후즉천하외지　제명성복　비례부동　소이수신야　거참원색

賤貨而貴德, 所以勸賢也. 尊其位, 重其祿, 同其好惡, 所以勸親親也.
천화이귀덕　소이권현야　존기위　중기록　동기호오　소이권친친야

官盛任使, 所以勸大臣也. 忠信重祿, 所以勸士也. 時使薄斂, 所以勸百姓也.
관성임사　소이권대신야　충신중록　소이권사야　시사박렴　소이권백성야

日省月試, 旣稟稱事, 所以勸百工也. 送往迎來, 嘉善而矜不能, 所以柔遠人
일성월시　기름칭사　소이권백공야　송왕영래　가선이긍불능　소이유원인

也. 繼絶世, 擧廢國, 治亂持危, 朝聘以時, 厚往而薄來, 所以懷諸侯也.
야　계절세　거폐국　치란지위　조빙이시　후왕이박래　소이회제후야

凡爲天下國家有九經, 所以行之者一也. 凡事豫則立, 不豫則廢.
범위천하국가유구경　소이행지자일야　범사예즉립　불예즉폐

言前定則不跲, 事前定則不困, 行前定則不疚, 道前定則不窮.
언전정즉불겁　사전정즉불곤　행전정즉불구　도전정즉불궁

在下位不獲乎上, 民不可得而治矣. 獲乎上有道, 不信乎朋友, 不獲乎上矣.
재하위불획호상　민불가득이치의　획호상유도　불신호붕우　불획호상의

信乎朋友有道, 不順乎親, 不信乎朋友矣. 順乎親有道, 反諸身不誠,
신호붕우유도　불순호친　불신호붕우의　순호친유도　반저신불성

不順乎親矣. 誠身有道, 不明乎善, 不誠乎身矣. 誠者, 天之道也. 誠之者,
불순호친의　성신유도　불명호선　불성호신의　성자　천지도야　성지자

人之道也. 誠者不勉而中, 不思而得, 從容中道, 聖人也. 誠之者, 擇善而固執
인지도야　성자불면이중　불사이득　종용중도　성인야　성지자　택선이고집

之者也. 博學之, 審問之, 愼思之, 明辨之, 篤行之. 有弗學, 學之弗能,
지자야　박학지　심문지　신사지　명변지　독행지　유불학　학지불능

弗措也. 有弗問, 問之弗知, 弗措也. 有弗思, 思之弗得, 弗措也. 有弗辨,
부조야　유불문　문지부지　부조야　유불사　사지부득　부조야　유불변

辨之弗明, 弗措也. 有弗行, 行之弗篤, 弗措也. 人一能之, 己百之, 人十能之,
변지불명　부조야　유불행　행지부독　부조야　인일능지　기백지　인십능지

己千之. 果能此道矣, 雖愚必明, 雖柔必强.
기천지　과능차도의　수우필명　수유필강

| 핵심어 | **人道敏政** (인도민정)
| 해설 | 사람이 힘써야 할 길은 정치를 어떻게 하느냐에 있다.

인간의 올바른 도리.

우주자연의 본연인 자연스러움에 근거하여 본래 환하게 드러나는 것을 사물의 본성이라고 한다. 본래 환하게 드러난 덕성에 근거하여 자연스럽게 사람의 도리를 이행하려는 것은 교육을 어떻게 하느냐에 달려 있다. 자연스러우면 환하고 알차게 드러나고, 환하고 알차게 드러나면 우주자연의 질서처럼 자연스럽게 된다.

自誠明謂之性, 自明誠謂之敎. 誠則明矣, 明則誠矣.
자 성 명 위 지 성　자 명 성 위 지 교　성 즉 명 의　명 즉 성 의

| 핵심어 | **誠則明矣** (성즉명의)

| 해설 | 자연스러우면 환하고 알차게 드러난다.

사물의 본성!

세상에서 우주자연의 섭리를 가장 자연스럽게 체득한 사람만이 그 본성을 모조리 발휘할 수 있다. 그 본성을 모조리 발휘할 수 있으면 인간의 본성에서 나오는 사람의 도리를 다할 수 있다. 사람의 본성을 모조리 발휘할 수 있으면 다른 사물의 본성을 이해하고 그 사물의 이치를 파악하여 처리할 수 있다. 사물의 본성과 이치를 모두 파악하면, 우주자연의 모든 존재가 조화를 이루고 어울려 사는 데 일조할 수 있다. 이렇게 되면 우주자연의 조화에 일조할 뿐만 아니라 우주자연의 질서에 동참하여 함께 살 수 있다.

唯天下至誠, 爲能盡其性. 能盡其性, 則能盡人之性. 能盡人之性,
유 천 하 지 성   위 능 진 기 성   능 진 기 성   즉 능 진 인 지 성   능 진 인 지 성

則能盡物之性. 能盡物之性, 則可以贊天地之化育. 可以贊天地之化育,
즉 능 진 물 지 성   능 진 물 지 성   즉 가 이 찬 천 지 지 화 육   가 이 찬 천 지 지 화 육

則可以與天地參矣.
즉 가 이 여 천 지 삼 의

| 핵심어 | 能盡人之性 (능진인지성)

| 해설 | 본성을 다 발휘할 수 있다면 사람의 도리를 다할 수 있다.

우주자연의 섭리!

세상에서 우주자연의 섭리를 가장 자연스럽게 체득한 사람의 다음 단계, 즉 그것을 배워서 알고 마침내 자연스러움에 도달하는 사람은, 사소한 부분에 최선을 다하고 자질구레한 일에 대해서도 부분적이나마 그 덕성을 이룬다. 자질구레한 일의 한 구석에도 자연스럽게 알맹이가 차도록 할 수 있어야 한다. 속으로 자연스럽게 알맹이가 차면 밖으로 드러난다. 밖으로 드러나면 그 모습이 뚜렷하게 보인다. 모습이 뚜렷하게 보이면 그 사물의 본질이 밝게 빛난다. 사물의 본질이 밝게 빛나면 그것에 근거하여 적극적으로 움직인다. 사물이 움직이면 다른 사물에 적절하게 응하며 변한다. 이렇게 적절하게 여러 사물과 마주하며 변해가면, 다른 사물도 함께 느껴져서 자연스럽게 모든 사물이 제자리를 찾아 자신의 삶을 영위할 수 있다. 이 세상의 가장 자연스러운 사람만이 인간사회를 문명화하여 더불어 살게 할 수 있다.

其次致曲, 曲能有誠, 誠則形, 形則著, 著則明, 明則動, 動則變, 變則化.
기 차 치 곡 곡 능 유 성 성 즉 형 형 즉 저 저 즉 명 명 즉 동 동 즉 변 변 즉 화

唯天下至誠爲能化.
유 천 하 지 성 위 능 화

| 핵심어 | **曲能有誠** (곡능유성)
| 해설 | 마침내 자연스러움에 도달하는 사람.

사소한 것에도 최선을!

24

가장 자연스러운 우주자연의 길, 일상생활에 합당한 인간사회의 도리는 배우고 묻고 생각하고 판단하며 실천하는 공부를 통해 미리 알 수 있다. 한 나라나 집안이 흥하려 할 때는 반드시 복이 올 조짐이 있고, 한 나라나 집안이 망하려 할 때는 반드시 불길한 징조가 있다. 때문에 이것이 점괘에 보여지기도 하고 사람의 행동에 드러나기도 한다. 불행이나 행복이 오려고 할 때도 마찬가지이다. 행복한 일도 반드시 먼저 알게 되고, 불행한 일도 반드시 먼저 알게 되기 마련이다. 그러므로 가장 자연스러운 우주자연의 길, 일상생활에 합당한 인간사회의 도리는 불가사의한 작용처럼 은밀하게 펼쳐져 있지만, 온전하고 분명하게 알 수 있는 사안이다.

至誠之道, 可以前知. 國家將興, 必有禎祥. 國家將亡, 必有妖孽. 見乎蓍龜,
지 성 지 도 가 이 전 지 국 가 장 흥 필 유 정 상 국 가 장 망 필 유 요 얼 현 호 시 귀

動乎四體. 禍福將至, 善必先知之, 不善必先知之. 故至誠如神.
동 호 사 체 화 복 장 지 선 필 선 지 지 불 선 필 선 지 지 고 지 성 여 신

| 핵심어 | **至誠之道** (지성지도)
| 해설 | 지극히 자연스러운 우주자연의 길.
인간사회의 도리!

25

우주자연의 질서는 모든 사물이 저절로 이루어지는 바탕이다. 인간사회의 길은 인간 자신이 바른 일을 하며 마땅히 가야 할 도리이다.

우주자연의 질서는 모든 사물의 존재 근거이고, 최고인격자는 모든 인간의 존재 근거이다. 때문에 우주자연의 질서나 최고인격자의 본성이 제대로 구비되지 않으면 모든 사물은 존재 근거를 상실한다. 때문에 지성인이나 교양인은 만물의 존재 근거인 우주자연의 섭리, 자연스럽게 알찬 본성을 귀중하게 여긴다.

우주자연의 섭리나 알찬 본성은 자기를 완성하는 데서 끝나지 않는다. 만물을 완성하는 바탕임을 자임한다. 자기를 완성하는 것은 타자에게로 달려갈 사랑과 열린 마음을 갖추는 일이고, 타자를 완성하는 것은 타자와 함께 어울리려는 지혜이다. 이는 사람의 본성이 지닌 덕성으로, 나의 마음과 너의 마음, 우리 모든 사람이 만나서 더불어 가는 삶의 길이다. 그러므로 때에 따라 가장 알맞게 쓰고 적절하게 조치해야 한다.

誠者自成也, 而道自道也. 誠者物之終始, 不誠無物. 是故君子誠之爲貴.
성 자 자 성 야　이 도 자 도 야　성 자 물 지 종 시　불 성 무 물　시 고 군 자 성 지 위 귀

誠者非自成己而已也, 所以成物也. 成己, 仁也, 成物, 知也. 性之德也,
성 자 비 자 성 기 이 이 야　소 이 성 물 야　성 기　인 야　성 물　지 야　성 지 덕 야

合外內之道也. 故時措之宜也.
합 외 내 지 도 야　고 시 조 지 의 야

| 핵심어 | 時措之宜 (시조지의)

| 해설 | 때에 따라 가장 알맞고 적절하게 조치하다.

자기를 완성하는 방법.

26

때문에 가장 자연스런 우주자연의 질서는 쉬지 않는다. 그침이 없다!

쉬지 않으므로 오래 지속되고, 오래 지속되므로 모든 사물에 영향력을 미쳐 효과를 나타낸다.

사물에 영향을 미쳐 효과를 나타내면서 저 멀리까지 사방에 더 큰 효력이 미친다. 멀리까지 사방에 효력이 미치면서, 땅은 보다 넓고 두터워진다. 땅이 넓고 두터워지면서 하늘은 그만큼 높고 밝게 된다.

넓고 두터운 것, 땅은 모든 사물을 싣는 바탕이다. 높고 밝은 것, 하늘은 모든 사물을 덮는 바탕이다. 하늘과 땅이 멀리까지 사방에 효력이 두루 미치는 것은 모든 사물을 이루는 근거이다.

넓고 두터운 것은 모든 사물을 싣는 바탕으로서 땅과 같다. 높고 밝은 것은 모든 사물을 덮는 바탕으로서 하늘과 같다. 멀리까지 사방에 효력이 두루 미치는 것은 모든 사물을 이루는 근거로서 시간적으로나 공간적으로 무궁무진하게 나타난다.

이와 같은 우주자연의 질서는 보이지 않아도 나타나고, 움직이지 않아도 바뀌며, 하는 것이 없어도 이루어진다.

하늘과 땅, 우주자연의 길은, 딱 한마디 말로 정돈할 수 있다. 만물을 낳고 기른다는 측면에서 하늘과 땅은 제각각의 역할과 기능이 있지만, 그것은 서로 다른 두 가지의 차원에서 논의할 수 없다. 가장 아름다운 우주자연의 질서! 그것, 딱 한 가지일 뿐이다. 그러기에 만물을 생성하는 작업이 어느 정도 인지 헤아릴 수 없다.

하늘과 땅, 그 우주자연의 길은 넓게 퍼지고, 두텁게 쌓이고, 높게 오르고, 밝게 빛나며, 멀리 뻗어 나가고, 오래 지속하리라.

지금 우리가 마주하고 있는 저 하늘은, 반짝거리며 빛나는 투명한 공간이 넓게 펼쳐진 곳이다. 그 끝없는 세계에 이르러서는 해와 달, 수많은 별과 별자리가 매달려 있고, 만물을 덮어주고 있다. 지금 우리가 마주하고 있는 저 땅은, 한 줌의 흙이 엄청나게 쌓이고 쌓인 것이다. 그 넓고 두터운 차원에서 보면 화산이나 악산과 같은 큰 산악이 우뚝 솟아 있어도 무겁지 않고, 강과 바다가 철철 넘치며 흘러가도 물이 새지 않으며, 만물을 실어주고 있다. 지금 우리가 마주하고 있는 저 산은, 한 주먹만한 돌이 많이 모여 이루어진 것이다. 그 넓고 큰 가치의 차원에서 보면, 온갖 초목이 자라고 온갖 짐승들이 살고 있으며, 수많은 지하자원이 생산된다. 지금 우리가 마주하고 있는 저 강물은, 한 잔의 물이 헤아릴 수 없이 많이 모인 것이다. 그 측량하기 힘든 가치의 차원에서 보면, 온갖 물고기를 비롯하여 자라와 거북이, 악어 등이 살고 있어, 재물이 번식하는 곳이다.

『시경』「주송」〈유천지명〉에 "우주자연의 법칙이 심오하고 원대하여 그침이 없도다!"라고 했다. 이는 우주자연을 왜 우주자연이라고 하는지, 그 까닭을 말한 것이다. 그리고 또, "아아! 뚜렷이 나타나지 않았는가. 문왕의 덕이 이렇게 순수하심이여!"라고 했다. 이는 문왕이 문왕으로 자리매김되는 까닭이, 순수한 덕이 끝이 없는 데 있음을 말한 것이다.

故至誠無息, 不息則久, 久則徵, 徵則悠遠, 悠遠則博厚, 博厚則高明. 博厚
고 지 성 무 식 불 식 즉 구 구 즉 징 징 즉 유 원 유 원 즉 박 후 박 후 즉 고 명 박 후

所以載物也, 高明所以覆物也, 悠久所以成物也. 博厚配地, 高明配天,
소 이 재 물 야 고 명 소 이 복 물 야 유 구 소 이 성 물 야 박 후 배 지 고 명 배 천

悠久無疆. 如此者, 不見而章, 不動而變, 無爲而成. 天地之道, 可壹言而盡也.
유 구 무 강 여 차 자 불 현 이 장 부 동 이 변 무 위 이 성 천 명 지 도 가 일 언 이 진 야

其爲物不貳, 則其生物不測. 天地之道, 博也, 厚也, 高也, 明也, 悠也, 久也.
기 위 물 불 이 즉 기 생 물 불 측 천 지 지 도 박 야 후 야 고 야 명 야 유 야 구 야

今夫天, 斯昭昭之多, 及其無窮也, 日月星辰繫焉, 萬物覆焉. 今夫地,
금 부 천 사 소 소 지 다 급 기 무 궁 야 일 월 성 신 계 언 만 물 복 언 금 부 지

一撮土之多, 及其廣厚, 載華嶽而不重, 振河海而不洩, 萬物載焉. 今夫山,
일 촬 토 지 다 급 기 광 후 재 화 악 이 부 중 진 하 해 이 불 설 만 물 재 언 금 부 산

一卷石之多, 及其廣大, 草木生之, 禽獸居之, 寶藏興焉. 今夫水, 一勺之多,
일 권 석 지 다 급 기 광 대 초 목 생 지 금 수 거 지 보 장 흥 언 금 부 수 일 작 지 다

及其不測, 黿鼉蛟龍魚鼈生焉, 貨財殖焉. 詩云, "惟天之命, 於穆不已."
급 기 불 측 원 타 교 룡 어 별 생 언 화 재 식 언 시 운 유 천 지 명 오 목 불 이

蓋曰天之所以爲天也. "於乎不顯, 文王之德之純." 蓋曰文王之所以爲文也,
개 왈 천 지 소 이 위 천 야 오 호 불 현 문 왕 지 덕 지 순 개 왈 문 왕 지 소 이 위 문 야

純亦不已.
순 역 불 이

| 핵심어 | **至誠無息** (지성무식)
| 해설 | 우주자연의 질서는 쉬지 않는다.

순수한 덕(德)!

27

최고인격자의 덕성, 그 길은 참으로 원대하다!

온 세상에 끝없이 흘러 퍼지고, 만물이 스스로 성장하여 생명력을 펼칠 수 있게 하니, 그 높고 크기가 하늘에 닿을 듯하다.

참으로 넉넉하고 크다! 최고지도자는 인간관계의 규범 300조목, 사람의 행동지침인 3,000조목을 제정했다. 이런 최고인격자가 있어야 반듯한 정치가 제대로 시행되리라. 때문에 옛날부터 "진정으로 최고의 인격이나 덕성을 갖춘 사람이 아니면, 인간의 삶을 합리적으로 이끌어가는 최고의 윤리 도덕을 실현할 수 없다!"라고 했다.

그러므로 교양을 갖춘 지성인은, 선천적으로 갖춘 착한 덕성인 본성을 자각하고 존중하여, 그 자연스러움에 대해 배우고 묻는 것을 자신의 길로 인식한다. 그 길이 넓고 큰 것을 알아 사물을 마주하여 처리할 때 자세하고 은미한 것까지도 모두 파악한다. 그 길이 높고 밝은 것을 끝까지 구명하여 일상에서 알맞게 운용되도록 중용의 길을 따른다. 옛날의 학문을 익히면서 새것을 안다. 최고지도자, 인격자로서의 덕성을 더욱 두텁게 함양하여 자신은 물론 사람이 예의범절을 실천할 수 있게 한다.

때문에 지성인은 위의 높은 자리에 있어도 교만하지 않고, 아랫사람이 되어서는 배반하지 않는다. 나라가 잘 다스려져 안정된 시기에, 그는 정치적 전략 전술 계획을 주도하여 충분히 나라를 흥성하게 한다. 나라가 제대로 다스려지지 않는 혼란의 시기에, 그는 은퇴하여 침묵하며 덕성을 보존하며 사람에게 희망을 줄 수 있다.

『시경』「대아」〈증민〉에 "사람이 밝고 슬기로워야 그 몸을 보존한다."라고 노래했는데, 이것이 바로 지성인의 처신을 말한 것이리라.

大哉聖人之道, 洋洋乎發育萬物, 峻極于天. 優優大哉. 禮儀三百, 威儀
대 재 성 인 지 도 양 양 호 발 육 만 물 준 극 우 천 우 우 대 재 예 의 삼 백 위 의

三千, 待其人而後行. 故曰苟不至德, 至道不凝焉. 故君子尊德性而道問學,
삼 천 대 기 인 이 후 행 고 왈 구 부 지 덕 지 도 불 응 언 고 군 자 존 덕 성 이 도 문 학

致廣大而盡精微, 極高明而道中庸, 溫故而知新, 敦厚以崇禮. 是故居上不驕,
치 광 대 이 진 정 미 극 고 명 이 도 중 용 온 고 이 지 신 돈 후 이 숭 례 시 고 거 상 불 교

爲下不倍. 國有道, 其言足以興. 國無道, 其黙足以容. 詩曰, "旣明且哲,
위 하 불 배 국 유 도 기 언 족 이 흥 국 무 도 기 묵 족 이 용 시 왈 기 명 차 철

以保其身." 其此之謂與?
이 보 기 신 기 차 지 위 여

| 핵심어 | 旣明且哲 以保其身 (기명차철 이보기신)
| 해설 | 사람이 밝고 슬기로워야 그 몸을 보존한다.

최고인격자의 덕성.

28

공자가 말했다.

"인간의 도리가 무엇인지도 모르는 우매한 자는 무턱대고 자기의 그릇된 주장이나 편견이 사람에게 들어 먹히고 그것이 쓰이기를 좋아한다. 낮은 자리에 있는 비천한 자는 혼자서 제멋대로 일처리하기를 좋아한다. 지금 세상에 태어나 살면서 옛날의 생활방식으로 돌아가려는 자도 있다. 이렇게 하는 자들은 재앙이 그의 몸에 미치리라.

이 세상에서 최고의 인격을 갖춘 최고지도자가 아니면, 함부로 사람이 살아가는 데 필요한 예절이나 규범을 논의하지 못하고, 사회의 여러 가지 문물제도와 법률을 제정하지 못하며, 나라의 문서나 기록을 통일된 문자로 정돈하지 못한다.

지금 세상은 주나라의 최고지도자가 제정한 제도에 따라, 수레의 바퀴를 비롯하여 다양한 도량형이 통일되고, 문자나 문장이 통일되어 있으며, 사회의 윤리규범이 통일되어 있다.

최고지도자의 자리에 있으나, 진정으로 그 자리에 어울리는 덕망이 없으면, 함부로 사회를 운용할 수 있는 문물제도와 법률을 제정하지 못한다. 최고인격자로서 덕망이 있으나, 진정으로 그 덕망에 어울리는 자리가 없으면, 또한 함부로 사회를 운용할 수 있는 문물제도나 생활 지침을 제정하지 못한다."

공자가 말했다.

"나는 하나라의 예법에 대해 말할 수 있다. 하지만 하나라의 후예인 기나라가 오늘날 그 증거를 제대로 갖고 있지 않아 그것에 대해 확실하게 말하기는 어렵다. 나는 은나라의 예법에 대해 배웠다. 하지만 은나라의 후손이 세운 송나라가 지금 존재하고 있어도 그 분명한 증거를 찾기가 쉽지 않다. 나는 지금 주나라의 예법도 배웠다. 그런데 오늘날에도 여전히 주나라의 예법이 쓰이고 있다. 때문에 나는 주공이 정비해 놓은 주나라의 예법을 따를 것이다."

子曰, "愚而好自用, 賤而好自專, 生乎今之世, 反古之道. 如此者, 烖及其身
자왈   우 이 호 자 용   천 이 호 자 전   생 호 금 지 세   반 고 지 도   여 차 자   재 급 기 신

者也. 非天子不議禮, 不制度, 不考文. 今天下車同軌, 書同文, 行同倫.
자 야   비 천 자 부 의 례   불 제 도   불 고 문   금 천 하 거 동 궤   서 동 문   행 동 륜

雖有其位, 苟無其德, 不敢作禮樂焉. 雖有其德, 苟無其位, 亦不敢作禮樂焉."
수 유 기 위   구 무 기 덕   불 감 작 예 악 언   수 유 기 덕   구 무 기 위   역 불 감 작 례 악 언

子曰, "吾說夏禮, 杞不足徵也. 吾學殷禮, 有宋存焉. 吾學周禮, 今用之,
자왈   오 설 하 례   기 부 족 징 야   오 학 은 례   유 송 존 언   오 학 주 례   금 용 지

吾從周."
오 종 주

| 핵심어 | 杞不足徵 (기부족징)
| 해설 | 기나라가 증거를 제대로 갖고 있지 않아 확실히 말할 수 없다.

인간의 도리!

29

이 세상을 제대로 다스리기 위해서는 세 가지 중요한 조건이 있다. 그 세 가지는 의례와 제도와 정사 기록이다. 이 세 가지를 제대로 갖추어 실천하면 실수가 적으리라.

옛날의 예법은 그것이 아무리 훌륭한 것이라 할지라도 증명할 방법이 없다. 증명할 방법이 없기 때문에 그것을 믿고 받들 수 없다. 믿고 받들 수 없기 때문에 사람이 따르지 않는다. 요즘 시대, 최고의 인격자이면서도 그에 어울리지 않는 아랫자리에 있는 사람은 예법을 잘 알고는 있으나, 예법을 논의하고 제정할 만한 최고지도자의 자리에 오르지는 못했다. 최고지도자의 자리에 있지 않으므로 그 사람을 믿지 않았고, 믿지 않으니 사람이 따르지 않았다.

때문에 최고지도자가 세상을 다스리는 방법은 자신의 덕행을 바탕으로 사람에게 실제로 그 효과가 나타나게 해야 한다. 하나라, 은나라, 주나라 세 왕조의 예법에 비추어 보아도 뒤지지 않고, 우주자연의 이법에 비추어 보아서도 어긋나지 않으며, 구부리고 펴는 귀신의 이치에 비추어 보아도 딱 들어맞아야 한다. 이렇게 된다면, 그것은 어떤 시대에 내놓아도 의심받지 않는 올바른 방법으로 통하리라.

구부리고 펴는 귀신의 이치에 비추어 보아 딱 들어맞는 것은 우주자연의 질서를 아는 것이다. 어떤 시대에 내놓아도 의심받지 않는 올바른 방법이 되는 것은 사람의 도리를 아는 일이다.

때문에 최고지도자가 이 세상에서 어떤 언행을 하면, 그것은 사람이 합리적으로 살아가는 삶의 도리가 된다. 행동으로 옮기면 그것은 세상의 법도가 되고, 말을 하면 그것은 세상의 본보기가 된다. 따라서 멀리 있는 나라 사람도 그런 최고지도자를 우러러보고, 가까이 있는 이웃 나라 사람도 싫어하지 않는다.

『시경』 「주송」 〈진로〉에 "저쪽에서도 미워함이 없고, 이쪽에서도 싫어함이 없다. 바라건대, 밤낮으로 애써서, 영원히 영예로움 간직하기를"이라고 노래했다. 최고지도자 가운데 이와 같이 하지 않고, 세상에 이름을 남긴 사람은 아직까지 없었다.

王天下有三重焉, 其寡過矣乎! 上焉者, 雖善無徵, 無徵不信, 不信, 民弗從.
왕 천 하 유 삼 중 언 기 과 과 의 호 상 언 자 수 선 무 징 무 징 불 신 불 신 민 부 종

下焉者, 雖善不尊, 不尊不信, 不信, 民弗從. 故君子之道, 本諸身, 徵諸庶民,
하 언 자 수 선 부 존 부 존 불 신 불 신 민 부 종 고 군 자 지 도 본 저 신 징 저 서 민

考諸三王而不繆, 建諸天地而不悖, 質諸鬼神而無疑, 百世以俟聖人而不惑.
고 저 삼 왕 이 불 류 건 저 천 지 이 불 패 질 저 귀 신 이 무 의 백 세 이 사 성 인 이 불 혹

'質諸鬼神而無疑', 知天也, '百世以俟聖人而不惑', 知人也. 是故君子動而世
질 저 귀 신 이 무 의 지 천 야 백 세 이 의 성 인 이 불 혹 지 인 야 시 고 군 자 동 이 세

爲天下道, 行而世爲天下法, 言而世爲天下則. 遠之則有望, 近之則不厭.
위 천 하 도 행 이 세 위 천 하 법 언 이 세 위 천 하 칙 원 지 즉 유 망 근 저 즉 불 염

詩曰, "在彼無惡, 在此無射, 庶幾夙夜, 以永終譽." 君子未有不如此而蚤有
시 왈 재 피 무 오 재 차 무 역 서 기 숙 야 이 영 종 예 군 자 미 유 불 여 차 이 조 유

譽於天下者也.
예 어 천 하 자 야

| 핵심어 | 在彼無惡 在此無射 (재피무오 재차무역)
| 해설 | 저쪽에서 미워함이 없고 이쪽에서 싫어함이 없다.

세상을 다스리는 방법.

30

공자는, 저 멀리로는 요임금과 순임금이 걸어갔던 길을 근거로 삶의 도리를 계승하고 발전시켰다. 가까이로는 주나라의 문왕과 무왕의 길을 모범으로 삼고 그것을 치켜올렸다. 사계절의 순환, 지형과 지리, 기후와 풍토, 토양과 수질 등 하늘과 땅의 호응 작용을 바탕으로 하는 우주자연의 질서에 순응하는 삶을 고민했다.

그것은 비유하면, 하늘과 땅이 만물을 실어주어 살아가게 하고, 덮어주어 살아가게 하는 것과 같다. 또한 일 년의 사계절이 변화하고 해와 달이 낮과 밤을 교대로 밝혀주는 것과 같다.

이 광활한 우주에는 만물이 어울려 자라나면서도 서로 방해하지 않는다. 우주자연의 이치와 인간사회의 법칙이 함께 행해져도 서로 어긋나지 않는다. 작은 덕은 냇물이 저마다 흐르는 것과 같고, 큰 덕은 우주자연의 질서에 따라 만물이 조화를 이루며 어울려 살아가는 것과 같다. 이것이 우주자연이 위대한 이유이다.

仲尼祖述堯舜, 憲章文武, 上律天時, 下襲水土. 辟如天地之無不持載,
중 니 조 술 요 순   헌 장 문 무   상 률 천 시   하 습 수 토   비 여 천 지 지 무 부 지 재

無不覆幬. 辟如四時之錯行, 如日月之代明. 萬物並育而不相害, 道並行而不
무 불 부 도　비 여 사 시 지 착 행　여 일 월 지 대 명　만 물 병 육 이 불 상 해　도 병 행 이 불

相悖, 小德川流, 大德敦化, 此天地之所以爲大也.
상 패　소 덕 천 류　대 덕 돈 화　차 천 지 지 소 이 위 대 야

| 핵심어 | **大德敦化** (대덕돈화)

| 해설 | 큰 덕은 만물이 조화를 이루며 어울려 살아가는 것이다.

우주자연의 이치!

31

이 세상에서 최고지도자만이 총명과 예지의 덕성을 지니고 있으면서, 사람에게 제대로 된 올바른 정치를 베풀 수 있다. 너그럽고 넉넉하며 온화하고 부드러운 태도로 사람을 포용할 수 있다. 사물의 세계에 재빠르게 호응하고, 쉬지 않고 힘쓰며, 의연한 태도로 정의를 굳게 잡을 수 있다. 단정하고 씩씩하며, 알맞고 바르게 하는 태도로 모든 사람에게 공경받을 수 있다. 모든 일에 절도 있고 조리가 있으며, 치밀하게 탐구하여 사물의 이치를 충분히 제대로 살필 수 있다.

최고지도자의 지혜와 덕망은, 온 세상을 두루 돌고 넓게 퍼지며, 고요하고 깊은 샘이 솟듯이 졸졸 흘러나오면서도, 때에 맞추어 적절하게 나타난다.

온 세상에 두루 돌고 넓게 퍼질 때, 그 넓기는 우주자연의 광활함과 같고, 고요하고 깊은 샘이 솟듯이 졸졸 흘러나올 때, 그 깊이는 큰 연못에 물이 고여 바닥을 알 수가 없는 것과 같다. 이러한 최고지도자의 지혜와 덕망이 밖으로 드러나면 사람 모두가 공경하게 된다. 말로 드러내면 사람 모두가 믿고 따른다. 행동으로 나타나면 사람 모두가 기뻐한다.

이러므로 최고지도자의 명성은, 이 세상의 중심부는 물론 주변의 나라까지도 퍼져서 드날리게 되고, 저 멀리 변방의 오랑캐나 야만족이 사는 지역까지도 뻗어나가 영향을 미치게 된다. 배나 수레로 갈 수 있는 바다나 육지, 사람의 힘으로 갈 수 있는 모든 곳, 하늘과 땅 사이에 해와 달이 비치고, 서리와 이슬이 내리는 곳, 이 모든 곳에 사는 인간은 모두 그 최고의 인격자를 존경하고 친애하게 된다. 때문에 최고의 지도자, 최고의 인격자, 최고의 지성인은 우주자연과 짝을 이룬다고 말하는 것이리라.

唯天下至聖爲能. 聰明睿知, 足以有臨也. 寬裕溫柔, 足以有容也. 發强剛毅,
유 천 하 지 성 위 능 총 명 예 지 족 이 유 임 야 관 유 온 유 족 이 유 용 야 발 강 강 의

足以有執也. 齊莊中正, 足以有敬也. 文理密察, 足以有別也. 溥博淵泉,
족 이 유 집 야 제 장 중 정 족 이 유 경 야 문 리 밀 찰 족 이 유 별 야 보 박 연 천

而時出之. '溥博'如天, '淵泉'如淵, 見而民莫不敬, 言而民莫不信, 行而民莫
이 시 출 지 보 박 여 천 연 천 여 연 현 이 민 막 불 경 언 이 민 막 불 신 행 이 민 막

不說. 是以聲名洋溢乎中國, 施及蠻貊, 舟車所至, 人力所通, 天之所覆,
불 열 시 이 성 명 양 일 호 중 국 이 급 만 맥 주 거 소 지 인 력 소 통 천 지 소 부

地之所載, 日月所照, 霜露所隊, 凡有血氣者, 莫不尊親, 故曰"配天."
지 지 소 재 일 월 소 조 상 로 소 추 범 유 혈 기 자 막 부 존 친 고 왈 배 천

| 핵심어 | 寬裕溫柔 足以有容 (관유온유 족이유용)
| 해설 | 너그럽고 넉넉하며 온화하고 부드러운 태도로 사람을 포용할 수 있다.
최고지도자의 조건!

32

이 세상에서 우주자연의 질서를 가장 자연스럽게 간직한 사람만이, 세상을 다스리는 법칙인 오륜을 세워 그것을 경영하고 처리할 수 있다. 우주자연과 인간사회가 본래 그러하듯이 원래 있는 기본 질서를 세울 수 있다. 또한 우주자연의 조화 가운데 만물이 자라나 생명력을 얻게 됨을 알 수 있다. 어찌 다른 것에 의존해서 그렇게 될 수 있겠는가? 가장 자연스런 우주자연의 질서, 그 공용의 결과일 뿐이다.

자연스럽고 알찬 저 열린 마음으로 세상을 경영하고, 고요하고 깊은 저 연못 같은 덕망으로 기본 질서를 세우며, 높고 넓은 저 하늘 같은 지혜와 덕성으로 온 세상을 감화하리라.

진정으로 총명하고 지혜로워서 우주자연의 섭리에 통달한 사람이 아니면, 그 누가 제대로 알아서 잘 다스릴 수가 있겠는가?

唯天下至誠, 爲能經綸天下之大經, 立天下之大本, 知天地之化育.
유 천 하 지 성 위 능 경 륜 천 하 지 대 경 입 천 하 지 대 본 지 천 지 지 화 육

夫焉有所倚. 肫肫其仁, 淵淵其淵, 浩浩其天. 苟不固聰明聖知達天德者,
부 언 유 소 의 준 준 기 인 연 연 기 연 호 호 기 천 구 불 고 총 명 성 지 달 천 덕 자

其孰能知之?
기 숙 능 지 지

| 핵심어 | 立天下大本 (입천하대본)

| 해설 | 우주와 인간사회의 도가 본래 그렇듯이 기본 질서를 세울 수 있다.

진정으로 총명하고 지혜로운 사람.

33

『시경』「위풍」〈석인〉과 「정풍」〈봉〉편에 "비단옷을 입고 홑옷을 덧입는다."라고 노래했는데, 이것은 비단옷이 번쩍거리며 드러나는 것을 싫어했기 때문이다. 그러므로 교양을 갖춘 지성인의 길은 어두운 것 같으면서도 날로 빛나고, 교양 없는 조무래기의 길은 밝게 반짝이는 것 같지만 날로 사그라들며 꺼져 간다. 교양을 갖춘 지성인의 길은 싱거우면서도 싫지 않고, 간결하면서도 세련미가 있으며, 온화하면서도 조리가 바르다. 먼 데 것은 가까운 데서 시작됨을 알고, 바람이 어디에서 불어오는지 그 근원을 알며, 은미하게 숨겨진 것이 뚜렷하게 드러남을 안다. 이런 차원을 제대로 알아야, 인간으로서 어떻게 살아야 하는지, 덕망을 닦는 경지로 들어갈 수 있다.

『시경』「소아」〈정월〉에 "물고기가 물속에 아무리 잠겨 엎드려 있어도 훤하게 밝게 드러나 보인다."라고 노래했다. 그러므로 교양을 갖춘 지성인은 내면으로 자신을 반성하여 잘못을 없게 하고 마음에 부끄러움을 없게 한다. 교양을 제대로 갖추지 못한 보통 사람은 지성인을 따라오지 못한다. 왜냐하면 지성인은 사람이 보지 않는 곳에서도 스스로 삼가는데, 보통 사람은 그렇지 못하기 때문이다.

『시경』「대아」〈억〉에 "그대가 방에 있는 것을 보았는데, 골방에 있어도 부끄럽지 않으리라."라고 노래했다. 그러므로 교양을 갖춘 지성인은 움직이지 않아도 남들이 공경하고, 말하지 않아도 남들이 믿는다.

『시경』「상송」〈열조〉에 "제단 앞에 나아가 말없이 신령에게 빌어 다투거나 예의를 어기는 일이 없도다."라고 노래했다. 그러므로 지도자가 보상을 해주지 않아도 사람이 스스로 부지런히 일하고, 특별히 화를 내지 않아도 사람이 형벌을 주는 것보다 두려워한다.

『시경』「주송」〈열문〉에 "최고지도자의 드러나지 않은 덕망을 모든 정치 지도자가 본받고 따른다."라고 노래했다. 그러므로 최고지도자가 최선을 다하여 공경하는 마음으로 사람을 대하면, 그 마음이 드러나 보이지 않아도 세상은 평화롭게 잘 다스려진다.

『시경』「대아」〈황의〉에 "나는 그대의 착한 마음을 높게 여긴다. 큰 소리 내지 않고 낯빛을 꾸미지 않기에 좋다."라고 노래했다. 이 노래에 대해 공자가 말했다. "자신을 자랑하며 잘 보이려고 하는 것으로 사람을 교화하거나 감화하는 일은, 낮은 단계의 정치 방법이다." 그리고 『시경』「대아」〈증민〉에 "덕성은 가볍기가 터럭과 같다."라고 노래했는데, 공자가 "이때 터럭이 아무리 가볍지만, 그래도 그 무게를 비교할 데가 있다."라고 했다. 또 『시경』「대아」〈문왕〉의 "우주자연은 만물을 낳고 기르면서도, 소리도 없고 냄새도 없다!"라는 노랫말을 인용했는데, "이것이야말로 중용 최고의 경지이다!"

詩曰, "衣錦尙絅", 惡其文之著也. 故君子之道, 闇然而日章, 小人之道,
시 왈   의 금 상 경   오 기 문 지 저 야   고 군 자 지 도   암 연 이 일 장   소 인 지 도

的然而日亡. 君子之道, 淡而不厭, 簡而文, 溫而理, 知遠之近, 知風之自,
적 연 이 일 망   군 자 지 도   담 이 불 염   간 이 문   온 이 리   지 원 지 근   지 풍 지 자

知微之顯, 可與入德矣. 詩云, "潛雖伏矣, 亦孔之昭." 故君子內省不疚,
지 미 지 현   가 여 입 덕 의   시 운   잠 수 복 의   역 공 지 소   고 군 자 내 성 불 구

無惡於志. 君子所不可及者, 其唯人之所不見乎? 詩云, "相在爾室,
무오어지 군자소불가급자 기유인지소불견호 시운 상재이실

尙不愧于屋漏." 故君子不動而敬, 不言而信. 詩曰, "奏假無言, 時靡有爭."
상불괴우옥루 고군자부동이경 불언이신 시왈 주격무언 시미유쟁

是故君子不賞而民勸, 不怒而民威於鈇鉞. 詩曰, "不顯惟德. 百辟其刑之."
시고군자불상이민권 불노이민위어부월 시왈 불현유덕 백벽기형지

是故君子篤恭而天下平. 詩曰, "予懷明德, 不大聲以色." 子曰, "聲色之於
시고군자독공이천하평 시왈 여회명덕 부대성이색 자왈 성색지어

以化民, 末也." 詩曰, "德輶如毛", 毛猶有倫. "上天之載, 無聲無臭", 至矣."
이화민 말야 시왈 덕유여모 모유유륜 상천지재 무성무취 지의

| 핵심어 | **君子之道 闇然而日章** (군자지도 암연이일장)

| 해설 | 지성인의 길은 어두운 것 같으면서도 날로 빛난다.

인간은 어떻게 살아야 하나?

부록

주요 인물 사전
찾아보기

주요 인물 사전

* 인물 이름 좌우의 숫자는 생몰연도이다. 서기전 생몰연도는 숫자 앞에 '−'로 표기했다.
* 인물 출처는 〈중국사 인물과 연표〉 (손잔췐 지음, 진화 옮김, 나무발전소, 2017)이다.

수인씨
상고시대에 사람들은 열매와 조개를 먹었기에 위장이 상해서 병이 많이
났다. 어느 성인이 나무를 문질러 불씨를 얻어 비리고 노린내가 나는 것
을 변하게 하자 사람들은 기뻐하며 그로 하여금 천하의 왕이 되게 했으
니 수인씨라 부르고 불의 시조로 받들었다.

복희씨
전설 속에서 복희는 사람 머리에 뱀의 몸통(일설에는 용의 몸통)을 하고
있는데, 이는 그가 이끌던 부족이 뱀이나 용을 숭배하는 토템을 가졌을
가능성을 보여준다. 그는 또 거미줄을 본떠 그물을 창조하여 백성에게
물고기 잡이와 목축을 가르쳤다. 복희씨는 음양변화의 이치에 근거하여
'팔괘(八卦)'를 만들었다고도 한다.

신농씨
불을 다룰 줄 알아 염제(炎帝)라고도 불린다. 황제와 더불어 중국인의
시조로 받들어진다. 의약, 쟁기와 보습, 도기, 활을 발명했고, 처음으로
시장을 열었다고 알려진다. 백성을 위해 수많은 약초를 맛보았는데 맹독
성분을 가진 단장초를 맛보다 중독되어 죽었다.

황제

오제 가운데 첫 번째 인물로 상고시대 하화(夏華)민족 공통의 임금이다. 전하는 바에 따르면 그는 소전(少典)의 아들로 본래의 성은 공손(公孫) 인데 나중에 희(姬)로 고쳤다. 호는 헌원씨(軒轅氏)며 중화 '인문초조 (人文初祖)'로 모셔지고 있다.

창힐(倉頡)

황제의 사관(史官). 전설 속의 원시 상형문자를 만든 이. 글자를 만든 성 인으로 존중됨.

전욱

성은 요(姚)이고 호는 고양씨(高陽氏)이다. 촉(蜀) 땅에서 태어나 소호 를 보좌함에 공을 세워 고양에 봉해졌다. 소호가 죽자 공공(共工)과 권 력투쟁 끝에 20세에 제위를 이어받고는 78년 동안 천하를 다스리다가 98세에 죽었다.

제곡

성은 희이고, 이름은 준(俊)이며 호는 고신씨(高辛氏)이다. 15세부터 숙 부인 전욱을 보좌하다가 그가 죽자 30세의 나이로 제위를 이어받았다.

제요(요임금)

성은 이기(伊祁)이고 이름은 방훈(放勛)이며 어머니는 진봉씨(陳鋒氏) 이다. 13세에 도(陶)에 봉해지고, 15세에 다시 당(唐)에 봉해졌기에 호를 도당씨라고 했다. 20세에 제위에 올라 90세에 효행으로 이름난 순(舜)을 등용했다.

제순(순임금)

성은 요(姚)이고 이름은 중화(重華)이며 시호가 순이다. 어린 나이에 어 머니를 잃은 순은 계모와 배다른 동생 때문에 몇 차례나 죽을 뻔했으나 슬기롭게 극복하고 효도를 다했다. 그런 평판을 들은 제요에게 선양을 받아 제위에 올랐다.

후직

산서 운성인(運城人). 제곡과 미원(美嫄) 사이의 아들로 요 임금 밑에서 농사(農師)를 맡았으며 주나라의 시조.

설(契)

하남 상구인(商丘人). 상나라의 시조로 제곡과 간적(簡狄) 사이의 아들이자 요임금의 동생.

고요(皐陶)

순임금이 형법을 담당하는 관리로 임명함. 후세에 중국 사법(司法)의 비조(鼻祖)로 받들어짐.

곤(鯀)

전욱의 후예로 우의 아버지. 요임금이 물 관리 벼슬을 내렸으나, 치수관리에 실패하여 순임금에게 죽임을 당함.

우임금(대우)

곤의 아들. 하후씨(夏后氏)의 우두머리로 성은 사(姒)이고 이름은 문명(文命)이며 자는 고밀(高密)이다. 황하의 홍수를 잘 다스린 공로로 제순(순임금)에게 선양받아 제위에 올라 하나라를 개국하고는 천하를 9주로 나누었다.

공류(公劉)

감숙 경성인(慶城人). 주 부족의 우두머리. 황무지를 개간하여 농경문화를 전파.

백익(伯益)

고요의 아들. 우를 도와 치수에 공을 세웠기에 계위자로 뽑혔으나 계에게 죽임을 당함.

계(啓)

대우가 정한 계위자 백익을 죽이고 하나라에서 두 번째로 왕위에 오른 계로 인하여 중국 역사상의 '선양제'는 '세습제'로 바뀌게 되었다. 그런데 그의 반대 세력 가운데 가장 높은 지위에 있는 유호씨가 끝내 복종하지 않자 계는 토벌에 나서 감 땅에서 격렬한 전투를 벌인 결과 마침내 승리를 얻었다.

태강

계의 장자였던 태강은 어려서부터 아버지를 따라 향락에 빠졌다. 그래서 왕위에 오른 뒤에도 음주와 사냥만 즐길 뿐 정사를 돌보지 않았다. 그러다가 태강이 낙수(洛水) 북쪽 기슭으로 사냥을 나가서는 백일이 넘도록 돌아오지 않자 후예가 정권을 가로채고 말았는데, 이것을 두고 역사에서는 "태강이 나라를 잃다"라고 말한다.

후예

유궁씨 부락의 우두머리. 활을 잘 쏨. 태강을 황하에서 막고 대신 정사를 돌봄. 나중에 한착에게 죽임을 당함.

한착(寒浞)

하나라를 40년이나 다스렸지만 명성이 좋지 않아 왕이라고 부르는 이가 없었기에 이때를 왕이 없는 시기라 함.

걸임금

성은 사(姒)이고, 씨(氏)는 하후(夏后), 이름은 계(癸), 이계(履癸), 시호는 걸(桀)이다. 역사서에서는 하걸(夏桀)로 일컬어진다. 하나라의 마지막 군주로 재위 기간은 약 기원전 1652~1600년까지였다. 역사상 유명한 폭군(暴君)으로, 문무를 겸비했지만 폭력 정치로 제후들과 백성들의 원성이 자자했다.

관룡봉(關龍逢)
하나라의 대신. 걸임금이 국정을 돌보지 않자 직간하다 죽임을 당함.

탕임금
상나라의 건국자로, 이름은 리(履)이다. 천을(天乙), 대을(大乙), 태을(太乙), 성탕(成湯), 성당(成唐)이라고도 한다. 하나라의 마지막 왕 걸을 추방해 하 왕조를 멸망시켰다.

태갑(太甲)
상(商)나라 제3대 임금인 태종(太宗)의 이름. 탕의 손자고, 태정(太丁)의 아들이다. 중임(仲壬)을 이어 즉위했다. 즉위한 뒤 법을 어기고 방탕 포악하게 생활하여 이윤에 의해 쫓겨났다. 3년 뒤 자신의 잘못을 반성하자 이윤이 복위시켰다.

이윤(伊尹)
하남 낙양인(洛陽人). 상이 하나라의 제후국인 시절부터 탕을 보좌했다. 이윤은 "천하의 중책을 자임하고", "하를 정벌하고 백성을 구하는" 일이 자기 책임이라고 생각했다. 역사상 첫 번째 현명한 재상.

무정(武丁, 고종)
무정은 상(은)나라의 왕으로 훗날 묘호(廟號)를 고종(高宗)이라 했다. 무정은 정치, 경제, 군사, 문화 방면에서 상 왕조를 극성기로 끌어올렸기 때문에 '중흥의 왕'으로 불리며, 역사서에서 '무정중흥(武丁中興)', 혹은 '무정성세(武丁盛世)'라고 불렀다. 이를 입증이라도 하듯 은허에서 출토된 갑골문의 70% 정도가 무정시기의 것이다. 무정은 59년 동안 재위했고, 그가 죽은 뒤 아들 조경이 왕위를 이었다.

부열(傅說)
원래는 노예지만 무정이 대신에 임명했다. 그가 국정을 맡자 상나라 국력이 강대해짐.

주왕(紂王)

성은 자(子)이고, 이름은 수(受), 수덕(受德), 시호(諡號)는 주(紂)이다. 흔히 은주왕(殷紂王), 상주왕(商紂王)으로 일컬어진다. 주지육림(술이 연못을 이루고 고기가 숲을 이룬다)의 장본인. 안일하고 방탕한 생활을 하다가 주(周) 무왕(武王)에게 패하여 자살하고 은(殷)나라는 망했다.

-1152 문왕 희창 -1056

중국 고대 주 왕조의 기초를 닦은 명군(名君). 성은 희(姬), 이름은 창(昌). 문왕의 만년에는 강상(姜尙), 즉 태공망(太公望)으로 불리는 신하의 도움을 받아 더욱 덕치(德治)에 힘썼다. 후에 그 실력이 인정되어 은 왕조로부터 서방 제후의 패자로서 서백(西伯)의 칭호를 사용하도록 허락받았다.

-1087 무왕 희발 -1043

주나라의 개국군주이다. 문왕의 뜻을 받들어 상(은)나라를 멸망시키고, 주 왕조를 세웠다. 탁월한 책략가이자 명군으로 받들어진다.

태백(泰伯)

고공단보(문왕 희창의 할아버지)의 맏아들. 왕위를 양보하고 중옹과 더불어 오 땅으로 가서 오나라의 시조가 됨.

중옹(仲雍)

고공단보의 작은 아들. 왕위를 양보하고 태백과 더불어 오 땅으로 가서 태백의 왕위를 이어받음.

백이(伯夷)

고죽국(孤竹國) 임금의 맏아들. 숙제와 서로 왕위를 양보하다가 함께 주나라에 이르러 무왕이 '걸'을 정벌하는 일에 반대함.

숙제(叔齊)

백이의 아우. 주나라가 상나라를 멸한 뒤 백이와 함께 수양산에 살면서 주나라의 곡식을 먹지 않다가 죽음.

비간(比干)

은나라 문정의 작은 아들이자 은나라 주왕의 숙부. 오랫동안 주왕을 보좌했으나 주왕의 폭력정치를 막지 못했다. 주왕이 그의 심장을 갈라서 죽임.

기자(箕子)

주왕의 숙부. 태사(太師) 벼슬을 맡았으나 뜻을 이루지 못하자 조선으로 가서 동방의 군자국을 세움.

미자(微子)

주왕의 서형(庶兄). 여러 차례 주왕에게 간언했으나 듣지 않자 도망쳐서 주나라에 항복함. 송나라에 분봉 받음.

? 주공 단(旦) -1033

주나라 무왕의 아우. 정치가이자 유학(儒學)의 기초를 다진 사람. 주나라의 제도를 세운 이로 노나라의 시조. 공자가 늘 그리워하고 따르고 싶었던 인물.

채숙(蔡叔)

무왕의 다섯째 아우. 채에 분봉 받아 채나라와 채성(蔡姓)의 시조가 됨. 무경의 반란으로 추방됨.

? 강상(姜尙) -1021
강태공. 태공망(太公望). 정치가·군사가·책사로 무왕을 보좌하여 상나라를 멸함. 제나라의 시조.

? 려왕(厲王) -828
주나라 제10대 왕. 려왕이 폭정을 일삼자 백성들이 반란을 일으켜 왕을 쫓아냈다. 이때 나라에 왕이 없었으므로 귀족들의 추천에 따라 주정공과 소목공이 정사를 대리하고 주요한 사항은 6경(卿)이 합의하여 처리했는데, 이것을 일러 '주소행정' 또는 '공화행정'이라고 한다. 려왕은 체(彘)로 도망가서 거기에서 병사했다.

-795 유왕(幽王) -771
주나라의 제12대 왕으로 성격이 난폭하고 주색에 빠져 정사를 돌보지 않았다. 웃지 않는 것으로 유명한 미인 포사의 미소를 보기 위해 갖가지 짓을 다 한다. 급기야 봉화로 제후를 희롱해 보라는 말을 듣고는 그대로 실행했다가 제후의 신뢰를 잃는다. 결국 견융의 침공으로 여산 기슭에서 죽임을 당했다. 이로써 호경에 도읍을 둔 주나라는 망하기에 이르렀고, 역사에서는 이것을 일러 서주의 멸망이라고 한다.

-716 제환공(齊桓公) -643
성은 강(羌)이고, 씨(氏)는 여(呂)이며, 이름은 소백(小白)이다. 춘추시대 제(齊)나라 15대 군주로 춘추오패(제환공, 진문공, 초장왕, 오왕 부차, 월왕 구천) 중 한 사람이다. 기원전 685년에 군주로 등극했다. 재위 중에 관중을 재상으로 삼고 개혁을 추진했다. 제환공은 '존왕양이(尊王攘夷, 왕실은 높이고 오랑캐는 물리친다)'의 기치를 내걸고, 북쪽으로 산융(山戎)을 공격하고, 남쪽으로 초나라를 정벌하여 중원에서 첫 번째 패주가되었다. 그러나 만년에 관중이 죽고, 역아(易牙), 수초(竪貂) 등의 소인들을 등용시키는 바람에 끝내는 내란 중에 굶어 죽었다.

? 관중(管仲) -645
안휘 영상(潁上) 사람. 정치가로 제나라 승상. 춘추시대 제일가는 재상이라는 명성을 얻음.

역아(易牙)

제환공의 총신으로 뛰어난 요리사. 환공이 죽자 수조와 역아는 공자(公子) 무휴(無虧)를 세움.

-697 진문공(晉文公) -628

진나라의 제24대 공작이다. 성은 희(姬), 이름은 중이(重耳), 시호는 문공(文公)으로, 진 헌공의 아들이다. 헌공의 뒤를 잇지 못한 채 진나라를 떠나 19년간 전국을 유랑했다. 서기전 636년 왕위에 올라 죽을 때까지 집권하였으며, 성복의 전투에서 3일의 여정인 90리를 양보하여 초성왕과의 약속을 지킨 인물이다. 각종 개혁정책과 군사활동으로 인해 춘추오패의 한 사람으로 꼽힌다.

궁지기(宮之奇)

우(虞)나라 대부. 진(晉)나라가 우나라의 길을 빌려 괵나라를 치려했다. 궁지기는 보거상의(輔車相依)와 순망치한(脣亡齒寒)의 예를 들면서 왕에게 간언했지만 왕이 듣지 않자 마침내 가족들을 데리고 우나라를 떠났다. 그 해 겨울 괵을 멸망시킨 진나라가 돌아오면서 우나라도 멸망시켰다.

백리해(白里奚)

하남 남양(南陽) 사람. 진(晉)이 우(虞)를 멸할 때 포로가 됨. 배신(陪臣)으로 진(秦)나라에 가서 목공을 도와 패업을 이룸.

? 장문중(臧文仲) -617

노나라의 경(卿)으로 네 임금을 모심. 박학했으며 군사와 외교방면에 재능이 있었으나 사치한 생활로 공자의 비판을 받은 인물이다.

? 계문자(季文子) -568

노나라 정경(正卿)으로 노나라 임금 3대(代)를 보좌함. 지위가 높고 권력이 막중했으나 여전히 검소하여 백성들이 대대로 칭송했다. 계문자 평소 세 번 생각하고 행동으로 옮겼다. 그 말을 들은 공자는 두 번이면 족하다고 했다.

사광(師曠)
산서 홍동(洪洞) 사람. 진(晉)나라 궁정의 음악을 주관한 악사. 임금은 반드시 백성에게 은혜를 베풀어야 한다고 주장.

-582 자산(子産) -522
하남 신정(新鄭) 사람. 정나라의 국정을 맡았던 저명한 정치가이자 사상가. 성은 국(國) 또는 공손, 이름은 교(僑)이며 자산은 그의 자다. 정(鄭)나라 목공의 손자이기도 하다. 20년 넘게 국내 정치를 혁신하는 데 심혈을 기울였다. 대외적으로 실용적인 외교활동을 벌여 국방을 튼실히 다졌다. 공자는 자산이 세상을 떠났다는 소식을 듣고 눈물을 흘리며 "그는 고대 어짊과 사랑의 풍모를 지닌 화신이었다!"라며 애통해했다.

-578 안영(晏嬰) -500
산동 고밀(高密) 사람. 제(齊) 나라의 정치가 · 사상가 · 외교가로 몸은 왜소했으나 언변이 뛰어남. 역사책에는 안자라고 부른다.

? 소정묘(少正卯) -500
노나라 대부로 공자와 마찬가지로 사학(私學)을 운영했는데 어긋난 주장을 하다가 공자에게 죽임을 당함.

-521 안회(顔回) -490
노나라 사람. 자는 연(淵)이다. 공자보다 30세 연하. 공자의 마음에 꼭 들었던 제자. 어질고 배우기를 좋아해서 공자는 그를 가장 많이 칭찬함.

-522 염구(冉求) -489
노나라 사람. 자는 자유(子有). 공자보다 29세 연하. 이재(理財)에 뛰어나 계씨(季氏)를 도와 전부(田賦) 개혁을 진행함. 공자가 14년에 걸친 주유를 끝내고 초청받는 형식으로 노나라에 돌아올 수 있게 공을 세움. 그러나 출세를 우선시한 나머지 공자 학당에서 처음이자 마지막으로 정식 파문을 받음.

-532 공리(孔鯉) -481

곡부 사람으로 공자의 아들. 태어났을 때 노나라 소공이 잉어 한 마리를 하사한 까닭에 '리'라는 이름을 얻음.

-542 자로(子路) -480

산동 사수(泗水) 사람으로 공자의 마음에 들었던 제자. 성은 중(仲). 이름은 유(由), 자는 자로 또는 계로(季路). 공자보다 9세 연하. 심지가 강직하고 성질은 거칠며 용맹을 좋아함. 공자의 제자가 되기 전, 공자와 언쟁한 경력이 있음. 공자가 "자로를 제자 삼은 뒤로는 나를 욕하는 사람을 들어본 적이 없다."고 할 정도로 미더운 제자.

-551 공자(孔子) -479

산동 곡부 사람. 이름은 구(丘), 자는 중니(仲尼). 2m가 넘는 거구. 인생 말년에 세상 유세에 나설 정도로 영원한 청년 정신의 소유자. 저명한 교육가로 사학을 처음 세운 사람. 유가사상의 창시자.

-571 노자(老子) -471

하남 녹읍(鹿邑) 사람. 철학가이자 사상가로 도가 학파의 창시자. 저서로 『도덕경(道德經)』이 있음. 공자는 30세 전후에 노자를 찾아가 가르침을 받은 것으로 알려져 있다.

-520 자공(子貢) -456

위(衛)나라 사람으로 공자의 마음에 들었던 제자. 성은 단목(端木), 이름은 사(賜). 자는 자공. 공자보다 31세 연하. 외교술에 능하고 재물을 불리는 데에도 상당한 재능을 발휘했기에 유상(儒商)의 시조로 노나라와 위나라 양국에서 벼슬을 함. 사마천은 "공자의 이름이 천하에 골고루 알려지게 된 것은 자공이 그를 앞뒤로 모시고 도왔기 때문"이라고 평함.

-556 좌구명(左丘明) -451

전통 역사학의 창시자. 저서로는 『좌전(左傳)』 등이 있으며 '문종사성(文宗史聖)'이라는 명예를 얻음.

-505 증삼(曾參) -435
산동 평읍(平邑) 사람으로 공자의 가르침을 많이 전수받음. 정통 유가 사상의 충실한 계승자.

-492 공급(孔伋) -431
공자의 손자, 공리의 아들로 자는 자사(子思). 증삼에게 배웠고, 정통 유가 사상의 충실한 계승자.

-440 오기(吳起) -381
산동 조현(曹縣) 사람. 군사가로 노·위(魏)·초 3국에서 벼슬을 하고 초나라에서 '변법'을 주장함.

-468 묵자(墨子) -376
산동 등주(滕州) 출생으로 사상가·교육가·군사가. 묵가(墨家) 학파의 창시자.

백규(白圭)
주나라 상인으로 부호. 무역 경영과 생산 발전 이론의 비조.

-395 양주(楊朱) -335
위(魏)나라 사람으로 철학자. 묵가의 사상과 대립하여 생명과 자기를 중시해야 한다고 주장.

공손연(公孫衍)
종횡가로 여러 나라가 합종하여 진(秦)에 대항해야 한다고 처음으로 주창한 사람. 5국 연합군으로 진을 공격했으나 실패했다.

-386 순우곤(淳于髡) -310
정치가이자 사상가로 박학하고 언변이 뛰어남. 직하학궁에서 영향력이 가장 컸던 학자.

? 장의 (張儀) -310
산서 만영(萬榮) 사람. 종횡가로 연횡으로 진나라를 섬길 것을 주장했고 진나라 재상을 두 차례 역임했다.

-313 순자(荀子) -238
조나라의 사상가로 유가의 대표인물. 직하학궁의 제주(祭酒). 초나라에서 난릉령(蘭陵令)을 지냄.

-372 맹자(孟子) -289
산동 추현(鄒縣) 사람. 사상가이자 교육가로 유가의 대표 인물. 저서로 『맹자』가 있음.

-145 사마천(司馬遷) -87
사마담(司馬談)의 아들. 사학가로 저서에 『사기』가 있음. 『사기』는 기전체(紀傳體) 역사서의 효시.

-77 유향(劉向) -6
한나라 고조(高祖)의 배다른 동생 유교의 4세손. 젊었을 때부터 재능을
인정받아 관직에 등용되었다. 경학가 · 목록학가(目錄學家) · 문학가로
지은 책으로 『열녀전』, 『전국책서록(戰國策叙錄)』 등이 있음.

488 황간(皇侃) 545
소주(蘇州)사람. 양나라 경학가로 일찍이 국자조교(國子助敎)를 맡음.
『논어의소』 등을 찬술함.

989 범중엄(范仲淹) 1052
소주(蘇州) 사람. 정치가 · 문학가 · 군사가. 저서로 『범문정공집(范文正
公集)』이 있음.

1017 주돈이(周敦頤) 1073
호남 도현(道縣) 사람. 철학가로 이학파(理學派)의 개산비조. 저서로 『태
극도설(太極圖說)』이 있음.

1019 사마광(司馬光) 1086
산서 하현(夏縣) 사람. 정치가 · 문학가 · 사학가. 『자치통감』을 편찬함.

1020 장재(張載) 1077
장횡거(張橫渠). 섬서 미현(郿縣) 사람. 철학가로 정호(程顥)의 외숙. 저
작이 『장자전서(張子全書)』에 편입되어 있음.

1032 **정호(程顥)** 1085
낙양 사람. 철학가·이학가. 주돈이의 학생으로 정주(程朱)학파의 창시자.

1033 **정이(程頤)** 1107
낙양 사람. 정호의 아우로 둘을 함께 '이정'이라고 부름. 저명한 이학가이자 교육가.

1130 **주희(朱熹)** 1200
복건에서 태어남. 유학의 대가로 시인·사상가·철학가. 이학(理學)의 집대성자.

찾아보기(개념어, 사자성어)

사서

이치를 담은 네 권의 책

초판 1쇄 발행 2018년 11월 29일
초판 2쇄 발행 2019년 1월 28일

지은이 신창호
기 획 story planning management 피뢰침
교 정 정경임
독자교정 라온
디자인 이명재
펴낸이 김명숙

펴낸곳 나무발전소
주 소 03900 서울시 마포구 성산동 68-1 코램빌 201호
이메일 tpowerstation@hanmail.net
전 화 02)333-1967
팩 스 02)333-1961

ISBN 979-11-86536-61-2 03100